Günther Rudolph
Karl Rodbertus
und die Grundrententheorie

AKADEMIE DER WISSENSCHAFTEN DER DDR

Schriften

des Zentralinstituts für Wirtschaftswissenschaften

Nr. 21

Günther Rudolph

Karl Rodbertus (1805–1875) und die Grundrententheorie

Politische Ökonomie aus dem deutschen Vormärz

AKADEMIE-VERLAG · BERLIN

1984

Für Christa K.

Erschienen im Akademie-Verlag, DDR-1086 Berlin, Leipziger Str. 3–4

Lizenznummer: 203 · 100/26/83
Printed in the German Democratic Republic
Gesamtherstellung: IV/2/14 VEB Druckerei »Gottfried Wilhelm Leibniz«,
4450 Gräfenhainichen · 6131
Umschlaggestaltung: Nina Striewski
LSV 0315
Bestellnummer: 7540207 (2158/21)

02800

Inhalt

Vorwort

„Dreierlei erwarten wir von der Geschichte: Erstens das Vergnügen an den historischen Tatsachen, sodann jedoch vor allem nützliche Lehren für das Leben und schließlich die Herleitung der Ursprünge des Gegenwärtigen aus dem Vergangenen, denn alles läßt sich am besten von seinen Ursachen her erkennen."

Gottfried Wilhelm Leibniz, Opera omnia, Ed. L. Dutens, Bd. 4.2, Genf 1768, S. 53 (Vorrede zu den Accessiones historicae).

Gerade weil Geschichte und Geschichtsverständnis einer zählebigen Legende zum Trotz so unmittelbar und eng mit lebendiger Gegenwart verbunden sind, spielen geschichtliche und geschichtsmethodologische Fragen eine so wesentliche Rolle in den geistigen Kämpfen unserer Zeit. Weltweit in die Defensive gedrängt, haben sich in den letzten Jahrzehnten die Bemühungen der Feinde des gesellschaftlichen Fortschritts, Geschichte zu verfälschen und ihre Gesetzmäßigkeiten und Träger zu verleugnen, um ihren Sinn gleichsam auf den Kopf zu stellen, vervielfacht, intensiviert und teilweise auch „verfeinert". Daraus resultiert vor allem, daß sich die Entwicklung und weitere Präzisierung des sozialistischen Geschichtsbewußtseins immer zugleich als Auseinandersetzung mit verzerrenden bürgerlichen Geschichtsauffassungen darstellen muß, und zum anderen, daß hierbei dem Problemkreis von historischem Erbe und überkommener Tradition wachsende Bedeutung zukommt. Dabei geht es zunehmend um das Erbe in seiner ganzen Breite, Vielfalt, Differenzierung und auch Widersprüchlichkeit. „... wir deutschen Sozialisten", so Friedrich Engels im Jahre 1882, „sind stolz darauf, daß wir abstammen nicht nur von Saint-Simon, Fourier und Owen, sondern auch von Kant, Fichte und Hegel."[1] In Weiterführung dieser Intention und im vollen Bewußtsein ihrer historischen Siegerrolle beginnen heute die deutschen Marxisten der DDR als führender Teil der machtausübenden Klasse im ersten sozialistischen Staat auf deutschem Boden systematisch damit, sich dem *ganzen* Erbe der überkommenen Geschichte in all seiner Widersprüchlichkeit und Substantialität zu stellen, um die progressiven Elemente dieses Erbes noch wirksamer als bisher für die tief in der Vergangenheit wurzelnden Traditionen des realen Sozialismus zu erschließen, zu bewahren und fortzusetzen. Nicht nur die vielfältig

[1] Friedrich Engels, Die Entwicklung des Sozialismus von der Utopie zur Wissenschaft, in: Karl Marx/Friedrich Engels, Werke (im folgenden MEW), Bd. 19, Berlin 1962, S. 188.

geführte Preußendiskussion und die Gründung eines *Nationalen Rates zur Pflege und Verbreitung des deutschen Kulturerbes*, sondern auch die Maßstäbe setzenden jüngsten Hegel- und Goethe-Ehrungen, die Würdigungen Karl Friedrich Schinkels, Johann Friedrich Böttgers und Robert Kochs sowie die zahlreichen Aktivitäten zur Feier des 500. Geburtstags Martin Luthers im Jahre 1983 zeugen von den energischen Bemühungen der deutschen Sozialisten von heute, die Frage nach der Bedeutung des Erbes für die Gegenwart ernsthaft zu stellen und gewissenhaft, im Sinne des Sozialismus, zu beantworten.

Auch die hier vorliegende Monographie über die Eigentums- und Grundrentenkonzeption des am französischen Sozialismus und an der klassischen englischen politischen Ökonomie geschulten deutschen Ökonomen Karl Rodbertus (1805 bis 1875) versteht sich (neben anderen Motivierungen) vor allem als Beitrag zur weiteren, spezifisch theoriegeschichtlichen Ausgestaltung des auf dem Erbe in seinem ganzen weitgefächerten Spektrum basierenden sozialistischen Geschichtsbewußtseins. Es geht hierbei verständlicherweise weniger um die kalte Asche als um das fortbrennende Feuer in der Geschichte des sozialökonomischen Denkens; also weniger um zeit- und standortbedingte Irrtümer und Halbheiten, die selbstverständlich deutlich bezeichnet und zurückgewiesen werden, als um bestimmte seinerzeit zukunftsweisende Denkansätze, die damals besonders von Karl Marx bemerkt und hervorgehoben wurden. Es geht in dieser Monographie auch nicht um theoriegeschichtliche Ehrenrettungen und Totenbeschwörungen und ebensowenig um globale Verurteilungen und Verrisse, sondern um dokumentarische Erhellung eines Kapitels deutscher Ideologiegeschichte des Vormärz und der auf die mißglückte 48er Revolution folgenden Jahrzehnte, das in der marxistischen Literatur der DDR bisher kaum Beachtung fand. Es geht um die theoretische und sozialpolitische Wirksamkeit eines vormarxschen „Sozialisten“ und Ökonomen, eines Zeitgenossen von Ludwig Feuerbach, Wilhelm Weitling, Pierre Proudhon, Moses Heß, des Linksricardianers J. F. Bray, des „Radikalsozialisten“ Louis Blanc und, nicht zu vergessen, des Naturforschers Charles Darwin, der in den dreißiger und vierziger Jahren des vorigen Jahrhunderts unter dem Einfluß saintsimonistischer Gedankengänge utopisch-sozialistische Positionen vertrat, der 1842 in linksricardianischer Weise egalitäre Schlußfolgerungen aus der Arbeitswerttheorie zog, der, vergleichbar einem verspäteten deutschen Sismondi, von dieser Position her Kapitalismuskritik betrieb und dabei fast bis zur Darstellung des Mehrwerts als einer selbständigen Kategorie vordrang. Rodbertus hat, wie Marx im ersten Band des „Kapitals“ anmerkt, „das Wesen der kapitalistischen Produktion durchschaut“[2].

Es geht in dieser Arbeit andererseits um die Widersprüchlichkeit und schließlich kleinbürgerliche Begrenztheit des Rodbertusschen Denkens, um die beträchtlichen Destruierungen und Deformierungen seiner „in der Tat kühnen Anläufe“ (Engels), um die Ursachen dieser Destruktion und „Zurücknahme“ in

[2] Karl Marx, Das Kapital, Erster Band, in: MEW, Bd. 23, Berlin 1962, S. 554.

Abhängigkeit von der deutschen Wirklichkeit und der in ihr eingenommenen Position. Es geht ferner – wenn auch nur skizzenhaft – um den anmaßenden Prioritätsanspruch gegenüber Marx im Hinblick auf die Mehrwerttheorie und um das demagogisch-scheinheilige Interesse, das eine sich um den etatistischen Kathedersozialisten Adolph Wagner gruppierende bismarckisierende „staatssozialistische" Strömung vorübergehend für Rodbertus bekundete und die diesbezügliche vernichtende Polemik von Engels gegen solcherlei „Rodbertusianismus".

Es geht schließlich insgesamt um einen wie auch immer bescheidenen und speziellen Beitrag zu dem Zweig der Marx-Engels-Forschung, der sich mit der Vorgeschichte jener Quellen und Bestandteile befaßt, die von Marx und Engels in der Mitte des 19. Jahrhunderts, etwa ab 1846, zur revolutionären Lehre des wissenschaftlichen Sozialismus verarbeitet wurden.

Die Notwendigkeit, sich monographisch mit den Anschauungen eines vormarxschen Ökonomen wie Karl Rodbertus zu befassen, ergibt sich jedoch nicht nur aus dem allgemeinen Erfordernis zur Entwicklung des sozialistischen Geschichtsbildes und zur möglichst weitgehenden Vollständigkeit bei der Erforschung des theoriegeschichtlichen Quellenmaterials, sondern auch aus speziellen Gründen, die mit der wechselvollen Wirkungsgeschichte dieses heute in der Öffentlichkeit weithin vergessenen sozialökonomischen Denkers zusammenhängen, der noch zu Lebzeiten von Marx und Engels „links" und „rechts" Schlagzeilen machte. Rodbertus hat es, wie Mehring 1896 schrieb, „bitter, allzu bitter gebüßt, daß die herrschenden Klassen, die, solange er lebte, nicht viel von ihm wissen wollten, ihn als toten Cid auf ihren lahmen Gaul erhoben" [3]. Dieser Umstand hat nicht nur die anfängliche Wertschätzung von Rodbertus innerhalb der deutschen Arbeiterbewegung sehr bald erkalten lassen, sondern auch im nachhinein, als die sehr kurzlebige Koketterie bürgerlicher Sozialreformer für Rodbertus schon längst vorüber war und einer entschiedenen bürgerlichen Aversion gegenüber Rodbertus gewichen war, die unbefangene *historische* Würdigung von Rodbertus in der marxistischen theoriegeschichtlichen Literatur sehr erschwert. So entstand die geradezu kuriose Tatsache, daß der Ökonom Rodbertus, dessen Rentenkonzeption Marx immerhin 150 Seiten seiner „Theorien über den Mehrwert" und dessen Reproduktions- und Krisentheorie Rosa Luxemburg volle drei Kapitel in ihrer Arbeit über die „Akkumulation des Kapitals" gewidmet hatte (und beide nicht nur kritisch, sondern in wichtigen Teilen auch anerkennend), in den neueren marxistischen Darstellungen zur Geschichte der politischen Ökonomie kaum dem Namen nach vorkommt.[4] Das ist ein echter Mangel und zugleich ein Argument mehr für

[3] Franz Mehring, Aufsätze zur Geschichte der deutschen Arbeiterbewegung, Berlin 1963, S. 407.

[4] Nur die 1977 erschienenen „Grundlinien des ökonomischen Denkens. Von den Anfängen bis zur Mitte des 19. Jahrhunderts" und der 1979 erschienene Band III des von Fritz Behrens verfaßten „Grundriß der Geschichte der politischen Ökonomie" bringen einige fragmentarische Ausführungen zu den Theoremen von Rodbertus. Die von Behrens in herkömmlicher Weise vertretene Zuordnung von Rodbertus zu den

die Notwendigkeit einer marxistischen Rodbertus-Monographie, wie sie hier versucht wird.

Andererseits, und auch das spricht für die Notwendigkeit einer gründlicheren historischen Einordnung von Rodbertus, sieht sich die bürgerliche Ökonomie nach ihrem kurzlebigen und schließlich total gescheiterten Versuch, Rodbertus für sich zu vereinnahmen und gegen Marx auszuspielen, seit über achtzig Jahren gezwungen, sich mit Rodbertus *auseinanderzusetzen* und von ihm *abzugrenzen*. Wir haben diese weitverzweigte Aversion, diese mit Nachdruck und Erbitterung geführte Polemik der bürgerlichen Vulgärökonomen speziell gegenüber der Grundrententheorie von Rodbertus, ausführlich dokumentiert und analysiert, um gleichsam im Negativverfahren die Grenzlinien schärfer hervortreten zu lassen. Auch wenn aus dieser über achtzig Jahre anhaltenden Gegnerschaft der bürgerlichen Ökonomen und Ideologen gegenüber Rodbertus weder auf *durchgehende* Richtigkeit noch auf *durchgehende* Falschheit der Rodbertusschen Theoreme geschlossen werden kann, so kann doch wenigstens partiell daraus geschlußfolgert werden, daß die Ansichten von Rodbertus wichtige progressive Ansatzpunkte enthalten müssen, die der bürgerlichen Ökonomie und Ideologie in ihrer Verfallsphase diametral widersprechen. Die Analysen und Argumentationen der vorliegenden Arbeit werden diese These an Hand eines umfangreichen Materials verifizieren.

Ein weiteres Argument für die Notwendigkeit der monographischen Behandlung von Karl Rodbertus besteht darin, daß Rodbertus hauptsächlich als Theoretiker der absoluten Grundrente aufgetreten ist, also auf einem Gebiet, das in der Regel sehr schnell mit den „Furien des Privatinteresses“ (Marx) in Konflikt bringt.

Über Rodbertus schreiben heißt also auch über die absolute Grundrente schreiben. Und über die absolute Grundrente schreiben bedeutet, über Bodenmonopol, privates Grundeigentum und einen signifikanten Teil des Mehrwerts nachdenken. Die ernsthafte Behandlung derart brisanter Gegenstände und Probleme aber lag nicht im Interesse und Vermögen der bürgerlichen Vulgärökonomie, wodurch es kam, daß gerade die Grundrententheorie besonders weitgehend der Verflachung

„Vorläufern“ der sogenannten Sozialrechtlichen Schule dürfte jedoch ebensowenig haltbar sein wie die von Behrens getroffene Feststellung, Rodbertus gehöre „zweifellos zu den interessantesten bürgerlichen Ökonomen nach Marx ...“ (ebenda, S. 96). Jürgen Kuczynski, der Rodbertus in seinen größeren Arbeiten bisher völlig ausgespart hat, spricht an einer etwas entlegenen Stelle „von Rodbertus oder anderen hervorragenden Männern der zweiten Hälfte des 19. Jahrhunderts“ (Jürgen Kuczynski, Widmungen, Einschriften, Randbemerkungen, in: Buch – Bibliothek – Leser. Festschrift für Horst Kunze zum 60. Geburtstag, Berlin 1969, S. 551). Diese Einschätzung weist in die Richtung des einmal von Rosa Luxemburg abgegebenen Votums, das sich in einem Brief vom 6. 3. 1899 an Leo Jogiches findet: „Von allen ökonomischen Schriftstellern hab ich doch Rodbertus am liebsten, und ich kann ihn aus rein intellektuellem Vergnügen 100mal nacheinander lesen“ (Rosa Luxemburg, Schriften über Kunst und Literatur, hrsg. von Marlen M. Korallow, Dresden 1972, S. 100).

und Verkümmerung überantwortet wurde. Andererseits – wenn auch aus ganz anderen Gründen – gibt es in der neueren marxistischen theoriegeschichtlichen Literatur der DDR ein gewisses Defizit in der Behandlung grundrententheoretischer Fragen. Der marxistische Ökonom Günter Hoell und auch andere Autoren haben auf diesen Umstand mehrfach mit gewichtigen Gründen aufmerksam gemacht.[5]

Schließlich, und das berührt das eingangs Gesagte, hat sich das sozialistische Geschichtsbewußtsein in der DDR und in der marxistischen Gesellschaftswissenschaft inzwischen zu einer Reife und Differenziertheit entwickelt, die es nicht nur gestatten, sondern geradezu unaufschiebbar machen, den durch den Namen Rodbertus nur sehr blaß bezeichneten Sachverhalt eines dem Ansatz nach utopisch-sozialistisch bzw. kleinbürgerlich-sozialistisch programmierten ökonomischen Denkens auch in Deutschland näher zu untersuchen. Diese Untersuchung kann jetzt mit einem historischen Abstand von über hundert Jahren geschehen und nicht wie seinerzeit in den Vorworten von Friedrich Engels (zum zweiten Band des „Kapitals“ und zur deutschen Ausgabe der Schrift „Das Elend der Philosophie“) und in den Aufsätzen von Karl Kautsky aus der Sicht eines inzwischen längst erledigten Prioritätsstreites. Sowenig es je gegeben hat, was bürgerliche Meinungsmacher im Hinblick auf die marxistischen Gesellschaftswissenschaften als „Flucht aus der Geschichte“ oder als „gebrochenes Verhältnis zur Geschichte“ bezeichnet haben, so wenig wird es im Sinne des gereiften sozialistischen Geschichtsbewußtseins möglich sein, den mit dem Namen Rodbertus bezeichneten theoriegeschichtlichen Sachverhalt länger unbearbeitet zu lassen.

Die Notwendigkeit zur neuerlichen Untersuchung der mit Rodbertus verquickten theoretischen Probleme resultiert somit – last not least – auch aus den immer deutlicher sich abzeichnenden Erfordernissen einer vertieften und verbreiterten Geschichtsbetrachtung, wie sie besonders auf der am 18. Dezember 1980 abgehaltenen „Konferenz der Gesellschaftswissenschaftler der DDR“ im Referat von Kurt Hager ihren Ausdruck fanden. Neben der von Hager in diesem Zusammenhang aufgeworfenen „ersten Frage . . . wie man heute Geschichte darstellen soll“, nämlich „so lebendig, farbig, spannend und wahr, wie sie gewesen ist“, ging es in der von Hager herausgestellten „zweiten Frage“ um inhaltliche Aspekte unseres wissenschaftlichen Geschichtsbildes. „Die Geschichte“, so hieß es, „muß immer wieder neu von den *heute* gegebenen Bedingungen und Anforderungen her befragt werden.“ Das habe nichts mit einem „konjunkturellen Umschreiben“ der Geschichte zu tun, sondern mit einer „tieferen Sicht der Dinge“.[6] Wie es im gleichen

[5] Vgl. u. a. Günter Hoell, Die Grundrententheorie von Karl Marx und die gegenwärtige kapitalistische Grundrente, in: Wissenschaftliche Zeitschrift der Hochschule für Ökonomie Berlin, 3/1967, S. 271. Vgl. auch: Günter Hoell, Einige ergänzende Bemerkungen zur gegenwärtigen Diskussion über die Grundrente im heutigen Kapitalismus, in: ebenda, 4/1969, S. 587–594.

[6] Kurt Hager, Die Gesellschaftswissenschaften vor neuen Aufgaben. Referat auf der Konferenz der Gesellschaftswissenschaftler der DDR am 18. Dezember 1980 in Berlin, Berlin 1981, S. 37f.

Sinnzusammenhang bei Ernst Diehl, dem Vorsitzenden des Rates für Geschichtswissenschaften kürzlich hieß, ist jetzt auch die Notwendigkeit herangereift, „sich bisher weniger intensiv behandelten Seiten unserer Geschichte zuzuwenden, auch komplizierten Problemen, widersprüchlichen Erscheinungen und Persönlichkeiten mehr Aufmerksamkeit zu widmen – und zwar nach den Maßstäben ihrer Zeit, frei von Schönfärberei wie von Einseitigkeiten"[7].

Die vorliegende Arbeit soll keine Biographie im herkömmlichen Sinne sein, also keine umfassende Lebens- und Werkbeschreibung, sondern eine theoriegeschichtliche Monographie mit einem bestimmten Maß biographischer Informationen, die zur Erfassung des theoriegeschichtlichen Hauptinhaltes unerläßlich sind. Doch auch bei Anwendung dieser theorie- und problemgeschichtlichen Verfahrensweise mußten wegen der Komplexität der Aufgabe wichtige Dinge ausgeklammert bleiben, was besonders im Hinblick auf die von Rodbertus in der Nachfolge von Sismondi entwickelte Krisentheorie sehr zu bedauern ist. Der Verfasser hofft jedoch, in absehbarer Zeit eine besondere Schrift über die Frühgeschichte der bürgerlichen und kleinbürgerlich-sozialistischen Krisentheorien vorlegen zu können, die diesen Mangel wieder ausgleicht.

Konzeptionell wird in der vorliegenden Arbeit so verfahren, daß der theoriegeschichtliche Hauptinhalt zeitlich und epochal entsprechend dem Generationshorizont der behandelten Persönlichkeit und entsprechend den Erscheinungsjahren der ersten grundlegenden Schriften von Rodbertus *der Zeit des Vormärz zugeordnet wird*, also den Jahren 1839, 1842 und 1848, d. h. einer Periode, in der auch die vergleichbaren Vertreter der um das Jahr 1800 Geborenen ihre Konzeptionen artikulieren, so z. B. die Junghegelianer, die Vertreter des „Jungen Deutschland", die Feuerbachianer, die Proudhonisten und auch die Linksricardianer. Nur eine solche konzeptionelle Zuordnung des im Verhältnis zu Marx 13 Jahre älteren Rodbertus zur Epoche des Vormärz ergibt nach Ansicht des Verfassers und nach Lage der Dinge eine richtige historische Sicht der hier zu untersuchenden Theoreme.

Der deutsche Ökonom Rodbertus war auf seine Weise ein Zeitgenosse der französischen Julirevolution von 1830 und der großen metaphysischen Zeit der politischen Ökonomie in England.[8] Rodbertus ist demgemäß seinem ideologischen und sozialen Gehalt nach mit dem Junghegelianismus, Feuerbachianismus, Proudhonismus und auch Linksricardianismus zu synchronisieren und zu vergleichen und nicht mit der erst ab 1846/48 Gestalt gewinnenden und erst seit 1895 insgesamt veröffentlicht vorliegenden ökonomischen Theorie des Marxismus. Schon aus dieser konzeptionellen Einordnung ergeben sich Richtwerte für Größe und Grenzen des von Rodbertus formulierten theoretischen Anliegens.

[7] Ernst Diehl, Mehr als Geschichtsbewußtsein – Erkenntnisgewinn, in: Spektrum, 4/1981, S. III.

[8] Vgl. Karl Marx, Theorien über den Mehrwert, Dritter Teil, in: MEW, Bd. 26.3, Berlin 1968, S. 16.

Zur darstellerischen Verfahrensweise der vorliegenden Arbeit sei noch folgendes angemerkt: Die politischen Geschehnisse und die sozialen und wirtschaftlichen Basisprozesse werden in der Darstellung nur in dem Umfange herangezogen, als sie zum Verständnis der theoriegeschichtlichen Zusammenhänge unbedingt erforderlich sind; in der Regel werden sie als bekannt oder als in entsprechenden Werken „nachschlagbar" vorausgesetzt. Vorausgesetzt wird auch, daß die beschriebenen und analysierten theoriegeschichtlichen Zusammenhänge gemäß der marxistischen Basis-Überbau-Lehre als ideologische Ausdrucksform bestimmter Basisprozesse aufzufassen sind, auch da, wo es nicht explizit und in extenso ausgeführt ist.

Die als wesentlich herausgestellten theoriegeschichtlichen Zusammenhänge selbst sind in der Darstellung durch eine gewisse Fülle ausführlicher und charakteristischer Belegstellen dokumentiert und nachgewiesen. Das mag für den einen oder anderen die Lesbarkeit etwas erschweren, – wobei wir im Interesse einer flüssigen Lesbarkeit des Textes, und weil die zwischen 1842 und 1884 erschienenen Rodbertus-Ausgaben in der Schreibweise voneinander abwichen, die Zitate aus Rodbertus' Arbeiten unter Wahrung des Lautstandes bereits vorsichtig modernisiert haben –, dürfte aber in jedem Falle der Authentizität und historischen Glaubwürdigkeit des Ausgesagten zugute kommen. Zitate sind bekanntlich Belege und als philologisch-typographische Tatsachen von eigenartiger Hartnäckigkeit. Exakt und repräsentativ ausgewählt, sind Zitate nach Ansicht des Verfassers, der darin mit vielen historisch arbeitenden Gesellschaftswissenschaftlern übereinstimmt, eine unerläßliche Grundlage des Beweisens und Argumentierens. Hinzu kommt, daß vor allem Marx ein Meister in der hohen Kunst des Zitierens und Dokumentierens war. Ungewöhnlich großzügig und gerecht, man vergleiche unter diesem Aspekt die Bände des „Kapitals" und der „Theorien über den Mehrwert", zitierte Marx jeden, es sei Freund oder Gegner, berühmt oder nicht, der auch nur einen Tropfen an eigenem zur Entwicklung der Wissenschaft beigesteuert hatte. Marx hielt es für selbstverständlich, den anderen Autor in seinen eigenen Worten sprechen zu lassen. Das in der Authentizität verbürgte Zitat (im Unterschied zur indirekten Wiedergabe), das in der Regel „für sich selbst spricht", war ihm durchweg das bessere Argument einer kritischen Meinung. Engels charakterisierte später die von Marx meisterhaft gehandhabte Methode des Zitierens wie folgt: „Bei rein tatsächlichen Angaben und Schilderungen dienen die Zitate, z. B. aus den englischen Blaubüchern, selbstredend als einfache Belegstellen. Anders aber da, wo theoretische Ansichten andrer Ökonomen zitiert werden. Hier soll das Zitat nur feststellen, wo, wann und von wem ein im Verlauf der Entwicklung sich ergebender ökonomischer Gedanke zuerst klar ausgesprochen ist. Wobei es nur darauf ankommt, daß die fragliche ökonomische Vorstellung für die Geschichte der Wissenschaft Bedeutung hat, daß sie der mehr oder weniger adäquate Ausdruck der ökonomischen Lage ihrer Zeit ist. Ob aber diese Vorstellung für den Standpunkt des Verfassers noch absolute oder relative Geltung hat, oder ob sie bereits ganz der Geschichte verfallen, darauf kommt es ganz und gar nicht an. Diese Zitate bilden also nur einen der Geschichte der ökonomischen Wissenschaft entlehnten laufenden Kommentar zum Text und stellen die einzelnen wichtigeren Fortschritte der ökonomischen Theorie nach Datum und Urheber fest. Und das", so beschließt Engels seine Bemerkung über die Marxsche Art des Zitierens, „war sehr nötig in einer Wissenschaft, deren Geschichtsschreiber bisher nur durch tendenziöse, fast streberhafte Unwissenheit sich auszeichnen."[9] Der Verfasser der vorliegenden Monographie war bemüht, auch in dieser methodologisch-darstellerischen Hinsicht von Marx zu lernen.

Die vorliegende Arbeit entstand im Bereich „Geschichte und Kritik der politischen Ökonomie" am Zentralinstitut für Wirtschaftswissenschaften der Akademie der Wissenschaften der DDR. Der Verfasser möchte nicht versäumen, all denen Dank zu sagen, die durch Anregung oder Kritik zum Gelingen dieser Arbeit beigetragen haben. Dieser Dank gilt besonders der Leitung des Zentralinstituts für Wirtschaftswissenschaften, dem Leiter und den Mitarbeitern des Bereichs „Geschichte und Kritik der politischen Ökonomie" und schließlich ganz besonders den beiden Gutachtern, Prof. Dr. habil. Werner Krause und Prof. Dr. habil. Günter Hoell.

[9] Karl Marx, Das Kapital, Erster Band, in: MEW, Bd. 23, a. a. O., S. 34f. – Eine diametral entgegengesetzte Art des Umganges mit der Literatur kritisiert 1905 der bürgerliche Agrarwissenschaftler von Rümker wie folgt: „Heutzutage ist es bei der Eile des Publizierens in manchen Kreisen geradezu Mode geworden, die vorhandene Literatur zu ignorieren oder allenfalls piratenhaft zu benutzen und so zu tun, als wäre man selbst der erste, der dieses Ei gelegt" (August von Rümker, Landwirtschaft und Wissenschaft, Berlin 1905, S. 33).

Kapitalismuskritik, Mehrwert und utopisch-sozialistische Aspekte im Werk von Karl Rodbertus

I. Biographische Notiz und Urteile der Klassiker über Rodbertus

Karl Heinrich Rodbertus wurde am 12. August 1805 im damals noch zu Schwedisch-Vorpommern gehörenden Greifswald als Sohn eines wohlhabenden Universitätsprofessors und mütterlicherseits als Enkel des bekannten Physiokraten August Schlettwein[1] geboren. Mit einer gewissen Genugtuung betonte Rodbertus diese Enkelschaft zu Schlettwein auch als eine Art geistige Beziehung noch als fast 70jähriger Mann. Dies geschah im Zusammenhang mit der Beschreibung der vom Kapitalisten betriebenen Aneignung fremder Arbeit in der Form „als ‚profit', wie Engländer und Franzosen von jeher gesagt haben, oder als ‚Unternehmungsgewinn', wie schon seit meinem Großvater, dem Physiokraten Schlettwein und seit der A. Smithschen Übersetzung von Garve eingebürgerter wissenschaftlicher Sprachgebrauch ist"[2].

Seit 1819, dem Jahr des Erlasses der Karlsbader Beschlüsse gegen „demagogische Umtriebe", besuchte Rodbertus das mecklenburgische Gymnasium zu Friedland (heute im Kreis Neubrandenburg), eine vom burschenschaftlichen Geist erfüllte höhere Bildungsstätte für wohlhabendere Kreise. Friedland, so heißt es in einer autobiographischen Skizze von Rodbertus aus dem Jahre 1866, „zeichnete sich damals vor vielen deutschen Gymnasien durch jenen Geist aus, der, durch die Freiheitskriege geweckt, in der wissenschaftlichen Jugend seinen Hauptausdruck in dem *burschenschaftlichen* Streben fand". Es hätten zu dieser Zeit „nicht weniger als drei Lützower Jäger als Lehrer am Gymnasium" gewirkt, einer davon sei der Stifter der Jenenser Burschenschaft gewesen. Es habe zu dieser Zeit kein zweites Gymnasium gegeben, das, so Rodbertus in seiner Autobiographie, „im Verhältnis zu seiner Frequenz *mehr ‚Demagogen'* geliefert hätte. Die Annalen seiner Schüler würden mehrere ... Todesurteile und eine sehr große

1 Zu Johann August Schlettwein, 1731 als Sohn eines Schmiedes in der Nähe von Weimar geboren, verweisen wir auf die vorzügliche Studie von Kurt Braunreuther, Über die Bedeutung der physiokratischen Bewegung in Deutschland in der zweiten Hälfte des 18. Jahrhunderts. Ein geschichtlich-politökonomischer Beitrag zur „Sturm- und Drang-Zeit", Dissertation, der Humboldt-Universität, Berlin 1954; wiederabgedruckt in: Kurt Braunreuther, Studien zur Geschichte der politischen Ökonomie und der Soziologie, Berlin 1978, S. 3ff., bes. S. 8 bis 33.

2 Karl Rodbertus, Briefe und socialpolitische Aufsätze, hrsg. von Rudolf Meyer, Berlin 1882, S. 260.

Summe von Festungsjahren aufweisen."[3] Rodbertus studierte anschließend zwei Jahre in Göttingen, danach ein Jahr in Berlin Rechtswissenschaft. In Göttingen nahm Rodbertus an der Stiftung einer burschenschaftlichen Verbindung teil, die sich aber, wie es in der Autobiographie heißt, „nach Jahresfrist auflöste, weil fast sämtliche Mitglieder religiert, konsiliert oder mit dem consilium abeundi belegt wurden"[4]. Nach dem ersten juristischen Staatsexamen (Berlin 1826/27) bekleidete Rodbertus verschiedene Anfängerstellungen im Justizdienst, u. a. am Land- und Stadtgericht in Brandenburg, am damaligen Oberlandesgericht in Breslau (1829/30) und bei preußischen Regierungsstellen im damaligen Oppeln, wo er 1831 sein zweites juristisches Examen ablegte. Die revolutionären Zeitereignisse veranlaßten Rodbertus jedoch recht bald zum jähen Abbrechen seiner so „normal" und unauffällig begonnenen juristischen Laufbahn: „Nach der Juli-Revolution und dem Ausbruch der polnischen Erhebung", so lesen wir in der Autobiographie, „entschloß sich Rodbertus, den preußischen Staatsdienst, wenigstens einstweilen, zu quittieren, und nahm auf zwei Jahre Urlaub, um Europa kennen zu lernen."[5] Was der 26jährige Professorensohn Rodbertus auf seinen ausgedehnten Bildungsreisen durch Holland, die Schweiz und das revolutionäre Frankreich sah und erlebte, ist heute im einzelnen nicht mehr so exakt zu ermitteln. Auf jeden Fall aber muß Rodbertus hierbei mit den entwickelteren sozialen Verhältnissen dieser westlichen Länder konfrontiert worden und mit den daraus erwachsenen sozialen und sozialistischen Theorien bekannt geworden sein: Speziell von der Gedankenwelt des großen utopischen Sozialisten Saint-Simon muß Rodbertus auf diesen Reisen berührt worden sein, denn dieser Name schwindet nun nicht mehr aus seinem Gesichtskreis. Zurückgekehrt und inzwischen verheiratet mit einer Frau aus dem niederen Landadel (von Reiswitz geb. v. Prittwitz), lebte er zunächst in Dresden und Heidelberg, wo er Nationalökonomie studierte, kaufte sich dann aber aus eigenen und ererbten Mitteln das bei Demmin/Anklam gelegene Gut Jagetzow, wohin er 1836 übersiedelte, um sich neben der Bewirtschaftung dieses Gutes in unabhängiger Muße und zum gelinden Spott seiner junkerlichen Nachbarn, denen er als Sonderling galt, mit historischen, soziologischen und ökonomischen Studien zu beschäftigen. Eine Frucht dieser Studien war der 1839 an die Augsburger Allgemeine Zeitung eingesandte, aber entsetzt zurückgewiesene Aufsatz „Die Forderungen der arbeitenden Klassen", der keimhaft fast alle seine später ausgeführten sozialökonomischen Anschauungen enthielt und in unmittelbarer Bezugnahme auf Saint-Simon utopisch-sozialistische Positionen vertrat.[6]

[3] Zitiert nach der Autobiographie von Karl Rodbertus, in: Karl Rodbertus, Gesammelte Werke und Briefe, hrsg. von Thilo Ramm, Bd. 1, Osnabrück 1972, S. XVIIIff.

[4] Ebenda, S. XVII.

[5] Ebenda, S. XVIII.

[6] Vgl. Karl Rodbertus, Die Forderungen der arbeitenden Klassen, hrsg. von August Skalweit, Frankfurt a. M. 1946, bes. S. 17.

Wie Franz Mehring im Hinblick auf diesen Aufsatz und in Polemik gegen die Ansichten Lorenz von Steins urteilte, habe im Deutschland der dreißiger Jahre „Rodbertus die historische Bedeutung des modernen Proletariats viel klarer und schärfer erfaßt". Rodbertus' Pech sei es gerade gewesen, daß er zuviel davon erkannt habe, so daß die deutschen Buchhändler und Zeitungsredakteure sich vor diesen umstürzenden Ansichten entsetzten.[7]

Eine zweite publizistische Frucht dieses auf gutsbesitzerlicher Basis lebenden Privatgelehrten war die 1842 erschienene Schrift „Zur Erkenntnis unserer staatswirthschaftlichen Zustände", Neubrandenburg und Friedland 1842. In dieser auch von Marx und Engels gewürdigten Veröffentlichung bot Rodbertus eine egalitäre Auswertung der Ricardoschen Arbeitswerttheorie. Er kam hierbei wie seine englischen Vorläufer zu utopisch-sozialistischen Schlußfolgerungen. Friedrich Engels schrieb hierzu: „Für die Zeit, wo Rodbertus' ‚Zur Erkenntnis etc.' erschien, war es unbedingt ein bedeutendes Buch. Seine Fortführung der Ricardoschen Werttheorie in der einen Richtung war ein vielversprechender Anfang. War sie auch nur für ihn und für Deutschland neu, so steht sie doch im ganzen auf gleicher Höhe wie die Leistungen seiner besseren englischen Vorgänger."[8] Engels fand im Buch von Rodbertus ein Parallelstück zum Weitlingschen Kommunismus. Und an anderer Stelle: „Wenn also Rodbertus 1842 seinerseits sozialistische Konsequenzen aus obigen Sätzen [von Ricardo]* zog, so war das für einen Deutschen damals sicherlich ein bedeutender Schritt vorwärts."[9] Diese Schrift habe bewiesen, „wie nah er der Sache [der Entdeckung des Mehrwertes] war"[10]. Rosa Luxemburg merkte im Hinblick auf die sozialen Entstehungsbedingungen dieser Rodbertusschen Theorien folgendes an: „Wenn Sismondi zu seiner Opposition gegen die klassische Schule durch die erste englische Krise und die von ihr ausgelösten Leiden der Arbeiterklasse angeregt war, so schöpft Rodbertus fast 25 Jahre später [1842] den Anstoß zu seiner Kritik der kapitalistischen Produktion von der inzwischen aufgekommenen revolutionären Arbeiterbewegung."[11]

Zu den von großer Wertschätzung getragenen Beziehungen zwischen J. H. von Thünen und Karl Rodbertus verweisen wir nur kurz auf folgende Briefstellen: „Besonders wichtig," so heißt es in einem Brief von Thünen an seine Tochter vom 2. August 1846, „ist mir die Bekanntschaft mit Herrn Rodbertus geworden, der

* Einfügungen in Zitate, die hier und im folgenden Text in eckigen Klammern erscheinen, sind ergänzende Bemerkungen des Verfassers G. R.

7 Vgl. Franz Mehring, Aufsätze zur Geschichte der Arbeiterbewegung, Berlin 1963, S. 145.

8 Friedrich Engels, Vorwort zur deutschen Ausg. von Karl Marx, Das Elend der Philosophie, in: MEW, Bd. 21, Berlin 1962, S. 186f.

9 Ebenda, S. 176.

10 Friedrich Engels, Brief an Karl Kautsky vom 1. 8. 1884, in: MEW, Bd. 36, Berlin 1967, S. 190.

11 Rosa Luxemburg, Die Akkumulation des Kapitals. Ein Beitrag zur ökonomischen Erklärung des Imperialismus, Leipzig 1921, S. 195f.

im Fach der Nationalökonomie mit mir fast nach einem Ziele strebt."[12] Im Hinblick auf diese in Marienbad geschlossene persönliche Bekanntschaft schreibt der 41jährige Rodbertus an den 63jährigen Thünen folgende Worte der Huldigung und Wertschätzung: „Hochverehrtester Freund! Gestatten Sie mir diese Anrede, die mir aus dem Herzen kommt und die das Wohlwollen, das Sie so freundlich mir in Marienbad erzeigt haben, mich ermuthigt zu gebrauchen. Wie sehr verbinde ich den innigen Wunsch damit, daß die Cur Ihre Gesundheit so weit hergestellt haben möge, daß Sie die Neigung wieder gewinnen, ein Werk fortzusetzen [der 1826 erschienene 1. Band des „isolierten Staates" erlebte erst 1850 bzw. 1863 seine Fortführung], das, je öfter ich es lese, mir desto unschätzbarer erscheint."[13] Dies nur als kurze Einblendung; es ist hier nicht der Ort, ausführlicher auf die Gemeinsamkeiten und wesentlichen Unterschiede in den Anschauungen von Thünen und Rodbertus einzugehen.

Die Revolution von 1848/49 sah Rodbertus als tapferen bürgerlich-demokratischen Vorkämpfer für Volkssouveränität und nationale Einigung in verantwortlichen Funktionen. Er wurde als Vertreter der damaligen Wahlkreise Usedom/Wollin zum Mitglied der unter dem Zwang der revolutionären Umstände neu berufenen Preußischen Abgeordnetenversammlung in Berlin gewählt. Er stimmte in dieser Eigenschaft anläßlich einer Grundrechtsdebatte für die Abschaffung des Adels, setzte sich energisch für eine gründliche Verbesserung der Lage der Volksschullehrer ein und war als Fraktionsführer des linken Zentrums vorübergehend (26. 6. –4. 7. 1848) Minister für Kultus und Unterricht im Kabinett Auerswald/Hansemann, nachdem sich eine Kandidatur für das Innenministerium zerschlagen hatte.[14] Das vom 3. Juni 1848 datierte „Programm der Fraktion Rodbertus" beginnt mit einer vollen Zustimmung zu den im ersten Anlauf errungenen Resultaten der März-Revolution: „Wir erkennen an", so heißt es dort, „daß wir den Ereignissen des 18. und 19. März den Ursprung eines neuen Rechtszustandes in Preußen zu verdanken haben."[15]

[12] Vgl. Robert H. Schumacher, Johann Heinrich Thünen. Ein Forscherleben, 2. Aufl., Rostock – Ludwigslust 1883, S. 270.

[13] Ebenda, S. 189.

[14] Vgl. Biographisches Lexikon zur deutschen Geschichte. Von den Anfängen bis 1945, Berlin 1971, S. 571: „Am 26. 6. 1848 erhielt er seine Berufung als Kultus- und Unterrichtsminister in das Ministerium Auerswald/Hansemann, trat aber bereits am 4. 7. wieder zurück, weil er mit der Haltung der Regierung in der deutschen Frage nicht einverstanden war. Im November 1848 trat er mit dem Berliner Parlament der konterrevolutionären Regierung des Grafen Brandenburg entgegen. Als die zweite preußische Kammer am 27. 4. 1849 aufgelöst wurde, lehnte er eine weitere Abgeordnetentätigkeit ab."

[15] Programm der Fraktion Rodbertus, datiert vom 3. Juni 1848, in: Die deutschen Parteiprogramme, hrsg. von Felix Salomon H. 1 (1848–1871), 3. Aufl., Leipzig 1924, S. 60f.; vgl. auch Karl Rodbertus, Gesammelte kleine Schriften, hrsg. von Moritz Wirth, Berlin 1899, S. 181–212.

Rodbertus gehörte zu den markantesten Persönlichkeiten der bürgerlich-demokratischen Linken in der 48er Revolution. Karl Marx sah seinen Einfluß bei aller kritischen Distanz im einzelnen und grundsätzlichen für so erheblich an, daß er zur Zeit seiner berühmten Juni-Ansprache an den Kommunistenbund in Rodbertus den kommenden Regierungschef in Preußen sah, der eine soziale und liberale (linksbürgerliche) Republik anstrebe, ohne freilich den Forderungen der Kommunisten wirklich zu entsprechen.[16] Es sollte indes anders kommen, denn die Konterrevolution, begünstigt durch die inkonsequente und schwächliche Haltung der Bourgeoisie und ihrer soeben ins Leben getretenen parlamentarischen Körperschaften, gewann wieder die Oberhand: Nicht Rodbertus, der Führer der stärksten Fraktion wurde erster Minister, sondern das als verfassunggebende Versammlung tagende bürgerliche Parlament wurde von der preußischen Konterrevolution zunächst vertagt, dann von Berlin in die Provinzstadt Brandenburg abgeschoben und schließlich vom Militär *auseinandergejagt.* Ein offen reaktionäres Ministerium unter dem General Friedrich Wilhelm Graf von Brandenburg wurde eingesetzt, und der wenige Wochen zuvor für eben dieses Amt favorisierte Rodbertus wurde als „Fremder“ aus Berlin ausgewiesen und an seinem Wohnsitz Jagetzow unter Polizeiaufsicht gestellt.[17]

Eine Akte „betreffend den Generallandschaftsrath und ehemaligen Abgeordneten Rodbertus wegen politisch verdächtiger Führung“[18] gibt Auskunft über diese Überwachungsmaßnahmen. Sie enthält Briefe des Polizeipräsidenten an den Minister des Innern, von Manteuffel, vom Februar 1849 und Observationsberichte des Demminer Landrats über seine in Jagetzow befehlsgemäß geübte Überwachungstätigkeit an seine vorgesetzte Regierungsstelle in Stettin. In einem dieser Berichte (datiert vom 21. 11. 1851) wird zum Beispiel berichtet, daß

[16] Vgl. u. a. Karl Marx/Friedrich Engels. Der dänisch-preußische Waffenstillstand, in: MEW, Bd. 5, Berlin 1959, S. 397: „Wahrscheinlich ist die Nachricht vom Sturz Hansemanns noch vor der Abstimmung nach Frankfurt gekommen. Vielleicht wird sie bedeutend auf die Abstimmung influieren, besonders weil das erwartete Ministerium Waldeck und Rodbertus bekanntlich die Souveränität der Nationalversammlung anerkennt.“ Rodbertus selbst schrieb in seiner Autobiographie von 1866 rückblickend über diesen Sachverhalt wie folgt: „Gegen den Herbst war das linke Zentrum, als dessen Führer Rodbertus galt, die stärkste Fraktion der Nationalversammlung geworden, und jede neue Minister-Kombination wurde mit seinem Namen in Verbindung gebracht – bis die Katastrophe vom November eintrat“ (Karl Rodbertus, Autobiographische Skizze 1866, in: Gesammelte Werke und Briefe, hrsg. von Thilo Ramm, Bd. 1, Osnabrück 1972, S. XIX).

[17] „Der Generallandschaftsrath und frühere Staatsminister Rodbertus ist in eine Kategorie geworfen mit gefährlichen Agitatoren, zweifelhaften Liberalen und brotlosen Arbeitern“, schreibt Heinrich Dietzel treffend in seiner insgesamt recht dubiosen Monographie über Rodbertus aus dem Jahre 1886 (vgl. Heinrich Dietzel, Karl Rodbertus. Darstellung seines Lebens und seiner Lehre, 2 Bände, Jena 1886/88; zit. Bd. 1, S. 51).

[18] Vgl. Zentralarchiv der DDR, Abt. Merseburg, Rep. 77, Tit. 6, Lit. R. Nr. 156.

Rodbertus in verschiedenen Versammlungen von Demokraten in Stralsund aufgetreten sei, und in einem anderen meint der Landrat François, daß er Rodbertus auch weiterhin zu den überzeugten „Demokraten“ und „regierungsfeindlichen Personen“ zählen müsse, überhaupt, daß Rodbertus noch keine Anzeichen eines Gesinnungswechsels abgegeben habe.[19] Der Argwohn der nunmehr wieder triumphierenden Reaktion über den Ex-Kultusminister, verhinderten Ministerpräsidenten und Führer der zeitweise stärksten Fraktion in einer verfassunggebenden bürgerlichen Nationalversammlung wurde auch dadurch genährt, daß Rodbertus auch noch 1849, in der Niedergangsphase der Revolution, mit aufmüpfigen Flugschriften an die Öffentlichkeit trat. In der Schrift „Mein Verhalten in dem Conflikt zwischen Krone und Volk“ (Berlin 1849) protestierte Rodbertus nämlich mit Pathos und Ingrimm gegen die „furchtbare Rechtsverletzung“ seitens „der Krone“ und ihrer Helfershelfer: „Wenn die Auflösung und die Vernichtung der Versammlung [der verfassunggebenden Nationalversammlung in Frankfurt und Berlin] seitens der Krone beinahe ein ähnliches Unrecht ist, als die Versammlung begangen haben würde, wenn sie die Krone abgeschafft hätte – so wird mir niemand bestreiten, daß ich als Mitglied dieser Versammlung und als Abgeordneter des Preußischen Volkes ... vor meinem Gewissen und dem Lande verpflichtet bin, lauten Protest gegen diese furchtbare Rechtsverletzung der Auflösung der Versammlung zu erheben.“[20] Die Krone und das Ministerium habe „zu dieser furchtbaren Rechtsverletzung gegen die *Versammlung* noch eine zweite furchtbarere gegen das *Volk* hinzugefügt. Es hat nicht bloß die *Versammlung*, die Personifikation des Volkes zur Vereinbarung, vernichtet, es hat das *Recht des Volkes* zur Vereinbarung der Verfassung selbst zu vernichten gesucht, indem es eine solche Verfassung dem Volke *einseitig* gegeben hat.“[21] Das bezieht sich auf die vom preußischen König am 5. Dezember 1848 einseitig oktroyierte Scheinverfassung, die ein Minimum an Konzessionen mit einem Maximum an Repression und Knebelung verband. Über diese Scheinverfassung heißt es in der Rodbertusschen Flugschrift im Sperrdruck wie folgt: „Die Verfassung ist oktroyiert, soweit sie dem Volke sein Recht *nimmt*; sie ist nicht oktroyiert, soweit sie ihm eins der wichtigsten Rechte *geben* sollte, die Bürgschaft, sicher zu sein vor den Dienern der Exekutivgewalt.“[22] Diese Scheinverfassung enthalte überdies flexibel auslegbare Notstands-Paragraphen, die in fast beliebiger Weise

19 Vgl. Acta betreffend den Generallandschaftsrath und ehemaligen Abgeordneten Rodbertus wegen politisch verdächtiger Führung im Zentralarchiv der DDR, Abt. Merseburg, Rep. 77, Tit. 6, Lit. R. Nr. 156; vgl. auch Susanne Fechner, Karl Rodbertus, seine sozialpolitischen Auffassungen und seine Stellung zur Arbeiterbewegung, Diplomarbeit, Sektion Geschichte, der Universität Jena 1977, S. 56f.

20 Karl Rodbertus, Mein Verhalten in dem Conflict zwischen Krone und Volk. An meine Wähler, Berlin 1849; in: Karl Rodbertus, Gesammelte kleine Schriften, hrsg. von Moritz Wirth, Berlin 1890, S. 198.

21 Ebenda.

22 Ebenda, S. 201.

eine Außerkraftsetzung von Grundrechten ermögliche: „Diese Verfassung“, so heißt es, sei „in ihren wichtigsten Rechten nicht nach einer *Seite* sichergestellt, von welcher doch in jüngster Zeit der Umsturz des Rechts bei uns gekommen ist – nach und von seiten der *eigenen* Exekutivgewalt.“[23] „Bei der Auslegung des Begriffes von Aufruhr“, so Rodbertus, „wird die Exekutivgewalt immer ihre guten Gründe haben, lax zu sein, und es hängt also der Bestand der persönlichen Freiheit, der Unverletzlichkeit der Wohnung, des Rechtes auf den gesetzlichen Richter, der Freiheit der Presse, des Versammlungs- und des Vereinigungsrechtes *verfassungsmäßig* von solcher *laxesten* Auslegung ab. Die *willkürlichsten* Strafen können von der Militärgewalt *verfassungsmäßig* verhängt werden . . . und selbst das *Militär*strafgesetzbuch braucht der Gewalt keine Norm zu sein.“[24] So sei besonders der Artikel III der oktroyierten Verfassung „als das Grab jeder Freiheit des preußischen Volkes zu betrachten“[25].

Insgesamt sei Tatsache, daß sich „aus der ersten wahren Revolution, die Preußen heimgesucht“ habe, „ein neues, alle früheren, alle verheißenden und *alle künftigen Rechte des Volkes wieder verschlingendes Recht einer abermalig absoluten Krone*“ erhoben habe.[26]

Es ist begreiflich, daß ein Mann, der solches denkt, schreibt und auch noch drucken läßt, nicht zu den anerkannten Stützen der nunmehr aufs neue etablierten „konterrevolutionären Adelsherrschaft“[27] gezählt werden konnte. Die polizeiliche Überwachung war noch das Geringste, was man einem solchen Mann vom Standpunkt dieses Regimes zukommen lassen mußte. Sicher hat jedoch der Umstand, daß Rodbertus in ökonomischer Hinsicht völlig unabhängig war und er auf seinem Landgut in Pommern relativ ungefährlich für die in Berlin gemachte Politik leben konnte, dazu beigetragen, es bei der bloßen polizeilichen Überwachung zu belassen. Zahlreiche seiner politischen Parteifreunde hingegen, die nicht so unabhängig waren wie er, mußten ins Exil gehen. Ins „Exil“, so verstand es Rodbertus selbst, sei auch er gezwungen worden. Zumindest in einem Brief an einen seiner Freunde aus der auseinandergejagten Nationalversammlung, der im damals noch nichtpreußischen Schleswig-Holstein sein Unterkommen gefunden hatte und der das durch die Umstände erzwungene einsame Landleben von Rodbertus scherzhaft als Hang zum „Stilleben“ ironisiert hatte, charakterisierte Rodbertus seine Lage nach 1849 als eine erzwungene „innere Emigration“: „Im Gegenteil, es brennt mir oft unter den Sohlen; aber wie weit größere Talente unserer Partei als ich zu der politischen Untätigkeit eines auswärtigen Exils verdammt, fühle ich mich gleichsam zu der eines inneren verdammt.“[28] Und gleich-

[23] Ebenda, S. 205. [24] Ebenda.
[25] Ebenda, S. 206. [26] Ebenda, S. 208.
[27] Grundriß zur deutschen Geschichte, hrsg. vom Zentralinstitut für Geschichte der Akademie der Wissenschaften der DDR, 2. Aufl., Berlin 1979, S. 256ff.
[28] Karl Rodbertus, Brief an Karl Ph. F. Francke vom 5. Oktober 1859, in: Karl Rodbertus, Gesammelte Werke und Briefe, hrsg. von Thilo Ramm, Bd. 4, Osnabrück 1972, S. 15.

sam als Beweis dafür, daß seine nach außen erzwungene politische Untätigkeit auf dem pommerschen Landgut weitab von allen politischen Zentren nicht mit geistiger Trägheit und Hang zum „Stilleben" verwechselt werden dürfe, vertraut er dem Briefpartner seine geheimsten Gedanken von künftigen nationalen und sozialen Umwälzungen auf den Territorien des Deutschen Bundes mit. Er sieht „stürmische Zeiten" voraus, „solche . . . entweder des Umsturzes von unten oder der Gewalt von oben. Höchstwahrscheinlich würden aber beide Mächte in dieser Frage Hand in Hand gehen. Jedenfalls", so meint Rodbertus, „wird *Gewalt* notwendig werden, Gewalt gegen die sich widersetzenden Partikularinteressen und Abwehr gegen einen Teil Europas."[29] Und eines glaubt Rodbertus in seinem ihm aufgezwungenen „inneren Exil" „ganz gewiß zu wissen: daß nämlich bei der nächsten politischen Eruption die deutsche Demokratie nur demjenigen zufallen wird, der zur rechten Zeit das rechte Wort zu sprechen weiß, mag er sich heute schon rühren oder noch stillsitzen, und daß diese Eruption in ihrer *sozialen* Richtung weit über Euren volkswirtschaftlichen Kongreß, und in ihrer nationalen weit über das Eisenacher Programm wegspringen wird. Glaube aber nicht, daß ich meine, Republik wäre das richtige Wort."[30] Darin schwang die Absage an den „reinen" Liberalismus seines Freundes und die Hinwendung zu sozialen Theorien und Strukturen, die ihm schon seit den dreißiger Jahren durch seine in Frankreich geknüpfte Bekanntschaft mit der Schule Saint-Simons nahegelegen und die sich bereits in den „Forderungen der arbeitenden Klassen" (1839) und in der Schrift „Zur Erkenntnis unserer staatswirthschaftlichen Zustände" niedergeschlagen hatten.

Mag man nun die zweite Hälfte des Lebens von Rodbertus gemäß der aus dem Jahr 1859 stammenden Äußerung als durch die Umstände aufgezwungenes inneres Exil werten oder mag man diesen Rückzug ins private Landleben und Privatgelehrtendasein als einen freien oder durch Resignation nahegelegten Entschluß oder auch nur als Schmollwinkel deuten, fest steht, daß der unter Polizeiaufsicht stehende Ex-Minister der 1848er Revolutionsregierung bis zu seinem Tode am 6. Dezember 1875 nicht mehr als aktiver Politiker in Erscheinung trat. Als gebranntes politisches Kind scheute er fortan zumindest das große Feuer. Seine zurückgezogene Gutsherren- und Privatgelehrtenexistenz schloß jedoch nicht aus, daß er durch publizistische Tätigkeit wie durch seine vielfältigen gesellschaftlichen Kontakte als Ex-Minister und Angehöriger des pommerschen Grundbesitzes wie auch durch seine weitverzweigte Korrespondenz, unter anderem mit Ferdinand Lassalle, dem Sozialdemokraten Hasenclever sowie dem auch mit Marx und Engels in brieflicher Beziehung stehenden Publizisten Rudolf Meyer, eine gewisse hintergründige politische Rolle spielte. Er versuchte auch eine Art Widerstand gegen das nach 1849 etablierte dezidiert reaktionäre Regime, indem er seine ehemaligen Parteifreunde zum Boykott der Landtags- und Kreistags-

[29] Ebenda, S. 13.
[30] Ebenda, S. 14.

wahlen aufforderte.[31] Als einer „der Männer von 1848" sah es Rodbertus bis in die sechziger und siebziger Jahre als „unzeitgemäß" an, Regierungsämter in einem Regime zu bekleiden, das die Hoffnungen von 1848 zerschlagen hatte. Er lehnte daher „gleich anderen Mitgliedern der früheren Demokratie die ihm angetragenen Kandidaturen ab"[32].

Als einer „der Männer von 1848 "geriet Rodbertus aber auch bald in Zwiespalt mit jenen seiner ehemaligen Parteifreunde, die ihre Ideale von 1848 stückweise preisgaben, indem sie sich 1859 dem „Nationalvereine" und 1861/62 der zum Nationalliberalismus sich häutenden „Fortschrittspartei" anschlossen und in harmlos oppositioneller Weise für einen kleindeutschen „liberalen" Bundesstaat unter preußischer Hegemonie eintraten: „Die Stiftung des Nationalvereins", so Rodbertus in seiner Autobiographie, „ward dann der erste Grund seiner *Trennung* von seinen früheren Freunden." [33]

„Zu einer *vollständigen Trennung* von den meisten seiner früheren Freunde" habe „dann die Stiftung der Fortschrittspartei und deren Programm und Auftreten in der Session 1862/63" geführt. Er habe dieses Programm „weder durch die Verfassung noch die Macht und den Boden der Partei im Volk für gerechtfertigt" gehalten und deshalb „in Unterhaltungen und Korrespondenz mit hervorragenden Führern der liberalen Partei sowie durch den Druck als durch und durch unpolitisch verdammt". Er sei „nämlich in Bezug auf die Verfassung seiner Auslegung von 1848, die damals die gesamte Demokratie teilte, treu geblieben"[34].

Zu diesen politischen Differenzen und Divergenzen komme schließlich noch ein „wissenschaftlicher Zwiespalt", der die ersteren verfestige und gleichsam zementiere. „Nationalökonomisch", so im lapidaren Text der für ein Lexikon bestimmten „Autobiographischen Skizze", „ist die Fortschrittspartei lediglich Manchesterschule, während Rodbertus in dieser Lehre . . . eine völlige Verkennung des Wesens des Staates erblickt." Nur „dem oberflächlichen Blick" dieser Schule stelle

[31] Vgl. Karl Rodbertus, Autobiographische Skizze, 1866, a. a. O., S. XX: „In den nächsten Jahren beteiligte sich R. nicht weiter an der Politik, als daß er seinen Einfluß anwandte, *die Demokratie in der Enthaltung von den Wahlen zu stärken* . . ." Zu dieser Taktik des Wahlboykotts heißt es frohlockend in einem Brief an seinen politischen Freund v. Berg wie folgt: „Nicht bloß wie recht, sondern auch wie klug war doch unser *Nichtwählen*. . . ! Jetzt, wo wir uns ferngehalten haben, zerbröckelt die Reaktionspartei Stück für Stück und das Regiment fällt immer mehr dem Theil derselben zu, bei dem der Umschlag . . . erfolgen muß" (Karl Rodbertus, Brief an von Berg vom 9. 11. 1849, in: Zentralarchiv der DDR, Abt. Merseburg Rep. 77). Rodbertus motiviert die Taktik des Wahlboykotts durch die Erklärung, daß Wählen *Vertrauen* heißt, Wahlenthaltung also Mißtrauen demonstriert: „. . . was heißt denn Wählen anderes als Vertrauen, daß man auf den heutigen politischen Zustand Preußens für die nächste Generation weiter bauen kann? (Karl Rodbertus, Brief an von Berg vom 11. 3. 1850, in: Zentralarchiv der DDR, Abt. Merseburg).

[32] Karl Rodbertus, Autobiographische Skizze, 1866, a. a. O., S. XXI.

[33] Ebenda, S. XXI.

[34] Ebenda.

sich „der Verkehr“ als „ein – schlecht oder recht – *von selbst gehendes Getriebe* dar. Die Freihandelsschule sagt von vornherein ‚recht‘, macht dadurch die Nationalökonomie zur Physik und hat nun keine Aufforderung mehr, der wissenschaftlichen Natur jener Funktionen nachzuspüren.“[35] Die freihändlerischen Postulate, so erklärt er in einem Brief seine „prinzipielle Meinungsverschiedenheit“, hätten „nur den *negativen* Wert, den letzten feudalen Schutt fortzuräumen zu helfen. *Positiv*“ würden „sie den Völkern so wenig ein befriedigendes materielles Dasein sichern, daß das, was man die soziale Frage nennt, gerade erst dann, wenn Ihr [der Briefpartner Karl Ph. F. Francke und seine freihändlerischen Freunde] alle Eure Zwecke durchgesetzt haben werdet, in seiner größten Dringlichkeit auftreten wird.“ Er, Rodbertus, „träume also von nichts weniger als von der Bastiatischen Harmonie“. Er bedauere die „Oberflächlichkeit“ dieser Postulate „und die Ausartung der Wissenschaft, der sie mit dieser Oberflächlichkeit Vorschub leisten. Denn, wenn Du die Entwicklung der Theorie verfolgt hast, so ist die eindringende Tiefe, die das ältere Freihandelssystem von Smith bis Ricardo auszeichnet, seit Bastiat zu ein paar banalen Floskeln *verflacht*, mit der jetzt nur Nationalökonomie *gespielt* wird, oder, um den Grundirrtum, in dem Ihr schwebt, noch in anderer und philosophischer Weise zu bezeichnen: Ihr haltet in der Wissenschaft für logische Kategorien, was *nur historische* sind.“

Diese bis zur Historizität der ökonomischen Kategorien vorstoßende Motivierung bei der Absage an den vulgären Liberalismus des „Volkswirtschaftlichen Kongresses“ und des „Nationalvereins“ wurde einem 1859 geschriebenen Brief von Rodbertus an seinen ehemaligen Parteifreund K. Ph. Francke aus dem Revolutionsjahr entnommen.[36]

In einem unvollendeten Manuskript seines im Zentralarchiv der DDR lagernden wissenschaftlichen Nachlasses drückt Rodbertus den Gedanken der Historizität der ökonomischen Kategorien und Systeme in der Form einer Kritik an den überlieferten Systemen der politischen Ökonomie wie folgt aus:

„Nicht bloß die deutschen Nationalökonomen, auch die englischen und französischen haben uns kein System *der* Nationalökonomie geliefert, sondern nur nationalökonomische Systeme unserer Zeit . . . Mochten die Nationalökonomen das immerhin tun . . ., allein dabei konnte man zweierlei von ihnen verlangen, oder sie wußten nicht, was sie taten. Erstens, sie mußten ihr System richtig betiteln, sie mußten sie auch Systeme der Nationalökonomie unserer Zeit, *oder bestimmter: System der Nationalökonomie auf Grundlage des Grund- und Kapitaleigentums*, der Freiheit der Arbeiter und der Geldwirtschaft *nennen*, oder wieder, sie schrieben dieselben in bewußtloser Unschuld in die wissenschaftliche Welt hinein. Zweitens, wenn sie auch nur die Systeme unserer Zeit schrieben und selbst

[35] Ebenda, S. XXII.

[36] Vgl. Karl Rodbertus, Brief an Karl Ph. F. Francke vom 5. Oktober 1859, in: Karl Rodbertus, Gesammelte Schriften und Briefe, hrsg. von Thilo Ramm, Bd. 4, a. a. O., S. 10.

nur schreiben wollten, so mußten sie diese Zeit doch richtig auffassen und darstellen. Das vermochten sie aber nur, wenn sie sich zuvörderst das Woher und Wohin derselben gründlich klarmachten."[37]

Parallel zu dieser mit durchdringender Kritik verbundenen Absage an die vulgäre Manchesterlehre und seine ehemaligen Parteifreunde, die ihrerseits die Ideale von 1848 stückweise preisgegeben hatten, vollzog sich bei Rodbertus eine schrittweise, wenn auch höchst widersprüchlich bleibende Hinwendung zu den Kräften, die 1848 unter der Führung der „Neuen Rheinischen Zeitung" auf dem äußersten linken Flügel der liberalen Bourgeoisie gekämpft hatten, sich aber inzwischen nach der 1849 erfolgten Zerschlagung (Kommunistenprozeß in Köln) Anfang der sechziger Jahre als selbständige Klasse zu formieren begannen. Diese Neuformierung der Arbeiterbewegung in Deutschland begann bekanntlich unter der Einwirkung der Agitation Ferdinand Lassalles, der, wie Marx und Engels, aktiv an den Kämpfen der 48er Revolution teilgenommen hatte und dafür auch mehrfach eingekerkert und mit Hochverratsprozessen bedacht worden war. Marx hat später diese spezielle Leistung Lassalles bei der Wiedererweckung der deutschen Arbeiterbewegung ungeachtet der dabei begangenen Fehler durchaus positiv eingeschätzt: „Nach fünfzehnjährigem Schlummer rief Lassalle – und dies bleibt sein unsterbliches Verdienst – die Arbeiterbewegung wieder wach in Deutschland."[38]

Zwischen diesem Lassalle der Arbeiteragitation und dem vom vulgären Liberalismus zurückgestoßenen Ex-Minister Rodbertus kommt es jetzt zu einer merkwürdigen Beziehung. Im Drang und Überschwang der seit 1862 auf vollen Touren laufenden Arbeiteragitation hatte sich der 37jährige Lassalle und Arbeiterparteiführer in spe an den 57jährigen Ex-Parteiführer der 48er Revolution gewandt, der zugleich als Verfasser sozialkritisch getönter politökonomischer Schriften bekannt geworden oder ins Gerede gekommen war. Lassalle knüpfte diese Beziehung zu Rodbertus in der Hoffnung an, theoretische und praktische Unterstützung für seine Arbeiteragitation zu erhalten; er wollte sich des Revolutions-Ministers und des sozialen Schriftstellers als einer in Politik und Wissenschaft achtbaren Größe versichern. Rodbertus seinerseits ging auf diese Beziehung ein, weil er darin eine Möglichkeit sah, aus seiner unfreiwilligen Isolierung herauszutreten, die um so stärker wurde, je höher die bürgerlich-nationalliberalen „Fortschrittswogen" schlugen. Es kam also zwischen beiden seit 1862, im gleichen Jahr als Marx das umfangreiche Kapitel über Rodbertus in seinen „Theorien über den Mehrwert" zu schreiben begann,[39] zu einem lebhaften Briefwech-

[37] Vorwort zu einem unvollendeten Manuskript: „Neue staatswirthschaftliche Untersuchungen", in: Zentralarchiv der DDR, Abt. Merseburg, Nachlaß von Rodbertus, MS 6, Bl. 102.

[38] Karl Marx, Brief an J. B. Schweitzer vom 13. Oktober 1868, in: MEW, Bd. 32, Berlin 1965, S. 568.

[39] Vgl. Karl Marx, Herr Rodbertus. Abschweifung. Neue Theorie der Grundrente, in: Theorien über den Mehrwert, Zweiter Teil, in: MEW, Bd. 26.2, Berlin 1967, S. 7–157 und die redaktionelle Anmerkung hierzu, ebenda, S. 672.

sel,[40] zu einem regen Gedankenaustausch über politökonomische und soziale Fragen und auch zu öffentlichen Sympathiebekundungen. Lassalle charakterisierte Rodbertus in seiner Leipziger Rede „Zur Arbeiterfrage" (16. 4. 1863) als den „größten deutschen Nationalökonomen", der schon auf seiner und der Seite der Arbeiter stünde,[41] und Rodbertus verfaßte einen „Offenen Brief an das Comité des Deutschen Arbeitervereins", also an die Gründungsversammlung der von Lassalle wieder „wach gerufenen" deutschen Arbeiterbewegung. Dieser „Offene Brief" brachte neben demonstrativer Zustimmung zu den Zielen der von Lassalle organisierten Arbeiterbewegung auch ganz bestimmte Vorbehalte hinsichtlich der von Lassalle in Anschlag gebrachten Mittel,[42] besonders im Hinblick auf das Assoziationskonzept, wurde aber von Lassalle und den Zeitgenossen als offene Unterstützung der lassalleanischen Bewegung gedeutet. Noch Mehring urteilt so, wenn er 1893/94 wie folgt schreibt: „Als im Anfang der sechziger Jahre der Mob der Freihandelshausiererburschen über Lassalle herfiel, trat Rodbertus in seinem „Offenen Brief" an die Leipziger Arbeiter dem Angegriffenen zur Seite."[43]

Rodbertus ließ es allerdings bei dieser publizistischen Unterstützung und Zustimmung bewenden und wurde nicht, wie Lassalle es am liebsten gesehen hätte, Mitglied im Leitungsgremium des Allgemeinen Deutschen Arbeitervereins (ADAV).[44]

[40] Vgl. Briefwechsel zwischen Ferdinand Lassalle und Karl Rodbertus, in: Ferdinand Lassalle, Die Schriften des Nachlasses und der Briefwechsel mit Karl Rodbertus hrsg. von Gustav Mayer, Bd. 5, Stuttgart-Berlin 1925 (im folgenden Briefwechsel mit Lassalle).

[41] Diese Hervorhebung von Rodbertus in der Leipziger Rede „Zur Arbeiterfrage" hat folgenden Wortlaut: „Aber auch die Männer der Wissenschaft haben meinem Appell entsprochen: von dem größten deutschen Nationalökonom, Rodbertus, ist ein Brief gekommen, in welchem er für Ihre [der Arbeiter] Sache eintritt" (Ferdinand Lassalle, Gesammelte Reden und Schriften, hrsg. von Eduard Bernstein, Bd. 3, Berlin 1919, S. 145).

[42] Vgl. Karl Rodbertus, Offener Brief an das Comité des Deutschen Arbeitervereins zu Leipzig, Leipzig 1863. Wiederabgedruckt in: Karl Rodbertus, Gesammelte kleine Schriften, hrsg. von Moritz Wirth, a. a. O., S. 319–336.

[43] Franz Mehring, Zur neueren Rodbertus-Literatur, in: Die Neue Zeit, Wochenschrift der deutschen Sozialdemokratie Bd. 12.2, Stuttgart 1893/94, S. 528.

[44] Daß Lassalle diese Hoffnung hegte, steht außer Zweifel. Rodbertus vermerkt einmal rückblickend, Lassalle habe ihn „mit aller Gewalt in seine Agitation hineinziehen" wollen. Er spricht von einer „dringenden Aufforderung Lassalles, mich mit ihm an die Spitze der Arbeiteragitation zu stellen" (Karl Rodbertus, Briefe und socialpolitische Aufsätze, a. a. O., S. 139 u. 210). Das von Otto Dammer, dem späteren Vize-Präsidenten des ADAV, an Rodbertus gerichtete Einladungsschreiben zur Teilnahme an der Gründungsversammlung des ADAV drückt diese Hoffnung auf Mitarbeit wie folgt aus: „Bei der Bedeutung, welche die Gründung dieses Vereins hat, ist es gewiß von Wichtigkeit, daß die ersten Autoritäten des Vaterlandes, die aufrichtigen Freunde des Volkes, bei derselben vertreten sind" (vgl. Zentralarchiv der DDR, Abt. Merseburg, Rep. 92, Nachlaß Rodbertus, A. Nr. 10, Bl. 10).

Die briefliche Verbindung mit Lassalle und anderen Mitgliedern des ADAV hielt jedoch ebenso unvermindert an wie das Interesse von Rodbertus an dieser ersten organisierten Form der deutschen Arbeiterbewegung Anfang der sechziger Jahre (die von Bebel und Liebknecht geleitete „Sozialdemokratische Arbeiterpartei“ entstand erst 1869).[45]

Er hält sich – zum Befremden seiner junkerlichen Nachbarn und zum Verdruß sogar für seine Familie – das publizistische Organ der Lassalleaner, den „Socialdemokraten“, er gesteht einem seiner Briefpartner in halb koketter Weise ein, daß er „in der Silvesternacht [1870/71] einen verstohlenen Schluck Punsch auf die Gesundheit der *Internationalen* trinken würde“[46], er scheut sich auch nicht, wie er einmal formuliert, „mit Hasenclever [dem Nachfolger Lassalles] zu einer Partei zu gehören“[47]. Er bekennt, „dem Sozialismus eben so innerlich wie innig verbunden zu sein, als [er sich] unverhohlen und öffentlich ihm angetraut habe“[48]; er will noch als Siebzigjähriger, kurz vor seinem Tode, selbst im „Socialdemokraten“ publizieren[49] und quittiert eine der wohlwollenden Notizen dieser Zeitung über seine Person mit den bekenntnisartigen Worten: „Was der ‚Socialdemokrat‘ gestern über mich brachte, hat mich gefreut, denn soweit der Kern der sozialdemokratischen Partei ein rein wirtschaftlicher ist, gehöre ich ihr mit ganzer Seele an.“[50] (Darin liegt natürlich auch eine Einschränkung, aber darauf wollen wir erst später eingehen.) Auch der letzte, gleichsam resümierende Satz des „Offenen Briefes an das Comité des deutschen Arbeitervereins zu Leipzig“ beinhaltete eine öffentliche Solidarisierung dieser Art: „Ich nenne mich in Ihren [der Arbeiter] sozialen Bestrebungen der Ihrige.“[51]

Die Abwendung von seinen bürgerlich-liberaldemokratischen Parteifreunden und die damit im Zusammenhang stehende Neuorientierung auf die entstehende und erstarkende Arbeiterbewegung läßt sich schließlich durch die markanten Äußerungen belegen, „als Kandidat bei den Sozialisten“ zur Reichstagswahl auftreten zu wollen.

45 Daß der ADAV in diesen Jahren trotz seiner Mängel eine Organisation der *sozialistischen* Arbeiterbewegung dargestellt habe und *nicht* bloß „eine quasi bürgerliche, auf die Integration der Arbeiterklasse in das bestehende Wirtschafts- und Herrschaftssystem“ abzielende Organisation, betont auch Wolfgang Schröder im Jahrbuch für Geschichte, hrsg. vom Zentralinstitut für Geschichte der AdW der DDR, Bd. 21, Berlin 1980, S. 179. Diese Version widerspreche „eindeutig den tatsächlichen Verhältnissen“ und stamme aus dem Arsenal der rechtssozialdemokratischen Historiographie (vgl. Wolfgang Schröder, Der Berliner Entwurf des Vereinigungsprogramms von 1875 und seine Stellung im Vereinigungsprozeß von SDAP mit ADAV, Berlin 1980, S. 169).

46 Karl Rodbertus, Briefe und socialpolitische Aufsätze, a. a. O., S. 155.

47 Ebenda, S. 365.

48 Ebenda, S. 435.

49 Ebenda, S. 362.

50 Ebenda, S. 141.

51 Vgl. Karl Rodbertus, Gesammelte kleine Schriften, hrsg. von Moritz Wirth, a. a. O., S. 336.

So heißt es in einem Brief vom 26. Dezember 1873 im Hinblick auf eine die sozialen Widersprüche scharf hervorhebende Einkommensstatistik, die Rodbertus in einem der sozialdemokratischen Blätter veröffentlichen lassen wollte, wie folgt: „Die Arbeiter und Sozialisten müßten mich dafür in den Reichstag wählen – wenn ich wieder gesund zurückgekehrt sein werde. Ich würde ihr Mandat annehmen." [52] Voller diesbezüglicher Zukunftserwartung schreibt er daher in einem anderen Brief wenige Wochen später , in dem er auch von „einer sozialistischen Kampagne, die wir beginnen wollen" berichtet, ungeachtet seines eigenen, von schwerer Krankheit gezeichneten Gesundheitszustandes, folgendes: „Ich fahre seit Wochen nur im Rollstuhl. Und doch blicke ich immerfort nur in die Zukunft, und diese hat einen wundersam rosigen Schimmer für mich, der mich erhebt und mein körperliches Leiden vergessen läßt." [53]

Franz Mehring hat diese Stelle später aufgegriffen und in Polemik gegen opportunistische Kleinmütigkeit wie folgt argumentiert: „Was den Sozialisten macht, ist die unbedingte Siegeszuversicht und die unerschütterliche Überzeugung, eine neue Welt schaffen zu können. Das gilt keineswegs bloß von den Marxisten, sondern von allen Sozialisten, die sich je in der Geschichte einen Anspruch auf diesen Ehrennamen erworben haben: von dem sterbenden Saint-Simon, der die Begeisterung für notwendig erklärte, um große Dinge zu vollbringen, bis zu dem sterbenden Rodbertus, der die Zukunft, in wundersam rosigem Lichte' sah. Das waren", wie Mehring unter ironischer Aufnahme eines gegen die „Liebknechtgruppe" erhobenen Vorwurfs anmerkt, „gewiß ‚Illusionäre', aber solche ‚Illusionäre' bringen es gewöhnlich weiter als die braven Philister, denen die Vorsicht der bessere Teil der Tapferkeit ist." [54]

Jetzt kurz zu der Stellung, die Rodbertus zu Marx bezogen hat. Da ist festzuhalten, daß Rodbertus nur den Karl Marx des ersten Bandes des „Kapitals" kennen und beurteilen konnte, denn Band II und Band III erschienen 10 bzw. 20 Jahre nach seinem Tode. Rodbertus hat auch weder den „Anti-Dühring" noch die „Kritik des Gothaer Programms" noch die „Theorien über den Mehrwert" kennen können. Auch die deutsche Ausgabe des „Elends der Philosophie" mit der gegen den „Rodbertusianismus" gerichteten Vorrede von Friedrich Engels erschien viele Jahre nach seinem Tode. Aus rein chronologischen Gründen kannte Rodbertus also nur den kleineren Teil der Marx/Engelsschen Schriften und nicht eine einzige Zeile der von den Klassikern gegenüber seiner Anschauung vorgebrachten Argumentationen.

Umgekehrt verhielt sich die Sache etwas anders: Rein chronologisch lagen die wichtigsten Rodbertusschen Schriften, angefangen vom systematischen Frühwerk aus dem Jahre 1842 (Zur Erkenntnis unserer staatswirthschaftlichen Zu-

[52] Karl Rodbertus, Briefe und socialpolitische Aufsätze, a. a. O., S. 462.
[53] Ebenda, S. 362.
[54] Franz Mehring, Kritische Anmerkungen, Artikel, in: Franz Mehring, Gesammelte Schriften, Bd. 8, Berlin 1967, S. 433.

stände) über die 1850/51 erschienenen drei „Socialen Briefe“, das 1858 veröffentlichte Buch über die Handelskrisen bis hin zum 1863 erschienenen „Offenen Brief“ an das Leipziger Arbeiter-Comité und den 1871 veröffentlichten „Normal-Arbeitstag“, gleichsam geschlossen zu Lebzeiten der Klassiker des Marxismus vor. Doch es gab zu Lebzeiten von Rodbertus weder in diesen Schriften noch sonstwo eine von Rodbertus *selbst* veröffentlichte oder von ihm autorisierte Argumentation, die sich kritisch oder abfällig über Marx verbreitet hätte. Was Engels 1884/85, 10 Jahre nach Rodbertus' Tod aus dem von Rudolf Meyer 1881 veröffentlichten Briefwechsel aufgriff, sind briefliche Aussagen aus dem Jahre 1870/71, die nicht zur Veröffentlichung bestimmt waren, die auch sinngemäß nicht in den von Rodbertus veröffentlichten Schriften auftauchen.

Was aber sagt Rodbertus in diesen vertraulichen Briefen an den später so unvertrauenswürdigen Rudolf Meyer? Er schreibt, und das ist die auch von Engels zitierte Hauptstelle, wie folgt: „Woraus der Mehrwert des Kapitalisten entspringt, habe ich in meinem 3. sozialen Brief im Wesentlichen ebenso wie Marx, nur viel kürzer und klarer, gezeigt.“ [55] Auf diese Stelle rekurriert die von bestimmten bürgerlichen Ideologen und nicht von Rodbertus, nachträglich hochgespielte Prioritätsfrage, auf die Engels einzugehen sich veranlaßt sah. Marx kannte diesen Brief und hatte diesen vermessenen Anspruch nach der Aussage von Engels mit der gelassenen Bemerkung quittiert, daß, wenn er weiter nichts behaupte, so könne ihm dies schon recht sein, und daß Rodbertus seine eigene Darstellung für die kürzere und klarere halte, dieses Vergnügen könne er ihm auch lassen.[56]

Damit hielt Marx, so schreibt Engels, „die ganze Sache für erledigt“ und langfristig gesehen, hatte er damit vollkommen recht. Es gibt heute unter ernstzunehmenden bürgerlichen Wissenschaftlern keinen mehr, der Marx des Plagiats an Rodbertus bezichtigen würde.

Die Sache hat jedoch noch eine andere Seite, die bisher kaum bedacht worden ist, die aber gerade hier bei der Einschätzung der von Rodbertus zu den Marxschen Theorien *inhaltlich* bezogenen Position von Bedeutung ist. Ein Prioritätsanspruch, so muß hier festgestellt werden, ist doch kein Widerlegungsanspruch: Ein Prioritätsanspruch, er mag begründet sein oder nicht, ist auch keine inhaltliche Konfrontation, sondern eher das Gegenteil; eine *Identifikation* mit dem, was der andere denkt und veröffentlicht. Der Streitpunkt lag „lediglich“ in der Frage der Urheberschaft, nicht in der Frage der inhaltlichen Richtigkeit. Der von Rodbertus völlig unbegründet erhobene Plagiatsvorwurf und Prioritätsanspruch[57]

[55] Karl Rodbertus, Briefe und socialpolitische Aufsätze, a. a. O., S. 111.

[56] Vgl. Friedrich Engels, Vorwort zu Karl Marx, Das Kapital, Zweiter Band, in: MEW, Bd. 24, Berlin 1963, S. 14.

[57] Hierzu wurde alles Notwendige in den Vorreden von Friedrich Engels zum zweiten Band des „Kapitals“ und zur deutschen Ausgabe vom „Elend der Philosophie“ gesagt (vgl. MEW, Bd. 21, a. a. O., S. 175ff. und MEW, Bd. 24, a. a. O., S. 7ff.).

implizierte also zumindest *inhaltlich* keine Konfrontation, sondern eigentlich weitgehende Zustimmung, eben inhaltlich. Daß eine solche als Prioritätsanspruch auftretende inhaltliche Identifizierung in der Regel mit persönlicher Gereiztheit einhergeht, ist ebenso normal wie das aus dieser Situation geborene Bestreben, dem anderen Reflektanden auf diese in der Urheberschaft angeblich strittige Theorie Irrtümer wenigstens in einigen Teilfragen nachzuweisen oder nachzusagen. Das hat Rodbertus auf seine Weise versucht, aber eben nur in persönlichen Briefen, nicht in seinen Hauptschriften, die ohnehin 10 bis 17 Jahre und im Hinblick auf den zweiten und dritten Band des „Kapitals" sogar 35 bis 45 Jahre *vor* den Marxschen Hauptschriften erschienen sind. In diesen Briefen aber zeigt sich Rodbertus neben seinen kritischen Einwendungen auch positiv stark beeindruckt vom ersten und einzigen Band des „Kapitals", den er kennen konnte: „Ich komme jetzt oft in den Fall", so heißt es in dem gleichen Brief, den auch Engels heranzog, „in Marx nachzulesen, und so fiel mein Auge auch gestern auf die sonst wunderschöne Stelle p. 140[58] vom Absatz ‚die Sphäre der Zirkulation' usw. an bis zum Ende des Abschnitts. Lesen Sie, sie ist kostbar."[59] Das ist, dem Kern nach, eine Zustimmung zu einer wichtigen Stelle im ersten Band des „Kapitals", in der Marx die *Gerberei* alias Ausbeutung der vom *freien Arbeiter* zu Markt getragenen Ware Arbeitskraft beschreibt. In einem anderen Brief aus dem gleichen Jahr identifiziert sich Rodbertus mit dem für die Marxschen Konzeptionen so grundlegenden Begriff der *Gesellschaftsformation.* Man werde, so heißt es, „den Kapitalbegriff nicht eher präzis herausstellen, als bis man seinen realen Inhalt an drei verschiedenen Weltzuständen prüft (Gesellschaftsformationen, wie Marx sich gut ausdrückt): an dem antiken, an welchem noch Menscheneigentum, an dem modernen, in welchem Grund- und Kapitaleigentum, und an einem idealen, in welchem nur Einkommenseigentum gilt"[60]. Eine zustimmende Aussage findet sich auch in einem unveröffentlichten Nachlaßwerk, in dem Rodbertus seine Auffassungen systematisch und zusammenfassend darstellen wollte. In einem Manuskript unter dem Titel „Neue staatswirthschaftliche Untersuchungen", an dem Rodbertus bis in die siebziger Jahre arbeitete, ohne fertig zu werden, findet sich nach dem Satz „Arbeit ist, wie hier angenommen wird, in letzter Analyse die einzige Produktivkraft, welche wirtschaftliche Güter herstellt" der durch Anstreichung hervorgehobene Fußnotenvermerk: „Ebenso Marx' berühmtes Werk ‚Das Kapital', Hamburg, Otto Meißner, 1867"[61].

Die Stellung von Rodbertus zum ersten Band des „Kapitals", Ende der sechziger und Anfang der siebziger Jahre, kann also nicht mit der eines aus politisch-reaktionärem Engagement feindseligen Marx-Kritikers gleichgesetzt werden.

[58] Vgl. Karl Marx, Das Kapital, Erster Band, in: MEW, Bd. 23, Berlin 1962, S. 189f.

[59] Karl Rodbertus, Briefe und socialpolitische Aufsätze, a. a. O., S. 112.

[60] Ebenda, S. 90.

[61] Karl Rodbertus, Neue staatswirthschaftliche Untersuchungen, in: Zentralarchiv der DDR, Abt. Merseburg Rep. 96, Nachlaß von Rodbertus, MS 6, Bl. 27.

Eher noch ließe sich in dieser Haltung die Attitüde eines älteren, fast siebzigjährigen, eigensinnigen Mannes erkennen, der sich von dem Meisterwerk eines erst 48/49jährigen Genies mit einem Schlag überflügelt sieht und nicht anders kann, als dieses oder jenes Haar in der Suppe seines Konkurrenten zu sehen. Noch richtiger freilich dürfte sein, die Stellung von Rodbertus zum Meisterwerk des 13 Jahre jüngeren Marx historisch-personengeschichtlich zu sehen; personengeschichtlich in dem Sinne, daß sich in dieser wie immer widersprüchlich bleibenden Hinwendung erst zu Lassalle und dann zu Marx die Entwicklung und Wandlung eines unter anderen zeitlichen, sozialen und regionalen Bedingungen aufgewachsenen Intellektuellen der älteren Generation dokumentiert; eine Entwicklung und Wandlung in dem Sinne, daß ein den bürgerlich-demokratischen Idealen der 48er Revolution verschworener Politiker und Denker sich suchend, zögernd, irrend und teilweise auch schon „findend" Positionen annähert, die schon von dem Koordinatensystem einer neuen Klasse bestimmt werden.

Die organisatorische Vereinigung der zwei historischen Stränge der deutschen Arbeiterbewegung, nämlich der Lassalleaner und der 1869 gegründeten Eisenacher Partei, hat Rodbertus *nicht* mehr erlebt. Der Vereinigungsparteitag von Gotha (vom 22. bis 27. Mai 1875) fiel in das gleiche Jahr wie der Sterbetag von Rodbertus. Rodbertus hat die Arbeiterbewegung also nur in ihrer vom Bruderkampf gezeichneten Spaltung sehen können. Das muß in diesem Zusammenhang als erschwerender Umstand für die Entwicklung und Wandlung eines aus der älteren Generation stammenden Intellektuellen in der durch Marx bezeichneten Richtung hervorgehoben werden. Für die Bismarcksche Politik prophezeite der alte Rodbertus eine entscheidende Niederlage in der „sozialen Frage", und in der Erhebung der Pariser Kommune erkannte er – wenn auch noch in unklarer Form – ein Ereignis von weltgeschichtlicher Bedeutung.[62] Rodbertus starb einsam und einigermaßen verbittert am 6. Dezember 1875 auf seinem Landgut in Pommern. Sein Grab, jetzt auf dem Boden einer sozialistischen landwirtschaftlichen Produktionsgenossenschaft, die das ehemalige Gutshaus als Kulturhaus nutzt, ist noch heute in der Gemeinde Jagetzow, unweit von Jarmen und Anklam, zu sehen und steht neuerdings unter Denkmalschutz.

Begünstigt durch seine materiell unabhängige Lage schrieb und veröffentlichte Rodbertus in dem ihm durch das Scheitern der 48er Revolution aufgenötigten *inneren Exil* seine „Socialen Briefe an von Kirchmann", die zu den bekanntesten seiner Schriften geworden sind, da die nicht minder bedeutsame Schrift aus dem Jahre 1842 mehr oder weniger totgeschwiegen wurde und eine systematisch zusammenfassende Arbeit über seine politökonomischen Anschauungen nicht mehr fertiggestellt werden konnte.[63]

Der erste dieser Briefe erschien 1850 in Berlin mit dem Untertitel: „Die sociale

62 Vgl. Karl Rodbertus, Briefe und socialpolitische Aufsätze, S. 136 und 83.

63 Vgl. Karl Rodbertus, Neue staatswirtschaftliche Untersuchungen in: Zentralarchiv der DDR, Abt. Merseburg, Rep. 96, Nachlaß von Rodbertus, MS 6.

Bedeutung der Staathswirtschaft"; der zweite ein Jahr später mit dem Untertitel: „Kirchmanns sociale Theorie und die meinige"; der dritte trug den Untertitel: „Widerlegung der ricardianischen Lehre von der Grundrente und Begründung einer neuen Rententheorie", Berlin 1851. Den vierten sozialen Brief schließlich, mit dem bezeichnenden Titel: „Das Capital", nach brieflichen Äußerungen auch in der Zeit um 1851 verfaßt, verschloß Rodbertus mit bemerkenswerter Ängstlichkeit 25 Jahre lang in seinem Schreibpult. Es erschien erst 1884,[64] neun Jahre nach seinem Tode, ein Jahr nach dem Tode von Karl Marx.

Über die ersten drei „Socialen Briefe" liegen uns markante Äußerungen von Marx und Engels vor. So wird Rodbertus im ersten Band des „Kapitals" von Marx ausdrücklich bescheinigt, „das Wesen der kapitalistischen Produktion durchschaut" zu haben.[65] „In seinen ‚Socialen Briefen' war Rodbertus nahe dran, dem Mehrwert auf die Spur zu kommen", heißt es in einem Brief von Engels an Bebel (22. Dezember 1882).[66] „In Rodbertus' Schrift [ist] die Tendenz sehr anzuerkennen", schrieb Marx am 8. Mai 1861 an Lassalle.[67] In einem späteren Brief an Lassalle hieß es: „Was den Rodbertus angeht, so habe ich in meinem ersten Brief an Dich ihn nicht gerecht genug gewürdigt. Es ist wirklich vieles Gute darin ... So kindisch die positive Lösung des Herrn Rodbertus ist, ist jedoch eine richtige Tendenz drin ..."[68] Das wurde von Marx auch im Hinblick auf die von Rodbertus entwickelte Grundrententheorie formuliert, der wir im zweiten Hauptteil dieser Arbeit besondere Aufmerksamkeit widmen werden.

In einer Rezension zum ersten Band des „Kapitals" stellt Engels schließlich die Gestalt des Rodbertus – wenn auch mehr aus taktischen Gründen für das bürgerliche Publikum – ohne weiteres als Sozialisten neben Marx: Es sei eine für jeden Deutschen betrübende Tatsache, daß wir, das Volk der Dichter und Denker, auf dem Gebiet der politischen Ökonomie bisher so wenig geleistet haben. Die deutschen Berühmtheiten auf diesem Gebiet seien günstigstenfalls Kompilatoren wie Rau und Roscher, und wo etwas Originelles geliefert wird, fährt Engels fort, „da haben wir Schutzzöllner wie List ... oder *Sozialisten wie Rodbertus und Marx* [Hervorhebung – G. R.]. Unsre korrekte politische Ökonomie scheint es sich wirklich zur Aufgabe gestellt zu haben, jeden, der es mit der ökonomischen Wissenschaft ernstlich meint, dem Sozialismus in die Arme zu treiben"[69].

[64] Karl Rodbertus, Das Capital. Vierter socialer Brief an von Kirchmann (1851), postum hrsg. von Theophil Kozak, Berlin 1884 (im folgenden: Das Capital. Vierter socialer Brief).

[65] Karl Marx, Das Kapital, Erster Band, in: MEW, Bd. 23, a. a. O., S. 554, Anm. 17.

[66] Friedrich Engels, Brief an August Bebel vom 22. 12. 1882, in: MEW, Bd. 35, Berlin 1967, S. 416.

[67] Karl Marx, Brief an Ferdinand Lassalle vom 8. 5. 1861, in: MEW, Bd. 30, a. a. O., S. 604.

[68] Karl Marx, Brief an Ferdinand Lassalle vom 16. 6. 1862, in: MEW, Bd. 30, a. a. O., S. 627.

[69] Friedrich Engels, Rezension zum Ersten Band „Das Kapital" für die „Zukunft", in: MEW, Bd. 16, Berlin 1962, S. 207.

Marx und Engels haben diese globale Anerkennung später aus guten Gründen – aus Gründen, die in ihrem Objekt, in Rodbertus selbst lagen –, stark modifiziert und eingeschränkt: Rodbertus bleibe auf halbem Wege stehen, die „in der Tat kühnen Anläufe" der Rodbertusschen „Socialen Briefe" seien schließlich doch wieder der Gefahr erlegen, in solchen ideologischen Gemeinplätzen zu versanden.[70] In einer anderen Formulierung: „Der Mann war einmal nahe dran, den Mehrwert zu entdecken, sein pommerscher Grundbesitz hat ihn daran verhindert."[71] In einer den zeitgeschichtlichen Umständen entsprechenden Weise wurde diese marxistische Kritik an Rodbertus von Engels in der Vorrede zur zweiten Auflage des „Elends der Philosophie" und in der Vorrede zum zweiten Band des „Kapitals" vollzogen. Wir kommen darauf noch zurück.

Kühne Anläufe, die in ideologischen Gemeinplätzen zu versanden drohen, eine fast vollzogene Mehrwertentdeckung, die durch Verhaftung in einer Grundbesitzerideologie teilweise wieder verschüttet und entschärft wurde, das sind die in der Tat beträchtlichen Widersprüchlichkeiten, die das Leben und Wirken von Karl Rodbertus durchziehen. Er habe – wie es in einem Brief von Bebel an Engels heißt – „Kritik und Ideen, aber als konservativer Sozialist kommt er in den stärksten Widerspruch mit sich selbst"[72]. Betrachten wir zunächst diese „kühnen Anläufe", diese „Kritik" und „Ideen" in ihrer Anwendung auf die Analyse der kapitalistischen Produktionsweise.

II. Zur Kritik der kapitalistischen Produktionsweise durch Rodbertus

Auch wenn es aus europäischer Sicht zutreffend ist, daß Ricardos Wert- und Mehrwerttheorie schon vor Rodbertus in der „antikapitalistischen englischen Literatur der zwanziger und dreißiger Jahre" (Engels) eine sozialistische Ausdeutung erfuhr, bleibt es bemerkenswert, daß, entsprechend dem geringeren Entwicklungsstand der deutschen Verhältnisse, mit einem gewissen zeitlichen Abstand nun auch im Deutschland der dreißiger und vierziger Jahre kritisch und sozialistisch umformend an Ricardos Lehre angeknüpft wurde. So schrieb Rodbertus in seiner abgelehnten Erstlingsschrift von 1839 in Polemik gegen die Saysche Verflachung der Smithschen Theorien: „Die englische Schule indessen verfolgte unter Ricardo und MacCulloch die von Smith[73] hinterlassene Spur, blieb dem

[70] Friedrich Engels, Zusatz zur 3. Auflage des Ersten Bandes des „Kapitals", in: MEW, Bd. 23, a. a. O., S. 555, Anm. 17.

[71] Friedrich Engels, Brief an Eduard Bernstein vom 8. 2. 1883, in: MEW, Bd. 35, a. a. O., S. 428.

[72] August Bebel, Aus meinem Leben, Bd. 3, Berlin 1946, S. 197.

[73] Über Adam Smith formulierte Rodbertus an anderer Stelle folgenden bemerkenswerten Satz: Smith habe zwar „das Wort ‚Arbeit' in die Wissenschaft geworfen, aber über

Prinzip der Arbeit treu, und stellte aus diesem Grunde eine Theorie des Wertes auf, die zu dem Scharfsinnigsten gehört, was der menschliche Geist aufgefunden hat ... Und diese Ricardosche Theorie", fuhr Rodbertus fort, „die allerdings, soweit sie an die Lehre von der Grund- und Kapitalrente stößt, der Berichtigung und Ergänzung bedarf, ist es, die als der von der heutigen Wissenschaft selbst gegebene Fingerzeig zu betrachten ist."[74]

Was für *Fingerzeige* ließ sich Rodbertus durch die Ricardosche Theorie geben? Er entnahm ihr die Grundidee der Arbeitswerttheorie, erweitert zu einer Theorie des Arbeitseigentums, und fand, daß das empirisch durch seine Konzentration und Machtfülle besonders auffallende Grund- und Kapitaleigentum doch ganz offensichtlich nicht durch eigene Arbeit der Kapital- und Grundeigentümer zustande gekommen sein konnte. Rodbertus nannte dieses große Eigentum, das der von ihm in der Nachfolge von Locke und Rousseau u. a. vertretenen Theorie des Arbeitseigentums so ganz offensichtlich widersprach, *rentierendes Eigentum*, und zwar mit dem erläuternden Zusatz, es sei „das, was den Besitzern, ohne zu arbeiten, Rente gewährt"[75].

Von hier aus, das heißt von der Kategorie des *rentierenden Eigentums* her (er sprach im Hinblick auf das ganze System auch vom „Despotismus des rentierenden Eigentums"), entwickelte Rodbertus seine Theorie von der *Rente überhaupt*, wie er den Mehrwert nannte. Von hier aus kam er 1871 in dem bereits angeführten Brief an Rudolf Meyer zu der sehr überzeichneten Behauptung, „den Mehrwert des Kapitalisten ... im Wesentlichen ebenso wie Marx, nur viel kürzer und klarer", aufgezeigt zu haben.[76] Marx quittierte diesen seltsamen Anspruch bekanntlich nur mit der ironisch gelassenen Bemerkung: Wenn er weiter nichts behaupte, so könne das ihm, Marx, schon recht sein; und daß Rodbertus seine Darstellung für die kürzere und klarere halte, das Vergnügen könne er ihm auch lassen.[77]

Erst als Anfang der achtziger Jahre aus diesem von Rodbertus selbst nur gelegentlich und brieflich (1871) geäußerten Prioritätsanspruch nach seinem Tode (1875) von seiten der bourgeoisen Apologetik politisches Kapital geschlagen werden sollte, sah sich Engels veranlaßt, diesem Treiben mit Schärfe und Prinzipienfestigkeit entgegenzutreten. Dies ist das Hauptanliegen der 1884 bzw. 1885 verfaßten Vorreden zum 2. Band des „Kapitals" und zur 2. Auflage des „Elends der Philosophie".

Engels wies hierbei jedoch nicht nur den völlig unbegründeten Prioritäts-

den Laut dieses Urprinzips riesengroßer Zukunftskonsequenzen ist er nicht hinausgekommen" (in: Karl Rodbertus, Briefe und socialpolitische Aufsätze, a. a. O., S. 519).

[74] Karl Rodbertus. Die Forderungen der arbeitenden Klassen, hrsg. von August Skalweit, a. a. O., S. 24.

[75] Ebenda, S. 17.

[76] Karl Rodbertus, Briefe und socialpolitische Aufsätze, a. a. O., S. 111.

[77] Zitiert nach der Wiedergabe durch Friedrich Engels im Vorwort zum Zweiten Band des „Kapitals", in: MEW, Bd. 24, a. a. O., S. 14.

anspruch zurück, sondern – und das wird mitunter übersehen – er sah bei aller Kritik auch die relativen Verdienste von Rodbertus. So wird anerkannt, daß die sozialistische Auswertung der Ricardoschen Werttheorie 1842 durch Rodbertus „für einen Deutschen damals sicherlich ein sehr bedeutender Schritt vorwärts" gewesen sei.[78] Gleichermaßen wird anerkannt, daß diese „sozialistische Nutzanwendung der Ricardoschen Theorie . . . in vielen Fällen *zu Einsichten in den Ursprung und die Natur des Mehrwerts geführt, die weit über Ricardo hinausgehn; so unter andern bei Rodbertus*"[79] [Hervorhebung – G. R.].

Betrachten wir unter diesem Gesichtspunkt die Rodbertussche Lehre von der *Rente überhaupt*, wie sie vor allem in der 1842 erschienenen Schrift „Zur Erkenntnis . . ." sowie im „Dritten socialen Brief" (1851) entwickelt wurde, den Marx im Band III des Kapitals als „eine bedeutende Schrift über die Rente" bezeichnete.[80]

Im Kapitel „Prinzipien der Rente überhaupt" dieser letztgenannten Schrift finden sich nach dem Ursprung des Mehrwerts bohrende Fragestellungen etwa dieser Tiefenschärfe: „Welche Gründe, frage ich, bewirken, daß, da jedes Einkommen nur Arbeitsprodukt ist, Personen in der Gesellschaft Einkommen beziehen, die keinen Finger zur Herstellung desselben rühren? Dergleichen Personen gibt es . . . unzählige, und ganze Klassen . . . Welche Gründe bewirken also, daß diese an der ‚ursprünglichen Güterverteilung' partizipierenden Personen, ohne darin mitzu*arbeiten* oder andere Dienste dafür zu gewähren, Einkommen beziehen, das doch nur Arbeitsprodukt ist, das also Arbeitsprodukt *anderer* ist, wenn sie es auch Grundrente, Kapitalgewinn oder Zinsen nennen? . . . Die Antwort auf diese Frage ist die Theorie der ‚Rente überhaupt', der Grundrente und des Kapitalgewinnes."[81] Allen Nachdruck legte Rodbertus auf die Feststellung, daß *Rente überhaupt* und ihre Spezifikationen Grundrente und Kapitalrente (Profit) nicht nur Arbeitsprodukte schlechthin, sondern vor allem „Arbeitsprodukte *anderer* sind, als derer, die sie beziehen"[82]. „Rente", hieß es hierzu an anderer Stelle, „ist nach dieser Theorie alles Einkommen, was ohne eigene Arbeit, lediglich auf Grund eines Besitzes, bezogen wird."[83]

In dem Terminus *Theorie der Rente überhaupt*, das heißt in dem verallgemeinernden Zusatz *überhaupt*, läßt sich der wie auch immer unzulänglich bleibende Versuch erkennen, den Mehrwert als solchen in einer eigenen Kategorie zu erfassen, unterschieden von den besonderen Formen, die er in Profit und Grundrente usw. erhält. In diesem allerdings letztlich unzulänglich bleibenden Bemühen zur

78 Friedrich Engels in der Vorrede zu „Das Elend der Philosophie", in: MEW, Bd. 21, a. a. O., S. 176.
79 Ebenda, S. 178.
80 Karl Marx, Das Kapital, Dritter Band, in: MEW, Bd. 25, Berlin 1962, S. 786.
81 Karl Rodbertus, Dritter socialer Brief an von Kirchmann (1851), in: Karl Rodbertus, Zur Beleuchtung der socialen Frage, Theil I, Berlin 1875, S. 114 (im folgenden: Dritter socialer Brief).
82 Ebenda, S. 115.
83 Ebenda, S. 50.

theoretischen Erfassung des Mehrwerts gibt es Aussagen, die fordern, das *Gesetz der Rente überhaupt* als das *Grundgesetz* zu bestimmen und die Gesetze, wonach diese *Rente überhaupt* als Profit und Grundrente sich zwischen die Kapitalisten und Grundbesitzer aufteilt, erst in zweiter Linie zu berücksichtigen: „Das Gesetz der Rente überhaupt, das *Grundgesetz* [Hervorhebung – G. R.], nach welchem in Teilung der Arbeit – in einer Nation – die ‚Rente überhaupt' erst existiert und sich vermehrt, geht demjenigen, nach welchem sie sich erst unter Grundbesitzer und Kapitalbesitzer scheidet, voran, und dies letztere Gesetz hat natürlich wieder vor demjenigen die Priorität, nach welchem sich die Grundrente oder die Kapitalrente unter die einzelnen Grundbesitzer resp. Kapitalbesitzer weiter verteilt."[84]

Wie jedoch schon Engels kritisch einwandte, blieb diese *Rente überhaupt* ungeachtet ihres verallgemeinernden Zusatzes *überhaupt*, „einfach die Summe von Bodenrente und Profit". Marx' Mehrwert hingegen repräsentiert „die *allgemeine* Form der ohne Äquivalent von den Eignern der Produktionsmittel angeeigneten Wertsumme, die sich nach ganz eigentümlichen, erst von Marx entdeckten Gesetzen in die besonderen, *verwandelten* Formen don Profit und Bodenrente spaltet".[85] Engels betonte hierbei ferner, „wie viele Mittelglieder nötig sind, um vom Verständnis des Mehrwerts im allgemeinen zum Verständnis seiner Verwandlung in Profit und Grundrente, also zum Verständnis der Gesetze der Verteilung des Mehrwerts innerhalb der Kapitalistenklasse zu kommen".[86] Von den ganz eigentümlichen Gesetzen dieser Umwandlung des Mehrwerts im allgemeinen und den hierzu erforderlichen vielen Mittelgliedern ist nun bei Rodbertus kaum oder nur höchst ansatzweise etwas zu bemerken. Marx betonte, daß ganz „so wichtig wie es war, den *Wert in Arbeit* aufzulösen, ganz so wichtig war es, den Mehrwert ..., der sich in einem *Mehrprodukt* ... darstellt, in *Mehrarbeit*".[87] Das aber – und noch andere Grundbestandteile einer wissenschaftlich exakten Mehrwerttheorie – sucht man bei Rodbertus in der Regel vergeblich. Insofern war Rodbertus eben nur „nahe daran, dem Mehrwert auf die Spur zu kommen" (Engels), und seine „kühnen Versuche" versandeten zum Teil wieder. Auch er blieb schließlich weitgehend „befangen in den ökonomischen Kategorien, wie er sie vorfindet. Auch er tauft den Mehrwert mit dem Namen einer seiner verwandelten Unterformen, den er noch dazu ganz unbestimmt macht: Rente".[88] Auch der auf Heraushebung und Verallgemeinerung abzielende Zusatz *überhaupt* hilft über dieses Dilemma nur scheinbar hinweg.

Diese prinzipiellen Einschränkungen vorausgeschickt, wenden wir uns noch einmal dem rodbertusianischen Gedankengang zu: Was für sozialökonomische Vorbedingungen müssen nach Rodbertus gegeben sein, um Mehrwert alias *Rente*

[84] Karl Rodbertus, Das Capital. Vierter socialer Brief, a. a. O., S. 18.

[85] Friedrich Engels, Vorwort zum Zweiten Band des „Kapitals", in: MEW, Bd. 24, a. a. O., S. 18.

[86] Ebenda.

[87] Ebenda, S. 19.

[88] Ebenda, S. 20.

überhaupt möglich werden zu lassen? Die Antwort von Rodbertus lautete wie folgt: „Da es kein Einkommen, wenn nicht durch Arbeit hervorgebracht, geben kann, so beruht die Rente auf zwei unumgänglichen Vorbedingungen. Erstens: Es kann keine Rente geben, wenn nicht die Arbeit mehr hervorbringt, als wenigstens zur Fortsetzung der Arbeit für die Arbeiter erforderlich ist –, denn es ist unmöglich, daß, ohne ein solches Plus, jemand ohne selbst zu arbeiten, regelmäßig ein Einkommen beziehen kann. Zweitens: Es kann keine Rente geben, wenn nicht Einrichtungen bestehen, die dies Plus ganz oder zum Teil den Arbeitern entziehen und anderen, die nicht selbst arbeiten, zuwenden –, denn die Arbeiter sind durch die Natur selbst immer zunächst im Besitz ihres Produkts. Daß die Arbeit ein solches Plus gibt, beruht auf wirtschaftlichen Gründen, solchen, welche die Produktivität der Arbeit erhöhen. Daß dieses Plus ganz oder zum Teil den Arbeitern entzogen und anderen zugewandt wird, beruht auf Gründen des positiven Rechts, das, wie es sich von jeher mit der Gewalt koaliert hat, so auch nur durch fortgesetzten Zwang diese Entziehung durchsetzt."[89]

Während die zu *erstens* gegebenen Bestimmungen auch nach heutiger Sicht noch einigermaßen zutreffend erscheinen, verrät sich in der *zweiten* Vorbedingung für die Möglichkeit von *Rente überhaupt*, und zwar durch das in den Vordergrund gestellte *positive Recht* als Ursache der Mehrwertaneignung, die bei Rodbertus noch beträchtlich fortwirkende Verhaftung in einer idealistisch-juristischen Betrachtungsweise, welche Rechtsverhältnisse noch *aus sich selbst* heraus zu begreifen wähnte und sie nicht hinsichtlich ihrer genetischen und funktionellen Verwurzelung „in den materiellen Lebensverhältnissen" (Marx) zu erfassen vermochte. Die von Rodbertus genannte „Koalition des positiven Rechts mit der Gewalt und dem fortgesetzten Zwang" vermag diesen Mangel nicht aufzuheben. Konzeptionell im Zusammenhang mit dieser idealistisch-juristischen Betrachtungsweise stand die von Engels im Vorwort zum „Elend der Philosophie" kritisierte überwiegend moralisch-ethische Verurteilung der Mehrwertaneignung, welche bei Rodbertus wie auch bei anderen Linksricardianern die Stelle einer ausgearbeiteten ökonomisch-analytischen Kausalerklärung vertrat, wie sie erst von Marx geschaffen wurde. Ungeachtet dieser recht unzulänglichen, weil idealistischen Betrachtungsweise sah Rodbertus durchaus die über mehrere Gesellschaftsformationen (*Eigentumsstufen*) sich hinziehende *Kontinuität* der Ausbeutung, die zwar mehrfach einen Formwechsel, bisher niemals aber ihre inhaltliche Aufhebung erfuhr, denn nach ihm ist der Status des Lohnarbeiters trotz aller *freien Lohnkontrakte* in wesentlichen Bestandteilen noch immer mit Statusmerkmalen des seinerzeitigen Sklaven bzw. Leibeigenen behaftet: „Die Arbeiter sind nackt oder in Lumpen freigelassen worden, mit nichts als ihrer Arbeitskraft. Auch war mit der Aufhebung der Sklaverei oder der Leibeigenschaft die moralische oder rechtliche Verpflichtung des Herrn, sie zu füttern oder für ihre Notdurft zu sorgen, fortgefallen.

[89] Karl Rodbertus, Zweiter socialer Brief an von Kirchmann (1850), Berlin 1899, S. 50f. (im folgenden: Zweiter socialer Brief).

Aber ihre Bedürfnisse waren geblieben; sie mußten leben. Wie sollten sie mit ihrer Arbeitskraft für dies Leben sorgen? Von dem in der Gesellschaft vorhandenen Kapital nehmen und damit ihren Unterhalt produzieren? Aber das Kapital in der Gesellschaft gehörte schon anderen als ihnen, und die Vollstrecker des ,Rechts' hätten es nicht gelitten. Mit nackten Händen aus dem Schoß der Erde sich das Material graben, um sich daraus ein eigenes neues Kapital zu bilden? Aber wenn dies auch gelungen wäre, selbst der *Boden*, auch der unbebaute, gehörte schon anderen als ihnen, und die Vollstrecker des ,Rechts' hätten es abermals nicht gelitten. Was blieb ihnen also in dieser Lage zu tun übrig? Nur eine Alternative: entweder das Recht der Gesellschaft umzustürzen, oder unter den angeführten früheren wirtschaftlichen Bedingungen, wenn auch in veränderter rechtlicher Stellung zu ihren früheren Herren, den Grund- und Kapitalbesitzern, zurückzukehren, und als Lohn zu empfangen, was sie früher als Futter bekommen hatten."[90]

Rodbertus schlägt einen Kontinuitätsbogen von der alten Sklaverei des *Futters* zur neueren Sklaverei des *Lohnes*: „Ursprünglich", so heißt es, habe „die Sklaverei, deren Entwicklung mit der des Ackerbaus und des Grundeigentums zusammenfällt, diesen Zwang [zur Abtretung des Mehrprodukts] ausgeübt. Die Arbeiter, die in ihrem Arbeitsprodukt ein solches Plus hervorgebracht haben, sind Sklaven gewesen und der Herr, dem die Arbeiter und damit auch das Produkt selbst gehören, hat den Sklaven nur soviel davon gegeben, als zur Fortsetzung ihrer Arbeit erforderlich war, den Rest oder das Plus aber für sich behalten. Wenn aller Boden des Landes in's Privateigentum übergegangen ist, wenn damit zugleich Privateigentum an allem Kapital gegeben ist, so übt das Grund- und Kapitaleigentum einen ähnlichen Zwang auch über freigelassene oder freie Arbeiter aus. Denn dies wird erstens noch ebenso wie die Sklaverei bewirken, daß das Produkt selbst nicht den Arbeitern, sondern den Herren des Bodens und Kapitals gehört, und es wird zweitens bewirken, daß die Arbeiter, die nichts besitzen, gegenüber den Herren, die Boden und Kapital besitzen, froh sind, von ihrem eigenen Arbeitsprodukt nur einen Teil zur Unterhaltung ihres Lebens, das heißt wieder zur Fortsetzung ihrer Arbeit zu erhalten. So ist allerdings an die Stelle der Anordnung des Sklavenbesitzers der Vertrag des Arbeiters mit dem Lohnherrn getreten, *aber dieser Vertrag ist nur formell, nicht materiell frei, und der Hunger ersetzt fast völlig die Peitsche. Was früher Futter hieß, heißt jetzt nur Lohn.*"[91]

In parabolhafter Formulierung, in der Rapax als Sklavenhalter die ursprüngliche Einheit von Grundherr und Kapitalist symbolisieren soll und Jakob den besitzlosen Sklaven, den späteren Leibeigenen und noch späteren Lohnarbeiter darstellt, pointiert Rodbertus den bloßen Formwechsel der Ausbeutung in der Abfolge der bisherigen Gesellschaftsformationen wie folgt: Rapax, der Sklaven-

[90] Karl Rodbertus, Dritter socialer Brief, in: Karl Rodbertus, Schriften, hrsg. von Moritz Wirth, Bd. 2, 2. Aufl., Berlin 1899, S. 140f.

[91] Karl Rodbertus, Zweiter socialer Brief, a. a. O., S. 52.

halter habe Jakob, den Sklaven und späteren Arbeiter, „aus den menschlichen Reihen gestoßen, zu seinen Ochsen und Pferden gestellt, und nur so viel gefüttert, als nötig war, damit Jakob immerfort Hobel und endlich auch produktivere Werkzeuge für ihn zu machen im Stande sei. Dann, als Jakob schon Mühlen bauen konnte, und Rapax, ohne je viel gespart zu haben, aus Jakobs Arbeit eine Menge Brot vorrätig hatte, hat Rapax ihn *nackt* [d. h. völlig besitzlos] freigelassen und sich bereit erklärt, ihm das bisherige Stück Brot nicht mehr als Futter vorzuwerfen, sondern als ‚Lohn' auf Grund eines ‚freien Kontraktes' zu geben, und Jakob hat jetzt erst den Hobelkontrakt eingehen *müssen*. Denn Rapax hat gleichzeitig zu ihm gesprochen: ‚Soweit Deine Augen reichen ist aller Boden, jene große unangebaute Fläche wie dies kleine Stück Land, auf dem Du bisher mein und Dein Brot produziert hast, mein ausschließliches Eigentum, und wenn Du mich darin bestiehlst, so töte ich Dich.' Und", fährt Rodbertus sarkastisch fort, „Jakob hat sich außer durch seinen Hunger auch noch ‚im Interesse der Ruhe und Ordnung', d. h. in Anbetracht von Rapaxens noch immer größerer Stärke, bestimmen lassen, den nachteiligen Hobelvertrag einzugehen. *So* und nicht anders sieht der Oringialkontrakt zwischen Rapax und Jakob aus, seitdem er überhaupt erst geschlossen, nicht so, wie Bastiat und Thiers meinen".[92] Die in diesem *Originalkontrakt* vollzogene „Koalierung von positivem Recht und Gewalt" ist deutlich erkennbar.

Den ausbeuterischen Charakter dieses Verhältnisses, indem das bisherige Stück Brot nicht mehr als Futter vorgeworfen, sondern als *Lohn* auf Grund eines *freien Kontraktes* gegeben wird, charakterisiert Rodbertus an verschiedenen Stellen seiner Schriften als ein *Abjagen*, *Abzwingen* und als direkten *Raub*, und zwar als ein Abjagen, Abzwingen und Rauben des vom Arbeiter hergestellten Arbeitsproduktes. Einige dieser Aussagen sollen ungeachtet ihrer theoretischen Unzulänglichkeit wegen ihres militanten Charakters noch angeführt werden: „So wächst", wie Rodbertus ausführt, „das Unrecht lavinenartig. Von dem Zeitpunkt an, wo die Arbeiter gezwungen wurden, ihr Arbeitsprodukt mit den bloßen Besitzern zu teilen, war die Arbeit auch um ihr Erstgeburtsrecht gebracht."[93]

„Daher", stellt Rodbertus resümierend fest, sei seine „Theorie in allen ihren Einzelheiten ein durchgängiger Beweis, daß jene Lobredner der heutigen Eigentumsverhältnisse, die sich doch wieder nicht entbrechen können, das Eigentum auf die Arbeit zu gründen, mit ihrem eigenen Prinzip im vollständigsten Widerspruch stehen. Sie beweist, daß die heutigen Eigentumsverhältnisse gerade auf einer allgemeinen Verletzung dieses Prinzips beruhen und daß jene großen individuellen Vermögen, die sich heute in der Gesellschaft anhäufen, nicht etwa, wie Herr Thiers meint, aus einer Verschiedenheit der produktiven Fähigkeiten der Individuen oder der individuellen Arbeit . . . noch aus dem Erbrecht – das gleichfalls von Rechts wegen so heilig ist als das Eigentum selbst – entspringen, sondern

92 Karl Rodbertus, Dritter socialer Brief, a. a. O., S. 180f.
93 Ebenda, S. 217.

aus historischen Tatsachen, die gerade unausgesetzt und bei zunehmender Produktivität in immer größerem Maße jeder Arbeit einen Teil ihres Produktes *entziehen*, und also auch *mit jedem neugeborenen Arbeiter den schon von alters her sich in der Gesellschaft anhäufenden Raub vergrößern.*“ [94]

Anklagend beschreibt Rodbertus die durch diesen Ausbeutungsmechanismus bewirkte durchdringende Eigentumslosigkeit der Arbeiter: So gewiß es sei, „daß allein die Arbeit das Prinzip des Eigentums ist“, so gewiß sei es auch, daß „nirgends den Arbeitern selbst, sondern *anderen* Boden, Kapital und Arbeitsprodukt zu eigen gehören ... Der Boden ist nicht mehr sein, den der Arbeiter beackert, sondern eines anderen, welcher Grundbesitzer und in dieser Beziehung nichts weiter ist; die Pflüge sind nicht mehr sein, womit der Arbeiter den Boden bestellt, sondern eines anderen, welcher Kapitalist heißt, sei er bloßer Kapitalist oder Pächter oder zugleich der Grundbesitzer; das Getreide endlich, das der Arbeiter mähet und einscheuert, ist nicht mehr sein, sondern des Grundbesitzers oder des Kapitalisten, dem jener es überlassen hat ... Und wo gar gehört dem Arbeiter sein Arbeitsprodukt? Niemals im ganzen Verlauf der Produktion, von dem Augenblick an, wo er das Feld bestellt, wo er den Klee erntet, wo er das Schaf damit füttert, wo er dessen Wolle scheert, sie spinnt, webt, färbt, zum Konsumenten transportiert ... niemals im ganzen Verlauf dieser Produktion gehört dem Arbeiter sein Produkt. Es gehört zuerst dem Grundbesitzer und dann einer Reihe aufeinander folgender Kapitalisten, aber niemals einem der nacheinander daran beschäftigten Arbeiter.“[95]

Dem Auseinanderfallen des Nationaleinkommens in *Lohn* und *Rente*, der Spaltung, der auch nach Rodbertus vom Klassenkampf gezeichneten Gesellschaft in *Arbeiter* und *Rentenbezieher*, Unternehmer und Unternommene, liegt ein Ausbeutungsverhältnis zugrunde, das Rodbertus in Polemik gegen die bürgerlichen Harmonieideologen Bastiat und Thiers für die gesamte schriftlich überlieferte Geschichte – nämlich von der sklavenhalterischen Antike bis zur kapitalistischen Neuzeit – als unwiderlegbare historische Tatsache behauptet: „Steigen Sie bis zu den ältesten Nationen, den ersten weltgeschichtlichen Trägern unserer Kultur herab –, so weit der Blick in die Geschichte zurückzudringen vermag und wo er nur noch auf Teilung der Arbeit stößt, was finden Sie dort in höchster Potenz verwirklicht? *Die Ausbeutung des einen durch den anderen*, die Ausbeutung von Weib und Kind und Sklaven, die Ausbeutung der Familie durch den ‚Herrn‘. Jene gehorchen und dienen, dieser herrscht und genießt; jene arbeiten, während diesem der erstkultivierte Boden, das Kapital und das Arbeitsprodukt zu eigen gehört.“ [96]

Den ausbeuterischen Charakter dieses Verhältnisses, in dem das bisherige Stück Brot nicht mehr als Futter vorgeworfen, sondern als *Lohn* auf Grund eines *freien Kontraktes* gegeben wird, charakterisierte Rodbertus, wie erwähnt, als ein Abjagen, Abzwingen und Rauben des vom Arbeiter hergestellten Arbeits-

[94] Ebenda, S. 225.
[95] Ebenda, S. 121. [96] Ebenda, S. 123.

produktes. Unter zustimmender, aber weiterführender Bezugnahme auf jene vom jungen Proudhon geprägte Kampfparole „Eigentum ist Diebstahl“ kehrte dieses die Ausbeutung charakterisierende Raubmotiv an einer markanten Stelle seines erst postum veröffentlichten „Vierten socialen Briefes“ verstärkt wieder: „Eigentum (Grund- und Kapitaleigentum) – sagt Proudhon – ist Diebstahl, Sklaverei, Mord. Wenn Grund- und Kapitaleigentum deshalb Diebstahl ist, weil es den Produzenten einen Teil ihres Produktwertes raubt, Sklaverei deshalb Mord, weil es den Menschen um seine freie Entwicklungsfähigkeit bringt, so herrscht selbst in demokratischen Institutionen, die bei Grund- und Kapitaleigentum, auch für den Arbeitslohn den ‚freien Verkehr‘ beibehalten, nicht bloß Diebstahl, sondern auch Mord. Denn solange die Arbeiter, sogar in ihrem Produktteil, von den Früchten der zunehmenden Produktivität ausgeschlossen sind, werden sie auch sicherlich um ihre freie Entwicklungsfähigkeit gebracht. Ihre materielle Lage wird mit Gewalt – der Gewalt der Dinge – auf dem Niveau des notwendigen Unterhalts, und ihre moralische und geistige Entwicklung auf dem ihrer materiellen Lage festgehalten. *Bei freier Konkurrenz für den Arbeitslohn besteht also auch noch im Grund- und Kapitaleigentum die Sklaverei wesentlich fort*“ [97] [Hervorhebung – G. R.].

Fern aller Apologetik, die man bis heute unter dem Terminus *nivellierte Mittelstandsgesellschaft* betreibt, heißt es an anderer Stelle zum gleichen Thema in drohender Formulierung: „Die Gesellschaft zieht sich in die Extreme auseinander. Eine immer zunehmende besitzlose Masse nach unten! Eine von immer aufgehäufterem Reichtum strotzende sich mindernde Relativzahl nach oben! Die diese Extreme vermittelnden, verbindenden, versöhnenden Klassen der Zahl und dem Einkommen nach in zunehmendem Schwinden begriffen. – Als ob schon das Feld klar zum fürchterlichen sozialen Kampfe gemacht würde! Als ob man jeden Augenblick schon die Schlachttrompeten hören könnte!“ [98]

Vergeblich wird man kritisch-entlarvende Einsichten dieser Brisanz und Tragweite nach Rodbertus noch einmal in der nichtmarxistischen ökonomischen Literatur deutscher Provenienz suchen. Es bedurfte deshalb auch der theoretischen Überlegenheit eines Marx und Engels, um in diesen so passablen wie plausiblen Thesen die theoretischen Unzulänglichkeiten aufzuspüren. Gewiß, konzediert Engels, die sozialistische Nutzanwendung der Ricardoschen Theorie, daß den Arbeitern als den alleinigen wirklichen Produzenten *rechtmäßig* das gesamte gesellschaftliche Produkt, eben ihr Produkt gehört und Ausbeutung eben in der *widerrechtlichen* Aneignung (Abjagen, Abzwingen, Raub) dieses *ursprünglich* den Arbeitern zukommenden Arbeitsproduktes durch die Kapitalisten besteht, „führt direkt in den Kommunismus“ [99].

97 Karl Rodbertus, Das Capital. Vierter socialer Brief, a. a. O., S. 205.

98 Karl Rodbertus, Zur Beleuchtung der socialen Frage, Theil II, hrsg. von Theophil Kozak und Adolph Wagner, Berlin 1885, S. 88.

99 Friedrich Engels, Vorwort zu Karl Marx, Das Elend der Philosophie, in: MEW, Bd. 21, a. a. O., S. 178.

Diese Nutzanwendung der Ricardoschen Theorie sei aber, wie Engels unter Bezugnahme auf Marx fortführt, „ökonomisch formell falsch, denn sie ist einfach eine Anwendung der Moral auf die Ökonomie". Nach den Gesetzen der bürgerlichen Ökonomie gehöre der größte Teil der Produkte eben nicht den Arbeitern, die sie erzeugt haben. „Sagen wir nun: das ist ungerecht, das soll nicht sein [und darauf reduziert sich letzthin die Rodbertussche Aussage vom *Abzwingen, Abjagen* und *Rauben*], so geht das die Ökonomie zunächst nichts an. Wir sagen bloß, daß diese ökonomische Tatsache unserem sittlichen Gefühl widerspricht", das aber sei keine Kausalerklärung und daher völlig unzureichend, um dem inzwischen von der Utopie zur Wissenschaft herangereiften Sozialismus-Kommunismus ein tragfähiges Instrumentarium zu bieten. Marx habe daher, wie Engels fortfährt, seine kommunistischen Forderungen nicht auf ethische Urteile (und seien sie noch so sehr gerechtfertigt) begründet, „sondern auf den notwendigen, sich vor unsern Augen täglich mehr und mehr vollziehenden Zusammenbruch der kapitalistischen Produktionsweise; er sagt nur, daß der Mehrwert aus unbezahlter Arbeit besteht, was eine einfache Tatsache ist"[100].

Engels, der Dialektiker, mit einfacher Ausklammerung der Ethik aus der Ökonomie jedoch noch nicht zufrieden, fuhr wie folgt fort: „Was aber ökonomisch formell falsch, kann darum doch weltgeschichtlich richtig sein. Erklärt das sittliche Bewußtsein der Masse eine ökonomische Tatsache, wie seinerzeit die Sklaverei oder die Fronarbeit, für unrecht, so ist das ein Beweis, das die Tatsache selbst, sich schon überlebt hat, daß andere ökonomische Tatsachen eingetreten sind, kraft deren jene unerträglich und unhaltbar geworden ist. Hinter der formellen ökonomischen Unrichtigkeit kann also ein sehr wahrer ökonomischer Inhalt verborgen sein."[101]

„Formelle ökonomische Unrichtigkeit", aber mit darin „verborgenem wahren ökonomischen Inhalt" oder umgekehrt, ein „weltgeschichtlich richtiger", „wahrer ökonomischer Inhalt", leider „verborgen ... hinter formeller ökonomischer Unrichtigkeit" – in diesem dialektischen Urteil resümieren sich Glanz und Elend, historische Bedeutung und schließliche Begrenztheit des Rodbertusschen Versuchs, „dem Mehrwert auf die Spur zu kommen".

Auf dieses zugleich von Begrenztheit und progressiver Bedeutung – begrenzt im Hinblick auf die prinzipiell unerreichte Differenziertheit und Tiefe der Marxschen Mehrwerttheorie, wie sie seit 1867 im „Kapital" Gestalt annahm –, von progressiver Bedeutung im Hinblick auf die gleichzeitige und spätere bürgerliche Vulgärökonomie – zielt auch die treffende Einschätzung Franz Mehrings, die deshalb den Abschluß dieses Abschnittes bilden soll: Die Bedeutung von Rodbertus für das deutsche Geistesleben erschließe sich, wie Mehring ausführt, erst dann, wenn man ihn nicht ausschließlich mit Marx und Engels vergleiche und auch nicht mit den bedeutenden Vertretern des englischen und französischen

[100] Ebenda.
[101] Ebenda.

Sozialismus, „sondern mit den deutschen Ökonomen, die mit ihm unter den gleichen Bedingungen lebten und arbeiteten. Da schwillt er allerdings zu einem Riesen empor, und es hatte schon seinen guten Sinn, daß der Aufsatz von 1839 von dem deutschen Professorenblatt zurückgewiesen wurde. Zur Zeit, als Rau die klassische Ökonomie in kleinbürgerlicher Beschränktheit verhunzte, als List gegen Adam Smith ... nicht von sozialistischem, sondern von merkantilistischem Standpunkt kämpfte, als Roscher den unbequemen Konsequenzen der klassischen Ökonomie durch eine historische Methode auszuweichen begann, die nichts als eine Mißhandlung aller Historie darstellte, da war es eine sehr bedeutende Leistung, wenn Rodbertus das Wesen der kapitalistischen Produktionsweise mit klarem Blicke durchschaute und offen aussprach, daß es hier kein Zurück, sondern nur ein Weiter gab. Und obgleich er selbst auf dem Punkt stehen geblieben ist, den er Ende der dreißiger Jahre erreicht hatte, so ist er dem deutschen Professorentum doch immer meilenweit voraus geblieben. Als im Anfang der fünfziger Jahre die Sophismen Bastiats Deutschland zu überschwemmen begannen, spießte Rodbertus im ‚Dritten socialen Brief' den albernen Humbug der ‚Harmonie von Kapital und Arbeit' auf; als im Anfang der sechziger Jahre der Mob der Freihandelshausiererburschen über Lassalle herfiel, trat Rodbertus in seinem ‚Offenen Briefe' an die Leipziger Arbeiter dem Angegriffenen zur Seite; als im Anfang der siebziger Jahre der Kathedersozialismus grassierte, kritisierte Rodbertus ihn vortrefflich als hoffnungslose Halbheit. Und wenn er den Schwindel aller Schwindel, Bismarcks Sozialreform, auch nicht mehr erlebt hat, so hat er ihn, hierin allerdings sozialer Seher, doch vorausgeahnt und vorausgebrandmarkt."[102]

Wenden wir nun unseren Blick von dieser vormarxistischen Kapitalismusanalyse aus den vierziger und fünfziger Jahren des 19. Jahrhunderts auf die prognostischen Aussagen unseres ökonomischen Denkers über die Umrisse und Strukturen der *sozialistischen* Wirtschaft und Gesellschaft.

III. Rodbertus über Ökonomie und Gesellschaft im Sozialismus bzw. Kommunismus

Wie ein Fragment aus dem ungedruckten schriftlichen Nachlaß ausweist,[103] träumte schon der 26jährige Rodbertus, der 1831 zur Zeit der Pariser Juli-Revolution eine Reise nach Frankreich unternommen hatte, wohl unter dem Einfluß saint-simonistischer Ideen, von der *Abschaffung des Eigentums.* In den „Forderungen der arbeitenden Klassen" aus dem Jahre 1839 wurde dieses Zukunftsbild dahingehend präzisiert, daß es sich dann um Verhältnisse handeln werde, in denen die „Arbeit nicht bloß das konstitutive, sondern auch das distributive Prinzip des Eigentums wäre". Die für die Zukunft zu erwartenden sozialen Verhältnisse

102 Franz Mehring, Zur neueren Rodbertus-Literatur, in: Die Neue Zeit, Bd. 12.2, a. a. O., S. 528.

103 Zentralarchiv der DDR, Abt. Merseburg, Rep. 92.

würden – und damit solidarisiert sich Rodbertus explizit mit Anschauungen des großen utopischen Kommunisten Saint-Simon etwa in der Form, wie sie durch Saint-Arnau Bazard (1791 bis 1832) ihre radikalisierte Weiterentwicklung fanden – diese künftigen sozialen Verhältnisse würden „mit einer saint-simonistischen Ordnung das gemein haben, daß eben *kein* [Hervorhebung – G. R.] rentierendes Eigentum bestände“ [104].

Ein geschichtsphilosophischer Aphorismus aus der gleichen Zeit (Januar 1832) weist ihn als Anhänger einer der Aufklärung verpflichteten Fortschrittsauffassung aus, die in Feuerbachscher Weise nicht nur einer Vergöttlichung des Menschen, sondern auch einer Vermenschlichung der Götter das Wort redet: „Die Geschichte“, heißt es, „ist der Weg der bis in Gott hinaufreichenden Perfektibilität des Menschengeschlechtes.“[105] Diese „Perfektibilität“ des Menschengeschlechtes vollziehe sich in Stufen, Perioden oder Zeitaltern und habe ihr letztes Ziel noch nicht erreicht.

Im Gegenteil zum Naturgeschehen, wo mit dem Auftauchen des Menschen die physische Entwicklungskette des Menschen abgeschlossen vorliegt, „ist die *soziale* und *geschichtliche* Entwicklungskette hingegen, diese Schöpfung von Nationen und Staaten, noch lange nicht zu Ende“[106]. So sei auch die Entwicklung des Eigentums noch keineswegs abgeschlossen. Entsprechend den verschiedenen *Staatenstufen* gäbe es verschiedene *Eigentumsstufen*, und ihr Verhältnis sei derart, daß der Charakter der *Eigentumsstufe* den Charakter der *Staatenstufe* bestimme.

Auf dieser Grundlage entwarf Rodbertus eine Geschichtskonzeption der drei Zeitalter: Das erste Zeitalter sei die Antike, ihr liege als erste Eigentumsstufe das *Mencheneigentum* zugrunde. Als zweites Zeitalter galt die nach dem Untergang der Antike beginnende und bis in die Gegenwart reichende Epoche (also Feudalismus und Kapitalismus zusammen). Ihr liege als zweite Eigentumsstufe das *Grund- und Kapitaleigentum* zugrunde. Das dritte Zeitalter jedoch, das noch ausstehe, sei die Epoche des *Arbeits- und Verdiensteigentums.*

An dieses dritte Zeitalter knüpften sich Rodbertus' utopisch-kommunistische Anschauungen. Man erkennt unschwer, wie hier die links-ricardianische Theorie des Arbeitseigentums mit saint-simonistischen und noch weiter zurück reichenden (eschatologischen) Geschichtskonzeptionen verschmolzen wurde. Man erkennt auch, wie der Begriff der *Eigentumsstufe* in unbeholfener, unreifer Weise den Sachverhalt anzielte, für den Marx 1859 den exakten Begriff der *Gesellschaftsformation* fand.[107]

[104] Karl Rodbertus, Die Forderungen der arbeitenden Klassen, hrsg. von August Skalweit, Frankfurt a. M. 1946, S. 17.

[105] Nachlass von Rodbertus, in: Zentralarchiv der DDR, Abt. Merseburg, Rep. 92.

[106] Karl Rodbertus, Brief an Lassalle vom 8./9. Februar 1863, in: Briefwechsel mit Lassalle, a. a. O.

[107] Gleichsam erfreut greift Rodbertus später den von Marx gebildeten Begriff der Gesellschaftsformation auf. (vgl. oben, S. 30).

Die ganze Geschichte ist nach Rodbertus auf die Verwirklichung dieses dritten kommunistischen Weltzustandes angelegt. Der geschichtliche Verlauf ist zugleich nichts als eine „Verallgemeinerung des Kommunismus“[108]. Durch bedenklich starke Ausweitung und Graduierung des Begriffes *Kommunismus*, der teilweise als Synonym für Gesellschaft bzw. Vergesellschaftung fungierte, sah Rodbertus hierbei auch schon im ersten und zweiten Zeitalter seiner Geschichtskonstruktion Elemente oder Keime des Kommunismus. Die zunehmende Vergesellschaftung der Produktion, die sich technologisch als zunehmende Arbeitsteilung ausdrückt, wurde evolutionistisch im Sinne eines *allmählich* zunehmenden Kommunismus gedeutet: „Allein das Wesen der Teilung der Arbeit liegt nicht in deren Individualismus, sondern gerade in deren Kommunismus. Die Teilung der Arbeit sollte daher gerade Gemeinschaft der Arbeit heißen.“ [109] Diese Teilung bzw. „Gemeinschaft der Arbeit“ sei „zwar noch nicht Kommunismus des Produkts, aber doch Kommunismus der Produktion“[110]. Die Teilung der Arbeit tendiere – wie auch schon in der Schrift von 1842 anklang – schließlich auch zur Teilung des Erarbeiteten. „Daher ist“, wie Rodbertus hinzufügte, „in allen großen weltgeschichtlichen Bewegungen die tiefste und wesentliche Frage immer noch die gewesen, wie weit sich der Kommunismus verallgemeinern lasse.“ [111] Es versteht sich, daß dieser gleichsam überzeitliche Kommunismusbegriff ein völlig anderer ist als der heutige. Dennoch kommt Rodbertus in Polemik gegen Proudhons massive Verunglimpfungen des Kommunismus, der schon damals die Unverträglichkeit von Kommunismus und menschlicher Freiheit behauptete, zu folgenden bemerkenswerten Sätzen: „Ich behaupte noch mehr! In jenem Zustand mit Kommunismus an Boden und Kapital ist nicht bloß das Eigentum gesicherter, die Freiheit größer, die Gleichberechtigung allgemeiner, als in dem heutigen oder selbst denkbar freistem Zustande mit Privateigentum an Boden und Kapital, sondern sind Eigentum, Freiheit und Gleichberechtigung überhaupt und allein erst rein und vollständig zu verwirklichen.“ Rodbertus konstatiert die illusionäre Freiheit innerhalb der bürgerlichen Gesellschaft mit der realen Freiheit in einer kommunistischen Gesellschaft und fährt fort: „Solange es Grund- und Kapitaleigentum gibt, solange wird es auch ‚Herren‘ geben. Die Rente ist nichts als das letzte geschichtliche Kriterion des ‚Herrn‘. Erhöhen Sie die bürgerliche und politische Freiheit, wie Sie wollen, bis zum allgemeinen Stimmrecht in Staat und Gemeinde, selbst bis zur ‚Anarchie‘, behalten Sie aber das Grund- und Kapitaleigentum daneben, wie es doch die heutigen Anarchisten wollen, und Sie haben damit auch die Rente und die Herrschaft, den Lohn und den Dienst wieder: Wollen Sie aber wahrhaft ‚Anarchie‘ [also Herrschaftslosigkeit], so müssen sie das Grund- und Kapitaleigentum darangeben. Dann freilich haben sie noch die Wahl, die Wahl zwischen dem Rousseauischen Vierfüßler und der Zivilisation mit *einem* gesellschaftlichen

[108] Karl Rodbertus, Das Capital. Vierter socialer Brief, a. a. O., S. 94.
[109] Ebenda, S. 79.
[110] Ebenda, S. 85. [111] Ebenda, S. 94.

Willen, d. h. mit Staat, Zentralisation und Kommunismus."[112] Im selben Text heißt es etwas weiter gleichermaßen bemerkenswert: „In der Tat, die Verehrer der heutigen Zustände täuschen sich nur allzu sehr, wenn sie gegen die Sozialisten Eigentum, Freiheit und Gleichberechtigung zu verteidigen wähnen. Wenn, bei Grund- und Kapitaleigentum, der Verkehr, auch in bezug auf die Verteilung, auf den Lohn, der freien Konkurrenz überlassen ist, sind gerade diese Güter bis zur Unkenntlichkeit verunstaltet. Nur die *Aufhebung des Grund- und Kapitaleigentums*, nur Kommunismus an Boden und Kapital, bei einer nationalökonomischen Organisation, wie ich sie oben geschildert habe, vermag die Schmälerung jener Güter gründlich zu beseitigen, diese selbst vollständig dem einzelnen zu sichern."[113] Und schließlich: „Also erst mit diesem Zustande, erst bei Kommunismus an Boden und Kapital, ist die Gesellschaft vollständig befreit, sowohl von individuellem wie gesellschaftlichem Despotismus, von der Herrschaft einzelner, wie von dem, was die Alltagsmeinung im Kommunismus fürchtet. Denn erst dann ist die allgemeine Gesellschaft ‚Freier und Gleicher' begründet, die in keiner Beziehung jemanden über sich hat, als den gesellschaftlichen Willen, an dem sie selbst Teil haben."[114]

Rodbertus behauptete schließlich, daß nicht der Individualismus, sondern der Sozialismus-Kommunismus die Reihe der Emanzipationen krönt, die mit der Reformation begonnen habe. Daher sei er auch der Überzeugung, „daß, wenn jemals Recht und Freiheit vollständig auf Erden herrschen sollen, die Gesellschaft einem Zustande, wie ich ihn geschildert habe, entgegengehen muß". Bekenntnishaft fuhr er fort: „Ich gestehe offen, ich meinerseits glaube an die dereinstige *Aufhebung des Grund- und Kapitaleigentums*. Geschichte, Gegenwart und Wissenschaft haben diesen Glauben gleich sehr in mir begründet."[115]

Entsprechend dieser Überzeugung bekennt sich Rodbertus auch zur *kommunistischen Tradition* in der bisherigen Geschichte. Er vertritt die Ansicht, daß weltgeschichtliche Bewegungen wie zum Beispiel die Reformation, die erste französische Revolution von 1789, die Julirevolution von 1830 und die Februarrevolution von 1848, „alle in ihrer tiefsten Tiefe *zugleich* kommunistische Bewegungen" gewesen seien. In all diesen geschichtlichen Bewegungen erscheine die kommunistische Richtung „als die letzte logische Konsequenz". Und zwar, wie er fortfährt, „in immer präziserer Gestalt, in immer deutlicheren, wissenschaftlicheren Formen. Als eine dunkle Gefühlsforderung, mit allen Ausschweifungen des Gefühls, tritt sie noch im 14. Jahrhundert in der Jacquerie und in den Zügen Wat-Tylers auf. Das Wort, ‚Krieg den Palästen, Friede den Hütten' stammt aus dieser Zeit. Im Reformationszeitalter wird sie allgemeiner, und den ungeordneten praktischen kommunistischen Versuchen des Volkes treten schon kommunistische Anschauungen der Gelehrten zur Seite. Morus, Campanella, Bacon, Vairasse

112 Ebenda, S. 217.
113 Ebenda, S. 219.
114 Ebenda, S. 220. 115 Ebenda, S. 221.

schrieben ihre ‚Utopie', ihren ‚Sonnenstaat'; ihre ‚Atlantis', ihre ‚Sevarambengeschichte' im 16. und 17. Jahrhundert. Aber sie behandeln den Kommunismus eben noch als Utopie, als eine Sehnsucht nach einem fernen, unerreichbaren Lande. Das Zeitalter der französischen Revolution endlich", mache schon systematische Ansprüche auf die Verwirklichung der *Utopie*. „Neben dem immer stärker erwachenden kommunistischen Verlangen der Massen stellen Mably, Babeuf, Fichte, Saint-Simon, Fourier, Owen, Cabet, Männer aus allen Ständen, Theoretiker wie Praktiker, ohne Haß oder Eigennutz, umfassende, bis ins einzelne gehende, auf die gegenwärtigen Zustände berechnete Systeme auf und fordern die Anbahnung oder Ausführung kommunistischer Staatseinrichtungen, von denen allein die Regeneration der heutigen Gesellschaft zu erwarten sei. Sollte", heißt es beschwörend, „in diesen, mit jeder neuen sozialen Erschütterung in immer stärkerem und weiterem Maße wiederkehrenden kommunistischen Bestrebungen, in den Utopien und Systemen dieser ganzen Reihe der edelsten und einsichtsvollsten Männer von Plato bis Owen durchaus *nichts* Wahres enthalten sein?"[116] Für Rodbertus steht das außer Frage.

Die Schriften von Rodbertus enthalten noch zahlreiche, trotz aller Mängel bemerkenswerte Aussagen dieser Art. Es kann kein Zweifel darüber bestehen, daß auch sie zu den von Marx signalisierten *kühnen Anläufen* gehören. Daran ist festzuhalten und die Erbärmlichkeit der gleichzeitigen bürgerlichen Vulgärökonomen zu ermessen. Es soll jedoch andererseits – ohne dem Gang der Untersuchung vorzugreifen – schon hier kein Zweifel darüber bestehen bleiben, daß auch diese kühnen Anläufe im widersprüchlichen Gesamtzusammenhang rodbertusianischen Denkens bald ihre zumindest partielle Destruktion und Aufhebung erfuhren.[117]

Welchen Charakter soll das gesellschaftliche Eigentum in der von Rodbertus utopisch prognostizierten kommunistischen Gesellschaft tragen? Zwei Varianten werden erörtert: „Das Gesellschaftseigentum an Boden und Kapital kann entweder so verstanden werden, daß es sich nur auf das in den *einzelnen* Produktionswirtschaften der Produktion unterliegende Land und Kapital, und deshalb auch nur auf das in diesen *einzelnen* Produktionswirtschaften hergestellte Produkt, oder so, daß es sich über das gesamte Produkt jenes weitesten, ‚Staat' genannten Gesellschaftsverbandes, über den *ganzen nationalen Boden und das ganze Nationalprodukt*, erstreckt."[118] Es verdient Beachtung, daß Rodbertus sich für die zweite Variante, also für die allgemein gesellschaftliche, keineswegs entstaatlichte Form des kommunistischen Eigentums an Produktionsmitteln entschied und gegenüber dem Gruppeneigentum, auch wenn es sich als sozialistisches verstanden wissen will, prinzipielle Einwände geltend machte: Die Gesellschaft würde sich, wie Rodbertus zu bedenken gab, „in lauter einzelne kleine kommunistische Arbeits- und Handelsgesellschaften auflösen, die in ihrer Gesamtheit abermals als Tausch-

[116] Ebenda, S. 223. [117] Vgl. unten S. 53ff.
[118] Karl Rodbertus, Das Capital. Vierter socialer Brief, a. a. O., S. 113.

gesellschaften miteinander verkehrten, nur daß die tauschenden Personen jetzt Korporationen und keine Individuen mehr wären"[119]. Eben diese Frage (Gruppeneigentum oder allgemeines gesellschaftliches Eigentum) war auch einer der hauptsächlichsten theoretischen Differenzpunkte zu Lassalle, der Rodbertus zum „größten deutschen Nationalökonomen" und sich selbst als einen seiner Schüler erklärt hatte und sich anfänglich der Hoffnung schmeichelte, Rodbertus könne sich gemeinsam mit ihm an die Spitze des erwachenden deutschen Proletariats stellen. „Sie würden", heißt es in einem Brief von Rodbertus an Lassalle, „das ganze Nationaleigentum in lauter Korporationseigentum auflösen, das schlimmste *Privat*eigentum von allen."[120]

Gruppeneigentum als dominierende Eigentumsform sei ein Ab- und Irrweg, und niemand, hieß es in Polemik gegen Lassalle, könne ihn davon überzeugen, „daß die Produktivassoziation auf dem Wege der nationalökonomischen Entwicklung der Zukunft liegt"[121]. Rodbertus setzte daher in seinem Bemühen, „Grundzüge einer Nationalökonomie *ohne* [Hervorhebung – G. R.] Privateigentum an Boden und Kapital" zu geben, das „Gesellschaftseigentum daran in dem ausgedehnten Sinne voraus, daß Boden und Nationalkapital gänzlich vom Privateigentum, auch vom Privateigentum einer Gemeinde, befreit gedacht werden und also der *ganzen* Nation als solcher gehören"[122].

Daß Ausführungen dieser Art nicht nur für die Geschichte des ökonomischen Denkens, sondern auch für die Gegenwart von Interesse sein können, zeigt ein Blick auf die verschiedensten bürgerlichen und revisionistischen Versuche, die sozialistischen Länder zu einer *Entstaatlichung* der Wirtschaft zu veranlassen.

Wer soll in einer sozialistischen Ökonomik die Wirtschaft *leiten*? Die Dringlichkeit dieser Frage resultiert im Grunde aus der vorausgegangenen Entscheidung für staatlich zentralisiertes, allgemeines gesellschaftliches Eigentum. Bei einer syndikalistisch aufgebauten Gesellschaft mit „entstaatlichter" Wirtschaftsstruktur stünde dieses Problem zumindest nicht in dieser Schärfe.

Schon in der 1842 erschienenen Schrift wurde hierzu als „Vorfrage" erörtert, „ob eine gesellschaftliche *Vorsicht* ebenso gut die Leitung der Produktion übernehmen könnte, als es heute die Unternehmer tun".[123] In dieser Schrift wurde nachgedacht über „einen Zustand ohne rentierendes Eigentum mit Leitung der Produktion durch eine gesellschaftliche Behörde".[124] Im „Vierten socialen Brief" wurde dann ausführlicher eine „nach einem gesellschaftlichen Willen und Plane in Gemeinschaft arbeitende Gesellschaft" vorgestellt.[125] Hier wurde vom Stand-

[119] Ebenda, S. 145.
[120] Karl Rodbertus, Briefwechsel mit Lassalle, a. a. O., S. 358.
[121] Karl Rodbertus, Briefe und socialpolitische Aufsätze, a. a. O., S. 190.
[122] Karl Rodbertus, Das Capital. Vierter socialer Brief, a. a. O., S. 114f.
[123] Karl Rodbertus, Zur Erkenntnis unserer staatswirthschaftlichen Zustände, Neubrandenburg und Friedland, 1842, S. 134.
[124] Ebenda, S. 152.
[125] Karl Rodbertus, Das Capital. Vierter socialer Brief, a. a. O., S. 122.

punkt einer solchen geplanten Gesellschaft der herrschenden liberalen Wirtschaftstheorie und -praxis angelastet, so ganz des „aktiven Charakters jeder Wirtschaftsführung" zu entbehren. Sie ignoriere, „daß nur das heutige Grund- und Kapitaleigentum diese Tätigkeit [der Wirtschaftsführung] der Gesellschaft als solcher entzieht und sie Privaten delegiert"[126]. Rodbertus übersteigerte diese Betonung des „aktiven Charakters der Wirtschaftsführung" an anderer Stelle zu einem, isoliert genommen, durchaus mißverständlichen Satz, zu der Losung: „Auch in der Volkswirtschaft muß regiert werden." [127] Im Kontext der Rodbertusschen Theorien bezog sich dieser Satz jedoch auf seine nach saint-simonistischem Vorbild konzipierte kommunistische Gesellschaft. Diese bedarf der vorausschauenden Wirtschaftsführung nämlich in gleichem Maße wie sie dieselbe erst ermöglicht.

Wie geschieht das im einzelnen? Die Gesellschaft als solche kann nur durch Beauftragte (Personen/Institutionen etc.) ihren Willen kundtun und tätig werden. Sie muß sich also als Vollstrecker ihres Willens *Organe* und auch *Zentralorgane* schaffen. Dabei betont Rodbertus auf instruktive Weise die Vereinbarkeit von Zentralismus und Demokratismus: „Zentralisation und Selbstregierung, wiederhole ich, sind keine absoluten Gegensätze. Denn weder heißt Zentralisation die Regierung einer außerhalb des Volkswillens liegenden Machtvollkommenheit, noch Selbstregierung die Auflösung des Staates in reinen Individualismus. Zentralisation und Selbstregierung können daher sehr wohl miteinander vereinigt sein." [128] So also könnte die zur Leitung der Nationalproduktion bestellte *Zentralbehörde* durchaus demokratische Inhalte verwirklichen. So also besteht nach Rodbertus keinerlei zwingender Grund, zentrale Wirtschaftsleitung als Bedrohung demokratischer Prinzipien anzusehen. Sind also diese Bedenken unbegründet, dann kommt es für die von Rodbertus konzipierte *Zentralbehörde* jetzt darauf an, „in *einer* Hand alle die staatswirtschaftlichen Funktionen zu vereinigen, die heute nur zum kleinsten Teil einer gesellschaftlichen Behörde, nämlich dem Finanzminister, obliegen, zum bei weitem größten Teile den Privaten delegiert, namentlich unter den verschiedenen Grund- und Kapitaleigentümern zersplittert sind –, und . . . sie in einer Weise und mit einem Erfolge zu üben, die ihrem dann gegebenen einheitlichen Charakter, wie ihrer dann unmittelbar dem Zweck zugewandten Richtung vollständig entsprechen würden. *Eine gesellschaftliche Behörde* [Hervorhebung – G. R.] würde also jetzt die Nationalproduktion dem Nationalbedürfnis anzupassen, das Nationalprodukt auf der Höhe der produktiven Mittel zu erhalten, die Verteilung des Nationaleinkommens nach den Grundsätzen des oben gedachten gesellschaftlichen Rechts zu regeln haben." [129]

126 Ebenda, S. 106.
127 Karl Rodbertus, Briefe und socialpolitische Aufsätze, a. a. O., S. 522.
128 Karl Rodbertus, Das Capital. Vierter socialer Brief, a. a. O., S. 127.
129 Ebenda, S. 124.

Ausführlich und in echt utopischer Weise entwickelte Rodbertus seine auf allgemeinem gesellschaftlichem Eigentum basierenden Prinzipien der zugleich zentralistischen wie demokratischen Wirtschaftsführung bis in Einzelheiten der Bedürfnisentwicklung und ihrer planmäßigen Befriedigung, der Arbeitsnormung und ihrer periodischen Überprüfung entsprechend der ständig steigenden Arbeitsproduktivität. Da eine Verfolgung dieser Einzelheiten den hier zur Verfügung stehenden Raum jedoch sprengen würde, muß es bei diesen kurzen Andeutungen sein Bewenden haben.

Rodbertus sah im Gegensatz zu Proudhon, der von einer *sozialistischen* Verteilung bei Aufrechterhaltung der Warenproduktion träumte, den unmittelbaren Zusammenhang zwischen Produktions- bzw. Eigentumsverhältnissen und den Verteilungsprinzipien: „Nur in Folge des (privaten) Grund- und Kapitaleigentums wird die ganze Nationalproduktion durch Kauf und Verkauf vermittelt ... Nur in Folge des Grund- und Kapitaleigentums wird auch die ganze Verteilung des Nationaleinkommens durch Kauf und Verkauf geregelt, müssen die Arbeiter ihre Arbeit verkaufen ... Ebenso bewirkt nur das Privateigentum an Boden und Kapital, daß des Eigentumsprinzip fortwährend verletzt wird und die Arbeiter mit den Grund- und Kapitalbesitzern in die heutige Löwenteilung eintreten müssen."[130] Kommunistische Produktionsverhältnisse hingegen bewirken auch andere Distributionsverhältnisse; vor allem darin, „daß als die an der Produktion Beteiligten und deshalb auch zu Anteil am Nationaleinkommen Berechtigten nur die Produzenten *allein* angesehen werden"[131]. „Niemals", heißt es, „würde jemand Einkommen beziehen, das nicht der Gegenwert *seines* Produktwertes wäre"[132]. „Denn", fährt Rodbertus fort, „wenn der nationale Boden und das nationale Kapital, also das gesamte Nationalprodukt, bis es sich als Einkommen verteilt, auch dem Rechte nach in Gemeinschaft der Gesellschaft bleibt ..., so muß notwendig der Tauschverkehr, diese Art Vermittlung der nationalen Produktion und Verteilung, in allen angedeuteten Beziehungen aufhören". Die sonst dem privaten „Tauschverkehr" überlassene Vermittlung und Verteilung werde jetzt von dem ausgehen, „dem durch das Eigentum an Boden und Kapital und deshalb auch am Nationalprodukt die Disposition darüber zusteht. Dies ist in dem vorausgesetzten Fall die *eine* Gesellschaft."[133]

Die kommunistischen Eigentumsverhältnisse lassen jedoch nach Rodbertus Spielraum für zwei Verteilungsvarianten: Erstens für eine Verteilung nach „Zweckmäßigkeitsgründen", wozu er auch die Verteilung nach dem Bedürfnisprinzip rechnet. Diese Verteilungsvariante vollzieht sich, wie es heißt, „unabhängig vom *betätigten* Willen des Individuums". Sie erfordere allerdings einen besonderen kommunistischen *Verteiler*, „bestehe dieser in dem saint-simo-

130 Ebenda, S. 124.
131 Ebenda, S. 121.
132 Ebenda, S. 160.
133 Ebenda, S. 122.

nistischen Papst, dem Arbeiterdiktator, oder einem gesellschaftlichen Direktorium"[134]. Rodbertus entscheidet sich für ein saint-simonistisches „Direktorium" und für die zweite, dem Leistungsprinzip verpflichtete Verteilungsvariante. Alsdann sei „nur das *rentierende* Eigentum aufgehoben, aber nicht das Eigentum überhaupt. Vielmehr ist dieses dann gerade auf sein Prinzip zurückgeführt und besteht zwar nicht in dem individuellen Eigentum des Arbeiters an seinem unmittelbaren Produkt, wohl aber in dem individuellen Eigentum des Arbeiters an seinem ganzen Produktenwert [Wertprodukt]. Dieser Kommunismus am Boden und Kapital, mit Eigentum des Individuums am Wert seines Produkts ist der Rechtszustand, den ich hier an die Stelle des Privateigentums an Boden und Kapital treten lasse."[135]

An dieser Stelle ist auf die Rodbertussche Arbeitsgeldtheorie einzugehen. Schon 1842, vier Jahre vor Proudhons „Philosophie de la misère", entwickelte Rodbertus diesbezügliche Gedanken: Im Gegensatz jedoch zu Proudhon, der entsprechend seiner von Marx scharf kritisierten kleinbürgerlichen Grundhaltung das Unmögliche wollte, „nämlich die bürgerlichen Lebensverhältnisse ohne die notwendigen Folgen dieser Verhältnisse", der also das Arbeitsgeld forderte bei sonstiger Beibehaltung der Warenproduktion, entwickelte Rodbertus seine Arbeitsgeldtheorie wesentlich im Hinblick auf seinen ideell antizipierten „Zustand ohne rentierendes Eigentum"[136].

Grundlegend für die differenzierte Einschätzung der verschiedenen Anhänger einer so oder so gearteten Arbeitsgeldtheorie ist eine Anmerkung im ersten Band des „Kapitals" von Karl Marx: Die Frage, warum das Geld nicht unmittelbar die Arbeitszeit selbst repräsentiere, führt Marx aus, komme auf die Frage heraus, warum auf der Grundlage der Warenproduktion die Arbeitsprodukte sich als Ware darstellen müssen oder warum auf der gleichen Grundlage Privatarbeit nicht als unmittelbare gesellschaftliche Arbeit behandelt werden kann. Derartig „seichten Utopismus eines Arbeitsgeldes auf Grundlage der Warenproduktion" hat Marx bekanntlich in seiner Arbeit „Zur Kritik der Politischen Ökonomie" und im „Elend der Philosophie" ausführlich erörtert und widerlegt. Instruktiv für unser Problem ist nun, daß Marx das Owensche Arbeitsgeld ausdrücklich von dieser Kritik ausgenommen wissen will. Begründend fügt er hinzu, „daß zum Beispiel das Owensche Arbeitsgeld ebensowenig Geld ist wie etwa eine Theatermarke". Denn: „Owen setzt unmittelbar vergesellschaftete Arbeit voraus, eine der Warenproduktion diametral entgegengesetzte Produktionsform. Das Arbeitszertifikat konstatiert nur den individuellen Anteil des Produzenten an der Gemeinarbeit und seinen individuellen Anspruch auf den zur Konsumtion bestimmten Teil des Gemeinprodukts. Aber es fällt Owen nicht ein, die Warenproduktion vorauszusetzen und dennoch ihre notwendigen Bedingungen durch

[134] Ebenda, S. 115. [135] Ebenda, S. 116.

[136] Vgl. Karl Rodbertus, Zur Erkenntnis unserer staatswirthschaftlichen Zustände, a. a. O., S. 171 und 175 sowie Karl Rodbertus, Das Capital. Vierter socialer Brief, a. a. O., S. 152f.

Geldpfuschereien umgehn zu wollen."[137] Auch Rodbertus, wie Owen in dieser Hinsicht ein ricardianischer Sozialist, fällt es nicht ein, bei seiner Arbeitsgeldhypothese die Warenproduktion vorauszusetzen. Wie Robert Owen, John Gray, William Thompson und andere sozialistisch orientierte Vertreter der ricardianischen Schule setzt er vielmehr in der Propagierung seiner Arbeitsgeldtheorie unmittelbar vergesellschaftete Arbeit *voraus*, in seinem Falle also den hier ausführlich erörterten ideell antizipierten Gesellschaftszustand ohne Privateigentum an den Produktionsmitteln. In direkter Polemik gegen Proudhons „Konstituierung des Wertes", bei sonstiger Beibehaltung der Warenproduktion, wird diese wesentliche Voraussetzung von Rodbertus einmal wie folgt zur Geltung gebracht: „Es wird nach dem Vorangegangenen wohl klar geworden sein, daß diese wie jede ‚Konstitution des Wertes' unmöglich ist, solange nicht garantiert worden, daß die nationale Produktion genau dem nationalen Bedürfnis entspricht ... Jene Garantie ist aber wieder *unmöglich bei Grund- und Kapitaleigentum,* [Hervorhebung – G. R.] wo den Unternehmern die Übersicht über das nationale Bedürfnis fehlen muß." Oder, in positiver Formulierung: „Denn lediglich unter der Voraussetzung, daß das Eigentum an Boden und Kapital *aufgehoben* und beide durch eine gesellschaftliche Behörde, welche die Produktion den Bedürfnissen adäquat erhält, verwaltet wird, und lediglich nach dem Maße normaler Arbeit, vermag die Konstituierung des Werts sich allen seinen wandelbaren Bestimmungsgründen anzuschmiegen und seine Verhältnismäßigkeit aufrechtzuerhalten ..."[138] Nicht das irgendwie kreierte Arbeitsgeld kann also für Rodbertus zur Ursache für eine Aufhebung oder Harmonisierung der bürgerlichen Produktion werden, sondern umgekehrt, vom Kopf auf die Füße gestellt, nur eine Aufhebung des Privateigentums an den Produktionsmitteln kann die Möglichkeit eines „Arbeitsgeldes" herbeiführen. Seine Arbeitsgeldtheorie ist mithin nicht Begründung, sondern Konsequenz – und sogar ziemlich spät angesetzte Konsequenz – seiner weit umfassenderen Grundanschauungen über die Zukunft der Sozialökonomik.

Nur Franz Mehring hat diese Beziehung zwischen Robert Owen und Karl Rodbertus gesehen und wie folgt beschrieben: „Was Rodbertus in diesen langatmigen Sätzen [aus dem Aufsatz von 1839] schildert, ist nichts als die besondere Utopie des Owenschen Sozialismus ... Owens Utopie", so fährt Mehring fort, „war das Ideal von Rodbertus, und er hat es in vortrefflicher Weise geschildert, nicht nur wie das Gemeineigentum an Grund und Boden und den Produktionsmitteln möglich, sondern auch welch ungeheurer Fortschritt es für die Menschheit sein würde. Aber es war ihm nur ein himmelblaues Ideal. Ungefähr noch ein halbes Jahrtausend sollte die Menschheit ‚den Weg durch die Wüste' wandern, bis sie das ‚gelobte Land der Erlösung vom Grund- und Kapitaleigentum' erreiche."[139]

137 Karl Marx, Das Kapital, Erster Band, in: MEW, Bd. 23, a. a. O., S. 109f., Anm.

138 Karl Rodbertus, Das Capital. Vierter socialer Brief, a. a. O., S. 152f.

139 Franz Mehring, Geschichte der deutschen Sozialdemokratie, Bd. 1, Berlin 1960, S. 259.

Wir beschließen damit die Skizzierung der trotz aller späteren Deformierung noch wirksam gebliebenen utopisch-kommunistischen Aspekte in den sozialökonomischen Anschauungen von Rodbertus, der ihretwegen nicht grundlos in der bürgerlichen Apologetik als der gesteigerte, ins Kommunistische übersetzte Sismondi[140] oder gar als der deutsche Saint-Simon zu perhorreszieren versucht wurde. Nicht grundlos wurde Rodbertus auch von den Vulgärökonomen Knies, Roscher, Schmoller und Brentano, Böhm-Bawerk, Lexis, Stolzmann u. a. in Acht und Bann getan.[141] Selbst der bourgeoise *Staatssozialist* Adolph Wagner, der im Hinblick auf Rodbertus die Formulierung vom „Ricardo des Sozialismus" prägte und der sich mehrfach etwas darauf zugute hielt, von Rodbertus „Anregungen" erhalten zu haben, bekannte wiederholt, in Grundfragen mit Rodbertus *nicht* übereinzustimmen.[142]

Wie die fast bis zur Entdeckung des Mehrwerts als einer selbständigen Kategorie getriebene Analyse der kapitalistischen Gesellschaft, so gehören auch die in diesem Abschnitt behandelten utopisch-kommunistischen Fernblicke auf die Sozialökonomie der Zukunft durchaus noch zu den von Marx und Engels herausgestellten *kühnen Anläufen* des Rodbertus, jener „sehr anzuerkennenden Tendenz". Allerdings erlitt diese anzuerkennende Tendenz schon durch ihr bloßes anachronistisches Verharren im Utopischen zu einer Zeit, als bereits die Entwicklung der sozialistisch-kommunistischen Utopie zu einer proletarischen Wissenschaft auf der historischen Tagesordnung stand, beträchtliche Abschwächungen und Einbußen. Noch gravierender jedoch für eine solche destruierende Abschwächung und Durchkreuzung der kühnen Anläufe war die im folgenden zu erörternde reformistische Gegentendenz, eine krampfhaft festgehaltene evolutionistisch-reformistische Grundanschauung, in welcher bei programmatischer Betonung der *Loyalität des Übergangs* der pommersche Grundbesitzer und ideelle Kleinbürger Rodbertus über den Rezipienten frühsozialistischer Gedankengänge zwar nicht völlig obsiegte, ihm aber doch einen nicht unbeträchtlichen Teil seiner gesellschaftskritischen Wirkung und theoretischen Bedeutung wieder zunichte machte.

IV. Der reformistische und staatssozialistische Aspekt des Rodbertusschen Denkens

Rodbertus war eben nicht *nur* ein theoretischer Anhänger linksricardianischer Kapitalismusdiagnosen und nicht *nur* ein Rezipient französisch-frühsozialistischer Kommunismusprognosen. Er war zugleich, und er blieb es, Angehöriger des pommerschen Grundbesitzes mit einem gerüttelten Maße jener ideologischen

140 Vgl. Hugo Eisenhart, Geschichte der Nationalökonomik, 2. Aufl., Jena 1891, S. 220.
141 Vgl. unten das Kapitel V.
142 Adolph Wagner, Grundlegung der Volkswirtschaftslehre, Berlin 1879, S. 590.

Grundhaltungen, die aus einer solchen durch *Besitz* und *Bildung* geprägten sozialen Interessenlage resultieren.

Nun wird man in eine Klasse zunächst hineingeboren; es ist daher sinnlos, aus diesem von Einsicht und Willen des betroffenen Klassenindividuums unabhängigen Geschehen irgendeinen Vorwurf herzuleiten. Die späteren Beziehungen zwischen Klasse und Klassenindividuum sind jedoch – wie den Biographien vieler historischer Persönlichkeiten zu entnehmen ist – nicht mehr von unverbrüchlich-schicksalhafter Natur, sondern von einer gewissen Flexibilität; sie gestatten, die durch Herkunft vorgegebene Klassenposition durch eine vermittels historischer Einsicht ergriffene Klassenposition ganz oder teilweise zu ersetzen. Marx maß diesen Erscheinungen einer vertikalen Mobilität durchaus Bedeutung zu. Bekannt sind jene hierfür grundlegenden Ausführungen aus dem Kommunistischen Manifest, wonach in Zeiten, wo der Klassenkampf sich der Entscheidung nähert, der *Auflösungsprozeß* innerhalb der herrschenden Klasse einen so heftigen, so grellen Charakter annehme, daß ein kleiner Teil der herrschenden Klasse sich von ihr lossage und sich der revolutionären Klasse anschließe.[143] Es ist nur ein *kleiner Teil*, der diesen Übergang ins andere Klassenlager vollständig schafft; der überwiegende Anteil verbleibt im Schoße seiner privilegierten Herkunftsklasse. Eine weitere Gruppe jedoch – und dazu muß man Rodbertus zählen – versucht einige Schritte der Lösung vom Alten und der Zuwendung zum Neuen – bleibt aber, aus was für Gründen immer, in der Mitte des Weges stecken, einer neuen Klassenorientierung – zwar mehr dunkel suchend als schon findend – zugewandt, der durch Herkunft bestimmten alten Klassenposition jedoch noch so beträchtlich verhaftet, daß insgesamt ein widersprüchliches, ambivalent auslegbares und auch so wirkendes ideologisches Zwittergebilde herauskommen muß. Wie zeigte sich konkret dieser derartig metaphorisch beschriebene widersprüchliche Zustand im sozialökonomischen Denken von Rodbertus?

Zunächst, er zeigte sich nicht oder nur relativ unbeträchtlich in der Kapitalismus-Diagnose. Marx' Urteil, daß Rodbertus das Wesen der kapitalistischen Produktion durchschaut habe, bleibt im Rahmen der speziellen Einschränkungen, die schon im Zusammenhang mit der Rodbertusschen Mehrwerttheorie (Theorie der *Rente überhaupt*) getroffen wurden, bestehen. Auch die hier als Hauptschwerpunkt des Rodbertusschen Denkens ausführlich entwickelte Grundrententheorie ist von dieser Widersprüchlichkeit weitgehend unberührt. Die Widersprüchlichkeit zeigt sich auch nur relativ unbeträchtlich in der Kommunismusprognose – es gibt im Deutschland des 19. Jahrhunderts – außer Marx und Engels, Heß und Weitling – keinen anderen sozialökonomischen Denker, der so intensiv und engagiert kommunistische Strukturen prognostiziert und propagiert hätte. Freilich – und das ist schon bezeichnend – der Rodbertussche, eben deshalb utopische Kommunismus ist kein *vom* revolutionären Proletariat aufzu-

[143] Karl Marx/Friedrich Engels, Manifest der Kommunistischen Partei, in: MEW, Bd. 4, Berlin 1959, S. 471f.

bauender, sondern ein von einer saint-simonistischen Zentralbehörde allenfalls *für* das Proletariat einzuführender. Aber damit kommen wir auch schon zu der Sphäre, in der sich der widersprüchliche Charakter des Rodbertusschen Denkens sofort im grellsten Licht dokumentiert, nämlich zu seiner Konzeption für die Übergangsperiode.

Der hervorstechendste Grundzug dieser Sicht auf die Übergangsperiode ist ein kompromißlerischer Reformismus, ein ängstliches Vermeiden revolutionärer Mittel und Methoden, ein illusionäres Bemühen, möglichst „friedlich" und „allmählich" zum Sozialismus-Kommunismus zu gelangen. Charakteristisch für diesen reformistisch-evolutionistischen Grundzug sind illusionäre Sätze wie diese: „Ich darf hier dieselbe Antwort geben, die ich 1848 gab, wo man mich bald für einen Reaktionär, bald für einen Blutroten hielt: ‚Ich lege nur auf einen loyalen Übergang wert, in den Dingen bin ich radikal'. Dies ist auch meine Stellung zum Sozialismus und noch mehr zu ihm, wie damals zum Demokratismus." [144]

Ganz in diesem Sinne schrieb er am 9. Mai 1863 an Ferdinand Lassalle: „Lassen Sie sich zu keinem politisch-revolutionären Wege fortreißen, sondern seien Sie wahrhaft eifersüchtig auf die Reinheit der sozialen Seite der Frage bedacht." [145] Und wenig später heißt es noch einmal warnend in einem Brief an Lassalle: „Daß ich nicht glaube, daß Sie die soziale Frage auf gewalttätigem revolutionären Wege ihrer Lösung näherbringen, wissen Sie. Macht sich die Lösung nicht im Frieden, aus allgemeiner Überzeugung, im Konsens mit den übrigen Klassen, so wird sie sich langsam unter der eisernen Hand des Cäsarismus vorbereiten." [146] Deutlicher als mit dieser programmatischen Betonung des *sozialen Friedens*, der „allgemeinen Überzeugung" und der „Übereinkunft mit den übrigen Klassen" kann der reformistische Grundgehalt dieser destruierenden Gegentendenz innerhalb des Rodbertusschen Denkens kaum demonstriert werden.

„Im Trouble der Revolution", behauptet er an anderer Stelle, „läßt sich die soziale Frage nicht lösen." [147] Wie aber, wenn nicht im Trouble der Revolution, ließe sich die soziale Frage sonst lösen? Und als Vorfrage hierzu, was verstand Rodbertus überhaupt unter der *sozialen Frage*? Oberflächlich sei es, und damit hob sich Rodbertus vom bürgerlichen Philanthropismus ab, die soziale Frage „nur als eine Armuts-, Magen- oder Hungerfrage aufzufassen". [148] Die soziale Frage sei vielmehr eine „*Auseinandersetzungsfrage* der freigewordenen arbeitenden Klassen mit den freigemachten Grund- und Kapitaleigentümern". Sie reiche als „Streit zwischen Arbeit und Besitz in die tiefsten Tiefen von Staat und Gesellschaft" und

[144] Karl Rodbertus, Briefe und socialpolitische Aufsätze, a. a. O., S. 365.
[145] Karl Rodbertus, Briefwechsel mit Lassalle, a. a. O., S. 343.
[146] Ebenda, S. 373.
[147] Karl Rodbertus, Briefe und socialpolitische Aufsätze, a. a. O., S. 139.
[148] Karl Rodbertus, Zur Beleuchtung der socialen Frage, Theil II, hrsg. von Theophil Kozak und Adolph Wagner, a. a. O., S. 270 (Die Zitate der Fußnoten 148, 149 und 150 entstammen einer von A. Wagner besorgten Nachlaßveröffentlichung. Wagner druckt sie undatiert ab. Ob sie Rodbertus je in dieser Form veröffentlicht hätte, bleibt zweifelhaft.).

erschütterte wie ein Erdbeben deren Grundlagen.[149] Sie impliziere unerhörte Energien, vermöge „wie Herkules schon in der Wiege . . . Schlangen zu erdrükken" und „den bestehenden Staat auseinanderzusprengen"[150]. Aus diesen passablen Ansätzen zog Rodbertus jedoch keine revolutionären, sondern eben nur reformistisch-evolutionäre Konsequenzen. Diesen sozialen Energien, die Rodbertus mit der umwälzenden Brisanz der schließlich zum Untergang Roms führenden Völkerwanderung verglich, freien Lauf zu lassen, sei gleichermaßen *verderblich* wie das als *Wahnsinn* bezeichnete Unterfangen, sich gegenüber dem Ansturm des Proletariats „auf die Armeen zu verlassen", denn, so hieß es schon 1839 dunkel drohend, „die Barbaren, die in Roms Heeren gedient hatten, eroberten Rom"[151]. Rodbertus als Angehöriger der besitzenden Klassen wünschte sich diese *Eroberung* keineswegs. Er fürchtete sie vielmehr, aber er hielt sie, im Gegensatz zum Liberalismus-trunkenen Gros der bürgerlichen Ideologen, für sehr wahrscheinlich und schließlich für völlig unvermeidbar, wenn die herrschenden Klassen „kurzsichtig genug sind, sich dem heute schon so klar ausgesprochenen Willen der Geschichte zu widersetzen". Dann könne es „allerdings geschehen, daß dieser Widerstand mit *Gewalt* [Hervorhebung – G. R.] gebrochen wird, womit dann die Geschichte ein revolutionäres Interimistikum regulieren würde".[152] Bei *solchem* Verhalten der herrschenden Klassen werde allerdings „die Geschichte wieder die Peitsche der Revolution über die Gesellschaft schwingen müssen".[153]

Durch klug und weitsichtig eingesetzte *radikale Sozialreform* aber, so wähnte und hoffte der durch ricardianische und frühsozialistische Theorien aufgeklärte Gutsbesitzer Rodbertus, lasse sich dieses revolutionäre Spannungsfeld in gewisser Weise abbauen und regulieren, ohne zugleich das saint-simonistisch-sozialistische Endziel aus dem Auge zu lassen: „Säumen wir nicht", hieß es im utopischen Appell an die vermeintlich über den Klassen stehende und saint-simonistischen Parolen gehorchende Staatsgewalt, „das Reformmesser zu schärfen, und schneiden wir, damit uns nicht die sonst noch tiefer fressende Petroleumflamme zuvorkommt."[154]

Das ist, zumindest in seiner auf Revolutionsverhütung abzielenden evolutionistischen Akzentuierung, ziemlich klar und deutlich. Dennoch bedarf dieser Satz der Erläuterung: Erstens, er wurde 1850, also etwa 20 Jahre vor dem Auftreten der Kathedersozialisten, formuliert, zu einer Zeit und in einer Situation, in der es noch etwas bedeutete, die kapitalistische Gesellschaft auch nur für reformbedürftig zu erklären. Zweitens, der Inhalt des Rodbertusschen Reformprogram-

149 Ebenda, S. 272. 150 Ebenda, S. 276.

151 Karl Rodbertus, Die Forderungen der arbeitenden Klassen (1839), in: Karl Rodbertus, Zur Beleuchtung der socialen Frage, Theil II, hrsg. von Theophil Kozak und Adolph Wagner, a. a. O., S. 182.

152 Karl Rodbertus, Briefe und socialpolitische Aufsätze, a. a. O. S. 269.

153 Karl Rodbertus, Zweiter socialer Brief, a. a. O., S. 83.

154 Karl Rodbertus, Zur Beleuchtung der socialen Frage, Theil II, hrsg. von Theophil Kozak und Adolph Wagner, a. a. O., S. 55.

mes ist nicht nur rein quantitativ wesentlich weittragender als die sozialen Quacksalbereien der späteren Kathedersozialisten und aller folgenden bürgerlichen sozialpolitischen Strömungen, sondern es versteht sich – mit wieviel Recht oder Unrecht, bleibe zunächst dahingestellt – selbst in seiner bürgerliches Maß theoretisch schon überschreitenden Form nur als ein *allererster* Schritt auf dem *Weg* zur Lösung der sozialen Frage, nicht als diese Lösung selbst.

In der Abgrenzung seines mit dem *Reformmesser* arbeitenden gleichsam chirurgischen Verfahrens zu den sozialen Quacksalbereien der *normalen* bürgerlichen Reformkonzepte und Polizeimaßnahmen heißt es an gleicher Stelle wie folgt: „Da muß natürlich auch ein entsprechend energisches und eingreifendes Heilverfahren eingeschlagen werden, *ein Heilverfahren ganz anderer Art*, als die gewöhnlichen Hausmittel abgeben: die allbekannten Kräuter, die an den Polizeigehegen unserer politischen Zustände wachsen –, oder die Kamillentöpfe, mit denen sanfte nationalökonomische Gemüter neuerdings gelaufen kommen –, oder endlich die Sympathiekuren, in denen ein Teil der Sozialkonservativen, mittels religiöser Besprechung, das Übel stillen zu können wähnt, oder noch manche andere soziale Medizinalpfuscherei." Möge auch, so heißt es weiter, „die Kur schmerzlich sein", so könne es hier doch nur heißen „ferrum sanat", das Eisen heilt, und zwar müsse „der *Schnitt*, der jenen *organischen Fehler* aus unserem Staatsleben ausscheiden soll, eben auch bis in die sozialen Grundlagen hineingehen".[155] Das Rodbertussche Reformkonzept will also *radikal* sein.

An dieser Stelle muß einer von Rodbertus propagierten Lohnregulierungsutopie gedacht werden, die, ausgehend von einem spontan wirkenden „Gesetz der fallenden Lohnquote" (ein von Rodbertus gebrauchter Ausdruck für die der relativen Verelendung zugrunde liegenden ökonomischen Zusammenhänge), als sozialpolitischen Gegenzug hierzu eine Steigerung des Arbeitslohnes nun eben proportional zur Steigerung der gesellschaftlichen Arbeitsproduktivität vorsieht und die Realisierung dieses Konzepts auf illusionäre Weise durch Staatsintervention (welchen Staates, ist hier die Frage) erhofft. Es ist nun – um an dem Gesagten anzuknüpfen – völlig unzutreffend, in dieser Lohnregulierung, deren Utopismus und Palliativcharakter ohne weiteres einleuchtet, das sozialpolitische Endziel und Hauptanliegen des Rodbertusschen Reformprogrammes zu sehen. Rodbertus war vielmehr einsichtig genug, um in dieser von ihm tatsächlich mit Eifer propagierten Lohnregulierung nur ein sozialpolitisches *Minimum* zu sehen, nur einen *allerersten* Schritt (und selbst dieser wäre für die Kapital- und Grundeigentümer schon viel zu weitgehend), nicht etwa die vermeintliche *Lösung der sozialen Frage* selbst. Rodbertus behauptete allerdings, dieser erste Schritt liege auf dem „Wege der geschichtlichen Vorsehung", die – so oder so – unabwendbar auf das „Zeitalter des Arbeitseigentums" zusteuere. Im Gegensatz zur spezifisch bürgerlichen Sozialreform, die ganz bewußt auf flexible System*erhaltung* abzielt, träumte also die in ihren sozialen Impulsen eben zwieschlächtige Sozialreform

155 Ebenda.

des Rodbertus – zumindest in der Absicht ihres intellektuellen Urhebers – von einer „friedlichen“ und „allmählichen“ System*überwindung*. Doch eine friedliche, allmähliche Systemüberwindung innerhalb der von Klassenkämpfen bewegten, Geschichte – wo hätte es das schon einmal gegeben?

Eine solche Vorstellung, das haben Geschichte und marxistische Wissenschaft inzwischen längst bewiesen – ist ein logischer Widerspruch in sich – der entweder frommer Wunsch bleiben (wie bei Rodbertus) oder aber zur Demagogie entarten muß.

Auf diese und ähnliche Weise trieb sich das Rodbertussche Denken im Hinblick auf die Übergangskonzeption in dem Widerspruch herum, dem Ausbruch der sozialen Revolution durch Reformen zuvorkommen zu wollen, zugleich aber fest davon überzeugt zu bleiben, daß die Geschichte so oder so, also auch trotz oder sogar mit Hilfe von Reformen, auf Systemveränderung hinziele und unabwendbar, wenngleich in langen Zeiträumen, auch realiter dahin gelange, das *System des Kapitaleigentums* durch das *System des Arbeitseigentums* zu ersetzen. Der brisante Inhalt der sozialen Frage bestand eben nach Rodbertus gerade in diesem freilich evolutionär interpretierten *Übergang* von der „Epoche des Kapitaleigentums“ zur „Epoche des Arbeitseigentums“. Derart hieß es: „Die ‚soziale Frage‘ schließt daher eine *geschichtliche Übergangsperiode von unermeßlicher Bedeutung* [Hervorhebung G. R.] ein, und erst, wenn dieser Übergang durchgemacht ist, kann davon die Rede sein, daß die ‚soziale Frage‘, die wie ein Erdbeben durch unser Zeitalter dröhnt, gelöst ist.“ Der Weg bis dahin, das könne nicht zweifelhaft sein, sei noch lang. Selbst Lassalle, und darin stimme er mit diesem überein, habe ihn nach Jahrhunderten gemessen.[156] Daß diese „geschichtliche Übergangsperiode von unermeßlicher Bedeutung“ neben dem behaupteten „Hineinwachsen in den Sozialismus“ rein logisch auch ein „Herauswachsen“ und damit letztlich ein Sprengen des alten Systems beinhaltet, diese Frage glaubte Rodbertus in seinem in dieser Hinsicht letztlich unwissenschaftlichen Wunschdenken umgehen zu können, obwohl er an anderer, etwas versteckter Stelle konzediert hatte, daß „die Hauptakte der Entwicklung durch . . . Revolutionen von unten“ bewirkt würden.[157]

Mit welchen sozialen Kräften und politischen Mitteln sollte also nach Rodbertus diese geschichtliche Übergangsperiode von unermeßlicher Bedeutung bewältigt und gemeistert werden? Durch welche sozialen und politischen Medien sollte jene Gesetzmäßigkeit, jene von Rodbertus ausgesprochene geschichtliche Vorsehung in der Richtung auf Ablösung des Kapital- und Grundeigentums und allgemeiner Konstituierung des Arbeitseigentums wirken? In der Rodbertusschen Beantwortung dieser Frage liegt einer der entscheidenden Kernpunkte seines über die

[156] Karl Rodbertus, Briefwechsel mit Ferdinand Lassalle, a. a. O., S. 329. Lassalle sprach von 100 bis 200 Jahren, Rodbertus von über 300 Jahren.

[157] Karl Rodbertus, Zur Geschichte der römischen Tributsteuern seit Augustus, in: Jahrbuch für Nationalökonomie und Statistik, hrsg. von Bruno Hildebrand, Bd. 8, Jena 1867, S. 443, Fn.

kühnen Anläufe schließlich in bestimmter Hinsicht obsiegenden Utopismus. Wir kommen damit zu dem Aspekt seines Denkens, der gewöhnlich mit dem schillernden Begriff des *Staatssozialismus* bezeichnet wird.

Zunächst eine der Differenzierung dienende Vorbemerkung: Der Terminus *Staatssozialismus* selbst findet sich nicht bei Rodbertus. Er taucht erst auf bei dem der etatistischen Variante des Kathedersozialismus nahestehenden Adolph Wagner, der zu jenen gehörte, die – wie der damals noch auf marxistischen Positionen stehende Karl Kautsky sich ausdrückte – „Anfang der 80er Jahre [also nach dem Tode von Rodbertus] in Rodbertusianismus machten"[158]. Diesen sei es jedoch keineswegs darum zu tun gewesen, die Rodbertusschen Ideen in die Wirklichkeit umzusetzen. Vielmehr habe es sich hierbei um ein ideologisches Täuschungsmanöver gehandelt, um den Namen Rodbertus, der in den Kreisen der Arbeiterbewegung noch einen guten Klang[159] hatte, für restaurative Zwecke auszunutzen.[160] Nach diesen Festlegungen fährt Kautsky wie folgt fort: „Aber die Maskierung hat nichts geholfen, die Arbeiter sind der Sozialreform nicht auf den Leim gegangen, und die rodbertusianischen Ausführungen haben angefangen, *unbequem* zu werden. Die Versprechungen und Forderungen, die sie enthielten, drohten die Begehrlichkeit der Massen zu wecken, statt sie einzulullen. So ist Rodbertus schneller noch, als er in Mode gebracht worden war, wieder aus der Mode gekommen bei unserem akademischen Strebertum."[161]

Wie wenig dieser *Rodbertusianismus* mit den originalen Ansichten von Rodbertus selbst identisch sein konnte, wie sehr er einer mit vollem Bewußtsein vollzogenen Verfälschung nahe kam, belegen – zu allem schon Angeführten – einige weniger bekannte Äußerungen des aus taktischen Gründen in „Rodbertusianismus machenden" bürgerlichen „Staatssozialisten" Adolph Wagner. Wenn dieser sich unter seinesgleichen wähnte, also in seinen an die Repräsentanten der offiziellen Gesellschaft gerichteten Publikationen, dann betonte dieser sogenannte Rodbertusianer das ihn von Rodbertus grundsätzlich Trennende: In den „Prinzipienpunkten", vor allem der Eigentumsordnung, könne er mit Rodbertus grundsätzlich „*nicht* übereinstimmen".[162] Und in noch schärferer Entgegenstellung lesen wir an anderer Stelle: „Nicht wie die Rodbertus, Marx, Engels, Lassalle

158 Karl Kautsky, Der Kapitalismus fin de siècle, in: Die Neue Zeit, Bd. 122, a. a. O., S. 457.

159 Lassalle hatte sich als Schüler von Rodbertus ausgegeben und diesen den „größten deutschen Nationalökonomen" genannt. Auch das Zentralorgan der Lassalleaner, „Der Socialdemokrat", brachte mehrfach wohlwollende Notizen über Rodbertus, die dieser, wie bereits erwähnt, erfreut mit einer Art Bekenntnis registrierte: „Was der ‚Socialdemokrat' gestern über mich brachte, hat mich gefreut, denn soweit der Kern der socialdemokratischen Partei ein rein wirthschaftlicher ist, gehöre ich ihr mit ganzer Seele an." (in: Karl Rodbertus, Briefe und socialpolitische Aufsätze, a. a. O., S. 141.)

160 Vgl. Karl Kautsky, Der Kapitalismus fir de siècle, in: Die Neue Zeit, Bd. 12. 2, a. a. O., S. 458.

161 Ebenda.

162 Adolph Wagner, Grundlegung der Volkswirtschaftslehre, Berlin 1879, S. 3.

den Sozialismus auffassen, wie die Sozialdemokratie ihn in ihrem Programm verwirklichen will, ist", wie Wagner behauptet, „für den Staatssozialisten maßgebend." [163]

Doch auch die von Engels in der Vorrede zur zweiten Auflage des „Elends der Philosophie" (1884) sowie die in der Vorrede zum zweiten Band des „Kapitals" geführte Polemik gegen Rodbertus geschah vorwiegend im Hinblick auf den Rodbertus-Kult, den Rodbertus-Schwindel einiger seiner vorgeblichen Anhänger und nur an zweiter Stelle, hiervon abgeleitet, gegen Rodbertus selbst, der zum Zeitpunkt des Erscheinens der Engelsschen Polemik immerhin schon zehn Jahre tot war. Sie war, wie Engels an anderer Stelle formuliert, vor allem gerichtet gegen jene „Leute, die an der staatssozialistischen Grenze unsrer Partei herumlungern, sympathische Reden vorführen, aber doch die Polizeiwidrigkeit vermeiden wollen",[164] sie war gerichtet an jene, „die im Grenzgebiet zwischen unsrer Partei und dem Kathedersozialismus hin- und herpendeln, die sehr bald darauf bedacht sind, jedes Risiko, in das sie eine Verbindung mit unserer Partei verwickeln könnte, zu vermeiden, und die nichtsdestoweniger alle Vorteile einsacken wollen, die aus solch einer Verbindung entstehen könnten"[165]. Für alle diese Leute sei, wie Engels feststellt, Rodbertus „ein gefundenes Fressen"[166]. Ebenso bezog sich die gleichzeitig in dem 1883 neu gegründeten Organ der Sozialdemokratie, „Die Neue Zeit", geführte Auseinandersetzung mit dem Rodbertus-Kult vorwiegend auf den monarchistisch-staatssozialistischen *Mißbrauch* mit Rodbertus. Wie Franz Mehring 1893 rückblickend feststellt, sei damals Rodbertus' Name als der eines Sozialisten „mißbraucht" worden, um „die Massen des Volkes zu betören". „Rodbertus selbst", fügt er hinzu, „hätte er noch sprechen können, wäre gewiß angewidert worden von dem Humbug, der mit seinem Namen getrieben wurde." [167] Dieser Rodbertus-Schwindel hatte also mit Rodbertus wenig mehr gemein als die überwiegend mißbräuchliche Berufung auf seinen Namen.

Wie also verhielt es sich mit dem staatssozialistischen Aspekt des Rodbertusschen Denkens? Weshalb wurde Rodbertus zu einem willkommenen Anknüpfungspunkt für Leute, die „arbeiterfreundliche" Reden halten, aber die Polizeiwidrigkeit vermeiden wollen? [168]

[163] Adolph Wagner, Finanzwissenschaft und Staatssozialismus, in: Zeitschrift für die gesamte Staatswissenschaft, Bd. 43, Tübingen 1887, S. 120.

[164] Friedrich Engels, Brief an Eduard Bernstein vom 22. 8. 1884, in: MEW, Bd. 36, a. a. O., S. 204.

[165] Friedrich Engels, Brief an Laura Lafargue vom 17. 1. 1886, in: MEW, Bd. 36, a. a. O., S. 421.

[166] Friedrich Engels, Brief an Eduard Bernstein vom 22. 8. 1884, in: MEW, Bd. 36, a. a. O., S. 204.

[167] Franz Mehring, Aufsätze zur Geschichte der Arbeiterbewegung, a. a. O., 1961, S. 407.

[168] Vgl. Friedrich Engels, Brief an Eduard Bernstein vom 22. 8. 1884, in: MEW, Bd. 36, a. a. O., S. 204.

Rodbertus als Rezipient utopisch-sozialistischer Lehren, scharfer Kritiker der kapitalistischen Produktionsweise, Sympathisant auch der realen Arbeiterbewegung in ihrer damaligen lassalleanischen Form, war und blieb seiner sozialen Lage nach ein Angehöriger der besitzenden Klassen mit zahlreichen daraus letzthin resultierenden ideologischen Verhaltensweisen. Eine der dominierenden davon war die Angst vor revolutionären Umwälzungen, soweit sie seine eigene Lebenslage tangieren könnten.[169] Er partizipierte deshalb auch an dem von den herrschenden Klassen zu repressivem Zweck entworfenen apologetischen Zerrbild, welches in Revolutionen nicht so sehr die *Lokomotive* als vielmehr die *Geißel* der Geschichte, nicht so sehr das Befreiende als vielmehr das Zerstörerische, nicht so sehr die Erfordernisse des Klassenkampfes als vielmehr die „unausdenkbaren Gefahren des Bürgerkrieges" akzentuierte. Deshalb kam es ihm so sehr auf den *loyalen Übergang* an, deshalb verfiel er auf den *Staat an sich* als Wirkfaktor und Garant dieses Übergangs.

Rodbertus konnte sich dabei sogar auf einige große und keineswegs nur reaktionäre Vorbilder berufen: Rousseau und die Jakobiner, Gracchus Babeuf und Saint-Simon, und im deutschen Bereich besonders Johann Gottlieb Fichte, auf dessen „Geschlossenen Handelsstaat" sich Rodbertus mehrfach bezog, wären hier aufzuführen. Auch Hegels Definition vom Staat „als der Wirklichkeit der sittlichen Idee" (Rechtsphilosophie, Paragraph 257) wäre hier zu nennen. All das fand bei Rodbertus seine inzwischen anachronistisch gewordene Spätblüte. Auch Lassalles Staatstheorie stand in dieser Tradition und hat hier ihre theoriegeschichtliche Wurzel. Was jedoch bei diesen Denkern und Konzeptionen noch eine gewisse progressive Gültigkeit haben konnte – sie wirkten zu einer Zeit, als der Klassengegensatz zwischen Kapital und Proletariat noch relativ unentwickelt war – wurde in der Zeit nach 1830 oder 1848 zu anachronistischem Utopismus. Oder wie Marx, ohne hierbei speziell Rodbertus im Auge zu haben, den Stellenwertverlust einer ehemals progressiven Theorie formulierte: „Die Bedeutung des kritisch-utopischen Sozialismus und Kommunismus steht im umgekehrten Verhältnis zur geschichtlichen Entwicklung. In demselben Maße, worin der Klassenkampf sich entwickelt und gestaltet, verliert diese phantastische Erhebung über denselben, diese phantastische Bekämpfung desselben allen praktischen Wert, alle theoretische Berechtigung."[170]

Wie *weit* ging dieser anachronistische Utopismus im Hinblick auf seine

169 Den Revolutionen in der Vergangenheit und fernen Zukunft stand Rodbertus wesentlich positiver gegenüber. Für die Vergangenheit z. B. heißt es klipp und klar, daß „die Hauptakte der Entwicklung ... durch Revolutionen [ausgeführt wurden], und zwar durch Revolutionen von unten ..." (Karl Rodbertus, Zur Geschichte der römischen Tributsteuern seit Augustus, in: Jahrbücher für Nationalökonomie und Statistik, Bd. 5, Jena, 1865, S. 443).

170 Karl Marx/Friedrich Engels, Manifest der Kommunistischen Partei, in: MEW, Bd. 4, a. a. O., S. 491.

„staatssozialistischen" Ambitionen? Wollte Rodbertus das, was nach marxistischer Erkenntnis einzig und allein der revolutionären Diktatur des Proletariats möglich ist, vom Staat als einer vorgeblich klassenindifferenten Organisation erwarten? Er wollte es, und insofern war dieser Utopismus objektiv antirevolutionär in der Wahl seiner Mittel.

Der Fall liegt jedoch keineswegs so einfach, daß Rodbertus den faktischen Staat seiner Zeit und Umwelt, also den preußischen Hohenzollernstaat des feudal-bourgeoisen Kompromisses als Exekutor seiner utopisch-sozialistischen Ideen für möglich gehalten hätte. Wie schon 1848 in der in Berlin tagenden verfassungsgebenden Versammlung Preußens, so vertrat er auch 1870/71 Positionen, die von den durch Bismarck repräsentierten beträchtlich divergierten.[171] Die „soziale Frage", so prophezeite er, werde für Bismarck und das neudeutsche Kaiserreich das werden, was für Napoleon der russische Feldzug war. Sein Utopismus – und in dieser *einen* Hinsicht gereichte ihm das sogar zu einer gewissen Ehre – bestand eben auch darin, daß er seine sozialistische Konzeption nicht dem faktischen preußischen Staat seiner Zeit anvertraute, sondern einer hiervon qualitativ durchaus abgehobenen imaginären „Staatsidee". Diese idealistische Staatsidee machte die Sache Rodbertus' theoretisch sicher nicht unanfechtbarer, nahm ihr aber den naheliegenden Vorwurf eines bewußten reaktionären Engagements. Diese idealistisch-normative Staatskonzeption wurde jedoch infolge einer taktischen oder auch nur laxen Formulierungsweise nicht immer ausdrücklich als normativ ausgegeben, so daß teilweise der Eindruck entstehen konnte, als sei vom faktischen Staat der Gegenwart die Rede. Eben diese begriffliche Unschärfe war der Anknüpfungspunkt für die sogenannten „Rodbertusianer". Folgender diesbezüglicher Passus ist jedoch klar und unmißverständlich: „Wenn der Staat nicht diese soziale Providenz sein soll, kann er mir gestohlen bleiben, ich meine natürlich den 'Staat wie er sein soll', nicht diesen oder jenen Lumpenstaat."[172] In vergleichbarer Weise bemerkte Rodbertus über Lassalle, daß er „nicht des preußischen Staates, sondern der *Staatsidee* wegen" so operierte, wie er es tat.[173] Mit diesem „Staat wie er sein soll" war offenbar auch die „Zentralbehörde" oder „staatswirtschaftliche Behörde" jener von ihm in utopisch-kommunistischer Manier prognostizierten „Staatswirtschaft ohne Grund- und Kapitaleigentum" gemeint (siehe oben). In Polemik zum antietatischen Proudhon und im Hinblick auf den prognostizierten Zukunftsstaat hieß es daher an jener in anderem Zusammenhang bereits zitierten Stelle wie folgt: „Wollen Sie aber wahrhaft 'Anarchie' [im Sinne von Herrschaftslosigkeit–G.R.], so müssen Sie das Grund- und Kapitaleigentum daran geben. Dann freilich haben Sie noch die Wahl, die Wahl zwischen

[171] Rodbertus war schon 1849, in der Niedergangsphase der Revolution, mit dem Abgeordneten für West-Havelland, Otto von Bismarck, dem späteren Reichskanzler, in eine Konfrontation geraten.

[172] Karl Rodbertus, Briefe und socialpolitische Aufsätze, a. a. O., S. 236.

[173] Ebenda, S. 142.

dem Rousseauischen Vierfüßler und der Zivilisation mit *einem* gesellschaftlichen Willen, d. h. mit Staat, Zentralisation und Kommunismus."[174] Das heißt, Staatlichkeit, Zentralisation und Kommunismus, also Abwesenheit von privatem Grund- und Kapitaleigentum, galten ihm als Merkmale *einer* Sache. Darin war vor allem die Absage an das syndikalistische Assoziationskonzept Proudhons und in der Folge auch Lassalles formuliert und nicht die Anpassung des Rodbertusschen Sozialismus an den bestehenden preußischen Staat.

Der eklatante Unterschied zwischen Rodbertus und seinen vorgeblichen, aber sehr temporären Anhängern bestand – um in der Formulierung von Rodbertus zu sprechen – darin, daß diese „Rodbertusianer" gerade immer „diesen oder jenen Lumpenstaat" meinten, wenn sie ihre diversen sozialen Quacksalbereien propagierten und auch organisierten, daß sie also ganz im Gegensatz zu Rodbertus auch das von diesem mit wie immer unzulänglichen utopischen Mitteln anvisierte Ziel einer „Staatswirtschaft ohne Kapital und Grundeigentum" völlig fallen ließen. Auch alle späteren „Staatssozialismen", der des ersten Weltkrieges, der Weimarer Republik, der faschistischen Diktatur und schließlich auch der westdeutschen Bundesrepublik meinten immer genau „diesen oder jenen Lumpenstaat". Der „Staatssozialismus" in dieser mehrfach zu verhängnisvoller Wirksamkeit gelangten Variante war und ist eben nichts als ein demagogisches Etikett für staatsmonopolistische Herrschaft. Der Rodbertussche „Staatssozialismus" meinte etwas entschieden anderes.

Doch auch, wenn man Rodbertus, wie es sich aus der Sache ergibt, nicht nur quantitativ, sondern auch qualitativ und damit der klassenmäßigen sozialen Zuordnung nach von diesen spätbürgerlichen Demagogien abgrenzt, bleibt – gemessen an marxistischer Erkenntnis – genug grundsätzlich Kritikwürdiges übrig: Ganz abgesehen von der prinzipiell unwissenschaftlichen Postulierung einer idealistischen Staatsidee finden wir auch bei immanent kritischer Betrachtung beträchtliche Mängel. So fehlt eine konkrete Auskunft darüber, wie und durch welche Kräfte sich der faktische Staat zum „Staat, wie er sein soll" entwickeln kann. Wir finden stattdessen eine Anzahl allgemein adressierter Aufrufe zur Staatsintervention, aus denen unmittelbar eben nicht zu entnehmen ist, ob der gegenwärtige faktische oder der zukünftige „sein sollende Staat" gemeint ist: „*Staatsgesetze*" sollen nach Rodbertus „die wirtschaftliche Allmacht des Grund- und Kapitaleigentums immer mehr den Händen des Eigennutzes entziehen und in die Hände des Staates hinüberleiten".[175] „Der *Staat* hat zuzuspringen, hat schleunigst zuzuspringen und mit starker, geschickter Hand die Zügel wieder zu ergreifen, die er sich niemals in der Nationalwirtschaft hätte abschwatzen lassen sollen." Denn: „*Staatslosigkeit* in der Nationalwirtschaft wird mit der Zeit die Paralysis des sozialen Körpers."[176] Der

[174] Karl Rodbertus, Das Capital. Vierter socialer Brief, a. a. O., S. 216ff.

[175] Karl Rodbertus, Zur Beleuchtung der socialen Frage, Theil II, hrsg. von Theophil Kozak und Adolph Wagner, a. a. O., S. 82.

[176] Ebenda, S. 260.

Staat, heißt es, soll die vom *physiokratischen* bzw. vom *Smithschen System* verhängten, nur angeblich *ehernen Gesetze* brechen. Er soll den angeblichen Naturgesetzen des *Smithschen Systems* „freie, sittliche, neu belebende Menschengesetze substituieren: Dem ‚Naturgesetz' periodischer Entwertungen des Nationalprodukts – *Staatsgesetze* zur Regulierung der Nationalproduktion und der Wertbildung; dem ‚Naturgesetz' des notwendigen Unterhaltes – *Staatsgesetze* zu seiner Mitsteigerung mit der nationalen Produktivität; dem ‚Naturgesetz' einseitiger Luxussteigerung – *Staatsgesetze* zur Sicherung gleichmäßigen Fortschritts in der nationalen Konsumtion".[177] Ein „allgemeines Gesetz der *Staats*gewalt" wird auch in dem „Offenen Brief an das Comité des Deutschen Arbeitervereins zu Leipzig" (1863) betont: „Nicht eine Klasse allein, nur ein menschliches Gesetz, ein allgemeines Gesetz der *Staats*gewalt kann ihnen [den Arbeitern] helfen."[178] *Welche* Staatsgewalt all dieses leisten soll, blieb bei solchen Ausführungen weitgehend im unklaren. Verhaftet in idealistischen Traditionen des Staatsdenkens, die – nur in ihrer aufklärerischen Frühphase bedingt progressiv – im preußischen Staatsmythos ihre schließlich pragmatische Pervertierung fanden, verkannte Rodbertus nahezu völlig den Klassencharakter des Staates. Selbst in Formulierungen, die eine verhängnisvolle Umklammerung und Aussaugung „des Staates" durch spezifische Klassenkräfte, nämlich durch das Kapital, betonen, bleibt der Staat bei Rodbertus eine klassenindifferente Größe: „Damit [mit der Entwicklung des sich „selbst überlassenen Verkehrs"] hat auch die wirtschaftliche Wohltat des Kapitals begonnen, in Kapitalismus umzuschlagen, der uns heute schon Staat und Gesellschaft, wie eine aussaugende Schlingpflanze den stolzesten Baum, umklammert hält und die offiziellen Machthaber des Staates nur mit Täuschungen äußerlichen Scheins regaliert."[179] Er fügte sogar noch hinzu, es sei schon zweifelhaft, „ob der Staat heute überhaupt noch die Kraft hat, sich dieser umstrickenden Gewalt des Kapitalismus zu entziehen". Die naheliegende Erkenntnis, daß in dem, was hier als historischer Sonderfall geschildert wird, das allgemeine Wesen des Staates zu sehen ist, daß also zu jeder Zeit „die offiziellen Machthaber des Staates" von jeweils bestimmten Klassenkräften „nur mit Täuschungen äußerlichen Scheins regaliert" werden, blieb Rodbertus verschlossen. Ebenso blieb die richtige Einzelerkenntnis, daß „der Staat ... zum guten Teil in den Händen der besitzenden Klassen, oder vielmehr heute des Kapitals allein liegt",[180] ohne Konsequenzen für seine allgemeine Staatslehre wie für seine reformistische Übergangskonzeption. So konnte er es also nur beklagen, ohne es zu verstehen, wie im Zuge der anhebenden staatsmonopolistischen Entwicklung nicht – wie er hofft und wähnt – „der Staat" das Kapital, sondern vielmehr umgekehrt, das

177 Karl Rodbertus, Briefe und socialpolitische Aufsätze, a. a. O., S. 521.
178 Karl Rodbertus, Gesammelte kleine Schriften, hrsg. von Moritz Wirth a. a. O., S. 332.
179 Karl Rodbertus, Briefe und socialpolitische Aufsätze, a. a. O., S. 485.
180 Ebenda, S. 587.

Kapital „den Staat" überwindet und beherrscht: „So sind also jetzt", hieß es an einer Stelle, „in Folge einer verkehrten politischen Ökonomie, Eisenbahn-, Bank- und Handelsfürsten schon zu einem kompakten Interessenverein verwachsen ... Welches furchtbare Schmarotzergewächs im Innern unserer Staaten, das von den nährenden Säften der Allgemeinheit zehrt."[181] Folge dieser „verkehrten politischen Ökonomie" sei es auch, wenn die von seiten „des Staates" konzessionierten privaten Eisenbahngesellschaften sich zu einflußreichen Mächtegruppierungen innerhalb und „oberhalb" des Staates aufschwingen: „Die Eisenbahnen", so heißt es, „wurden konzessioniert, um dem Verkehr zu dienen. Heute haben die Bahnverwaltungen [sicher ein pars pro toto] die Staatsverwaltung in der Hand."[182]

Aus diesem Dilemma, den „idealen Staat" als Vollstrecker eines sozialistischen Programmes bestimmen zu wollen, den faktischen Staat aber von einem „kompaktcn Interessenverein der Eisenbahn-, Bank- und Handelsfürsten" beherrscht zu sehen, ohne das auf Grund seiner klassenindifferenten Staatstheorie erklären zu können und ohne einen Weg von diesem zu jenem zu wissen, aus diesem Dilemma vermochte Rodbertus nicht herauszukommen. Seine Zweifel an der Kraft „des Staates", sich und die Gesellschaft von der Gewalt des Kapitalismus zu befreien, verdichteten sich nicht zu einer grundsätzlichen Neuorientierung. So blieben auch oder gerade auf staatstheoretischem Gebiet seine hier ohnehin nicht allzu „kühnen Anläufe" ohne den entscheidenden Absprung.

V. Zum allgemeinen Klasseninhalt des Rodbertusschen Denkens

Auch eine vorläufige Gcsamteinschätzung des sozialen Gehaltes der Rodbertusschen Anschauungen wird nicht in den Fehler verfallen dürfen, von den einander widerstreitenden Tendenzen innerhalb seines Denkens zu abstrahieren und etwa die eine auf die andere zu reduzieren. Der historische Rodbertus war zugleich beides, scharfer Kritiker der kapitalistischen Produktionsweise, Verkünder einer künftigen kommunistischen Produktionsweise und zugleich hinsichtlich des Übergangs von der einen zur anderen Formation dezidierter Reformist und „Staatssozialist" im dargelegten Sinne. In diesem *zugleich* liegt die Schwierigkeit der eindeutigen klassifikatorischen Zuordnung von Rodbertus zu einer bestimmten sozialen Position. Diese Schwierigkeit ist jedoch lösbar, wenn man das denkerische Zwittergebilde Rodbertus auch auf eine zweifache soziale Orientierung bezieht, den Kapitalismuskritiker und utopischen „Prognostiker" einer künftigen kommunistischen Gesellschaft etwa auf eine von radikaler Fortschrittsauffassung und aufkeimender Arbeiterbewegung

181 Ebenda, S. 671.
182 Ebenda, S. 672.

ideell beeinflußte Orientierung, den Reformisten und „Staatssozialisten" Rodbertus hingegen auf eine seiner sozialen Herkunft verhaftete Orientierung. Als „sozialökonomische Charaktermaske", welche diese divergierenden Grundtendenzen zumindest eklektizistisch in sich wieder zu verknüpfen in der Lage ist, käme nur die einer Zwischen- oder Mittelschicht in Betracht, die, als Rudiment älterer Gesellschaftsstrukturen in die kapitalistische Gesellschaftsformation hineinragend, zwischen den großen Hauptklassenfronten eine zunehmend prekärer werdende Existenz auch weiterhin zu behaupten trachtet, die – wie die breite Masse des werktätigen Volkes – von den zu repressivem Zweck verbündeten großen Kapital- und Grundbesitzern objektiv unterdrückt und ausgebeutet, im Hinblick auf ihren relativ bescheidenen Produktionsmittelbesitz jedoch von der Furcht befallen ist, ins Proletariat geschleudert zu werden; eine Zwischenschicht, die, für sich allein macht- und perspektivlos – und sie fühlt diese Ohnmacht und Perspektivlosigkeit sehr wohl – sich abwechselnd bald der einen, bald der anderen Hauptklasse zuwendet (bzw. „integriert" wird), sich daher in der Regel immer in Zwiespalt mit sich selbst und ihrem eigentlichen objektiven Interesse befindet. Wir brauchen die Sozialpsychologie dieser mit dem Terminus „Kleinbürgertum" bezeichneten Zwischenschicht, der Marx bescheinigte, „zwischen dem Kapital und der Arbeit, zwischen der politischen Ökonomie und dem Kommunismus hin- und hergeworfen" zu werden,[183] nicht weiter auszuführen; nur noch soviel: Der *Widerspruch* sei, wie Marx am Beispiel Proudhons demonstriert, Grundlage ihres Seins. Diese Schicht sei zusammengesetzt aus einerseits und andrerseits. So in ihren ökonomischen Interessen und daher in ihren politischen und wirtschaftlichen Anschauungen.[184]

Es mag zunächst verwundern, Rodbertus, den Professorensohn und Grundbesitzer, mit seinem äußerlich keineswegs kleinbürgerlichen Lebensstil, hinsichtlich des sozialen Gehalts seiner theoretischen Wirksamkeit in diese „sozialökonomische Charaktermaske" eingereiht zu sehen; deshalb sei noch folgendes angemerkt: 1. Nur eine vulgärsoziologische Betrachtungsweise identifiziert die auf Grund intellektuell erworbener historischer Einsichten ergriffene soziale Position unmittelbar mit der durch Geburt angestammten sozialen Lage. Marx gebraucht deshalb zur Kennzeichnung dieser Differenz auch den Ausdruck „*ideeller* Kleinbürger". 2. Die Kategorie des Kleinbürgertums beinhaltet trotz ihres eindeutigen sozialökonomischen Grundgehaltes noch ein relativ weites Spektrum durchaus verschiedener ideologisch-sozialer Varianten – auch die Jakobiner und die radikalen Demokraten des Vormärz und der 48er Revolution zum Beispiel gehörten dieser Kategorie an. Ebenso muß der kleinbürgerliche Sozialismus zum Beispiel eines Sismondi – und vieles verbindet Rodbertus mit diesem – der, wie Marx ausführt, für das Proletariat gegen die Bourgeoisie auftrat und die Partei der Arbeiter vom Standpunkt des Klein-

183 Karl Marx, Über P.-J. Proudhon, in: MEW, Bd. 16, a. a. O., S. 29.
184 Vgl. ebenda, S. 31f.

bürgertums ergriff, der, wie es weiter heißt, höchst scharfsinnig die Widersprüche in den modernen Produktionsverhältnissen zergliederte und die gleißnerischen Beschönigungen der Ökonomen enthüllte usw., in diesem Zusammenhang genannt werden.

Es besteht kein Zweifel, daß der derart von Marx charakterisierte kritische Gehalt des Sismondischen kleinbürgerlichen Sozialismus sein bei allem Anachronismus durchaus vergleichbares deutsches Gegenstück im kleinbürgerlichen Sozialismus von Rodbertus fand, wenngleich sich schon bei der Betrachtung des „positiven Gehaltes" auch bemerkenswerte Unterschiede zeigen: Was Marx über den positiven Gehalt des kleinbürgerlichen Sozialismus von Sismondi aussagte,[185] läßt sich schon nicht mehr durchweg auf Rodbertus beziehen.

Rodbertus *will* nämlich durchaus die modernen Produktions- und Verkehrsmittel und sogar im Rahmen *neuer* Produktionsverhältnisse – freilich auf welch illusionäre Weise wähnte er, dieses Ziel erreichen zu können! Das spezifisch Kleinbürgerliche *dieses* kleinbürgerlichen Sozialismus besteht also nicht mehr in der Konzeption einer völlig konträren Zielvorstellung wie noch bei Sismondi, sondern in der Ignoranz hinsichtlich der revolutionären Gewalt als eines Instruments, auf welches unter den obwaltenden Bedingungen des allseitig geführten Klassenkampfes eben *nicht* verzichtet werden kann. Auch der mit Vorbehalt so genannte „Staatssozialismus" ist Ausdruck dieser spezifischen Kleinbürgerlichkeit, die bei allem Verständnis für das unterdrückte und *leidende* Proletariat noch voller Irrtümer und Unglauben hinsichtlich der geschichtlich *selbständigen* und somit primär *aktiven* Rolle des Proletariats steckt.

Von der Einsicht in den trotz aller kühnen Anläufe letztlich als *Resultante* sich durchsetzenden *kleinbürgerlichen* Grundgehalt des Rodbertusschen Denkens würde sich schließlich auch die mehrfach aufgeworfene Frage, ob und inwieweit Rodbertus ideologische Interessen des Großgrundbesitzes wahrnehme, klären lassen. Engels vertrat bekanntlich einmal die ironisch zugespitzte Meinung, das Rodbertussche Rentenprinzip solle es den Junkern ermöglichen, „bürgerlich 5000 Taler jährlich zu produzieren und adlig 10000 Taler auszugeben und sich doch nicht zu ruinieren"[186]. (Daß es eine ironisch zugespitzte Meinung und nicht das letzte Wort hierzu war, erhellt u. a. daraus, daß der Grundtenor der in den zwei Vorworten – zum zweiten Band des „Kapitals"

[185] Vgl. Karl Marx/Friedrich Engels, Manifest der Kommunistischen Partei, in: MEW Bd. 4, a. a. O., S. 485: „Seinem positiven Gehalte nach will jedoch dieser Sozialismus entweder die alten Produktions- und Verkehrsmittel wiederherstellen und mit ihnen die alten Eigentumsverhältnisse und die alte Gesellschaft, oder er will die modernen Produktions- und Verkehrsmittel in den Rahmen der alten Eigentumsverhältnisse, die von ihnen gesprengt wurden, gesprengt werden mußten, gewaltsam wieder einsperren."

[186] Friedrich Engels, Brief an Karl Kautsky vom 15. 10. 1884, in: MEW, Bd. 36, a. a. O., S. 220.

und zum „Elend der Philosophie" – geführten Kritik der einer Gleichstellung mit Proudhon ist.) Karl Kautsky seinerseits schrieb im Hinblick auf das von Rodbertus verfaßte Buch „Die Creditnoth des Grundbesitzes" vom „Hohen Lied des Junkersozialismus"[187]. Es gibt jedoch auch von Rodbertus selbst einige markante Äußerungen, die eine solche Interpretation nahelegen. So, wenn es in der „Creditnoth" lapidar heißt, er habe „vorstehend als Landbesitzer die Interessen und das natürliche Pfandrecht meines Standes verfochten"[188]. So im Briefwechsel, wenn er betont, daß Grundbesitzer und Arbeiter gleichermaßen unter ökonomischen Übervorteilungen durch das Kapital zu leiden hätten.[189] Wahr sei es, behauptet er an anderer Stelle, „die ökonomischen Interessen des Grundbesitzes und der Arbeit erlauben ein Zusammengehen in der ‚sozialen Frage', vorausgesetzt", und damit macht Rodbertus eine instruktive Einschränkung, „daß der Grundbesitz seine kirchlichen, politischen oder sozialen Neben- und Hintergedanken läßt"[190].

Was ist das aber – und damit kommen wir wieder auf die merkwürdige Zwieschlächtigkeit dieser Konzeption – ,was ist das für ein seltsamer Grundbesitzer, der nahezu gleichzeitig den Lebensnerv des großen Grundeigentums, die absolute Grundrente, aus einem „sich in Raub verlierenden Besitztitel", nämlich dem Bodenmonopol, ableitet und als unbezahlte Arbeit enthüllt? So heißt es im „Vierten socialen Brief" wie folgt: „Ich habe bewiesen, daß, wenn auch im Werte des Rohprodukts nur die Arbeit vergütet wird, also kein Monopolpreis besteht, dennoch die höchsten Grundrenten abfallen, ohne daß je ein Grundbesitzer etwas anderes dazu beigetragen hat, als eben einen *in Raub sich verlierenden Besitztitel* zu besitzen."[191] Und was ist das für ein merkwürdiger Großgrundbesitzer, der seine Klassengenossen der römischen Geschichte in harten Worten der Raubgier bezichtigt und für den Untergang Roms verantwortlich macht[192] und zugleich deutlich zu verstehen gibt, daß auch in Deutschland der Großgrundbesitz oder Latifundismus eine höchst verhängnisvolle Rolle

[187] Karl Kautsky, Aus dem Nachlaß von Rodbertus, in: Die Neue Zeit, Bd. 3, Stuttgart, 1885 S. 231.

[188] Karl Rodbertus, Gesammelte kleine Schriften, hrsg. von Moritz Wirth, a. a. O., S. 79.

[189] Karl Rodbertus, Briefe und socialpolitische Aufsätze, a. a. O., S. 484.

[190] Ebenda, S. 265.

[191] Karl Rodbertus, Das Capital. Vierter socialer Brief, a. a. O., S. 28ff.

[192] Karl Rodbertus, Zur Beleuchtung der socialen Frage, Theil II, hsrg. von Theophil Kozak und Adolph Wagner, a. a. O., S. 13f.: „Wo ein Großgrundbesitzer hauste, da war, wie wir aus Quintilians Beispiel ersehen, auch keines Bleibens für den Kleinbesitzer, er wurde in aller Weise bedrückt. Er konnte auch nicht einmal vor diesem Druck sich flüchten, der Druck des Großgrundbesitzers fand überall statt ... Das *latifundia perdidere Romam* [die Latifundien zerstören Rom], das Plinius nur erst im Sinne einer verkehrten nationalökonomischen Reichthumsentwicklung, Quintilian schon ernster versteht, hat sich schon zu Salvians Zeit auf das damalige internationale Feld hinübergespielt und hier zu tödtlicherer Bedrohung verschlimmert."

spielt?[193] Was ist das schließlich für ein seltsamer Agrarier, der dem privaten Großgrundbesitz in sehr bestimmter Weise einen zwar noch relativ fernen, aber doch schon voraussehbaren Untergang verheißt?[194]

Auf Grund dieser erstaunlichen Widersprüche bei Rodbertus gab es in der Sekundärliteratur[195] Versuche, diese von Rodbertus vereinzelt anempfohlene Bundesgenossenschaft zwischen Arbeit und Grundbesitz in Parallele zu sehen mit einem Bündnis zwischen Arbeitern und *Bauern*: Rodbertus meine, so wird an verschiedenen Stellen behauptet, wenn er in solchem Zusammenhang vom Grundbesitz spreche, zugleich und vor allem die Bauernschaft, also den *kleinen* Grundbesitz. Zugleich wird gefolgert, daß einerseits auf Grund der Rodbertusschen Familientradition (der schon erwähnte Physiokrat Schlettwein war Rodbertus' Großvater), wie andererseits im Hinblick auf vergleichbare zeitgenössische Erscheinungen – man denke hier zum Beispiel an die Theorien Alexander Herzens (1812–1870) – bestimmte Momente eines volkstümlerischen Bauernsozialismus eine Rolle in dieser seltsam widersprüchlichen Mischung spielen. Der mit Rodbertus und auch mit Marx im Briefwechsel stehende Rudolf Meyer beschwört im Zusammenhang mit dem Rodbertusschen Rentenprinzip sogar die Schatten eines neuen Bauernkrieges.[196]

Doch auch aus dieser nur scheinbar überraschenden Perspektive bestätigt sich die Einschätzung des sozialen Grundgehaltes seiner Theorie als einer kleinbürgerlichen, als einer von ‚sozialistischen' *Kleinbesitzern*, wenngleich bäuerlicher Provenienz.

Diese zugleich probäuerliche Richtung seiner mit dem sogenannten Rentenprinzip verbundenen hypothekenrechtlichen Vorschläge (das sind unmittelbar praxisbezogene Ableger seiner wesentlich weitreichenderen theoretischen Ansichten) hob Rodbertus selbst einmal wie folgt hervor: Er habe zwar, so heißt es in einem Brief an Schumacher vom 21. Oktober 1870, „nirgends die Anwen-

193 Vgl. Karl Rodbertus, Brief an den Thünen-Biographen Robert H. Schumacher vom 16. 6. 1872: „Der Demminer Landkreis hat sich seit der letzten Volkszählung wieder um 1500 Seelen vermindert. *Latifundia perdidere Italiam.*" (in: Karl Rodbertus, Neue Briefe über Grundrente, Rentenprinzip und soziale Frage an Schumacher, hrsg. v. Robert Michels und Ernst Ackermann, Karlsruhe 1926, S. 201).

194 Vgl. oben, S. 46f.

195 Herbert Sultan, Rodbertus und der agrarische Sozialkonservatismus, in: Zeitschrift für die gesamte Staatswissenschaft, Bd. 82, Tübingen 1927, S. 112.

196 Vgl. Karl Rodbertus, Briefe und socialpolitische Aufsätze, a. a. O., S. 784. Vgl. auch: Robert H. Schumacher, Johann Heinrich v. Thünen. Ein Forscherleben, 2. Aufl., Rostock und Ludwigslust 1883, S. 290ff.: „Das Landvolk ist bis jetzt noch ruhig, aber ein einziger Funke kann das ganze Land in Flammen setzen . . . Die Volksaufregung manifestiert sich auch hier schon in Thaten – und die Gutsbesitzer, besonders die Adeligen, sind in großer Sorge, und wohl nicht mit Unrecht –, denn von vielen Orten hört man von Verbindungen und Verabredungen der Leute gegen ihre Herren." So beurteilte Johann Heinrich von Thünen die Lage auf dem Lande im Jahre 1848 in Briefen an seine Tochter.

dung des Rentenprinzips *speziell* auf die *bäuerlichen* Grundstücke gemacht", er habe es aber „für selbstverständlich gehalten, daß das Rentenprinzip so gut bei Bauernhöfen wie bei Rittergütern" seine Anwendung finde, und er begrüßt die durch Abgabe eines Gutachtens gebotene Gelegenheit, „das Rentenprinzip bei der *Bauernfrage* ins gehörige Licht stellen zu können".[197]

Versuchen wir, die immer wieder gestellte Frage nach Art und Ausmaß des Einflusses des Grundbesitzerstatus auf das Rodbertussche Denken und der darin zum Ausdruck kommenden Klassenposition auch durch eine Art Negativbeweis einer Klärung näherzuführen. Wenn es sich nachweisen läßt, daß sich die junkerlichen und sonstigen Großgrundbesitzer von den Rodbertusschen Konzeptionen entschieden distanziert haben, wird auch von daher verständlich, daß die Rodbertusschen Vorstellungen nicht als Interesssenausdruck dieser junkerlichen und sonstigen Großgrundbesitzer mißverstanden werden dürfen, auch nicht partiell, soweit die Ablehnung durch die Junker mehr oder weniger prinzipiellen Charakter trägt, oder höchstens partiell bzw. punktuell, soweit diese Distanzierung nicht durchweg prinzipiell geschieht.

Franz Mehring reflektierte diese Distanzierung der Junker gegenüber den Rodbertusschen Aktivitäten wie folgt: „Waren sie [die Junker] schon mißtrauisch gegen Rodbertus, der ihnen seine Pillen doch immer in diplomatisch verzuckerter Form eingab, so entsetzten sie sich je länger je mehr vor dem ‚konservativen Barrikadenstil' Rudolf Meyers."[198]

Rudolf Meyer seinerseits berichtete 1894 rückblickend, daß man „damals in dem Club der Landwirthe *gelacht*" habe, „wenn des Rodbertus' Theorien dort entwickelt wurden. Ein Hauptführer der Agrarier, Stadtrichter Wilmanns", so heißt es weiter, „sprach sich dagegen aus."[199]

Beschränken wir uns auf die Dokumentation des von den Junkern und sonstigen Agrariern selbst gegenüber Rodbertus zum Ausdruck gebrachten Mißtrauens: Die in Berlin erscheinenden „Annalen der Landwirtschaft in den Königlich Preußischen Staaten" veröffentlichten in ihrer Nummer vom 15. Dezember 1869 unter der Überschrift „Ewige Rente oder Amortisation?" einen polemischen Artikel gegen Rodbertus. „Rodbertus", so hieß es, „verlangt einen vollständigen Bruch mit den gegenwärtigen Rechtsinstitutionen."[200]

Der junkerliche Interessen vertretende Verfasser, ein C. Wilmanns, bezieht sich auf das 1868/69 in zwei Teilen erschienene Buch von Rodbertus „Zur Erklärung und Abhülfe der Kreditnoth des Grundbesitzes" und kommt zu der

197 Karl Rodbertus, Brief an Robert H. Schumacher vom 21. Oktober 1870, in: Karl Rodbertus, Neue Briefe über Grundrente, Rentenprinzip und soziale Frage an Schumacher, hrsg. von Robert Michels und Ernst Ackermann, a. a. O., S. 121 f.

198 Franz Mehring, Geschichte der deutschen Sozialdemokratie, Bd. 2, Berlin 1960, S. 400.

199 Vgl. Rudolf Meyer, Das Sinken der Grundrente und dessen mögliche sociale und politische Folgen, Wien – Leipzig 1894, S. 120 f.

200 Annalen der Landwirtschaft, Berlin 1869 (15. 12. 1869), S. 449.

Feststellung, daß die von Rodbertus vorgeschlagene Einführung des Rentenprinzips (darüber an anderer Stelle) „eine dauernde Schädigung der Grundbesitzer zur Folge haben" würde.[201] Der Verfasser konstatiert „Widersprüche" in der Theorie von Rodbertus und kommt zu dem Ergebnis, daß die Argumentation „nicht nur in der Konklusion, sondern zum Teil auch in den Vordersätzen unrichtig" sei.[202] Deutlicher drückt sich eine vom „III. Congreß der norddeutschen Landwirthe eingesetzte Commission zur Begutachtung der Rententheorie von Rodbertus-Jagetzow" aus, die sich in handschriftlicher Form (ca. 37 Seiten) im wissenschaftlichen Nachlaß von Rodbertus befindet und vermutlich aus dem gleichen Jahr (1869) stammt. Der Schlußpassus dieses gutachterlichen Kommissionsberichtes spricht von „prinzipiellen Gegnern der Rodbertusschen Theorie", die „annehmen, daß das Rentenprinzip nicht nur mit den Gewohnheiten der Geldwirtschaft, sondern auch mit den Begriffen des Grundwertes im Widerspruch steht und sowohl die Rechte der Miterben, der Verkäufer und Leihkapitalisten als auch die Interessen der Grundbesitzer auf das Schwerste schädigt".[203]

201 Ebenda, S. 450. 202 Ebenda, S. 451.

203 in: Nachlaß von Rodbertus, Zentralarchiv der DDR, Abt. Merseburg, Rep. 94, M 4. Vgl. auch den veröffentlichten „Bericht der vom III. Kongreß Norddeutscher Landwirthe eingesetzten Kommission zur Prüfung der Rententheorie von Rodbertus", H. 1 und 2, Berlin 1871. Die Kommission bestand aus sieben Vertretern des preußisch-pommerschen Großgrundbesitzes: von Behr-Schmodow; Prof. Dr. Bekker, Greifswald; Landwirtschaftsrat Holtz-Alt-Marrin; von Sänger-Grabow; Domänenpächter Robert H. Schumacher-Zarchlin (der Thünen-Biograph); Stadtrichter Wilmanns, Berlin; A. L. Sombart-Ermsleben (der Vater des schließlich zum Faschismus „bekehrten" Werner Sombart). Der offizielle Bericht dieser vorwiegend aus Gutsbesitzern bestehenden Kommission zur Prüfung der Rententheorie von Rodbertus vermerkt das Scheitern des Rodbertusschen Projektes mit dem Hinweis auf unüberbrückbare Gegensätze: „Das Kommissionsmitglied Herr von Behr hat sein Gutachten auf die nicht näher motivierte Behauptung beschränkt, daß der Verwirklichung der Rodbertusschen Vorschläge unüberwindliche Hindernisse entgegenständen. Die von den übrigen Mitgliedern der Kommission gepflogenen Verhandlungen und abgegebenen Gutachten haben zu einer Einigung *nicht* geführt, vielmehr die in dem Referate des Herrn Schumacher und dem Korreferate des Herrn Prof. Dr. Bekker, welche bereits veröffentlicht sind, zum Ausdruck gelangten *Gegensätze* der Anschauungen nur noch schärfer hervortreten lassen". (aus dem H. 2 des Kommissionsberichtes, abgedruckt in der von Robert Michels besorgten Edition: Karl Rodbertus, Neue Briefe über Grundrente, Rentenprinzip und soziale Frage an Schumacher, hrsg. von Robert Michels und Ernst Ackermann a. a. O., S. 315). Über die Ablehnung des Rentenprinzips durch die Grundbesitzer, die allerdings mit widersprüchlichster Motivierung erfolgt, äußert sich Rodbertus brieflich in gleichsam resignierender Weise wie folgt: „Was sich das arme Kind Rentenprinzip alles gefallen lassen muß! Die Einen schelten es mittelalterlich-reactionär, die Anderen übermodern-socialistisch". (Karl Rodbertus, Brief an Robert H. Schumacher vom 12. 3. 1871, in: ebenda S. 148.)

Noch eine Tonlage schärfer verfährt „M. Ant. Niendorfs *Zeitung für Landwirthe und Grundbesitzer*" in einem mit N. gezeichneten Doppelartikel vom 25. und 29. Juni 1870. Die Schwankungen der Wertverhältnisse des Grund und Bodens, „diese sociale Krankheit des Ostens im Zollverein, von Königsberg bis Bayern, mit ihren vielfältigen Symptomen in der Credit- und Hypothekennoth, den Krisen, Überspekulationen, Arbeitermangel, Entwerthung, Kapitalabfluß usw.", hätten „jedem wirtschaftlichen Kopfe eine Fülle von Betrachtungen" eröffnet. So sei es „nicht zu verwundern, daß ein spekulativer Denker wie Rodbertus-Jagetzow, als einsamer Landwirth in Pommern, rund und rings in der unmittelbaren Nähe dieser seltsamen Phänomene sitzend, mit scharfem Blick begabt, diesen Gegenstand zum ausschließlichen Object seiner Betrachtung machte und die Resultate derselben in mehreren Bänden veröffentlichte". „Seltsam", findet der Verfasser „das intensive Feuer seiner Feder, das hier [in den Grundeigentumsverhältnissen] den wunden Fleck unserer Socialzustände wittert, geistreich sarkastisch, schlagend und beißend ist sein Tory-Ingrimm, der sich Jahrzehnte lang an der wirtschaftlichen Rechtsverwundung des landbauenden Ostens genährt, und redlich ist sein Eifer, zur Abhülfe der Creditnoth Mittel und Wege zu finden. Er sucht sie bekanntlich in der Rückkehr zum Rentenprinzip."[204]

Der Verfasser polemisiert besonders gegen die von Rodbertus vorgenommene scharfe Unterscheidung zwischen Kapital und Grundbesitz und plädiert für die Subsummierung des Grund und Bodens unter den Kapitalbegriff. Grund und Boden sei „durchaus nichts anderes, als Werkzeugcapital, in nichts verschieden von allen anderen Geschäftsanlagen, welche das Capital sonst sucht und suchen muß"[205]. Entfalle aber der mehr oder weniger prinzipielle Unterschied zwischen Kapital und Grund und Boden,[206] dann seien auch die begrifflichen Voraussetzungen für die Statuierung eines besonderen dem Grund und Boden eigentümlichen Einkommenszweiges, der Grundrente, entfallen. Somit zielt dieser gegen Rodbertus gerichtete Artikel zugleich auf eine Leugnung der Gund-

[204] Niendorfs Zeitung für Landwirthe und Grundbesitzer vom 25. 6. 1870, S. 1.

[205] Ebenda.

[206] Zu dieser von der bürgerlichen Ökonomie vorgenommene Identifizierung von Kapital und Grund und Boden heißt es in einem Aufsatz (Ein pathologisches Symptom) von Rodbertus wie folgt: „Die Alt-Kapitalistiker unterscheiden noch Grundbesitz und Kapital, aber sie kommen ... im Kapitalbegriff nicht über das Geldkapital und die Vorstellungen des vulgären Sprachgebrauchs, deren Anfang und Ende das ‚Privatkapital' ist, hinaus ... Die Neu-Kapitalistiker gehören aber dem Fortschritt im Irrtum an und heben den Unterschied von Grund und Kapital auf. Ihnen ist alles Kapital, was für Geld feil ist, und da Kapital ihr höchster wirtschaftlicher Begriff ist, so kann es durch sie dahin kommen, daß auch einer ganzen Nation, die jahrelang in solchen Vorstellungen geschult wird, zuletzt am höchsten steht, was überhaupt feil ist ..." (Karl Rodbertus, Briefe und socialpolitische Aufsätze, a. a. O., S. 643).

rente schlechthin; der Notwendigkeit nach Apologetik dieses in Verruf geratenen parasitären Einkommenszweiges war so am einfachsten und scheinbar sehr wirkungsvoll Genüge getan. Im Hinblick auf die von Rodbertus verfochtenen Grundsätze und Unterscheidungen zur Begründung seiner praktischen Vorschläge heißt es kurz und resümierend: „Wir gestehen, daß uns diese Unterscheidungen allsamt nicht haltbar sind ... Insofern müssen wir Rodbertus in seinen Prämissen widersprechen“[207].

Verwiesen sei schließlich auf einen gegen Rodbertus zielenden scharfmacherischen Artikel in der in Breslau erschienenen Agrarier-Zeitung „Der Landwirth“ vom 7. März 1871: Unter der Überschrift „Das Rentenprinzip und seine Gefahren“ wird als höchst bedrohliche Tatsache hingestellt, daß „der einseitige, um nicht zu sagen sozialistische Standpunkt, den von Rodbertus[208] dem Capital gegenüber einnimmt, sicherlich mit dazu beigetragen“ habe, „die Zahl seiner Anhänger zu vermehren“.[209]

Unter solchen Umständen sei „der Standpunkt, den .... Rodbertus der heutigen Volkswirtschaft und dem ‚Capitalismus‘ gegenüber einnimmt, mindestens nicht ganz unbedenklich“[210]. Wie andere „Schutzzöllner, Communisten und Socialisten“ habe Rodbertus aus gewissen Irrtümern der Volkswirtschaftslehre, die „eine der jüngeren Erfahrungswissenschaften“ sei, bedenkliche Schlußfolgerungen gezogen, zum Beispiel hinsichtlich des Grundeigentums und der Grundrente: „Die Rente ist also immer ein Monopol, sagt MacCulloch. Das Eigenthum ist Diebstahl, ist die letzte consequente Folgerung Proudhons“[211]. Auch wenn Rodbertus „für den Nachweis, daß landwirtschaftliche Grundstücke nicht Capital, sondern Rentenfonds sind, Autoritäten für sich anzuführen“ vermöge, sei damit „noch gar nichts bewiesen“. Für die subversive Haltung sei ferner „sehr bezeichnend, daß von Rodbertus die große Zahl unserer heutigen Volkswirthe ignoriert und ihrer nur nebenbei und wohl gar in recht schiefen Seitenbemerkungen gedenkt ...“[212] „Um nun“, so heißt es empört, „den Standpunkt zu zeigen, welchen von Rodbertus dem Capital gegenüber einnimmt, mag eine der milderen Bemerkungen aus Nr. 3 der genannten Zeitung

207 Niendorfs Zeitung für Landwirthe und Grundbesitzer vom 25. 6. 1870.

208 Rodbertus hatte schon während seiner Tätigkeit als Abgeordneter und Minister der 1848er Revolutionsregierung für die Abschaffung aller Adelstitel plädiert. Er war nie Träger eines Adelstitels und selbst die Hinzufügung des Gutsnamens Jagetzow zu seinem bürgerlichen Namen Rodbertus stammt nicht von ihm, der seine Briefe nur mit Rodbertus unterzeichnete, sondern von seiner junkerlichen Umwelt, die ihn derart gleichsam zu assimilieren trachtete.

209 Der Landwirth (Breslau) vom 7. März 1871, zitiert nach: Karl Rodbertus, Neue Briefe über Grundrente, Rentenprinzip und soziale Frage an Schumacher, hrsg. von Robert Michels und Ernst Ackermann, a. a. O., S. 348 ff.

210 Ebenda, S. 348.

211 Ebenda.

212 Ebenda, S. 349.

[der „Deutschen Landwirthschaftlichen Zeitung"] dienen. Es heißt hier: ,Das Capital hat sogar Arbeit wie Grundbesitz um ihr Erstgeburtsrecht gebracht; es drängt und geht überall mit seiner Rente [Kapitalrente = Profit] vor und thut lieber gar nichts, sondern streckt sich in den Banken selbst auf die faule Bank, ehe es nicht des Vorgehens seines landesüblichen Gewinstes sicher ist'."[213]

Der konsternierte junkerlich-agrarkapitalistische Verfasser (Steinbart aus Preußisch-Lanke) stellt fest, daß es „bis zu einer gewissen Verwandtschaft mit der Socialdemokratie . . . in der That nicht weit" sei, und auch die Vorrede zum zweiten Teil des Rodbertusschen Buches „Zur Erklärung und Abhülfe der heutigen Creditnoth des Grundbesitzes" weise in diese verdächtige Richtung. Man dürfe „wohl von einem mit der Nationalöconomie vertrauten Manne erwarten, daß er eine Reformfrage, nicht wie die Socialdemokratie, zu einer Machtfrage wird machen wollen. Ist eine gleiche Beschränkung jedoch von seinen Jüngern zu erwarten?"[214] Der junkerliche Verfasser beschreibt die von Rodbertus und seinen Anhängern ausgehende Gefahr wie folgt: „Man ruft die Schweitzer und Bebel nicht ungestraft wach; und vergeblich wird man über kurz oder lang sich vielleicht nach der Zauberformel umthun, die die finsteren Geister zu bannen vermag. Das ist die Gefahr."[215]

Es ist natürlich nicht das gegen die Kapitalisierung der Landwirtschaft gerichtete Rentenprinzip allein, was den Widerstand und das Mißtrauen der agrarischen Kreise herausfordert; die „ganze Richtung" des von Rodbertus vorgetragenen ökonomischen Denkens erscheint den Agrariern je länger je mehr irgendwie verdächtig, ohne daß es gelänge, diesen Verdacht so richtig zu artikulieren, zumal der Verdächtige Rittersgutsbesitzer und somit *vom Stande* und ihresgleichen ist.

Aber dieser seltsame Gutsbesitzer hatte selbst in dem angeblich nur der Hilfestellung für den Grundbesitz gewidmeten Buche aus seinen wie auch immer verblasenen kommunistischen Zukunftsvorstellungen keinen ausdrücklichen Hehl gemacht und einen „Gesellschaftszustand" beschworen, „in welchem die Nation sich schon selbst gehört": „Dies würde", so heißt es, „der Fall sein, wenn wir an Stelle des einen Eigentums des einzelnen Despoten [System der Oikenwirtschaft in der Antike] einen Rechtszustand setzen, in welchem Boden und Nationalprodukt – letzteres, so lange es noch der weiteren Produktion unterliegt . . . – *der ganzen Nation gemeinschaftlich gehörten* und nur Privateigentum an einem Einkommen existierte, das, soweit es Lohn und nicht fixiertes Gehalt wäre, nach der Leistung des Produzenten normiert wäre . . . Das Eigentum überhaupt wäre in solchem Zustande offenbar nicht aufgehoben . . . Nur das *rentierende* Eigentum – das Grund- und Kapitaleigentum – wäre es, und damit wären es natürlich auch die beiden Zweige der Rente, Grundrente und Kapitalgewinn, die beide alsdann den Gehältern und Löhnen der Nation

213 Ebenda. 214 Ebenda, S. 350.
215 Ebenda, S. 351.

zuwachsen würden."[216] Eine solche Prognose von der einstigen Aufhebung des Grund- und Kapitaleigentums und dementsprechend auch der Grundrente und des Profits konnte natürlich auch bei dem wohlmeinendsten Junker oder sonstigen Grundbesitzer keine Zustimmung, sondern nur Ablehnung hervorrufen, vorausgesetzt natürlich, daß er überhaupt zur Lektüre der Rodbertus-Schriften griff.

Rodbertus hat schließlich ungeachtet seines eigenen gutsbesitzerlichen Status, der eigentlich nur als materielle Grundlage seines Privatgelehrten-Daseins fungierte, seinem Grimm gegenüber dem alten und neuen Latifundienwesen immer wieder beredten Ausdruck verliehen. Am sinnfälligsten geschah dies durch wiederholtes Zitieren und Kommentieren der aus dem klassischen Altertum stammenden Sentenz „Latifundia perdidere Italiam", zu deutsch: Die Latifundien bzw. der Großgrundbesitz richtete Italien zugrunde. „Der Demminer Kreis", so heißt es einmal, „hat sich seit der letzten Volkszählung wieder um 150 Seelen verringert. Latifundia perdidere Italiam."[217] Bereits die Frühschrift „Zur Erkenntnis unserer staatswirthschaftlichen Zustände" (1842) hatte die „Gefahr" pointiert, die der „selbständigen ländlichen Bauerngemeinde" „von wenigen großen Grundeigentümern" drohe.[218] Die in den fünfziger Jahren geschriebene Abhandlung „Zur Beleuchtung der socialen Frage, Theil II" akzentuiert den „Klassenkampf des Groß- und Kleingrundbesitzes, an dem zu Plinius' und Quintilians Zeit das Reich schon tödlich erkrankt war". „Wo ein Großgrundbesitzer hauste, da war . . . keines Bleibens für den Kleingrundbesitzer, er wurde in aller Weise bedrückt. Er konnte auch nicht einmal vor diesem Drucke sich flüchten, der Druck des Großgrundbesitzes fand überall statt . . . Das ‚Latifundia perdidere Romam', das Plinius nur erst im Sinne einer verkehrten nationalökonomischen Reichtumsentwicklung, Quintilian schon ernster versteht", habe sich schon zu Salvians Zeit auf das damalige internationale Feld hinübergespielt „und hier zu tödlicherer Bedrohung verschlimmert."[219] „Die heutige Besitztyrannei", so heißt es in einer aktualisierenden Fußnote zu dieser anti-großgrundbesitzerlichen Auslassung, „wirkt heute auf die Arbeiter analog, wie damals die Tyrannei des Großgrundbesitzes auf die Kleingrundbesitzer."[220]

Die immer wieder gestellte Frage nach Art und Ausmaß des Einflusses des

[216] Karl Rodbertus, Zur Erklärung und Abhülfe der heutigen Creditnoth des Grundbesitzes 1868/69 (hier zitiert nach der 2. Auflage, Berlin 1893, S. 233).

[217] Vgl. Karl Rodbertus, Brief an Robert H. Schumacher vom 16. Januar 1873, in: Karl Rodbertus, Neue Briefe über Grundrente, Rentenprinzip und soziale Frage an Schumacher, hrsg. von Robert Michels und Ernst Ackermann, a. a. O., S. 201.

[218] Karl Rodbertus, Zur Erkenntnis unserer staatswirthschaftlichen Zustände, zitiert nach ebenda, S. 59, Anm.

[219] Karl Rodbertus, Zur Beleuchtung der socialen Frage, Theil II, hrsg. von Theophil Kozak und Adolph Wagner, a. a. O., S. 13 f.

[220] Ebenda, S. 16.

Grundbesitzerstatus' auf das ökonomische Denken von Rodbertus hat jedoch noch einen weiteren, geradezu paradoxen Aspekt: Rodbertus distanzierte sich von den Junkern und die Junker wollten nichts wissen von den Konzepten dieses schreibenden Gutsbesitzers. Rodbertus, so der bisher behandelte Aspekt dieser Fragestellung, kam zu sismondistisch-kleinbürgerlich-radikalen Positionen, *obwohl* er ein Grundbesitzer war. Rodbertus, so der zweite, nunmehr hervorzuhebende paradoxe Aspekt dieser Fragestellung, *konnte auch deshalb* zu sismondistisch-sozialistischen Positionen vorstoßen, *weil* er ein Grundbesitzer war; das heißt, der in der Literatur vereinzelt mit einer gewissen Häme betonte Grundbesitzerstatus von Rodbertus wirkte nicht nur negativ hemmend, sondern in einem gewissen Sinne auch positiv fördernd auf diesen Übergangsprozeß des Schlettweinenkels und Greifswalder Professorensohnes zu antijunkerlichen und antibourgeoisen Positionen ein. Das heißt, auf Grund seiner weitestgehenden ökonomischen Unabhängigkeit als Landwirt hatte es Rodbertus verständlicherweise einfach *nicht nötig*, vor allen Geboten und Tabus der herrschenden junkerlich-bürgerlichen Ideologie und Herrschaftsausübung in die Knie zu gehen. Er konnte aus dem gleichen Grunde völliger ökonomischer Unabhängigkeit auch fast alles drucken lassen, wie es seinen Vorstellungen entsprach, da er seine Manuskripte prinzipiell auf eigene Kosten drucken ließ und nie einen Pfennig Honorar von einem Verleger entgegenzunehmen gezwungen war. Das heißt also, gerade durch seinen Status als selbständiger Landwirt war Rodbertus der leidigen Notwendigkeit *enthoben*, sich an die herrschende Ideologie seiner Zeit *verkaufen* zu müssen, und nicht zuletzt aus diesem relativen sozialen Freiraum resultieren seine „kühnen Anläufe" in theoretische und ideologische Regionen der Kapitalismuskritik, die bei einem bestallten und somit abhängigen Universitätsprofessor seiner Zeit fast undenkbar und im seltenen Falle ihres Aufkeimens sofort mit Disziplinarmaßnahmen und Berufsverbot geahndet worden wären. Soweit zu dieser Fragestellung.

Die Frage nach dem allgemeinen Klasseninhalt des ökonomischen Denkens von Rodbertus und die Beantwortung dieser Frage im Sinne einer sismondistisch-kleinbürgerlichen Ideologie läßt sich also aus den dargelegten Gründen nicht mit dem polemischen Hinweis auf den keineswegs kleinbürgerlichen Grundbesitzerstatus negieren. Nach einer solchen Betrachtungsweise, die die individuellen und daher mehr oder weniger zufälligen Lebensverhältnisse zum zwingenden Kriterium für eine bestimmte Klassenzugehörigkeit des daraus resultierenden Denkens stilisiert, hätte weder der Millionär Ricardo klassischer Ökonom, noch der Gutsbesitzer William Thompson ricardianischer Sozialist, noch der Fabrikbesitzer Robert Owen oder gar der Graf Saint-Simon zum utopischen Sozialisten und schließlich auch der deklassierte italienische Adlige Sismondi nicht zum streitbaren Vertreter des „höchst scharfsinnig die Widersprüche in den modernen Produktionsverhältnissen" (Marx) zergliedernden kleinbürgerlichen Sozialismus in Frankreich und England sich entwickeln können.

Wenn derart klargestellt ist, daß auch die Profilierung eines intellektuell befähigten Gutsbesitzers und Professorensohnes zum Ideologen eines kleinbürgerlichen Sozialismus durchaus möglich und real ist, wäre jetzt aufzuzeigen, ob sismondistisches oder an Sismondi orientiertes Denken 20 bis 30 Jahre nach Erscheinen der zuerst 1819 herausgegebenen „Neuen Grundsätze der politischen Ökonomie" nachweisbar ist, ob also auch rein chronologisch sismondistisches Denken bis in die Zeit hineinreicht, in der Rodbertus zu denken beginnt. Danach wäre zu demonstrieren, was kleinbürgerliche Ideologie in der Zeit zwischen Französischer Revolution und Vormärz eigentlich darstellt und wie unterschiedlich kleinbürgerliche Klassenpositionen in den verschiedenen Epochen und Etappen der Klassenauseinandersetzungen zu bewerten sind. Zu diesen zwei Fragen, die den vorliegenden Abschnitt abschließen sollen, nur noch folgende Hinweise: Das Leben von Sismondi selbst reichte bis in die anhebende Wirksamkeit von Rodbertus heran; Sismondi lebte und wirkte bis 1842, und genau in diesem Jahr veröffentlichte Rodbertus seine Untersuchungen „Zur Erkenntnis unserer staatswirthschaftlichen Zustände". Hinzu kommt, daß Sismondi wenigstens zwei unmittelbare Schüler gehabt hat; einmal den sich in christliche Mystizismen verlierenden Villeneuve-Bargemont, zum anderen aber den zu sozialistischen Konzepten vorstoßenden Eugène Buret (1810–1842), der 1841 ein Aufsehen erregendes Buch veröffentlichte, und zwar unter dem bemerkenswerten Titel „Das Elend der arbeitenden Klassen in England und Frankreich". Der Sismondismus, so wäre in diesem Zusammenhang zu folgern, war also auch in den vierziger Jahren des Vormärz, in der sich die Rodbertusschen Anschauungen formierten, eine exakt nachweisbare und wirksame Strömung. Genauer formuliert: Erst jetzt, erst in den dreißiger und vierziger Jahren begannen die von Sismondi seit 1819 ausgestreuten Keime zu wirken, denn Sismondis Buch hatte, wie er selbst im Vorwort zur 1826 erschienenen zweiten Auflage anzumerken sich veranlaßt sah, „keineswegs die Billigung jener gefunden, die man gegenwärtig . . . als diejenigen betrachtet, die die Wissenschaft am meisten vorangebracht haben"[221].

Zweitens und letztens: Kleinbürgerliches Denken zwischen 1789 und 1848 hat einen wesentlich anderen Stellenwert als kleinbürgerliches Denken nach dieser durch Herausbildung des wissenschaftlichen Sozialismus und Entstehung einer organisierten Arbeiterbewegung bestimmten Epoche. Kleinbürgerliches Denken vor Entstehung des Marxismus konnte immerhin jakobinische, radikaldemokratische, kleinbürgerlich-sozialistische und utopisch-sozialistische Erscheinungsformen herausbilden, konnte einen Sismondi möglich machen, der wie Marx formuliert, „Epoche in der politischen Ökonomie"[222] machte und „schon den roten Hahn auf den Dächern dieser Fabriken sah"[223]. Kleinbürgerliches Denken nach

221 Jean Charles Léonard Simonde de Sismondi, Neue Grundsätze der politischen Ökonomie oder vom Reichtum in seinen Beziehungen zur Bevölkerung, hrsg. von Achim Toepel, Bd. 1, Berlin 1971, S. 3.

222 Karl Marx, Theorien über den Mehrwert, Dritter Teil, in: MEW, Bd. 26. 3, a. a. O., S. 255 f.

223 Karl Marx, Über Friedrich Lists Buch „Das nationale System der politischen

1848 hingegen verlor sich ziemlich schnell in Spießbürgerei, faule Kompromißlerei und dümmliche Kommunistenangst.

Kleinbürgerliches Denken vor 1848 sah seinen Gegner in den verbliebenen Bastionen der alten Gesellschaft und in den sichtbar werdenden repressiven Zügen der neuen Bourgeoisgesellschaft; kleinbürgerliches Denken nach 1848 paßte sich mehr und mehr diesen Gegebenheiten an. Kleinbürgerliches Denken vor 1848 tendierte allen reformistischen Illusionen zum Trotz mehr oder weniger ausgeprägt auf antibourgeoise und prosozialistisch getönte Einsichten; die Grenzen zwischen dem kleinbürgerlich-sozialistischen, dem utopisch-sozialistischen und dem aufkeimenden Arbeitersozialismus z. B. eines Weitling waren hierbei zeitweise sehr fließend[224]; kleinbürgerliches Denken nach 1848 hingegen sah sich zunehmend von den inzwischen herausgebildeten Theorien des wissenschaftlichen Sozialismus überholt, korrigiert und in Frage gestellt und wurde aus dieser Erfahrung zunehmend reservierter und ablehnender gegenüber sozialistischen Ideen[225]. Wenn also aus den dargelegten Gründen die Klassenposition von Rodbertus hier als kleinbürgerlich charakterisiert wird, so ist damit entsprechend der konzeptionellen Zuordnung der von Rodbertus in den vierziger Jahren fixierten Denkinhalte zur Epoche des Vormärz,[226] immer die sismondistisch-kleinbürgerlich-sozialistische Denkweise der mit der bürgerlich-demokratischen Revolution schwanger gehenden vormärzlichen Epoche gemeint, eben weil die geistige Inkubationszeit für die rodbertusianischen Konzepte in den dreißiger—vierziger Jahren liegen und weil Rodbertus als Vormärzler und aktiver Mitkämpfer der 48er-Revolution fest und teilweise geradezu starrsinnig an den Konzepten dieser vormärzlichen Zeit festgehalten hat, zum Nutzen für sein theoretisches Format da, wo ihm dieses Festhalten an vormärzlichen Positionen das Abgleiten auf vulgär-ökonomische Anschauungen ersparte, zum Nachteil für seine theoretische Weiterentwicklung da, wo sich dieses Festhalten als ein Verschließen vor den weitergetriebenen Fragestellungen und revolutionären Antworten des neu entstandenen wissenschaftlichen Sozialismus auswirkte.

Ökonomie", in: Beiträge zur Geschichte der Arbeiterbewegung, Berlin, 3/1972, S. 431.

224 Achim Toepel spricht im Hinblick auf den Sismondi-Schüler Eugène Buret vom „Übergang des kleinbürgerlichen Denkens zu den Ideen der Sozialisten" (vgl. Einleitung zu der von Achim Toepel besorgten Sismondi-Ausgabe, in: Simonde de Sismondi, Neue Grundsätze der politischen Ökonomie oder vom Reichtum in seinen Beziehungen zur Bevölkerung, Bd. 1, a. a. O., S. CXVII.

225 Das ist selbstverständlich als Prozeß zu sehen und nicht als schlagartiger Wandel. Noch die von Marx bewunderten Revolutionäre der Pariser Kommune waren, wie Ernst Engelberg nachweist, vornehmlich von den Ideen des Jakobinismus, Blanquismus und Proudhonismus durchdrungen, entsprechend dem Vorherrschen des proletarisierten Handwerkertums in dieser frühproletarischen Revolution (vgl. Ernst Engelberg, Die Pariser Kommune 1871. Schöpferkraft der Massen und wissenschaftliche Theorie, Berlin 1971, S. 11).

226 Vgl. im Vorwort dieser Arbeit S. 12.

VI. Eine bürgerliche Rodbertus-Legende aus den achtziger Jahren des 19. Jahrhunderts

Gehen wir noch kurz ein auf jene demagogische Legende aus den achtziger Jahren des vorigen Jahrhunderts, die sich in völlig absurder Weise anheischig machte, in Rodbertus einen oder gar den Begründer des wissenschaftlichen Sozialismus zu sehen. Unter Berufung auf das von Rodbertus schon seit 1839 vertretene Entwicklungsschema (vom „Menscheneigentum" über das „Kapitaleigentum" zum „Arbeitseigentum") und seine auch von Marx mit kritischem Vorbehalt konzedierten Verdienste um die Mehrwerttheorie sowie unter Berufung auf jene von Rodbertus selbst *beiläufig* geäußerten Prioritätsansprüche, zielte diese besonders von rechtssozialdemokratischen und direkt bourgeoisen Ideologen konstruierte Version auf die Schmälerung und Leugnung der epochemachenden Leistungen von Marx und Engels. Hierbei wurden jedoch alle jene Gegenargumente, die Engels hierzu in den Vorreden zum 2. Band des „Kapitals" und zum „Elend der Philosophie" entwickelt hatte, ignoriert. Dieser von den herrschenden Klassen nach dem Tode von Rodbertus inszenierte „Rodbertuskultus" fungierte bekanntlich auch als eine der frühesten Formen der bürgerlichen Marxkritik; die sozialistisch getönte Ambivalenz des Rodbertusschen Denkens mit seiner reformistischen Unterströmung provozierte in jenen Jahren geradezu derart demagogischen Mißbrauch; und sie tat dies um so mehr, als Rodbertus selbst inzwischen tot war und sich daher nicht mehr äußern konnte.

Die zu „Rodbertusianern" gewordenen Bourgeoisieideologen, die zu Lebzeiten dieses unbequemen Sonderlings nicht viel von ihm wissen wollten, „entdeckten" plötzlich die antimarxistische Ausspielbarkeit des Rodbertusschen Sozialismus; man glaubte in diesen Kreisen eine Zeitlang allen Ernstes an den frommen Wahn, den marxistischen Teufel mit dem Rodbertusschen Belzebub austreiben zu können. In dieser Hinsicht ließ sich der bourgeoise Staatssozialist Adolph Wagner 1878 wie folgt vernehmen: „Rodbertus", heißt es, „steht neben und über Lassalle, Marx und Engels und hat früher als einer dieser Männer gewisse Kernpunkte des wissenschaftlichen Sozialismus formuliert . . . Neben diesen Untersuchungen von Rodbertus", heißt es weiter, „nimmt sich alles, was der wissenschaftliche Sozialismus sonst gibt, doch nur als Beiwerk und weitere Ausführung und Begründung im einzelnen aus, Marx' großes und bedeutendes Werk nicht ausgenommen."[227]

Im Anschluß an diese Wagnersche Doktrin schrieb der bürgerliche Nationalökonom Georg Adler 1884 eine von Entstellungen strotzende Broschüre mit dem programmatischen Titel: „Rodbertus, der Begründer des wissenschaftlichen Sozialismus", Leipzig 1884. Rodbertus, so behauptet dieser ignorante Apologet und

[227] Zitiert im Vorwort von Adolph Wagner zu Karl Rodbertus, Zur Beleuchtung der socialen Frage, Theil II, hrsg. von Theophil Kozak und Adolph Wagner, a. a. O., S. XXIX, Anm. 5.

Marx-Kritiker, sei „der Erste gewesen, welcher ein wirklich durch und durch wissenschaftliches sozialistisches System aufgestellt hat“ und der „als der Begründer des wissenschaftlichen Sozialismus zu gelten“ habe.[228] Nur ein Jahr später, und die Legende von Rodbertus als dem „eigentlichen Begründer des wissenschaftlichen Sozialismus“ findet sich in der opportunistisch-revisionistischen Literatur: Sie wird zum Ausdruck gebracht in einer Schrift von Carl August Schramm, einem Anhänger der sich um Eduard Bernstein und Karl Höchberg gruppierenden Opportunisten in Zürich. Rodbertus, so heißt es bei Schramm, sei „einer der ersten, vielleicht sogar der erste gewesen, der den Sozialismus aus der Utopie zur Wissenschaft erhoben hat“.[229] Auch Eduard Bernstein selbst akzentuiert an verschiedenen Stellen seiner Schriften die Priorität von Rodbertus vor Marx; so zum Beispiel in seinen „Voraussetzungen des Sozialismus“ im Hinblick auf die Krisentheorie.[230] Es waren damit alle Vorbedingungen erfüllt, diese demagogische Legende auch in das lexikalische Glanzstück der bürgerlichen Ökonomie und Staatswissenschaft, nämlich in das von Ludwig Elster u. a. herausgegebene „Handwörterbuch der Staatswissenschaften“ aufzunehmen, das 1890/94 seine erste und 1926 seine vierte Auflage erlebte und stark meinungsbildend wirkte: „Rodbertus“, so heißt es hier aus der Feder des „Sozialrechtlers“ Karl Diehl, „ist als der eigentliche Begründer des wissenschaftlichen Sozialismus in Deutschland zu bezeichnen, denn schon vor Marx und Lassalle hatte er in seinen Schriften aus dem Jahre 1839 und 1842 ein vollständiges sozialistisches System geliefert, eine Kritik des Smithianismus, eine neue theoretische Grundlegung und soziale Reformvorschläge.“[231]

Soweit die bourgeoise und revisionistische Legendenbildung. Sie hat bekanntlich allen apologetischen Bemühungen zum Trotz das siegreiche Vordringen der marxistischen Ideen weder verhindern noch verzögern können; sie hat lediglich vermocht, die ersten Ansätze einer kritischen Wertschätzung, deren sich Rodbertus im Lager der Arbeiterklasse anfangs noch erfreute, auf lange Zeit unmöglich zu machen. „Er hat es“, wie Franz Mehring diesen Sachverhalt kommentierte, „bitter, allzu bitter gebüßt, daß sich die herrschenden Klassen, die, solange er lebte, nicht viel von ihm wissen wollten, ihn als toten Cid auf ihren lahmen Gaul erhoben. Aber im Kampf und um der Menschheit große Gegenstände gilt keine sorgsam abwägende Gerechtigkeit, und wer nur immer über das Recht grübelt, das der Gegner haben mag oder auch wirklich hat, bringt die Sache, die er verficht, nicht um einen Strohhalm weiter.“[232]

[228] Georg Adler, Rodbertus als Begründer des wissenschaftlichen Sozialismus, Leipzig 1884, Vorwort.

[229] Karl August Schramm, Rodbertus. Marx. Lassalle. Eine sozial-politische Studie, München 1885, S. 34.

[230] Eduard Bernstein, Die Voraussetzungen des Sozialismus und die Aufgaben der Sozialdemokratie, Stuttgart 1899, S. 67.

[231] Handwörterbuch der Staatswissenschaften, hrsg. von Ludwig Elster u. a., Bd. 7, 4. Aufl., Jena 1926, S. 108.

[232] Franz Mehring, Aufsätze zur Geschichte der Arbeiterbewegung, a. a. O., S. 407.

Mit einigem Bedauern über diesen durch demagogischen Mißbrauch bewirkten Rezeptionsverlust urteilte Mehring an gleicher Stelle jedoch auch wie folgt über Rodbertus: „In seiner Art war er ein ehrlicher Mann und meinte es ehrlich mit der Arbeiterklasse, eben in seiner Art. Er hätte wohl ein besseres Schicksal verdient, als so gänzlich vergessen und verschollen zu sein, wie er heute ist.“ [233]

So vollständig und definitiv, wie Mehring zu diesem Zeitpunkt (1896) annehmen mußte, waren jedoch die Rodbertusschen Konzepte auf lange Sicht keineswegs vergessen und verschollen, weder im Denken der sozialistischen Kräfte noch in den ideologischen Schaltzentralen der bürgerlichen Apologetik. Wie allgemein bekannt bzw. wie in den folgenden Darstellungen gezeigt wird (besonders in dem Kapitel „Das Grundrentenproblem in der bürgerlichen Vulgärökonomie und die apologetisch motivierte Polemik gegen die Grundrententheorie von Rodbertus“), war die temporäre Inanspruchnahme von Rodbertus durch eine Gruppe antimarxistischer Ideologen gleich in zweifacher Hinsicht von einem totalen Mißerfolg begleitet: 1. Der Siegeszug des Marxismus war durch eine solche vordergründige Falschmünzerei in keiner Weise zu stoppen oder auch nur zu verlangsamen; 2. die temporäre bürgerliche Inanspruchnahme von Rodbertus entpuppte sich als Selbsttor oder Bumerang für die bürgerliche Ideologie. Wie schon Karl Kautsky 1893/94 bemerkte, hatten die Rodbertusschen Ausführungen sehr bald angefangen, unbequem zu werden für die bürgerlichen „Rodbertusianer“: „Die Versprechungen und Forderungen, die sie enthielten, drohten die Begehrlichkeit der Massen zu wecken, statt sie einzulullen. So ist“, wie Kautsky schrieb, „Rodbertus schneller noch, als er in Mode gebracht worden war, wieder aus der Mode gekommen bei unserem akademischen Strebertum.“ [234]

Die temporäre bürgerliche Inanspruchnahme von Rodbertus (keine 10 Jahre) ging so gründlich daneben, daß man die in merkwürdiger Verkennung der Sachlage herbeizitierten Geister auch dann nicht so recht wieder los wurde, als man den Fehler im Kalkül bemerkt hatte. Es hatte sich nicht nur als unmöglich erwiesen, Rodbertus zu einem antimarxistischen bürgerlichen Apologeten umzufälschen, sondern es war nunmehr auch unmöglich geworden, den unbequemen Kritiker der bourgeoisen Gesellschaft einfach mit Stillschweigen zu übergehen: Man mußte sich mit ihm auseinandersetzen.

Demgemäß stellt sich die ökonomische und gesellschaftstheoretische Literatur bürgerlicher Provenienz seit über 100 Jahren über weite Strecken auch als permanente Auseinandersetzung mit der Rodbertusschen Kapitalismuskritik dar. Es gibt kaum ein Kompendium der bürgerlichen Vulgärökonomie, das es nicht für notwendig erachten würde, kritisch und polemisch auf Rodbertus einzugehen. Wir haben diesen Auseinandersetzungsprozeß der bürgerlichen Vulgärökonomen speziell mit der Grundrententheorie von Rodbertus in einem beson-

233 Ebenda, S. 407.

234 Karl Kautsky, Der Kapitalismus fin de siècle, in: Die Neue Zeit, Bd. 12.2, a. a.O., S. 458.

deren Kapitel[235] nachgezeichnet und aufgedeckt, geben daher an dieser Stelle nur zwei instruktive Belege aus der neuesten Literatur: Anton Rauscher, ein der neothomistischen Tradition nahestehender Vulgärökonom bestätigt noch 1969 ungewollt die Vergeblichkeit der einstigen bürgerlichen Bemühungen um Rodbertus, wenn er sein Bedauern zum Ausdruck bringt, daß Rodbertus immer noch als Sozialist gilt und wirkt: „Die Tradition“, so heißt es, „ordnet Rodbertus dem wissenschaftlichen Sozialismus zu. Bis zum heutigen Zeitpunkt ist es nicht gelungen, dieses Urteil in der notwendigen Weise zu korrigieren.“[236] Da es offensichtlich sehr schwer ist, dieses Urteil zu „korrigieren“, ein sozialistisch wirkender Rodbertus aber ein zu bekämpfender Rodbertus ist, sieht sich noch der Kanzlerkandidat der CSU von 1980 Franz Joseph Strauß in der Nachfolge von Friedrich August von Hayek veranlaßt, ein schärferes Geschütz aufzufahren. In seinem Buch „Gebote der Freiheit, München 1980“ kommt Strauß in seinem Bemühen um die Entlastung des Faschismus und die Verunglimpfung des Marxismus zu der aus der Totalitarismus-Doktrin geschöpften abenteuerlichen These, daß schon die Vorläufer des heutigen Sozialismus „von Anfang an in enger Verbindung“ zu den Vorläufern des Faschismus gestanden hätten. „Der große alte Mann freiheitlicher politischer Theorie, der Nobelpreisträger Friedrich August von Hayek“, so Strauß in seinem Buch, habe schon während des Zweiten Weltkrieges in seiner Schrift „Der Weg zur Knechtschaft“ wie folgt geschrieben: „Sozialismus und Nationalsozialismus standen in Deutschland von Anfang an in enger Verbindung. Bezeichnender Weise“, so Hayek in der Zitierung von Strauß, „sind die wichtigsten Vorläufer des Nationalsozialismus – Fichte, Rodbertus und Lassalle – gleichzeitig anerkannte Ahnen des Sozialismus.“[237] Das Ausmaß der Geschichtsklitterung steht bei dieser Hayek-Straußschen Aussage in einem direkten Verhältnis zur Furcht vor der sozialkritischen Potenz der hier vermittels Diffamierung bekämpften Personen und Konzepte.

So unabgegolten wirksam und gefährlich erschien also noch im Jahr 1980 das an Rodbertus etc. anknüpfende sozialkritische Denken, daß zu seiner Abwehr auf Geschichtsfälschungen dieses „Niveaus“ herabgestiegen werden mußte. Die Unbedenklichkeit und Perfidie in der Wahl des apologetischen Gegenmittels zeugt hierbei ungewollt, aber deutlich sichtbar von dem Grad der in den solcherart abqualifizierten Konzepten gefürchteten Empörung.

[235] Vgl. unten S. 241.

[236] Anton Rauscher, Die soziale Rechtsidee und die Überwindung des wirtschaftsliberalen Denkens, München - Paderborn - Wien 1969, S. 111.

[237] Friedrich August von Hayek in der Zitierung von F. J. Strauß, (vgl. Die Zeit, vom 21. 3. 1980: Franz Joseph Strauß, Geschichte kontra Ideologie. Von der Aufgabe eines konservativen Politikers; Vorabdruck aus dem erwähnten Buch).

VII. Die Grundrententheorie als Hauptschwerpunkt des Rodbertusschen ökonomischen Denkens

Die nun folgende Darstellung im speziellen Teil der vorliegenden Arbeit konzentriert sich im wesentlichen auf jenen Strang der Rodbertusschen Anschauungen, den Rodbertus selbst am ausführlichsten entwickelt, in dem er auch den eigentlichen Schwer- und Kernpunkt seiner Arbeit gesehen hat: jenen Teil, den auch Karl Marx in seiner ausführlichen und kritischen Würdigung von Rodbertus als den Schwerpunkt des Rodbertusschen ökonomischen Denkens erfaßte, als er im „vierten Band" des „Kapitals", in den „Theorien über den Mehrwert", über mehr als 150 Seiten hinweg die Rodbertusschen Anschauungen analysierte. Marx stellte dieses Kapitel unter die Überschrift „Herr Rodbertus. Abschweifung. Neue Theorie der Grundrente", und er behandelte diese „Neue Theorie der Grundrente" im Rahmen seines geschichtlichen Abrisses der Mehrwerttheorien.[238] Auch die schon erwähnte Würdigung der Rodbertusschen Rententheorie im ersten Band des „Kapitals" als einer Theorie, die „das Wesen der kapitalistischen Produktion durchschaut", [239] erfolgte unter dem Aspekt des Mehrwerts, nämlich im Abschnitt V, der „die Produktion des absoluten und relativen Mehrwerts" behandelt. Die schwerpunktmäßige Konzentrierung des folgenden Hauptteils auf die theoretischen und theoriegeschichtlichen Probleme der Grundrententheorie bedeutet also keine spezialistische Beschränkung des Themas, sondern seine Zuspitzung auf das *Wesentliche*, auf das Grundanliegen und Hauptproblem des Rodbertusschen Denkens und seiner theoriegeschichtlichen Einordnung. Die Position von Rodbertus in der Grundrentenfrage zu erfassen bedeutet daher, das Wesentliche und Eigentliche der von Rodbertus eingenommenen Position in der Geschichte des ökonomischen Denkens auf den Begriff zu bringen. So wie aber das Grundeigentum als historisch erstes Produktionsmitteleigentum und die Grundrente als historisch erste Form der Mehrwert- bzw. Mehrproduktaneignung eine unermeßlich bedeutungsvolle Rolle in der gesellschaftlichen Entwicklung gespielt haben und noch spielen, so kommt auch dem theoretischen Bemühen jener, die unbefangen und kritisch um die Klärung der mit Grundeigentum und Grundrente bezeichneten Sachverhalte gerungen haben, ein besonderer Stellenwert zu. Die Geschichte des Grundeigentums und der Praxis der Grundrentenerhebung (-abschöpfung) ist bekanntlich eine mit Blut, Tränen und dem Schweiß der Unterdrückten geschriebene Geschichte. Diese Geschichte enthält Empörer, Ketzer, Märtyrer, Bauernführer, Agrarsozialisten, Bodenreformer aller Schattierungen und als Haupthelden die *Volksmassen* in ihrer über Jahrhunderte währenden sozialen Not und Namenlosigkeit.

Ein unbefangener Forscher auf diesem dornigen Gebiet lief daher sehr bald

[238] Vgl. K. Marx, Theorien über den Mehrwert, Zweiter Teil, in: MEW, Bd. 26.2, a.a. O., S. 7–157.

[239] Karl Marx, Das Kapital, Erster Band, in: MEW, Bd. 23, a.a.O., S. 554.

Gefahr, die Furien grundeigentümerischer Privatinteressen gegen sich aufzubringen. Die Wortführer dieser grundeigentümerischen Privatinteressen ihrerseits sahen sich angesichts landhungriger Volksmassen schon sehr früh veranlaßt, Grundrententheorien zu konzipieren, die das brisante Problem harmonisierten und verharmlosten. Der anhebende Widerstreit zwischen dem Aufklärungsinteresse der einen und dem Mystifizierungsinteresse der anderen hatte jedenfalls zur Folge, daß sich die Grundrententheorie zu einem hochwichtigen und bedeutungsvollen Lehr- und Hauptbestandteil der verschiedenen politökonomischen Systeme entwickelte, zu einem Haupt-, Lehr- und teilweise auch Parabelstück, das ausführlicher als sonst in der politischen Ökonomie und auf seine Weise die Umrisse und den sozialen Gehalt der *Gesamtheit* des jeweiligen politökonomischen Systems widerspiegelte. So findet zum Beispiel die Stellung zum Grundeigentum wie zum Produktionsmitteleigentum überhaupt und die Stellung zur Frage des arbeitslosen Einkommens, des „unverdienten Wertzuwachses", wie es für den Grundrentner aber auch für den Kapitalisten, den Empfänger des Profits (der von Rodbertus sogenannten „Kapitalrente") charakteristisch ist, ihre signifikante Widerspiegelung in den jeweiligen Anschauungen über die Grundrente. Bedeutende Grundrententheorien, wie die der Physiokraten und der klassischen politischen Ökonomie, tendierten ohnedies sehr stark dahin, sich zu einer mehr oder weniger umfassenden Gesellschafts- und Geschichtsauffassung zu erweitern. Bezeichnender Weise wurde auch die Frage nach dem Ursprung des Mehrwerts zuerst aus dem Blickwinkel der (physiokratischen) Grundrententheorie formuliert.[240] Diese Erweiterung der Grundrententheorie zu einer mehr oder weniger umfassenden Gesellschafts- und Wirtschaftstheorie zeigt sich im vorliegenden Fall bei Rodbertus, dem Enkel des Physiokraten Schlettwein, unter anderem auch darin, daß für Grundrente und Kapitalprofit („Kapitalrente") eine *gemeinsame Wurzel* angenommen wird, die sogenannte „Rente überhaupt" und das „rentierende Eigentum" schlechthin, unabhängig von seiner jeweils mobilen oder immobilen Erscheinungsform. Die Grundrententheorie impliziert und präformiert hier also eine Profittheorie und beide zusammen in wie auch immer grobschlächtiger Weise eine Vorform der Mehrwerttheorie, von Rodbertus, wie angeführt, als „Theorie der Rente überhaupt" deklariert.

Aus alldem erhellt die außerordentliche Bedeutung der Grundrententheorie im Systemzusammenhang der politischen Ökonomie und ihrer Theoriegeschichte[241] und die geradezu zentrale Schlüsselrolle der Grundrentenlehre für

240 Z. B. bei Anne Robert Jacques Turgot. – Vgl. Karl Marx, Theorien über den Mehrwert, Erster Teil, in: MEW, Bd. 26.1, Berlin 1965, S. 24 ff.

241 Günter Hoell, Verfasser mehrerer wichtiger Beiträge zu Fragen der marxistischen Grundrententheorie, hob wiederholt die herausragende Bedeutung des Grundrentenproblems hervor: Es sei das Zentrum der marxistischen Agrartheorie und berühre „viele Gebiete des gesellschaftlichen Lebens. Fragen der Rückständigkeit der Landwirtschaft im Kapitalismus, der unerhörten Ausplünderung der Bauern, der Bündnispolitik der Arbeiterklasse mit der Bauernschaft und dergleichen sind

die theoriegeschichtliche Würdigung und Einordnung der insgesamt von Rodbertus vertretenen Anschauungen.

Beginnen wir unsere zum Teil weit ausgreifenden Untersuchungen zur Grundrententheorie mit einer Analyse der theoretischen Ausgangsposition für Rodbertus, des von Rodbertus auf dem Gebiet der Grundrentenlehre vorgefundenen theoretischen Materials. Wir treffen dabei sofort auf die zuerst 1817 veröffentlichte Grundrentenlehre von David Ricardo und die heftigen Auseinandersetzungen, die vor, nach, mit und gegen Ricardo um das richtige Verständnis des Grundrentenproblems entbrannt waren.

ohne schöpferische Anwendung der Grundrententheorie nicht wissenschaftlich exakt zu begreifen ... Die marxistisch-leninistische Grundrententheorie spielt in der Strategie und Taktik der Arbeiterklasse eine bedeutende Rolle ... So erklärt die Grundrententheorie eindeutig die parasitäre Rolle des Großgrundbesitzes in der kapitalistischen Gesellschaft ... Die Grundrententheorie führt also zwangsläufig in ihrer Konsequenz zur Forderung nach Beseitigung des privaten Großgrundbesitzes ..." (vgl. Günter Hoell, Einige ergänzende Bemerkungen zur gegenwärtigen Diskussion über die Grundrente im heutigen Kapitalismus, in: Wissenschaftliche Zeitschrift der Hochschule für Ökonomie Berlin, 4/1969, S. 587 ff.). – Lenin ging bekanntlich in der Bestimmung des Stellenwerts der Grundrententheorie so weit, sie innerhalb des dritten Bandes des „Kapitals" zum *Wichtigsten* überhaupt zu erklären: „... gehen wir zum Wichtigsten über: zur Theorie der Grundrente" (vgl. W. I. Lenin über Karl Marx, in: Lenin, Werke, Bd. 21, Berlin, 1960, S. 56). Fehler in der Auffassung der Grundrententheorie, so demonstriert Lenin in seiner Arbeit „Das Agrarprogramm der Sozialdemokratie" die Bedeutung der Grundrententheorie, hätten „zu einem bedeutenden Mangel der sozialdemokratischen Literatur und der ganzen Position in der Agrarfrage in der russischen Literatur geführt ..." (W. I. Lenin, Das Agrarprogramm der Sozialdemokratie, in: Werke, Bd. 13, Berlin 1959, S. 311).

Rodbertus und die Grundrentenproblematik

I. Ricardos Grundrententheorie und ihre Gegner – theoretische Ausgangsposition für Rodbertus

1. Die Ricardosche Grundrententheorie als Zusammenfassung der von Anderson, West und Malthus entwickelten Konzeptionen

Eine umfassende marxistische Geschichte der Grundrententheorie ist noch nicht geschrieben. Das Beste auf diesem Gebiete sind noch immer die entsprechenden Passagen der vor über 100 Jahren verfaßten „Theorien über den Mehrwert“ von Karl Marx, die wesentliche Bausteine zu einer derartigen Geschichte enthalten und bei weitem noch nicht ausgeschöpft sind, insgesamt aber doch andere Schwerpunkte verfolgen und überdies versuchen – einem von Marx erwähnten Plan gemäß –, „sozialistische und kommunistische Schriftsteller im ganzen von den historischen Reviews auszuschließen“[1]. Das kann man bedauern, bloßes Bedauern hilft aber nicht weiter, wenn es sich nicht mit dem Gefühl der Verpflichtung verbindet, dort weiterzuarbeiten, wo Marx angesichts der Riesenhaftigkeit der Aufgabe zunächst einhielt. Nun ist aber gerade die Grund- und Bodenfrage von der Antike bis in die Neuzeit ein bevorzugtes Feld sozialpolitischer Bestrebungen und utopisch-sozialistischer Überlegungen und Sehnsüchte. Die aus arbeitsökonomischen Gründen von Marx zunächst vorgenommene Ausklammerung der sozialistischen Schriftsteller aus den Darlegungen der „Theorien über den Mehrwert“ fällt also gerade hier besonders ins Gewicht.

Hinzu kommt, daß Marx das anfangs nach dem „Kapital“ geplante Buch „Vom Grundeigentum“ nicht mehr geschrieben hat[2] und daß auch die großartige Analyse zur Grundrente im dritten Band des „Kapitals“ die „Analyse des Grundeigentums in seinen verschiedenen geschichtlichen Formen“ ausklammert.[3]

Unser Bild von der Entwicklung der politischen Ökonomie und ihrer Teillehren wird aber aus gutem Grund durch die Marxschen Darlegungen in den „Theorien über den Mehrwert“ geprägt, das ist richtig und notwendig. Nur muß man sich der Voraussetzungen immer bewußt bleiben, unter denen Marx diese zunächst zur Selbstverständigung geschriebenen Analysen verfaßt hat.

1 Karl Marx, Theorien über den Mehrwert, Erster Teil, in: MEW, Bd. 26.1, Berlin 1965, S. 320.

2 Vgl. Karl Marx, Brief an Friedrich Engels vom 2. April 1858, in: MEW, Bd. 29, Berlin 1963, S. 312.

3 Vgl. Karl Marx, Das Kapital, Dritter Band: „Die Analyse des Grundeigentums in seinen verschiednen geschichtlichen Formen liegt jenseits der Grenzen dieses Werks“ (in: MEW, Bd. 25, Berlin 1964, S. 627).

Sobald man die von Marx vorausgesetzte und bewußt eingehaltene Ausklammerung der sozialistischen und kommunistischen Schriftsteller übersieht oder als methodologisch beabsichtigtes Prinzip verabsolutiert, sind Verzeichnungen bei der historiographischen Rekonstruktion des Entwicklungsganges der politökonomischen Theorien mehr oder weniger unvermeidlich. Verzeichnungen dieser Art tendieren dahin, die Geschichte der politischen Ökonomie und des ökonomischen Denkens in ihren vormarxistischen Stadien als eine mehr oder weniger intern bürgerliche Angelegenheit zu schildern, in der als Randfigur allenfalls noch der feudale Gegner vorkommt, in der aber für die plebejisch-egalitären und die vorproletarisch-sozialistischen Bestrebungen mit ihren ökonomischen Konzeptionen kaum noch Platz ist. Man betrachte unter diesem Gesichtspunkt die einschlägigen Geschichtsdarstellungen der politischen Ökonomie und des ökonomischen Denkens: Falls diese antibürgerlichen egalitären und frühsozialistischen Tendenzen des ökonomischen Denkens überhaupt in die Darstellung einbezogen werden, erscheint diese Darstellung mehr angeklebt und einmontiert als *organisch* verbunden. Trotz einiger guten Ansätze[4] gilt auch in der Geschichtsschreibung der politischen Ökonomie noch das, was Joachim und Waltraud Höppner allgemein für die Unterschätzung des vormarxistischen Sozialismus in den Geschichtsdarstellungen formulierten: „Nicht selten streicht eine geistreichelnde literarische Manier, die sich um wirkliche historische Zusammenhänge kaum kümmert, im progressiven bürgerlichen Erbe die positive, fruchtbare Leistung heraus, im vormarxistischen Sozialismus und Kommunismus hingegen die Schranken und Irrtümer, betont dort, was dem Marxismus nahesteht, hier aber das Trennende. Zu gering wertet man allgemein die Rolle des utopischen Sozialismus und Kommunismus als Ansporn und Leitbild der Ausgebeuteten und Entrechteten in den praktischen Kämpfen der Epochen. Nicht genügend würdigt man ihren historischen Platz im zeitgenössischen Denken, ihr Wirken im ideologischen Streit als Protest und Waffe für die einen, als Stachel und Drohung für die anderen. Reichtum und Vielfalt ihres theoretischen Beitrages zum Verständnis der gesellschaftlichen Zusammenhänge und ihre Vorarbeit für den wissenschaftlichen Kommunismus sind weit weniger bekannt als die Leistung bürgerlicher Denker.“[5]

Der Verfasser des vorliegenden Textes hat sich in ähnlicher Weise anläßlich einer Spezialuntersuchung zu Zwingli über eine Vernachlässigung des plebejischen und frühsozialistischen Elements in der Theoriegeschichtsschreibung geäußert. Er hatte die Frage aufgeworfen, „inwieweit auch die frühbürgerliche Ideologie (die an sich fortschrittliche bürgerliche Aufstiegsideologie) ein

[4] Vgl. Geschichte der politischen Ökonomie. Grundriß, hrsg. von Herbert Meißner, Berlin 1978, bes. Kap. 7.

[5] Joachim Höppner/Waltraud Seidel-Höppner, Von Babeuf bis Blanqui. Französischer Sozialismus und Kommunismus vor Marx, Bd. I, Einführung, Leipzig 1975, S. 5 f.

Gegenkonzept zu Vorstellungen und Konzeptionen der unterdrückten Volksmassen beinhaltet und in welcher Weise sich diese Anschauungen des Volkes in der Struktur des zur Untersuchung stehenden frühbürgerlichen Theorems widerspiegeln ... die Frage also nach den spezifisch bürgerlichen Momenten innerhalb der Aufstiegsideologie, in denen sich historische Progressivität im Kampf gegen das überlebte Feudalregime *zwieschlächtig verband* mit Kampf und Repression gegenüber den plebejischen Schichten in Stadt und Land"[6].

Diese hier nur angedeuteten Fragestellungen nach der gebührenden Berücksichtigung des frühsozialistischen Moments einerseits und nach der kritischeren Bewertung des spezifisch bourgeoisen Aspekts auch innerhalb der bürgerlichen Aufstiegsideologie andererseits sollen der nun zu skizzierenden Entwicklung der Grundrententheorie vor und nach Ricardo als Richtschnur dienen. Unter Zugrundelegung dieser methodologischen Richtschnur zeigt sich nun, daß es nicht länger angeht, die Entwicklung der Grundrententheorie als einen kontinuierlich und harmonisch sich entfaltenden innerbürgerlichen Ideologie- oder Wissenschaftsprozeß darzustellen, in dem der Fortgang von Petty zu den Physiokraten und von diesen zu Adam Smith und David Ricardo immer einen eindeutigen Erkenntnis- und Progressivitätszuwachs impliziert: Gerade der Fortgang von der Grundrententheorie Adam Smith's zu der Ricardos ist in sehr wichtigen Momenten, z. B. in der Betonung der Monopol- und Eigentumsfrage bei Smith und ihrer Abschwächung bei Ricardo, *nicht* als eindeutiger Fortschritt zu buchen. Die von Marx zu Recht betonte große historische Bedeutung Ricardos für die Wissenschaft,[7] der die politische Ökonomie gezwungen habe, „ihren bisherigen Schlendrian zu verlassen", bezieht sich bei Marx an Ort und Stelle auf Ricardos konsequentes Verfechten der Arbeitswerttheorie, nie und in keiner Hinsicht auf Ricardos Grundrententheorie. Da indes spezielle marxistische Untersuchungen zur Grundrententheorie seit Lenins weiterführenden Arbeiten relativ selten sind,[8] hat sich nicht die schlechthin *vernichtende Kritik* Marxens an der Ricardoschen Grundrententheorie, sondern die in hohem Lob abgefaßte Würdigung

[6] Günther Rudolph, Die sozialökonomische Konzeption Huldrych Zwinglis oder die Anfänge einer spezifisch bürgerlichen Soziallehre, in: Deutsche Zeitschrift für Philosophie, Berlin, 1/1977, S. 62 f.

[7] Vgl. Karl Marx, Theorien über den Mehrwert, Zweiter Teil, in: MEW, Bd. 26.2, Berlin 1967, S. 163.

[8] Vgl. Walter Schmidt, Die Grundrente und ihre Wirkungsweise in der Landwirtschaft der DDR, Berlin 1956; Werner Dohrmann, Die moderne Grundrente in der westdeutschen Landwirtschaft, Dissertation, Hochschule für Landwirtschaft, Bernburg 1962; Todor Minkov, Die Bodenrente in der Periode der allgemeinen Krise des Kapitalismus, Sofia 1964/bulg. (Rezension: dazu in: Konjunktur und Krise, 11/1967, S. 71 bis 75 v. Lubomir Andreew); Günter Hoell, Die Grundrente und die Entwicklung des Kapitalismus in der Landwirtschaft, Berlin 1974; außerdem von G. Hoell noch weitere Zeitschriften-Veröffentlichungen an verschiedenen Stellen.

seiner konsequent durchgebildeten Arbeitswerttheorie im Bewußtsein der historisch arbeitenden Politökonomen fixiert. Da die Grundrententheorie ohnehin nur eine Randerscheinung in den einschlägigen Darstellungen der Geschichte der politischen Ökonomie darstellt, fiel diese (beiläufige) Subsummierung der bereits in ihren Grundsätzen fragwürdigen Rententheorie Ricardos unter die allgemeine Hochschätzung, die man der Ricardoschen Ökonomie insgesamt entgegenbringt, kaum ins Gewicht. Diese Verzeichnung zugunsten Ricardos hat der Überzeugungskraft der marxistischen Theoriegeschichtsschreibung auch sicher keinen allzu großen Schaden gebracht, sie sollte aber ohne Not nicht länger künstlich aufrechterhalten bleiben.

Diese Verzeichnung zugunsten Ricardos resultierte jedoch nicht *nur* aus der etwas eilfertigen Subsummierung seiner Rententheorie unter die allgemeine, der Ricardoschen Ökonomie von Marxisten entgegengebrachte Hochschätzung, sondern auch aus einem bestimmten Moment der Ricardoschen Rententheorie selbst, das Marx ungeachtet seiner vernichtenden Kritik wiederholt positiv hervorgehoben hatte. Es handelt sich bei diesem positiven Moment um den von Ricardo hergestellten Zusammenhang zwischen Rententheorie und Wertbestimmung: „Dieser direkte und bewußte Zusammenhang, den die Renttheorie bei Ricardo ... mit der Bestimmung of *value*“ hat, so Marx über diesen Punkt, „ist ihr theoretisches Verdienst.“[9] Ricardo beginnt sein Rentenkapitel geradezu programmatisch mit der zukunftsweisenden Fragestellung, „ob die Aneignung von Boden und die daraus folgende Entstehung von Rente im relativen Wert der Waren irgendeine Veränderung verursachen wird, unabhängig von der zu ihrer Produktion erforderlichen Quantität“[10]. Ricardo vermag diese theoretisch verdienstvolle Fragestellung jedoch nur in höchst einseitiger Weise zu beantworten, nämlich, wie bekannt, nur um den unzumutbar hohen Preis der Leugnung der absoluten Grundrente, weil die Anerkennung der absoluten Rente unter Zugrundelegung der falschen Prämissen Ricardos einen „Bruch im Gesetz der Werte“ (Marx) bedeutet hätte. Mit einem einzigen, höchst präzisen Satz bringt Marx diese falsche Ricardosche Argumentation auf eine richtige Ricardosche Frage zum Einsturz: „Mit Ricardos Voraussetzung, daß *Kostenpreis* = *Wert*, fällt das ganze Räsonnement. Es fällt weg das *theoretische Interesse*, das ihn zur Leugnung der absoluten Grundrente zwingt.“[11] Es waren jedoch auch bei Ricardo nicht *nur* theoretische Interessen, die zur Leugnung der absoluten Rente tendierten. Es wäre geradezu absonderlich, und nie hätte Marx solche Absonderlichkeiten vertreten, wenn in einer so eng mit politischen und ökonomischen Interessen verflochtenen

[9] Karl Marx, Theorien über den Mehrwert, Zweiter Teil, in: MEW, Bd. 26.2, a.a.O., S. 243.

[10] David Ricardo, Über die Grundsätze der politischen Ökonomie und der Besteuerung, hrsg. von Gerhard Bondi, Berlin 1959, S. 50.

[11] Karl Marx, Theorien über den Mehrwert, Zweiter Teil, in: MEW, Bd. 26.2, a.a.O., S. 242.

Disziplin wie der politischen Ökonomie nur rein theoretische Gesichtspunkte gelten sollten. Es waren vielmehr, wie auch das hier beigebrachte Material anschaulich belegt, zugleich ideologische und Klasseninteressen, die diese Negierung der absoluten Rente in wie auch immer theoretisch motivierter und angereicherter Weise bewirkten oder veranlaßten oder zumindestens begünstigten. Bei der Bewertung dieser Sachverhalte hätte überdies schon der einfache Umstand nachdenklich stimmen können, daß die bürgerliche Ökonomie über 100 Jahre hinweg aller *sonst* praktizierten Ricardo-Feindschaft und Ricardo-Abstinenz zum *Trotz* speziell an der Grundrententheorie Ricardos unbeirrt *festhält.* Bei diesem interessierten Festhalten der bürgerlichen Ökonomie am Differentialprinzip der Ricardoschen Rententheorie, das die Eigentumsfrage zu bagatellisieren gestattet, focht es die bürgerlichen Apologeten wenig an, daß sie ansonsten und generell Ricardo nach dem Vorbild Careys als „Vater des Kommunismus" und Verfasser eines „Handbuchs für Demagogen" darzustellen sich anheischig machen.[12]

„Ricardo", so stellt Kuczynski in differenzierterer Weise als allgemein üblich im Band 7 seiner „Studien zur Geschichte der Gesellschaftswissenschaften" pointiert fest, „hatte ein tiefgründiges System hinterlassen, das aber auch voller *schreiender Widersprüche* und Lücken war."[13] In der gleichen Abhandlung charakterisiert es Kuczynski als „ein merkwürdiges Phänomen", daß Marx die Auflösung der ricardianischen Schule gerade in dem Moment beginnen läßt, als sich diese Schule scheinbar auf der Höhe ihrer Wirksamkeit befand: „Und doch, was für ein merkwürdiges Phänomen! Das Haupt der Schule gibt ein Buch heraus – Höhepunkt seiner Wissenschaft für Jahrzehnte – in erster Auflage 1817, in zweiter 1819, die dritte folgt im Frühjahr 1821. Im Herbst erscheint Mills Buch, eine Popularisierung von Ricardos Lehren, das, bis auf Kleinigkeiten, von Ricardo gebilligt wird, Ricardo spricht stolz von ‚Wir', und wir können vielleicht vom Beginn einer Schule reden. Marx aber spricht genau im Hinblick auf diesen Moment schon von einer Auflösung der Schule! Natürlich nicht von einer organisatorischen Auflösung, denn eine Organisation hat es nie gegeben. Natürlich von einer theoretischen Auflösung – und das gewissermaßen schon bei der Geburt der Schule!"[14]

12 Vgl. Karl Marx, Theorien über den Mehrwert, Zweiter Teil, in: MEW, Bd. 26.2, a.a.O., S. 163. Vgl. auch Eduard Berens, Versuch einer kritischen Dogmengeschichte der Grundrente, Leipzig 1868, S. 379: „Wie aber Ricardo die ganze Geschichte der Rentenlehre in der Weise beherrscht, daß alle Denker, die sich mit derselben beschäftigt haben, entweder als seine Vorgänger oder als seine Anhänger und Antagonisten bezeichnet werden, so steht auch die Grundanschauung, auf die er seine Theorie stützt, als einzig wahr, mitten zwischen den Extremen" (Berens, S. 379).

13 Jürgen Kuczynski, Gesellschaftswissenschaftliche Schulen, Berlin 1977, S. 131 (Studien zu einer Geschichte der Gesellschaftswissenschaften, Bd. 7).

14 Ebenda, S. 139.

Wie sich die allgemeinen Widersprüche und Auflösungstendenzen der Ricardo-Schule speziell auch in der Grundrententheorie widerspiegeln, hat J. Kuczynski an Hand des Briefwechsels zwischen Marx und Engels dokumentiert.[15] Die dort angeführten Breife stammen etwa aus dem gleichen Zeitraum, in dem Marx an dem Kapitel 20 der „Theorien über den Mehrwert" schrieb, das von der „Auflösung der Ricardoschen Schule" handelt. Er habe, so heißt es bei Marx am 18. 6. 1862 über die „Grundrentenscheiße", „seit langem misgivings [Bedenken] über die völlige Richtigkeit der Ricardoschen Theorie und habe endlich den Schwindel herausgefunden".[16] Bereits in seiner Schrift gegen Proudhon (Elend der Philosophie 1847), „wo ich noch ganz die *Ricardosche* Renttheorie akzeptierte, habe ich bereits das Falsche daran, selbst von seinem Standpunkt, auseinandergesetzt".[17] Der von Kuczynski als „*Großangriff auf die Ricardosche Rententheorie*" charakterisierte Brief vom 7. Januar 1851, in dem Marx die Grundbehauptungen der Ricardoschen Rententheorie als mit der Geschichte im Widerspruch stehend bezeichnet,[18] wird von Engels wie folgt beantwortet: „Es hat mir *nie* in den Kopf gewollt, daß Ricardo in seinem einfachen Satz die Grundrente als Differenz der Produktivität der verschiedenen Bodengattungen hinstellt und als Beweis dieses Satzes 1. kein anderes Moment kennt als die Hereinbringung stets schlechterer Erdarten, 2. die Fortschritte der Agrikultur vollständig ignoriert und 3. die Hereinbringung der schlechteren Erdarten schließlich fast ganz fallen läßt und dafür stets mit der Behauptung operiert, daß das Kapital, das sukzessive auf ein bestimmtes Feld verwandt wird, immer weniger zur Vermehrung des Ertrags beitrage."[19]

In dieser Situation des Ringens um den richtigen Standpunkt zur bisher wenn auch mit innerem Widerstreben akzeptierten Ricardoschen Grundrententheorie wurde Engels auf den soeben erschienenen „Dritten socialen Brief" von Rodbertus aufmerksam. In ironisch übertriebener Form teilt er Marx diese Entdeckung wenige Wochen nach dem soeben zitierten Brief mit[20]: „Das Neueste ist, daß Du vollständig enfonciert bist. Du glaubst die richtige

[15] Jürgen Kuczynski, Zum Briefwechsel zwischen Engels und Marx, Berlin 1976 (Studien zu einer Geschichte der Gesellschaftswissenschaften , Bd. 3).

[16] Karl Marx, Brief an Friedrich Engels vom 18. 6. 1862, zitiert bei Jürgen Kuczynski, Zum Briefwechsel zwischen Engels und Marx, a.a.O., S. 90 (Studien zu einer Geschichte der Gesellschaftswissenschaften, Bd. 3.)

[17] Karl Marx, Brief an Friedrich Engels vom 26. November 1869, in: MEW, Bd. 32, Berlin 1965, S. 401.

[18] Karl Marx, Brief an Friedrich Engels vom 7. 1. 1851: „Diesen drei Propositiones widerspricht nun überall die Geschichte" (zitiert nach Jürgen Kuczynski, Zum Briefwechsel zwischen Engels und Marx, a.a.O., S. 86).

[19] Friedrich Engels, Brief an Karl Marx vom 29. 1. 1851, zitiert nach Jürgen Kuczynski, ebenda, S. 89.

[20] Friedrich Engels, Brief an Karl Marx vom 19. 5. 1851, in: MEW, Bd. 27, Berlin 1963, S. 259.

Theorie der Grundrente entdeckt zu haben. Du glaubst, der erste zu sein, der die Ricardosche Theorie umwirft. Malheureux que tu es, Du bist überflügelt, vernichtet, geschlagen, assomiert, ... Höre: Herr Rodbertus hat soeben den dritten Band seiner ‚Socialen Briefe an v. Kirchmann' veröffentlicht – 18 Bogen. Dieser Band enthält eine ‚vollständige Widerlegung der Ricardoschen Lehre von der Grundrente und die Darlegung einer neuen Rententheorie' ... Jetzt hast Du Dein Fett."[21] So ironisch-übertreibend diese Passage sich auch ausnimmt, die Wendung gegen Ricardos Grundrententheorie ist sehr ernst gemeint. Sie findet in einem späteren Brief (9. November 1869) folgende Beurteilung: „Ricardo sagt, Rente ist der Überschuß des Ertrages ergiebigerer Grundstücke über den des am wenigsten ergiebigen. Ganz dasselbe sagt Carey auch ... Was also Rente ist, darüber sind sie einig. Nur, wie und wodurch Rente *entsteht*, wird gestritten. Nun ist", und damit trifft Engels eine entscheidende Feststellung, „Ricardos Beschreibung des Herganges, wodurch Rente entsteht ... (Carey, p. 104), ebenso unhistorisch wie alle dergl. Geschichtsklitterungen der Ökonomen und wie Careys eigne große Robinsonade von Adam und Eva ..."[22]

Die weitverzweigte und tiefschürfende Analyse der Ricardoschen Grundrententheorie von Marx im Rahmen der „Theorien über den Mehrwert", auf die wir hier nur verweisen, ohne sie in ihrer ganzen Fülle wiedergeben zu können, münden ein in zusammenfassende Urteile weitgehender Verwerfung: „All this considered, muß gesagt werden, daß, selbst die Rente als bloße Differentialrente gefaßt, Ricardo nicht den geringsten Fortschritt gegen seine Vorgänger gemacht hat."[23] Zu diesen Vorgängern im Hinblick auf die Herausstellung der Differentialrente zählt Marx vor allem James Anderson (1739 bis 1808),[24] dem Marx bescheinigt, seine Theorie auf wesentlich breiterer Quellenbasis errichtet zu haben als Ricardo: „Wie Ricardo in seiner Geldtheorie, der Reproduktion der Humeschen Theorie, speziell nur die Ereignisse von 1797 bis 1809 vor Augen hatte, so in der Renttheorie der Reproduktion der Andersonschen Theorie, – nichts als die ökonomischen Phänomene der Erhöhung der Kornpreise von 1800–1815."[25]

Marx charakterisierte die Andersonsche Schrift, die das Vorbild der Ricardoschen Grundrententheorie enthielt, als eine „Streitschrift für die Interessen der agriculturists ... (und inkl. der landlords) gegen die Interessen der manufacturers"[26]. Marx weist dann in Polemik gegen Roscher auf das merk-

[21] Friedrich Engels, Brief an Karl Marx vom 19. 5. 1851, zitiert bei Jürgen Kuczynski, Zum Briefwechsel zwischen Engels und Marx, a.a.O., S. 90.

[22] Friedrich Engels, Brief an Karl Marx vom 9. November 1869, zitiert bei Jürgen Kuczynski, ebenda, S. 96.

[23] Karl Marx, Theorien über den Mehrwert, Zweiter Teil, in: MEW, Bd. 26.2, a.a.O., S. 459.

[24] Vgl. auch Register des Bandes MEW 26.2, a.a.O., S. 691.

[25] Karl Marx, Theorien über den Mehrwert, Zweiter Teil, in: MEW, Bd. 26.2, a.a.O., S. 118.

[26] Ebenda, S. 115.

würdige Phänomen hin, daß „*dieselbe* Lehre ... von ihrem Entdecker [Anderson][27] und von Malthus *für*, von Ricardo *gegen* das Grundeigentum gekehrt" wurde. Man könne also, so Marx in der Polemik gegen Roscher, „höchstens sagen, daß die einen, die sie aufstellten, das Interesse des Grundeigentums *verteidigten*, die andern, die sie aufstellten, *dasselbe* Interesse *bekämpften*, aber man könnte nicht [wie Roscher] sagen, daß diese Theorie 1815 von den Verteidigern des Grundeigentums bekämpft ward (denn Malthus verteidigte sie *vor Ricardo*) ..."[28]

Da es, wie erwähnt, nicht möglich ist, die in den „Theorien über den Mehrwert" geübte weitverzweigte und tiefschürfende Ricardokritik hier voll auszubreiten, konzentrieren wir uns auf den von Marx immer wieder herausgestellten Gegensatz zwischen der Smithschen und der Ricardoschen Grundrententheorie: Die von „seltsamer Logik" und auch von „Erschleichungen" (logische Fehler) stigmatisierte Grunddefinition der Rente bei Ricardo wird verworfen, weil sie den Eigentumsaspekt vernachlässigt. Es zeige sich, „daß seine Definition der Rente Formen ausschließt, wo die ‚compensation' für bloße *Naturdinge* gezahlt wird, in denen keine menschliche Arbeit verwirklicht ist, und zwar dem *Eigentümer* dieser Naturdinge, und nur weil er ‚*Eigentümer*' ist, *Grundeigentümer*, bestehe dieser Grund aus Erde, Waldung, Fischteich, Wasserfall, Boden zum Bauen etc."[29]. Es scheine, „daß A. Smith hier viel weitsichtiger war".[30] Die Smithsche Grunddefinition der Rente hingegen findet vollstes Verständnis bei Marx: „Smith bestimmt die *Rente* richtig als ‚prix payé pour *l'usage de la terre*'..."[31] Bei Smith sei es im Unterschied zu Ricardo sehr betont, daß es das *Eigentum* ist, der *Eigentümer*, der als *Eigentümer* die Rente verlangt. Als solch bloßer Ausfluß des Eigentums ist die Rente *Monopolpreis*, was vollständig richtig ist, da es nur durch die Intervention des Eigentums

27 James Anderson, der Entdecker der auch von Ricardo verfochtenen Differentialrente, lieferte den Grundeigentümern ein gutes Alibi gegenüber agrarsozialistischen Anklagen: „Nichts kann grundloser sein als diese Klagen gegen die Grundeigenthümer [daß sie durch ihre Habsucht die Rente und somit den Getreidepreis steigern] ... Es ist nicht die Bodenrente, welche den Preis des Erzeugnisses bestimmt, sondern es ist der Preis dieses Erzeugnisses, welcher die Bodenrente bestimmt ... " (zitiert nach Eduard Berens, Versuch einer kritischen Dogmengeschichte der Grundrente, Leipzig 1868, S. 126).

28 Karl Marx, Theorien über den Mehrwert, Zweiter Teil, in: MEW, 26.2, a.a.O., S. 115f. Achim Toepel, bisher vorwiegend als Sismondi-Herausgeber bekannt, hat nachgewiesen, daß sich die Grundkonzeption der Differentialrente noch viel weiter, nämlich bis zu Boisguilbert, zurückverfolgen läßt. Boisguilbert war dabei, wie Toepel erkennen läßt, ein Verteidiger des Grundeigentums vgl. Achim Toepel, Boisguilbert und die Bedingungen für die Entwicklung des sozial-wissenschaftlichen Denkens in Frankreich im 17. Jahrhundert, Phil. Diss., Halle 1980, S. 135).

29 Karl Marx, Theorien über den Mehrwert, Zweiter Teil, in: MEW, Bd. 26.2, a. a. O., S. 246.

30 Ebenda, S. 248. 31 Ebenda, S. 341.

ist, daß das Produkt mehr als den Kostenpreis zahlt, sich zu seinem Wert verkauft.[32] Nach vollständiger Zitierung der von Ricardo und Malthus heftig bekämpften Smithschen Grundrentendefinition durch Marx erfolgt abermals eine volle Zustimmung: „‚Die Grundrente, aufgefaßt als Preis, der für die Benutzung von Grund und Boden gezahlt wird, ist natürlicherweise ein Monopolpreis' ... Es ist in der Tat", führt Marx fort „ein Preis, der nur durch das Monopol der propriété erzwungen wird und darin als Monopolpreis sich vom prix der industrial products unterscheidet."[33]

Auch an anderen Stellen betont Marx das „im ganzen richtige" Räsonnement von Smith im Unterschied zum falschen Ricardos.[34] Immer wieder akzentuiert Marx den ökonomischen Effekt des Grundeigentums, der von Smith anerkannt, von Ricardo geleugnet werde: „Was gut an ihm ist gegen Ricardo, daß er sieht, daß es von Umständen abhängt, ob oder ob nicht die propriété sich ökonomisch geltend machen kann."[35]

In generöser Weise unterstellt Marx jedoch auch bei der Leugnung des ökonomischen Effekts des Grundeigentums durch Ricardo eine vorwiegend werttheoretische Motivation.

Ricardo selbst war sich seiner antagonistischen Stellung gegenüber der Rententheorie von Adam Smith durchaus bewußt. Gleich im Vorwort zu den „Principles" wird Adam Smith als einer derer namhaft gemacht, die die „Grundsätze der Rente *nicht* richtig erkannt" hätten. Als Zeugen für die richtige Rententheorie werden die Abhandlung von Malthus aus dem Jahre 1815 (Inquiry into the Nature and Progress of Rent) und der fast gleichzeitig erschienene „Essay on the Application of Capital to Land" des Sir Edward West (1782–1828) lobend hervorgehoben.[36] Ricardo betont, er habe es bei der Bekämpfung überlieferter Meinungen für notwendig erachtet, sich besonders mit jenen Stellen in den Werken von Adam Smith zu beschäftigen, bei denen er glaubt, Gründe für eine abweichende Meinung zu haben.[37] Neben dem Kapitel 2 „Über die Rente" und dem Kapitel 3 „Über die Bergwerksrente" enthalten die Ricardoschen „Principles" im Kapitel 24 ein eigenes Kapitel ausschließlich zur Bekämpfung der Smithschen Grundrente. Dieses Kapitel, so stellt Marx fest, sei „sehr wichtig für die Differenz zwischen Ricardo und A. Smith"[38].

32 Vgl. ebenda, S. 342.

33 Ebenda. Vgl. Adam Smith, Eine Untersuchung über das Wesen und die Ursachen des Reichtums der Nationen, hrsg. von Peter Thal, Bd. 1, Berlin 1963, S. 191.

34 Vgl. Karl Marx, Theorien über den Mehrwert, Zweiter Teil, in: MEW, Bd. 26.2, a. a. O., S. 337.

35 Ebenda, S. 362.

36 Vgl. David Ricardo, Über die Grundsätze der politischen Ökonomie und der Besteuerung, hrsg. von Gerhard Bondi, a.a.O., S. 3 f.

37 Ebenda, S. 4 f.

38 Karl Marx, Theorien über den Mehrwert, Zweiter Teil, in: MEW, Bd. 26.2, a. a. O., S. 328.

Nach Zitierung einer Stelle aus Smiths „Reichtum der Nationen", die in etwa an die von Ricardo vertretene Position in der Rententheorie anklingt (Smiths weiter umfassender Blick korrespondiert nicht immer mit Eindeutigkeit, zum Beispiel Widerspruch zwischen dem *esoterischen* und *exoterischen* Smith), meint Ricardo, daß diese Stelle natürlich den Leser zu dem Schluß verleite, „daß ihr Autor den Charakter der Rente (wie Ricardo ihn versteht) nicht mißverstanden haben kann", dies sei indes keineswegs der Fall, Smith habe sich vielmehr „die Auffassung zu eigen gemacht, daß ‚es einige Teile des Bodenprodukts gibt, für welche die Nachfrage stets eine solche sein muß, daß sie einen höheren Preis gibt als den, der ausreicht, um sie auf den Markt zu bringen', und er betrachtet die Nahrungsmittel als einen dieser Teile."[39] Diese Antithese zu Smith richtet sich gegen Teil I des Kapitels 9 („Von der Grundrente"), in dem Smith unter der Überschrift „Von dem Produkt des Bodens, das stets Rente abwirft", seine vom *Monopol* des Grundeigentums ausgehende Theorie der absoluten Rente entwickelt, allerdings ohne diese Bezeichnung zu gebrauchen und auch ohne rechte Erklärung dafür. Da für Smith die Grundrente der für die Benutzung von Grund und Boden zu zahlende Monopolpreis[40] und speziell nach Nahrungsmitteln „immer eine mehr oder weniger starke Nachfrage" besteht, können diese Nahrungsmittel, bzw. die Produzenten der Nahrungsmittel alias Grundeigentümer, „immer eine größere oder kleinere Quantität Arbeit kaufen oder kommandieren, und es findet sich immer jemand, der bereit ist, etwas zu tun, um sie zu erlangen"[41]. Da der Boden jedoch „fast in jeder Lage eine größere Menge Nahrungsmittel hervor(bringt), als die, welche ausreicht, all die Arbeit zu unterhalten, die erforderlich ist, um sie auf den Markt zu bringen" kommt Smith zu dem für Ricardo unannehmbaren Kernsatz: „Etwas bleibt daher für eine Rente des Grundeigentümers stets übrig."[42] Die Betonung liegt hierbei auf „stets"; dieser Satz meint also nicht nur wie bei Ricardos Differentialprinzip lediglich die besseren Böden in bezug auf den schlechtesten noch in Anbau genommenen Boden, sondern auch diesen schlechtesten Boden selbst, eben weil Smith auf seine Weise die Existenz einer absoluten Rente anerkennt. Ricardo als Leugner der absoluten Rente moniert die von Smith vorgebrachte Argumentation; Smith bringe keinen anderen Beweis für seine Position „als die Behauptung, daß ‚die ödesten Moore in Norwegen und Schottland eine

39 David Ricardo, Über die Grundsätze der politischen Ökonomie und der Besteuerung, hrsg. von Gerhard Bondi, a. a. O., S. 3 und 319.

40 Dieser als Grundrente gezahlte *Monopolpreis* verhält sich nach Smith „durchaus nicht proportional dazu, was der Grundeigentümer vielleicht zur Verbesserung des Bodens verauslagt hat, oder dazu, was er sich zu nehmen erlauben kann, sondern proportional dazu, was der Farmer hinzugeben, zu erschwingen vermag" (Adam Smith, Eine Untersuchung über das Wesen und die Ursachen des Reichtums der Nationen, hrsg. von Peter Thal, Bd. 1, a.a.O., S. 191).

41 Ebenda, S. 192.

42 Ebenda, S. 193.

Art Futter für Vieh hergeben, dessen Milch und Vermehrung stets mehr als ausreicht, nicht nur für den Unterhalt aller für seine Pflege notwendigen Arbeit und um dem Farmer oder dem Eigentümer der Herde oder Koppel den gewöhnlichen Profit zu bringen, sondern auch um eine kleine Rente für den Grundeigentümer abzuwerfen' [Ende des von Ricardo zitierten Smith-Textes]. Man mag mir erlauben", fährt Ricardo fort, „darüber Zweifel zu hegen".[43] Und in Begründung dieses Zweifels an Smith schreibt Ricardo einen überlangen verklausulierten Schachtelsatz (von „Ich glaube" bis „und doch behauptet keiner, daß die Prinzipien, welche die Rente bestimmen, dort [in Amerika] verschieden von denen in Europa sind"), der unter dem Hinweis auf die angebliche und gerade erst zu beweisende Tatsache, daß es in allen Ländern Boden gebe, der nur Profit und keine Grundrente abwerfe, in der Behauptung gipfelt, „daß die Prinzipien, welche die Rente bestimmen" unter den kolonialen Verhältnissen Amerikas die gleichen seien wie in Europa. Gerade bei diesem Satz hakt Marx ein, und zeigt die Absurdität der Ricardoschen Behauptung: „Allerdings", so heißt es in gezielter Kontrastellung zu der Ricardoschen Behauptung von der Gleichheit der Rentenprinzipien im kolonialen Amerika und im kapitalistisch entwickelten Europa mit feudaler Vergangenheit, „sind diese principles sehr bedeutend ‚different'. Wo *kein Grundeigentum* existiert – faktisch oder legal – kann keine absolute Grundrente existieren. Diese, nicht die Differentialrente, ist der adäquate Ausdruck des Grundeigentums. Zu sagen [wie Ricardo], daß *dieselben* Prinzipien die Grundrente regulieren, wo Grundeigentum existiert und wo keines existiert, heißt, daß die *ökonomische Gestalt des Grundeigentums* unabhängig davon ist, ob Grundeigentum existiert, oder ob es nicht existiert."[44] Auf solch absurden, nicht dialektischen Widerspruch reduziert Marx die von Ricardo gegen Smith gerichtete These.

Nach Aufweis weiterer Fragwürdigkeiten in der Ricardoschen Grundrentenargumentation[45] charakterisiert Marx eine der Hauptthesen der Ricardoschen Grundrententheorie als „ganz abgeschmackt"[46]: Sie bestand in der Polemik gegen Smith aus der apologetisch brauchbaren Behauptung, daß die

[43] David Ricardo, Über die Grundsätze der politischen Ökonomie und der Besteuerung, hrsg. von Gerhard Bondi, a. a. O., S. 320.

[44] Karl Marx, Theorien über den Mehrwert, Zweiter Teil, in: MEW, Bd. 26.2, a. a. O., S. 328.

[45] „In der Praxis trägt sich die Sache nicht ganz ricardoisch zu ... Es ist daher ganz falsch, wenn Ricardo diese Anlage von additional capital identifiziert mit der application of additional capital to new soils" (ebenda, S. 333).

[46] Ebenda: „Ganz abgeschmackt aber ..., wenn Ricardo aus dieser Betrachtung schließt: ‚Wenn der umfassende Verstand A. Smith' auf diese Tatsache gelenkt worden wäre, so hätte er nicht behauptet, daß die Rente *einen der Bestandteile des Preises der Rohprodukte* bildet, denn der Preis wird überall von dem mit diesem letzten Teil des Kapitals gewonnenen Ertrag *bestimmt*, wofür keinerlei Rente bezahlt wird.'"

an den Grundeigentümer gezahlte Rente kein Bestandteil oder Bestimmungsgrund des Preises der Rohprodukte bildet. Die Grundrente fließe zwar dem Eigentümer des Grund und Bodens zu, aber sie sei keine Folge des Grundeigentums; sie resultiere zwar aus einem partiellen Naturmonopol (dem Besitz besserer Böden), sei aber dennoch kein Monopolpreis; sie werde zwar am Preise verdient, auch noch als unerarbeiteter Gewinn, aber sie sei *kein Bestimmgrund des Preises*, der ohne Aufschlag einer Rente, ganz wie der Preis von Tuch und Leinewand, lediglich durch Arbeitslohn (v), Kapitalersatz (c) und üblichen Durchschnittsprofit bestimmt werde. Der Konsument zahlt also trotz Grundrente gleichsam nur den natürlichen, d. h. notwendigen und gerechten Preis und keineswegs, wie es Smith und die agrarsozialistischen Systemkritiker immer wieder behaupteten, einen Monopolpreis. Schon weil der Begriff des Monopolpreises und des daraus resultierenden Monopol- oder Monopolisteneinkommens zum Reizwort und sozialkritischen Vokabular der durch Namen wie Winstanley, Paine, Ogilvie und Spence charakterisierten agrarsozialistischen bzw. kleinbürgerlich-radikalen *Opposition* geworden war, die sich hierbei überraschenderweise auch noch auf Smith berufen konnte, mußte dem großbürgerlichen Theoretiker Ricardo aus großbürgerlichem Klasseninteresse heraus daran gelegen sein, die Kategorie des Monopolpreises und ähnliche Anstößigkeiten aus der bürgerlich-respektablen Theorie der politischen Ökonomie fernzuhalten.

In der Argumentation gegen dieses „ganz abgeschmackte" Bestreiten des monopolistischen Einflusses der Grundrente auf die Preisbildung des Rohprodukts verfährt Marx wie folgt: Es sei zwar richtig, daß der Profit der einzige Regulator für die kapitalistische Produktion sei und daher auch richtig, „daß keine absolute Grundrente existieren würde, *wenn* diese Produktion *einzig* durch das Kapital reguliert würde", aber gerade das sei in der Regel in den entwickelten kapitalistischen Ländern nicht der Fall, da entwickelte kapitalistische Produktion immer die Existenz des Grundeigentums voraussetze.[47]

Absolute Grundrente entstehe vielmehr „grade da, wo die Bedingungen der Produktion dem Grundeigentümer die Macht geben, der exklusive regulation of production by capital Schranken zu setzen".[48] Wo aber diese Bedingung gegeben sei, da wirke die Rente tatsächlich, wie Smith behauptet und Ricardo bestreitet, in monopolistischer Weise auf die Preisbildung der Rohprodukte. Dies geschieht nach der Marxschen Erkenntnis vorwiegend im Rahmen der Differenzspanne zwischen Produktionspreis und Wert; eine Unterscheidung, die weder Smith noch Ricardo kannte. Marx schließt aber unter bestimmten Umständen auch die Möglichkeit nicht aus, daß Getreide und andere Rohstoffe

[47] Vgl. auch Karl Marx, Zur Kritik des Gothaer Programms, in: MEW, Bd. 19, Berlin 1962, S. 17: „... das Monopol des Grundeigentums ist sogar Basis des Kapitalmonopols."

[48] Karl Marx, Theorien über den Mehrwert, zweiter Teil, in: MEW, Bd. 26.2, a. a. O., S. 334.

zu „beliebigem Monopolpreis“ verkauft werden, also zu einem auch über den Wert liegenden Monopolpreis.[49]

Ricardo hingegen, in seiner Aversion gegenüber dem sozialkritisch ausspielbaren Monopolpreis (den er allenfalls für seltene Weine und Kunstwerke aber nicht für Rohstoffe und Grundnahrungsmittel konzediert), formuliert in Polemik gegen Smith und Buchanan seine Position wie folgt: *„Rohprodukte haben keinen Monopolpreis,* da der Marktpreis von Gerste und Weizen in gleichem Maße wie der Marktpreis von Tuch und Leinen durch die Produktionskosten bestimmt wird“[50] [Hervorhebung – G.R.].

Zwischen der Bildung des Getreidepreises und der Bildung des Preises für Manufakturwaren bestehe zwar ein gewisser geringfügiger Unterschied, aber dieser Unterschied sei nicht dergestalt, daß man im Hinblick auf den Getreide- oder Rohstoffpreis wie Smith u. a. es getan, von einem Monopolpreis sprechen dürfe. „Getreide und andere Rohstoffe“, so heißt es euphemistisch abwiegelnd, „können auch an Quantität durch die Verwendung von mehr Kapital auf dem Boden vermehrt werden und haben daher auch keinen Monopolpreis“;[51] nicht einmal den, zu ihrem Wert verkauft zu werden, aber diese Unterscheidung kennt ja Ricardo noch nicht.

Insgesamt zeigt diese von Marx kritisch analysierte Auseinandersetzung von Ricardo mit der Grundrententheorie von Smith, daß Marx immer weit davon entfernt war, Ricardo gegenüber Smith in allen wichtigen Fragen rechtzugeben, weit entfernt also auch davon, seine eigene Rententheorie vornehmlich im Anschluß an Ricardo zu entwickeln, wie es noch gelegentlich in der Literatur dargestellt wird.[52]

Versuchen wir dem Wesen der Ricardoschen Grundrententheorie noch durch einen Vergleich mit der Grundrententheorie von Thomas Malthus näherzukommen, auf die sich Ricardo mehrfach und meist zustimmend berief. Hatte sich Ricardo im Hinblick auf die Smithsche Theorie zu einer ziemlich weitgehenden Abgrenzung und Entgegenstellung veranlaßt gesehen, wobei es besonders um die Frage des Monopolpreises und überhaupt um die Einwirkung des Grundeigentums auf die Preisbildung der Bodenprodukte ging, so dominiert bei den Urteilen, die Ricardo über die Malthussche Grundrententheorie abgibt, die prinzipielle *Zustimmung* zu dem Kern der Theorie, die freilich mit

[49] Vgl. ebenda, S. 330.

[50] David Ricardo, Über die Grundsätze der politischen Ökonomie und der Besteuerung, hrsg. von Gerhard Bondi, a. a. O., S. 241.

[51] Ebenda.

[52] Vgl. hierzu Günter Hoell, Die Rententheorie von Adam Smith und ihre kritische Aneignung durch Karl Marx, in: 200 Jahre Adam Smith' „Reichtum der Nationen“. Internationales Kolloquium vom 30. 9. bis zum 1. 10. 1975 in Halle, Protokoll, hrsg. v. Peter Thal, Berlin 1976, S. 133: Hoell betont die Notwendigkeit, der Auffassung entgegenzutreten, „wonach sich Marx bei der Ausarbeitung seiner Rententheorie hauptsächlich auf Ricardo gestützt habe“.

gelegentlicher Kritik an Einzelheiten ihrer Ausprägung gekoppelt ist. So schreibt Ricardo schon in der bereits 1815 erschienenen Schrift „Über den Einfluß eines niedrigen Getreidepreises auf den Kapitalgewinn ..."[53] Malthus die Urheberschaft der richtigen Grundrenthentheorie zu, der auch er anhänge: „In allen meinen Ausführungen über die Entstehung und Entwicklung der Bodenrente habe ich nur kurz jene Gesetze wiederholt und zu veranschaulichen gesucht, die Herr Malthus in seiner ‚Untersuchung des Wesens und der Entwicklung der Bodenrente' so treffend festgestellt hat, einer Arbeit, die voll ist von ursprünglichen Gedanken, die nicht bloß von Wichtigkeit sind, soweit sie die Bodenrente betreffen, sondern auch wegen ihrer Tragweite für die Lehre von der Besteuerung, die vielleicht den schwierigsten und verwickeltsten Gegenstand bildet, wovon die politische Ökonomie handelt."[54]

Auch brieflich teilt Ricardo an Malthus mit, „daß alle leitenden Gesichtspunkte darin" seine völlige Zustimmung fänden.[55] Ricardos Hauptwerk bringt gleich im Vorwort eine Würdigung der von Malthus fast gleichzeitig mit Edward West veröffentlichten „richtigen Theorie der Rente", während Adam Smith an gleicher Stelle bescheinigt wird, „die Grundsätze der Rente nicht richtig erkannt" zu haben.[56] Auch das der Auseinandersetzung mit *Einzel*fragen der Malthusschen Rententheorie gewidmete Kapitel 32[57] bescheinigt Malthus, in Grundfragen der Rententheorie Recht zu haben.[58] Selbst wenn man in Rechnung stellt, daß etwas Höflichkeit und Kollegengeist bei dieser Laudatio für Malthus die Feder Ricardos beeinflußt haben sollte, wird man das Gewicht dieser Selbstaussagen Ricardos zur Grundrententheorie von Malthus nicht unterschätzen dürfen. Das, was Karl Marx im Hinblick auf die Ricardosche Grundrententheorie drastisch als die an und für sich „unangenehme Verknüpfung mit dem Malthusschen Dreck" akzentuiert, war Ricardo durchaus bewußt, und er bekannte sich dazu.

Daß Malthus seinerseits die bereits 40 Jahre früher erschienene Schrift zur Grundrente von James Anderson für seine Zwecke ausschlachtete, war Ricardo offenbar nicht bekannt.[59]

Marx charakterisiert die Art und Weise des von Malthus an Anderson be-

53 David Ricardo, Über den Einfluß eines niedrigen Getreidepreises auf den Kapitalgewinn, übers. und hrsg. von E. Leser, Jena 1922.

54 Ebenda, S. 11 f.

55 Letters of David Ricardo to Thomas Malthus 1810–1823, ed. by James Bonar, Oxford 1887 (zitiert nach K. Diehl, David Ricardos Grundgesetze der Volkswirtschaft und Besteuerung, Bd. 1, 2. Aufl., Leipzig 1905, S. 418).

56 David Ricardo, Über die Grundsätze der politischen Ökonomie und der Besteuerung, hrsg. von Gerhard Bondi, a. a. O., S. 3 f.

57 Ebenda, S. 393 ff.

58 Ebenda, S. 393. Vgl. andere Übersetzung bei Karl Diehl, Sozialwissenschaftliche Erläuterungen zu David Ricardos Grundgesetzen der Volkswirtschaft und Besteuerung, Bd. 1, Leipzig 1905, S. 418 f.

59 James Anderson, An enquiry into the nature of the born laws, Edinburgh 1777.

gangenen Plagiats in scharfen Urteilen wie diesem: „Malthus nahm diese Nutzanwendung von Anderson an, weil er – ein echtes member der Established Church of England – ein professioneller Sykophant der Grundaristokratie war, deren Renten, Sinekuren, Verschwendung, Herzlosigkeit usw. er *ökonomisch* rechtfertigte."[60]

Von einer solchen kritischen Sicht der von Malthus verkörperten sozialen Position mußte Ricardo natürlich himmelweit entfernt sein. Die „Irrtümer", die er in der praktischen Ausführung der auch für ihn im Kern richtigen Grundrententheorie des Malthus aufdeckt, sind überwiegend spezieller und interner Art und ohne soziale Brisanz. Und gerade in der wirklich wichtigen Frage der absoluten Grundrente, die Malthus in wie auch immer verzerrter und geradezu zynischer Weise zugesteht, Ricardo aber ableugnet, sind Irrtum und Wahrheit etwas anders verteilt, als Ricardo glaubte und als die Nachwelt annahm.

Da Malthus der „*Plagiarius* von Profession"[61] nicht nur Anderson geplündert, sondern auch Sismondis „Nouveaux Principes d'économie politique' ins Malthusianische „übersetzt" hat,[62] finden sich in den Malthusschen Grundsätzen der politischen Ökonomie (zuerst 1820, 3. Aufl. 1836) Aussagen, die im strikten Gegensatz zu Ricardos einseitig und ausschließlich hervorgehobenem Differentialrentenprinzip auch die Existenz einer *absoluten* Grundrente selbst auf dem schlechtesten Boden anerkennen, weil „kein Grundbesitzer ... sein Land einem Bebauer überlassen (wird), der wenig oder gar keine Rente zahlt"[63]. Ganz antiricardianisch und keineswegs falsch (wenn es nicht in einem apologetischen Begründungszusammenhang stünde) heißt es: „In einem zivilisierten Lande mit Privateigentum gibt unbebauter Boden stets eine Rente, die seiner natürlichen Fähigkeit, als Viehweide zu dienen oder Wald zu tragen entspricht ... Da also der Ertrag des tatsächlich schlechtesten bebauten Bodens nie völlig zwischen Zinsen und Löhnen geteilt werden kann [wie Ricardo behauptet, weil angeblich keine Rente mehr abfällt], so kann der Zustand dieses Bodens oder seine Fruchtbarkeit nicht das Maß der Profitrate bestimmen."[64]

So falsch es nun wäre, Ricardo in der Grundrententheorie zum einfachen Popularisator der Anderson-Malthusschen Konzepte zu stempeln,[65] so falsch dürfte es sein, die von Ricardo selbst so nachdrücklich formulierten Hinweise

60 Karl Marx, Theorien über den Mehrwert, Zweiter Teil, in: MEW, Bd. 26.2, a. a. O., S. 108.

61 Ebenda.

62 Vgl. Karl Marx, Theorien über den Mehrwert, Dritter Teil, in: MEW, Bd. 26.3, Berlin 1968, S. 47.

63 Thomas Robert Malthus, Grundsätze der politischen Ökonomie mit Rücksicht auf ihre praktische Anwendung, nach der 2. verm. Auflage des engl. Originals übers. v. V. Marinoff, Berlin 1910, S. 254.

64 Ebenda, S. 254.

65 Wie es z. B. bei E. Leser geschieht: Emanuel Leser, Robert Malthus als Entdecker der modernen Grundrentenlehre, Jena 1881.

auf die Herkunft seiner Grundrententheorie völlig zu ignorieren; es muß also sowohl Gemeinsames als auch Trennendes zwischen diesen beiden Grundrententheorien geben. Marx äußert sich hierzu an einer Stelle wie folgt: „*Dieselbe* Lehre wurde von ihrem Entdecker [Anderson] und von Malthus *für*, von Ricardo *gegen* das Grundeigentum gekehrt. Man könnte also [Marx polemisiert gegen Roscher] höchstens sagen, daß die einen, die sie aufstellten, das Interesse des Grundeigentums *verteidigten*, die andern, die sie aufstellten, *dasselbe* Interesse *bekämpften*, aber man könnte nicht sagen, daß diese Theorie 1815 von den Verteidigern des Grundeigentums bekämpft ward (denn Malthus verteidigte sie *vor Ricardo*)..."[66]

Nach dieser Aussage von Marx würde es sich bei Malthus und Ricardo um ein und dieselbe Theorie handeln, jedoch das eine Mal *für*, das andere Mal *gegen* das Grundeigentum „gekehrt". Die Frage, ob und inwieweit die jeweilige Anwendungsrichtung auf die innere Struktur der Theorie modifizierend zurückwirkt, wird hier noch offen gelassen. Bleibt es wirklich „dieselbe Lehre", wenn sie das eine Mal *für* und das andere Mal *gegen* das Grundeigentum eingesetzt wird bzw. *in welchem Maße* bleibt es „dieselbe Lehre" und in welchem Maße erfährt sie Modifikationen?

Diese Fragestellung findet eine Präzisierung in den Marxschen Aussagen zum „schönen Krakeel in den zwanziger Jahren" zwischen „Malthusians" und „Ricardians". Aller Streit zwischen Malthusianern und Ricardianern über das Grundeigentum finde schnell eine Grenze an ihrer *gemeinsamen* Kontrastellung zur Arbeiterklasse. „Letztre [die Ricardians] halten [es für] ebenso nötig, wie die Malthusians, daß der Arbeiter nicht selbst sein Produkt aneignet, sondern ein Teil desselben dem Kapitalisten anheimfällt, damit er, der Arbeiter, einen *Stachel zur Produktion* habe und so die Entwicklung des Reichtums gesichert sei."

Aber sie seien wütend, über die Ansicht der Malthusianer, daß Landlords, Sinekuristen des Staates und der Kirche und eine ganze Bande müßiger Lakeien *zuerst* einen Teil des Produkts der Kapitalisten – ohne Äquivalent – sich aneignen müssen. Obgleich die Ricardianer dasselbe dem Arbeiter gegenüber behaupten. Und zusammenfassend: „Der Arbeiter darf sein eignes Produkt nicht aneignen, damit er den Stachel zur Arbeit nicht verliere, sagen die Ricardians mit den Malthusians."[67] Dieses Urteil von Marx bezieht sich unmittelbar auf die Schüler und Anhänger der Schulbildner Malthus und Ricardo, dürfte aber in der hier interessierenden Frage (nach Gemeinsamkeit und Unterschied in der Grundrententheorie) auch auf die Häupter der Schule selbst anwendbar sein.

Malthus und Ricardo verbindet mithin das, was Grundaristokratie und Ka-

[66] Karl Marx, Theorien über den Mehrwert, Zweiter Teil, in: MEW, Bd. 26.2, a. a. O., S. 115 f.

[67] Karl Marx, Theorien über den Mehrwert, Dritter Teil, in: MEW, Bd. 26.3, a. a. O., S. 16 f.

pitalistenklasse (und überhaupt alle bisher herrschenden Klassen) miteinander verbindet: das aus ihrem Herrschaftsstatus erwachsene Klasseninteresse zur Fortsetzung der überlieferten Repression der Volksmassen und zur Beibehaltung des großen Privateigentums an Boden und an Kapital. Malthus und Ricardo trennt das, was Grundaristokratie und Kapitalistenklasse zeitweise zu heftigen Positionskämpfen *innerhalb* der herrschenden Klassen veranlaßt. Die Kapitalistenklasse fände es schon angenehmer für ihre Mehrwertproduktion, wenn sie diesen der Arbeiterklasse in Stadt und Land ausgepreßten Mehrwert durch den Grundrentenmechanismus nicht mit der Grundaristokratie zu teilen gezwungen wäre, sondern sich ungeschmälert aneignen könnte. Aber gegenüber einer drohenden sozialen Revolution wird diese aufgezwungene Teilung mit dem Grundeigentum immer als das kleinere Übel erscheinen.

Hinzu kommt, daß selbst die alte Grundaristokratie zunehmend kapitalistisch denkt und im Grundeigentum weniger die von klerikaler Herrschaftsmystik umwitterte Erde sieht als die schnell in Luxusgüter umsetzbare Grundrente. Selbst Malthus, so betont Marx, sei auf seine Weise für „die möglichst freie Entwicklung der kapitalistischen Produktion ... So sehr ihm der geschichtliche Sinn für die Vergangenheit feht, so sehr lebt er in dem geschichtlichen Springpunkt seiner Zeit. Malthus will auch die möglichst freie Entwicklung der kapitalistischen Produktion, soweit nur das Elend ihrer Hauptträger, der arbeitenden Klassen, Bedingung dieser Entwicklung [ist], aber sie soll sich gleichzeitig anpassen den ‚Konsumtionsbedürfnissen' der Aristokratie und ihrer Sukkursalen in Staat und Kirche, soll zugleich als materielle Basis dienen für die veralteten Ansprüche der Repräsentanten der von dem Feudalismus und der absoluten Monarchie vererbten Interessen. Malthus will die bürgerliche Produktion, soweit sie nicht revolutionär ist, kein geschichtliches Entwicklungsmoment, bloß eine breitere und bequemere materielle Basis für die ‚alte' Gesellschaft schafft."[68]

Malthus, so könnte man in anderen Worten formulieren, steuert auf einen Kompromiß zwischen alter feudaler Struktur und der sich etablierenden Kapitalistenherrschaft hin (allerdings nicht im Sinne des „preußischen Weges"). Ricardo zielt einen möglichst *reinen* Kapitalismus unter möglichst weitgehenden Ausschluß der alten Grundaristokratie an; Malthus ist *für* das Grundeigentum und die absoluten und relativen Renten dieser Grundaristokratie; Ricardo ist in bestimmten Grenzen *gegen* das Grundeigentum und die absoluten Renten dieser Grundaristokratie, soweit die Unterschiede. Ricardo ist aber niemals ein Gegner des privaten Grundeigentums schlechthin gewesen, und die von James und John Stuart *Mill* beiläufig ins Auge gefaßte Nationalisierung des Grund und Bodens blieb folgenlose Episode oder beruht auf einem Mißverständnis.[69] Ricardo opponiert wohl gegen das private Grundeigentum

[68] Ebenda, S. 46.
[69] Vgl. ebenda, S. 84.

der feudalen Schichten, hat aber in keiner Weise etwas gegen das private Grundeigentum der Kapitalistenklasse unternommen. Ricardo selbst, bekanntlich ein überaus erfolgreicher Bankier und Börsenmakler, war außerdem, und das ist weniger bekannt, noch ein beachtlicher Großgrundbesitzer, der auch Einnahmen aus Grundrente bezog.[70]

In maliziöser Weise hob Malthus diesen nicht unwichtigen Fakt in einer Anmerkung zu seinen „Grundsätzen der politischen Ökonomie" hervor: Durch Fleiß und Talent sei Ricardo „zu einem bedeutenden Grundbesitzer geworden; in dem ganzen Kreise von Gutsbesitzern wüßte" er „keinen trefflicheren und ehrenwerteren Mann zu nennen, keinen, der was Kopf und Herz betrifft, sein Eigentum besser verdient und besser verwendet hätte. Es ist", und damit legt Malthus den Finger auf eine etwas wunde Stelle, „einigermaßen sonderbar, daß Ricardo, der selbst ein bedeutender Rentenempfänger ist, ihre nationale Bedeutung so sehr unterschätzt, während ich, der ich sie weder besitze noch zu empfangen erwarte, mich dem Vorwurf aussetzen muß, ihre Bedeutung zu überschätzen . . ."[71]

Zu ähnlichen Vorwürfen, daß er durch seine Grundrententheorie den Grundeigentümern zu nahe trete, nimmt Ricardo in einem Brief an Mac Culloch Stellung: „Ich wollte", schreibt er, „keine gehässige Betrachtung über die Grundherren anstellen. Ihre Rente ist die Wirkung von Umständen, über welche sie keine Macht haben, ausgenommen allein, daß sie Gesetzgeber sind und der Getreideeinführung Beschränkung auferlegen."[72] Und mit einem Seitenblick

70 Marx hält es daher auch einmal für angebracht, einen Vergleich Ricardos mit einem ausgesprochenen Verteidiger des großen Grundeigentums anzustellen. Dieser eminent ricardokritische Vergleich findet sich in einer Anmerkung von Marx zu Louis-Gabriel Buat-Nancey, der 1773 ein umfangreiches Werk zu Fragen der politischen Ökonomie veröffentlicht hatte (Eléments de la politique, ou Recherche des vrais principes de l'économique sociale, Londres 1773). „Dieser schwache und diffuse Schriftsteller," so heißt es in den Theorien über den Mehrwert", „der den Schein der Physiokratie als ihr Wesen nimmt und die Verherrlichung der Grundaristokratie [betreibt] – und sie in der Tat nur soweit nimmt, als sie diesem Zwecke entspricht –, wäre gar nicht zu erwähnen, wenn hier nicht der brutal bürgerliche Charakter grob herauskäme; ganz so scharf wie etwa bei Ricardo später. Der Irrtum, daß das produit net auf die Rente beschränkt wird, ändert nichts an der Sache. Dieselbe Sache wiederholt von Ricardo für das produit net überhaupt" (Karl Marx, Theorien über den Mehrwert, Erster Teil, in: MEW, Bd. 26.1, S. 357). Gleich zweimal also findet sich der Vergleich eines Verherrlichers der Grundaristokratie „brutal bürgerlichen Charakters" mit Ricardo; einer dieser Vergleiche weist darüber hinaus auch auf die ricardianische Rententheorie hin.

71 Thomas R. Malthus, Grundsätze der politischen Ökonomie mit Rücksicht auf ihre praktische Anwendung, a. a. O., S. 294 Anm.

72 David Ricardo, Brief an McCulloch, zitiert nach Karl Diehl, Sozialwissenschaftliche Erläuterungen zu David Ricardos Grundgesetzen der Volkswirtschaft und der Besteuerung, Bd. 1, a. a. O., S. 195.

auf sein eigenes Grundrenteneinkommen hieß es in einer Äußerung vor dem englischen Unterhaus am 12. 6. 1823 zu ähnlichen Vorwürfen, daß er sich bei seinen öffentlichen Ratschlägen von privaten Gesichtspunkten habe leiten lassen: „Es wird selbst", so Ricardo wörtlich, „für einen guten Rechenmeister eine schwierige Aufgabe sein, herauszubekommen, nach welcher Seite hin mein Interesse vorwiegend ist. Ich selbst würde es schwerlich können, *wegen der verschiedenen Arten von Vermögen, die ich besitze.*"[73]

Auch in einem Brief an seinen Freund Trower verwahrt sich Ricardo gegen die Meinung, den Grundherren Vorwürfe gemacht zu haben: „Er [Malthus] stellt mich dar, als ob ich den Grundherren Vorwürfe machte, weil ich gesagt habe,[74] daß ihre Interessen denen der Gesamtheit entgegengesetzt sind und daß das Steigen ihrer Renten auf Kosten der Gewinne der übrigen Klassen vor sich geht. Der ganze Inhalt meines Buches zeigt, wie ich diese Bemerkung aufgefaßt wissen will. Ich habe gesagt", und damit beantwortet Ricardo speziell den an zweiter Stelle angeführten Vorwurf („daß das Steigen ihrer Renten auf Kosten der Gewinne der übrigen Klassen vor sich geht"), „daß die Gesamtheit keinen Vorteil davon hätte, wenn die Grundherren ihre ganzen Renten aufgäben – solch ein Opfer würde das Getreide nicht billiger machen, sondern würde nur den Pächtern zu Gute kommen.[75] Zeigt dies nicht", fährt Ricardo beschwichtigend fort, „daß ich die Grundherren *nicht* als Feinde des Gemeinwohls betrachte?"[76]

Vergleicht man einmal die an der Grundbesitzerklasse geübte Kritik erstens bei Adam Smith und zweitens bei David Ricardo, so stößt man auf den höchst instruktiven Sachverhalt, daß die von Smith geübte Kritik wesentlich schärfer und radikaler formuliert ist, als die von Ricardo. Der so oft zitierte und von grundaristokratischen Gegnern immer wieder monierte Satz Ricardos, daß „das Interesse des Grundeigentümers immer dem des Konsumenten und des Fabrikanten entgegengesetzt" sei,[77] nimmt sich vergleichsweise harmlos und

[73] David Ricardo in der Sitzung des englischen Unterhauses vom 12. 6. 1823, zitiert nach Karl Diehl, Sozialwissenschaftliche Erläuterungen zu David Ricardos Grundgesetzen der Volkswirtschaft und der Besteuerung, Bd. 2, a. a. O., S. 457.

[74] Vgl. David Ricardo, Über die Grundsätze der politischen Ökonomie und der Besteuerung, hrsg. von Gerhard Bondi, a. a. O., S. 328.

[75] Hinter dieser Argumentation steckt die letztendlich falsche ricardianische These, daß die Grundrente nicht zu einer Verteuerung der Agrarprodukte führe, weil sie nicht eine Voraussetzung, sondern eine Folgeerscheinung der Preisbildung sei. Die Argumentation wurde entwickelt im Kampf gegen Smith' Theorie des Monopolpreises, die auch der agrarsozialistischen Opposition Hilfestellung leistete.

[76] David Ricardo, Brief an Trower, zitiert nach Karl Diehl, Sozialwissenschaftliche Erläuterungen zu David Ricardos Grundsätzen der Volkswirtschaft und der Besteuerung, Bd. 1, a. a. O., S. 195.

[77] David Ricardo, Grundsätze der politischen Ökonomie und der Besteuerung, hrsg. von Gerhard Bondi, a. a. O., S. 328.

beschönigend aus, wenn man ihn mit den entsprechenden Urteilen Adam Smiths vergleicht. Man kann an diesem Unterschied in der Kritik am Grundbesitzer ermessen, wie sehr sich inzwischen die Interessen der Grundeigentümer und Kapitalisten angenähert hatten bzw. wie sehr der Schock der Französischen Revolution, die bereits sozialistische und direkt antibourgeoise Tendenzen entbunden hatte (Babeuf etc.) auch die bürgerliche Ideologie, die noch den gesellschaftlichen Fortschritt für sich hatte, zu Kompromissen und diplomatischem Verhalten mit den beharrenden Vertretern der alten Gesellschaft geneigt machte.

„Die Klasse der Grundbesitzer", so konnte man bei Smith lesen, sei „die einzige dieser drei Klassen, der die Revenue keine Arbeit oder Mühe kostet. Ihre Revenue gelangt sozusagen aus eignem Antrieb, ohne daß sie irgendwelche Pläne und Projekte zu entwerfen brauchen, in ihre Hände. Die natürliche Folge der Sorglosigkeit und Sicherheit ihrer Lage ist eine Trägheit, die sie allzuoft nicht nur unwissend, sondern auch unfähig macht, ihren Geist so anzustrengen, wie es notwendig wäre, um die Konsequenzen irgendeiner staatlichen Maßnahme vorauszusehen und zu verstehen."[78] An anderer Stelle, anläßlich der Schilderung, wie der auswärtige Handel und die Manufakturen auf den feudalen Großgrundbesitz einwirkten, heißt es: „Beide [der auswärtige Handel und die Manufakturen] versorgten nach und nach die Großgrundbesitzer mit Dingen, die sie gegen das gesamte überschüssige Produkt ihrer Ländereien austauschen und selbst verzehren konnten, ohne sie mit ihren Pachtbauern und Gefolgsleuten teilen zu müssen. Alles für uns selbst und nichts für andere Leute, das scheint", so resümiert Smith, „zu allen Zeiten in der Welt die niedrige Maxime der Herren der Menschheit gewesen zu sein. Sobald sie daher eine Methode finden konnten, den gesamten Wert ihrer Renten selbst zu verzehren, spürten sie keine Neigung mehr, diese mit anderen Personen zu teilen."[79] Smith bringt auch Beschreibungen der Kapitalistenklasse in einer ätzenden Schärfe, wie man sie bei Ricardo, dem Ökonomen der nachrevolutionären und bereits etablierten Bourgeoisie, vergebens sucht. Die Kaufleute und Manufakturunternehmer seien zwar von größerer Verstandesschärfe als die in der Regel ziemlich unwissenden Grundeigentümer, aber gerade deswegen sei ihnen am wenigsten zu trauen, weil sie ihre Gedanken „eher den Interessen ihres eigenen speziellen Geschäftszweiges zuwenden als denen der Gesellschaft".[80]

Auf einen von dieser Klasse ausgehenden Vorschlag solle man immer nur mit großer Vorsicht und bei Anwendung „der mißtrauischsten Aufmerksamkeit" hören. „Er kommt", wie es begründend heißt, „von einer Klasse, deren Interesse niemals genau mit dem der Allgemeinheit übereinstimmt. Sie ist", wie Smith betont, „in der Regel daran interessiert, die Öffentlichkeit zu hinter-

[78] Adam Smith, Eine Untersuchung über das Wesen und die Ursachen des Reichtums der Nationen, hrsg. von Peter Thal, Bd. 1, a. a. O., S. 325.

[79] Ebenda, Bd. 2, Berlin 1975, S. 172.

[80] Ebenda, Bd. 1, a. a. O., S. 327.

gehen, ja sogar zu unterdrücken, und hat beides auch bei vielen Gelegenheiten getan."[81] Kritisiert also Smith gleichermaßen scharf sowohl die Grundbesitzer wie auch die Bourgeoisie seiner Zeit, so findet sich bei Ricardo lediglich der eine und auch noch vereinzelt bleibende Satz, daß die Interessen der Grundeigentümer denen der Gesellschaft entgegengesetzt seien, und dieser eine Satz wird von Ricardo, wie zitiert, in einer Weise interpretiert, die einer verharmlosenden Zurücknahme, zumindestens aber einer kühl taktierenden Beschwichtigung fatal ähnlich sieht. Gäbe es diesen einen immer wieder zitierten Satz nicht, dann würde die ricardianische Grundrententheorie auch nach außen als das erscheinen, was sie ihrem Wesen nach hauptsächlich darstellt: Eine Grundrententheorie der etablierten Großbourgeoisie, die sich im Interesse ihrer ideologischen Wirksamkeit und ihrer Absicherung nach *unten* und *oben* nur noch sehr indirekt und unterschwellig mit der Kritik der herrschenden Grundeigentumsstruktur befaßt und durch ein geschickt eingesetztes Abstraktionsverfahren die Grundeigentumsproblematik mehr verschleiert als enthüllt.

Diese Zusammenhänge sind schon den Verfassern der älteren bürgerlichen Grundrentenliteratur aufgefallen, wenn sie diese auch umgekehrt, nämlich apologetisch, bewerten. So findet es E. Leser in seinen „Untersuchungen zur Geschichte der Nationalökonomie" (Jena 1881) „bemerkenswert, daß die richtige Rententheorie entstanden ist, nicht etwa als Widerlegung einer Ansicht, welche die Bodenrente in höherem Maße als ein wünschenswertes Einkommen, als eine Bereicherung der Nation ansah, sondern im Gegenteil als Widerlegung einer [radikalen] Ansicht, welche die Rente in besonders enge Abhängigkeit von gesellschaftlichen Einrichtungen brachte ... Um von Sismondi und Buchanan und ihren schroffen Äußerungen zu schweigen, auch Smith und Say setzen stillschweigend oder ausdrücklich das gesonderte Eigentum als Bedingung der Rente voraus ... Die Eigentümlichkeit der modernen Theorie [Malthus und Ricardo] besteht darin, daß sie diesen Gedanken [gesondertes Eigentum als Bedingung der Rente] der genannten Schriftsteller *eingeschränkt* hat, und wie er in einer doppelten Richtung ausgebildet war, so ist auch die Einschränkung eine doppelte. Einerseits wird in Abrede gestellt, daß die Rente ein Ausfluß des Eigentumsrechtes ist, andererseits wird gezeigt, daß es nicht die Verminderung des Bodens oder seines Ertrags ist, was die Rente steigen macht. Für die moderne Auffassung", so heißt es, „ist die Rente *nicht* erklärt mit dem Wort *Monopol.*"[82]

Zur Einschätzung dieser Aussage erinnere man sich der Smithschen Grundrentendefinition („Die Grundrente als Preis für die Benutzung des Grund und Bodens ist natürlicherweise ein Monopolpreis") und der Ricardoschen Polemik gegen jede Art von Monopolpreis („Rohprodukte haben keinen Monopolpreis ..."); man erinnere sich auch, daß die Ricardosche Grundrentendefinition die Er-

81 Ebenda, S. 328.

82 Emanuel Leser, Robert Malthus als Entdecker der modernen Grundrentenlehre, a. a. O., S. 93.

wähnung oder auch nur den Anklang einer Erwähnung des *Monopolbegriffs* peinlichst *vermeidet*; und dann vergegenwärtige man sich die krampfhaften Bemühungen von Malthus in dem von Ricardo hochgelobten Rententraktat aus dem Jahre 1815 (dieser Traktat ging wenig später ohne große Abänderungen in die Malthusschen „Grundsätze der politischen Ökonomie" ein), den *Monopolbegriff* aus der politischen Ökonomie zu verbannen oder so weit zu verharmlosen, daß er annehmbar wird: So lesen wir in der Polemik gegen Smith, Sismondi und Buchanan bei Malthus: „Daß einige Umstände mit der Grundrente im Zusammenhang stehen, die mit einem natürlichen Monopol nahe verwandt sind, soll gern zugegeben werden. Der Flächenraum der Erde selbst ist beschränkt und kann durch menschliche Nachfrage nicht erweitert werden. Die Ungleichheit des Bodens veranlaßte schon im Jugendalter der Gesellschaft eine verhältnismäßige Seltenheit besten Bodens; diese Seltenheit nun ist unzweifelhaft *eine* [Hervorhebung – G. R.] der Ursachen der sogenannten Grundrente. In dieser Beziehung", so heißt es in demagogisch geschickter Einräumung, „mag vielleicht der Ausdruck *teilweises Monopol* auf die Grundrente nicht mit Unrecht eine Anwendung finden. Aber die so bedingte Seltenheit des Bodens genügt keineswegs allein, um die beobachteten Wirkungen hervorzuheben."[83] Das Vertrackte bei dieser Apologie besteht darin, daß der letztere Satz durchaus richtig ist, daß also auch hier Apologie mit Teil- und Halbwahrheiten gemischt auftritt. Das hierbei für unseren Zusammenhang Wichtige: Der Monopolbegriff wird als anstößig empfunden und soll daher eliminiert, zumindest aber verniedlicht werden: ein *partielles* Monopol, schön harmlos definiert und als zu vernachlässigende Größe interpretiert „tut nicht mehr weh", wirkt nicht mehr so aufreizend, weckt keine soziale Begehrlichkeit. Übrigens benutzt auch Ricardo diesen euphemistischen Zwitterbegriff des „partiellen Monopols" und erhält dafür eine entsprechende Abfuhr von Marx.[84]

Wenn man nun noch dieses harmlose auf natürliche Umstände basierende *partielle Monopol* von den *gewöhnlichen Monopolen* (die das Volk so erregen) wegdifferenzieren könnte, wäre die apologetische Sprachregelung von einem gewissen Erfolg gekrönt. „Bei allen gewöhnlichen Monopolen", so kann man in dieser Hinsicht lesen, „kann der Preis des Ertrages, und somit der Überschuß des Preises über die Herstellungskosten beliebig, ohne bestimmte Grenzen wachsen. Bei dem *partiellen* Monopol des Lebensmittel erzeugenden Bodens [dagegen] steht der Überschuß des Preises über die Herstellungskosten einer unübersteigbaren Schranke gegenüber." Diese Schranke bestehe „in dem Überschuß an Lebensmitteln, die das Land über die geringsten Bedürfnisse der Bebauer hinaus ergibt" und hänge „wesentlich von der natürlichen oder erworbenen Fruchtbarkeit des Bodens ab".[85]

In der Resümierung dieser Gegenüberstellung läßt Malthus den bereits sehr

83 Thomas Robert Malthus, Grundsätze der politischen Ökonomie . . ., a. a. O., S. 203.
84 Vgl. Karl Marx, Theorien über den Mehrwert, Zweiter Teil, in: MEW, Bd. 26.2, a. a. O., S. 313 f.
85 Thomas Robert Malthus, Grundsätze der politischen Ökonomie . . ., a. a. O., S. 211.

verharmlosten Begriff *partielles Monopol* zwecks weiterer Verharmlosung sogar ganz fallen: „Kurz, in dem einen Falle hängt die Fähigkeit des Ertrages, die Herstellungskosten im Preise zu übersteigen, von dem Grade des Monopols und von der äußeren Nachfrage ab, in dem anderen von dem Grade der natürlichen oder erworbenen Fruchtbarkeit." Dies sei „sicherlich ein großer und augenfälliger Unterschied".[86] Damit sind, so will Malthus sich verstanden wissen, die Fragwürdigkeit des Monopolbegriffs im Hinblick auf Grund und Boden dargetan, die „Harmlosigkeit" der aus natürlicher Bodenfruchtbarkeit resultierenden Grundrente erwiesen, die Grundeigentümer von dem Vorwurf *Monopolist* zu sein, entlastet, die latent aufbegehrenden Unterschichten beschwichtigt, die in dieser Hinsicht gegensätzlichen Ansichten von Smith, Buchanan und Sismondi widerlegt.[87]

Bereits den kritischen Zeitgenossen war diese auf Entlastung der Grundeigentümer und auf Beschwichtigung der landhungrigen Volksmassen zielende Stoßrichtung der Malthusschen Grundrententheorie bekannt. Marx zitiert eine anonym erschienene Schrift aus dem Jahre 1821,[88] worin es im Hinblick auf die von Ricardo hochgelobte Malthussche Schrift über die Rente wie folgt heißt: „Als Herr Malthus seinen *Essay über die Rente* veröffentlichte, scheint dies zum Teil in der Absicht geschehen zu sein, der Losung: ‚Weg mit den Landlords!' zu begegnen, die damals ‚in roten Lettern auf den Mauern stand', zur Verteidigung dieser Klasse aufzustehen und zu beweisen, daß sie den *Monopolisten nicht* gleich seien."[89]

Wichtig für unseren auf Ricardo zielenden Gedankengang ist nun, daß Ricardos Rententheorie selbst schon früh im Kreuzfeuer einer radikalen antimonopolistischen Kritik stand.[90]

Auf Richard Jones, den von Rodbertus und Marx gleichermaßen geschätzten englischen Hauptgegner Ricardos werden wir noch gesondert eingehen. Hier sei zunächst auf eine Schrift von Perronet *Thompson* verwiesen, die 1829 unter dem Titel „Die wahre Theorie der Rente, im Gegensatz zu Ricardo und anderen" erschien. Malthus selbst erwähnt diese Schrift und polemisiert in seiner Weise gegen den von Thompson im Kampf gegen Ricardo verwendeten Monopolbegriff: „Nach allem, was über das Wesen der Rente gesagt und geschrieben worden ist, war ich recht überrascht, als Oberst Perronet Thompson mit einer Abhandlung unter dem Titel ‚Die wahre Theorie der Rente, im Gegensatz zu Ricardo und anderen' in die Öffentlichkeit trat und behauptete, daß die einfache Ursache der Rente überall dieselbe wäre, wie die, welche die Rente des Weinbergs hervorbringt, der Tokayer

86 Ebenda, S. 211.

87 Vgl. ebenda, S. 212.

88 An Inquiry into those Principles respecting the Natures of Demand and the Necessity of Consumption, lately advocated by Mr. Malthus etc., London 1821.

89 Zit. nach Karl Marx, Theorien über den Mehrwert, Dritter Teil, in: MEW, Bd. 26.3, a. a. O., S. 56.

90 Vgl. auch Jürgen Kuczynski über die widersprüchliche Rezeption der ersten Auflage des Hauptwerkes von David Ricardo (J. Kuczynski, Studien zu einer Geschichte der Gesellschaftswissenschaften, Bd. 7, Berlin 1977, S. 124 f.).

erzeugt."[91] Da uns diese Schrift gegen Ricardos Rententheorie leider nicht zugänglich war, müssen wir uns auf den Hinweis beschränken, daß dieses Beispiel des Rente tragenden Weinbergs schon bei Smith zur Demonstration des Rentenmechanismus gebracht wird (absolute bzw. Monopolrente),[92] und daß auch Marx im dritten Band des „Kapitals" anläßlich der Unterscheidung, „ob die Rente aus einem Monopolpreis fließt, weil ein von ihr unabhängiger Monopolpreis der Produkte oder des Bodens selbst existiert, oder ob die Produkte zu einem Monopolpreis verkauft werden, weil eine Rente existiert" einen solchen Monopolrente tragenden Weinberg zitiert: „Ein Weinberg, der Wein von ganz außerordentlicher Güte erzeugt, Wein, der überhaupt nur in relativ geringer Quantität erzeugt werden kann, trägt einen Monopolpreis." Der aus diesem fließende Surplusprofit „verwandelt sich in Rente und fällt in dieser Form dem Grundeigentümer anheim, infolge seines Titels auf dies mit besonderen Eigenschaften begabte Stück des Erdkörpers. Hier schafft also der Monopolpreis die Rente."[93]

Unbedingt erwähnenswert in diesem Zusammenhang ist die antiricardosche Äußerung des „Linksricardianers" Thomas Hodgskin (1787–1869): „Ricardos Ansichten", so heißt es kurze Zeit nach Erscheinen des Ricardoschen Hauptwerkes, „schätze ich nicht, weil sie die gegenwärtige [1820] politische Lage der Gesellschaft rechtfertigen und unsere Hoffnungen auf künftigen Fortschritt in Grenzen halten. Ihr Hauptzweck ist, unsere großen Grund- und Boden-Leviathane in deren gewaltigen Aussaugereien zu entschuldigen. Reichtum ist nur ein anderer Name für politische Macht, und mit einer Aristokratie von Landlords, wie sie jetzt besteht, ist irgend etwas wie Demokratie unmöglich... Ich bin Demokrat, Ricardos Lehren sind, was die Argumentationen betrifft, die *nachdrücklichste Verteidigung der Aristokratie*, die ich kenne"[94] [Hervorhebung – G. R.]. Höchst instruktiv, wie Ricardo vor allem die Verteidigung der „Grund- und Boden-Leviathane" angelastet wird,und nicht die der Kapitalisten.

Wie im Vorstehenden aufgezeigt, stand nicht nur die Malthussche, sondern auch die Ricardosche Grundrententheorie frühzeitig im Kreuzfeuer kleinbürgerlich-radikaler und frühsozialistischer Kritik. Andererseits muß entsprechend unserer Konzeption, das Widersprüchliche und spezifisch Bourgeoise auch innerhalb der bürgerlichen Aufstiegsideologie sichtbar zu machen, noch auf eine polemische Wirksamkeit Ricardos aufmerksam gemacht werden, die sich gegen einen der markantesten Vertreter des utopischen Sozialismus richtet.

Wie Marx an einer Stelle der „Theorien über den Mehrwert" anmerkt, entsteht der Gegensatz zwischen bürgerlicher Ökonomie und aufkeimendem utopischem

91 Thomas Robert Malthus, Grundsätze der politischen Ökonomie, mit Rücksicht auf ihre praktische Anwendung, a. a. O., S. 213, Fußnote.

92 Vgl. Adam Smith, Eine Untersuchung über das Wesen und die Ursachen des Reichtums der Nationen, Bd. 1, a. a. O., S. 205.

93 Karl Marx, Das Kapital, Dritter Band, in: MEW, Bd. 25, a. a. O., S. 783.

94 Brief Hodgskins an Francis Place vom 28. Januar 1820 (zit. und übersetzt nach Elie Halévy, Thomas Hodgskin, London 1956, S. 67).

Sozialismus in der Ricardoschen Periode der politischen Ökonomie.[95] Während „bei Ricardo etc. nur das Interesse [da ist], die Verhältnisse der kapitalistischen Produktion zu begreifen und sie als absolute Formen der Produktion geltend zu machen, so bemächtigen sich ... die ... unter dieser Kategorie zu erwähnenden Schriften der bloßgelegten Mysterien der kapitalistischen Produktion, um letztre vom Standpunkt des industriellen Proletariats aus zu bekämpfen".[96]

Robert Owen, auf seine Weise von Ricardoschen Prämissen ausgehend, gehörte auf der Höhe seines Wirkens zu diesen die kapitalistische Produktion bekämpfenden Kräften. Ricardo andererseits war einer der ersten und wohl auch der bedeutendste bürgerliche Politökonom, der sich mit Robert Owens sozialistischen Bestrebungen auseinanderzusetzen veranlaßt sah. Als Angehöriger des Unterhauses war Ricardo 1819 Mitglied eines Komitees geworden, welches die damals lebhaft besprochenen Owenschen Projekte prüfen sollte. In diesem Komitee, dem auch einflußreiche Mitglieder des lordschaftlichen Oberhauses angehörten, äußerte sich Ricardo am 16. Dezember 1819[97] dahingehend, „daß er vollständig im *Gegensatz* zu dem System von Owen stünde, welches auf Grundsätzen aufgebaut wäre, die mit den Grundsätzen der politischen Ökonomie unvereinbar seien, und welches nach seiner Ansicht unendliches Unglück für die Gesellschaft im Gefolge haben müßte".[98]

Die von Owen vorgeschlagenen praktischen Sofortmaßnahmen jedoch (zum Beispiel Einführung einer Spatenkultur; Feldarbeitsbrigaden) sollten nach Ansicht Ricardos kritisch geprüft werden, ob sie sich in umfunktionierter Form für ein Arbeitsbeschaffungsprogramm der Regierung eignen könnten, „denn was

95 Vgl. Karl Marx, Theorien über den Mehrwert, Dritter Teil, in: MEW, Bd. 26.3, a. a. O., S. 234.

96 Ebenda, S. 235.

97 David Ricardo am 16. 12. 1819 vor dem englischen Unterhaus, in: Hansard, Parlaments-Debatten, N. S. Vol. 41 (hier zitiert nach Karl Diehl. Sozialwissenschaftliche Erläuterungen zu David Ricardos Grundgesetzen der Volkswirtschaft und der Besteuerung, Bd. 2, a. a. O., S. 477).

98 Ganz anders beurteilt Rodbertus die mit Robert Owen pars pro toto bezeichnete utopisch-sozialistische Tradition: „Neben dem immer stärker erwachenden kommunistischen Verlangen der Massen stellen Mably, Babeuf, Fichte, St. Simon, Fourier, Owen, Cabet, Männer aus allen Ständen, Theoretiker wie Praktiker, ohne Haß oder Eigennutz, umfassende, bis ins Einzelne gehende, auf die gegenwärtigen Zustände berechnete Systeme auf und fordern die Anbahnung oder Ausführung kommunistischer Staatseinrichtungen, von denen allein die Regeneration der heutigen Gesellschaft zu erwarten sei. Sollte", so heißt es emphatisch, „in diesen, mit jeder neuen socialen Erschütterung in immer stärkerem und weiterem Maße wiederkehrenden kommunistischen Bestrebungen, in den Utopien und Systemen dieser ganzen Reihe der edelsten und einsichtsvollsten Männer von Plato bis Owen durchaus *nichts* Wahres enthalten sein? Sollten alle diese Systeme nur die Ausgeburt entweder von Neid und Eigennutz, oder einer phantastischen Spielerei gewesen sein?" (Karl Rodbertus, Das Capital. Vierter socialer Brief, Berlin 1884, S. 223 f.).

brauche das Land in der Gegenwart? Nachfrage nach Arbeit"; so Ricardo im Jahre 1819[99], angesichts spürbarer Krisenerscheinungen.[100]

Ricardo empfahl, solche umfunktionierende Ausschlachtung der von Owen vorgeschlagenen praktischen Maßnahmen „völlig (zu) trennen, von der Einteilung des Landes in Parallelogramme, oder der Errichtung einer Gütergemeinschaft und ähnlicher phantastischer Träumereien"[101]. Auch Marx nimmt an einer Stelle Bezug auf die Ricardoschen Äußerungen zu den „Parallelogrammen des Herrn Owen".[102]

Noch schärfer äußert sich Ricardo gegen Owen und die Prinzipien einer sozialistischen Gesellschaftsordnung in einem Brief an seinen Freund Trower: „Ich bin nicht Mitglied des Komitees geworden, um Owens Pläne zu *fördern*, – das Komitee wurde ernannt, um diese Pläne zu prüfen, nicht um sie zu billigen ... Gewiß", konzediert Ricardo, „Owen selbst ist ein wohlwollender Enthusiast, der bereit ist, große Opfer für einen Lieblingsplan zu bringen ...", aber er scheine zu glauben, „daß zur Produktion und zum Glück einer dichten Bevölkerung nichts nötig ist, außer Land. Wir hätten Land [als Behauptung Owens]; es möge produktiver gemacht werden und deshalb könnten wir keinen Überfluß an Bevölkerung haben. Kann ein vernünftiger Mensch", und damit steigert sich Ricardos Polemik zur emphatischen Anklage, „kann ein vernünftiger Mensch mit Owen glauben, daß irgend eine Gesellschaft, wie er sie plant, gedeihen wird und *mehr* erzeugen wird, als jemals von einer gleichen Menge Menschen erzeugt wurde, wenn dieselben zur Anstrengung nur durch die Rücksicht auf die Gemeinschaft getrieben werden, und nicht durch die Rücksicht auf ihr eigenes Interesse? Spricht nicht die Erfahrung von Jahrhunderten gegen ihn? Er kann nichts gegen diese Erfahrung vorlegen, als ein oder zwei schlecht beglaubigte Fälle von Gesellschaften, die unter der Gütergemeinschaft prosperiert haben, oder wo das Volk gleichzeitig unter dem mächtigen Einfluß des religiösen Fanatismus stand."[103]

Wie viele bürgerliche Ökonomen und Ideologen, so spielte auch Ricardo die „Erfahrungen von Jahrhunderten" und die angeblich a priori egoistische Natur des Menschen gegen die Vorstellung von der Realisierbarkeit einer sozialistischen Gesellschaft aus. Das ist für einen Vertreter der bürgerlichen politischen Ökonomie, so hoch er auch stehe und so klassisch sich diese auch gebe, nichts

99 David Ricardo am 16. 12. 1819 vor dem englischen Unterhaus, in: Hansard, Parlaments-Debatten, N. S. Vol. 41 (hier zitiert nach Karl Diehl, Sozialwissenschaftliche Erläuterungen ..., Bd. 2, a. a. O., S. 477).

100 Vgl. Fred Oelßner, Die Wirtschaftskrisen, Berlin 1952, S. 201: Die Krise von 1819.

101 David Ricardo am 16. 12. 1819 vor dem englischen Unterhaus, in: Hansard, Parlaments-Debatten, N. S. Vol. 41 (hier zitiert nach Karl Diehl, Sozialwissenschaftliche Erläuterungen ..., Bd. 2, a. a. O., S. 477).

102 Vgl. Karl Marx, Theorien über den Mehrwert, Dritter Teil, in: MEW, Bd. 26.3, a. a. O., S. 49.

103 David Ricardo, Brief an Trower (zitiert nach Karl Diehl, Sozialwissenschaftliche Erläuterungen ..., Bd. 2, a. a. O., S. 477).

Außergewöhnliches. Marx selbst hat bei aller Wertschätzung ihres wissenschaftlichen Charakters und Gehalts doch immer wieder auch ihren militant bourgeoisen Charakter hervorgehoben, die sich vor allem in der Verabsolutierung der kapitalistischen Produktionsweise ausdrückte und eine Zukunft jenseits und außerhalb dieser nicht sah. „Ricardo", so heißt es in einer der ideologiekritischen Äußerungen zu einem der Hauptvertreter der klassischen politischen Ökonomie, „ist das Haupt einer ganzen Schule, die *seit der Restauration* in England herrscht. Die Ricardosche Lehre repräsentiert schroff, unbarmherzig die ganze englische Bourgeoisie, die selbst wiederum der Typus der modernen Bourgeoisie überhaupt ist"[104] [Hervorhebung – G. R.].

Das ist keine vereinzelte Aussage des „frühen" Marx, sondern ein sich durchziehender Bewertungsakzent auch in den voll ausgereiften Schriften von Marx. Ricardo, so heißt es zum Beispiel im „Kapital", Erster Band, habe sich nie um den Ursprung des Mehrwerts gekümmert; er und seine Schule hätten dieses Problem aus gutem Grund „bloß umgangen, nicht gelöst". „In der Tat", so resümiert Marx im Hinblick auf Ricardo und seine Schule, „hatten diese bürgerlichen Ökonomen den richtigen Instinkt, es sei sehr gefährlich, die brennende Frage nach dem Ursprung des Mehrwerts zu tief zu ergründen."[105] Dieser „richtige Instinkt" bewährte sich, wie wir zeigen werden, natürlich auch im Hinblick auf die Grundrente, als einem Teil des Mehrwerts, nach dem zu fragen vom bürgerlichen Standpunkt als „gefährlich" erschien.

Daneben und sogar im Zusammenhang mit dieser Kritik am „schroff" bourgeoisen Charakter der Ricardoschen Lehren hat Marx allerdings auch immer die theoretischen Verdienste von Ricardo selbst in der Rententheorie gesehen und hervorgehoben, besonders die schon erwähnte Herstellung eines „direkten und bewußten Zusammenhanges" zwischen Rententheorie und den Fragen der Wertbildung. Dieses unbestreitbare und auch hier unbestrittene Verdienst kann jedoch in diesem Zusammenhang nur kurz erwähnt, nicht ausführlich dargestellt werden, zumal Ricardo die richtig aufgeworfene Fragestellung nach der Verbindung von Rententheorie und Wertlehre in einer falschen, einseitigen Weise beantwortet.

Wir kommen damit zur skizzenhaften Darstellung einiger antibourgeoiser Unter- oder Gegenströmungen, die in „der Ricardoschen Periode der politischen Ökonomie" (Marx) jederzeit präsent waren, auch wenn sie nicht zu den herrschenden gehörten. Das Spektrum dieser antibourgeoisen Unter- und Gegenströmungen reicht vom Agrarsozialismus Spencescher und Painescher Prägung über Sismondis wohl gezielte zentrale Kritik der Ricardoschen Grundrententheorie bis zu den Arbeiten des von Marx hochgeschätzten Richard Jones, dem Marx bescheinigt, einen „wesentlichen Fortschritt" über Ricardo hinaus zu vollziehen.[106]

104 Karl Marx, Das Elend der Philosophie, in: MEW, Bd. 4, Berlin 1959, S. 78.

105 Karl Marx, Das Kapital, Erster Band, in: MEW, Bd. 23, Berlin 1962, S. 539.

106 Vgl. Karl Marx, Theorien über den Mehrwert, Dritter Teil, in: MEW, Bd. 26.3, a. a. O., S. 393.

2. Die agrarsozialistische Unterströmung in der Grundrentenfrage: Thomas Spence und die Spenceianer

Der auch schon vorher als radikale Unterströmung in Erscheinung getretene Agrarsozialismus (Gerrard Winstanley) erhob nunmehr inmitten der klassischen politischen Ökonomie des Bürgertums seine durchdringende Anklage des Grundeigentums. Fast gleichzeitig mit Adam Smith, der im Jahre 1776 sein epochemachendes Hauptwerk über den „Reichtum der Nationen" erscheinen ließ, hielt der mittellose Autodidakt Thomas Spence (1750–1814), Sohn eines armen Schuhmachers, vor der „Philosophischen Gesellschaft" im Newcastle einen Vortrag, in dem ohne Umschweife eine allgemeine Grundeigentumsreform verlangt wurde. Spence stieß anläßlich eines in seiner Heimatstadt geführten Prozesses, in dem es um die Einhegung von Gemeindeland und die Verwendung der dadurch erzielten Renten ging, auf eines der brisantesten sozialökonomischen Probleme seiner Zeit und blieb an diesem Problem in einer Weise, daß Marx ihn als Todfeind des Privateigentums an Grund und Boden charakterisierte.[107] Spence argumentiert naturrechtlich: „Daß das Eigentum am Boden und die Freiheit unter Menschen im Naturzustand gleich sein müßten", sei so einleuchtend, daß es nicht bestritten werden könne. Aus dieser ursprünglichen Gleichheit folgerte Spence auch eine ursprüngliche Gemeinschaftlichkeit des Bodenbesitzes: „Deshalb ist – dies einmal zugegeben – das Land irgend eines Volkes im Naturzustand sein *Gemeingut* im eigentlichen Sinne, an dem jeder einzelne das gleiche Eigentumsrecht besitzt, mit voller Freiheit seinen Unterhalt sowie den seiner Familie aus den Tieren, Früchten und anderen Erzeugnissen des Landes zu ziehen."[108]

Die sozialkritische Akzentuierung des egalitären bzw. kommunistischen „Naturzustandes" erfolgt bei Spence durchaus im Sinne Rousseaus, der kaum 20 Jahre früher in seiner preisgekrönten Abhandlung „Über den Ursprung und die Grundlagen der Ungleichheit unter den Menschen" (1754) die Entstehung des Privateigentums an Grund und Boden geradezu als ein Verhängnis charakterisiert hatte: „Der erste", so hieß es bei Rousseau, „der ein Stück *Land* umzäunte und sich erkühnte zu sagen, dies gehört mir, und einfältige Leute antraf, die es ihm glaubten, war der eigentliche Begründer der Gesellschaft. Welche Verbrechen, wie viele Kriege, Morde und Greuel, wieviel Elend hätten dem menschlichen Geschlecht erspart bleiben können, wenn einer die Pfähle ausgerissen, den Graben zugeschüttet und seinen Mitmenschen zugerufen hätte: ‚Glaubt diesem Betrüger nicht, Ihr seid verloren, wenn Ihr vergeßt, daß die Früchte Euch allen, der Boden aber niemanden gehört!'"[109]

107 Vgl. Karl Marx, Theorien über den Mehrwert, Erster Teil, in: MEW, Bd. 26.1, a. a. O., S. 358.

108 Thomas Spence, Das Gemeineigentum am Boden, übers. von F. v. Eichmann, Einl. von G. Adler, Leipzig 1904, S. 23.

109 Jean Jacques Rousseau, Frühe Schriften, hrsg. von Winfried Schröder, Leipzig 1965, S. 160.

Auch für den Agrarsozialisten Thomas Spence leitet die Entstehung des Privateigentums an Grund und Boden eine verhängnisvolle Entwicklung ein. Die damit behafteten „unnatürlichen" Verhältnisse seien dadurch charakterisiert, „daß das Land mit allem Zubehör von einigen Wenigen in Anspruch genommen und untereinander aufgeteilt worden" sei.

Die Folgen dieser gegen das Naturrecht verstoßenden Aneignung des Landes durch Wenige beschreibt Spence wie folgt: „So waren die ersten Landbesitzer Usurpatoren und Tyrannen; und alle, die nach ihnen ihre Ländereien besessen haben, haben dies getan [nämlich Frondienste von den Nichteigentümern verlangt für die Erlaubnis der Landbenutzung] auf Grund von Erbschaft, Kauf usw. von den ersten Besitzern; und die gegenwärtigen Besitzer sind wie ihre Vorgänger stolz, sich dazu zu bekennen; und wie diese schließen auch sie alle anderen vom geringsten Anspruch an ihre jeweiligen Besitzungen aus. Auch kann jeder von ihnen auch jetzt noch, auf Grund von Gesetzen, die sie selbst gemacht haben, jedes lebende Wesen zwingen, ihr Eigentum zu verlassen (was zu Jammer der Menschheit nur zu oft in Ausführung gebracht wird!); so daß folgerichtig, im Falle, daß alle Landbesitzer darüber einig und entschlossen wären, ihr Eigentum für sich allein zu behalten, die ganze übrige Menschheit ... zum Himmel fahren könnte, denn auf Erden würde kein Platz mehr für sie sein. So kommt es", heißt es weiter, „daß die Menschen in keinem Teile der Welt, selbst nicht wo sie geboren, anders leben können denn als Fremdlinge und auf Grund einer Erlaubnis derjenigen, die sich als die Eigentümer des Bodens ausgeben; eine Erlaubnis, für die in den meisten Fällen ein unverhältnismäßiger Preis gezahlt werden muß ..." [110]

Auf Grund solcher Prämissen und Folgerungen kam Spence zu seinem allerdings utopisch bleibenden Vorschlag, das von den Grundbesitzern dem Volk entfremdete Land wieder dem Volk zurückgegeben: „Darum wird ein Tag angesetzt, an dem die Bewohner einer jeden Gemeinde ... zusammenkommen, um ihre lang entbehrten Rechte in Besitz zu nehmen, und sich zu Körperschaften zu konstituieren ... Das Land mit allem Zubehör wird in jedem Gemeindebezirk Eigentum der Körperschaft oder der Gemeinde ... So gibt es denn keine anderen Grundbesitzer im ganzen Lande als die Gemeinden, und jede Gemeinde ist oberste und freie Grundherrin in ihrem Bezirk. Dann wird man sehen", fährt Spence fort, „wie die vom Volke in die Gemeindekassen gezahlte *Grundrente* von jeder Gemeinde verwendet wird." [111] Nach Aufzählung eines ganzen Katalogs sozialpolitischer und wirtschaftspolitischer Maßnahmen, die aus der nunmehr der Gemeinde zufließenden Grundrente finanziert werden sollen, heißt es resümierend im Hinblick auf die Verwendung eben dieser Grundrente: „...mit einem Wort", sie werde verwendet „zur Ausführung dessen, was das Volk für angemessen erachtet; und nicht wie früher, zur Unterstützung und Verbreitung von Luxus, Hoffart und Lastern aller Art". [112]

110 Thomas Spence, Das Gemeineigentum am Boden, a. a. O., S. 26.
111 Ebenda, S. 27 f. 112 Ebenda, S. 28.

Die Ansichten von Spence stießen selbstverständlich sofort auf heftigen Widerstand der maßgebenden Kreise; sie führten zum Ausschluß aus der „Philosophischen Gesellschaft“ und zu anhaltenden Verfolgungen und wiederholten Hochverratsprozessen. Dem Galgen gerade noch entkommen, mußte er Newcastl für immer verlassen. In London lebte er noch jahrzehntelang von den bescheidenen Erträgen eines ambulanten Buchhandels. Ungeachtet der Mühseligkeit seiner Existenz fand er auch noch Zeit und Kraft, in einer radikalen Wochenschrift („Pigs Meat“, d. h. Saufraß) seine Ideen zu propagieren und seine Anhänger zu einem Bund zu vereinigen. Diese „Gesellschaft der Spenceschen Menschenfreunde“, wie sie sich später nannte, bestand noch Jahre nach seinem 1814 in Armut erfolgten Tode. Einen großen und direkten Einfluß wird man dieser Gesellschaft der Spenceianer nicht zuschreiben können, aber sie war präsent und von den feudalen wie kapitalistischen Klassen gleichermaßen mißtrauisch beargwöhnt und überwacht. Und dieser Argwohn war insofern nicht ganz unbegründet, als das Verlangen nach Befreiung vom ausbeuterischen Großgrundeigentum keineswegs nur auf die kleine Schar der Spenceianer beschränkt war, sondern auch in den Schichten der kleinen Pächter sowie der Landarbeiter, und der Zwergparzellen bewirtschaftenden Manufakturarbeiter lebte.

So bedurfte es nur eines Anlasses, um die geballte Macht der im Klassenkompromiß herrschenden feudalen und kapitalistischen Kräfte gegen die kleine Schar der Spenceianer sich richten zu lassen. Dieser Anlaß kam in Gestalt eines Umsturzversuches, der den Spenceianern am Ende des Jahres 1816 zur Last gelegt werden konnte. Die seit 1815 schwelende Wirtschaftskrise, begünstigt durch das Ende des Krieges mit Frankreich, hatte zu besonders spürbaren sozialen Erschütterungen und Spannungen geführt, die sich in Landarbeiterrevolten und Maschinenstürmereien und schließlich, am 15. November sowie am 2. und 16. Dezember 1816, in den großen Londoner Reformdemonstrationen entluden, die der im Klassenbündnis herrschenden feudal-kapitalistischen Staatsmacht Anlaß zum bewaffneten Eingreifen und zur Anklage auf Umsturz bot. Der bürgerliche Ökonom Adolf Weber, der aus seiner anti-sozialistischen Grundhaltung nie einen Hehl machte, urteilte über diesen Aufstandsversuch wie folgt: „Richtig ist freilich, daß seine Anhänger im Jahre 1817 einen Aufstand versuchten; aber ein Blick in die veröffentlichten Akten zeigt, daß es sich lediglich um einen äußerst lächerlichen Putschversuch eines kleinen Haufens handelte, der angestachelt wurde durch ein halbes Dutzend verkommener Menschen.“ [113]

Dieter Karras hingegen, ein jüngerer fortschrittlicher Sozialwissenschaftler der Gegenwart, sieht den Umsturzversuch als eine von den herrschenden Klassen erfundene Legende an, erfunden, um sich eines politischen Opponenten auf elegante juristische Weise entledigen zu können: „Ausfluß dieser angestauten Unzufriedenheit mit den wirtschaftlichen und politischen Verhältnissen waren die

113 Adolf Weber, Über Bodenrente und Bodenspekulation in der modernen Stadt Leipzig 1904, S. 5.

großen Londoner Reformdemonstrationen vom 15. November, 2. und 16. Dezember 1816, die der Regierung im weiteren Verlauf als Alibi für ihre repressiven Maßnahmen gegen die unteren Schichten dienten. Lord Sidmoth, der Innenminister, behauptete später, die Demonstranten hätten unter der Führung der Anhänger von Spence umstürzlerische Absichten gehegt. Diese Behauptungen",[114] so urteilt Karras, „entbehrten nicht nur jeder Grundlage, sondern ließen auch unschwer erkennen, daß das Nahziel dieser Legende, die Spaltung der Oppositionsbewegung in konstitutionelle und antikonstitutionelle Gruppen sein sollte, und Fernziel, die Rechtfertigung der Einführung des gesetzlichen Notstandes sowie die anschließende Anklage der Spenceanischen Führer wegen Hochverrats."[115]

Für die Zwecke unserer Untersuchung kann es indes dahingestellt bleiben, ob es sich um einen wirklichen oder nur um einen fingierten Umsturzversuch der Spenceianer gehandelt hat; aus der einen wie aus der anderen Version kann entnommen werden, daß das von den Spenceianern repräsentierte Anliegen einer Umwälzung der Grundeigentumsverhältnisse von den herrschenden Klassen Englands auch noch im Jahre 1816/17 als ernst zu nehmende Bedrohung empfunden wurde, die spenceanische Bewegung an sich als eine politische und soziale Größe, mit der gerechnet werden und auf die reagiert werden mußte: politisch durch Notstandsgesetze und Hochverratsprozesse, theoretisch-ideologisch durch entsprechende Gegentheorien und Gegenideologien.[116]

Für die ungeachtet ihrer geringen Massenbasis und ihres geschichtlich verfrühten Charakters fortwirkende Ausstrahlungskraft der spenceianischen Konzeption spricht auch die von Marx wiedergegebene Textstelle aus einem 1821 anonym erschienenen Traktat (An Inquiry into those Principles respecting the Nature of Demand and the Necessety of Consumption . . . London 1821), in dem die Malthussche Rententheorie gleichsam als Gegenkonzeption zum „Spenceschen Plan" hervorgehoben wird: „Als Herr Malthus seinen *Essay über die Rente* veröffentlichte, scheint dies zum Teil in der Absicht geschehen zu sein, der Losung: ‚Weg mit den

[114] Dieter Karras, Nationalökonomie und Geschichte, München 1975, S. 179 f.

[115] Vgl. auch die von Michael Vester besorgte Textausgabe „Die Frühsozialisten 1789–1848", Rowohlt Verlag, Hamburg 1970, S. 228: „Spence forderte die Enteignung der Grundherren zugunsten der Gemeinden, die den Boden billig an Einzelbauern verpachten sollten. Seine Anhänger traten 1816–1820 mit Verschwörungsversuchen hervor, die an Babeuf erinnern."

[116] Gustav Schmoller, Haupt der jüngeren historischen Schule in der deutschen bürgerlichen Vulgärökonomie, sah im England der Jahre 1815–1832 Anzeichen einer drohenden sozialen Revolution. England, so heißt es, „das 1815–1832 einer großen sozialen Revolution näher stand als vielleicht irgend ein anderer europäischer Staat, das seine Parlamentsreform nur unter dem Druck jener sozialen Gärung vollzog . . . " (Gustav Schmoller, Über einige Grundfragen des Rechts und der Volkswirtschaft. Ein offenes Sendschreiben an Herrn Prof. Dr. H. Treitschke, 1874/75, in: Über einige Grundfragen der Socialpolitik und der Volkswirtschaftslehre, Leipzig 1904, S. 115).

Landlords!' zu begegnen, die damals ‚in roten Lettern auf den Mauern stand', zur Verteidigung dieser Klasse aufzustehen und zu beweisen, daß sie den *Monopolisten* nicht gleich seien." Malthus habe zwar zeigen können, daß die Rente nicht einfach *abgeschafft* werden könne, aber, so fährt der Verfasser des Traktats fort, „die volkstümliche Losung: ‚Weg mit den Landlords!' bedeutete *nicht* notwendigerweise, daß es *etwas Derartiges* wie Rente nicht geben, sondern eher, daß sie, gemäß dem sogenannten ‚Spenceschen Plan', gleichmäßig unter die Bevölkerung verteilt werden solle."[117]

Bei Spence im Original las sich die volkstümliche Losung „Weg mit den Landlords" wie folgt: „Es ist kindisch zu hoffen, daß man jemals wieder kleine landwirtschaftliche Betriebe sieht oder etwas anderes als die schlimmste Bedrückung und Schinderei der Armen, solange das gegenwärtige System des Grundbesitzes nicht gänzlich umgestürzt wird ... Weniger als die völlige Vernichtung der Macht der Bedrücker wird nichts ausrichten ... Nur die gründliche Beseitigung des gegenwärtigen Grundbesitzsystems ... wird die Welt ... wieder in einen Zustand bringen, in dem sich zu leben lohnt."[118]

Der schon erwähnte Dieter Karras hat das, was in der von Marx gebrachten Textstelle sichtbar wird, daß also Malthus eine Reaktion auf Spence darstellt, zu einer allgemeinen Aussage erweitert: Nicht nur Malthus' Grundrententheorie sei ein Gegenkonzept zum „Spenceanischen Plan", sondern auch die anderen bourgeoisen Grundrententheorien einschließlich der ricardianischen seien mehr oder weniger Reaktionen auf die radikalen Aussagen dieser agrarsozialistischen Ideologien. Wir haben diese Fragestellung schon oben bei der Herausarbeitung der spezifisch bourgeoisen Momente innerhalb der Ricardoschen Grundrententheorie berührt, so daß wir uns hier auf die im wesentlichen zustimmende Zitierung dieser Stelle beschränken können. Karras schreibt: „Die [rein] wirtschaftliche Begründung der Rente war für die ökonomischen Theoretiker schon deswegen ein Anliegen, weil zuweilen [sogar bei Smith] die Ansicht geäußert worden war, die Rente hätte ihre Ursache allein in der gesetzlich abgesicherten Monopolstellung der Grundbesitzer und sei, weil ihre Verteilung nicht den Gesetzen des Marktes unterliege, also sich nicht aus dem freien Spiel der Kräfte ergäbe, ungerecht. Das Bemühen der Ökonomen um eine Theorie der Rente richtete sich damit speziell gegen die Behauptungen der früheren Agrartheoretiker (es sei hier besonders an Thomas Spence und Charles Hall erinnert), die Aneignung der Rente durch eine kleine Schicht von Grundherren widerspräche der natürlichen Ordnung, die nur dann wiederhergestellt werden könnte, wenn das Bodenmonopol aufgelöst werden würde. *Dagegen* versuchten Ricardo, Malthus und andere nachzuweisen, daß die Rente das Resultat der unterschiedlichen Fruchtbarkeit des Bodens sei und als

117 Karl Marx, Theorien über den Mehrwert, Dritter Teil, in: MEW, Bd. 26.3, a. a. O., S. 56.

118 Vgl. Thomas Spence, Restorer of Society to its Natural State, London 1800 (hier zitiert nach Manfred Hahn, Vormarxistischer Sozialismus, Frankfurt a. M. 1974, S. 257).

Teil des Wertprodukts betrachtet werden müsse, der den Eigentümern besseren Bodens nach Abzug aller Kosten inklusive des Kapitalprofits übrigblieb. Entsprechend dieser Theorie wies die Rente einen (rein) ökonomischen Ursprung auf und lag nicht in der Eigentumsstruktur des Landes begründet. Damit schien der Beweis geliefert zu sein, daß nicht allein die Tatsache des Grundbesitzes schon ein Einkommen in Rentenform garantierte ..."[119]

Die Anwendung einer solchen Sicht könnte für den eiligen Leser den Eindruck entstehen lassen, daß hier Malthus und Ricardo über einen gleichsam antiagrarsozialistischen Leisten geschlagen werden, der die charakteristischen Unterschiede zwischen ihnen mehr oder weniger nivelliert; nichts liegt hier ferner. Es sei an das auf S. 98ff. Ausgeführte erinnert; bei allen Unterschieden gibt es jedoch auch gravierende Gemeinsamkeiten: beide sind Theoretiker ausbeutender Klassen. Das Übersehen eben *dieser* allen Unterschieden *zugrunde* liegenden Entsprechung könnte zu dem anderen nicht minder bedenklichen Extrem führen, Malthus und Ricardo zu absoluten Gegenpositionen umzustilisieren, wobei dann Malthus das absolut Negative und Vulgäre und Ricardo das absolut Positive und Wissenschaftliche innerhalb des bürgerlichen Rahmens verkörpern würde.

Schon die von Marx hervorgehobene unangenehme Verknüpfung der Ricardoschen Theorie mit *dem Malthusschen Dreck* sollte vor diesem Irrtum bewahren, aber auch die Einsicht in die wichtige Tatsache, daß nicht nur Malthus, sondern auch Ricardo Repräsentant einer herrschenden Klasse ist, wenngleich einer zu dieser Zeit noch dem geschichtlichen Fortschritt widersprüchlich verpflichteten.

Sehen wir noch kurz, wie der von Marx zu den Ricardianern gerechnete Robert Torrens (1780–1864)[120] die Frage nach dem Hauptgegner der bourgeoisen Ökonomie stellt. Torrens war gleichzeitig mit Ricardo und anderen Vertretern des öffentlichen Lebens Mitglied jener parlamentarischen Kommission, die die von Robert Owen entwickelten Vorschläge und utopisch-sozialistischen Gesellschaftskonzepte einer Überprüfung auf Verträglichkeit mit dem herrschenden System zu unterziehen hatte. Auf die Stellungnahme von Ricardo zu Owen war schon oben hingewiesen worden. Die Stellungnahme des zwischen Ricardo und Malthus vermittelnden, von Marx aber zur ricardianischen Schule gerechneten Robert Torrens folge an dieser Stelle, weil Torrens seine Owen-Kritik mit einer Spence-Kritik verbindet bzw. in Owen nur einen Ausläufer der Spenceschen Konzeption zu entdecken glaubt.

Bereits 1817 schrieb Torrens in einem Artikel (A Paper on the Means of Reducing the Poor Rates, and of Affording effectual and permanent Relief to the La-

[119] Dieter Karras, Nationalökonomie und Geschichte, München 1975, S. 165; die Arbeit entstand aus einer Dissertation folgenden Titels: Politische Ökonomie und Klassengesellschaft. Untersuchung zur Entstehung und Verwendung politischer Theorien in England zwischen 1790 und 1821.

[120] Vgl. Karl Marx, Theorien über den Mehrwert, Dritter Teil, in: MEW, Bd. 26.3, a. a. O., S. 64 ff.

bouring Classes, London 1817) gegen die Konzeptionen Owens. Im gleichen Atemzuge wandte er sich gegen die spenceanischen Forderungen nach Überführung des Gutsbesitzerbodens in den Gemeindebesitz. Mit polemischem Blick auf Spence, dessen Anhänger soeben eines Umsturzversuches angeklagt wurden, verteidigte Torrens das bestehende System, das die Hauptmasse der Grundrente den Großgrundbesitzern garantierte mit dem Argument: „Partitioning rents and profits among the people would speedily destroy all leisure, would put a stop to every species of intellectual culture, and would confine each and all to the business of providing for merily animal wants.“ [121]

Diese und andere Einwände meinte Torrens auch gegenüber Owen, der im Unterschied zu Spence zu dieser Zeit noch unter den Lebenden weilte, vorbringen zu müssen: „This gentleman belongs to the order of political alchymists; and seriously believing that he holds the philosophers' stone in one hand, and the universal medicine in the other, he walks forth to produce unlimited opulence, and to eradicate every discorder which is incident to human society.“ [122]

Torrens betont in seiner Polemik, daß die Armut als Stachel der Produktion unerläßlich sei und daß die sinkenden Bodenerträge, die Owen völlig unberücksichtigt lasse, eines der ganz *natürlichen* Hindernisse für die von Owen erstrebte Verbesserung der Lage der arbeitenden Klassen seien. Diese und ähnliche Argumente schienen Torrens Grund genug, die Owensche mit der Spenceschen Konzeption in einen gewissen Zusammenhang zu bringen und zu behaupten, daß Owens „new view of society is nothing more than an Spencian project in diskuss“[123].

Nach Erörterung der von Torrens ignorierten Unterschiede in den von Spence und Owen entwickelten Konzeptionen (die für unseren Zusammenhang nicht von Bedeutung sind) kommentiert Karras die politisch-ideologische Bedeutung dieses Vergleichs nicht unzutreffend wie folgt: „Indem er [gemeint ist Torrens] nämlich Spence mit Owen verglich, rückte er Owen automatisch in dasselbe dunkle Licht wie den Mann, der verschiedentlich wegen Hochverrats vor Gericht gestanden hatte und verurteilt worden war, und dessen Anhänger gerade in dem Jahr der Publikation von Torrens Schrift (1817) als Umstürzler und Staatsfeind angeklagt waren.“ [124] Man könnte noch hinzufügen, wenn es nicht schon als bekannt vorausgesetzt werden sollte, daß auch das Hauptwerk von Ricardo im Jahre 1817 erschien.

Gemäß unserem Plan (vgl. S. 112), die anti-bourgeoisen Unter- und Gegenströmungen sichtbar zu machen, die in der „Ricardoschen Periode der politischen Ökonomie“ (Marx) jederzeit präsent und wirksam waren, wenn sie auch nicht zu den herrschenden gehörten, wenden wir uns jetzt der wohlgezielten Kritik der ricardianischen Grundrententheorie durch Simonde de Sismondi (1773–1842) zu.

[121] Zitiert nach Dieter Karras, Nationalökonomie und Geschichte, a. a. O., S. 197.
[122] Zitiert ebenda, S. 198.
[123] Zitiert ebenda.
[124] Ebenda, S. 199.

3. Sismondis Kritik an der Ricardoschen Grundrententheorie (1819)

Im Nachwort zur zweiten Auflage des ersten Bandes des „Kapitals" schrieb Karl Marx, daß mit Ricardo, besonders in seiner naiven Verabsolutierung eines historisch-*gesellschaftlichen* Gesetzes zu einem „gesellschaftlichen *Natur*gesetz ... die bürgerliche Wissenschaft der Ökonomie bei ihrer unüberschreitbaren Schranke angelangt war. Noch bei Lebzeiten Ricardos und im Gegensatz zu ihm trat ihr in der Person *Sismondis* die Kritik gegenüber."[125] In der früher erschienenen Schrift „Zur Kritik der politischen Ökonomie" hatte das entsprechende Urteil über Sismondis Bedeutung in der politischen Ökonomie folgende Fassung: „Wenn in Ricardo die politische Ökonomie rücksichtslos ihre letzte Konsequenz zieht und damit abschließt, ergänzt Sismondi diesen Abschluß, indem er ihren Zweifel an sich selbst darstellt."[126] In wieder etwas anderer Nuancierung fassen die „Theorien über den Mehrwert" die historische Bedeutung Sismondis: Ricardo und seine Schule, „befangen in dem Horizont der kapitalistischen Produktion, erklären ... die *gegensätzliche* Form, worin die gesellschaftliche Arbeit hier erscheint, für ebenso notwendig als diese Form selbst, befreit von diesem Gegensatz". Sie bewegten sich daher „beständig in absoluten Widersprüchen, ohne die geringste Ahnung darüber". Sismondi hingegen „macht durch seine Ahnung dieses Widerspruchs Epoche in der politischen Ökonomie ... ‚Labour *or* Capital' – in dieser Phrase Ricardos tritt der Widerspruch und die Naivetät, mit der er als Identisches ausgesprochen ist, schlagend hervor".[127]

Bekannt ist, daß diesen außerordentlich positiven Urteilen über Sismondis' Epoche machende Bedeutung in der politischen Ökonomie andere Aussagen der Klassiker entgegenstehen, die auf ein bei Sismondi außerdem wirksames Moment hinweisen, daß von Marx bereits im Kommunistischen Manifest als „reaktionär und utopistisch zugleich" angeprangert wurde und das auch Lenin in seiner Auseinandersetzung mit der „ökonomischen Romantik" immer wieder zu kritisieren sich veranlaßt sah.[128]

Kuczynski hat nicht ohne Erfolg versucht, diese zwei Seiten in Sismondis Wirksamkeit und die sich durchdringenden und ergänzenden Urteile der Klassiker über diese Ambivalenz in ein resümierendes Gesamturteil zu bringen: „Die Tatsache, daß Sismondi politökonomisch so realistisch gerade als Kleinbürger ist und gleichzeitig so reaktionär-romantisch – entsprechend auch der zwiespältigen allgemein politischen Haltung der Kleinbourgeoisie, wie sie Marx und Engels schildern –, machte eine treffsichere Charakterisierung Sismondis so schwer und läßt uns jedes Wort von Marx, Engels und Lenin über ihn so besonders wichtig

[125] Karl Marx, Das Kapital, Erster Band, in: MEW, Bd. 23, a. a. O., S. 20.

[126] Karl Marx, Zur Kritik der politischen Ökonomie, in: MEW, Bd. 13, Berlin 1961, S. 46.

[127] Karl Marx, Theorien über den Mehrwert, Dritter Band, in: MEW, Bd. 26.3, a. a. O., S. 255 f.

[128] Vgl. W. I. Lenin, Zur Charakteristik der ökonomischen Romantik, in: Werke, Bd. 2, Berlin 1961, S. 121 ff.

nehmen. Wägen wir diese Worte und betrachten wir die Rolle, die Sismondi in seiner Zeit gespielt hat, dann werden wir zu dem Schluß kommen, daß er in seiner Zeit fortschrittlich gewirkt hat, d.h., daß seine Leistung als Ganzes gemessen mehr Gewicht für den Fortschritt als für den Rückschritt gehabt hat."[129]

„Wie nahe bringt uns doch Sismondi bereits an die Lehren von Marx und Engels heran! Und wie unendlich weit steht er doch hinter ihnen zurück!"[130] Und im gleichen Band heißt es bei Kuczynski weiter: „Spüren wir nicht in den Werken von Marx und durch sie und immer wieder neu, direkt aus dem Quell seiner Gedanken geschöpft, die Wirkung der beißenden Kritik Sismondis am System des Kapitalismus? Hallt nicht in allen Schriften des Marxismus-Leninismus, geläutert durch die Gedanken seiner Klassiker, die Anklage Sismondis gegen den Kapitalismus wider?"[131]

Auch für die Anschauungen, von Rodbertus, der erklärte Gegenstand vorliegender Arbeit, wurden die Epoche machenden Schriften von Sismondi richtungsweisend. Von seiner ersten Schrift aus dem Jahr 1842 an bis in die späteren Arbeiten der endsechziger Jahre nimmt Rodbertus immer wieder Bezug auf Sismondi, der „das schärfste Verdammungsurteil" formuliert habe, „das je über das Smithsche System gefällt worden ist"[132].

Mit dem Terminus „Smithsches System" meint Rodbertus hierbei nicht das Theoriensystem von Adam Smith, sondern das reale kapitalistische Wirtschaftssystem in seiner freihändlerischen Phase. Noch vorher hatte der „Erste sociale Brief" aus dem Jahre 1850 seitenlange Zitate aus Sismondis „Neuen Prinzipien der politischen Ökonomie" mit voller Zustimmung gebracht, und zwar als „Zeugnis eines berühmten Mannes, der durch diese Krisis [es geht bei Sismondi wie bei Rodbertus an dieser Stelle um eine Theorie der Wirtschaftskrisen] aus dem eifrigsten Anhänger des Smithschen Systems dessen entschiedenster Gegner wurde"[133].

Diese und andere Bezugnahmen auf Sismondi, besonders aber die ganze Art seines Argumentierens, auch in der Grundrentenfrage, hatte Rodbertus von seiten eines besonders reaktionären bürgerlichen Dogmenhistorikers das Verdammungsurteil eingebracht, ein „gesteigerte[r] ins Communistische übersetzte[r] Sismondi" zu sein.[134]

129 Jürgen Kuczynski, Sismondi – Ein kritischer ökonomischer Romantiker, in: J. Kuczynski, Zur politökonomischen Ideologie in Frankreich und andere Studien, Berlin 1968, S. 62 (Zur Geschichte der Lage der Arbeiter unter dem Kapitalismus, Bd. 34).

130 Ebenda, S. 52.

131 Ebenda, S. 145. Vgl. auch Lola Zahn, Die Kritik Sismondis am Kapitalismus und an der politischen Ökonomie, in: Geschichte der politischen Ökonomie, Grundriß, hrsg. von Herbert Meißner, a. a. O., S. 154 ff.

132 Karl Rodbertus, Zur Erklärung und Abhülfe der heutigen Creditnoth des Grundbesitzes, Berlin 1868, zitiert nach der 2. Aufl., Berlin 1893, S. 105.

133 Karl Rodbertus, Erster socialer Brief, in: Zur Beleuchtung der socialen Frage, Theil II, hrsg. von Theophil Kozak und Adolph Wagner, Berlin 1885, S. 115.

134 Hugo Eisenhart, Geschichte der Nationalökonomik, Jena 1881, S. 202: „Seiner

Skizzieren wir kurz die Stellung Sismondis zu der hier besonders interessierenden Grundrentenfrage, über die speziell es bei den Klassikern kaum Aussagen gibt. Ein besonderes Kapitel über Sismondi, gar über die Sismondische Rententheorie, so wie es sich über die Rodbertussche und über die Ricardosche Rentenlehre vorfindet, gibt es in den Marxschen „Theorien über den Mehrwert" leider nicht; die umfangreichsten Bemerkungen über Sismondi umfassen kaum drei bis vier Seiten und befinden sich eingeschlossen im Kapitel über Thomas Robert Malthus, dessen „Principles of Political Economie" von Marx als die malthusianisierte „Übersetzung" von Sismondis „Nouveaux Principes d'économie politique" charakterisiert werden.[135]

Glücklicherweise hat Sismondi selbst neben der positiven Darstellung seiner Grundrentenlehre[136] ein speziell der Kritik der Ricardoschen Grundrententheorie gewidmetes Kapitel in seinen nur zwei Jahre nach Ricardos „Principles" erschienenen „*Neuen* Prinzipien der politischen Ökonomie" hinterlassen, die theoriegeschichtlich höchst instruktive Einblicke gewähren und speziell für die hier interessierende Fragestellung nach der Überwindung der Ricardoschen Grundrententheorie und der Ausgangsposition für die Grundrententheorie von Rodbertus von herausragender Bedeutung sind.

Sismondi beginnt das 13. Kapitel seiner „Neuen Prinzipien", unter der Überschrift „Ricardos Theorie der Grundrente", mit folgenden Sätzen: „Man könnte der Ansicht sein, daß wir das Wesen, die Entstehung und das Wachstum des agrikolen Reichtums nur sehr unvollständig dargestellt haben, wenn wir dabei eine neue Lehre völlig außer acht lassen, die vor kurzem von einem Autor entwickelt wurde, der sich in England großer Berühmtheit erfreut. Diese Lehre", so betont Sismondi, „steht im absoluten Gegensatz zu derjenigen von Smith und entfernt sich dermaßen von der unsrigen, daß wir bei der Darstellung unserer

nationalökonomischen Bildung nach gehört Rodbertus unstreitig noch der von Sismondi beherrschten in Proudhon auslaufenden Epoche an, während die tieferen Regungen der nationalen und historischen Schule spurlos an ihm vorübergegangen zu sein scheinen ... Aber während jener sich noch auf der haarscharfen Linie bewegt, welche die Nationalökonomie vom Communismus scheidet, hat Rodbertus inzwischen den vollen naturalistischen Ausbruch desselben in Frankreich erlebt und daraus doch die Überzeugung von der inneren Wahrheit und Gerechtigkeit seines Prinzips geschöpft, worin ihn auch die Bastiatsche Apologie nicht zu erschüttern vermag. So erscheint er als der gesteigerte ins Communistische übersetzte Sismondi, der unumwunden die radikaleren Ursachen der gesellschaftlichen Krankheitsursachen aufzudecken und in der Methode strenger Wissenschaft zu erhärten gedenkt. Und auch in allem übrigen läßt sich ein vollständiger Parallelismus mit Sismondi beobachten."

[135] Vgl. Karl Marx, Theorien über den Mehrwert, Dritter Teil, in: MEW, Bd. 26.3, a. a. O., S. 47 ff.

[136] Jean Charles Léonard Simonde de Sismondi, Neue Grundsätze der politischen Ökonomie oder von Reichtum in seinen Beziehungen zur Bevölkerung, hrsg. von Achim Toepel, Bd. 1, Berlin 1971, S. 131 ff.

eigenen Grundsätze nicht einmal Gelegenheit fanden, sie anzugreifen oder zu widerlegen. Es ist jene Doktrin, die David Ricardo in seinem neuen Werk ‚Grundsätze der Politischen Ökonomie und der Besteuerung' dargestellt hat ..."[137]

Sismondi kritisiert die Ansicht Ricardos, „daß diejenigen, die den schlechtesten Boden bewirtschaften, keine Pacht zahlen"[138]. Dieser Fehler Ricardos resultiere aus der allgemeineren Annahme, „daß gewöhnlich die Pächter dem Grundeigentümer die Gesetze vorschreiben". Es scheine jedoch „im Gegenteil fast immer zu zu sein, daß der Grundeigentümer den Pächter Vorschriften zu machen hat. Die Menge des Pachtlandes", so heißt es polemisch, „ist begrenzt und kann nicht erweitert werden. Die Kapitalien und die Zahl der sich anbietenden Arbeitskräfte wachsen hingegen unaufhörlich, so daß es in der Gesellschaft meistens mehr Menschen gibt, die Boden bewirtschaften wollen, als solche, die Boden abgeben möchten"[139]. Der dieser Argumentation stillschweigend zugrunde liegende Eigentumsaspekt, von Ricardo weitgehend ignoriert, von Sismondi kräftig hervorgehoben, wird in den nun folgenden Sätzen offen und polemisch ausgesprochen: „Wenn der unbebaute schlechtere Boden niemanden gehören würde und wenn jeder unterschiedslos berechtigt wäre, ihn dann zu bebauen, wenn er daraus einen Vorteil glaubt ziehen zu können, dann wären die Beweisführungen Ricardos begründet. Man weiß allerdings nur zu genau, daß in jedem zivilisierten Land der *gesamte* Grund und Boden, ob gut oder schlecht, bebauungsfähig oder brachliegend, entweder Privat- oder Gemeindeeigentum ist, daß infolgedessen niemand dieses Land nutzen kann, ohne die Einwilligung des Eigentümers erworben zu haben, und daß der Preis für diesen Erwerb das ist, was man als Pacht bezeichnet."[140] Selbst in den von Ricardo herangezogenen kolonialen Verhältnissen könne nicht beliebig über den Boden verfügt werden: „*Das Eigentum an Grund und Boden stellt immer etwas dar, während Ricardo voraussetzt, daß es nichts ist.* Er hat die niedrigste Stufe seiner Vergleichsskala mit Null bezeichnet. Statt einer Null müßte zumindest eine Eins stehen"[141] [Hervorhebung – G. R.].

Zwecks Demonstration dessen, daß im Gegensatz zur ricardianischen Annahme das Eigentum an Grund und Boden *immer* etwas darstellt, analysiert Sismondi die einzelnen Bestandteile dessen, was der Grundeigentümer als Pacht (Pächterrente) verlangt und auf Grund der Monopolstellung auch bekommt: „Der Grundeigentümer vereinigt tatsächlich in der Pacht, die er verlangt: 1. den Ausgleich für die Arbeit des Bodens oder die Menge, um die die produktive Kraft des Bodens den Wert der Produkte, die ihm durch Arbeit abgewonnen werden, wirklich

[137] Ebenda, S. 250.
[138] Ebenda, S. 251.
[139] Ebenda, S. 253.
[140] Ebenda, S. 257. Hierzu noch folgende charakteristische Stelle: „Seitdem es keinen herrenlosen Boden mehr gibt, nehmen die Eigentümer des Bodens im allgemeinen eine Monopolstellung gegenüber dem Rest der Nation ein. Das Gesetz rechtfertigt dieses Monopol, indem es die Aneignung von Boden erlaubt" (ebenda, S. 172).
[141] Ebenda, S. 254.

erhöht; 2. den *Monopolpreis*, den er [der Eigentümer] dem Boden gibt, wenn er dessen Nutzung allen jenen verweigert, die arbeiten möchten, aber keinen Boden besitzen, die konsumieren wollen, aber keine Lebensmittel finden; 3. den *mehr-Wert*, den er erzielt durch den Vergleich eines besseren mit einem schlechteren Boden; 4. schließlich das Einkommen aus dem Kapital, das er selbst für den Boden angewendet hat, um ihn nutzbar zu machen, und das er nicht wieder zurückziehen kann. Von diesen vier Bestandteilen", so stellt Sismondi fest, „erkennt Ricardo nur die beiden letzten an und das nur in einer sehr unverständlichen Art und Weise"[142] [Hervorhebungen – G. H.].

Das Wichtigste, was aus dieser Sismondischen Aufstellung für den hier interessierenden Gedankengang entnommen werden kann, besteht in folgendem: Da Position 1. (Ausgleich für die Arbeit des Bodens) als ein physiokratisches Relikt fallengelassen werden kann und Position 4. (Zinsen für das im Boden investierte Kapital) weder Bestandteil der Grundrente noch ein Streitpunkt zwischen Sismondi und Ricardo darstellt, bleiben als Kernpunkt der Auseinandersetzung die Positionen 2. (Monopolpreis) und 3. (Verschiedenheit der Böden). Die Aussage von Sismondi konzentriert sich also auf die Feststellung, daß Ricardo nur die Position 3., also nur die Differentialrente anerkenne, aber die Position 2. also den Monopolpreis des Bodens als Folge des Monopoleigentums an ihm ignoriere. Sismondi hält also auch in seiner seit 1819 eingenommenen antismithschen alias anti-freihändlerischen Grundposition an den zukunftsweisenden Aussagen der Smithschen Grundrententheorie fest (Grendrente als Monopolpreis etc., vgl. oben), während Ricardo gerade diese Grundrentenkonzeption bekämpft und von einem Monopolpreis nichts wissen will. Sismondi hingegen leugnet keineswegs die von Ricardo ausschließlich akzeptierte Differentialrente; er stellt nur in Abrede, daß dies – wie Ricardo behauptet – die einzige und gleichsam *eigentliche* Grundrente sei. Die eigentliche Grundrente sei vielmehr die auf Grund eines Monopolpreises und Monopoleigentums bezogene und „erst nachdem . . . machen sich die anderen, von Ricardo erkannten, Gründe bemerkbar. Ein Pächter, der in ein und demselben Verwaltungsbezirk zwischen zwei Grundstücken wählt, muß dem Grundeigentümer des besseren Bodens tatsächlich einen Aufschlag zahlen, der in seiner Höhe dem entspricht, was dieser Boden bei gleichem Arbeitsaufwand mehr hervorbringt als der schlechtere"[143]. Dieses von Ricardo ausschließlich gesehene Differentialrentenprinzip funktioniere jedoch nur auf der Basis eines anderen (gleichsam absoluten!) Rentenprinzips, das die ökonomische Umsetzung einer monopolisierten *Eigentumsmacht* beinhaltet. In sismondischer Formulierung: „Das Eigentumsrecht oder die von der Gesellschaft zugebilligte Monopolstellung, die jeder Grundeigentümer gegenüber zwei Menschengeschichten ausübt, einmal gegenüber jenen, die nach Lebensmitteln nachfragen, zum anderen gegenüber jenen, die Arbeit anbieten, um Lebensmittel zu produzieren, verhindert, daß einer-

[142] Ebenda, S. 254 f.
[143] Ebenda, S. 258.

seits der Pachtpreis und andererseits die Lebensmittelpreise auf den niedrigsten Wert absinken können."[144] Da Sismondi, wie auch Smith und Ricardo, den Unterschied zwischen Wert- und Produktionspreis nicht kannte, muß er sich damit behelfen, die später als Produktionspreis bezeichnete Ebene als „niedrigsten Wert" zu bezeichnen, auf den der „Pachtpreis" und der „Lebensmittelpreis" herabzusinken wegen der Monopolstellung der Grundeigentümer *gehindert* wird, wodurch eben der Grundrentenmechanismus in Gang kommt.

Im Unterschied von Ricardo, der die Vereinnahmung der Differentialgrundrente durch die Eigentümer der besseren Böden wie eine Art Naturgeschehen darstellt, das auch von seiten des Grundeigentümers mehr passiv geduldet als ausbeuterisch erpreßt werde, betont Sismondi sehr stark das aktive ausbeuterische Moment beim Grundrentenbezug: „Die Gesellschaft wird von den Grundeigentümern regelrecht ausgeplündert, wenn diese die Gesellschaft zwingen, Dienste entgegenzunehmen, die sie gar nicht braucht und in keiner Weise gefordert hat, und wenn sie für diese Dienste den geforderten Preis bezahlen muß."[145]

Dem vagen Argumentieren mit Bonitätsdifferenzen, zum Beispiel „daß man in Polen gleichermaßen wie in England aufhören wird, Güter der Nr. 4, 5 und 6 zu bebauen, während die Ländereien der Nr. 1, 2 und 3 in England bestehenbleiben werden, da man sie ebenfalls in Polen bebaut", erteilt Sismondi folgende geharnischte Abfuhr: „Die Ökonomen, die diese Sprache sprechen, und glauben, daß sie mit ihren acht Zahlen nicht nur alle Grade der Fruchtbarkeit, sondern auch alle Gründe bezeichnen können, die die landwirtschaftliche Erzeugung beeinflussen, diese Ökonomen haben sich nie Gedanken gemacht über die einzelnen Bewirtschaftungssysteme." Es gibt aber auch in dieser „Ricardoschen Periode der politischen Ökonomie" nicht nur das kapitalistische Pächtersystem, sondern gleichzeitig das noch in ganz Mittel-, Ost- und Südosteuropa fortexistierende feudale System, das Sismondi in seiner Argumentation jetzt als das „Bewirtschaftungssystem" der „Fronwirtschaft" einführt. Diese Ökonomen mit ihren acht Zahlen der Fruchtbarkeitsgrade „wissen überhaupt nicht, daß in der Fronwirtschaft die Arbeit, die das Getreide hervorbringt, ein für allemal im voraus bezahlt worden ist und daß von nun an eine Generation der anderen diese Arbeit schuldet. Infolgedessen merkt der Getreideverkäufer niemals [quasi im Gegensatz zu den von Sismondi der Pseudoklugheit bezichtigten Differentialtheoretikern], ob ihn das Getreide zu viel oder zu wenig kostet, falls er damit überhaupt den Anbau fortsetzen kann. Das Getriede", so heißt es, „kostet ihn [den Grundeigentümer] nur einige hundert Stockschläge, die er an die leibeigenen Bauern austeilt. Zu welchem Preis das Getreide auch verkauft worden ist, der Verkäufer wird sich stets für die verteilten Stockschläge belohnt finden."[146] „Das Getreide, das der leibeigene Bauer produziert, kostet den Feudalherren, der

144 Ebenda.
145 Ebenda, S. 214.
146 Ebenda, S. 216.

es verkauft, nichts. Ebenso wenig kostet das Getreide den ägyptischen Pascha oder Bey aus Tunis oder Tripolis, weil es als Produktenrente erhoben wird."[147]

Daher und nur deshalb und nicht wegen der verschiedenen Bodenklassen[148] sei es unmöglich, daß ein Land mit großen Pachtgütern wie England einer derartigen Konkurrenz standhalten könne, „einer Konkurrenz von Getreideverkäufern, die ihre Ware stets für den günstigsten Preis abgeben können ... Denn das Getreide verursacht dem englischen Pächter stets beträchtliche Kosten, unabhängig vom hohen Entwicklungsstand der englischen Landwirtschaft und der Bodenfruchtbarkeit. Im Gegensatz dazu ist es völlig gleichgültig, wie unentwickelt und ungebildet der polnische Leibeigene und wie hoch die Bodenfruchtbarkeit seines Landes ist. Das Getreide, das der leibeigene Bauer produziert", so lautet der bereits erwähnte Schlußsatz, „kostet den Feudalherren, der es verkauft, nichts."[149]

Man könnte sagen, Sismondi habe im Eifer des Gefechts gegen die relativen Belanglosigkeiten der Nur-Differentialrententheoretiker etwas zu viel getan und hierbei kapitalistische und feudale Grundrente vermischt oder identifiziert. Darauf ist zu entgegnen, daß Vermischungen und Durchdringungen feudaler und kapitalistischer Ausbeutungsprinzipien in einer Jahrhunderte währenden Koexistenz zwischen Kapitalismus und Feudalismus tatsächlich nicht auszuschließen sind. Darauf ist weiter zu entgegnen, daß die kapitalistische Grundrente, wie Marx im 3. Band des „Kapitals" darstellt, sich über die drei Stadien der Arbeitsrente, Produktenrente, Geldrente aus der feudalen Grundrente herausentwickelt hat[150] und ungeachtet ihrer neuen Qualität als kapitalistische Grundrente doch in der einen sehr wichtigen Eigenschaft mit der feudalen Rente wesensverwandt ist, wie diese auf der Ausbeutung fremder Arbeit zu beruhen und eine Form der ökonomischen Realisierung des Grundeigentums darzustellen: „Welches immer die spezifische Form der Rente sei",

[147] Ebenda, S. 218.

[148] Diese Aussagen von Sismondi über die vom Standpunkt des Grundeigentümers minimalen Kosten der auf feudaler Ausbeutung basierenden Agrarproduktion formten sich bei Rodbertus zum Theorem vom „fehlenden Materialwert", der fehlen soll oder fehlen kann, wenigstens in der Berechnung, weil er – in der Gestalt des Grund und Bodens – a priori angeeignet ist.

[149] Jean Charles Léonard Simonde de Sismondi, Neue Grundsätze der politischen Ökonomie oder vom Reichtum in seinen Beziehungen zur Bevölkerung, hrsg. von Achim Toepel, Bd. 1, a. a. O., S. 218.

[150] Vgl. hierzu Brief von Engels an Marx vom 19. November 1869; nach der Feststellung, daß Ricardos Beschreibung der Rentenentstehung ebenso unhistorisch sei wie alle dergleichen Geschichtsklitterungen der Ökonomen, heißt es wie folgt: „Mir scheint, die *Entstehung* der *Rente* in verschiedenen Ländern und selbst in einem und demselben Lande durchaus nicht der einfache Prozeß zu sein, unter dem sowohl Ricardo wie Carey ihn sich vorstellen ... In Nordeuropa", so heißt es weiter, „ist die Rent weder ricardisch noch careyisch entstanden, *sondern einfach aus Feudallasten*, die später von der freien Konkurrenz in ihr richtiges ökonomisches

so Marx über diesen Zusammenhang, „alle Typen derselben haben das gemein, daß die Aneignung der Rente die ökonomische Form ist, worin sich das Grundeigentum realisiert."[151] Darin also bestand der berechtigte Kern dieser von Sismondi vorgebrachten Argumentation. Ein sicher nicht unbeabsichtigter Nebeneffekt dieser Argumentation durch die Optik des Fronwirtschaftssystems besteht überdies in der Erregung des Eindrucks, daß *auch* dem kapitalistischen Grundeigentümer und Pächter die Anwendung der Tagelöhner wesentlich weniger kostet als der Verkauf der durch sie produzierten Lebensmittel dem Anwender einbringt; wesentlich weniger auch, als die Differentialrententheoretiker und Leugner der absoluten Rente glaubhaft machen wollen. Das hat Sismondi an keiner Stelle so direkt formuliert und ist wirklich nur ein assoziativer Nebeneffekt seiner Argumentation; die Ahnung einer solchen Einsicht liegt aber offenbar in der ideellen Verlängerungslinie seiner die Monopolstellung des Grundeigentümers in zweierlei Hinsicht betonenden Rententheorie, „einmal gegenüber jenen, die nach Lebensmitteln nachfragen, zum anderen gegenüber jenen, die Arbeit anbieten"[152]. Vollzieht sich Ausbeutung und Rentenabschöpfung in der ersteren Hinsicht über den Monopolpreis, also durch monopolistische Heraufsetzung der Lebensmittelpreise, so geschieht zweitens Ausbeutung und Rentenbezug „gegenüber jenen, die Arbeit anbieten" durch monopolistische Verkürzung des „Arbeitslohnes"; trifft die über den Monopolpreis sich vollziehende Ausbeutung den Arbeiter als Konsumenten, so trifft die über den monopolistisch verkürzten „Lohn" geschehende Ausbeutung und Rentenabschöpfung den Arbeiter als Produzenten. An diese zuerst 1819 veröffentlichten Gedanken konnte 20 Jahre später Rodbertus unmittelbar anknüpfen.[153] „Was aber bei ihm zugrunde liegt", so urteilt Marx über die von Sismondi aufgeworfenen Fragestellungen, „ist in der Tat die Ahnung, daß den im Schoß der kapitalistischen Gesellschaft entwickelten Produktivkräften, materiellen und sozialen Bedingungen der Schöpfung des Reichtums, *neue* Formen der Aneignung dieses Reichtums entsprechen müssen; daß die bürgerlichen Formen nur transitorische und widerspruchsvolle sind, in denen der Reichtum immer nur eine gegensätzliche Existenz erhält und überall zugleich als sein Gegenteil auftritt. Es ist Reichtum, der immer die Armut zur Voraussetzung hat . . ."[154]

Niveau gebracht wurden . . ." [Hervorhebungen – G. R.] (Friedrich Engels, Brief an Karl Marx vom 19. November 1869, in: MEW, Bd. 32, a. a. O., S. 396–399).

151 Karl Marx, Das Kapital, Dritter Band, in: MEW, Bd. 25, a. a. O., S. 647.

152 Jean Charles Léonard Simonde de Sismondi, Neue Grundsätze der politischen Ökonomie, oder vom Reichtum in seinen Beziehungen zur Bevölkerung, hrsg. von Achim Toepel, Bd. 1, a. a. O., S. 253.

153 Vgl. unten S. 135 ff.

154 Karl Marx, Theorien über den Mehrwert, Dritter Teil, in: MEW, Bd. 26.3, a. a. O., S. 51.

4. Die Kritik der Ricardoschen Grundrententheorie durch Richard Jones

Wir kommen damit, gemäß unserem Plan, das theoretische Ausgangsmaterial für die Rodbertussche Grundrententheorie bewußt zu machen, zur kurzen Darstellung der antiricardianischen Rentenauffassung von Richard Jones (1790–1855), einem ökonomischen Schriftsteller, auf den sich Rodbertus mehrfach bezieht, und dem Marx bescheinigt, wesentlicher Fortschritt über Ricardo darzustellen.[155] Schon Jones „erste Schrift *on Rent* zeichnet sich durch das aus, was allen englischen Ökonomen seit Sir James Steuart fehlt, Sinn für den *historischen* Unterschied der Produktionsweisen“[156].

„Jones war“, wie es bei Marx heißt, „Professor der politischen Ökonomie in Haileybury, der *Nachfolger von Malthus*. Wir sehn hier, wie die wirkliche Wissenschaft der politischen Ökonomie damit endet, die bürgerlichen Produktionsverhältnisse als bloß *historische* aufzufassen, die zu höhren leiten, worin der Antagonismus, worauf sie beruhn, aufgelöst.“[157]

Es ist bemerkenswert, daß Marx diese neue von Jones im Gegensatz zu Ricardo geübte historische Ansicht der bürgerlichen Produktionsverhältnisse in Beziehung setzt zu ähnlichen Ansätzen bei Sismondi, dem schon 1819 aufgetretenen Ricardo-Kritiker: „Was Jones vor den übrigen Ökonomen (mit Ausnahme etwa von Sismondi) auszeichnet, ist, daß er die soziale Formbestimmt-

155 Vgl. ebenda, S. 393. Die Bedeutung von Richard Jones erhellt auch daraus, daß er noch heute Anlaß zu fruchtbaren Diskussionen gibt. So berichtet die „Deutsche Zeitschrift für Philosophie“ von einer Tagung des Wissenschaftlichen Rates für Marx-Engels-Forschung am 23./24. Mai 1979 in Halle, auf der es um die weitere Erhellung der Genesis der politischen Ökonomie von Karl Marx ging. Hierbei wurde Jones als ein „Klassiker“ der bürgerlichen politischen Ökonomie bezeichnet, der auch noch nach 1830 einen Zuwachs an Erkenntnissen gebracht hat. Es habe, so heißt es in dem von E. und U. Galander verfaßten Bericht, Meinungsverschiedenheiten in der Periodisierung der bürgerlichen klassischen Ökonomie gegeben, die sich aber nicht so sehr auf eine prinzipielle Abgrenzung von bürgerlicher Klassik zur Vulgärökonomie bezogen, sondern auf die Einschätzung einzelner bürgerlicher Ökonomen, zum Beispiel Jones, die nach 1830 wirkten und im Rahmen der bürgerlichen Ökonomie noch einen Zuwachs an Erkenntnissen brachten. Während Vollgraf und Marxhausen zum Beispiel Jones als bürgerlichen Klassiker verstanden wissen wollen (ihn also neben Smith und Ricardo stellen), war Fabiunke anderer Meinung (vgl. E. und U. Galander, Probleme der marxistischen Ökonomie, in: Deutsche Zeitschrift für Philosophie, 10/1979, S. 1238 ff., bes. S. 1261). Der Beitrag von Carl-Erich Vollgraf über Jones liegt inzwischen gedruckt vor (vgl. C.-E. Vollgraf, Marx' kritische Würdigung der theoretischen Leistungen von Richard Jones in „Zur Kritik der politischen Ökonomie“, in: Beiträge zur Marx-Engels-Forschung, H. 5, Berlin 1979, S. 85 ff.).

156 Karl Marx, Theorien über den Mehrwert, Dritter Teil, in: MEW,. Bd. 26.3, a. a. O., S. 390.

157 Ebenda, S. 421.

heit des Kapitals als das Wesentliche betont und den ganzen Unterschied der kapitalistischen Produktionsweise von andren Weisen derselben auf diese Formbestimmtheit reduziert."[158] Auch in der nur sehr sporadisch vorhandenen monographischen Literatur über Richard Jones wird auf die innere Verwandtschaft von Sismondi und Jones aufmerksam gemacht.[159]

Richard Jones, der in der professionellen bürgerlichen Theoriengeschichte entweder abwertend[160] oder überhaupt nicht zur Kenntnis genommen wird, war 1790 in Turnbridge Wells als Sohn eines Rechtsanwalts geboren worden. Er studierte in Cambridge (seit 1812) anfangs Jurisprudenz, dann, wegen seines schwächlichen Gesundheitszustandes, Theologie und war danach längere Zeit als Landpfarrer in den südlichen Grafschaften Englands tätig, wo er mit den sozialen Problemen der Landarbeiter und Bauern konfrontiert wurde. Die durch die industrielle Revolution und die Wirtschaftskrisen von 1815/16 und 1825 provozierten sozialen Spannungen und Nöte auch und gerade in den ländlichen Bezirken brachten den jungen Landpfarrer zum Nachdenken über politökonomische Fragen, zum Studium der Werke von Smith, Ricardo, Malthus, James Mill wie auch von Quesnay und Turgot. Aus diesem Nachdenken resultierte die 1831 nur zögernd zum Druck gegebene Schrift „An Essay on the Distribution of Wealth and on the Sources of Taxation" (London 1831), die nicht nur keine positive Aufnahme fand, sondern in der „Edinburgh Review", vermutlich aus der Feder des Ricardianers MacCulloch, eine scharfe und abfällige Kritik erfuhr.

„We cannot say", hieß es im Band 54 der „Edinburgh Review" von 1831, „that Mr. Jones has been very successful in his research; we are not indeed aware he has stated any thing that was not already known to every one who has the slightest acquaintance with such subjects. His review is extensive, but superficial. He never, in the fact, goes below the surface."[161] Auch später hielt es Mac Culloch kaum für notwendig, Jones' Werk in seinen bibliographischen Wegweiser zur politökonomischen Literatur aufzunehmen, weil es angeblich nur unbedeutende und unanwendbare Einwürfe gegen die Ricardosche Rententheorie enthalte. Ein ähnliches Urteil fällte John Stuart Mill und nicht viel anders fiel die Ansicht Wilhelm Roschers aus.[162]

158 Ebenda, S. 416.

159 Vgl. Hans Weber, Richard Jones, ein früher englischer Abtrünniger der klassischen Schule der Nationalökonomie, Diss. der rechts- und staatswissenschaftlichen Fakultät der Universität Zürich, Zürich 1939, S. 109.

160 Wilhelm Roscher, Geschichte der National-Ökonomik in Deutschland, München 1874, S. 844; Paul Mombert, Geschichte der Nationalökonomie, Jena 1927, S. 311; Karl Muhs, Geschichte der Volkswirtschaftlehre, Wiesbaden 1955, S. 164 f.

161 MacCulloch 1831, zitiert nach Hans Weber, Richard Jones, ein früher englischer Abtrünniger der klassischen Schule der Nationalökonomie, a. a. O., S. 111 f.

162 Jones sei „mit seiner mehr breiten als tiefen Gelehrsamkeit zu wenig in das Verständnis der Ricardoschen Rentenlehre eingedrungen, um sie mit wahrem wissen-

Immerhin hatte diese erste Schrift von Jones eine gewisse Aufmerksamkeit erregt, und als an dem neugegründeten „Kings College" in London die Professur für politische Ökonomie frei geworden war, berief man 1833 den inzwischen 43jährigen Richard Jones in diese Stelle. Der 1834 folgende Tod von Malthus bewirkte, daß Jones bereits zwei Jahre nach seiner ersten Berufung an das „Kings College" die Berufung zum Nachfolger von Malthus an das „East India College" in Haileybury erhielt, eine Professur, die er fast 20 Jahre, bis kurz vor seinem Tode, mit gutem Erfolg wahrnahm.

Im Mittelpunkt der Jonesschen Abhandlung über die Verteilung des Reichtums steht seine Rententheorie. Im Vorwort seiner Schrift begründet er dies damit, daß ein flüchtiger Blick auf die gegenwärtigen Verhältnisse (1831) genüge, um zu erkennen, daß der größte Teil der Erde noch immer aus Agrarstaaten besteht und daß daher die Mehrheit der Erdbevölkerung nur von landwirtschaftlicher Tätigkeit leben könne. Die Mehrheit der Erdbevölkerung sei daher durch die spezifischen Beziehungen zwischen Grundbesitzer und Bodenbebauer bestimmt und deshalb sei es angezeigt, dem Phänomen der Grundrente eine besondere Aufmerksamkeit zuzuwenden. So wie ihm die Notlage der englischen Landwirtschaft und Landarbeiter den Anstoß zu seinen politökonomischen Studien gegeben hatte, wollte er nun umgekehrt den dadurch gewonnenen weltweiten Aspekt des Grundrentenproblems zur Klärung und Analyse der spezifisch englischen Agrar- und Grundrentenprobleme heranziehen.

Wie Marx ausführt, verfolgt „Jones ... die Rente durch alle Wandlungen von ihrer rohsten Gestalt als Fronarbeit bis zu der modernen farmers rent. Er findet überall, daß einer bestimmten Form der Arbeit und ihrer Bedingungen eine bestimmte Form der Rente, i. e. des Grundeigentums entspricht. So werden der Reihe nach betrachtet labour Rents or Serf Rents, Change from Labour Rents to Produce Rents, Metayers Rents, Ryot Rents[163] etc. – eine Entwicklung, die uns hier im Detail nichts angeht. In allen frühren Formen", so Jones in der Wiedergabe durch Marx, „erscheint der Grundeigentümer, nicht der Kapitalist, als der unmittelbare Aneigner fremder *surplus labour*. Die Rente (wie sie bei den Physiokraten durch *Reminiszens* gefaßt ist) erscheint historisch (so noch auf der größten Stufenleiter bei den asiatischen Völkern) als die *allgemeine* [Hervorhebung – G. R.] Form *surplus labour*, der unentgeltlich zu verrichtenden labour. Hier ist nicht, wie beim Kapital, die Aneignung dieser surplus labour, durch Austausch vermittelt, sondern ihre Basis ist die gewaltsame Herrschaft eines Teils der Gesellschaft

schaftlichen Erfolge zu bekämpfen" (Wilhelm Roscher, Geschichte der National-Ökonomik in Deutschland, a. a. O., S. 844).

163 Ryot = indischer Bauer. Jones benutzt diesen Terminus für solche Bauern in Indien und anderen asiatischen Staaten, die dem Souverän als dem ewigen Eigentümer seiner Gebiete Produktenrente zahlen (vgl. Karl Marx, Theorien über den Mehrwert, Dritter Teil, in: MEW, Bd. 26.3, a. a. O., S. 603 Anm. 104).

über den andren (daher auch direkte Sklaverei, Leibeigenschaft oder politisches Abhängigkeitsverhältnis)." [164]

Marx hebt einige Sätze von Jones besonders hervor, in denen, wie Marx betont, Jones Ansichten über den Ursprung der *Rente überhaupt*[165] zusammengefaßt seien: 1. die Feststellung: „Die Fähigkeit der Erde, selbst der primitivsten Arbeit des Menschen mehr als nötig für die Subsistenz des Bebauers zu liefern, und ihn so befähigt, einen Tribut zu zahlen, ist der Ursprung der Rente." Und 2.: „Rent hat also ihren Ursprung in der *Aneignung des Bodens* zu einer Zeit, wo die Masse des Volkes gezwungen ist, ihn entweder unter jeder Bedingung zu bebauen oder zu verhungern, und wo ihr dürftiges Kapital an Geräten, Samen usw., da es ganz unzureichend ist, ihnen ihren Unterhalt in einem anderen Gewerbe als in der Landwirtschaft zu gewähren, mit ihnen durch eine überwältigende Not an den Boden gekettet ist." [166]

Für den hier interessierenden Gedankengang ist bemerkenswert, erstens, daß Marx hier für die Wiedergabe des Jonesschen Gedankenganges den später von Rodbertus gebrauchten Terminus „Rente überhaupt" verwendet und zweitens, daß die von Marx hervorgehobenen Jonesschen Sätze, 10 Jahre nach Jones, nämlich 1842 in der Erstlingsschrift von Rodbertus als Leitprinzipien für jegliche Rentenentstehung entwickelt werden.[167] „Das Prinzip der Rentenentstehung", so heißt es 1842 bei Rodbertus, „ist die hinreichende Produktivität der Arbeit . . . das Prinzip des Renten*bezugs* ist das Privateigentum an Boden und Kapital."[168] Da Rodbertus mehrfach auf Jones als den „Hauptgegner Ricardos" positiv Bezug nimmt,[169] kann als erwiesen gelten, daß Rodbertus in der Rententheorie neben Sismondi vor allem auf Richard Jones basiert, und zwar nicht nur in der polemischen Entgegenstellung zu Ricardo, sondern auch in der positiven Ausgestaltung der Rententheorie.

Marx hebt im Hinblick auf Jones weiter positiv hervor, daß er bei der Fronarbeit und den Formen der Leibeigenschaft, die ihr mehr oder weniger entsprechen, die zwei Formen akzentuiere, „worin sich alle surplus value (surplus labour) auflöst. Es ist überhaupt charakteristisch", fährt Marx in der Wiedergabe von Jones fort, „daß die eigentliche Fronarbeit *in brutalster Form am klarsten das Substantielle an der Lohnarbeit zeigt.*"[170] (Auch bei Rodbertus

164 Karl Marx, Theorien über den Mehrwert, Dritter Teil, in: MEW, Bd. 26.3, a. a. O., S. 391.

165 „Rente überhaupt", ein Terminus, der im Mittelpunkt der Rodbertusschen Rententheorie steht.

166 Karl Marx, Theorien über den Mehrwert, Dritter Teil, in: MEW, Bd. 26.3, a. a. O., S. 391.

167 Vgl. Karl Rodbertus, Zur Erkenntnis unserer staatswirthschaftlichen Zustände, Neubrandenburg und Friedland 1842, S. 67 und 71 (vgl. vorliegende Arbeit S. 135 ff.).

168 Ebenda, S. 67 f.

169 Karl Rodbertus, Zweiter socialer Brief, Berlin 1899, S. 62.

170 Karl Marx, Theorien über den Mehrwert, Dritter Teil, in: MEW, Bd. 26.3, a. a. O., S. 391.

findet sich dieses In-Beziehung-setzen der Lohnarbeit zur Fron- und Sklavenarbeit (vgl. S. 153 u. 201). „Die Fronarbeit (ganz wie die Sklavenarbeit) hat das mit der Lohnarbeit gemein, quoad Rente, daß letztre in *Arbeit*, nicht in *Produkten*, noch weniger in *Geld* gezahlt wird." [171]

Nach weiteren zustimmenden Hinweisen auf Jones' Aussagen zur „Metayers-Rent", zu den „Ryotrenten" und den „Cottier-Renten" kommt Marx zur Besprechung der Jonesschen Aussagen über die Pächterrenten: „Wir kommen endlich zum Punkt", so formuliert Marx, „der uns hier entscheidend interessiert, zu den *Farmers' Rents*. Hier ist es, *wo die Superiorität von Jones schlagend hervortritt, indem er das, was Ricardo etc. als ewige Form des Grundeigentums fassen, als dessen bürgerliche Form nachweist*, die überhaupt erst eintritt, 1. sobald das Grundeigentum aufgehört, das die Produktion und darum die Gesellschaft beherrschende Verhältnis zu sein; 2. sobald die Agrikultur selbst kapitalistisch betrieben wird ... Jones zeigt nach, daß Rent im Ricardoschen Sinn nur in einer Gesellschaft existiert, deren Basis die kapitalistische Produktionsweise ... Jones", so resümiert Marx diesen Teil seiner Ausführungen, sei „sowohl durch die historische Explanation, als in ökonomischen Details, *wesentlicher Fortschritt über Ricardo*" [172] [Hervorhebungen – G. R.]. Außer dem unendlich weiten Feld der vorkapitalistischen „Peasant rents" (auch als Primärrenten bezeichnet, weil sie den späteren Rentenformen vorausgehen und zugrunde liegen), die von Ricardos unhistorischem Blick völlig übersehen wurden, erkannte Jones nach Aussage von Marx auch das davon unterschiedene Charakteristikum der modernen kapitalistischen Grundrente. Er bezeichnete diese im Gegensatz zur „Peasant Rent" als „Farmers Rent" (Pächterrente); sie entstehe dort, „wo die *wichtigsten Beziehungen zwischen den verschiedenen Gesellschaftsklassen aufgehört haben, aus dem Eigentum und Besitz von Boden zu entspringen*".[173] Mit dieser Feststellung, so urteilt Marx, „expliziert Jones richtig die historischen und ökonomischen Bedingungen, unter denen die Grundrente gleich surplus profit oder der Ausdruck des *modernen* Grundeigentums".[174] Mit solcher Unterscheidung zwischen „Bauern"- und „Pächterrente", zwischen Primär- und Sekundärrente[175], zwischen feudaler und kapi-

[171] Ebenda, S. 392.

[172] Ebenda, S. 393.

[173] Richard Jones zitiert nach Marx, ebenda, S. 393.

[174] Ebenda, S. 393.

[175] Primärrente nicht nur in dem Sinne eines zeitlichen Vorangehens, sondern auch im Sinne eines logischen oder entwicklungsgesetzlichen Prius. Primärrenten sind auch in dem Sinne primär, als sie vom unmittelbaren und tatsächlichen Bodenbebauer als Tribut erhoben werden, während die Sekundär- alias Pächterrente gleichsam aus zweiter Hand geschöpft wird, nämlich aus der Hand des kapitalistischen Pächters, der sie seinerseits aus erster Hand aus seinen Landarbeitern herauswirtschaftet. Insofern ist die kapitalistische Grundrente immer eine Sekundärrente. Primärrente auch im Sinne eines allumfassenden Inhalts (des gesamten Mehr-

talistischer Rente, gelang es Jones, eine historische Dimension in das Rentenproblem einzubringen, die der deduktiven und relativ statischen Sicht Ricardos völlig abging.

Ein starkes polemisches Moment gegen Ricardo schöpft Jones auch aus der relativ weiten Verbreitung der einen und der relativ noch geringen Ausdehnung der anderen Rentenform. Während die Primär- oder (feudale) Bauernrente nach Jones Ansicht (1831) noch in ca. 99 Prozent der bewohnten Erde vorherrsche, sei die Sekundär- oder Pächterrente in der Hauptsache (1832) auf Holland und England beschränkt. Diese Relation erscheint vielleicht auch für den damaligen Stand der Dinge als etwas übertrieben, doch Marx selbst übernimmt im ersten Band des „Kapitals" eine ähnliche von Jones vorgegebene Verhältniszahl: Diese bezieht sich zwar nicht auf die verschiedenen Arten der Renten, sondern auf die verschiedenen Möglichkeiten, die Subsistenzmittel der Arbeiter bereitzustellen (Marx spricht vom Arbeitsfonds), demonstriert aber ebenso wie die erstgenannte die Minorität des kapitalistischen Sektors innerhalb der im Weltmaßstab noch weitgehend von vorkapitalistischen Strukturen bevölkerten Szenerie. Es sei eine Tatsache, die nur von der Borniertheit der bürgerlichen Ökonomie nicht zur Kenntnis genommen wurde, „daß selbst heutzutag der Arbeitsfonds nur ausnahmsweise auf dem Erdrund in der Form von Kapital auftritt". In der Fußnote zu dieser Marxschen Feststellung erscheint der Satz von Richard Jones: „Die Subsistenzmittel der Arbeiter werden noch nicht auf einem Viertel der Erde den Arbeitern durch Kapitalisten vorgeschossen."[176] Dieses von Marx noch anerkannte Verhältnis (25 Prozent : 75 Prozent) hat sich zweifellos inzwischen noch weiter verschoben: Nicht nur der Kapitalismus, sondern auch der Sozialismus hat inzwischen beachtliche Gebiete des bisher vorkapitalistischen Milieus durchdrungen und umgewälzt; dennoch dürfte uns ein Blick auf die Länder der sogenannten Dritten Welt vor der irrigen Annahme bewahren, Peasant Rents im Sinne von Jones würden heute keine Rolle mehr spielen; auch heute noch gibt es ausgedehnte und dichtbevölkerte Länder in Asien, Afrika und Südamerika, wo der von Marx hervorgehobene Satz von Jones seine volle Gültigkeit bewahrt hat: „Rent hat also ihren Ursprung in der *Aneignung des Bodens* zu einer Zeit, wo die Masse des Volkes gezwungen ist, ihn entweder *unter jeder Bedingung* [Hervorhebung – G. R.] zu bebauen oder zu verhungern . . ."[177]

Ricardos Grundrententheorie, das ist das Hauptergebnis der Jonesschen Kritik, die von Marx durchweg geteilt wird, stimmt mit der Realität vielfach

werts), von dem der durch die Kategorie Profit eingeschränkte fragmentarische Inhalt der Sekundärrente nur einen Bruchteil darstellt (vgl. auch Karl Marx, Theorien über den Mehrwert, Dritter Teil, in: MEW, Bd. 26.3, a. a. O., S. 442).

176 Vgl. Karl Marx, Das Kapital, Erster Band, in: MEW, Bd. 23, a. a. O., S. 594 und 624 f.

177 Karl Marx, Theorien über den Mehrwert, Dritter Teil, in MEW, Bd. 26.3, a. a. O., S. 391.

nicht überein, ist zu eng, zu einseitig, zu unhistorisch. In seiner Schlußzusammenfassung über die nichtkapitalistischen Peasant-Renten gibt Jones eine amüsante Verspottung der Ricardoschen Grundrententheorie, die auch diesen Abschnitt über das von Rodbertus vorgefundene theoretische Material beschließen möge: „Stellen wir uns einen Augenblick die Wirkung einer Rede vor, die ein Philosoph der Ricardoschen Schule vor einer Versammlung halten würde, die sich zusammensetzt aus fürstlichen Grundeigentümern solcher Ländereien, die von Ryots, und den Eigentümern solcher Ländereien, die von Leibeigenen, Teilpächtern oder Kätnern bebaut werden. Er würde ihnen versichern . . ., daß in den frühesten Stadien der Gesellschaft (und das sind ja gerade die, die ihnen am vertrautesten sind) niemals irgendwelche Renten gezahlt wurden; daß sie erst dann auftauchen, wenn es nötig wird, Böden von geringerer Fruchtbarkeit anzubauen. Er würde ferner die Grundherren darüber belehren, daß keine Verbesserung ihres Einkommens jemals auf irgendeine Weise durch Verbesserung im Ackerbau oder Vermehrung der Bodenfruchtbarkeit erzielt werden kann. Er würde ihnen im Gegenteil mitteilen, daß jede Vermehrung ihrer Rentensumme *gänzlich* aus der Notwendigkeit hervorgehen muß, mit wachsender Bevölkerung zu Böden geringerer Fruchtbarkeit überzugehen. Daß ferner die wachsende Unergiebigkeit des Ackerbaus und der Wohlstand der Landbesitzer immer Hand in Hand vorwärts ginge; daß ihr Einkommen immer im umgekehrten Verhältnis zu dem durch Arbeit und Kapital erzielten Bodenertrag stehen muß, und daß ihre Renten deshalb wachsen würden, in dem Maße, wie der Nutzen der Landwirtschaftsarbeit sinkt, und sich vermindern würden, wie dieser Nutzen steigt . . . Wir können uns", heißt es bei Jones, „die Verblüffung des Zuhörerkreises dieser verschiedenen Grundherren lebhaft vorstellen. Sie würden wissen, daß sie, wie ihre Väter, von einer Bauernbevölkerung umgeben seien, die ihnen einen Teil ihres Arbeitsertrages abtritt als Tribut für die Nutzung des Bodens, von dem sie ihre Nahrung ziehen, und zu dem sie Zugang haben müssen, um nicht zu verhungern. Die Grundherren würden infolgedessen empfinden, daß ihr Einkommen als Grundeigentümer *weder* seinen Ursprung noch seine Dauer dem Vorhandensein verschiedener *Bonitätsstufen* verdanke . . ." Es sei schwierig, so fährt Jones fort, „sich vorzustellen, daß in einem Kreise von diesen Erfahrungen unser Vortragender Gläubige finden würde. Seine Zuhörerschaft würde geneigt sein, zu glauben, daß der Philosoph, den sie hörten, von irgendeinem anderen Planeten herabgefallen sein müsse, und daß er die verschiedenen Behauptungen, die er ihnen plausibel zu machen versuchte, unmöglich aus einer Anschauung der Tatsachen abgeleitet haben könnte, mit denen *sie* [die Grundherren] aus dem täglichen Leben vertraut sind." [178]

[178] Richard Jones, An Essay on the distribution of wealth and on the sources of taxation, London 1831, S. 81 ff. (hier zitiert nach Franz Oppenheimer, David Ricardos Grundrententheorie, Darstellung und Kritik, Berlin 1909, S. 169 f).

Nur zum Vergleich erinnere man sich der eingangs (S. 86ff.) ausführlich zitierten kritischen Urteile von Marx und Engels zur Frage der Ricardoschen Grundrententheorie, die – wie oben nachzulesen – in die schlechthin vernichtende Feststellung einmündeten, „daß, selbst die Rente als bloße Differentialrente gefaßt, Ricardo nicht den geringsten Fortschritt gegen seine Vorgänger gemacht hat“[179].

Wir kommen damit zur Darstellung der Rodbertussschen Rententheorie, die sich ihrerseits expressis verbis als sozialistischer Gegenentwurf zur Ricardoschen Grundrententheorie versteht.[180]

II. Die Rodbertussche Grundrententheorie in ihrer Fassung von 1842 und 1851

Karl Marx hielt die Robertussche Grundrententheorie für bedeutend genug, sich in den „Theorien über den Mehrwert“ ausführlich damit auseinanderzusetzen. Schon der Umfang der Auseinandersetzung, nämlich über 150 Seiten im Quartformat, kann in Erstaunen setzen. Rodbertus, ist überhaupt der einzige deutsche Ökonom, den Marx in diesem großen Maßstab der Auseinander setzung für würdig erachtet hat. Selbst im Hinblick auf die von Marx geführte Auseinandersetzung mit den Physiokraten, die auf 70 Seiten, und im Hinblick

179 Karl Marx, Theorien über den Mehrwert, Zweiter Teil, in: MEW, Bd. 26.2, a. a. O., S. 459.

180 Zu Jones vgl. Rudolf Hilferding, Aus der Vorgeschichte der Marxschen Ökonomie, 3. Richard Jones, in: Die Neue Zeit, Wochenschrift der Deutschen Sozialdemokratie, unter ständiger Mitarbeiterschaft von August Bebel, Franz Mehring u. a., redigiert von Karl Kautsky, Bd. 30.1., Stuttgart 1912, S. 343 bis 354. Vgl. u. a. Eduard Berens, Versuch einer kritischen Dogmengeschichte der Grundrente, a. a. O., S. 240: „Noch war die Rentenfrage [ca. 1827] als brennende Tagesfrage bloß im Bereiche der Journalistik, aber eben deshalb um so leidenschaftlicher verhandelt worden ... Als das erste größere Werk, das die Polemik auf das Gebiet der rein theoretischen Wissenschaft hinübertrug, kann wohl erst Richard Jones ‚Essay on the distribution of wealth‘ (London 1831) bezeichnet werden, der trotz des umfassenderen Titels doch nur darauf ausgeht, die Unhaltbarkeit, zumindest die Beschränktheit der Ricardoschen (Renten)Lehre nachzuweisen.“ – Vgl. u. a. Karl Diehl, Sozialwissenschaftliche Erläuterungen zu David Ricardos Grundgesetzen der Volkswirtschaft und Besteuerung, Bd. 1, 2. Aufl., a. a. O., S. 248: Diehl verteidigt die Ricardosche Lehre und findet, daß „viele und teilweise berühmte Antikritiker der Ricardoschen Rententheorie ihr Ziel verfehlt“ hätten. „Dies gilt“, so meint Diehl, „auch im besonderen Maße von dem Werke von *Jones*, welches zur Zeit seines Erscheinens und auf lange Zeit hinaus als sehr erfolgreiche Widerlegung der Ricardoschen Rententheorie gehalten wurde ...“

auf die kritische Analyse der Konzeption von Adam Smith, die auf etwa 100 Seiten erfolgt, fällt der Umfang der mit der Rodbertusschen Grundrententheorie erfolgten Auseinandersetzung auf. Es ist auch nicht so, daß der Umfang der Marxschen Auseinandersetzung mit der Rodbertusschen Grundrententheorie aus der weiten Verbreitung und Wirksamkeit dieser Theorie zum Zeitpunkt der Auseinandersetzung (1861–1863) erklärt werden könnte, also aus der Notwendigkeit des ideologischen Kampfes heraus: Rodbertus war zu dieser Zeit und auch noch später der vom Mißtrauen der herrschenden junkerlichen und bourgeoisen Klassen beargwöhnte Einsiedler aus Jagetzow und nicht das Haupt einer einflußreichen Schul- und Lehrmeinung. Marx sieht sich sogar veranlaßt, Wilhelm Roscher, das Haupt einer solchen Schulmeinung, zu attakieren, weil dieser aus apologetischen Gründen Rodbertus nicht zur Kenntnis nehmen wollte: Roscher sei „keineswegs ‚ehrlich' mit seinem Katalogstudium. Wer nicht ‚respectable' ist, existiert für ihn auch historisch nicht; z. B. Rodbertus existiert nicht für (ihn als) der Theoretiker über die Grundrente, weil er ‚Kommunist' ist"[1]. Hierauf folgt eine Textstelle, in der Marx prononciert die Meinung vertritt, die Stiftung eines Journals durch Rodbertus werde die *Wissenschaft* der politischen Ökonomie in Deutschland sehr fördern und popularisieren.[2]

Es sind also vorwiegend wissenschaftliche Gründe im engeren und eigentlichen Sinne, die Marx veranlassen, der Auseinandersetzung mit Rodbertus einen so breiten Platz einzuräumen.

Inhaltlich stand das Problem der ökonomischen Theorieentwicklung in der Mitte des 19. Jahrhunderts so, daß sowohl Marx wie auch Rodbertus sich zunehmend von der Unhaltbarkeit der Ricardoschen Grundrententheorie überzeugt hatten und fast gleichzeitig, Rodbertus etwas eher (ab 1842) und Marx etwas später (ab 1851) an der kritischen Überwindung der ricardianischen Grundrententheorie arbeiteten.

Im Briefwechsel von Marx und Engels, der neuerdings im Band 3 der „Studien zu einer Geschichte der Gesellschaftswissenschaften" von J. Kuczynski auf problemorientierte Weise erschlossen wird, werden diese immer stärker na-

1 Karl Marx, Theorien über den Mehrwert, Zweiter Teil, in: MEW, Bd. 26.2, Berlin 1967, S. 117. Das ist nicht unbedingt Marx' Meinung, sondern eben Roschers Meinung, deswegen steht das Wort Kommunist in Anführungsstrichen. Aber diese Anführungsstriche bedeuten hier offensichtlich keine Ironisierung oder Abwertung, denn unmittelbar darauf folgt der eminent pro-rodbertusianische Satz, daß die Beförderung der politischen Ökonomie in Deutschland nur durch Leute wie Rodbertus geschehen könnte (MEW, Bd. 26.2, a. a. O., S. 117). Die Redaktion der MEW spricht im Hinblick auf die Beschäftigung von Marx mit Rodbertus im Jahre 1862 von „ernsten inneren Beweggründen" (MEW, Bd. 26. 2, a. a. O., S. 672; vgl. auch MEGA II, 3.3, Berlin 1978, S. 775).

2 Vgl. Karl Marx, Theorien über den Mehrwert, Zweiter Teil, in: MEW 26.2, a. a. O., S. 117.

genden *Zweifel* von Marx und Engels an der Richtigkeit der Ricardoschen Rententheorie eindrucksvoll dokumentiert. „Es hat mir nie in den Kopf gewollt", heißt es zum Beispiel in einem Brief von Engels (29. 1. 1851), „daß Ricardo in seinem einfachen Satz die Grundrente als Differenz der Produktivität der verschiedenen Bodengattungen hinstellt . . ." Die Zweifel verdichten sich in einem anderen Brief (Marx an Engels, 7. 1. 1851) zu einem, wie es Kuczynski nennt, „fundamentalen Großangriff auf die Ricardosche Rententheorie"[3].

In diesem historischen Moment des bei Marx (1851) zunächst *brieflich* an Engels angemeldeten „Großangriffes auf die ricardianische Rententheorie" fällt Engels der 1851 erschienene „Dritte sociale Brief" von Rodbertus in die Hände, der den Titel führt: „Widerlegung der Ricardoischen Lehre von der Grundrente und Begründung einer neuen Rententheorie". Marx wird diese Schrift später im dritten Band des „Kapitals" als eine „bedeutende Schrift über die Rente" bezeichnen, auf die „im Buch Vier" zurückzukommen ist, was ja auch geschah, allerdings nicht in einer für die Öffentlichkeit fertiggestellten Form. Engels aber, im Jahre 1851, in Antwort auf Marxens Zweifel an Ricardo, schrieb in dem schon angeführten Brief vom 19. 5. 1851 folgende allerdings burschikos-ironisch übertreibende Sätze: „Das Neueste ist, daß Du vollständig enfonciert bist. Du glaubst, die richtige Theorie der Grundrente entdeckt zu haben. Du glaubst, der erste zu sein, der die Ricardoische Theorie umwirft. Malheureux que tu es. Du bist überflügelt, vernichtet, geschlagen, assomiert, die ganze Grundlage Deines monumentum aere perennius ist zusammengebrochen. Höre: Herr Rodbertus hat soeben den dritten Band seiner ‚Socialen Briefe an v. Kirchmann' veröffentlicht – 18 Bogen. Dieser Band enthält eine ‚vollständige Widerlegung der Ricardoschen Lehre von der Grundrente und die Darlegung einer neuen Rententheorie' . . . Jetzt hast Du Dein Fett."[4]

Bei aller ironisch burschikosen Übertreibung war in diesen Aussagen von Engels natürlich auch ein Körnchen *Wahrheit*: Rodbertus brachte eine umfangreiche Schrift zur Widerlegung der Ricardoschen Irrtümer in der Grundrentenfrage auf den Büchermarkt, als Marx und Engels eben erst *begonnen* hatten, ihren „Großangriff auf die Ricardosche Grundrententheorie" vorzubereiten.

Doch dieser zeitliche Vorsprung bestand nur für einen kurzen historischen Augenblick. Wer etwas später beginnt, aber wesentlich umsichtiger und tiefgründiger seine Analysen durchführt, hat natürlich auch die Chance, Irrtümer und Grobschlächtigkeiten Früherer vermeiden zu können, und genau das war das Resultat der im Juni 1862 in den „Theorien über den Mehrwert" niedergeschriebenen Auseinandersetzung mit der Grundrententheorie von Rodbertus. Ungeachtet aller tiefgreifenden Kritik im einzelnen konzedierte Marx der

[3] Jürgen Kuczynski, Studien zu einer Geschichte der Gesellschaftswissenschaften, Bd. 3, Berlin 1978, S. 86.

[4] Friedrich Engels, Brief an Karl Marx vom 19. 5. 1851, in: MEW, Bd. 27, Berlin 1963, S. 259.

Grundrententheorie von Rodbertus jedoch auch einen wenngleich nur verzerrt in Erscheinung tretenden richtigen Grundgedanken; den der Ableitung der Grundrente aus dem Monopol des Grundeigentums. Unterschied und Übereinstimmung[5] zwischen der das Richtige nur grobschlächtig ahnenden rodbertusianischen Grundrententheorie zu den echt wissenschaftlichen Erkenntnissen von Marx wird in den „Theorien über den Mehrwert" an einer Stelle wie folgt charakterisiert: Insofern, heißt es im Hinblick besonders auf Rodbertus, „sind die im Recht, die die Grundrente aus dem *Monopol* herleiten, ganz wie das *Monopol* des Kapitals allein den Kapitalisten befähigt, vom Arbeiter Surplusarbeit abzupressen, befähigt das Monopol des Grundeigentums den Grundeigentümer, dem Kapitalisten den Teil der Surplusarbeit abzupressen, der einen konstanten *Surplusprofit* bilden würde". Soweit geht Marx mit Rodbertus konform; jetzt aber folgt der *Unterschied*: „Die, die Grundrente aus Monopol ableiten, irren darin, daß sie glauben, das Monopol befähige den Grundeigentümer, den *Preis der Ware über ihren Wert* zu treiben. Es besteht umgekehrt darin ... nicht die Ware *über*, sondern *zu* ihrem Werte zu verkaufen.

So modifiziert, ist die Sache richtig. Sie erklärt die *Existenz der Grundrente*, während Ricardo nur die *Existenz differenter Grundrenten* erklärt und das *Grundeigentum* in der Tat ohne *ökonomischen* Effekt läßt."[6] Nur auf einem solchen von Marx vorgegebenen wissenschaftlichen Niveau der Analyse erschließen sich Wesen und Unterschied der beiden Rententheorien. Wir kommen auf diese Problematik noch ausführlicher zurück.[7]

Bei der Gewichtung der von Marx an Rodbertus geübten Kritik darf auch nicht übersehen werden, daß die Auseinandersetzung mit Rodbertus in eine tiefgreifende Auseinandersetzung mit der Grundrententheorie Ricardos einmündet und Marx hierbei ähnlich wie Rodbertus zu einer fast generellen *Verwerfung* der Ricardoschen Grundrententheorie kommt: Das Kapitel 2 „Über die Rente" in Ricardos Principles, sei, so stellt Marx fest, „schlechter als die Ausführungen von West. Es ist viel queeres, petito principii und unfair dealing mit dem Problem drin." Ricardos viel zitierte Grunddefinition der Rente als jenem Teil des Produkts der Erde, der dem Grundeigentümer für den Gebrauch der ursprünglichen Kräfte des Bodens gezahlt wird, findet Marx schlecht und von seltsamer Logik.[8] Ricardo habe das allgemeine Gesetz der Rente verkannt und auch das Wesen der Differentialrente nur einseitig aufgefaßt.[9] In dieser Hinsicht betont Marx „die Falschheit der Ricardoschen Auffas-

[5] Über Unterschiede und Gemeinsamkeiten der beiden Grundrententheorien vgl. unten S. 176ff.

[6] Karl Marx, Theorien über den Mehrwert, Zweiter Teil, in: MEW, Bd. 26.2, a. a. O., S. 88.

[7] Vgl. S. 176ff.

[8] Vgl. Karl Marx, Theorien über den Mehrwert, Zweiter Teil, in: MEW, Bd. 26.2, a. a. O., S. 244 f.

[9] Vgl. ebenda, S. 268.

sung, daß die Differentialrente das Übergehn von der fruchtbarn Mine oder Boden zum minder fruchtbaren *bedingt*, die abnehmende Produktivität der Arbeit",[10] wie überhaupt die Ricardosche Grundrententheorie „unangenehm mit dem Malthusschen Dreck verknüpft"[11] ist. „Ich habe bereits gezeigt", heißt es an anderer Stelle, „daß Ricardos Auffassung der Grundrente falsch ist."[12] Und schließlich resümierend: „All this considered, muß gesagt werden, daß, selbst die Rente als bloße Differentialrente gefaßt, Ricardo nicht den geringsten Fortschritt gegen seine Vorgänger gemacht hat."[13]

Wir treten damit in die eigentliche Darstellung der Rodbertusschen Grundrententheorie ein.

1. Die Rodbertussche Grundrententheorie in der Fassung von 1842 („Zur Erkenntnis unserer staatswirthschaftlichen Zustände")

In ihren Grundzügen findet sich die Rodbertussche Grundrententheorie in der 1842 erschienenen Schrift „Zur Erkenntnis unserer staatswirthschaftlichen Zustände, Fünf Theoreme", Neubrandenburg und Friedland 1832. Diese Schrift ist nicht nur die erste gedruckte Arbeit von Rodbertus, die in komprimierter Form alle wesentlichen Punkte seines Systems enthält, sondern auch, wie Engels urteilte, das beste seiner Werke.[14]

Rodbertus leitet Grundrente und Kapitalrente (Profit) aus einer allgemeineren Kategorie ab, die er „Rente überhaupt" nennt. Die „Rente überhaupt", so heißt es in der Überschrift zum „Dritten Theorem", „teilt sich in Grund- und Kapitalrente. Insofern haben beide dasselbe Prinzip"[15]. Das der Grund- und Kapitalrente zugrundeliegende gleiche Prinzip besteht nach Rodbertus darin, daß beide arbeitsloses Einkommen darstellen, welches auf Grund von Eigentum an Produktionsmitteln bezogen wird: Rente in dieser allgemeinen Form ist „Einkommen, das jemand auf Grund seines Eigentums, ohne daß er deshalb selbst zu arbeiten brauchte, bezieht. Die Rente teilt sich in Grundrente und Kapitalrente, je nachdem das Eigentum, auf dessen Grund sie bezogen wird, Boden oder Kapital ist."[16]

[10] Ebenda, S. 272.

[11] Ebenda, S. 25.

[12] Ebenda, S. 441. [13] Ebenda, S. 459.

[14] Friedrich Engels, Briefe an Karl Kautsky vom 1. 8. 1884 und 11. 7. 1884, in: MEW, Bd. 36, Berlin 1967, S. 190: „Das Buch von Rodbertus [Zur Erkenntnis . . .] ist in der Tat bei weitem das beste, was er geschrieben — Jugendarbeit nach guten wie schlechten Seiten — Originalausgabe der spätern Verwässerungen — beweist, wie nah er der Sache war, hätte er sie verfolgt, statt auf Utopien auszugehen."

[15] Karl Rodbertus, Zur Erkenntnis unserer staatswirthschaftlichen Zustände, Neubrandenburg und Friedland 1842, S. 63.

[16] Ebenda, S. 64.

Rodbertus stellt zwei grundlegende Prinzipien für die Möglichkeit der Entstehung und des Bezugs von Rente heraus: „Jede Rente, Grund- oder Kapitalrente, ist nur möglich, wenn die Produktivität so groß ist, daß mehr Güter hergestellt werden, als die mit der Produktion beschäftigten Arbeiter zu ihrem notwendigen Unterhalt bedürfen; mit andern Worten, das Prinzip des Rentenobjekts ist die *hinreichende Produktivität* der Arbeit."[17] In einem Zustand, in welchem die Arbeit nur so produktiv ist, daß sie nicht mehr als den notwendigen Unterhalt für den Arbeiter und seine Familie hervorbringt, kann es also keine Rente geben; dies sei historisch bei den Jägervölkern der Vorgeschichte der Fall gewesen. Erst der Ackerbau (also die *Produktion* im Unterschied zur jägerischen Okkupation) schaffe „die Grundlage, daß die Produktivität der Arbeiten groß genug ist, um außer für den produzierenden Arbeiter regelmäßig noch für *andere* die Güter des notwendigen Unterhaltes herzustellen ... Indessen", so fügt Rodbertus zur Vermeidung des „physiokratischen Irrtums" hinzu, „täusche man sich nicht, Ackerbau ist nicht die Ursache der Grundrente, sondern die Grundlage der ‚Rente überhaupt', ebenso der Kapitalrente, wie der Grundrente. Er trägt zu jener so viel bei, wie zu dieser."[18]

Bietet die „hinreichende Produktivität" das Prinzip für die *Entstehung* jeder Rente, so bietet das „Privateigentum an Boden und Kapital" das Prinzip für den *Bezug* der so entstandenen Rente. „Wenn die Produktivität der Arbeit so groß ist, daß sie außer dem notwendigen Unterhalt der Arbeiter noch mehrere Einkommensgüter herstellen kann, so wird dieser Überschuß zur Rente werden, d. h. es werden ihn andre, ohne zu arbeiten, beziehen, wenn Privateigentum an Boden und Kapital gilt. Mit andren Worten: das Prinzip des Renten*bezugs* ist das Privateigentum an Boden und Kapital."[19]

Das Privateigentum, so erläutert Rodbertus dieses Prinzip, habe in dieser Beziehung zweierlei Wirkungen: „a) eine negative; es bewirkt, daß die Arbeiter von dem gesamten Produkt nicht mehr erhalten als den notwendigen Unterhalt; b) eine positive; es bewirkt, daß Grund- und Kapitalbesitzer den ganzen Rest ziehen."[20]

„Existierte nun kein Privateigentum an Boden und Kapital, so fänden die Arbeiter Stoff zu Werkzeugen und unmittelbaren Gütern überall frei dargeboten. Sie könnten nach Belieben produzieren und das Produkt wäre das ihrige."[21] Ganz anders jedoch im Zustand des Privateigentums an Boden und Ka-

[17] Ebenda, S. 67.

[18] Ebenda, S. 71.

[19] Ebenda, S. 72; vgl. hierzu eine entsprechende Passage im Marxschen „Kapital", Dritter Band, in: MEW, Bd. 25, Berlin 1964, S. 800: „Diese Möglichkeit [hinreichende Produktivität] schafft nicht die Rente, diese tut erst der Zwang [der vom Privateigentum ausgehende], der aus der Möglichkeit eine Wirklichkeit macht."

[20] Karl Rodbertus, Zur Erkenntnis unserer staatswirthschaftlichen Zustände, a. a. O., S. 72.

[21] Ebenda, S. 73.

pital: dieser Zustand sei dadurch gekennzeichnet, daß die Arbeiter, „die zwar Arbeitskraft und Kenntnis der Arbeit besitzen, aber *habelos* sind, ohne Erlaubnis des Eigentümers keinen Gegenstand ihrer Arbeit unterwerfen dürfen". Die natürliche Entwicklung dieser Eigentumsverhältnisse werde dahin führen, daß sich die Arbeiter „mit einem Teil des Produkts begnügen (müssen), und dieser Teil wird sich aus vielen Gründen nie bedeutend über das Maß des notwendigen Unterhalts erheben können. Denn der Arbeiter ist in der Lage, den vom anderen Teil diktierten Kontrakt unterschreiben zu *müssen*; er hat das Gesetz anzunehmen"[22].

Die unter b) bezeichnete „positive" Wirkung des Privateigentums auf den Bezug von Rente erläutert Rodbertus wie folgt: „Das Eigentum an der Hauptsache [Pm-Eigentum] macht auch zum Eigentümer der Früchte; das Grund- und Kapitaleigentum also auch zum Eigentümer des Produkts. Die Grundeigentümer und Kapitalisten besitzen also ursprünglich das ganze Produkt zu eigen, und geben nur dem Arbeiter dem Kontrakt gemäß ab. Existierte kein Grund- und Kapitaleigentum, so würde der Arbeiter Eigentümer des Produktes sein, existiert es aber, so bewirkt es, weil es in seiner negativen Wirkung macht, daß die Arbeiter nur den notwendigen Unterhalt empfangen, jener rechtlichen Folge wegen, daß der Überschuß den Eigentümern verbleibt. Dieser Überschuß ist Rente."[23] „Herr und Rentenbezieher", heißt es weiter, „sind ursprünglich identisch." Aus den Besiegten und Sklaven habe sich indes der *freie* Arbeiterstand entwickelt und dadurch sei „historisch die Stellung der Eigentümer den Arbeitern gegenüber noch günstiger geworden, als sie schon nach dem Wesen des beiderseitigen Verhältnisses ist. Denn wie die Freilassung des Sklaven geschah, waren durch seine Arbeit schon Vorräte von Gütern vorhanden, die Eigentum des Rentenbeziehers waren; der Arbeiter aber ist nackt freigelassen."[24]

Die im Vorstehenden dargelegten allgemeinen rententheoretischen Aussagen sind nach Rodbertus folgerichtig auch für die nun darzustellenden speziellen Rentenformen gültig; wie umgekehrt die speziellen Rentenformen, eben Grundrente und Kapitalrente alias Profit, nur auf der Basis dieser allgemeinen Rentenprinzipien zu begreifen sind. In diesen *allgemeinen* Rentenprinzipien, die den besonderen Rentenerscheinungen wie der kapitalistischen Grundrente und der Kapitalrente alias Profit logisch und historisch vorgeschaltet sind, zeigt sich überdies der wie auch immer unzulänglich bleibende Versuch von Rodbertus, den Mehrwert in einer eigenständigen Kategorie als Ganzes zu erfassen.

Die anfängliche Einheit und später folgende Aufspaltung der ursprünglichen den gesamten Mehrwert umfassenden Gesamtrente (Rente überhaupt) in die speziellen Formen der Grund- und Kapitalrente begründet Rodbertus wie

[22] Ebenda.
[23] Ebenda, S. 74.
[24] Ebenda, S. 75.

folgt: Wie die Entstehung oder Vermehrung desjenigen Überschusses, der Rente werden kann, von einer hinreichenden oder erhöhten Produktivität der Arbeit abhänge, so müsse notwendigerweise in der Geschichte der Produktivität eine Stufe sein, auf welcher die Rente noch nicht hinreichend ist, um sich unter *zwei* verschiedene Stände oder Klassen teilen zu können. „Dann muß notwendig", wie Rodbertus schlußfolgert, „das ganze *ohne* Arbeit bezogene Einkommen, das heute Grundbesitzer *und* Kapitalisten beziehen, *einer* beziehen." Dies müsse *ursprünglich* der Grundeigentümer gewesen sein, und in der Tat zeige die Geschichte, daß es nicht immer einen besonderen Kapitalistenstand gegeben habe.[25]

In dem erwähnten historischen Zustand *vor* der Herausbildung einer besonderen Kapitalistenklasse müsse indes alles das, was heute Gegenstand des Kapitals sei, in den Händen der Grundbesitzer gewesen sein, „und alles Einkommen, was die Produktivität der Arbeit über den notwendigen Unterhalt der Arbeiter hergestellt hat, oder alles, was seiner Natur nach Rente sein kann, muß den Grundeigentümern *allein* zugeflossen sein"[26].

Man habe zu dieser Zeit „schlechterdings *nicht* in dieser einzigen von den Grundbesitzern bezogenen Rente einen Teil als Grundrente, einen anderen Teil als Kapitalrente unterscheiden *können*. Denn wenn nicht den Grundeigentümern, ein abgesonderter, Vermögen besitzender Stand gegenübersteht, der damit das Rohprodukt von jenen kauft, es auf seine Rechnung verarbeiten läßt und den Überschuß über die Auslagen in Prozenten des Kapitals berechnet, so ist eben so wenig eine von der Grundrente abgesonderte *Kapitalrente* als auch nur ein *Maß* gegeben, um in jener *allgemeinen*, dem Grundeigentümer, zufließenden Rente einen Teil als auf das angewandte Kapital fallend zu bezeichnen und ideell abzuteilen. Deshalb konnten die Alten nicht einmal den *Begriff* des Kapitals haben. Sie kannten nur das foenus, und ihr Zinsfuß war das Zinsfuß des Wuchers."[27]

Die schließlich vollzogene „Trennung des Kapitalistenstandes von den Grundeigentümern" hat nun nach Rodbertus zur „unmittelbaren Folge, daß das Rohprodukt vor seiner weiteren Verarbeitung den Eigentümer wechselt, d. h. vom Grundbesitzer auf den Kapitalisten übergeht". Daraus ergebe sich als weitere Folge, „daß das ganze Nationalprodukt einer bestimmten Produktionsperiode in zwei Teile zerfällt, von denen der eine den Grundeigentümern, der andere den Kapitalisten angehört"[28].

[25] Ebenda, S. 76.

[26] Ebenda, S. 77. Vgl. hierzu Karl Marx, Das Kapital, Dritter Band, in: MEW, Bd. 25, a. a. O., S. 792: Grundrente als „normale Form des Mehrwerts"; ebenda, S. 795 Anm.: „Rente und Profit . . . noch nicht geschieden"; ebenda, S. 801: Rente als „normale alles absorbierende Form der Mehrarbeit".

[27] Karl Rodbertus, Zur Erkenntnis unserer staatswirthschaftlichen Zustände, a. a. O., S. 77.

[28] Ebenda, S. 78.

Die eigentliche, vom Profit unterschiedene kapitalistische Grundrente entspringt nun, nach der Herausbildung einer besonderen Kapitalistenklasse neben den bisher allein ausbeutenden Grundeigentümern aus dem wertmäßigen Unterschied dieser zwei Teile des Nationalprodukts, allerdings immer auf Grundlage des Monopols am Grundeigentum, denn das Eigentum wirke nach Aufspaltung in zwei Unterformen des Eigentums nicht anders als vor der Spaltung.[29] „Allein durch ein hinreichendes Steigen des Werts des Rohprodukts und also durch eine hinreichende Größe der auf dasselbe fallenden Quote des Nationaleinkommens muß nun notwendig zu Händen der Grundeigentümer jener *Rest* über die notwendigen Abzüge kommen, der Grundrente genannt wird."[30]

Auch die immer wieder als repräsentativ für das Ganze zitierte falsche These von dem in der Landwirtschaft angeblichen fehlenden „Materialwert" bringt Rodbertus bei der speziellen Ableitung seiner Grundrententheorie ins Spiel. Entgegen anderslautenden bürgerlichen Lehrbuchmeinungen ist diese auf merkwürdige Weise falsche These jedoch nicht tragender Bestandteil seiner ganzen Konstruktion, sondern nur ergänzende und verwirrende Zutat seiner speziellen Rententheorie, die in ihrer eigentlichen Kernstruktur hauptsächlich auf den Eigentumsaspekt, auf den ökonomischen Mechanismus des „rentierenden Eigentums" rekurriert. Mehr noch: Sogar diese vertrackte These vom angeblich fehlenden „Materialwert" in der Landwirtschaft, „da der Boden selbst das Material ist",[31] kann als freilich verquere und ökonomisch formal falsche Hervorkehrung des Eigentumsaspektes bei der Rentenbildung gelesen werden; auch als Hinweis auf einen geringeren Anteil des konstanten Kapitals in der Landwirtschaft, einen Begriff, den Rodbertus explizit allerdings nicht kannte; im Zusammenhang damit auch als Hinweis auf die geringere Produktivität der Landwirtschaft.[32]

Auf den Eigentumsaspekt, speziell auf den Monopolcharakter des Grundeigentums, verweist auch noch ein weiterer Argumentationszusammenhang: Die im wesentlichen nicht vermehrbare Menge des Grund und Bodens und die im Zusammenhang damit stehende Nichtvermehrbarkeit der Naturressourcen und Rohprodukte tendiere je länger um so wirksamer zu einer Verteuerung der Rohstoffe und Rohprodukte, während die langfristige Tendenz der industriellen Produktion aus Gründen unbeschränkt steigender Arbeitsproduktivität auf Verwohlfeilerung und Wertsenkung gerichtet sei. Das ist kein verkappter Rohstoff-Malthusianismus, sondern die rententheoretische Wiederaufnahme von Einsichten, die Adam Smith bereits 1776 vorgetragen hatte.[33]

29 Vgl. Karl Rodbertus, Zweiter Socialer Brief, Berlin 1899, S. 55 und 62.

30 Karl Rodbertus, Zur Erkenntnis unserer staatswirthschaftlichen Zustände, a. a. O., S. 83.

31 Ebenda, S. 85.

32 Vgl. hierzu S. 191 ff. in dieser Arbeit.

33 Vgl. Adam Smith, Eine Untersuchung über das Wesen und Ursachen des Reich-

Die Frage, wodurch es geschehe, „daß ein solcher Rest zu Händen des Grundeigentümers kommt?“, nämlich als Grundrente, beantwortet Rodbertus demgemäß dahingehend, „daß der auf das landwirtschaftliche Produkt fallende Anteil am Nationaleinkommen größer wird“, und dies geschehe dadurch, „daß der Wert des landwirtschaftlichen im Verhältnis zu dem des Fabrikations- und Transportionsprodukts steigt“[34].

Offen bleibt bei dieser Argumentation, ob Rodbertus die Rohstoffpreise oder die Rohstoffwerte im Steigen begriffen sieht bzw. ob er einer naiven Identifizierung dieser Kategorien das Wort redet. Fest steht jedoch, daß diese Wert- bzw. Preissteigerung der „Rohprodukte“ und Rohstoffe mit der Nichtvermehrbarkeit des Bodens und mit dem Monopol des Grundeigentums in Beziehung gesetzt wird. Die Rodbertussche Grundrententheorie ist jedoch so wenig wie die Marxsche eine einfache Monopol*preis*theorie, weshalb diese Argumentationskette, obwohl von Rodbertus mit vorgebracht, nicht zum Zentrum der hier darzustellenden Rententheorie gehört.

Näher zum Kern der Dinge führt uns folgender Gedankengang: In Polemik gegen den zählebigen physiokratischen Irrtum, allein die Landwirtschaft als wirklich produktiv anzusehen (zumindest als produktiver als die Industrie) betont Rodbertus mit vollem Nachdruck, daß „die Güter der Grundrente ... nicht anders Produkt der *Arbeit* ...“ seien „als die der Kapitalrente“[35].

Stelle man jedoch „der herrschenden Theorie die Frage: woher kommt es, daß Arbeit oder Kapital, auf Grund und Boden verwandt, in der Regel noch, außer Kapitalersatz und Kapitalrente, Grundrente gibt, während Arbeit oder Kapital, auf Fabrikation und Transportation verwandt, immer nur höchstens Kapitalrente gibt?“, so könnte sie irriger Weise nicht anders als „physiokratisch antworten“. Diese Frage sei eben falsch gestellt; sie müsse wie folgt heißen: „Woher kommt es, daß dem, der in landwirtschaftlichen Unternehmungen *arbeiten läßt* [Hervorhebung – G. R.], in der Regel noch außer der üblichen Kapitalrente eine andere besondere Rente, Grundrente genannt, zufällt? Dann aber ist die Antwort: Weil der auf das Rohprodukt fallende verhältnismäßige Teil des Nationaleinkommens nur insofern größer wird, als der auf das Fabrikations- und Transportationsprodukt fallende kleiner wird, der letztere aber die Höhe des Kapitalrentensatzes [Profitrate] bestimmt und der so bestimmte Satz auch die auf das landwirtschaftliche Kapital zu berechnende Rente vorschreibt, so muß, wenn der Wert des Rohprodukts, der ja die auf ihn fallende Quote des Nationaleinkommens reguliert, hinreichend dazu ist, notwendig

tums der Nationen, hrsg. von Peter Thal, Berlin 1963, Bd. 1, S. 192 ff., 229 ff., 282 ff., 317 ff.

34 Karl Rodbertus, Zur Erkenntnis unserer staatswirthschaftlichen Zustände, a. a. O., S. 81.

35 Ebenda, S. 86.

dem landwirtschaftlichen Unternehmer ein *Rest* von Einkommensgütern bleiben, der auf nichts andres mehr zu berechnen ist, und der, *weil er Rente überhaupt ist – d. i. infolge eines Besitzverhältnisses ohne Arbeit bezogen wird* – [Hervorhebung – G. R.] zweckmäßig *Grund*rente genannt wird, da ihn ursprünglich der *Grund*eigentümer, als Eigentümer des Rohprodukts bezieht."[36]

Auch in dieser Charakteristik der speziellen Grundrentenstruktur erscheint Rente als arbeitsloses Einkommen, „unverdient" bezogen infolge eines „Besitzverhältnisses", und zwar durch den, „der arbeiten läßt". Es stellt sich hier Rente als „absolute Grundrente" dar, völlig unabhängig von den Relativitäten der Differentialrente, die von Ricardo und dem Gros der bürgerlichen Ökonomen als eigentliche Grundrente angesehen wird. Zugleich erscheint in dieser von Rodbertus konzipierten absoluten Rententheorie die Rente als ein vom Eigentümer des Rohprodukts alias Grundeigentümer abgefangener Überschuß („Rest") über die durchschnittliche Profitrate im industriellen Bereich. Die Abhängigkeiten und Kausalitäten innerhalb dieses Wirkungsmechanismus sind freilich nur roh skizziert und mehr erahnt als wirklich voneinander abgeleitet, aber sie sind erkennbar und dürfen vom Theorienhistoriker nicht übersehen werden. Wir kommen auf diese Zusammenhänge noch einmal ausführlicher zurück.[37]

Von dieser auf Eigentumsmonopol und absoluten Charakter insistierenden Grundrententheorie kommt Rodbertus zu einer weitreichenden Auseinandersetzung mit der *Ricardoschen* Rententheorie: Ricardo vermeide zwar den „physiokratischen Irrtum", verfalle aber in den entgegengesetzten Fehler: Er gehe von dem Zustand moderner Kolonien aus, die von Nationen gestiftet seien, welche den Begriff der Kapitalrente (alias Profit) wegen bereits bestehender Scheidung zwischen Grundeigentümer und Kapitalisten schon kennen. In solchen Kolonien mache nun allerdings „der frei und reich sich darstellende Boden in Verbindung mit den vorgeschrittensten Kenntnissen und Fertigkeiten der Kolonisten, gegenüber ihrer geringen Anzahl, daß die landwirtschaftlichen Produkte einen so niedrigen Wert haben, daß alle Rente Kapitalrente bleibt". Wenn nun das Kolonieland aus Boden verschiedener Güte bestehe, und der gestiegene Wert des Rohprodukts den Anbau schlechteren Bodens, als der erstangebaute ist, veranlasse, so müsse allerdings die Differenz des Einkommens der Besitzer beider Bodenklassen sich als eine besondere Rente herausstellen, und Ricardo vermeide also die „physiokratische Klippe" durchaus. „Allein," so heißt es weiter, *„diese Theorie ist im Grunde gar keine Theorie der Grundrente. Denn sie erklärt nicht die Entstehung der Grundrente überhaupt, sondern* (unter der Voraussetzung ungleichen Bodens) *ihre Verteilung unter die einzelnen Grundbesitzer, die Differenz der einzelnen besonderen Grundrenten.*

36 Ebenda, S. 87 f.

37 Vgl. Kapitel „Die Grundrententheorie von Karl Marx und Karl Rodbertus in komparatistischer Sicht", S. 176.

Für Ricardo würde die Theorie der Grundrente erst beginnen, wenn auch das letztangebaute schlechteste Grundstück anfinge, Grundrente abzuwerfen, was doch ebensoleicht möglich ist, als daß die Ansiedlung in einem Lande stattfindet, in welchem die Bodenbeschaffenheit von gleicher Güte ist."[38]

Das Charakteristische der von ihm im Gegensatz zur Ricardoschen aufgestellten Rententheorie besteht nach Ansicht von Rodbertus darin, „daß diese [Ricardo etc.] die resp. einzelnen Renten, *ihrer Realität* nach [ihrer empirisch aufgerafften abstrakten Existenz nach], in einem unmittelbaren Kausalzusammenhang mit den resp. einzelnen Grundstücken und Kapitalien auffassen, hier aber [bei Rodbertus] dieselben [nämlich die Renten] als Resultat des *vereinigten* Tuns aller derer, die notwendig dabei mitwirken müssen, betrachtet werden, und dieses [das Resultat des vereinigten Tuns] denn *nur in Folge des Privateigentums an Boden und Kapital* [Hervorhebung G. R.] sich an die einzelnen Besitzer verteilt. Die Frage, nach welchen Grundsätzen diese Verteilung an die *einzelnen* Grundeigentümer und *einzelnen* Kapitalisten geschieht [worauf sich Ricardo beschränkt]", sei „dann eine sekundäre und andre, als die nach dem Prinzip der Renten überhaupt".[39]

In einfachen Worten: Ricardo behaupte einen unmittelbaren Zusammenhang zwischen *einzelnen* Renten und *einzelnen* Grundstücken und *einzelnen* Kapitalien, und zwar unter weitgehender Ausklammerung des Eigentumsaspektes. Er, Rodbertus, verstehe Rente als Resultat der gesamtgesellschaftlichen Produktivkraft und die Verteilung dieses gesamtgesellschaftlichen Resultats als Ausfluß der vorgegebenen Eigentumsstruktur an Grund und Boden.

Damit sei diese Darstellung der Rodbertusschen Grundrententheorie in der Fassung von 1842 zunächst beendet, obwohl Rodbertus in seiner Schrift noch Erörterungen über die Zusammenhänge anschließt, die über die jeweilige Höhe, das Steigen und Fallen der Grundrente bestimmen, die später von Marx mit großer Aufmerksamkeit durchleuchtet wurden. Rodbertus erörtert dabei auch die „die ebenso interessante als unentschiedene Frage, ob die Landwirtschaft immer *unproduktiver* wird [wie Malthus und in seiner Nachfolge Ricardo behaupten], oder ob sie, *nur nicht in demselben Verhältnis*, wie Fabrikation und Transportation, *produktiver* wird".[40]

Fast alle neueren englischen Schriftsteller würden „den Satz der steigenden Unproduktivität der Landwirtschaft" geradezu als Axiom annehmen, es lasse sich jedoch vieles aus Theorie und Erfahrung *dagegen* vorbringen, er sei nichts weniger als gewiß.[41]

Im Hinblick auf die agrarwissenschaftlichen Forschungen von Albrecht Thaer spricht Rodbertus hierbei seine Überzeugung aus, daß es nur noch eine

[38] Karl Rodbertus, Zur Erkenntnis unserer staatswirthschaftlichen Zustände, a. a. O., S. 88 f.

[39] Ebenda, S. 90 a.

[40] Ebenda, S. 95.

[41] Ebenda, S. 96.

Frage der Zeit sei, bis es gelungen sein werde, „die Theorie der steigenden Unproduktivität durchweg zu widerlegen“,[42] „und die damit innig zusammenhängende Malthussche Bevölkerungstheorie umzustoßen“[43].

Es könne allerdings „nicht bestritten werden, daß die Produktivität der Landwirtschaft lange nicht in *dem* Grade zunimmt, wie die der Fabrikation und Transportation. Die Natur der landwirtschaftlichen Arbeit, die weniger durch Maschinen verrichtet werden“ könne, bringe dies mit sich. „Selbst die glänzende Aussicht, welche die Agrikulturchemie der Landwirtschaft stellt, wird dies Produktivitätsverhältnis zwischen ihr und der Fabrikation nicht alterieren können.“[44]

Der Begriff der organischen Zusammensetzung des Kapitals und die davon abgeleiteten Wertbildungs- und Mehrwertbildungsprozesse sind Rodbertus unbekannt, dennoch argumentiert auch seine spezielle Ableitung der absoluten Grundrente mit dem geringeren Produktivitätsniveau der Landwirtschaft; sogar die an sich grundfalsche These vom angeblich fehlenden Materialwert in der landwirtschaftlichen Produktion kann in dieser Richtung gedeutet werden. Ein fehlender oder geringerer Materialwert sowie die Ausklammerung des Bodenwerts bzw. Bodenpreises ergibt bei sonst gleichen Voraussetzungen eine niedrigere organische Zusammensetzung. Ebenso weist der in seiner Grundrententheorie immer wieder hervorgehobene höhere Wert des Rohprodukts in diese Richtung eines geringeren Produktivitätsniveaus der Landwirtschaft.[45]

2. Die Rodbertussche Grundrententheorie in der Fassung von 1851 („Dritter socialer Brief“)

Der „Dritte sociale Brief“ erschien 1851 in der Allgemeinen Deutschen Verlagsanstalt in Berlin. Er trug den Untertitel: „Widerlegung der Ricardoschen Theorie von der Grundrente und Begründung einer neuen Rententheorie“ und hatte den stattlichen Umfang von 286 Seiten. Wie jedoch aus dem in Merseburg (dem staatlichen Zentralarchiv der DDR) lagernden wissenschaftlichen Nachlaß von Rodbertus hervorgeht, hatte Rodbertus ursprünglich eine Titelfassung geplant, die das Wesen seiner eigenen Rententheorie wesentlich schärfer bestimmte, dafür allerdings den Gegenstand seiner Polemik, nämlich Ricardo, unerwähnt ließ. Diese vom Verfasser im wissenschaftlichen Nachlaß entdeckte Titelfassung lautete: „Die auf Besitz gegründete Rententheorie nebst einer Einleitung in die sociale Frage.“[46]

[42] Ebenda, S. 99.
[43] Ebenda, S. 101.
[44] Ebenda, S. 100 f.
[45] Vgl. auch S. 190ff. in dieser Arbeit.
[46] Nachlaß von Rodbertus, in: Zentralarchiv der DDR, Abt. Merseburg, Rep. 76.

Ein Shakespeare-Zitat,[47] den durch „Eigennutz" bewirkten „schiefen Hang der Welt" aufspießend, als Motto dieser Titelfassung beigefügt, verstärkte den sozialkritischen Drall der „auf Besitz gegründeten Rententheorie" weiter.

Über die Veranlassung zu dieser Titeländerung können heute natürlich nur noch Vermutungen angestellt werden. Fest dürfte jedoch stehen, daß die schließlich ausgedruckte Titelfassung (Widerlegung der Ricardoschen Theorie von der Grundrente ...) dem bürgerlichen Publikum weniger fremd und anstößig erscheinen konnte als die besondere Betonung des Eigentums- bzw. Besitzaspektes im Hinblick auf die Rententheorie, gar im Hinblick auf die Rente selbst, einem der „heiligsten Güter" der bürgerlichen Nation.

Der von Marx als bedeutende Schrift über die Rente gewürdigte „Dritte sociale Brief", der das Wesen der kapitalistischen *Produktion* durchschaut,[48] gliedert sich in vier Hauptabschnitte und zahlreiche Kapitel und Unterabschnitte. Zur Gewinnung eines ersten Überblicks für den interessierten Leser seien einige der wichtigsten und aussagekräftigsten dieser Gliederungselemente wiedergegeben: „Widerlegung der Ricardoschen Theorie aus der Staatswirtschaft, Landwirtschaft, Geschichte und Statistik"; „I. Staatswirtschaftliche Beurteilung der Ricardoschen Theorie. II. Auch die Landwirtschaft widerspricht der Ricardoschen Theorie. III. Es ist auch historisch falsch, daß ursprünglich nur Kapitalgewinn und keine Grundrente abfalle." Die Gliederung des ersten Hauptabschnittes stellt sich wie folgt dar:

„I. Staatswirtschaftliche Beurteilung der Ricardoschen Theorie
- Allgemeine Grundsätze zur Ableitung einer richtigen Theorie der Rente
- Prinzipien der Rente überhaupt
- Verschiedenheit der bisherigen Theorien hinsichtlich der Prinzipien der Rente
- Meine Ableitung der Rente überhaupt
- Der wirtschaftliche Grund der Rente
- Das Rechtsprinzip der Rente
- Ableitung der Rente aus der Produktivität der Arbeit und dem Grund- und Kapitaleigentum
- Teilung der Rente in Grundrente und Kapitalgewinn
- Beleuchtung eines Zustandes, in welchem Grund- und Kapitalgewinn nicht geschieden sind
- Besonderes Prinzip der Grundrente
- Wie sich die Verhältnisse der Rente in Europa entwickelt haben

[47] „Du glatter Herr, Du Schmeichler *Eigennutz*! Ja, Eigennutz, der *schiefe Hang der Welt*, der Welt, *die gleichgewogen ist an sich*, auf ebener Erde grade hinzurollen, bis so ein Vortheil, dieser schiefe Hang, der Lenker der Bewegung, *Eigennutz*, sie *abwärts* neigt von jedem Gleichgewicht, von jedem Vorsatz, Richtung, Maß und Ziel" (Shakespeare, König Johann II, 2. Akt).

[48] Vgl. Karl Marx, Das Kapital, Dritter Band, in: MEW, Bd. 25, a. a. O., S. 786 Anm. und Das Kapital, Erster Band, in: MEW, Bd. 23, Berlin 1962, S. 554 Anm.

– Modifikation der Prinzipien der Rente durch gleichzeitige Verschiedenheit der Produktivität
– Rückblick auf die Wirkungen des Grund- und Kapitaleigentums."[49]

Durchgehender Grundzug aller vier Hauptabschnitte des „Dritten socialen Briefes" ist die Argumentation gegen Ricardos Theorie und die energische Hervorkehrung des Eigentumsaspektes in der Rententheorie, den Ricardo weitgehend ignoriert hatte. Bei aller Zurückhaltung in der Preisgabe seiner englischen *Quellen* und *Vorläufer* für diese Argumentation fällt doch der Name Richard Jones, der anerkennend als der „Hauptgegner Ricardos" erwähnt wird.[50] Um die Wichtigkeit dieses theoriegeschichtlichen Bezuges zu ermessen, sei noch einmal das Urteil von Marx über Richard Jones angeführt, der diesen „Hauptgegner Ricardos" der allerhöchsten Anerkennung würdigt: Jones sei wesentlicher Fortschritt über Ricardo.[51] Die „Superiorität von Jones" über Ricardo trete schlagend hervor, „indem er das, was Ricardo etc. als ewige Form des Grundeigentums fassen, als dessen bürgerliche Form nachweist"[52]. „Was Jones vor den übrigen Ökonomen (mit Ausnahme etwa von Sismondi) auszeichnet, ist, daß er die soziale Formbestimmtheit des Kapitals als das Wesentliche betont."[53] Insgesamt sei bei Jones zu beobachten,[54] „wie die wirkliche Wissenschaft der politischen Ökonomie damit endet, die bürgerlichen Produktionsverhältnisse als bloß *historische* aufzufassen, die zu höhren leiten, worin der Antagonismus, worauf sie beruhn, aufgelöst"[55].

„Die Eigentümlichkeit der Ricardoschen Grundrententheorie", schreibt Rodbertus, „ist die Aufstellung, daß die Grundrente *nur* in dem *größeren* Reinertrag, *nur* in dem *Mehr*gewinn bestehen soll, welchen das unter *günstigeren* Produktionsverhältnissen in Unternehmungen der Rohproduktion angelegte Kapital vor dem noch zur Deckung des Bedarfs unter den ungünstigsten Verhältnissen angelegten abwirft, ein Mehrgewinn, der notwendig dem Besitzer des (besseren) Bodens zufallen muß"[56]. Dieses von Ricardo ausschließlich hervorgekehrte Differentialprinzip sei jedoch im strengen Sinne gar keine Grundrententheorie: er erkläre wohl „die *größere* Grundrente, aber nicht *die* Grundrente"[57].

49 Vgl. Karl Rodbertus, Dritter socialer Brief, Berlin 1875,S. IV f.
50 Karl Rodbertus, Zweiter socialer Brief, a. a. O., S. 62.
51 Vgl. Karl Marx, Theorien über den Mehrwert, Dritter Teil, in: MEW, Bd. 26.3, Berlin 1968, S. 393.
52 Ebenda.
53 Ebenda, S. 416.
54 Vgl. ebenda, S. 421.
55 Vgl. auch Rudolf Hilferding, Aus der Vorgeschichte der Marxschen Ökonomie. 3. Richard Jones, in: Die Neue Zeit, Bd. 30.1, a. a. O., S. 343 ff.: Marx fange dort an, wo Jones aufgehört habe.
56 Karl Rodbertus, Dritter socialer Brief, a. a. O., S. 90.
57 Ebenda.

Rodbertus leugnet damit selbstverständlich nicht die verschiedenen Formen der von Ricardo (und später von Marx) hervorgehobenen Formen der Differentialrente; es geht ihm mit dieser Argumentation vielmehr darum, die unabhängig von allen Differentialgewinnen auch auf schlechteren Böden zu realisierende *absolute* Grundrente als die *eigentliche* Grundrente darzutun und die Differentialrente als „uneigentliche", nämlich nur „relative" Grundrente einzuordnen. Diese von Ricardo ausschließlich hervorgehobene Differentialrente, falsch nur in dieser einseitigen Ausschließlichkeit, behalte im Zusammenhang mit einer richtigen *absoluten* Rententheorie durchaus ihre *relative* Bedeutung, relativ, also bezogen auf die durch Eigentumsmonopol bewirkte *absolute* Rente. Die von Ricardo ausschließlich herausgestellte „Verschiedenheit der natürlichen Fruchtbarkeit des Bodens" sei „eine Tatsache, *die sich mit jeder anderen Grundrententheorie verbindet*, eine Tatsache, die auch noch bestehen bliebe, wenn der zuletzt angebaute Boden Grundrente abwürfe, während die Ricardosche Theorie dann gerade deren Erklärung schuldig bliebe".[58]

„Von jeher mißtrauisch gegen diese blendende Lehre" attackiert Rodbertus auch die absurde Konsequenz dieser Lehre, insofern die mit ihr verknüpfte These von der „zunehmenden Unproduktivität der landwirtschaftlichen Arbeit" zu jenem Widerspruch treiben müßte, „wo die zunehmende Unproduktivität der landwirtschaftlichen Arbeit den Punkt erreicht hätte, an welchem das gemeinschaftliche Produkt so viel Arbeit kostete, daß es die Arbeit aller in Anspruch nähme und doch nicht mehr alle sättigte"[59]. Indessen, fährt Rodbertus fort, „wenn so große Widersprüche und so trostlose Konsequenzen auch von vornherein gegen die Ricardosche Grundrententheorie mißtrauisch machen müssen, so genügen sie doch nicht, sie (einfach) zu verwerfen. Glücklicherweise", meint Rodbertus, „ist dieselbe in *allen* Beziehungen und von *jedem* wissenschaftlichen Standpunkte aus unrichtig. Die Staatswirtschaft vermag ihre Unhaltbarkeit und Unvollständigkeit zu beweisen; die Landwirtschaft widerspricht ihr vollständig; die Geschichte enthält zu ihren Behauptungen die entgegengesetzten Tatsachen; die Statistik endlich ... entscheidet gleichfalls gegen Ricardo."[60] Rodbertus erklärt, „in dieser vierfachen Beziehung an die Widerlegung dieser Theorie zu gehen", einer Theorie, der überdies weder in Deutschland noch in Frankreich besonderer Erfolg beschieden gewesen sei und die die meisten Gegner in England selbst gefunden habe.[61]

Damit tritt Rodbertus in den ersten und zugleich ausführlichsten Hauptabschnitt seiner Darlegungen ein, die er die „Staatswirtschaftliche Beurteilung der Ricardoschen Theorie" nennt. Die „Staatswirtschaft" habe das eigentliche Wesen der Ricardoschen Theorie zu widerlegen, „jene Ansicht, daß das zuletzt verwandte Kapital keine Grundrente, sondern nur Kapitalgewinn und Arbeits-

58 Ebenda, S. 91.
59 Ebenda, S. 102.
60 Ebenda, S. 103.
61 Anspielung auf den erwähnten Richard Jones und andere Ricardo-Kritiker.

lohn abwerfe und also die Grundrente lediglich in dem *Mehrgewinn* der früher unter günstigeren Verhältnissen angelegten Kapitalien bestehe"[62].

Der Hauptteil dieser derart angekündigten „Widerlegung" geschieht jetzt über weite Strecken durch positive Entgegensetzung seiner eigenen Theorie und nicht durch polemische Destruktion der ricardianischen Argumente. Rodbertus erklärt, „zur vollständigeren Widerlegung dieser Ansicht vorerst die Dinge zu entwickeln, wie sie sich wirklich verhalten und von jeher verhalten haben und daraus eigene Prinzipien der Rente abzuleiten".[63]

Wir folgen den Rodbertusschen Darlegungen in der hier gebotenen Verknappung: Unter der Überschrift „Prinzipien der Rente überhaupt" stellt Rodbertus der bürgerlichen Ökonomie und der bürgerlichen Gesellschaft eine Art „Gretchenfrage"; die Frage nach der Herkunft der Güter, die sich in den Händen von Personen und Klassen befinden, „die keinen Finger zur Herstellung derselben rühren"[64]. „Welche Gründe, frage ich, bewirken, daß, da jedes Einkommen nur Arbeitsprodukt ist, Personen in der Gesellschaft Einkommen beziehen, die keinen Finger zur Herstellung desselben rühren?

Dergleichen Personen gibt es freilich unzählige, und ganze Klassen." Mit dieser Fragestellung zielt Rodbertus nicht auf den Richter, den Arzt, den Lehrer oder Künstler etc., die ihr Einkommen in der Form eines „abgeleiteten Einkommens" „als gerechte Vergeltung für ebenso schwierige als notwendige oder nützliche Dienste, die sie ihrerseits der Gesellschaft leisten" beziehen, sondern direkt auf die Grund- und Kapitalbesitzer: Es gäbe nämlich auch Personen in der Gesellschaft, die an dieser „ursprünglichen Güterverteilung" Teil haben und aus dieser ihr Einkommen beziehen, *ohne* an dessen *Herstellung* mitgearbeitet oder dafür andersartige nützliche Dienste der Gesellschaft oder den Produzenten des gesellschaftlichen Einkommens geleistet zu haben. „*Hier partizipiert der Grundbesitzer*, ohne etwas anderes für sein Einkommen zu tun, als einem anderen sein Grundstück zum Anbau zu überlassen und selbst nur die Pacht dafür einzustreichen. Dort zieht der *Kapitalbesitzer* in seinen Zinsen dasselbe bequeme Einkommen. Selbst der Unternehmer kann seine Betriebe durch einen bezahlten Dirigenten leiten lassen und zieht doch Einkommen, Gewinn, sogar noch von fremden Kapitalien, die er geliehen und von denen er selbst Zinsen zahlt . . . Welche Gründe bewirken also, daß diese an der ‚ursprünglichen Güterverteilung' partizipierenden Personen, ohne darin mit zu *arbeiten* oder *andere Dienste* dafür zu gewähren, Einkommen beziehen, das doch nur Arbeitsprodukt ist, das also *Arbeitsprodukt anderer* ist, wenn sie es auch Grundrente, Kapitalgewinn oder Zinsen nennen? Welche Gründe", so die bohrende Fragestellung, „bewirken, daß diese anderen, die Produzenten dieses Einkommens, es jenen ohne irgendeine Vergeltung, wie sie doch der Arzt, der Richter, der Lehrer leistet, überlassen? Die Antwort auf diese Fra-

62 Karl Rodbertus, Dritter socialer Brief, a. a. O., S. 104.
63 Ebenda, S. 104.
64 Ebenda, S. 114.

ge", so verkündet Rodbertus, „ist die *Theorie der Rente überhaupt, der Grundrente und des Kapitalgewinnes im allgemeinen.*"[65]

Rodbertus entwickelt nunmehr die bereits in der Schrift von 1842 skizzierten zwei Prinzipien für die Möglichkeit der Entstehung und des Bezugs von Rente überhaupt[66]: erstens das Prinzip der hinreichenden Produktivität, wonach die Entstehung von Rente nur möglich ist, wenn die Arbeitsproduktivität einen die Gewährleistung des notwendigen Unterhalts *übersteigenden* Stand erreicht hat; und zweitens das Prinzip, das den *Bezug* des so entstandenen Überschusses durch bestimmte Personen und Klassen reguliert, und das Rodbertus als das Privateigentum an Boden und Kapital bestimmt: „Das Prinzip des Renten*bezuges* ist das Privateigentum an Boden und Kapital."[67] „Auf diese beiden Vorbedingungen", so heißt es im „Dritten socialen Brief", „[1.] einer hinreichenden Produktivität der Arbeit und [2.] des Bestandes des Grund- und Kapitaleigentums gründet sich die Rente überhaupt, sowohl Grundrente als Kapitalgewinn."[68]

Das Prinzip des Privateigentums als Vorbedingung des Rentenbezugs aber setze gesellschaftliche Zustände voraus, die durch Ausbeutung und Armut der arbeitenden Volksmassen gekennzeichnet seien: Soweit der Blick in der Geschichte zurückzudringen vermag, finde er „die Ausbeutung des einen durch den anderen, die Ausbeutung von Weib und Kind und Sklaven, die Ausbeutung der Familie durch den ‚Herrn'. Jene gehorchen und dienen, dieser herrscht und genießt; jene arbeiten, während diesem der erstkultivierte Boden, das Kapital und das Arbeitsprodukt zu eigen gehört."[69] Die Geschichte vermöge uns kein Volk aufzuzeigen, „bei dem die ersten Spuren der Teilung der Arbeit und des Ackerbaus nicht auch mit solcher wirtschaftlicher *Ausbeutung* zusammenfielen, bei dem nicht die Last der Arbeit den einen, und deren Frucht den anderen zugefallen wäre, bei dem, mit anderen Worten, die Teilung der Arbeit sich nicht in der Form der *Unterwerfung* der Einen unter die Anderen gebildet hätte"[70]. Armut und Eigentumslosigkeit seien das „Schicksal" der Arbeitenden in solchen Zuständen wirtschaftlicher Ausbeutung: Ein unmittelbares Eigentumsverhältnis des Arbeiters zum Boden, zum Kapital und zum Arbeitsprodukt gäbe es nicht „wo Teilung der Arbeit (im obigen Sinne) existiert": „Der Boden ist nicht mehr sein, den der Arbeiter beackert, sondern eines anderen, welcher Grundbesitzer und in dieser Beziehung nichts weiter ist; die Pflüge sind nicht mehr sein, womit der Arbeiter den Boden bestellt, sondern eines anderen, welcher Kapitalist heißt, sei er bloßer Kapitalist oder Pächter, oder zugleich der Grundbesitzer; das Getreide endlich, das der Arbeiter mäht und einscheuert, ist nicht mehr sein, sondern des Grund-

65 Ebenda, S. 115.
66 Vgl. oben S. 135 ff.
67 Karl Rodbertus, Zur Erkenntnis unserer staatswirthschaftlichen Zustände, a. a. O., S. 72.
68 Karl Rodbertus, Dritter socialer Brief, a. a. O., S. 131 f.
69 Ebenda, S. 122.
70 Ebenda, S. 124.

besitzers oder des Kapitalisten, dem jener es überlassen hat. Man sehe doch um sich! Wo gehört dem Arbeiter denn der Boden? Er gehört einem anderen, der ihn vielleicht nie gesehen, geschweige ihn pflügt oder entwässert oder von Steinen befreit. Wo gehört ihm das Kapital? Er bekommt es entweder als Material vorgelegt, oder als Werkzeug oder Maschine in die Hand oder vor sich hingestellt, von einem anderen, der Eigentümer davon ist, und der Arbeiter arbeitet nur mit und an fremdem Kapital."[71] Niemals, solange die Teilung der Arbeit (im obigen Sinne) bestehe, hätten Boden, Kapital und Arbeitsprodukt den Arbeitern gehört, aber immer, solange dies der Fall gewesen sei, hätten „Boden, Kapital und Arbeitsprodukt zugleich anderen *Privatpersonen* gehört"[72].

Ohne zu der erst von Marx entdeckten Kategorie der „Ware Arbeitskraft" vorzustoßen, wenn auch manche Formulierung von Rodbertus anklingt an diese Erkenntnis, demonstriert Rodbertus den Mechanismus des sich auf der Basis des *rentierenden Eigentums* vollziehenden Ausbeutungsprozesses und des damit einhergehenden Rentenbezuges wie folgt: Es wird, da es dem Wesen nach kein großer Unterschied[73] sei, gleichsam aus didaktischen Gründen, angenommen, daß „die Arbeiter noch dazu Sklaven sind ... Die Grund- und Kapital- und jetzt auch noch Arbeiter*besitzer* werden alles Arbeitsprodukt behalten, und nur ihren Arbeitersklaven soviel davon abgeben, als ihnen aus wirtschaftlichen oder anderen Gründen beliebt." Aber selbst bei „persönlicher Freiheit der Arbeiter" bleibe die Lage derart, „daß die Arbeiter als solche nichts als ihre Arbeitskraft besitzen, aber leben wollen, während ‚die Welt fortgegeben ist'; daß diese fortgegebene Welt das Eigentum anderer und von der Gerechtigkeit dieser selben Welt diesen anderen als eben so heiligeigen zugesprochen ist, als nur der Wert des Arbeitsprodukts seinen Produzenten zugesprochen sein könnte ..." Rodbertus stellt hier die Frage, nach der Wesensverwandtschaft zwischen der Sklavenausbeutung und der Ausbeutung *freier Arbeiter*: „... wie sollten die Wirkungen dieser Umstände andere sein können, als daß auch jetzt noch die Grund- und Kapital besitzer den Arbeitern nur einen *Teil* ihres Arbeitsproduktes zugestehen und den Rest für sich behalten? Gewiß, die Arbeiter sind nicht mehr Sklaven, sondern ‚frei', aber nach wie vor sind sie ja die alleinigen Produzenten alles Produkts und nach wie vor gehört doch ihren früheren Herren der Boden und das Kapital der Gesellschaft, nach wie vor also auch das Arbeitsprodukt, wenn die freien Arbeiter in ihrem Dienste arbeiten."[74]

Nur eine tausendjährige Gewohnheit habe diese „einfache Wahrheit" über die Herkunft des Einkommens der Grund- und Kapitalbesitzer verdunkelt, „und die Geldverkehrsform, in welcher sich seit eben so lange jedes Einkommen realisiert",

[71] Ebenda, S. 121.
[72] Ebenda, S. 131.
[73] Vgl. Karl Marx, Das Kapital, Erster Band, in: MEW, Bd. 23, Berlin 1962 S. 231: „Nur die Form, worin diese Mehrarbeit dem ... Arbeiter abgepreßt wird, unterscheidet die ökonomischen Gesellschaftsformationen."
[74] Karl Rodbertus, Dritter socialer Brief, a. a. O., S. 132.

habe „diese Verdunklung nur vermehrt".[75] Es seien indes von jeher „die einfachsten und nächstliegenden Wahrheiten dem Menschengeschlecht am unbegreiflichsten gewesen", wie hätte es sonst sein können, „daß Wahrheiten dieser Art immer nur durch *Revolutionen* zu demonstrieren gewesen sind"[76].

Der Ausbeutungs- und Rentenbildungsprozeß, auf der Stufe der Sklaverei und Naturalwirtschaft noch ohne weitere Analyse auf der gesellschaftlichen Oberfläche sichtbar und erkennbar, habe sich mit der Entwicklung und Ausbreitung der Geldwirtschaft immer stärker verdunkelt und mystifiziert: „Jedes einfache ‚Herreneinkommen' aus dem Zustande der Sklaverei, das vom Tausch noch nicht umgetrieben ward, stellt sich unmittelbar als das Arbeitsprodukt der Sklaven dar, das in Folge der Sklaverei dem Herrn gehörte und von dem [die] Ernährung des Sklaven übrig blieb. Unter den heutigen veränderten Verhältnissen [hingegen], wo aller Besitz in der flüssigen Gestalt des Geldvermögens auftritt, wo jedes Produkt auf den Markt gebracht wird und sich aus dem Marktwert erst das Einkommen der jetzt noch dazu getrennten bloßen Grund- oder Kapitalherren ergeben soll, wo deshalb eine neue Tätigkeit des Erwerbs, die Tätigkeit der Vermögensanlage, hinzukommt, und wo endlich dadurch jenes Einkommen der Grund- und Kapitalherren als die Frucht des in diesem Erwerbe angelegten Vermögens erscheint, – unter diesen veränderten Verhältnissen . . . ist es schwerer, dies Einkommen, – jetzt nicht mehr des *einen* Boden- Kapital- und Arbeitsherren – sondern der getrennten bloßen Grund- oder Kapitalherren, noch als Teil des Produkts der freien Arbeiter zu erkennen, zu erkennen, daß die Institution des Grund- und Kapitaleigentums diesen Teil den Arbeitern nur *entzieht* und den Grund- und Kapitaleigentümern *zuwendet*."[77]

„Dieselben letzten Prinzipien", resümiert Rodbertus, „liegen also dem Kapitalgewinn wie der Bodenrente zugrunde." Beides sei „Einkommen, das Personen zufällt, die nicht an der Herstellung des Nationalprodukts mitgearbeitet haben". Es fließe ihnen auch nicht „wegen anderer gesellschaftlicher Dienste aus der ‚abgeleiteten Güterverteilung', sondern lediglich kraft ihres *Besitzes* zu" und sei „den alleinigen Produzenten des gesellschaftlichen Einkommens, den Arbeitern, *entzogen*".[78]

Rodbertus kommt damit – analog wie in der Schrift von 1842 – zur Teilung der „Rente überhaupt" in Grundrente und Kapitalrente (Profit). Er folgt hierbei dem auch schon in der Schrift von 1842 gegebenen Muster:[79] Die Teilung der *einen* Rente folgt der Teilung der *einen* herrschenden Klasse. Die Klasse der „vereinigten Grund-, Kapital-, Arbeiter- und Arbeitsprodukt-Eigentümer" (mehrfach auch als sogenannte Oiken-Herrn charakterisiert; historisch dem antiken und mittelalterlichen Grundherrn, der zugleich gewerblich produzieren

[75] Ebenda, S. 134.
[76] Ebenda, S. 135.
[77] Ebenda, S. 137.
[78] Ebenda, S. 142.
[79] Vgl. oben S. 141 f.

ließ, entsprechend), die die gesamte Mehrarbeit und das gesamte Mehrprodukt der Gesellschaft als umfassende „Rente überhaupt" vereinnahmte, spaltet sich in die zwei Klassen der bloßen Grundeigentümer und bloßen Kapitaleigentümer, setzt gleichsam einen besonderen Kapitalistenstand aus sich heraus. Diesen Prozeß der Aufspaltung der *einen* herrschenden Klasse und der *einen* allgemeinen Rente überhaupt, basierend auf entsprechenden Vorgängen in der ökonomischen Basis (Trennung zwischen Stadt und Land, Abspaltung des Fabrikationsgewerbes von der Rohproduktion), bezeichnet Rodbertus als „die *wichtigste soziale Begebenheit des Mittelalters*". „Erst mit der wichtigsten sozialen Begebenheit des Mittelalters, mit der selbständigen Abzweigung des Fabrikationsgewerbes von der Rohproduktion, beginnt die Teilung der Rente, wird das Kapital dem Grundbesitz gegenüber gestellt, ist Kapitalgewinn und Grundrente zu unterscheiden. Erst jetzt geht ein Teil der bis dahin *einen* Rente auf den gewerbetreibenden Kapitalisten in der Stadt als Kapitalgewinn über, während der andere Teil bei dem Grundbesitzer des ‚platten Landes' als Grundrente verbleibt."[80]

Marx verfolgt diese Prozessse erstens im „Kapital", Erster Band, im berühmten 24. Kapitel von der „sogenannten ursprünglichen Akkumulation", nämlich bei der Genesis des kapitalistischen Pächters und des industriellen Kapitalisten. Es frage sich, so heißt es bei Marx, „wo kommen die Kapitalisten ursprünglich her? Denn die Expropriation des Landvolks schafft unmittelbar nur große Grundeigentümer."[81]

Marx verfolgt diese Prozesse zum anderen im dritten Band des „Kapitals", Kap. 47, unter dem Titel „Genesis der kapitalistischen Grundrente". Im Unterschied zu Rodbertus, der relativ abstrakt eine Teilung der umfassenden *Rente überhaupt* in die speziellen Teilrenten Grundrente und Kapitalrente konstatiert, betont Marx historisch wesentlich konkreter das „Dazwischentreten des kapitalistischen Pächters zwischen den Grundeigentümer und den wirklich arbeitenden Ackerbauer"[82]. Dadurch seien alle Verhältnisse zerrissen, die aus der alten ländlichen Produktionsweise entsprangen; der Pächter werde dadurch zum wirklichen Kommandant dieser Ackerarbeiter und der wirkliche Exploiteur ihrer Mehrarbeit, während der Grundeigentümer nur noch zu diesem kapitalistischen Pächter in einem direkten Verhältnis stehe.[83] Durch dieses Dazwischentreten des kapitalistischen Pächters tritt nach Marx eine *Verwandlung* der bisherigen Form der Rente ein, die sich bisher als feudale Rente, als die normale Form des Mehrwerts überhaupt,[84] als die normale, alles absorbierende, sozusagen legitime Form der Mehrarbeit[85] realisiert hatte. „Damit", so heißt es, „verwandelt sich auch die Natur der Rente, nicht nur tatsächlich und zufällig, was sie zum Teil auch schon unter den frühern Formen getan, sondern normal, in ihrer anerkannten

[80] Karl Rodbertus, Dritter socialer Brief, a. a. O., S. 190.
[81] Karl Marx, Das Kapital, Erster Band, in: MEW, Bd. 23, a. a. O., S. 770.
[82] Karl Marx, Das Kapital, Dritter Band, in: MEW, Bd. 25, a. a. O., S. 807.
[83] Vgl. ebenda, S. 807ff.
[84] Vgl. ebenda, S. 792. [85] Vgl. ebenda, S. 801.

und herrschenden Form. Von der normalen Form des Mehrwerts und der Mehrarbeit sinkt sie herab zum Überschuß dieser Mehrarbeit über den Teil derselben, der vom exploitierenden Kapitalisten unter der Form des Profits angeeignet wird ... Es ist nur noch ein überschüssiger Teil dieses von ihm, vermöge seines Kapitals, durch direkte Exploitation der Landarbeiter extrahierten Mehrwerts, den er als Rente an den Grundeigentümer weggibt."[86] Worauf es an dieser Stelle ankommt: Auch nach Marx gelangt es zur „*Teilung*" der ursprünglichen, nämlich Sklavenhalter- und Feudalrente, die noch die Gesamtheit der Mehrarbeit ungeschieden in sich enthält;[87] doch diese Teilung bleibt keine abstrakte deklarative Aussage wie weitgehend bei Rodbertus, sondern wird zur historisch-logischen Abbildung des konkreten Geschichtsverlaufs. Kapitalistische Grundrente und Profit erscheinen bei beiden Autoren nach dieser „Verwandlung" bzw. „Teilung" nicht als zwei gleichartige Unterabteilungen der ehemals allumfassenden feudalen Rente (bei Rodbertus als *Rente überhaupt*, bei Marx auch als *Mehrwert überhaupt* bezeichnet),[88] sondern eine dieser zwei Teilrenten dominiert ganz offensichtlich in diesem dialektischen Spannungsverhältnis, nämlich der Profit: „Statt der Rente", schreibt Marx, „ist jetzt der *Profit* die normale Form des Mehrwerts geworden, und die Rente gilt nur als eine unter besondern Umständen verselbständigte Form, nicht des Mehrwerts überhaupt, sondern eines bestimmten Ablegers desselben, des Surplusprofits."[89]

Auch Rodbertus bemüht sich um eine gewisse historische Konkretisierung: „Allerdings", so konzediert er, habe sich diese Scheidung „weder plötzlich gemacht, noch ist sie sofort dem Gesetze gefolgt, das heute in einem ausgebildeten und freien Verkehr die Größe der beiden Rententeile bestimmt, dem Gesetz, daß sich Grundrente und Kapitalgewinn nach dem Verhältnis der Kostenarbeit des Rohprodukts und des Fabrikprodukts scheiden. Sie ist vielmehr in der Wiege der gewerblichen Privilegien der mittelalterlichen Städte groß geworden, und erst nachdem sie lange schon bestanden, ist ihre Existenz von dem scharfen Auge Adam Smiths entdeckt worden. Allerdings haben auch diese beiden, nur in ihrer *Besonderheit* neuen Rententeile bereits früher in der *einen* Rente bestanden, und auch die Ansicht würde falsch sein, daß der Kapitalgewinn später als die Grundrente entstanden sei, allein jedenfalls entbehrt doch bei solchem geschichtlichen Verlauf die Ricardosche Meinung, daß zuerst alle Rente Kapitalgewinn sei, auch des kleinsten Grundes."[90] Diese Teilung der Rente ist auch nach Rodbertus kein konfliktloses Geschehen, kein harmonisches Entfalten ideologischer Phänomene, sondern Ausdruck und Resultat eines Klassenkampfes zwischen Grundbesitz und Kapital: „Dieser ganze Streit zwischen Grundbesitz und Kapital" sei „wesentlich

86 Ebenda, S. 808.
87 Vgl. hierzu S. 173f. in dieser Arbeit.
88 Vgl. Karl Marx, Das Kapital, Dritter Band, in: MEW, Bd. 25, a. a. O., S. 808.
89 Ebenda.
90 Karl Rodbertus, Dritter socialer Brief, a. a. O., S. 290.

ein Streit um die Teilung der Rente, um die Teilung dessen, was Grund- und Kapitaleigentum zusammen dem Arbeiter abjagen . . ."[91]

Nach dieser zwischen Grundeigentum und Kapital vollzogenen Teilung der *einen* „Rente überhaupt" (bezogen auf der Basis des von der *einen* Klasse der Oikenherrn zugleich besessenen Grund- und Kapitaleigentums) in die beiden Teilrenten: kapitalistische Grundrente und Kapitalrente (Profit), bezogen nunmehr von zwei verschiedenen Klassen, den bloßen Grundeigentümern und Kapitalisten, bezogen auf der Basis ihres Privateigentums entweder an Kapital oder an Grund und Boden (Begriff der Besitzrente), entwickelt Rodbertus unter der Überschrift „*Besonderes Prinzip der Grundrente*" die spezifischen Gesetze der Grundrentenbildung im engeren Sinne, der kapitalistischen Grundrente in Marxscher Terminologie.

Rodbertus entwickelt dieses „besondere Prinzip der Grundrente", obwohl er immer wieder auf die relative Gleichartigkeit der beiden Teilrenten hingewiesen hat: Beide würden auf der Basis eines entscheidend wichtigen Privateigentums (nämlich an Produktionsmitteln: daher auch die Bezeichnung „rentierendes Eigentum") bezogen und diese Institution des Privateigentums wirke nach seiner Scheidung in spezielles Grundeigentum und spezielles Kapitaleigentum gegenüber den Arbeitern alias eigentlichen Produzenten nicht wesentlich anders als vor seiner Scheidung in der Form des „vereinigten Eigentums" (Boden – plus Kapital – plus Arbeiter – plus Arbeitsprodukt-Eigentum).[92] Die Teilung des *einen* Eigentums in zwei Spezial-Eigentümer verändere, wie Rodbertus betont, nicht die Prinzipien des Rentenbezugs[93] und somit bleibe auch nach der Teilung die Rente immer „Einkommen, das dem Besitz als solchem zufällt . . . also alles, was Grundrente und Kapitalgewinn ist . . ."[94]

Hätte es Rodbertus bei diesen allgemeineren, logisch durchaus schlüssigen und theoretisch vorwärtsweisenden Umrissen seiner Rententheorie, wie sie bisher dargestellt wurden, bewenden lassen, er wäre sicher besser gefahren, und sein Platz in der Geschichte der Rententheorie, etwa als eine Art von Richard Jones unter spezifisch deutschen Verhältnissen, wäre höchstwahrscheinlich unbestritten.

Dieser auf den Prinzipien der hinreichenden Produktivität und des „rentierenden" Privateigentums an Boden und Kapital (siehe oben) operierende gesunde Grundgedanke seiner allgemeinen Rententheorie hatte den Ausbeutungscharakter aller bisherigen Wirtschaftssysteme mit Einschluß des kapitalistischen in einem Maße enthüllt und erklärt, daß die bürgerlichen Ökonomen sich entsetzten[95] und

[91] Ebenda, S. 288.

[92] Vgl. ebenda, S. 55.

[93] Vgl. ebenda, S. 62.

[94] Ebenda, S. 220; vgl. auch Karl Rodbertus, Das Capital. Vierter socialer Brief, Berlin 1884, S. 18.

[95] Vgl. Kapital V: Das Grundrentenproblem in der bürgerlichen Vulgärökonomie . . ., S. 241ff.

daß Marx selbst ihm im ersten Band des „Kapitals“ bescheinigen konnte, das Wesen der kapitalistischen Produktion durchschaut zu haben.[96]

Rodbertus ließ es jedoch nicht bei den allgemeinen Grundrissen seines in der Tradition von Richard Jones und Simonde de Sismondi geschöpften gesunden Grundgedankens bewenden, sondern er fühlte sich gedrungen, auf diesen gesunden Grundgedanken eine *spezielle* Theorie aufzupropfen, die in ihrer im Besonderen steckenden Fehlerhaftigkeit den Grundgedanken zu verdunkeln drohte und daher die scharfe Kritik von Marx herausforderte, als er sich bei der Herausarbeitung seiner eigenen Grundrententheorie mit Rodbertus ausführlich befaßte.

An einer Stelle seiner Auseinandersetzung resümiert Marx seine Kritik an der speziellen Grundtheorie von Rodbertus in sechs drastisch als „Blödsinn“ bezeichneten Punkten: „Streifen wir Herrn Rodbertus allen Blödsinn ab“, nämlich erstens, „daß in der eigentlichen (kapitalistischen) Agrikultur kein ‚*Materialwert*‘ in die Avancen eingeht; den *zweiten* Blödsinn, daß er den in die Agrikultur und Manufaktur eingehenden zweiten Teil des konstanten Kapitals, die *Maschinerie* etc., nicht als einen ‚Wertbestandteil‘ auffaßt, der ebensowenig wie der ‚Materialwert‘ aus der Arbeit der Produktionssphäre hervorgeht, worin sie als Maschinerie eingeht ... den *dritten* Blödsinn, daß er den *ganzen* ‚Wertbestandteil‘ der in die Agrikultur eingehenden ‚Maschinerie‘ etc. nicht ihr als Avance belastet ... den *vierten* Blödsinn, daß er glaubt, in alle Industriezweige gehe ‚Materialwert‘ ein, außer der Maschinerie und ihrer Matières instrumentales, was in der ganzen transportierenden Industrie sowenig stattfindet wie in der extraktiven Industrie; den *fünften* Blödsinn, daß er nicht sieht, daß in vielen Manufakturzweigen ... außer dem variablen Kapital zwar ‚Rohmaterial‘ eingeht, aber der andre Bestandteil des konstanten Kapitals fast ganz wegfällt oder minimal ist ... den *sechsten* Blödsinn, daß er die Durchschnittspreise der Waren [erst im „Kapital“, Bd. 3 verwendet Marx den Begriff Produktionspreis] mit ihren Werten verwechselt.“[97]

Nach Ausstellung dieser sechs „Blödsinnigkeiten“ fährt Marx wie folgt fort: „Alles dies abgestreift, was *seine* Erklärung der Grundrente aus *falscher Rechnung* des farmers und seiner eignen falschen Rechnung ableiten läßt, so daß die Grundrente verschwinden müßte im Maß, wie der farmer die *Auslagen*, die er macht, auch *wirklich berechnet*, so bleibt als Kern bloß folgende Behauptung, ...“[98] In der nun folgenden Wiedergabe dessen, was nach Abstreifung der sechs Blödsinnigkeiten noch als Kern verbleibt, und zwar als bloße Behauptung, ist bemerkenswert, daß es immer noch Aussagen sind, die sich in einer Diskussion um die richtige Grundrententheorie durchaus sehen lassen können, Aussagen, die zeigen, wie nahe die Behauptungen von Rodbertus an die Aussagen der wissenschaftlichen Grundrententheorie heranreichen. Auf den Satz von Marx, „So bleibt als Kern bloß folgende Behauptung“, folgt nämlich unmittelbar: „Wenn die

96 Vgl. Karl Marx, Das Kapital, Erster Band, in: MEW, Bd. 23, a. a. O., S. 554 Anm.

97 Karl Marx, Theorien über den Mehrwert, Zweiter Teil, in: MEW, Bd. 26.2, a. a. O., S. 85 f.

98 Ebenda, S. 86.

Rohprodukte zu ihren *Werten* verkauft werden, steht ihr Wert über den *Durchschnittspreisen* der andren Waren oder über ihrem *eignen Durchschnittspreis*, d. h. ist größer als die Produktionskosten + dem Durchschnittsprofit, läßt also einen *Surplusprofit*, der die *Grundrente* bildet. D. h. weiter, das variable Kapital (gleiche *Rate* des Mehrwerts vorausgesetzt) ist größer in der Rohproduktion als in dem Durchschnitt der Produktionssphären, die der Industrie angehören . . . im Vergleich zum konstanten Kapital. Oder noch allgemeiner: Die Agrikultur gehört zu der Klasse der industriellen Produktionssphären, deren variables Kapital in höherm Verhältnis zum konstanten Kapital steht als im Durchschnitt der Industriesphären." [99]

Das heißt, Marx entwickelt Grundgedanken seiner erst viel später (1895) veröffentlichten Grundrententheorie, stellt sie aber als Kern dessen dar, was von Rodbertus' Behauptungen nach Abstreifen der sechs Blödsinnigkeiten übrig bleibe. Doch dann folgen wieder entschiedene Richtigstellungen der Rodbertusschen Ansichten: Es sei nicht richtig, wie Rodbertus zu sagen: „Wenn das Agrikulturprodukt – dem allgemeinen Gesetz nach – im Durchschnitt zu seinem *Wert* verkauft wird, muß es einen Surplusprofit liefern, alias Grundrente. Als wenn dies Verkaufen zum *Wert* der Ware *über* ihrem Durchschnittspreis das allgemeine Gesetz der kapitalistischen Produktion wäre. Es ist", wie Marx gegen Rodbertus betont, „*umgekehrt* nachzuweisen, warum in der Rohproduktion – *ausnahmsweise* und im *Unterschied* zu der *Klasse von Industrieprodukten*, *deren Wert ebenfalls über ihrem Durchschnittspreis* steht – die Werte *nicht* zu den Durchschnittspreisen gesenkt werden und daher einen Surplusprofit, *alias* Grundrente liefern. Dies erklärt sich einfach aus dem *Grundeigentum*." [100] Eine Ausgleichung finde nur von Kapital gegen Kapital statt, weil nur Kapital auf Kapital die Macht habe, die immanenten Gesetze des Kapitals zu exekutieren. Bei dieser auf die Unterscheidung zwischen Wert und Produktionspreis (Durchschnittspreis) rekurrierenden Argumentation ist zu beachten, daß sie auf einen Schwachpunkt zielt, den Rodbertus als Anhänger der ricardianischen Arbeitswerttheorie mit der ganzen ricardianischen Ökonomie *gemeinsam* hatte, die den Widerspruch zwischen Wertgesetz und Durchschnittsprofit zwar spürte, aber nicht zu lösen vermochte. Wie Engels im Vorwort zum „Elend der Philosophie" im Hinblick auf den Zerfall der ricardianischen Schule und des in ihrer Nachfolge agierenden Rodbertus skizzierte, „kommt hier das Ricardosche Wertgesetz . . . in Widerspruch mit dem Gesetz der gleichen Profitrate. Werden die Produkte beider Geschäftszweige zu ihren Werten verkauft, so können die Profitraten nicht gleich sein; sind aber die Profitraten gleich, so können die Produkte beider Geschäftszweige nicht durchweg zu ihren Werten verkauft werden. Wir haben hier also einen Widerspruch, eine Antinomie zweier ökonomischer Gesetze . . ." [101]

[99] Ebenda, S. 86f.

[100] Ebenda, S. 87f.

[101] Friedrich Engels, Vorwort zu Karl Marx, Das Elend der Philosophie, in: MEW, Bd. 21, Berlin 1962, S. 179.

Wir werden diesen Problemkreis der Antinomie zwischen Wertgesetz und Durchschnittsprofitrate in der anschließenden vergleichenden Gegenüberstellung der zwei Grundrententheorien erörtern und hierbei auch Bezug nehmen auf die Behauptung von Rodbertus, daß *er* zuerst 1842 diesen Widerspruch zwischen Wertgesetz und Durchschnittsprofit ausgesprochen habe.[102]

Marx charakterisiert das von Rodbertus hartnäckig vertretene spezielle Theorem des angeblich fehlenden „Materialwerts" als „deutsche Bauernvorstellung" und zeigt, daß auch in der Landwirtschaft zu berechnende Materialwerte in die Produktion eingehen (Samen, Dünger, fremdes Vieh etc.). Jede Produktion, sobald nicht mehr von bloßem Ergreifen und Aneignen die Rede, sei Reproduktion und bedürfe daher des Produkts einer ihr vorangehenden Produktion zum Material. Je mehr sich die große Agrikultur entwickele, um so mehr kaufe sie Produkte einer ihr vorangehenden Produktion und verkaufe ihre eigenen.[103] „Nach Rodbertus", so heißt es, „geht in der Agrikultur kein Rohmaterial in die Rechnung ein, weil der deutsche Bauer, wie Rodbertus versichert, Samen, Futter etc. sich selbst nicht als Auslage berechnet, diese Produktionskosten nicht in Rechnung bringt, also *falsch* rechnet. In England, wo der farmer schon seit 150 Jahren richtig rechnet, müßte danach *keine* Grundrente existieren." [104] Und weiter heißt es schlagend: „*Ohne diesen Rechnungsfehler* (den eine Masse deutscher Bauern begehn mögen, aber kein kapitalistischer farmer) wäre die Rodbertussche Rente unmöglich. Sie ist nur da möglich, *wo* Rohmaterial in die Produktionskosten eingeht, aber nicht da, wo es *nicht eingeht.* Sie ist nur da möglich, wo das Rohmaterial eingeht, *ohne* berechnet zu werden. Aber sie ist da unmöglich, *wo* es nicht eingeht, obgleich Herr Rodbertus sie *nicht* aus einem *Rechnungsfehler*, sondern aus dem *Fehlen* eines wirklichen Item in den avances ableiten will." [105]

Rodbertus unterstelle „Bauernwirtschaft . . . die die kapitalistische Buchhaltung nicht versteht und daher Samen etc. nicht zum vorgeschoßnen Kapital rechnet!" [106].

Daß es Rodbertus bei der Ausklammerung des sogenannten „Materialwerts" hier und anderswo nicht nur um Samen und Dünger etc. geht, sondern im Prinzip um den *Boden selbst*, beachtet Marx an dieser Stelle nicht weiter. Wir werden auf diesen Punkt, der auf eine Ausklammerung des Bodenpreises aus der rentenbezogenen Wertrechnung hinausläuft, noch gesondert eingehen.[107]

Marx weist in diesem Zusammenhang noch sechs falsche Voraussetzungen der Rodbertusschen Aussagen nach.[108] Er kommt zu dem resümierenden Urteil:

[102] Vgl. unten, S. 186f.

[103] Vgl. Karl Marx, Theorien über den Mehrwert, Zweiter Teil, in: MEW, Bd. 26.2, a. a. O., S. 52f.

[104] Ebenda, S. 39.

[105] Ebenda, S. 41.

[106] Ebenda, S. 151.

[107] Vgl. unten, S. 194ff.

[108] Vgl. Karl Marx, Theorien über den Mehrwert, Zweiter Teil, in: MEW, Bd. 26.2, a. a. O., S. 53ff.

„Es ist nicht das Nichteingehen des Rohmaterials (das vielmehr in der eigentlichen Agrikultur eingeht . . .), welches den Wert der Agrikulturprodukte über den *Durchschnittspreis* (ihren eignen und den der andren Waren) erhöht, sondern es ist ein größres Verhältnis des variablen Kapitals zum konstanten, als es, nicht in *besondren Produktionssphären* der Industrie, sondern *durchschnittlich* in der Industrie ist."[109] Marx betont hierbei „das Privilegium des Agrikulturprodukts (infolge des Grundeigentums), daß es nicht sein Produkt zum *Durchschnittspreis*, sondern zu seinem *Wert* verkauft", eine Unterscheidung, die Rodbertus nicht oder nur sehr bedingt kenne. „Bei Herrn Rodbertus", so heißt es schließlich, „liegt die Grundrente in der ewigen Natur, wenigstens der kapitalistischen Produktion, wegen seines ‚Materialwerts'. Bei uns in einer *historischen Differenz* in den organischen Bestandteilen des Kapitals, die teils ausgeglichen werden, ja mit der Entwicklung der Agrikultur ganz verschwinden kann."[110] Auch für diesen Punkt verweisen wir auf die ausführlichen Erörterungen im Abschnitt „Die Grundrententheorie von Karl Marx und Karl Rodbertus in komparatistischer Sicht".[111]

Während sich nun die spezifisch bourgeoisen Vertreter der Ökonomie ohnehin einig waren in der Verwerfung der Rodbertusschen Grundrententheorie insgesamt,[112] meldeten selbst wohlwollende Interpreten, wie zum Beispiel der Rodbertus-Biograph Carl Jentsch, ernste Vorbehalte gegenüber diesem *speziellen* Teil der Rodbertusschen Grundrententheorie an. Eben im Hinblick auf die Behauptung, in der Landwirtschaft fielen keine Kosten für das „Rohmaterial" an, heißt es bei Jentsch: „Es ist wunderlich, wie er seine gesunde Grundrententheorie durch diese Künstelei verderben konnte, die in den Lehrbüchern, freilich durch seine Schuld, für den Kern seiner Grundrententheorie ausgegeben wird."[113]

Ein anderer wohlwollender Interpret kommt nach der Feststellung, daß der Grundgedanke der Rodbertusschen Rententheorie „von der Existenz oder Nichtexistenz des landwirtschaftlichen Materialwerts gar nicht berührt" werde, zu folgender Aussage: Es wäre „zu weit gegangen, wenn man die Rodbertussche Grundrententheorie lediglich unter dem Hinweis auf den fehlenden Materialwert als erledigt auf die Seite werfen wollte". Die Rodbertussche Grundrente verschwinde auch dann nicht, wenn der Materialwert in die Rechnung des Landwirtes eingehe. Bedingung hierfür sei allerdings, daß der landwirtschaftliche Materialwert bei sonst gleichen Voraussetzungen *kleiner* sei als der Materialwert

109 Ebenda, S. 94.

110 Ebenda, S. 99.

111 Vgl. unten, S. 176ff.

112 Vgl. Niendorfs Zeitung für Landwirthe und Grundbesitzer vom 25. 6. 1870; vgl. Wilhelm Lexis 1884; Georg Adler 1884; Julius Zuns 1883; Max Schippel 1882; Hermann von Schullern-Schrattenhofen 1889 und viele andere; vgl. unten das Kapitel: Das Grundrentenproblem in der bürgerlichen Vulgärökonomie . . ., S. 241ff.

113 Carl Jentsch, Volkswirtschaftslehre (1895), hier zitiert nach der 4. Aufl., Leipzig 1918, S. 286; vgl. auch Carl Jentsch, Rodbertus, Stuttgart 1899, S. 163ff.

in der Industrie. „Nach Zulassen des Materialwertes", so der Interpret, „existiert also immer noch so lange Grundrente, als der landwirtschaftliche Materialwert *kleiner* ist als der industrielle."[114]

Man sieht, wie bei diesen Rettungsbemühungen am falschen Objekt aus den prinzipiellen und qualitativen Bestimmungen des speziellen Grundrententheorems von Rodbertus rein quantitative Aussagen gemacht werden mußten, die als solche unter den angegebenen Voraussetzungen vielleicht sogar zutreffen mochten, die aber mit dem theoretischen Anspruch des Rodbertusschen Konzepts nicht mehr viel gemeinsam hatten. Es ging Rodbertus auch bei diesem sich als unhaltbar erwiesenen speziellen Prinzip nicht um ein der historischen Zufälligkeit unterworfenes „größer" oder „kleiner", sondern um eine *qualitative* Bestimmung. Wir halten daher diesen bis in die spezielle Aufpfropfung vorgetriebenen Rettungsversuch für verfehlt und meinen, daß man, wie es im Prinzip auch Marx tat, unterscheiden sollte zwischen einem gesunden Kern und einer anfechtbaren speziellen Aufpfropfung. Der gesunde Kern dieser Grundrententheorie, so glauben wir nachweisen zu können, behauptet einen achtbaren Platz in der auch marxistisch weitgehend noch ungeschriebenen Geschichte der Grundrententheorie (Linie Physiokratismus – Adam Smith – Ricardo/Sismondi – Linksricardianer) und einen sehr guten Platz in der Geschichte speziell des deutschen ökonomischen Denkens. Das künstlich aufgepfropfte „besondere Prinzip" des in der Landwirtschaft angeblich fehlenden „Materialwertes" jedoch gehört zu den theoretischen Irrwegen des ökonomischen Denkens. Ein Irrweg in der speziellen Aufpfropfung aber entwertet noch nicht den ganzen Stamm, auf den dieses falsche Reis gepflanzt wurde. Wahrscheinlicher dürfte sein, um noch einmal metaphorisch zu sprechen, daß die gesunden Säfte des Stammes auch noch das an sich falsche und kranke Reis zu bestimmten Anpassungsreaktionen veranlassen können.

Damit soll gesagt werden, daß sich sogar noch in diesem Irrweg des „besonderen Prinzips" einige interessante Ansatzpunkte erkennen lassen – zumindest für den Theorienhistoriker, der auch die theoretischen Dinge nicht als fertige Tatsachen hinnimmt, sondern als Spannungsfiguren eines prozessualen Ablaufes deutet. Ein solcher Theorienhistoriker würde in der These vom fehlenden „Materialwert" neben allem Irrtum auch eine ferne Ahnung des geringeren Anteils konstanten Kapitals in der landewirtschaftlichen Produktion entdecken können.

Marx selbst hat diese Verbindung an einer Stelle seiner „Theorien über den Mehrwert" andeutungsweise hergestellt.[115] Als weitere Frage ergäbe sich die nach dem wie auch immer verqueren Zusammenhang des „fehlenden Materialwerts" mit dem von Marx und Rodbertus gleichermaßen nachdrücklich betonten öko-

[114] Vgl. Philipp Spitz, Das Problem der allgemeinen Grundrente bei Ricardo, Rodbertus und Marx, in: Jahrbücher für Nationalökonomie und Statistik, Bd. 56, 1916, S. 600.

[115] Vgl. Karl Marx, Theorien über den Mehrwert, Zweiter Teil, in: MEW, Bd. 26.2, S. 15ff.

nomischen Effekt des Grundeigentums: Denn dieser „Materialwert“ soll vor allem deshalb nicht in der Wertrechnung erscheinen dürfen, weil ihn der Grundeigentümer, eben als Eigentümer des Bodens und des daraus resultierenden „Materials“ gleichsam apriori in Händen hält. Das mag vordergründig auf einen logischen Zirkel hinauslaufen, aber dieser logische Zirkel umkreist immerhin den springenden Punkt des ganzen Rentenproblems, nämlich das Grundeigentum. In entfernter Analogie zu der bekannten Entgegenung von Leibniz auf die Behauptungen der sensualistischen Erkenntnistheorie, es könne nichts im Verstande sein, was nicht vorher in den Sinnen gewesen wäre, *außer eben der Verstand selbst*, ließe sich im Sinne dieses Theorems die Formulierung prägen: Es ist kein *Material* in der von Grund und Boden ausgehenden landwirtschaftlichen Produktion *als eben der Grund und Boden selbst.* Der aber ist als *jungfräulicher* eine Naturgegebenheit und kein Arbeitsprodukt und somit nach dem Arbeitswertprinzip *wertlos* und daher *wertmäßig* nicht zu berechnen. Der dem „Material analoge Vermögensteil in der Landwirtschaft würde *der Boden selbst* sein“ (nicht nur der Samen und Dünger), hieß es an der auch von Marx zitierten Textstelle[116]; aber dieser arbeitswerttheoretisch nicht zu berechnende Boden befindet sich in Privateigentum, fungiert als „rentierendes Eigentum“, und die in merkwürdiger Weise falsche These vom angeblich fehlenden „Materialwert“ wird in der Absicht vorgebracht, den Funktionsmechanismus dieses Grundrente absorbierenden „rentierenden Eigentums“ sinnfällig zu machen. Die Art und Weise dieser Veranschaulichung, so zeigte sich, ging völlig daneben, was „ökonomisch formell falsch“, enthielt allerdings noch die Ahnung eines„ wahren ökonomischen Inhalts“, einer „weltgeschichtlichen Richtigkeit“, wie es bei Engels an anderer Stelle über die von Rodbertus gebotenen „Einsichten in den Ursprung und die Natur des Mehrwerts“ heißt.[117] Unbestritten dürfte daher sein, daß sich problemorientierte Theoriengeschichte auch noch mit solchen ahnungsvollen Irrwegen der Erkenntnis zu befassen hat, soweit daraus etwas zu lernen ist.

Wiederholen wir kurz die zuletzt getroffenen wichtigsten Feststellungen:

1. Es ist in der Rodbertusschen Grundrententheorie zwischen einem gesunden Kern und einer sehr speziellen künstlichen Aufpfropfung zu unterscheiden, die in der These von dem in der Landwirtschaft angeblich fehlenden „Materialwert“ gipfelt.

2. Da dieses bereits von Marx als letztlich unhaltbar demonstrierte spezielle Theorem jedoch nur eine ziemlich späte Aufpfropfung in der Rententheorie von Rodbertus darstellt, trifft der Nachweis der Unhaltbarkeit nur diesen „wunderlichen“ Ausläufer selbst, nicht aber den eigentlichen Kern der rodbertusianischen Grundrententheorie in ihrer durchdringenden Betonung des ausbeuterischen Pri-

116 Vgl. ebenda, S. 52.

117 Vgl. Friedrich Engels, Vorwort zu Karl Marx, Das Elend der Philosophie, in: MEW, Bd. 21, a. a. O., S. 178.

vateigentums als der Voraussetzung für den Rentenbezug.[118] Der progressive Gehalt dieses gesunden Kerns dürfte unbestreitbar sein, wenn er historisch bezogen bleibt auf seine eigentliche Entstehungszeit (1842/1851).

3. Der Stellenwert dieses auf merkwürdige Weise falschen Theorems innerhalb der Rodbertusschen Grundrententheorie ist auch insofern nicht als zentral, sondern nur als peripher anzusehen, als Rodbertus noch andere *spezielle Ableitungen* der Grundrente herausgestellt, nämlich die aus der geringeren Produktivität der Landwirtschaft.[119] Es ist also nicht angängig, wie es zur bequemeren Bekämpfung fast durchweg in der bürgerlichen Literatur geschieht, die Rodbertussche Grundrententheorie mit diesem speziellen Theorem vom angeblich fehlenden „Materialwert" *durchweg* gleichzusetzen.

4. Der periphere Stellenwert dieses Theorems zeigt sich ferner darin, daß es von Rodbertus selbst systemlogisch in einer Ebene angesiedelt wurde, die innerhalb der Rodbertusschen Rententheorie erst an zweiter bzw. dritter Stelle rangiert.[120]

5. Ungeachtet aller Falschheiten und der bloß peripheren Bedeutung enthält dieses spezielle Theorem in wie auch immer verquerer Form jedoch auch gewisse Ahnungen eines Richtigen, die in der theoriegeschichtlichen Darstellung nicht ganz übergangen werden sollten, auch wenn es sich bloß um vorwissenschaftliche Ahnungen handelt. Es erschien daher angebracht, mit allem kritischen Vorbehalt auf diese Ahnungen eines Richtigen innerhalb eines insgesamt falschen Spezialtheorems aufmerksam zu machen.

Mit diesen Bemerkungen sei zunächst die positive Darstellung der Rodbertusschen Rententheorie abgeschlossen, die wir oben mit dem Hinweis begannen, daß sie von Rodbertus innerhalb des „Dritten socialen Briefes" ausschließlich mit der Absicht eingefügt wurde, sie der irrigen Ricardoschen Grundrententheorie[121] entgegenzustellen. Er hatte hierbei[122] erklärt, „zur vollständigen Widerlegung dieser ricardianischen Ansicht vorerst die Dinge (zu) entwickeln, wie sie sich wirklich verhalten und von jeher verhalten haben"[123]. Wie erinnerlich, hatte Rodbertus die Ricardosche Grundrententheorie[124] bereits in seiner 1842 erschienenen

[118] Vgl. oben, S. 193ff.

[119] Vgl. Karl Rodbertus, Dritter socialer Brief, a. a. O., S. 162, 216, 244.

[120] Vgl. Karl Rodbertus, Das Capital. Vierter socialer Brief, a. a. O., S. 19f.

[121] Bemerkenswerterweise finden sich auch schon beim jungen Engels aus dem Jahre 1844 kritische Töne gegenüber der Ricardoschen Grundrententheorie. Engels hält es für „sehr befremdlich . . ., hören zu müssen, daß Grundzins der Unterschied zwischen dem Ertrage des Zins bezahlenden und des schlechtesten, die Mühe der Bebauung lohnenden Grundstückes sei. Dies ist bekanntlich die von Ricardo zuerst vollständig entwickelte Definition des Grundzinses" (Friedrich Engels, Umrisse zur Kritik der Nationalökonomie, in: MEW, Bd. 1, Berlin 1956, S. 509).

[122] Karl Rodbertus, Dritter socialer Brief a. a. O., S. 104.

[123] Ebenda.

[124] Karl Rodbertus, Zur Erkenntnis unserer staatswirthschaftlichen Zustände, a. a. O., S. 89.

Schrift von Grund auf in Frage gestellt: Sie sei gar keine Theorie der Grundrente und erkläre gar nicht die Entstehung der Grundrente überhaupt, sondern bestenfalls ihre Verteilung unter die einzelnen Grundbesitzer.[125]

Auch in der hier darzustellenden Grundrentenfassung des „Dritten Socialen Briefes“ aus dem Jahre 1850 hieß es eingangs,[126] daß das von Ricardo ausschließlich hervorgekehrte Differentialprinzip im strengen Sinne gar keine Grundrententheorie darstelle, daß es wohl „die *größere* Grundrente, aber nicht *die* Grundrente“ erkläre.[127] Die Ricardosche Rententheorie sei in vierfacher Beziehung unrichtig: „Die Staatswirtschaft vermag ihre Unhaltbarkeit und Unvollständigkeit zu beweisen; die Landwirtschaft widerspricht ihr vollständig; die Geschichte enthält zu ihren Behauptungen die entgegengesetzten Tatsachen; die Statistik endlich ... entscheidet gleichfalls gegen Ricardo ...“ [128]

Diese zu Beginn des „Dritten socialen Briefes“ aufgenommene Argumentation gegen Ricardos Grundrententheorie setzt Rodbertus jetzt, nach Darstellung seiner eigenen Rententheorie fort. Es ist dies, wie aus allem Bisherigen einwandfrei hervorgeht, eine Kritik von *Links*, eine Kritik mit Ricardo und durch Ricardo hindurch, eine Kritik, die von der Bedeutung Ricardos für die klassische Ökonomie durchdrungen ist (besonders für die Arbeitswerttheorie) und sie geradezu als „Hauptwendepunkt“ akzentuiert[129] und dennoch die seinen Konzeptionen anhaftenden Mängel nicht übersieht. (Auch Marx verband, wie oben gezeigt, in seiner Analyse Ricardos immer höchste Wertschätzung mit harter prinzipieller Kritik, die am härtesten gerade im Hinblick auf die Grundrententheorie ausfiel.[130])

Über dieses Zugleich von Fortführung und kritischer Überwindung ricardianischer Denkanstöße äußert sich Rodbertus selbst wie folgt: Seine eigene Theorie scheine ihm „die Inkonsequenzen Ricardos zu vermeiden und zugleich von seinem eigenen Standpunkt aus ... die Unrichtigkeit seiner Grundrententheorie namentlich in jener Behauptung nachzuweisen, daß die zuletzt angebaute Bodenklasse immer nur Kapitalgewinn, aber keine Grundrente abwerfe“[131].

Ein Grundirrtum Ricardos bestehe darin, Kapitaleigentum als *ursprünglich* gegeben anzunehmen, und zwar als gegeben noch *vor* dem Entstehen des Grundeigentums: „Das Kapitaleigentum ist ihm gegeben, und zwar noch früher als das Grundeigentum ...“ [132] Daher sei ihm „die Teilung des Produkts nur in Lohn und Kapitalgewinn ... die ursprüngliche, und ursprünglich auch die einzige“. – Grundrente, so ließe sich hier ergänzen, kenne und anerkenne er nur als Folgeerscheinung späterer Stadien. Er denke „sich in dieser Beziehung mit Kapital

[125] Vgl. oben, S. 139ff.
[126] Vgl. oben, S. 147 ff.
[127] Karl Rodbertus, Dritter socialer Brief a. a. O., S. 90.
[128] Ebenda, S. 103.
[129] Ebenda, S. 242.
[130] Vgl. oben, S. 86ff.
[131] Karl Rodbertus, Dritter socialer Brief, a. a. O., S. 229.
[132] Ebenda, S. 230.

versehene Ansiedler dem noch unangebauten und *unangeeigneten* [Hervorhebung – G. R.] Boden gegenüber, läßt diese zuerst den fruchtbarsten Boden anbauen und das hergestellte Produkt nur zwischen sich als Kapitalbesitzern und den Arbeitern teilen, ,weil niemand für Benutzung von Boden, der in derselben Qualität umsonst zu haben ist, Rente zahlen würde, so wenig, wie für den Gebrauch von Luft und Wasser' [Ricardo in der Zitierung von Rodbertus]. Wenn dann in Folge der zunehmenden Bevölkerung das steigende Bedürfnis zum Anbau des nächst fruchtbareren Bodens zwingt, wenn dieser bei der Anwendung einer gleichen Quantität Arbeit nur 90 Scheffel bringt, während der fruchtbarste Boden 100 gab", dann, so fahre Ricardo fort, „fängt die Grundrente von Nr. 1 an, denn entweder müßte es zwei verschiedene Gewinnsätze von landwirtschaftlichem Kapital geben, was nicht der Fall sein kann, oder das Plus von Nr. 1 fällt unter einen anderen Begriff und kann dann nur Grundrente sein." [133]

„Indem so Ricardo", fährt Rodbertus fort, „infolge des weiteren Überganges zu unfruchtbarerem Boden, die Grundrente durch das MEHRPRODUKT, das die nächstvorhergehende fruchtbarere Bodenklasse bei Anwendung einer gleichen Quantität Arbeit hervorbringt, sich bilden und auf den noch fruchtbareren Bodenklassen auch sich vergrößern läßt, scheidet er diesen ganzen den Ertrag in den ungünstigeren Unternehmungen *übersteigenden* [Hervorhebung – G. R.] Rohproduktteil als Grundrente aus . . ." [134]

Nach der Rodbertusschen Ansicht erklärt dieses von Ricardo ausschließlich verfochtene Differentialprinzip zwar die Verteilung der Rente auf die verschiedenen Bodenklassen, nicht aber das Wesen und die Entstehung der Rente, wohl „die *größere* Grundrente, aber nicht *die* Grundrente".

Wie für Smith und Sismondi, ist für Rodbertus und etwas später auch für Marx die „absolute" Rente der „Normalfall" und die Differentialrente lediglich eine sich damit zwanglos verbindende Ergänzung (Aufstockung); für Ricardo hingegen ist die Differentialrente der Normalfall und die absolute Rente angeblich nicht oder nur in sehr extremen Grenzfällen existent. Rodbertus betont das Privateigentum am Boden als bestimmendes Moment des Rentenprinzips, Ricardo die Bonitätsunterschiede des Bodens; Rodbertus ein gesellschaftliches Moment, Ricardo ein Moment des natürlichen geographischen Milieus unter weitgehender Abschwächung des Eigentumsaspektes (sogenanntes „teilweises Monopol").

Es lasse sich zeigen, so heißt es, „daß wenn es gerade Ricardos Hauptprinzip" sei, daß jedes Produkt und also auch das Rohprodukt sich nach seiner Kostenarbeit verwertet, er gerade *mit seinem eigensten Prinzip in Widerspruch* gerät, wenn er dennoch beweisen will, daß, so lange nur noch der fruchtbarste Boden angebaut worden, keine Grundrente abfalle"[135]. Entweder also stehe Ricardos Grundrententheorie mit dem Hauptprinzip seiner ganzen Theorie in Wider-

[133] Ebenda, S. 230f.
[134] Ebenda.
[135] Ebenda, S. 233.

spruch, mit dem Satz, daß jedes Produkt sich nach der Arbeit verwertet, die es gekostet hat, oder, es sei, bei Festhaltung dieses Satzes, seine Grundrententheorie unrichtig und diese dann in keiner anderen Weise aufzustellen, als von ihm, Rodbertus, geschehen sei.[136] Rodbertus argumentiert also arbeitswerttheoretisch.

Ricardos großer Irrtum, Kapitaleigentum als ursprünglich und Grundeigentum als sehr späte Folgeerscheinung anwachsender Besiedlung anzunehmen, drückt sich bekanntlich in der bei ihm dominierenden Tendenz aus, seine Grundrententheorie am Beispiel kolonialer Verhältnisse mit noch freiem Boden zu demonstrieren und nicht am Beispiel der entwickelten europäischen Länder seiner Zeit. Rodbertus attackiert diese das Wesen der Sache verwirrende Tendenz und betont, „daß, wenn die Ricardosche Theorie richtig sein soll, sie ihre Richtigkeit in der nationalökonomischen Entwicklung gerade des *Mutterlandes* beweisen muß, und daß also die Entstehung der Grundrente, des Kapitalgewinns und des Arbeitslohnes in dem letzteren und *nicht* in einer *Kolonie* zu erklären ist“[137]. „Stellen wir uns also den Beginn der staatswirtschaftlichen Entwicklung im Mutterlande, m. a. W. in der Gesellschaft überhaupt vor! Nach Ricardo müßte es auch hier vor Anbau und Aneignung des Bodens schon Kapitalisten und Arbeiter gegeben haben, welche letztere sich hätten bereit finden lassen, ungeachtet des dann gewiß noch frei okkupierbaren Bodens im Dienst der Kapitalisten zu arbeiten, mit nur einem Teil ihres Produkts als Lohn vorlieb zu nehmen und den Rest den Kapitalbesitzern als Gewinn zu überlassen. Eine solche Annahme grenzt aber“, wie Rodbertus betont, „in der Tat an Widersinn, denn wie man sich auch dies Verhältnis entstanden denken will, man stößt auf eine Reihe von Unmöglichkeiten, deren letzte und oberste die ist, daß eben ursprünglich *vor* Anbau des Bodens und vor Aufkommen des Grundeigentums die Existenz eines solchen Kapitals, das jemand bewegen könnte, in den Dienst seines Besitzers zu treten, angenommen werden soll.“[138]

So viele Völker man aus Geschichte und Ethnologie kennengelernt habe, man habe keines gefunden, „daß Kapitalgewinn *vor* Anbau des Bodens gekannt“ habe und es genüge auch, „diese Hypothese ins Auge zu fassen, um inne zu werden, daß sie sich zu weit vom Leben entfernt, als daß sie die Grundlage eines Systems der lebensvollsten Wissenschaft sein könnte“[139]. Damit kommt Rodbertus zu seiner Hauptargumentation, den von Ricardo so freiweg nach Kolonialstil ignorierten Grundeigentumsverhältnissen: „Auch die Grundeigentumsverhältnisse“, so heißt es, „entwickeln sich nicht so, daß sich dieselben nur in dem Maße im Lande ausbreiten, als Boden zum Anbau gezogen wird, daß anfänglich nur die besten Boden-

[136] Ebenda, S. 235.
[137] Ebenda, S. 237. Auch Marx kritisiert dieses Ausweichen Ricardos in koloniale Verhältnisse als theoretische Schwäche, als ungehörig und falsch (vgl. Karl Marx, Theorien über den Mehrwert, Zweiter Teil, in: MEW, Bd. 26.2, a. a. O., S. 304f.).
[138] Karl Rodbertus, Dritter socialer Brief, a. a. O., S. 237.
[139] Ebenda, S. 239.

klassen ins Eigentum übergehen, dann die nächstbesten und so fort . . . In jedem Lande ist [vielmehr] der größte Teil des Bodens schon viel früher im Eigentum gewesen, als er angebaut worden ist . . ." [140] Soweit man in die Geschichte zurückgehe, wo man auch nur noch Spuren des Ackerbaus finde, da sei „auch bereits ein *Eigentumsnetz* über den Boden der Nation von einem Ende zum anderen geworfen. Über jeder Masche dieses Netzes thront schon ein *Eigentümer* und in allen Maschen zusammen befindet sich *sämtlicher* angebauter wie unangebauter Boden zerstreut und verteilt". Auch wenn erst ein Hundertstel des Landes angebaut sei, „die übrigen 99/100 sind nichtsdestoweniger auch schon im Eigentum"[141]. Selbst in den von Ricardo u. a. genannten kolonialen Verhältnissen Amerikas finde man über Tausende Quadratkilometer unangebauten Bodens schon das Grundeigentum; Eigentum „freilich des Staates, der es aber parzellenweise erst an die Anbauer verkauft, freilich auch für einen geringen Preis, der aber doch jedenfalls schon eine Grundrente repräsentieren muß"[142].

So dürfte man auch aus dieser Sicht „schon bedeutenden Zweifel gegen eine nationalökonomische Theorie hegen, die eine das Leben aller Völker beherrschende Tatsache, den Bezug von Grundrente, aus angeblichen Tatsachen erklären will, die niemals im Leben einer Nation vorgekommen sind".[143] So dürfe man sagen, daß Ricardos Grundrententheorie vollständig falsch sei, denn er habe aus seinem ersten Irrtum, wonach Kapitaleigentum angeblich früher als das Grundeigentum existiert habe, „mit größter Konsequenz nur eine ganze Reihe von Irrtümern angeleitet"[144]. „Dennoch", und damit hebt Rodbertus die Arbeitswerttheorie als den bleibenden Kern des ricardianischen Systems hervor, „ist er es, der zuerst – und darin liegt die außerordentliche Bedeutung seines Systems – den Versuch gemacht hat, bei dem Satz der Gleichheit des Produktwerts mit der Kostenarbeit die ganze Fülle der heutigen staatswirtschaftlichen Erscheinungen zu erklären . . ." Daran vor allem knüpften sich nach seiner Ansicht „alle weiteren Fortschritte der Nationalökonomie, und wie unabsehbar diese auch noch sein mögen, so" werde „doch keine künftige Geschichte unserer Wissenschaft es unterlassen dürfen, von dem Werke Ricardos einen ihrer *Hauptwendepunkte* zu datieren".[145] Aus solchen und ähnlichen Aussagen wird ersichtlich, daß sich Rodbertus trotz aller scharfen Kritik der Ricardoschen Grundrententheorie immer noch als Anhänger des Eigentlichen und Bleibenden in Ricardos System verstand; wie wir meinen, durchaus mit Recht. Bekanntlich, und das ist eine Bestätigung für diese Ansicht, rechnen auch Marx und Engels Rodbertus zu den Schülern Ricardos, seine Theorien zu den Ausläufern des ricardianischen Systems.

Unter der Überschrift des 2. Hauptabschnittes „Auch die Landwirtschaft

140 Ebenda, S. 240.
141 Ebenda.
142 Ebenda.
143 Ebenda, S. 241.
144 Ebenda.
145 Ebenda, S. 242.

widerspricht der Ricardoschen Theorie“ will Rodbertus „auch aus der Landwirtschaft selbst beweisen, daß die Behauptung ihrer zunehmenden Unproduktivität unrichtig ist“. Rodbertus will hiermit auch jenes apologetisches Theorem widerlegen, das von Malthus wie Ricardo gegen die von Smith und den Agrarsozialisten (Spence, Paine etc). vertretene Monopolpreis-Grundrententheorie ins Treffen geführt wurde, wonach die Verteuerung der Landwirtschaftsprodukte auf das Monopol des Grundeigentums zurückzuführen sei. Eine Erklärung der hohen Kornpreise aus zunehmender Unproduktivität der Böden und Kapitalanlagen war natürlich wesentlich harmloser und unverfänglicher und daher für die herrschenden Klassen akzeptabler als die von Smith und den Agrarsozialisten verfochtene Erklärung der steigenden Lebensmittelpreise aus dem Monopol des Grundeigentums.[146]

„Der steigende Bedarf nach landwirtschaftlichem Produkt und namentlich nach Nahrungsmitteln und Kleidungsstoffen“ so Rodbertus' Darstellung dieses reaktionären Theorems, „soll deshalb nur mit immer mehr Arbeit zu beschaffen sein, weil der Anbau fortwährend entweder von fruchtbarerem zu unfruchtbarerem Boden, oder auch auf demselben Boden von produktiverer zu unproduktiverer Kapitalanlage fortschreite.“[147] Nach ausführlicher Zitierung der entsprechenden malthusianischen Kernsätze fährt Rodbertus in bohrender Fragestellung wie folgt fort: „Ich wünschte indessen wohl von einem Anhänger Ricardos die Frage beantwortet zu sehen, *seit wann* denn diese Zunahme der Kostbarkeit des landwirtschaftlichen Produkts stattgefunden haben soll. Ich will diese Frage gar nicht auf die allgemeinsten geschichtlichen Phasen der Produktion der Nahrungsmittel, auf die einander folgenden Zustände der Jagd, des Nomadenlebens, des Ackerbaus, die doch ohne Zweifel einen Fortschritt und keinen Rückschritt der Produktivität enthalten, ausgedehnt wissen; ich will sie auf die Geschichte des Ackerbaus beschränken. Dieser ist einige Jahrtausende alt. Hat der Ackerbau das Übel der zunehmenden Unproduktivität schon mit auf die Welt gebracht? Aber wer würde in diesem Falle heute noch ein Brot bezahlen können? Ist er ein paar tausend Jahre hindurch immer produktiver geworden oder gleich produktiv geblieben, um dann plötzlich in das Gegenteil umzuschlagen?“[148]

Doch selbst, wenn man auf solche generellen Einwürfe verzichte und lediglich den Zustand der Landwirtschaft in den westlichen Ländern Europas betrachte, sei zu fragen: „Ist es wahr, daß in den westlichen Ländern Europas, seit einem Jahrhundert etwa, der Ackerbau immer unproduktiver, sein Produkt immer kostbarer geworden ist, weil fortwährend von fruchtbarerem zu unfruchtbarerem Boden, oder von produktiverer zu unproduktiverer Kapitalanlage hat übergegangen werden müssen? Ist es wahr, daß in den vorhandenen Anbau- und Bodenverhältnissen dieser Länder oder in der Natur der Landwirtschaft Gründe liegen,

[146] Vgl. oben, S. 113 ff.
[147] Karl Rodbertus, Dritter socialer Brief, a. a. O., S. 247.
[148] Ebenda, S. 250.

daß dies für die Zukunft geschehen muß?"[149] Diese Fragen zu stellen, heißt sie zu ver*neinen*; Rodbertus drückt seine Überzeugung aus, „das Gegenteil beweisen zu können", insbesondere in dreierlei Hinsicht:

„1. daß in den genannten, den kultiviertesten Ländern der Welt, bis in die neueste Zeit ebenso oft zu fruchtbarerem als zu unfruchtbarerem Boden übergegangen worden ist, und auch ferner übergegangen wird;

2. daß dies dieselbe Bewandtnis mit den landwirtschaftlichen Kapitalanlagen auf bereits angebautem Boden hat, und daß – um das Malthussche Beispiel von den Maschinen zu verfolgen – auch die schon angebauten Bodenklassen immer produktivere Maschinen werden;

3. daß endlich auch der Produktwert gar nicht zu steigen braucht, um schlechtere Bodenklassen zu kultivieren und ihnen gleichfalls Grundrente abgewinnen zu können."[150]

Zum ersten dieser drei Gegenargumente führt Rodbertus unter anderem aus: „Ricardo scheint sich von der Entwicklung der Landwirtschaft eines Landes ein wunderliches Bild gemacht zu haben. Er glaubt nicht bloß, daß immer nur der angebaute Boden ins Eigentum übergehe und aller unangebauter Boden ein weites herrenloses Feld bilde, auf dem jeder Anbauer sich die nächst fruchtbare Klasse nach Belieben aussuchen könne, sondern er stellt sich auch vor, daß, so lange erst der fruchtbarere Boden im Anbau befindlich sei, der unfruchtbarere Boden unbenutzt daneben liegen bleibe, bis auch seine Stunde des Anbaus schlage und daß also die Landwirtschaft, als Bewirtschaftung eines Grundstückes, nur in dem jahraus, jahrein in einerlei Weise betriebenen Anbau der bereits kultivierten Bodenparzelle besteht. Mit solchen Vorstellungen hat aber die Entwicklung der Landwirtschaft, wie sie wirklich verläuft und ihrer Natur nach verlaufen muß, nicht die geringste Ähnlichkeit." Vielmehr sei, wie bereits angedeutet, „über jedes Land, daß von einem seßhaften Volk bewohnt wird, schon von alters her ein *Eigentumsnetz* mit Maschen von verschiedener Größe geworfen, denen sich auch nicht das geringste Stück unbebauten Bodens entzogen hat. Da ist schon von unvordenklicher Zeit *alles im Eigentum*, das Gemüseland vor den Toren der Stadt wie der Sumpf, den noch kein menschlicher Fuß betreten, oder der Wald, den noch keine Axt gelichtet hat. In den verschiedenen Maschen jenes Netzes befindet sich *alles* Land der Nation untergebracht, bebautes und unbebautes, beides durcheinander gelegen und miteinander verbunden"[151] [Hervorhebungen – G. R.].

Die Maschen dieses Eigentumsnetzes näher betrachtet, bestünden diese nun aus Privat- oder Gemeindebesitz, finde man Acker und Wald, Heide und Moor, Wiese und Weide, alles in der *einen* Masche zu einer Feldmark *verbunden.* Die wirkliche Landwirtschaft im Gegensatz zur fingierten Landwirtschaft der Ricardoschen Grundrententheorie vollziehe sich innerhalb einer solchen Feldmark,

[149] Ebenda, S. 252.
[150] Ebenda.
[151] Ebenda, S. 253.

die einen Wirtschaftskomplex darstelle, „in welchem der ‚unangebaute' Boden so gut seine Benutzung findet, als der ‚angebaute'"[152]. Die landwirtschaftliche Entwicklung auch innerhalb dieser einzelnen Feldmark sei unter den Bedingungen des Privateigentums „ihren eigenen notwendigen Gesetzen gefolgt, die vom bloßen landwirtschaftlichen Belieben unabhängig waren und niemals die Wahl im Anbau der Bodenklassen freigelassen haben"[153]. Er behaupte, „daß mindestens eben so oft, wenn nicht öfters, die fruchtbarsten Grundstücke zuletzt in Angriff genommen wurden, als auch, daß noch täglich innerhalb jener einzelnen Maschen Boden neu kultiviert wird, der von Natur fruchtbarer ist, als der bereits lange in Anbau befindliche". Er behaupte, „daß es sehr häufig *physisch* wie *wirtschaftlich unmöglich* gewesen ist, den fruchtbarsten Boden zuerst zu kultivieren".[154]

Neben solchen physischen und landwirtschaftlichen Gründen sei es indes vor allem dem durchdringenden Einfluß der Grundeigentumsverhältnisse zuzuschreiben, daß die landwirtschaftliche Entwicklung Gesetzen folge, die „vom bloßen landwirtschaftlichen Belieben" und von dem Differentialprinzip Ricardos *unabhängig* seien. Nur so sei beispielsweise auch das Elend der Bevölkerung in Irland zu erklären: „In Irland ist das Eigentum des Landes in weniger Händen als irgendwo anders und deshalb auch der Anbau neuen Bodens in die Willkür verhältnismäßig weniger gestellt. Außerdem wird bei der kleinen Parzellenwirtschaft, der das Land trotz jener Eigentumsverhältnisse unterliegt, über sämtliche Pächter, d. h. den Hauptteil der Bevölkerung, ein Ausbeutungssystem sondergleichen verhängt."[155]

In Polemik gegen das von Malthus und Ricardo vertretene Theorem der zunehmenden Unproduktivität der Landwirtschaft (sogenanntes Gesetz des abnehmenden Ertragszuwachses) entwickelt Rodbertus seine Argumente, daß man auch hinsichtlich der aufeinanderfolgenden Kapitalanlagen nicht von solch einer Entwicklung zum schlechteren sprechen könne.[156] Er „behaupte also gegen Malthus, daß der Regel nach und im allgemeinen die Bodenklassen unter den Händen der Landwirtschaft fortwährend eine *Aufrückung* erleiden, daß Boden vierter Klasse nach und nach Boden dritter Klasse, dieser zweiter Klasse, dieser wieder erster Klasse wird, und daß also auch in der Tat die Landwirtschaft – indem sie nach und nach Maschinen dritter Klasse mit solchen zweiter Klasse usw. vertauscht – zu immer *produktiveren* Maschinen übergeht".[157]

[152] Ebenda, S. 253f.
[153] Ebenda, S. 255.
[154] Ebenda.
[155] Ebenda, S. 262.
[156] Vgl. ebenda, S. 269.
[157] Ebenda, S. 270. Rodbertus benutzt hier einen von Malthus eingeführten Vergleich des Bodens mit einer Maschine bzw. einen Vergleich der verschiedenen Bodenklassen mit unterschiedlich guten Maschinen, obgleich er, wie Rodbertus betont, „unwahr ist" (ebenda, S. 269). „Der Boden ist nicht den Werkzeugen oder Maschinen, sondern dem Material, was die Fabrikation bedarf, zu vergleichen ..." (ebenda, S. 269).

Es komme ihm natürlich nicht in den Sinn, eine *unendliche* Verbesserung einer solchen landwirtschaftlichen „Maschine" (des Bodens) behaupten zu wollen. „Es ist leicht möglich, daß der fruchtbarste Boden, der heute existiert, nicht noch einmal so fruchtbar werden kann, aber noch viel leichter ist es möglich, daß aller unfruchtbarer Boden ebenso fruchtbar werden kann, als heute der fruchtbarste ist, denn der notwendige *Behälter* zu jenem, die besseren Bodenklassen charakterisierenden reichlicheren Vorrat von landwirtschaftlichen Rohstoffen ist mit ihm gegeben, die Landwirtschaft braucht ihn nur zu füllen. Die Jahrhunderte aber, die darüber hingehen dürften", so schließt Rodbertus diesen Gedankengang, „mögen uns vor den Drohungen des Ricardoschen Systems beruhigen."[158]

Auch die dritte Serie seiner gegen das Theorem von der zunehmenden Unfruchtbarkeit der Landwirtschaft gerichteten Antithesen entwickelt Rodbertus aus der Fülle seines in der Praxis geprüften landwirtschaftlichen Wissens. Es sei unrichtig, mit Ricardo zu behaupten, daß der Getreidepreis steigen müsse, „um schlechtere Bodenklassen zu kultivieren und ihnen gleichfalls Grundrente abgewinnen zu können"[159]. Er „behaupte dagegen, daß, um bei demselben Getreidepreis zu schlechterem Boden übergehen zu können, man nur ein anderes landwirtschaftliches System zu befolgen braucht",[160] indem man beispielsweise vom arbeitsintensiven Fruchtwechselsystem zum arbeits*extensiven* Koppelsystem zurückgeht. Die wirkliche und rationelle Landwirtschaft brauche keine höheren Preise, um unfruchtbareren Boden in Kultur zu nehmen, sondern sie bewirtschafte den schlechteren Boden nach einem extensiven System, „in welchem nicht so viel Arbeit auf ihn verwandt wird als auf den besseren oder näheren Böden ... Sie produziert deshalb auf unfruchtbareren Böden allerdings noch weniger Produkt als sie könnte, aber sie produziert eine gleiche Quantität (z. B. einen Scheffel) nicht mit *mehr* Arbeit ..."[161]; allenfalls mit mehr Boden, der aber, zumindest als „nackte Scholle", bei Rodbertus als „kostenlos" vorausgesetzt wird.[162]

Nach der Widerlegung der Ricardoschen Grundrententheorie 1. aus der Perspektive der „Staatswirtschaft", 2. aus der Perspektive der Landwirtschaft (das sind die zwei umfangreichsten Hauptabschnitte) folgt 3. die Widerlegung der ricardianischen Grundrententheorie aus der Sicht der Geschichte. Diese Gliederungsgesichtspunkte sind natürlich wie viele andere Gliederungen auch, nur Hilfskonstruktion der Darstellung und kein in jeder Hinsicht adäquater Ausdruck des komplexen Charakters der Sache selbst, aber sie erfüllen durchaus ihren Zweck: Unter der Überschrift: „III. Es ist auch historisch falsch, daß ursprünglich nur Kapitalgewinn und keine Grundrente abfalle", entwickelt Rodbertus seine Argumentation. Wie hier zu erinnern ist, bestand eine Grundannahme oder ein Grundirrtum Ricardos in der Fiktion, das Kapitaleigentum

[158] Ebenda, S. 279.
[159] Ebenda, S. 252 und 280.
[160] Ebenda, S. 280.
[161] Ebenda, S. 323.
[162] Vgl. unten, S. 194 ff.

als ursprünglich anzusehen, und zwar als gegeben noch *vor* der Entstehung des Grundeigentums.[163] Daraus resultiere auch die weitere Annahme, den Kapitalgewinn alias Profit als ursprünglich und die Grundrente als Folgeerscheinung anzusehen. Die Überschrift dieses III. Hauptabschnittes richtet sich also direkt gegen diese Grundannahmen der Ricardoschen Grundrententheorie. Die darunter versammelten Argumentationen tragen deshalb auch wieder grundsätzlichen oder zusammenfassenden Charakter, im Unterschied zum vorhergehenden Abschnitt über die Landwirtschaft: Staatswirtschaft und Landwirtschaft, so heißt es, hätten sich gleichermaßen gegen die Annahmen der Ricardoschen Grundrententheorie gesträubt, und nun zeige auch die Geschichte die Unwahrheit dieser Annahmen: „*Es hat niemals*", so heißt es im Sperrdruck, „*einen gesellschaftlichen Zustand gegeben, in welchem nur Kapitalgewinn und keine Grundrente abgefallen wäre.*"[164]

Auch wenn man bis ins Zwielicht der Geschichte zurückgehe, gestalte sich die Verteilung des Nationaleinkommens „beinahe umgekehrt als Ricardo meint". Alle Rente, das heißt alles arbeitslose Einkommen sei ursprünglich „weniger als Kapitalgewinn denn als Grundrente anzusehen, oder, um es richtiger auszudrücken", fließe „ursprünglich ununterschieden bei dem *Grundbesitzer* in *eins* zusammen. Seitdem mit dem Ackerbau der Grund zu einer regelmäßigen Teilung der Arbeit gelegt worden, waren es überall die Grundbesitzer allein, in deren Dienst Greise, Weiber, Kinder und Sklaven arbeiteten, um jenen, den ‚Herren', die rohen Genüsse solcher Kulturstufe – die erste Rente – zu bereiten."[165] Wir kennen diese Argumentation bereits; wir verwiesen auch darauf, daß sowohl Adam Smith wie auch Karl Marx einen ähnlichen geschichtlichen Zustand anerkennen, in dem „Rente und Profit sich noch nicht geschieden haben, indem der Grundeigentümer zugleich der Kapitalist ist"[166].

Die Grundrente in diesem Gesellschaftszustand (es handelt sich um die antike und feudale Grundrente) wird von Marx als die „normale, alles absorbierende" Form der Mehrarbeit und des Mehrwerts überhaupt charakterisiert; *alles absorbierend* in dem Sinne: es gibt hier noch keine andere Form des Mehrwerts und der Mehrarbeit, also noch keinen davon losgelösten Profit, sondern nur diese allumfassende, allen Mehrwert absorbierende *eine* Rente.[167]

Die Frage, woher denn die Kapitalisten ursprünglich kommen (Marx hat sie in dem Kapitel über die sogenannte ursprüngliche Akkumulation beantwortet), existiert für Ricardo nicht, da er diese Kapitalisten in unhistorischer Weise als ursprünglich gegeben voraussetzt. Für Rodbertus steht diese Frage und er beantwortet sie auf seine Weise, aber diese Weise weicht nicht wesent-

163 Vgl. oben, S. 167 f.

164 Karl Rodbertus, Dritter socialer Brief, a. a. O., S. 287.

165 Ebenda.

166 Karl Marx, Das Kapital, Dritter Band, in: MEW, Bd. 25, a. a. O., S. 795, Fußnote 42a.

167 Vgl. ebenda, S. 792 und 801.

lich ab von der historischen Wirklichkeit dieser vergangenen Epoche, soweit man eben Vergangenheit wirklich begreifen und rekonstruieren kann. Er beantwortet sie allgemeiner und deduktiver als Marx: aus der Teilung der *einen* Rente und der Teilung der *einen* (herrschenden) Klasse, ein Vorgang, der sich auf der Basis der bis zu einem gewissen Punkt gestiegenen Arbeitsproduktivitätsentwicklung vollziehe und dadurch erst ermöglicht werde: Wie die Entstehung der „Rente überhaupt" und der einen rentenbeziehenden Klasse neben der Existenz des Privateigentums einen gewissen Stand der Arbeitsproduktivität voraussetzt, dergemäß einer mehr erzeugen kann als er verbraucht, so setze die Aufspaltung der *einen* Rente und der *einen* rentenbeziehenden Klasse in *zwei* Renten und *zwei* rentenbeziehende Klassen ein Entwicklungsniveau der Arbeitsproduktivität voraus, das ausreicht, um zwei von der Ausbeutung lebende herrschende Klassen zu tragen (bzw. eine herrschende Klasse größerer Quantität, gegliedert in zwei Fraktionen). Diese Spaltung der *einen* Rente und *einen* Klasse, von Rodbertus als „wichtigste soziale Begebenheit des Mittelalters" bezeichnet, ist auch nach Rodbertus kein harmonisches parthenogenetisches Entfalten eines ideell vorgegebenen Geschichtsplanes, sondern ein Kampf zwischen Eigentümern und Klassen von Eigentümern um Verteilung des den arbeitenden Klassen „in brüderlicher Feindschaft" (Marx) zusammen abgejagten Arbeitsertrages: „Der Streit, der sich durch die ganze mittelalterliche und neuere Geschichte zieht, der sich in den verschiedenartigen Formen bewegt, von unseren heutigen Freihandels- und Schutzzollstreitigkeiten an bis zu den alten Kämpfen des Stadtbürgertums gegen den Feudaladel, welche letztere immer auch zugleich wirtschaftlicher Natur waren, da sie eben so oft um Brau- und Brennereigerechtigkeit und die Ausdehnung des jus prohibendi der Zünfte als um andere Interessen geführt wurden; *dieser ganze Streit zwischen Grundbesitz und Kapital*" war, wie es heißt, „wesentlich *ein Streit um die Teilung der Rente, um die Teilung dessen, was Grund- und Kapitaleigentum zusammen dem Arbeiter abjagen* . . ." [168] [Hervorhebung – G. R.].

Aus dieser Konzeption von der Aufspaltung der ursprünglich *einen* vom „Oikenherrn" bezogenen Gesamtrente unter die zwei Klassen der Grund- und Kapitaleigentümer ergibt sich für Rodbertus auch, daß Ricardos Ansicht von der Priorität des Kapitals und des Kapitalgewinnes so falsch ist, daß nicht einmal das Gegenteil war ist: Es ist also irrig, in der einfachen Umkehrung von Ricardo eine Priorität des speziellen Grundeigentums und der speziellen Grundrente und eine Posteriorität des Kapitals und des Kapitalgewinns anzunehmen.

Richtig ist vielmehr, daß die „diese beiden nur in ihrer Besonderheit neuen Rententeile bereits früher in der Einen Rente bestanden" haben und sich gewissermaßen *gleichzeitig*, nachdem die historischen Bedingungen erfüllt waren, aus dieser ursprünglichen Gesamtrente herausentwickelt haben. Obwohl also

[168] Karl Rodbertus, Dritter socialer Brief, a. a. O., S. 288.

auch die einfache *Umkehrung* Ricardos, „daß der Kapitalgewinn *später* als die Grundrente entstanden sei" falsch ist, entbehre doch „bei solchem geschichtlichen Verlauf die Ricardosche Meinung, daß *zuerst* alle Rente Kapitalgewinn sei, auch des kleinsten Grundes"[169].

Der Ausklang des „Dritten socialen Briefes" ist merkwürdig matt und vorsichtig lavierend: Er sei zwar „in der Tat der Meinung, daß staatswirtschaftlich eine Organisation aufgefunden werden könnte, die das Grund- und Kapitaleigentum *entbehrlich* zu machen ... vermöchte ... Aber" er sei „weit davon entfernt, eine solche Organisation schon der *Gegenwart* vorzuschlagen". Er „glaube allerdings nicht an die absolute Notwendigkeit des Grund- und Kapitaleigentums, wohl aber an seine relative, für die heutige Zeit" (1851). Er glaube, „daß zwar schon die Wissenschaft die staatswirtschaftlichen Funktionen des rentierenden Eigentums zu ersetzen verstände, aber [er] glaube nicht, daß der freie Wille der Gesellschaft heute stark genug ist, um auch den Zwang zur Arbeit, den jene Institution außerdem noch übt, schon unnötig zu machen". Arbeit aber sei „das Prinzip des gesellschaftlichen Fortschrittes, ... der Initialbuchstabe jeglichen Reichtums und jeglicher Zivilisation ... Ich glaube also nicht", so heißt es in dieser Hinsicht resümierend, „daß die Gesellschaft ihren Weg durch die Wüste *schon* beendigt hat, daß ihre sittliche Kraft *schon* groß genug ist, um das gelobte Land der Erlösung vom Grund- und Kapitaleigentum durch *freie* Arbeit erwerben und behaupten zu können."[170]

Immerhin: Auch dieser von Reformismus und Revolutionsfurcht gespeiste evolutionistische Ausklang des „Dritten socialen Briefes" aus dem Jahr 1851, angesichts der soeben gescheiterten und niedergeworfenen bürgerlich-demokratischen Revolution, nimmt die *prinzipielle Entbehrlichkeit* des Grund- und Kapitaleigentums und seiner einschlägigen Rentenbezüge sowie das echt Wünschenswerte und geradezu notwendig Gebotene einer dereinstigen „Erlösung" von diesen Formen des „rentierenden Eigentums" an. Die praktischen Schlußfolgerungen aus den radikalen Prämissen der von Rodbertus vertretenen Rententheorie werden unmittelbar nicht ausgesprochen, oder nur für eine ferne Zukunft und in verschlüsselter Form ausgesprochen, aber diesen latenten Schlußfolgerungen wurde auch nirgends abgeschworen oder widersprochen, sie blieben – wie immer abgeschwächt und prolongiert – wirksam und präsent auch in den nachrevolutionären Jahren um 1850 bis hin zur Erhebung der Pariser Kommune, die Rodbertus auf seine Weise begrüßte und zur Kenntnis nahm.[171]

169 Ebenda, S. 290.

170 Ebenda, S. 229ff. Vgl. hierzu auch das zum reformistischen und staatssozialistischen Aspekt des Rodbertusschen Denkens Ausgeführte, oben, S. 53ff.

171 Vgl. Karl Rodbertus, Brief an Rudolf Meyer vom 3. Juli 1871 (Karl Rodbertus, Briefe und socialpolitische Aufsätze, hrsg. von Rudolf Meyer, Berlin 1882, S. 83). Hierzu Mehring: „Er geißelte treffend die abgeschmackten Schimpfereien der

III. *Die Grundrententheorien von Karl Marx und Karl Rodbertus in komparatistischer Sicht*

Es geht im folgenden Abschnitt um einen mehr oder weniger summarischen Vergleich, um die Herausstellung von Strukturähnlichkeiten und die Gegenüberstellung von Strukturunterschieden zwischen den zwei hier interessierenden Grundrententheorien, von denen die eine 1842 bzw. 1851, die andere 1895, also fast 50 Jahre später veröffentlicht worden ist. Es wird bei dieser komparatistischen Betrachtung davon ausgegangen, daß Vergleiche und Gegenüberstellungen sehr viel zur Klärung komplizierter Sachverhalte beitragen können, auch da, wo sie dem einen oder anderen Betrachter schon „sonnenklar" erscheinen. Ein solcher Vergleich wird sich auch nicht beschränken dürfen auf die Gegenüberstellung der zwei speziell gegen den Rodbertus-Kultus gerichteten Vorreden von Friedrich Engels[1] einerseits mit den entsprechenden Stellen aus Rodbertus andererseits, sondern wird sich beziehen müssen auf die zu vergleichenden Theorien in ihrer Totalität und historischen Verwurzelung. Es geht dabei um Klärung der Unterschiede, nicht um ihre Verwischung. Es

deutschen Bourgeoisieblätter über die Pariser Kommune . . ." (Franz Mehring, Geschichte der deutschen Sozialdemokratie, Bd. 1, Berlin 1960, S. 260). In einem Gedächtnisartikel zu Ehren der Pariser Kommune aus dem Jahre 1896 ging Franz Mehring wie folgt auf die Rodbertussche Stellungnahme zur Erhebung des Pariser Proletariats ein: „Und wenigstens *ein* Zeichendeuter fand sich in den herrschenden Klassen, der an den ihnen sonst so rätselhaften Schriftzügen zu buchstabieren verstand. Rodbertus schrieb: ‚Trauriger als die Pariser Katastrophe ist, daß auch kein einziges deutsches Journal ihre geschichtsphilosophische Bedeutung zu würdigen verstanden hat . . . Was brachten unsere Blätter? Schimpfworte . . .'." Rodbertus' Stellungnahme sei „eine Stimme in der Wüste" gewesen, „und noch dazu eine Stimme, die mehr zu lallen als zu sprechen wußte" (vgl. Franz Mehring, Zum Gedächtnis der Pariser Kommune, in: Franz Mehring, Gesammelte Werke, Bd. 4, a. a. O., S. 387). Immerhin erkannte Rodbertus die „geschichtsphilosophische Bedeutung" der Pariser Kommune als den sinnfälligen Beweis dafür, daß die Grundlagen der bürgerlichen Gesellschaft *zerstörbar* sind, und daß es hierzu nicht auswärtiger „Barbaren" bedürfe, sondern, daß dieses Zerstörungswerk von Kräften getragen wird, die *innerhalb* der bürgerlichen Gesellschaft *selbst* herangewachsen sind (vgl. Karl Rodbertus, Briefe und socialpolitische Aufsätze, hrsg. von Rudolf Meyer, a. a. O., S. 83).

[1] Engels selbst hat dieser in den zwei Vorreden (zum zweiten Band des „Kapitals" und zur deutschen Ausgabe der Schrift „Das Elend der Philosophie") vollzogenen Rodbertus-Kritik einen *eingeschränkten* Stellenwert zuerkannt: „Meine Kritik des Rodbertus", so heißt es in einem Brief an Kautsky, „wird sich übrigens in der Hauptsache ja bloß auf den Plagiatsvorwurf beschränken" (Friedrich Engels, Brief an Karl Kautsky vom 23. 5. 1884, in: MEW, Bd. 36, Berlin 1967, S. 149). In dieser Hinsicht hat Engels allerdings alles wesentliche gesagt.

geht aber auch um die Klärung eventueller Gemeinsamkeiten; auch diese sollten nicht verwischt werden.[2]

Beide Theorien, und auch das gehört zu den Ergebnissen der Engelsschen Vorreden, haben weder eine Plagiats- noch eine Kontrovers-Beziehung zueinander, sondern wurzeln völlig *unabhängig* voneinander in den gleichen ricardianischen und antiricardianischen Quellen der zwanziger und dreißiger Jahre des anhebenden 19. Jahrhunderts. Es sei nur auf die von beiden Grundrententheorien mit Nachdruck hervorgehobenen Konzeptionen von Sismondi und Richard Jones hingewiesen.[3]

Rodbertus hat also seine 1842 veröffentlichte Grundrententheorie nicht gegen Marx entwickelt und dieser seine in den sechziger Jahren geschriebene und 1895 veröffentlichte Grundrententheorie nicht gegen Rodbertus konzipiert, aber beide haben aus der ricardianischen und antiricardianischen Tradition gedacht und mit Ricardo und durch Ricardo hindurch eine im wesentlichen antiricardianische Grundrententheorie entwickelt. Wir haben die harten Urteile von Marx über die Grundrententheorie Ricardos oben zitiert (den von J. Kuczynski so bezeichneten „Großangriff auf die Ricardosche Rententheorie“) und die breitangelegte Kritik der Ricardoschen Grundrententheorie durch Rodbertus dargelegt und als einen Hauptpunkt der Kritik durch beide Autoren die der ricardianischen Konzeption eigene Vernachlässigung des Eigentumsaspektes und die Ignorierung der absoluten Rente nachgewiesen.

Im Mittelpunkt beider hier zu vergleichender Grundrententheorien steht die rentenabschöpfende Kraft des monopolisierten Grundeigentums und die daraus resultierende „absolute“ Grundrente im Unterschied zur „relativen“ oder Differentialrente. Während jedoch Rodbertus ohne Umschweife mit der „absoluten“ Rente beginnt und die Differentialrente nur am Rande behandelt als etwas, was an sich klar ist und nur mit entsprechend herabgemindertem Stellenwert in die allgemeine, alias „absolute“ Rentenproblematik einzufügen ist,[4] erörtert Marx bei der Darstellung seiner Grundrententheorie im dritten Band des „Kapitals“ zunächst über 100 Seiten die Problematik der Differentialrente (zum Teil mit ricardianischer, überwiegend aber mit ricardokritischer Tendenz), um dann erst, auf nur 29 Seiten die absolute Rente zu entwickeln. Diese Disproportion ist jedoch nur eine scheinbare, wenn man die Kapitel 37 (Einleitendes), 45 (Baustellenrente ...) und vor allem das Kapitel 47 (Genesis der kapitalistischen Grundrente) mit zum Problemkreis der absoluten Rente im weiteren Sinne heranzieht (zusammen 72 Seiten, zusammen mit den 29 Seiten = 101 Seiten) und außerdem den *Trennungsstrich* be-

[2] Nur dieser Abschnitt, nicht das vorliegende Buch insgesamt, befaßt sich mit dem Vergleich der Marxschen mit der Rodbertusschen Grundrententheorie.

[3] Vgl. oben das Kapitel: „Ricardos Grundrententheorie und ihre Gegner“, S. 120ff.

[4] „Diese Verschiedenheit [der natürlichen Fruchtbarkeit] ist eine Tatsache, die sich mit jeder anderen Grundrententheorie verbindet“ (Karl Rodbertus, Dritter socialer Brief, Berlin 1875, S. 91).

achtet, den Marx zwischen dem „Gesetz der Differentialrente" und dem Konzept seiner absoluten Grundrente macht.[5]

Die Differentialrentenproblematik wird damit zugleich anerkannt wie ausgeklammert; anerkannt in ihrem durch Bonitäts-,Lage- und Intensitätsdifferenzen bestimmten Bereich, ausgeklammert aus der eigentlichen Rentenproblematik, die es mit schwerwiegenderen, nämlich mit Ausbeutungsproblemen auf monopolistischer Grundlage zu tun hat. Marxens Feststellung, daß es darum gehe, die Existenz der Grundrente an sich zu erklären, „während Ricardo nur die *Existenz differenter Grundrenten* erklärt und das *Grundeigentum* in der Tat ohne *ökonomischen* Effekt läßt",[6] korrespondiert der Rodbertussche Satz aus der Schrift von 1842, die Ricardosche Theorie sei im Grunde „gar keine Theorie der Grundrente", denn sie erkläre „nicht die Grundrente überhaupt, sondern (unter Voraussetzung ungleichen Bodens) nur ihre Verteilung unter die einzelnen Grundbesitzer, die Differenz der einzelnen besonderen Grundrenten"[7].

Den von Ricardo etc. vernachlässigten *ökonomischen Effekt* des Grundeigentums, als den eigentlichen Springpunkt des Grundrentenproblems, charakterisiert Marx als *Zoll* oder *Tribut*: Das Grundeigentum als *Barriere* der Kapitalanlage verlange *Zoll*, das heißt *Rente*,[8] das Grundeigentum als Monopolmacht verlange *Tribut* alias Rente sogar für „das Recht die Erde bewohnen zu dürfen"[9]. Das Grundeigentum erlange in dieser Hinsicht eine ungeheure Macht.[10] Es ginge also darum, „den ökonomischen Wert, d. h. die Verwertung dieses Monopols auf Basis der kapitalistischen Produktion zu entwickeln"[11] .

Nicht weniger bestimmt hatte Rodbertus in der Schrift von 1842 die tributäre alias rentenschaffende Wirkung des privaten Grundeigentums beschrieben.[12] An anderer Stelle hieß es in Frontstellung zur Ricardoschen Verabsolutierung der Differentialrente und in Zustimmung zu einer Rententheorie, die den „ökonomischen Effekt des Grundeigentums" hervorhebt, wie folgt: „Ich bemerke ein für allemal, daß ich *niemals* unter Rente oder Renten die Differentialgewinne verstehe, die über den üblichen Gewinnsatz, nach der Verschiedenheit der günstigen Anlageverhältnisse . . . abfallen, sondern *alles Einkommen*,

[5] Vgl. Karl Marx, Das Kapital, Dritter Band, in: MEW, Bd. 25, Berlin 1964, S. 757: „Das Gesetz der Differentialrente ist also von dem Ergebnis der folgenden Untersuchung unabhängig."

[6] Karl Marx, Theorien über den Mehrwert, Zweiter Teil, in: MEW, Bd. 26.2, Berlin 1967, S. 88.

[7] Karl Rodbertus, Zur Erkenntnis unserer staatswirthschaftlichen Zustände, Neubrandenburg und Friedland 1842, S. 89.

[8] Vgl. Karl Marx, Das Kapital, Dritter Band, in: MEW, Bd. 25, a. a. O., S. 770.

[9] Ebenda.

[10] Vgl. ebenda, S. 781.

[11] Ebenda, S. 629.

[12] Vgl. oben, S. 139.

das dem Besitz als solchen zufällt . . .“ [13] Es sei in diesem Zusammenhang auch noch einmal darauf verwiesen, daß die ursprünglich vorgesehene Titelfassung seines „Dritten socialen Briefes“ [14] den Eigentumsaspekt des Rentenmechanismus offen ausformuliert hatte.[15]

„Das Prinzip des Rentenbezugs“, so hatte Rodbertus 1842 formuliert, „ist das Privateigentum an Boden und Kapital.“ [16] Das Privateigentum, so erläuterte Rodbertus dieses Renten abschöpfende Prinzip[17], habe in dieser Hinsicht zweierlei Wirkungen: „a) eine negative; es bewirkt, daß die Arbeiter von dem gesamten Produkt nicht mehr erhalten als den notwendigen Unterhalt; b) eine positive; es bewirkt, daß Grund- und Kapitalbesitzer den ganzen Rest ziehen“[18]. Daß Rodbertus hier Grund- und Kapitalrente alias Profit nach einem gleichen Grundprinzip zu erklären unternimmt, ist durchaus wichtig und von Bedeutung für die Erfassung des Mehrwerts als einer eigenständigen Kategorie, soll uns aber an dieser Stelle nicht weiter beschäftigen, da dieses Problem an anderer Stelle in diesem Manuskript behandelt wurde.[19]

13 Karl Rodbertus, Zur Beleuchtung der socialen Frage, Theil II, Berlin 1885, S. 20, Fn.

14 Vgl. Karl Rodbertus, Die auf Besitz gegründete Rententheorie nebst einer Einleitung in die sociale Frage, in: Zentralarchiv der DDR, Abt. Merseburg. Rep. 76, Nachlaß von Rodbertus.

15 Die leider viel zuwenig bekannt gewordene Monographie des polnischen Ökonomen Mieczysław Mieszcankowski (Teoria Renty absolutnej, Warszwa 1964, 490 Seiten) zum Thema der absoluten Rente gesteht Rodbertus sogar das Verdienst zu, die Theorie der absoluten Rente als erster überhaupt aufgestellt zu haben: „K. Rodbertus was the first economist to formulate the foundation of the theorie, but a wholly satisfactory theory was given later by K. Marx“ (ebenda, S. 481). Man könne sagen, so Mieszcankowski, „daß Rodbertus der Schöpfer der Theorie der absoluten Rente war, Marx dagegen gab ihr den vollen wissenschaftlichen Charakter“ (ebenda, S. 17; Übersetzung von I. Buchsdrücker, ZIW). In der vom Marx-Engels-Lenin-Institut besorgten Ausgabe des „Kapitals“ aus dem Jahre 1932, die nach 1945 in der DDR in 6 Auflagen wieder abgedruckt wurde, heißt es im Registerteil zu den hier interessierenden Zusammenhängen wie folgt: „*Bedeutend an Rodbertus' Theorie* ist, trotz dieser grundlegenden Fehler, daß sie die Grundrente aus dem Monopol des Grundeigentums erklärt und an einem speziellen Industriezweig, der Landwirtschaft, das von Marx entdeckte Gesetz der *absoluten Rente* bestätigt“ (Karl Marx, Das Kapital, Dritter Band, in: MEW, Bd.25, a.a.O., S. 1004). Das ist deutlich genug, auch wenn es chronologisch nicht ganz stimmig ist, eine 1895 veröffentlichte Theorie durch eine 1842 veröffentlichte „bestätigen“ zu lassen.

16 Karl Rodbertus, Zur Erkenntnis unserer staatswirthschaftlichen Zustände, a. a. O., S. 72.

17 Vgl. den bereits mehrfach ausgesprochenen Terminus „rentierendes Eigentum“ (ebenda, S. 72).

18 Ebenda.

19 Vgl. S. 139ff. und 152ff. in dieser Arbeit. Beide, Grundrente wie Kapitalprofit sind Bestandteile des Mehrwerts alias „Rente überhaupt“. Beide resultieren aus unbezahlter vom respektiven Produktionsmitteleigentümer angeeigneter Arbeit. Eben daraus leiten sich bei aller sonstigen Unterschiedlichkeit wichtige Gemeinsamkeiten her. Vgl.

Nur soviel sei hier hinsichtlich der unterschiedlichen Akzentuierung dieses Sachverhalts innerhalb der beiden Grundrententheorien gesagt: Was Marx erst im dritten Band des „Kapitals“ im Rückblick auf antike und mittelalterliche Zustände relativ knapp und kursorisch erwähnt, nämlich den ursprünglichen Charakter der (feudalen) Rente als „alles absorbierender Form der Mehrarbeit“ bzw. des Mehrwertes und damit als der gemeinsamen Wurzel dessen, was sich später als kapitalistische (Teil-)Grundrente und Profit auseinander differenziert, ist für Rodbertus auch darstellerisch der Ausgangspunkt der ganzen Rententheorie, nämlich der von ihm so genannten Theorie der „Rente überhaupt“, die demgemäß von vornherein den gesamten Mehrwert umfaßt und sich erst später, nach Herausbildung einer besonderen Kapitalistenklasse, in die speziellen Rentenformen der kapitalistischen Grundrente und Kapitalrente alias Profit spaltet; diese strukturelle Entwicklung der Rodbertusschen Grundrententheorie wurde oben bereits näher skizziert.[20] Diese Spaltung oder Differenzierung der umfassenden „Rente überhaupt“ entwickelte und präzisierte Marx später als „Verwandlung der feudalen in die kapitalistische Grundrente“. Aus der „alles absorbierenden Form der Mehrarbeit“ (nach Marxschem Verständnis die feudale Grundrente) wird eine sehr spezielle Form der Mehrarbeit und des Mehrwerts, ein Bruchteil des Gesamtmehrwerts, den Marx unter der Bezeichnung kapitalistische Grundrente bzw. „absolute Rente“ als die vom Grundeigentum abgeschöpfte Differenz zwischen Produktionspreis und Wert des agrikolen Produkts bestimmt.

Marx faßt diese im Gefolge der Verwandlung der feudalen in die kapitalistische Grundrente sich vollziehende *Verengung* des Grundrentenprofils auch als ein „Herabsinken“ auf, als ein Herabsinken der Rente von der „normalen Form des Mehrwerts“ zu einer mehr untergeordneten und vom Profit begrenzten Unterform des Mehrwerts: „Von der normalen Form des Mehrwerts und der Mehrarbeit sinkt sie herab zum Überschuß dieser Mehrarbeit über den Teil derselben, der vom exploitierenden Kapitalisten unter der Form des Profits angeignet wird ...“[21] Die derart herabgesunkene Rente sei nicht mehr die

hierzu Karl Rodbertus, Zur Erkenntnis unserer staatswirthschaftlichen Zustände, a. a. O., S. 63: „Die Rente überhaupt teilt sich in Grundrente und Capitalrente. *Insofern* haben beide dasselbe Prinzip.“ Ähnlich akzentuierte Aussagen über die relative Gleichartigkeit des Grundrenten- und Kapitalrentenbezugs lassen sich bei Marx z. B. in folgender Formulierung nachweisen: „... ganz wie das *Monopol* des Kapitals allein den Kapitalisten befähigt, vom Arbeiter Surplusarbeit abzupressen, befähigt das Monopol des Grundeigentums den Grundeigentümer, dem Kapitalisten den Teil der Surplusarbeit abzupressen, der einen konstanten *Surplusprofit* bilden würde“ (Karl Marx, Theorien über den Mehrwert, Zweiter Teil, in: MEW, Bd. 26.2, a. a. O., S. 88). Die Homogenisierung der zwei Ausbeutungsvarianten geschieht in dieser Aussage unter dem Aspekt des *Monopols*, und zwar im Sinne eines Monopols der Produktionsmitteleigentümer.

20 Vgl. S. 139 ff. und 147 ff.

21 Karl Marx, Das Kapital, Dritter Band, in: MEW, Bd. 25, a. a. O., S. 808.

„normale“ oder „umfassende Form“ des Mehrwerts, sondern „nur noch ein überschüssiger Teil“ von der zunehmend größeren Masse *des* Mehrwerts, der vom Kapitalisten als Profit angeeignet wird. Statt der Rente sei jetzt der Profit die „normale Form“ des Mehrwerts geworden, und die Rente gilt „nur noch als eine unter besondern Umständen verselbständigte Form, nicht des Mehrwerts überhaupt, sondern eines bestimmten Ablegers desselben ...“[22] Worauf es in diesem Zusammenhang ankommt: Auch die von Marx entwickelte „Genesis der kapitalistischen Grundrente“, die sich als Verwandlung der feudalen Gesamtrente in eine vom Profit abgehobene kapitalistische Teil-Grundrente darstellt, läuft auf eine Teilung oder Spaltung des ursprünglich in einer Gesamtrente vereinnahmten Gesamtmehrwerts hinaus, freilich in erheblich differenzierterer und exakterer Fassung als bei der relativ grobschlächtigen Deduktion der Rodbertusschen Konzeption. Der von Marx mit Nachdruck betonten Verengung des Rentenprofils bei der Umwandlung der feudalen in die kapitalistische Grundrente entspricht eine analoge Erweiterung des Profils der Kategorie Profit. Mehr noch und noch genauer: Nur weil die Kategorie Profit neu in das Spannungsfeld der Mehrwertaneignung eingetreten ist, getragen von einer neuen Ausbeuterklasse, der zweiten Ausbeuterklasse neben einer schon bestehenden und auch fortbestehenden ersten Ausbeuterklasse, nur deshalb muß sich der bisher in einer Gesamtrente bezogene Gesamtmehrwert nunmehr auf zwei Teilrenten verteilen, eben auf die wesentlich enger konzipierte kapitalistische Grundrente und auf die zunehmend Umfang gewinnende Kategorie Profit.

Ein bemerkenswerter Unterschied zwischen den beiden Grundrententheorien zeigt sich wieder in der Frage, ob das Grundeigentum seinen „Tribut“ vom Produzenten (Bauern, Landarbeiter) *direkt* eintreibt, oder ob es erst über die unfreiwillige Vermittlung des Kapitalisten zu seinem Rententribut kommt. Zu der mehr direkten Form der Rentenabschöpfung durch den Grundeigentümer aus dem agrikolen Produzenten selbst (Verkürzung des Lohnes auf Unterhaltsminimum) tendiert in der Nachfolge von Smith und Sismondi die Rententheorie von Rodbertus;[23] für das Dominieren des indirekten Weges, dem Abschöpfen des zunächst vom Kapitalisten aus dem Produzenten ausgepreßten Mehrwerts, spricht sich bekanntlich Marx aus. Befähigt also nach Rodbertus das Grundeigentum den Grundeigentümer, vom eigentlichen landwirtschaftlichen Produzenten direkt zu nehmen, so befähigt nach Marx das Monopol des Grundeigentums den Grundeigentümer „lediglich“ dazu, dem Kapitalisten einen Teil der Beute abzujagen bzw. vorzuenthalten, eben durch Abblockung der ansonsten (normalerweise) wirksamen Tendenz zur Bildung einer Durchschnittsprofitrate. Das Grundeigentum ist für Marx nur „ein perennierender Magnet zur Anziehung eines Teils des vom Kapital ausgepumpten

22 Ebenda.
23 Vgl. oben, S. 120ff. und 139ff.

Mehrwerts"[24] und nicht die „perennierende Pumpmaschine von Mehrarbeit" selbst, als die es bei Rodbertus erscheint, gleichsam beigeordnet der der anderen „perennierenden Pumpmaschine von Mehrarbeit", als die sich – auch für Rodbertus – das Kapital darstellt. In diesem Zusammen- und Gegeneinanderspiel von „Pumpmaschine von Mehrarbeit" und „Magnet zur Anziehung eines Teiles des vom Kapital ausgepumpten Mehrwerts"[25] sah Marx bekanntlich auch das eigentlich zu erklärende Problem und „die ganze Schwierigkeit in der Analyse der Rente"[26]. Diese „ganze Schwierigkeit" habe darin bestanden, „den Überschuß des agrikolen Profits über den Durchschnittsprofit zu erklären, nicht den Mehrwert, sondern den dieser Produktionssphäre eigentümlichen überschüssigen Mehrwert . . ."[27] Gesteht man zu, daß Rodbertus diese „ganze Schwierigkeit" irgendwie dunkel geahnt hat, daß er im irrigen Theorem vom angeblich „fehlenden Materialwert" die niedrigere organische Zusammensetzung des landwirtschaftlichen Kapitals vage vermutet und im Verkauf des landwirtschaftlichen Produkts zum Wert statt zum Produktionspreis die tributfordernde Macht des monopolistischen Grundeigentums auf seine Weise umschrieben hat, so muß man doch zugleich nachdrücklich feststellen, daß er mit seinen Denkmitteln weit davon entfernt blieb, eine wirkliche Lösung dieser „ganzen Schwierigkeit" zu bieten.

Ein mehr oder weniger gemeinsames Merkmal der beiden Grundrententheorien (zumindest der Intention nach, nicht im Grad der Realisierung) besteht darin, das Grundrentenproblem in voller Übereinstimmung mit der Arbeitswerttheorie erklären zu wollen. Beide Grundrententheorien suchten auf ihre Weise Antwort auf die wichtige Frage, wie allgemeine oder absolute Grundrente (nicht nur Differentialrente) als Bestandteil des Arbeitswerts möglich sein kann. Marx selbst sah bekanntlich als spezielle Leistung seiner Grundrententheorie den Nachweis an, daß auch durch die absolute Rente „kein Bruch im Wertgesetz" erfolge. Seine Rententheorie, so heißt es einmal resümierend, nehme „also mit der Theorie des Monopols an, daß das Grundeigentum als solches mit der Rente zu tun hat"; sie nehme „mit Ricardo die Differentialrente an, und sie nimmt endlich an, daß durch die absolute Rente durchaus kein Bruch im Gesetz der Werte vor sich geht".[28] Die, die Grundrente aus Monopol ableiten, irrten darin, „daß sie glauben, das Monopol befähige den Grundeigentümer, den *Preis der Ware über ihren Wert* zu treiben. Es besteht umgekehrt darin, den *Wert der Ware über ihrem Durchschnittspreis* zu halten, nicht die Ware *über*, sondern zu ihrem Wert zu verkaufen."[29]

[24] Karl Marx, Das Kapital, Dritter Band, in: MEW, Bd. 25, a. a. O., S. 830.
[25] Ebenda.
[26] Ebenda, S. 791.
[27] Ebenda.
[28] Karl Marx, Theorien über den Mehrwert, Zweiter Teil, in: MEW, Bd. 26.2, a. a. O., S. 160.
[29] Ebenda, S. 88. Vgl. auch Brief von Marx an Engels vom 9. August 1862: „Das Einzige,

Rodbertus seinerseits betont diese Vereinbarkeit von Werttheorie und absoluter Rente im IV. Theorem seiner 1842 erschienenen Schrift „Zur Erkenntnis unserer staatswirthschaftlichen Zustände“. Die in dieser Hinsicht programmatische Überschrift dieses IV. Theorems lautet wie folgt: „Wenn der Wert der Güter auch nur dem nach Arbeit berechneten Kostenbetrag gleich wäre, so würde im allgemeinen doch darin sowohl Grund- und Kapitalrente, als auch Kapitalersatz gegeben sein, – vorausgesetzt, daß die Produktivität der Arbeit überhaupt nur zur Existenz von Renten hinlänglich ist.“ [30] In Erläuterung dieser grundsätzlichen Vereinbarkeit von Werttheorie und Rentenbezug, von Äquivalententausch und Ausbeutungsmechanismus heißt es im Hinblick auf die als Ware fungierende lebendige Arbeit wie folgt: Ricardo und MacCulloch hätten zu zeigen „vergessen“, „daß auch bei einem nur durch Arbeit bestimmten Wert *doch* Rente abfallen kann, weil die Güter *untereinander* sich zwar immer nach gleichviel Arbeit vertauschen, aber ein Gut, wenn es gegen Arbeit, *die vom Arbeiter noch zu leisten ist,* vertauscht wird, von dieser zu *leistenden* Arbeit regelmäßig *mehr* eintauscht, als *geleistete* Arbeit auf dem Gute haftet . . . Gerade, was von dem Produkt, von dem ein Teil gegen *zu leistende* Arbeit vertauscht wird, übrig bleibt, ist Rente“[31]. Daß auch diesem rentenschaffenden Tauschakt zwischen „geleisteter“, also vergegenständlichter Arbeit und „zu leistender“, also lebendiger Arbeit ein Äquivalenzprinzip besonderer Art zugrunde liegt, sieht in gewisser Weise auch Rodbertus, wenngleich ihm die volle Klarheit über diesen wichtigen Punkt durchaus verwehrt blieb.[32]

Bei der Begründung der Vereinbarkeit von Werttheorie und Rentenentstehung wendet sich Rodbertus auch gegen entsprechende apologetische Konzeptionen. Der nur im *allgemeinen* richtige und auch von Carey und Bastiat akzeptierte Satz, „daß, auch bei Grundeigentum, im Wert des Rohprodukts nur

was ich *theoretisch* zu beweisen habe, ist die *Möglichkeit* der absoluten Rente, ohne das Gesetz des Werts zu verletzen. Es ist dies der Punkt, um den sich der *theoretische* Streit seit den Physiokraten bis heute dreht. Ricardo leugnet diese Möglichkeit; ich behaupte sie“ (MEW, Bd. 30, Berlin 1964, S. 274).

30 Karl Rodbertus, Zur Erkenntnis unserer staatswirthschaftlichen Zustände, a. a. O., S. 109.

31 Ebenda, S. 110.

32 Vgl. hierzu noch folgende Aussagen: „Die Arbeit erhält unter der Herrschaft der Tauschwerthgesetze, gleich den Producten, eine Art ‚Kostenwerth‘, der auf ihren Tauschwerth, den Lohnbetrag, eine Anziehungskraft äußert. Dies ist derjenige Lohnbetrag, der nöthig ist, um sie ‚in Stand zu halten‘, d. h., um ihr die Kraft zur eigenen Fortsetzung, wenn auch nur in ihrer Nachkommenschaft, zu gewähren, der sogenannte ‚nothwendige Unterhalt‘“ (Karl Rodbertus, Das Capital. Vierter socialer Brief, Berlin 1884, S. 183). „Die Arbeit, diese nächste Äußerung der Persönlichkeit, die sich äußernde Persönlichkeit selbst, kommt um ihr persönliches Recht und wird als Sache, *als Ware verhandelt*“ (Karl Rodbertus, Zweiter socialer Brief, Berlin 1899, S. 72). Auch hier fehlt die klare Erkenntnis vom Unterschied zwischen Ware Arbeit und Ware Arbeits*kraft*.

die menschliche Arbeit bezahlt wird", sei „noch himmelweit von dem verschieden, daß nun auch das, was heute Grundrente genannt wird, was der Grundbesitzer als solcher bezieht, nur das Produkt *seiner* Arbeit oder der ihm vorangegangenen *Besitzer* sei"[33]. Die Vereinbarkeit von Werttheorie und Rentenschöpfung besteht also nicht in der apologetisch versuchten Legitimierung der Grundrente als Arbeitsprodukt des *Grundbesitzes* sondern in der sozialkritischen Denunzierung der Grundrente als Arbeitsprodukt des eigentlichen Produzenten.[34] Und wie dieses Arbeitsprodukt des eigentlichen Produzenten in die Verfügungsgewalt des Grundeigentümers gerät, das zu klären ist nach Rodbertus der eigentliche Inhalt einer wissenschaftlichen Grundrententheorie. Er drückt seine Überzeugung aus, in dieser Hinsicht „bewiesen" zu haben, „daß, wenn auch im Werte des Rohprodukts nur die Arbeit vergütet wird, also kein Monopolpreis besteht, dennoch die höchstens Grundrenten abfallen, ohne daß je ein Grundbesitzer etwas anderes dazu beigetragen hat, als eben einen in Raub sich verlierenden Besitztitel zu besitzen". Grundrentenentstehung und Grundrentenbezug finde also auch ohne eigentlichen Monopolpreis und unter Zugrundelegung des Wertes statt. Sie bleibe aber auch unter Zugrundelegung des Wertprinzips ein gesellschaftliches „Unrecht" oder Ausbeutungsphänomen, „wenn sie, *ohne* Monopolpreis, den eigentlichen Produzenten *direkt* genommen wird, indem diese nur einen kleinen Teil ihres Produkts als Lohn bekommen, als wenn sie, vermittels eines Monopolpreises, *indirekt* aus fremden Taschen gezogen wird, denn sie ist im ersteren Fall so gut ein Teil *fremden* Arbeitsprodukts, als im letzteren, nur die Art und Weise ihres Bezuges ist anders"[35].

Nach diesem Vergleich der strukturellen *Hauptzüge* kommen wir zum Vergleich der beiden Grundrententheorien je spezifischen *besondereren* Wirkungsmechanismen. Fanden wir, daß die rentenabschöpfende Kraft des privaten Grundeigentums und die Vereinbarkeit von Werttheorie und Rentenbezug in beiden Theorien mehr oder weniger ähnlich, wenn auch unterschiedlich weit ausgereift, hervorgekehrt und entwickelt wurde – und gerade diese beiden Aspekte gehören zu den strukturellen Hauptzügen einer wissenschaftlichen Grundrententheorie – so zeigen sich in den nun darzustellenden mehr *speziellen* Erklärungsgründen und Wirkungsmechanismen die Unterschiede und Gegensätze zwischen den beiden Theorien sehr viel deutlicher und gravierender.

Wir werden bei dieser vergleichenden Gegenüberstellung der besonderen Wirkungsmechanismen und Erklärungsgründe innerhalb der beiden Grundrententheorien unter anderem auf die damit verquickten Fragen der organischen Zusammensetzung, der Bildung einer Durchschnittsprofitrate und der

33 Karl Rodbertus, Das Capital. Vierter socialer Brief, a. a. O., S. 29.

34 „Grundrente wie Kapitalrente sind Arbeitsprodukte so gut wie Lohn, aber freilich ganz *anderer* Leute als der Besitzer" (Karl Rodbertus, Brief an Ferdinand Lassalle vom 6. Juni 1863, in: Briefwechsel mit Lassalle, Stuttgart – Berlin 1925, S. 364).

35 Karl Rodbertus, Das Capital. Vierter socialer Brief, a. a. O., S. 29, Fn.

damit verbundenen Umwandlung der Werte in Produktionspreise eingehen, und wir werden versuchen, eine komparatistische Beziehung zwischen diesen wissenschaftlich ausgereiften Marxschen Kategorien und den in dieser Hinsicht noch rohen und grobschlächtigen Denkansätzen von Rodbertus herzustellen, die vor allem von dem falschen aber nicht völlig absurden Theorem vom angeblich fehlenden „Materialwert“ (in der Landwirtschaft) ihren Ausgangspunkt nahmen. Ein besonderer Abschnitt wird hierbei der Problematik des Bodenpreises gewidmet werden, dem im Mechanismus der Grundrentenentstehung eine gewisse, noch näher zu bestimmende Bedeutung zukommt.[36]

Die Marxsche Grundrententheorie wächst bekanntlich aus einer vollentwickelten Unterscheidung zwischen Wert und Produktionspreis heraus, die ihrerseits basiert auf der Marxschen Lehre von der organischen Zusammensetzung der Kapitale und der Bildung der Durchschnittsprofitrate.[37] Die Rodbertussche Grundrententheorie zeigt im Hinblick auf diese theoretischen Prämissen der Grundrententheorie nur sehr rohe Ansätze, nicht mehr, aber auch nicht weniger. Da einerseits die Originalität beider Theorien heute völlig außer Zweifel steht und andererseits die Überlegenheit der Marxschen Grundrententheorie selbst von bürgerlichen Autoren nicht mehr bestritten wird, dürfte es völlig unbedenklich wie auch sehr instruktiv für unsere Zwecke sein, diese Ansätze aus dem Jahr 1842 unter dem Blickwinkel der später konzipierten und erst 1895 veröffentlichten Marxschen Theorie zu beleuchten.

Engels selbst hat das Buch von 1842 als das „*bei weitem beste*“ eingeschätzt, was Rodbertus je geschrieben.[38] Engels gestand Rodbertus zu, auch den „Widerspruch“ zwischen Wertgesetz und Durchschnittsprofit zumindest gesehen zu haben[39], und er forderte 1885 im Vorwort zum Zweiten Band des „Kapitals“ die Anhänger von Rodbertus genau in dieser Frage kühn zu einer Art von Wettstreit mit Marx heraus: „Wenn sie nachweisen, wie nicht nur ohne Verletzung des Wertgesetzes, sondern vielmehr auf Grundlage desselben eine gleiche Durchschnittsprofitrate sich bilden kann und muß, dann wollen wir weiter miteinander sprechen.“[40] Da Rodbertus zum Zeitpunkt dieses Engelsschen Aufrufs aber bereits 10 Jahre tot war und es einen eigentlichen Schüler von Rodbertus nie gegeben hat (nur Fälscher und Plünderer), mußte Engels im Vorwort zum Dritten Band des „Kapitals“, konstatieren, daß eine Antwort auf die gestellte Aufgabe von seiten der 1885 Angesprochenen ausgeblieben

[36] Es fehlt eigentlich auch nach Rodbertus in der Landwirtschaft kein „Materialwert“ schlechthin, den konzediert er schon, wohl aber ein zu „berechnender Materialwert“, ein „Materialwert“, auf den Profit zu berechnen wäre (vgl. hierzu den Abschnitt über die Bedeutung des Bodenpreises innerhalb des Rentenmechanismus, S. 194ff.).

[37] Vgl. Karl Marx, Das Kapital, Dritter Band, in: MEW, Bd. 25, a. a. O., Kapitel 8 bis 12.

[38] Vgl. Friedrich Engels, Brief an Karl Kautsky, in: MEW, Bd. 36, Berlin 1967, S. 190.

[39] Karl Marx, Das Kapital, Zweiter Band, in: MEW, Bd. 24, Berlin 1963, S. 26.

[40] Ebenda.

sei.[41] Stattdessen hätten „andere Leute es der Mühe wert gehalten, sich mit dem Problem zu beschäftigen"; Engels nennt in diesem Zusammenhang Wilhelm Lexis, den er als einen „als Vulgärökonomen verkleideten Marxisten" charakterisiert, und ferner Conrad Schmidt sowie P. Fireman.[42]

Die wie auch immer rohe Sicht der Antinomie Wertgesetz – Durchschnittsprofit durch den Rodbertus des Jahres 1842 erhellt u. a. aus folgendem Satz: „Es muß daher", so resümiert Rodbertus seine Aussagen, „das von Ricardo und MacCulloch behauptete Gesetz, daß sich auch im einzelnen die Produkte nach der auf ihnen haftenden Arbeit vertauschen, durch das andere und ohne Zweifel gewissere Gesetz, daß sich der Kapitalgewinn überall *gleich* zu stellen sucht, in dem heutigen Zustand notwendig *alteriert* werden." In anderer Formulierung: „Allein der Satz, daß der nach der kostenden Arbeit berechnete Wert hinreichend ist, um das Kapital zu ersetzen und Lohn und Renten zu geben, ist für den heutigen Zustand doch nur im *allgemeinen* wahr. Im besonderen, d. h. in jedem Gewerke und auf jeder Stufe der Teilung der Arbeit, kann das Produkt *nicht genau* nach der auf ihm haftenden Arbeitsquantität vertauscht werden, und zwar aus zwei Gründen nicht: 1. weil der Kapitalgewinn wenigstens die Tendenz hat, sich in allen Unternehmungen *gleich* zu stellen; 2. weil sich heute der durchgängige Wert einer Produktenart nach den Kosten des Produkts derjenigen Unternehmung richtet, welche unter den ungünstigsten Umständen produziert"[43] (Ausgleich der industriellen Profitraten nach *unten*, wie präformiert in der Ricardoschen Differentialrententheorie).

Rodbertus sieht und anerkennt also sowohl Wertgesetz wie Tendenz zur Bildung einer industriellen Durchschnittsprofitrate wie auch die Antinomie ihrer Beziehungen. Und der Widerspruch des Gesetzes der Durchschnittsprofitrate zum ursprünglichen Wertgesetz führt auch nach Rodbertus nicht zu einer absoluten Negierung, sondern nur zu einer *Modifizierung* des Wertgesetzes (es wird, wie es heißt „alteriert"). Die Bildung der Durchschnittsprofitrate, Rodbertus spricht vom „Gesetz, daß sich der Kapitalgewinn überall *gleich* zu stellen sucht", modifiziere, beschränke und *alteriere* zwar „im einzelnen", könne jedoch die- „allgemeine Wahrheit" in keiner Weise „umstoßen". Das sind die auch hier anzuerkennenden Ansätze oder „kühnen Anläufe". Was jedoch völlig fehlt bei Rodbertus, ist die theoretische *Entwicklung* und *Ableitung* der Durchschnittsprofitrate, sie wird lediglich unterstellt oder „empirisch aufgerafft" (wie Kant ein solches Verfahren im Hinblick auf die überlieferte Kategorienlehre einmal nannte). Rodbertus sagt oder behauptet lediglich, daß die Wahrheit des Gesetzes der Durchschnittsprofitrate die Wahrheit des Wertgesetzes „nicht umstoße", und das ist nicht falsch, er bringt aber nicht den

[41] Vgl. Karl Marx, Das Kapital, Dritter Band, in: MEW, Bd. 25, a. a. O., S. 15f.

[42] Vgl. ebenda, S. 15 und 18.

[43] Karl Rodbertus, Zur Erkenntnis unserer staatswirthschaftlichen Zustände, a. a. O., S. 131.

schlüssigen Nachweis, „wie nicht nur ohne Verletzung des Wertgesetzes, sondern vielmehr auf Grundlage desselben eine gleiche Durchschnittsprofitrate sich bilden kann“[44]. „Die eigentlich schwierige Frage“, wie Marx später formuliert, nämlich die, „wie diese Ausgleichung der Profite zur allgemeinen Profitrate vorgeht, da sie offenbar ein Resultat ist, und nicht ein Ausgangspunkt sein kann“,[45] wird von Rodbertus gar nicht gestellt. Er bleibt stehen bei der einfachen Konstatierung dessen, daß es eine solche Durchschnittsprofitrate zumindest in der Industrie gibt und daß dadurch das von ihm sonst voll anerkannte Wertgesetz „*alteriert*“ werde. Und für eben diese Erkenntnis beansprucht er noch im „Vierten socialen Brief“ (Capital, verfaßt Anfang der fünfziger Jahre, veröffentlicht 1884) die Priorität: „Ich bin“, so heißt es dort, „so wenig der Ansicht gewesen, daß dem anders wäre, daß vielmehr, wie ich glaube, *ich zuerst* unter den Nationalökonomen nachgewiesen habe, daß in diesem Falle das von der englischen Schule behauptete Gesetz der Gravitation des Marktwerts nach der Arbeitsquantität *abgeändert* wird.“[46] Man kann ihm *diese* Priorität lassen: Marx gräbt tiefer und fängt dort erst richtig an, wo Rodbertus schon aufgehört hat. Wenn also Rodbertus mit der allgemein bleibenden Versicherung abschließt, daß das ursprüngliche Wertgesetz durch die Bildung einer Durchschnittsprofitrate „alteriert“ werde, beginnt für Marx erst die eigentliche Problemlösung; und er widmet dieser Problemlösung einen ganzen Hauptabschnitt im dritten Band des „Kapitals“. Marx bringt diese von Rodbertus nur pauschal behauptete „Alterierung“ des Wertgesetzes auf die wissenschaftlich entwickelte begriffliche Unterscheidung von Wert und Produktionspreis; demonstriert diesen als das Ergebnis der „Alterierung“, eben als „eine verwandelte Form des Werts“[47], und weiter als „eine schon ganz veräußerlichte und prima facie begriffslose Form des Warenwerts“[48]. Zwar sei die Summe der Produktionspreise der produzierten Waren gleich der Summe ihrer Werte, die Modifizierung des Wertgesetzes im einzelnen sei also keine Destruierung des Wertgesetzes im ganzen, dennoch sei mit der Verwandlung der Werte in Produktionspreise „die Grundlage der Wertbestimmung selbst dem Auge entrückt“[49]. Ausgelöscht erscheine im Begriff des Profits und Durchschnittsprofits der organische Unterschied zwischen konstantem und variablem Kapital wie überhaupt in seiner verwandelten Gestalt als Profit der Mehrwert selbst seinen Ursprung verleugnet.[50]

Von der hier gewonnenen Position übt Marx Kritik an der diesbezüglichen Rodbertusschen Konfusion: „Herr Rodbertus scheint sich überhaupt die

[44] Friedrich Engels, Vorwort zu Karl Marx, Das Kapital, Zweiter Band, in: MEW, Bd. 24, a. a. O., S. 26.

[45] Karl Marx, Das Kapital, Dritter Band, in: MEW, Bd. 25, a. a. O., S. 183.

[46] Karl Rodbertus, Das Capital. Vierter socialer Brief, a. a. O., S. 12.

[47] Karl Marx, Das Kapital, Dritter Band, in: MEW, Bd. 25, a. a. O., S. 169.

[48] Ebenda, S. 208.

[49] Ebenda, S. 177f.

[50] Vgl. ebenda, S. 177.

Regulierung eines Normalprofits oder Durchschnittsprofits oder allgemeiner Profitrate durch die Konkurrenz so zu denken, daß die Konkurrenz die Waren auf ihre *wirklichen* Werte reduziert, d. h. also ihre Preisverhältnisse so reguliert, daß sich in Geld, oder welches sonst der Maßstab des Werts, die korrelativen Quantitäten Arbeitszeit darstellen, die in den verschiednen Waren realisiert sind."[51] Es sei jedoch „falsch, daß die Konkurrenz der Kapitalien dadurch eine allgemeine Profitrate hervorbringt, daß sie die Preise der Waren zu ihren Werten ausgleicht. Sie bringt sie umgekehrt dadurch hervor, *daß sie die Werte der Waren in Durchschnittspreise verwandelt, in welchen ein Teil des Mehrwerts einer Ware auf eine andre übertragen ist* etc."[52]. Die „Alterierung" des ursprünglichen Wertgesetzes durch das Gesetz des Durchschnittsprofits veranlaßt also nach Marx auch Rodbertus zur Unterscheidung zwischen Wert und Produktionspreis, diese Unterscheidung bleibe jedoch behaftet mit Konfusionen und stehe, wie Marx zeigt, geradezu auf dem Kopf. Ungeachtet dieser Konfusion operiert aber Rodbertus gerade bei der wertrechnerischen Darstellung seiner Grundrente mit der in der Industrie obwaltenden Durchschnittsprofitrate, während er für die Agrarproduktion den Verkauf der Produkte zu ihren Werten voraussetzt, ohne diese Voraussetzungen methodisch schlüssig zu begründen. Genau an dieser Stelle hakt Marx ein: „Es ist nicht, wie Rodbertus tut, zu sagen: Wenn das Agrikulturprodukt – dem allgemeinen Gesetz nach – im Durchschnitt zu seinem *Wert* verkauft wird, muß es einen Surplusprofit liefern, alias Grundrente. Als wenn", so Marx, „dies Verkaufen zum *Wert* der Ware *über* ihrem Durchschnittspreis das allgemeine Gesetz der kapitalistischen Produktion wäre. Es ist *umgekehrt* nachzuweisen, warum in der Rohproduktion – *ausnahmsweise* und im Unterschied zu der *Klasse von Industrieprodukten, deren Wert ebenfalls über ihrem Durchschnittspreis* steht – die Werte *nicht* zu den Durchschnittspreisen gesenkt werden und daher einen Surplusprofit, *alias* Grundrente liefern. Dies erklärt sich", und damit beantwortet Marx die aufgeworfene Fragestellung, „einfach aus dem *Grundeigentum.*" Die Ausgleichung finde nur von Kapital gegen Kapital statt, „weil nur Kapital auf Kapital die Macht hat, die immanenten Gesetze des Kapitals zu exekutieren" etc.[53] Fest steht, daß Rodbertus den von Marx geforderten Nachweis, warum in der Rohproduktion *ausnahmsweise* die Werte *nicht* zu Produktionspreisen gesenkt werden, in keiner Weise geführt hat. Er hat diesen Fakt gleichsam als selbstverständlich unterstellt, aber nicht in schlüssiger Argumentation demonstriert. Im Ergebnis aber hatte seine blinde Unterstellung eine gewisse Ähnlichkeit mit dem von Marx geführten strengen Nachweis. Verstärkt wurde dieser Ähnlichkeitseffekt noch dadurch, daß sich dieser von Marx ge-

[51] Karl Marx, Theorien über den Mehrwert, Zweiter Teil, in: MEW, Bd. 26.2, a. a. O., S. 19.

[52] Ebenda, S. 24.

[53] Ebenda, S. 87f.

gebenen Begründung, daß sich diese Ausnahme vom Ausgleichungsprozeß einfach aus dem Grundeigentum erklärt,[54] genügend ähnlich klingende, wenn auch allgemeiner gehaltene Aussagen von Rodbertus zur Seite stellen lassen, da eben auch für Rodbertus das Grundeigentum eine Hauptrolle im Mechanismus der Rentenentstehung spielt.[55] Auch für Rodbertus ist das „Grundeigentum eine Anweisung auf unbezahlte Arbeit“[56]; die für ihn zentrale Kategorie des „rentierenden Eigentums“ stellt das diametrale Gegenteil eines durch eigene Arbeit geschaffenen Eigentums dar. Der Unterschied in der Auffassung liegt also nicht im *Überhaupt*, sondern im *Wie*, nicht in der das Grundeigentum als „Anweisung auf unbezahlte Arbeit“ betonenden Kernfrage, sondern in der nachgeordneten Frage nach dem Wirkungsmechanismus dieser „Anweisung auf unbezahlte Arbeit“. Bei Marx erklärt sich aus der Macht des Grundeigentums *der ausnahmsweise Verkauf zum Wert*; bei Rodbertus erklärt sich der „ausnahmsweise fehlende bzw. nicht zu berechnende Materialwert“ und der daraus resultierende „ausnahmsweise“ niedrigere „Produktionspreis“ aus der Macht des Grundeigentums. Bei Marx werden die Bodenprodukte zum oder annähernd zum Werte verkauft, weil der Grundeigentümer eine Rente zieht; bei Rodbertus zieht der Grundeigentümer eine Rente, weil die Bodenprodukte zum oder annähernd zum Werte verkauft werden. Bei Rodbertus erscheint die Grundrente als und nach Abzug vom Wert; bei Marx erscheint sie als und nach Aufschlag auf den Produktionspreis.

Das „Verkaufen zum Wert der Ware über ihren Durchschnittspreis“ (Produktionspreis) ist schließlich auch für Rodbertus innerhalb der Agrarsphäre kein „allgemeines Gesetz der kapitalistischen Produktion“, wie die Marxsche Argumentation vermuten lassen könnte, sondern *nur* das spezielle also *ausnahmsweise* wirkende Gesetz der vom Monopol des Grundeigentums bestimmten *Agrar*produktion, das allerdings als spezielles „Ausnahme-Gesetz“ nicht immer ausdrücklich apostrophiert wird. Da jedoch die Grundrententheorie von Rodbertus insgesamt auf der alles durchdringenden Monopolmacht des Grundeigentums basiert, konnte ein Hervorheben dieser Macht in jedem Einzelfall füglich unterbleiben. Hinzu kam, theoriegeschichtlich, daß der als Ricardo-Gegner epochemachende Sismondi dem „ins Communistische gesteigerten deutschen Sismondi“ in dieser Hinsicht einiges vorgegeben hatte: Bereits Sismondi hatte die Preisbildung der Bodenprodukte im Vergleich zur Preisbildung der Industrieprodukte unter ein Ausnahmegesetz gestellt, welches ein Herabsinken der entsprechenden Preise auf das niedrigste Niveau verhindern konnte: Die instruktive Stelle hebt die Monopolstellung der Grundeigentümer hervor, und lautet wie folgt: „Das Eigentumsrecht oder die von der

[54] Vgl. ebenda, S. 88.
[55] Vgl. oben, S. 176 ff.
[56] Karl Marx, Theorien über den Mehrwert, Zweiter Teil, in: MEW, Bd. 26.2, a. a. O., S. 37.

Gesellschaft zugebilligte Monopolstellung, die jeder Grundeigentümer gegenüber zwei Menschenschichten ausübt, einmal gegenüber jenen, die nach Lebensmitteln nachfragen, zum anderen gegenüber jenen, die Arbeit anbieten, verhindert, daß einerseits der Pachtpreis und andererseits die Lebensmittelpreise auf den niedrigsten *Wert* absinken können."[57] In marxistisch präzisierter Terminologie: Das Grundeigentum als Monopol „verhindert" innerhalb der Agrar- und Rohstoffproduktion das „Absinken" des Werts zum Produktionspreis, dem von Sismondi so bezeichneten „niedrigsten Wert"[58], da ihm die von Marx entwickelte klare Unterscheidung zwischen Wert und Produktionspreis noch nicht zu Gebote stand.

Es versteht sich in diesem Zusammenhang übrigens von selbst, sei aber noch einmal erwähnt, daß Strukturähnlichkeiten im einzelnen und allgemeinen, wie sie hier zum Zwecke des Vergleiches und des tieferen Verständnisses der Ideologiegeschichte dieses Zeitraums hervorgekehrt werden müssen, den insgesamt bestehenden qualitativen Unterschied zwischen den beiden Grundrententheorien in keiner Weise verwischen können und sollen. Es gibt jedoch bei allen qualitativen Unterschieden auch keine chinesische Mauer selbst zwischen unabhängig voneinander und auf anderem sozialem Boden entstandenen Theorien, weil beide zu ähnlicher Zeit und aus ähnlichem Gedankenmaterial erwuchsen.

Gehen wir zum Vergleich noch auf einen weiteren speziellen Erklärungsgrund der Grundrentenentstehung ein; auf die von Marx so bezeichnete und auch völlig eigenständig entwickelte *Lehre von der organischen Zusammensetzung des Kapitals*[59], in der Marx die *Quelle* oder das Quellgebiet für die absolute Rente aufdeckte, nachdem er zuvor das Grundeigentumsmonopol als die entscheidende *Ursache* für die Abschöpfung der absoluten Rente nachgewiesen hatte[60].

[57] Jean Charles Léonard Simonde de Sismondi, Neue Grundsätze der politischen Ökonomie oder vom Reichtum in seinen Beziehungen zur Bevölkerung, hrsg. von A. Toepel, Bd. 1, Berlin 1971, S. 258.

[58] Vgl. Kapitel I: „Über Ricardos Grundrententheorie und ihre Gegner als theoretische Ausgangsposition für Rodbertus", S. 120 ff.

[59] Vgl. Karl Marx, Das Kapital, Erster Band, in: MEW, Bd. 23, Berlin 1962, Kap. 6 und Das Kapital, Dritter Band, in: MEW, Bd. 25, a. a. O., Kap. 8.

[60] Wie Günter Hoell in seinen Veröffentlichungen zur marxistischen Grundrententheorie nachwies, kursieren im Zusammenhang mit dieser wichtigen Unterscheidung von Quelle und Ursache der absoluten Rente noch immer eine Reihe von Irrtümern. Nicht selten werden in der Literatur Ursache und Quelle der absoluten Rente vermengt oder Grundeigentumsmonopol und niedrige organische Zusammensetzung gleichermaßen als Ursache der absoluten Rente deklariert: „Die Klassiker des Marxismus-Leninismus", so stellt Hoell fest, „haben stets betont, daß die *Ursache* der absoluten Rente das Monopol des privaten Grundeigentums ist. Eindeutig hebt W. I. Lenin hervor: ‚Es ist nicht wahr, daß Marx zufolge die absolute Rente dank der niedrigeren Zusammensetzung des agrikolen Kapitals entsteht. Die absolute Rente ergibt sich aus dem Privat-

Bei Rodbertus wird man eine solche bis ins letzte Detail ausgefeilte Lehre von der Zusammensetzung der Kapitale vergebens suchen, und doch sieht gerade Marx selbst in der ihm eigenen Generösität bei Rodbertus einige rudimentäre Ansätze in dieser Richtung. Gerade in der auf merkwürdige Weise falschen These vom angeblich fehlenden „Materialwert" in der Landwirtschaft erkennt Marx einen richtigen Ansatzpunkt für das, was er in wissenschaftlich entwickelter Weise als die in Industrie und Landwirtschaft über lange Zeit unterschiedliche organische Zusammensetzung der Kapitale begreift. Da der Wert des Rohmaterials ein Unterbestandteil des constanten Kapitals ausmacht, läßt sich für Marx das von Rodbertus behauptete Wegfallen des landwirtschaftlichen Materialwerts als relative Verringerung des konstanten Kapitalanteils und als relative Vergrößerung des variablen Anteils lesen, als Aussage also darüber, daß die organische Zusammensetzung des landwirtschaftlichen Kapitals auch von Rodbertus als niedriger angesehen worden sei, woraus sich bekanntlich der den Produktionspreis übersteigende Wert und die Möglichkeit der absoluten Grundrente ableitet. Wir finden diese Betrachtung gleich am Anfang der umfangreichen Auseinandersetzung von Marx mit Rodbertus in den „Theorien über den Mehrwert" unter der Überschrift „Der Wert des landwirtschaftlichen Rohmaterials als Element des konstanten Kapitals in der Landwirtschaft"[61]. Die im Hinblick auf Rodbertus' These vom Wegfall des Materialwerts von Marx aufgeworfene Fragestellung, ob das Wegfallen eines der Elemente des konstanten Kapitals (Maschinerie und Rohmaterial) „die *Profitrate* (nicht die Mehrwertsrate) in dem Industriezweig vermehren [kann] worin es wegfällt?"[62], wird von Marx zumindest für zwei wichtige Fälle bejaht: „Wenn also das Verhältnis der Bestandteile von c, Rohmaterial und Maschinerie, einen Einfluß auf die Profitrate ausüben soll, so ist das nur in 2 Fällen möglich: 1. wenn durch den Wechsel in diesem Verhältnis die absolute Größe von c modifiziert wird; 2. wenn durch dies Verhältnis der Bestandteil von c die Größe von v modifiziert wird. Es müßten hier organische changes in der Produktion selbst herauskommen, nicht der bloß identische Satz, daß, wenn ein bestimmter Teil von c einen kleinren, der andre einen größren Teil der ganzen Summe ausmachen muß."[63] In einfachen Worten: Durch Wegfall des Wertes für das Rohmaterial kann sich die Profitrate in diesem Zweig dann erhöhen, wenn dadurch die absolute Größe von c modifiziert wird, wenn c durch diesen Wegfall echt kleiner wird.

eigentum am Boden'" (vgl. Günter Hoell, Die Grundrente und die Entwicklung des Kapitalismus in der Landwirtschaft, Berlin 1974, S. 41; vgl. auch derselbe, Einige ergänzende Bemerkungen zur gegenwärtigen Diskussion über die Grundrente im heutigen Kapitalismus, in: Wissenschaftliche Zeitschrift der Hochschule für Ökonomie Berlin, 4/1969, S. 589).

61 Karl Marx, Theorien über den Mehrwert, Zweiter Teil, in: MEW, Bd. 26.2, a. a. O., S. 15ff.

62 Ebenda, S. 15.

63 Ebenda, S. 17.

Nicht also die von Rodbertus mit dem fehlenden Materialwert angestellte Wertrechnung an sich, wonach durch Ausfall eines Elements von c eine Erhöhung der Profitrate möglich würde, zieht Marx in Zweifel. Im Gegenteil, gerade in dieser Wertrechnung erkennt Marx rohe Ansätze für Einsichten in die verschiedene organische Zusammensetzung der Kapitale. Was Marx in Zweifel zieht und geradezu mit Kübeln von Hohn und Kritik überschüttet, ist die nach Marx obwaltende gleichsam technologische Unmöglichkeit, in der Landwirtschaft von einem Wegfall des Materialwerts zu sprechen.[64] Der richtige ökonomische Grundgedanke, daß in der Landwirtschaft im Hinblick auf das konstante Kapital ein Wertteil fehlen könnte, c also hier geringer sein würde, hat sich, so muß man Marx verstehen, leider und absurderweise an einer agrartechnologischen Unmöglichkeit niedergeschlagen. Daß es Rodbertus bei dem angeblich fehlenden Materialwert nicht nur um Dünger und Samen und sonstige Zusatzstoffe ging, sondern um den im Eigentum befindlichen *Grund und Boden* selbst, wird von Marx an dieser Stelle nicht weiter beachtet.[65]

Es ist in diesem Zusammenhang instruktiv zu sehen, wie Karl Kautsky 1899 die hier erörterte Problematik begreift. Kautsky behandelt nämlich die These vom fehlenden Materialwert ausschließlich unter dem Gesichtspunkt der wie auch immer rohen Ahnung von der niedrigeren organischen Zusammensetzung des landwirtschaftlichen Kapitals. „Rodbertus", so heißt es, „der das Verdienst hat, zuerst auf den daraus entstehenden Extraprofit der Landwirtschaft als Quelle von Grundrente hingewiesen zu haben, irrt jedoch, wenn er meint, die niedrigere Zusammensetzung des landwirtschaftlichen Kapitals sei unter allen Umständen in der Natur der Dinge begründet. Verwendet sie auch weit weniger Rohmaterial als andere kapitalistische Betriebszweige, so wird ihr Aufwand an Maschinen und Baulichkeiten – Speichern, Stallungen, Wasserbauten etc. – mit dem Fortschritt der Technik immer größer. Es ist sehr fraglich, ob heute noch eine intensive Landwirtschaft eine unter dem Durchschnitt stehende organische Zusammensetzung des Kapitals aufweist."[66] Auch die folgende Aussage Kautskys behandelt die Grundrententheorie von Rodbertus ausschließlich unter dem Aspekt der organischen Zusammensetzung der Kapitale: Rodbertus habe in dieser Hinsicht Marx so-

[64] „So ist selbst der Dünger, der ördinäre Mist, Handelsartikel geworden, und nun gar Knochenmehl, Guano, Pottasche etc. . . . Es werden dem Boden neue Stoffe zugeführt und seine alten verkauft aus *produktiven* Gründen . . . Der Samenhandel selbst ist wichtiger geworden in dem Maße, wie man Einsicht erhielt in die Wichtigkeit des Samenwechsels. Es wäre also von der eigentlichen Agrikultur lächerlich zu sagen, daß kein ‚Rohstoff' – und zwar Rohstoff als Ware – in sie eingeht, sei es nun, daß sie denselben selbst reproduziert oder als Ware einkauft, von außen bezieht" (Karl Marx, Theorien über den Mehrwert, Zweiter Teil, in: MEW, Bd. 26.2, a. a. O., S. 18).

[65] Vgl. Abschnitt über die Bedeutung des Bodenpreises, S. 194 ff.

[66] Karl Kautsky, Die Agrarfrage. Eine Übersicht über die Tendenzen der modernen Landwirtschaft und die Agrarpolitik der Sozialdemokratie, Stuttgart 1899, S. 76.

gar vorgearbeitet, habe dabei allerdings etwas verabsolutiert, was gleichfalls dem historischen Wandel unterworfen sei; nach Marx verschwindet bekanntlich die absolute Rente bei Angleichung der organischen Zusammensetzung des landwirtschaftlichen Kapitals an die des industriellen. „Aber", so Kautsky, „hat Rodbertus auch übers Ziel geschossen, wenn er beweisen wollte, daß aus der niederen Zusammensetzung des landwirtschaftlichen Kapitals eine besondere Rentenform entstehen *muß*, so hat er doch den Weg gewiesen, um zu zeigen, wie sie entstehen kann. Marx war es vorbehalten, die Gesetze dieser besonderen Rente zu erforschen, die er die absolute Rente nannte."[67]

Auch Marx hatte in den „Theorien über den Mehrwert", die Kautsky noch nicht kannte, den gleichsam statischen Charakter der absoluten Rente bei Rodbertus seiner mehr historischen Sicht der absoluten Rente gegenübergestellt: „Bei Herrn Rodbertus liegt die Grundrente in der ewigen Natur, wenigstens der kapitalistischen Produktion, wegen seines ‚Materialwerts'. Bei uns in einer *historischen Differenz* in den organischen Bestandteilen des Kapitals, die teils ausgeglichen werden, ja mit der Entwicklung der Agrikultur ganz verschwinden kann."[68] Instruktiv, wie auch in dieser kritischen Gegenüberstellung die These vom fehlenden „Materialwert" auf der einen Seite der Lehre von der organischen Zusammensetzung auf der anderen Seite entspricht.

Wenn, wie angeführt, Marx selbst und auch der in dieser Zeit noch als angesehener marxistischer Theoretiker wirksame Karl Kautsky gerade in der auf merkwürdige Weise falschen These vom fehlenden „Materialwert" rohe Ansätze für die Lehre von der organischen Zusammensetzung zu erkennen glauben, so ist es nicht weiter verwunderlich zu sehen, daß auch die Rodbertussche Grundrententheorie bei ihrer Frage nach der Quelle der absoluten Rente im Unterschied zu ihrer Ursache auf dem im Verhältnis zur Industrie niedrigeren Produktivitätsniveau der Landwirtschaft basiert, ist doch die niedrigere organische Zusammensetzung, also der geringe Anteil von konstantem Kapital, nach Marx nur ein anderer Ausdruck für ein niedrigeres Produktivitätsniveau. So verwahrt sich Rodbertus schon 1842 im Hinblick auf einige zählebige physiokratische Annahmen dagegen, daß die „Grundrente mit einer *größeren* Produktivität der Landwirtschaft etwas zu tun hat"[69], und der von Marx als „bedeutende Schrift über die Rente" bezeichnete „Dritte sociale Brief"[70] stellt es geradezu als ein Gesetz dar, daß hohe (absolute) Rente einer in Relation zur Industrie *niedrigeren* Produktivität der Landwirtschaft entspricht.[71]

67 Ebenda, S. 77.

68 Karl Marx, Theorien über den Mehrwert, Zweiter Teil, in: MEW, Bd. 26.2, a. a. O., S. 99.

69 Karl Rodbertus, Zur Erkenntnis unserer staatswirthschaftlichen Zustände, a. a. O., S. 86.

70 Karl Marx, Das Kapital, Dritter Band, in: MEW, Bd. 25, a. a. O., S. 786.

71 Vgl. Karl Rodbertus, Dritter socialer Brief, a. a. O., S. 193.

Ließe sich somit cum grano salis und mit viel Vorbehalt sagen, daß es Marx und Rodbertus in gewisser Hinsicht gemeinsam ist, die absolute Grundrente in Abhängigkeit von der organischen Zusammensetzung der Kapitale zu sehen, speziell in Abhängigkeit von der relativ niedrigeren organischen Zusammensetzung des landwirtschaftlichen Kapitals, eine Bezeichnung, die Rodbertus weder kennt noch gebraucht, so bestehen innerhalb dieser wie auch immer sehr bedingten Ähnlichkeit noch folgende wichtige Unterschiede: Rodbertus läßt im Unterschied zu Marx keine *historischen* Variationen innerhalb des landwirtschaftlichen Kapitals zu. Für Rodbertus wäre eine historische Veränderung der Kapitalzusammensetzung darüber hinaus auch nur denkbar als eine bloße Veränderung der „Materialwerte", während bei Marx die Veränderung *aller* Bestandteile der Kapitalzusammensetzung zur historischen Variation ihrer organischen Zusammensetzung beizutragen vermögen. Eben daraus resultiert der auch von Marx betonte Unterschied, daß die absolute Grundrente bei Rodbertus einen relativ unhistorischen, bei Marx aber einen ausgesprochen historischen Charakter trägt.

Kommen wir zu einem letzten Punkt im strukturellen Vergleich der besonderen Erklärungsgründe und Wirkungsmechanismen in den Grundrententheorien beider Autoren: Fragen wir nach der *Rolle des Bodenwerts bzw. Bodenpreises* im Begründungszusammenhang der zum Vergleich stehenden Grundrententheorien: Da beide Autoren auf dem Standpunkt der Arbeitswerttheorie stehen, kann der Boden als elementarisch vorgefundene „nackte Scholle" keinen Arbeitswert verkörpern; die Arbeit der Natur ist für beide Theorien nicht wertbildend. Im scheinbaren Widerspruch hierzu ist aber der Boden nicht umsonst zu haben: er hat, ohne Arbeitswert zu verkörpern, seinen „Preis". Dieser Bodenpreis gilt für beide Theorien als die Erscheinungsform der kapitalisierten Grundrente. Da jedoch die Kapitalisierung der Rente die Rente voraussetzt, scheidet es für beide Theorien, im Gegensatz zu den apologetischen Konstruktionen der bürgerlichen Ökonomie, prinzipiell aus, die Rente umgekehrt aus ihrer eigenen Kapitalisierung erklären zu wollen, etwa als „Zins" des zum „Kapital" umfunktionierten Bodens. Beide Rententheorien sind daher bestrebt, die Rente möglichst völlig unabhängig von ihrer Erscheinungsform im Bodenpreis zu erklären. Nach einer Äußerung von Marx in den „Theorien über den Mehrwert" versteht sich diese Ausklammerung des Bodenpreises bei der Rentenerklärung und der damit im Zusammenhang stehenden Lehre von der organischen Zusammensetzung an sich von selbst: „Es versteht sich von selbst, daß, wenn wir von der Komposition des agricultural capital sprechen, der Bodenwert oder -preis nicht darin eingeht."[72] Rodbertus betont diese Ausklam-

[72] Karl Marx, Theorien über den Mehrwert, Zweiter Teil, in: MEW, Bd. 26.2, a. a. O., S. 303. Eine solche generelle Ausklammerung des Bodenpreises gilt allerdings nur bei der Hauptform der absoluten Rente, wie sie als ländliche oder Ackerbaurente in Erscheinung tritt; sie gilt nicht für die Grundrente des städtischen Bodens, die als reine Monopolpreisrente anderen Gesetzmäßigkeiten unterliegt.

merung des Bodenpreises nicht ganz so klipp und klar, sondern nur in der Verquickung mit seinem Theorem vom fehlenden Materialwert in der Landwirtschaft[73]: „Die Landwirtschaft", so heißt die auch von Marx zitierte Stelle[74], *„bedarf nicht Produkt einer ihr vorangehenden Produktion zu Material, sondern beginnt überhaupt erst die Produktion*, und der dem Material analoge Vermögensteil in der Landwirtschaft *würde der Boden selbst sein, der aber* [von allen Theorien – Zusatz zur 2. Auflage] *kostenlos vorausgesetzt* wird."[75] Auch an anderen Stellen betont Rodbertus, daß „der Boden . . . kostenlos vorausgesetzt wird"[76]; in dem „zur Betreibung von Rohproduktion aufzuwendenden Vermögen" fehle „das Material, *da der Grund und Boden, der die Stelle des Materials vertritt, nationalökonomisch als freies Geschenk der Natur vorausgesetzt* wird"[77].

Es finde sich, so heißt es in der gleichen Abhandlung (Ein Versuch, die Höhe des antiken Zinsfußes zu erklären), „im Rohproduktionskapital kein Material, weil es hier in den Bodenbestandteilen selbst besteht, die erst produziert werden sollen, diese aber, nationalökonomisch, als freies Geschenk der Natur vorausgesetzt werden"[78]. Der springende Punkt bei dieser Voraussetzung besteht nun darin, daß der als „freies Geschenk der Natur" bezeichnete Grund und Boden, der in der Landwirtschaft nach Rodbertus eben das Material darstellt, gar nicht mehr so *frei* ist, sondern sich fest in den Händen der Grundbesitzer befindet. Das *freie Geschenk der Natur* ist somit nur für die Grundbesitzer ein Geschenk, das nicht zu „verrechnen" ist, weil es schon als Naturgeschenk an sich keinen Arbeitswert verkörpert und nun gar als bereits angeeignetes Naturgeschenk speziell für Grundbesitzer erst recht nicht als Ausgabeposten ins Gewicht fällt.[79]

[73] „Das Material (was die Natur zu einem Gute leiht), ist kein Aufwand, den der *Mensch* für das Gut macht; Kosten des Gutes sind für uns aber nur diejenigen, welche *dieser* hat" (Karl Rodbertus, Zur Erkenntnis unserer staatswirthschaftlichen Zustände, a. a. O., S. 8). Für Rodbertus zählen daher „nur diejenigen Güter zu den *wirthschaftlichen*, welche Arbeit gekostet haben . . . Alle übrigen Güter, mögen sie auch noch so nothwendig oder nützlich für den Menschen sein, sind *natürliche* Güter . . ." (Karl Rodbertus, Dritter socialer Brief, a. a. O., S. 105).

[74] Karl Marx, Theorien über den Mehrwert, Zweiter Teil, in: MEW, Bd. 26.2, a. a. O., S. 52.

[75] Karl Rodbertus, Dritter socialer Brief, a. a. O., S. 167. [76] Ebenda, S. 234.

[77] Karl Rodbertus, Ein Versuch, die Höhe des antiken Zinsfußes zu erklären, in: Jahrbücher für Nationalökonomie und Statistik, Bd. 42 (N. F. Bd. 8), Jena 1884, S. 522.

[78] Ebenda, S. 525.

[79] Vgl. Karl Rodbertus, Dritter socialer Brief, a. a. O., S. 164 und 167. Wie Rodbertus insgesamt bemerkenswerte Parallelen zu den Auffassungen Sismondis zeigt, so finden sich auch für dieses Theorem zur speziellen Begründung des Grundrentenbezugs gewisse Vorgaben bei Sismondi: Während Rodbertus deutlich machen will, daß dem Grundeigentümer das von „seinen" in feudaler oder kapitalistischer Abhängigkeit stehenden Landarbeitern oder Bauern hergestellte Agrarprodukt wesentlich *weniger* kostet, als er durch den Verkauf dieses Produktes realisieren kann, weil ihm das spezi-

Der Mechanismus der Grundrentenentstehung ist für Rodbertus so unlösbar mit der Ausklammerung des Bodenpreises (alias Materialwert) verbunden, daß er ausdrücklich feststellt, daß bei Anrechnung des Bodenpreises als Bestandteil des konstanten Kapitals in der Landwirtschaft „niemals Grundrente übrig bleiben" könnte: „Würde in der Rohproduktion der Boden als Material mit dem Kapital [dem konstanten Kapital] verrechnet, wie es etwa der *Käufer* tut, oder würde in der Fabrikation das Rohprodukt oder Material, weil es den Kapitalisten auch gehörte [wie der Boden dem Grundbesitzer], *nicht* als Kapital berechnet, so würde auch niemals Grundrente übrig bleiben können, der Wert des Rohprodukts möchte auch noch so hoch steigen."[80] Es gäbe keine Grundrente, so heißt es an anderer Stelle, „wenn entweder in der Fabrikation der Materialwert *nicht*, oder in der Landwirtschaft *auch* ein Materialwert in demselben Verhältnis wie dort im Kapital mit aufgerechnet würde, wenn also entweder auch in der Fabrikation nur Werkzeuge und Arbeitslohn [also kein Materialwert] oder in der Landwirtschaft auch der *Bodenwert* mit dem Kapital figurierte . . ."[81] Die niedrigere organische Zusammensetzung des landwirtschaftlichen Kapitals und die damit mögliche Grundrente stellt sich also für Rodbertus im Unterschied zu Marx *ausschließlich* durch die rechnerische Ausklammerung des Bodenpreises dar. Die theoretische Rechtfertigung für diese Ausklammerung aber zieht Rodbertus wie Marx aus der Arbeitswerttheorie,

fische „Material", eben der Grund und Boden, *nichts* kostet, weil dieser bloß angeeignetes „Naturgeschenk" darstellt und weil ihm außerdem die Arbeitskraft nur ein Linsengericht kostet, vertritt Sismondi (allerdings speziell im Hinblick auf die feudale Landwirtschaft!) die noch etwas zugespitztere Auffassung, daß dem Grundeigentümer das Getreide nicht nur weniger kostet, als er aufwendet, sondern *gleichsam nichts*: „Das Getreide, das der leibeigene Bauer produziert, kostet dem Feudalherren, der es verkauft, *nichts*. Ebenso *wenig* kostet das Getreide den ägyptischen Pascha oder Bay aus Tunis oder Tripolis, weil es als Produktenrente erhoben wird" (Sismondi, Neue Grundsätze der politischen Ökonomie, oder vom Reichtum in seinen Beziehungen zur Bevölkerung, hrsg. von A. Toepel, Bd. 1, a. a. O., S. 218). Das Getreide, so heißt es in Polemik gegen Ricardos Differentialrentenprinzip über den Grundeigentümer, „kostet ihn nur einige hundert Stockschläge, die er an die leibeigenen Bauern austeilt. Zu welchem Preis das Getreide auch verkauft worden ist, der Verkäufer wird sich stets für die verteilten Stockschläge bezahlt finden" (ebenda, S. 216). Cum grano salis ließe sich sagen, daß der rodbertusianisch „nicht zu berechnende Materialwert" von Sismondi nicht nur auf den in Eigentum befindlichen Grund und Boden, sondern außerdem auch noch auf die in Eigentum, nämlich Leibeigenschaft, befindliche Arbeitskraft selbst bezogen wird. Im Hinblick auf kapitalistisch betriebene Rentenabschöpfung ließe sich frei nach Sismondi formulieren: Der als Getreideverkäufer auftretende Grundeigentümer wird sich stets für die je nach Mehrwertrate mehr oder weniger weitgehend unentgeltliche Bearbeitung seines angestammten und daher nicht mehr zu berechnenden Grund und Bodens bezahlt finden.

80 Karl Rodbertus, Zweiter socialer Brief, a. a. O., S. 37.

81 Karl Rodbertus, Dritter socialer Brief, a. a. O., S. 168.

gemäß der der Boden, insofern er „nackte Scholle“ und elementare Naturgegebenheit darstellt und somit keine menschliche Arbeit verkörpert, ohne Wert ist.[82] Rodbertus legt Wert darauf, den Boden in der Landwirtschaft als „Material“ anzusehen und nicht als Werkzeug oder „Maschine“, wie es u. a. Malthus propagiert hatte. „Die Ansicht, daß der Boden Maschine sei, die Malthus besonders ausspinnt, scheint ... [ihm] sehr unhaltbar und viel Verwirrung in der Theorie der Grundrente angerichtet zu haben.“[83] Der Boden sei „nicht den Werkzeugen oder Maschinen, sondern dem Material, was die Fabrikation bedarf, zu vergleichen, denn er ... [sei] namentlich in bezug auf seine Fruchtbarkeit, nichts als ein Vorrat von Stoffen, aus denen das Getreide usw. entsteht, nichts als das Rohmaterial, aus denen die landwirtschaftlichen Arbeiter das Getreide ‚fabrizieren‘, wenn sie auch bei *dieser* Fabrikation nicht nur durch die mechanischen und chemischen Kräfte der Natur allein, sondern auch noch durch vegetative und animale Kräfte, durch die Lebenskraft selbst, unterstützt werden. Fruchtbaren Boden haben, heißt daher, viel Material zur Getreidefabrikation besitzen, also auch viel Getreide produzieren können.“[84]

Wie eingangs erwähnt, spielt auch bei Marx die theoretische Ausklammerung des als „irrationell“ bezeichneten Bodenpreises eine wichtige Rolle, allerdings nicht die negative Hauptrolle wie bei Rodbertus. Vor allem springt ins Auge, daß das Spektrum der möglichen Komponenten für die organische Zusammensetzung des landwirtschaftlichen Kapitals bei Marx weitaus komplexer und verzweigter konzipiert ist als in der recht einseitig und grobschlächtig auf den bloßen Wegfall des Bodenpreises gerichteten Theorie von Rodbertus. Immerhin jedoch versteht es sich für Marx nicht nur „von selbst, daß, wenn wir von der Komposition des agricultural capital sprechen, der Bodenwert oder -preis nicht darin eingeht“,[85] sondern Marx bringt auch noch zahlreiche weitere bemerkenswerte Gesichtspunkte für diese Grundthese zur Geltung. Er weist den Bodenpreis als „Element der individuellen falschen Produktionskosten“ für die Einzelproduzenten nach, er zeigt auf, daß der Bodenpreis „weder einen Teil des hier fungierenden fixen noch des zirkulierenden Kapitals“ sein kann, wie überhaupt „das im Ankauf des Bodens ausgelegte Kapital aufgehört hat für die Agrikultur zu existieren“,[86] daß derart die Ausgabe von Geldkapital für Ankauf von Boden „keine Anlage von agrikolem Kapital“, sondern eine Verminderung des hierfür zur Verfügung ste-

[82] Vgl. Karl Marx, Das Kapital, Dritter Band, in: MEW, Bd. 25, a. a. O., S. 636: „Es ist die so kapitalisierte Grundrente, die den Kaufpreis oder Wert des Bodens bildet, eine Kategorie, die prima facia, ganz wie der Preis der Arbeit irrationell ist, da die Erde nicht das Produkt der Arbeit ist, also auch keinen Wert hat.“

[83] Karl Rodbertus, Zur Erkenntnis unserer staatswirthschaftlichen Zustände, a. a. O., S. 85, Fn.

[84] Karl Rodbertus, Dritter socialer Brief, a. a. O., S. 269f.

[85] Karl Marx, Theorien über den Mehrwert, Zweiter Teil, in: MEW, Bd. 26.2, a. a. O., S. 303.

[86] Karl Marx, Das Kapital, Dritter Band, in: MEW, Bd. 25, a. a. O., S. 816/817.

henden Kapitals bedeutet;[87] daß überhaupt der Bodenpreis ein der Produktion an sich fremdes Element darstellt,[88] und daß schließlich „der Konflikt zwischen dem Bodenpreis als Element des Kostpreises für den Produzenten [die besagten falschen Produktionskosten] und Nichtelement des Produktionspreises für das Produkt (selbst wenn die Rente bestimmend in den Preis des Bodenprodukts eingeht, geht die kapitalisierte Rente [also der Bodenpreis], die für 20 oder mehr Jahre vorgeschossen wird, auf keinen Fall bestimmend darin ein) . . . nur eine der Formen" ist, „worin sich überhaupt der Widerspruch des Privateigentums am Boden mit einer rationellen Agrikultur, mit normaler gesellschaftlicher Benutzung des Bodens darstellt"[89].

In diesem von Marx hervorgehobenen Konflikt zwischen dem Bodenpreis als *Element* des Kostpreises für den Produzenten und *Nicht-Element* des Produktionspreises für das Produkt tritt nach Marx der Bodenpreis (eben in seiner Eigenschaft als irrationeller Ausdruck des privaten Grundeigentums) „als Schranke der Produktion selbst auf"[90], und zwar sowohl in der kleinen wie auch in der großen Agrikultur. Marx übersieht also (im Unterschied zu Rodbertus) bei seiner von *theoretischen* und prinzipiellen Erwägungen gesteuerten Ausklammerung des Bodenpreises aus der im Hinblick auf die Grundrentenentstehung aufgestellten Wertrechnung keineswegs die *faktische* Rolle des Bodenpreises in der Kalkulation und Rechnungsführung des einzelnen kapitalistisch wirtschaftenden großen oder kleinen Grundbesitzers;[91] er sieht die faktische und gleichsam positivistisch nachweisbare Wirksamkeit des Bodenpreises in der Rechnungsführung der einzelnen kapitalistischen Grundbesitzer und die aus prinzipiellen, besonders arbeitswerttheoretischen Gründen gebotene Ausklammerung des Bodenpreises jedoch nicht als logische Widerlegung des einen durch das andere Moment an, sondern als notwendigen, gleichsam dialektischen Konflikt zwischen Erscheinung und Wesen, als, wie es heißt, „eine der Formen, worin sich überhaupt der Widerspruch des Privateigentums am Boden mit einer rationellen Agrikultur, mit normaler gesellschaftlicher Benutzung des Bodens darstellt"[92].

Bei Rodbertus, so konnten wir feststellen, fehlt eine solch differenzierte und echt dialektische Betrachtung der Dinge; die mit Marx allerdings gemeinsam vertretene Ausklammerung der irrationellen, aber dennoch faktisch wirksamen Erscheinung des Bodenpreises aus der rentenorientierten Wertrechnung bleibt in ihrer Begründung und Darstellung höchst eindimensional und grobschlächtig, und das in einem Maße, daß schon die Zuordnung des als „fehlend" behaupteten „Materialwertes" zum Eigentum an Grund und Boden und damit zum (nicht zu

[87] Ebenda, S. 818.
[88] Vgl. ebenda, S. 819.
[89] Ebenda, S. 820.
[90] Ebenda.
[91] Vgl. ebenda, S. 813: Der Bodenpreis geht „als ein Element in die faktischen Produktionskosten für den Bauern" ein.
[92] Ebenda, S. 820.

berechnenden) Bodenpreis nur recht vage herausgestellt wird und daher sich nur auf den zweiten Blick erschließt. Man könnte cum grano salis sogar sagen, daß die Erklärung der Rente u. a. aus der rechnerischen Ausklammerung des Bodenpreises, die außerdem noch als „fehlender Materialwert" verkleidet ist, sogar eine besonders vertrackte Art seiner heimlichen Anerkennung darstellt.

Berührungspunkte zwischen Marx und Rodbertus ergeben sich allerdings wieder aus der ähnlich strukturierten Bewertung des mit dem Bodenpreis (als der Kapitalisierung der Grundrente) einhergehenden Mystifizierungseffektes, der in der Argumentation der bürgerlichen Ökonomen auf die Legitimierung der in der Grundrente vollzogenen Ausbeutung abzielt. So kommt Rodbertus nach der an Grund- und Kapitalbesitzer gleichermaßen adressierten Feststellung, „daß das Grund- und Kapitalvermögen in der Nation durchaus nicht das Arbeitsprodukt seiner Privatbesitzer ist",[93] zu der speziell auf die Grundbesitzer bezüglichen Aussage, daß „das Grundvermögen, insofern nur der Bodenwert darunter verstanden wird, . . . nichts als die kapitalisierte Grundrente" sei. Er aber „glaube bewiesen zu haben, daß diese letztere nur ein Arbeitsproduktteil ist, der durch die Rechtsinstitution des Grund- und Kapitaleigentums seinen Arbeitern entzogen und dem Grundbesitzer zugewandt wird. Wie sollte also", so heißt es emphatisch, „das Rechenexempel der Kapitalisation, das bei Veräußerlichkeit des Grundstückes aus der Grundrente Kapitalvermögen macht, dieses plötzlich zum Arbeitsprodukt des Grundbesitzers gemacht haben."[94] Das *Rechenexempel der Kapitalisation*, das in mystifizierender Weise aus dem Arbeitsprodukt der Arbeiter ein *Arbeitsprodukt der Grundbesitzer* macht, betont auch Marx im 46. Kapitel des dritten Bandes des „Kapitals". Die in der Form der Grundrente erfolgende Ausbeutung, nämlich „daß es nur der Titel einer Anzahl von Personen auf das Eigentum am Erdball ist, der sie befähigt, einen Teil der Mehrarbeit der Gesellschaft sich als Tribut anzueignen, wird durch den Umstand verdeckt, daß diese kapitalisierte Rente, also eben dieser kapitalisierte Tribut, als Preis des Bodens erscheint und dieser daher wie jeder andre Handelsartikel verkauft werden kann. Für den Käufer", so betont Marx, „erscheint daher sein Anspruch auf die Rente als nicht umsonst erhalten . . ., sondern als zu seinem Äquivalent bezahlt."[95]

Marx setzt das „Rechenexempel der Kapitalisation", die Apologetisierung des Grundrentenbezugs durch die Berufung auf den auferlegten Bodenpreis, in eine frappierende Analogie zum Kauf eines Negersklaven: Die Rolle und Bedeutung des Bodenpreises entspreche der Rolle und Bedeutung des Preises für einen Negersklaven. Die aus dem Zahlen des Bodenpreises hergeleitete Rechtfertigung für den Bezug der Grundrente entspreche der aus dem Zahlen des Kopfpreises für

93 Karl Rodbertus, Dritter socialer Brief, a. a. O., S. 215.

94 Ebenda.

95 Karl Marx, Das Kapital, Dritter Band, in: MEW, Bd. 25, a. a. O., S. 784. Vgl. auch die zitierte Aussage von Rodbertus: „Würde in der Rohproduktion der Boden als Material mit dem Kapital verrechnet, wie es etwa der *Käufer* tut . . ." (Karl Rodbertus, Zweiter socialer Brief, a. a. O., S. 57).

einen Negersklaven hergeleiteten Rechtfertigung der Sklaverei: Die eine sei so wenig stichhaltig wie die andere, sie würden jedoch mannigfach praktiziert, denn Wissenschaftlichkeit sei nicht die Sache der Apologetik. Wenn also einem Sklavenhalter, der einen Neger gekauft hat, „sein Eigentum an dem Neger nicht durch die Institution der Sklaverei als solcher, sondern [gleichsam ‚rechtmäßig'] durch den Kauf und Verkauf von Ware erworben" erscheint, so ist das nach Marx ein aus dem „Fetischcharakter der Ware", ein aus der dem Kapital wesenseigenen Mystifikation resultierender falscher Schein, aber keine echte Widerspiegelung der von Ausbeutung und Klassenantagonismus bestimmten Wirklichkeit. Die Institution der Sklaverei muß existieren,[96] bevor es zum Kauf und Verkauf von Sklaven kommen kann, und die Institution des Privateigentums an Grund und Boden, der Eigentumstitel an bestimmten Portionen des Erdballs muß da sein, „bevor er verkauft werden kann, und so wenig wie ein Verkauf, kann eine Reihe von solchen Verkäufen, ihre beständige Wiederholung, diesen Titel schaffen. Was ihn überhaupt geschaffen hat", und damit bringt Marx die entscheidende Grundkategorie in die Argumentation hinein, „waren die Produktionsverhältnisse"[97].

Die Analogie des Bodenkaufes mit dem Sklavenkauf und des Bodenpreises mit dem Kopfpreis des Sklaven verwendet Marx nicht nur einmal, sondern gleich mehrfach, so zum Beispiel auch bei der Entlarvung der mit der Erscheinung des Bodenpreises betriebenen Rentenapologetik und ferner bei dem Nachweis, daß das für den Ankauf von Boden weggezahlte Geldkapital für die eigentliche Produktion gleichsam verloren ist, also zu den „falschen Produktionskosten" gerechnet werden muß.[98] Beschränken wir uns auf die Zitierung dieser letzteren, den Bodenpreis als „falsche Kosten" charakterisierende Stelle: „Man nehme z. B. die Sklavenwirtschaft. Der Preis, der hier für den Sklaven gezahlt wird, ist nichts als der antizipierte und kapitalisierte Mehrwert oder Profit, der aus ihm herausgeschlagen werden soll. Aber das im Ankauf des Sklaven gezahlte Kapital gehört nicht zu dem Kapital, wodurch Profit, Mehrarbeit, aus dem Sklaven extrahiert wird. Umgekehrt. Es ist Kapital, dessen sich der Sklavenbesitzer entäußert hat, Abzug von dem Kapital, worüber er in der wirklichen Produktion verfügt. Es hat aufgehört, für ihn zu existieren, ganz wie das im Ankauf des Bodens ausgelegte Kapital aufgehört hat, für die Agrikultur zu existieren. Der beste Beweis ist, daß es für den Sklavenbesitzer oder den Bodeneigner nur wieder in Existenz tritt, sobald er den Sklaven oder den Boden wieder verkauft."[99] In und mit dieser das

[96] Die Institution der Sklaverei ist übrigens keine Sache einer grauen Vorzeit, sondern ein sozialgeschichtlicher Fakt, der bis in die zweite Hälfte des 19. Jahrhunderts hineinreicht. Offiziell verboten wurde die Sklaverei in den amerikanischen Südstaaten erst 1865; Marx und Engels waren also noch Zeitgenossen offiziell betriebener Sklaverei.

[97] Karl Marx, Das Kapital, Dritter Band, in: MEW, Bd. 25, a. a. O., S. 784.

[98] Vgl. ebenda, S. 637 und 817.

[99] Ebenda, S. 817.

Kapitalverhältnis als Sklavereiverhältnis entlarvenden Analogie bekräftigt und begründet Marx die bereits eingangs im Hinblick auf den Bodenpreis zitierte Grundthese, daß dieser bei der Rentenerklärung, soweit es um die organische Zusammensetzung des landwirtschaftlichen Kapitals geht, prinzipiell auszuklammern ist.[100] Diese Analogie zwischen Kapitalismus und Sklaverei dient natürlich nicht nur metaphorisch der anschaulichen und aufgelockerten Darstellung, sondern ist selbst eine Aussage mit eigenem Stellenwert; das System selbst, das einen solchen Vergleich herausfordert und zuläßt, wird damit charakterisiert.[101]

Es gibt schließlich, um wieder zum komparatistischen Aspekt zu kommen, auch bei Rodbertus zahlreiche Vergleiche des kapitalistischen mit dem Sklavenhalter-System; auch für Rodbertus ist das kapitalistische System mit den Merkmalen einer spezifischen Sklaverei behaftet. Wenn auch die explizite Analogie speziell zwischen Bodenkauf und Sklavenkauf bei Rodbertus nicht hergestellt wird, so finden sich doch einige sehr bemerkenswerte, weil ins Zentrum der Ausbeutung vorstoßende Vergleiche zwischen Kapitalismus und Sklavenhalterei: „Wenn aller Boden des Landes ins Privateigentum übergegangen ist, wenn damit zugleich Privateigentum an allem Kapital gegeben ist, so übt das Grund- und Kapitaleigentum einen *ähnlichen Zwang* [wie die Sklaverei] auch über die freigelassenen oder freien Arbeiter aus. Denn dies [das Grund- und Kapitaleigentum] wird erstens noch *ebenso wie die Sklaverei* bewirken, daß des Produkt selbst nicht den Arbeitern, sondern den Herren des Bodens und des Kapitals gehört, und es wird zweitens bewirken, daß die Arbeiter, die *nichts* besitzen, gegenüber den Herren, die Boden und Kapital besitzen, froh sind, von ihrem eigenen Arbeitsprodukt nur einen Teil zur Unterhaltung ihres Lebens, d. h. wieder zur Fortsetzung ihrer Arbeit zu erhalten."[102] So sei zwar, wie es heißt, „an die Stelle der Anordnung des Sklavenbesitzers der Vertrag des Arbeiters mit dem Lohnherrn getreten, aber dieser Vertrag" sei „nur formell, nicht materiell frei, und der Hunger ersetzt fast völlig die Peitsche. Was früher Futter hieß, heißt jetzt *nur* Lohn."[103] „Nur graduell, nicht prinzipiell" würden sich Sklaverei und die sozialen Auswirkungen des Grund- und Kapitaleigentums voneinander unterscheiden.[104] Dem Wesen der Sache nach sei die vom „rentierenden" Grund- und Kapitaleigentum ausgehende soziale Macht, wie vom jungen Proudhon seinerzeit treffend formuliert,

[100] „Es versteht sich von selbst, daß, wenn wir von der Komposition des agricultural capital sprechen, der Bodenwert oder -preis nicht darin eingeht" (Karl Marx, Theorien über den Mehrwert, Zweiter Teil, in: MEW, Bd. 26.2, a. a. O., S. 303).

[101] Vgl. auch Karl Marx, Das Kapital, Dritter Band, in: MEW, Bd. 25, a. a. O., S. 397ff., wo Marx den kapitalistischen Unternehmergewinn mit der Aufsichtsarbeit und „Leitungstätigkeit" des Sklavenhalters in Parallele setzt.

[102] Karl Rodbertus, Zweiter socialer Brief, a. a. O., S. 51f.

[103] Ebenda, S. 51.

[104] Karl Rodbertus, Das Capital. Vierter socialer Brief, a. a. O., S. 214.

„Diebstahl, *Sklaverei*, Mord“[105]. „Wenn Grund- und Kapitaleigentum deshalb Diebstahl ist, weil es den Produzenten einen Teil ihres Produktwertes raubt, *Sklaverei* deshalb Mord, weil sie den Menschen um seine freie Entwicklungsfähigkeit bringt, so herrscht selbst in demokratischen Institutionen, die, bei Grund- und Kapitaleigentum, auch für den Arbeitslohn den ‚freien Verkehr‘ beibehalten, nicht bloß Diebstahl, sondern auch Mord . . . Bei freier Konkurrenz für den Arbeitslohn besteht auch noch im Grund- und Kapitaleigentum die *Sklaverei* wesentlich fort.“[106] Aus diesen Belegen wird ersichtlich, daß die derart herausgestellten Strukturähnlichkeiten nicht nur verbaler Natur sein wollen, sondern durchaus ernst gemeint sind. Die sklavenhalterähnliche Funktion des „rentierenden Eigentums“ stellt daher für Rodbertus keine bloße Allegorie dar, sondern echte Wirklichkeitserkenntnis. Und was von seiten der bürgerlichen Vulgärökonomie so heuchlerisch wie unwissend als „Lohn“ bezeichnet wird, ist für die Anschauung von Rodbertus auch noch innerhalb des Kapitalismus dem Wesen nach „Sklavenfutter“.

Fassen wir das über die Rolle des Bodenpreises Gesagte kurz zusammen: Für beide Theorien hat der Bodenpreis als irrationelle Form der kapitalisierten Rente keinerlei Erklärungswert für die Grundrente, weil die Erklärung der Rente aus ihrer kapitalisierten Form auf eine Erklärung der Rente durch sich selbst, also auf eine Tautologie, hinausliefe. Beide Theorien klammern daher die irrationelle Erscheinung des Bodenpreises aus der im Hinblick auf die Rentenerklärung aufgestellten Wertrechnung prinzipiell aus, sie tun dies allerdings in verschiedener Weise. Mehr oder weniger motiviert ist diese Ausklammerung bei beiden Theorien mit speziellen arbeitswerttheoretischen Argumenten, denen gemäß der Grund und Boden an sich, als sogenannte „nackte Scholle“ naturgegeben ist und kein Produkt menschlicher Arbeit darstellt und insofern keinen Arbeitswert verkörpern kann und somit eigentlich auch keinen Preis haben dürfte. Während jedoch Rodbertus den Grund und Boden mit dem landwirtschafts-spezifischen „Material“ identifiziert und den theoretisch zu negierenden Bodenpreis mit dem landwirtschaftlichen „Materialwert“, den theoretisch auszuklammernden Bodenpreis also mit dem (praktisch) rechnerisch auszuklammernden „Materialwert“ gleichsetzt, der sich gleichsam a priori als Grund und Boden in der Hand des Grundeigentümers befindet und daher als schon a priori angeeigneter nicht noch extra zu berechnen ist, schlägt Marx in dieser Hinsicht völlig neuartige Lösungswege ein. Im Unterschied zu dieser relativ eindimensionalen Erklärung der absoluten Rente aus dem bloßen Wegfall des Bodenpreises bzw. „Materialwertes“[107], ent-

105 Ebenda, S. 204.

106 Ebenda, S. 205.

107 Diese „Erklärung“ aus dem bloßen Wegfall des Bodenpreises bzw. „Materialwerts“ bezieht sich, wie oben nachgewiesen, lediglich auf jene spezielle „Aufpfropfung“, nicht auf die Gesamtheit, nicht auf den gesunden Kern der Rodbertusschen Rententheorie. Die Fragwürdigkeit dieser speziellen Argumentation stellt also nicht das Konzept als Ganzes in Frage (vgl. oben, S. 163 f.).

wickelt Marx im dritten Band des „Kapitals“ (1895) ein ganzes Bündel wissenschaftlicher Theoreme, die zur Erfassung des Wirkungsmechanismus in der Grundrentenentstehung erst das präzise begriffliche Instrumentarium zu bieten vermögen; wir verweisen nur auf die Lehre von der organischen Zusammensetzung der Kapitale, auf die Lehre von der Bildung der Durchschnittsprofitrate und auf die damit im Zusammenhang stehende Theorie der Produktionspreise. Während Rodbertus 1842 bzw. 1850 das, was Marx etwas später die niedrigere organische Zusammensetzung des landwirtschaftlichen Kapitals nannte, ausschließlich aus dem Wegfall des mit dem Bodenpreis und dem Bodeneigentum identifizierten „Materialwerts“ begründete, also aus einer von vornherein (aus Gründen des arbeitswerttheoretisch nicht zu erfassenden Bodeneigentums) geringeren Wertgröße für den von Marx als konstantes Kapital bezeichneten Anteil (eben weil der Boden „naturgegeben“ und diese Naturgegebenheit sich in den Händen privater Grundeigentümer befindet), entfaltet die Marxsche Lehre von der organischen Zusammensetzung eine ganze Palette möglicher Kompositionen und Konstellationen für die verschiedenen Bestandteile innerhalb der organischen Zusammensetzung. Was Rodbertus in dieser Hinsicht nur roh, einseitig und verquer erahnen konnte, formte sich erst durch Marxens epochemachende Leistung zu einer echt wissenschaftlichen Theorie.

Soweit hier zur Rolle des Bodenpreises und der damit in Zusammenhang gebrachten Kategorien im speziellen Wirkungsmechanismus der hier zu vergleichenden Rententheorien.

IV. Über Großgrundeigentum und Bodenmonopol als sozialökonomische Basis des absoluten Grundrentenphänomens sowie über die theoriegeschichtlichen Wurzeln des Monopolbegriffs

Das folgende Kapitel analysiert einen wichtigen Aspekt der Grundrentenproblematik, der in den Kapiteln I bis III zwar schon verschiedentlich anklang, aber bisher noch keine ausführliche Darstellung fand. Es geht hierbei um die nähere Ausleuchtung der Rolle des Grundeigentums in der kapitalistischen Produktion, um den Begriff des Bodenmonopols in seiner Beziehung zur Kategorie Grundeigentum, um die theoriegeschichtlichen Wurzeln des Monopolbegriffs, um die Fragen des empirischen Nachweises der Grundeigentumsstrukturen (erschwert durch das Fehlen einer Grundeigentumsstatistik), um die Frage nach dem Grad der Grundeigentumskonzentration und schließlich insgesamt um den Zusammenhang dieser Probleme mit den Aussagen der Rodbertusschen Grundrententheorie.

Die Schwierigkeit der hier unternommenen Untersuchung mag daraus ermessen werden, daß nicht nur, wie bereits angemerkt, die Geschichte der Grundrententheorie im engeren Sinne größtenteils ungeschrieben ist, sondern daß auch die damit in Verbindung stehenden Fragen des Grundeigentums, seiner sozialen

Funktion im Kapitalismus, seiner Konzentration in immer weniger Händen, seiner Wirkung als *Monopol* weitgehend unbearbeitet geblieben ist, und zwar vornehmlich aus den gleichen Klasseninteressen heraus, die durch das Aufdecken dieser Zusammenhänge eine Bloßstellung zu gewärtigen haben.

Beginnen wir mit den richtungweisenden Aussagen von Karl Marx über das Monopol des Grundeigentums als „eine historische Voraussetzung, und . . . fortwährende Grundlage, der kapitalistischen Produktionsweise, wie aller frühern Produktionsweisen, die auf Ausbeutung der Massen in einer oder der andern Form beruhen"[1].

1. Der Marxsche Monopolbegriff und die Kennzeichnung des Grundeigentummonopols als „eine historische Voraussetzung" und „fortwährende Grundlage der kapitalistischen Produktion"

Karl Marx hat uns als schlechthin epochemachendes Hauptwerk die drei großartigen Bände über „Das Kapital" hinterlassen. Es war ihm jedoch nicht mehr vergönnt, auch das langfristig geplante Buch über das „Grundeigentum" noch zu verfassen. Die noch im Vorwort „Zur Kritik der politischen Ökonomie" geäußerte Absicht, das „System der bürgerlichen Ökonomie" in der „Reihenfolge: *Kapital, Grundeigentum, Lohnarbeit, Staat, auswärtiger Handel, Weltmarkt*" zu behandeln,[2] wurde bekanntlich nicht oder nicht in dieser Form realisiert.[3] Daß dieses ursprünglich schon an zweiter Stelle gleich nach dem „Kapital" vorgesehene Buch über das Grundeigentum ungeschrieben blieb, wird vom Standpunkt der Wissenschaft und speziell der ökonomischen Theoriegeschichte immer zu bedauern bleiben; zumal Marx auch in den umfangreichen Darstellungen zur Grundrententheorie im dritten Band des „Kapitals" die Analyse des Grundeigentums in seinen geschichtlichen Formen ausdrücklich *ausklammert*: „Die Analyse des Grundeigentums in seinen verschiednen geschichtlichen Formen", so heißt es programmatisch und vermutlich noch im Bewußtsein des ursprünglichen Planes, ein eigenständiges Werk über das Grundeigentum zu verfassen, „liegt jenseits der Grenzen dieses Werks."[4] Wie überall in den drei Bänden des „Kapitals", so unterstellt Marx auch hier die vollständig ausgebildete kapitalistische Produktionsweise und beschränkt sich daher bei der Erörterung des Grundeigentums auf die kapitalistische Form

[1] Karl Marx, Das Kapital, Dritter Band, in: MEW, Bd. 25, Berlin 1964, S. 630.

[2] Vgl. Karl Marx, Zur Kritik der politischen Ökonomie, in: MEW, Bd. 13, Berlin 1961, S. 7. Vgl. auch Karl Marx, Brief an Joseph Weydemeyer vom 1. 2. 1859: „Ich teile die ganze politische Ökonomie in 6 Bücher: Kapital; Grundeigentum; Lohnarbeit; Staat; auswärtiger Handel; Weltmarkt" (MEW, Bd. 29, Berlin 1963, S. 572).

[3] Über die Gründe und Motive dieser Änderung bzw. Aufgabe des ursprünglichen Planes im Aufbau des ökonomischen Hauptwerkes von Karl Marx vgl. u. a. Marx-Engels-Jahrbuch, Bd. 1, Berlin 1978, S. 164ff.

[4] Karl Marx, Das Kapital, Dritter Band, in: MEW, Bd. 25, a. a. O., S. 627.

des Grundeigentums und auch die Erörterung dieser spezifisch kapitalistischen Form des Grundeigentums geschieht nur mit Einschränkungen und unter bestimmten Voraussetzungen, geschieht ausschließlich unter mehrwerttheoretischem Aspekt und nicht in der Absicht einer „selbständigen Behandlung des Grundeigentums“[5].

Dennoch hat Marx auch die Grundlinien zu einer *umfassenden* Sicht des „Grundeigentums in seinen verschiedenen geschichtlichen Formen“ geboten, die Umrisse zu einer gleichsam universalgeschichtlichen Sicht des Grundeigentums in seiner Bedeutung für die Aneignung des Mehrprodukts bzw. Mehrwerts im allgemeinen, und in seiner Bedeutung für die kapitalistische Aneignung des Mehrwerts im besonderen. Allerdings sind diese Hauptlinien zur universalhistorischen Sicht des Grundeigentums nicht explizit ausgearbeitet und nicht nachlesbar im posthum von Friedrich Engels herausgegebenen dritten Band des „Kapitals“ und verständlicherweise auch nicht im ungeschriebenen Buch über das Grundeigentum, sondern mehr aphoristisch eingestreut ins 24. Kapitel vom ersten Band des „Kapitals“. In höchst verknappter Form klingt diese universalhistorische Sicht des Grundeigentums auch an in einem lapidaren Satz der „Randglossen zum Gothaer Programm“[6].

„Die sog. ursprüngliche Akkumulation“, von der bürgerlichen Ökonomie als „Historie vom ökonomischen Sündenfall“ in der Art einer Kinderfibel erzählt, beinhaltet nach Marx bekanntlich nichts Geringeres als den historischen Scheidungsprozeß von Produzenten und Produktionsmitteln. Er erscheine als ursprünglich, „weil er die Vorgeschichte des Kapitals und der ihm entsprechenden Produktionsweise bildet“.[7] Die Vorgeschichte des Kapitals aber ist zugleich die Endgeschichte des feudalen Grundeigentums und diese besteht in der mit Zügen von Blut und Feuer geschriebenen Enteignung des ländlichen Produzenten von Grund und Boden, der Schaffung von vogelfreien Proletariern auf der einen und großen Grundbesitzern und Kapitalisten auf der anderen Seite. „Der Ausgangspunkt der Entwicklung, die sowohl den Lohnarbeiter wie den Kapitalisten erzeugt, war die Knechtschaft des Arbeiters. Der Fortgang besteht in einem Formwechsel dieser Knechtung, in der Verwandlung der feudalen in kapitalistische Exploitation.“[8] Die Basis aber dieser *Verwandlung der feudalen in die kapitalistische Exploitation* war grundeigentümlicher Natur: „Die Expropriation des länd-

„Wir beschäftigen uns nur mit ihm [dem Grundeigentum], soweit ein Teil des vom Kapital erzeugten Mehrwertes dem Grundeigentümer anheimfällt“ (vgl. Karl Marx, Das Kapital, Dritter Band, in: MEW, Bd. 25, a. a. O., S. 627). „Was wir beschränkend oder zufügend [zu Smith] zu erinnern hätten, gehört in die selbständige Behandlung des Grundeigentums, nicht hierhin“ (ebenda, S. 628).

6 Vgl. Karl Marx, Kritik des Gothaer Programms, in: MEW, Bd. 19, Berlin 1962, S. 17: „. . . das Monopol des Grundeigentums ist sogar Basis des Kapitalmonopols“.

7 Vgl. Karl Marx, Das Kapital, Erster Band, in: MEW, Bd. 23, Berlin 1962, S. 742.

8 Ebenda, S. 743.

lichen Produzenten, des Bauern, von Grund und Boden bildet", wie Marx betont, „die Grundlage des ganzen Prozesses."[9]

Das auf den ersten Blick leicht Paradoxe dieser objektiv zugunsten des Frühkapitalismus gewaltsam erfolgenden Trennung „des ländlichen Produzenten, des Bauern, von Grund und Boden", besteht darin, daß nicht nur der große Kapitalist, sondern fast mehr noch der große Feudalherr als Agent dieser zum Kapitalismus tendierenden Entwicklung genannt wird, die vogelfreie Proletarier auf den Arbeitsmarkt schleuderte. Nicht nur durch die Auflösung der feudalen Gefolgschaften, sondern auch durch die gewaltsame Verjagung der Bauernschaft von Grund und Boden schuf, wie Marx bemerkt, „der große Feudalherr ein ungleich größeres Proletariat"[10].

Einige der Hauptmethoden dieses Expropriationsprozesses der Volksmassen von Grund und Boden zusammenfassend, schreibt Marx wie folgt: „Der Raub der Kirchengüter, die fraudulente Veräußerung der Staatsdomänen, der Diebstahl des Gemeindeeigentums, die usurpatorische und mit rücksichtslosem Terrorismus vollzogene Verwandlung von feudalem und Claneigentum in modernes Privateigentum, es waren ebenso viele idyllische Methoden der ursprünglichen Akkumulation."[11] Auf diese und ähnliche Art und Weise, so heißt es weiter, „wurde das von Grund und Boden gewaltsam, expropriierte, verjagte und zum Vagabunden gemachte Landvolk ... in eine dem System der Lohnarbeit notwendige Disziplin hineingepeitscht, -gebrandmarkt, -gefoltert".[12] Als „letzten großen Expropriationsprozeß der Ackerbauern von Grund und Boden" hebt Marx das sogenannte Clearing of Estates hervor, das „Lichten der Güter", die „Wegfegung der Menschen von demselben". Hier gehe es schon nicht mehr um das „Wegfegen" unabhängiger Bauern, denn die gebe es zu diesem Zeitpunkt nicht mehr, sondern bereits um das „Wegfegen" der ohnehin nur von Ackerbauarbeitern bewohnten Cottages, „so daß die Ackerbauarbeiter auf dem von ihnen bestellten Boden selbst nicht mehr den nötigen Raum zur eigenen Behausung finden"[13]. Was aber „Clearing of Estates" im eigentlichen Sinne bedeute, das sei besonders in Hochschottland sichtbar geworden. Dort zeichne sich der Vorgang aus „durch seinen systematischen Charakter, durch die Größe der Stufenleiter, worauf er mit einem Schlag vollzogen wird"[14]. In Irland, so heißt es im Hinblick auf „die Größe der Stufenleiter" beim „Lichten der Güter", hätten „*Grundherrn* es dahin gebracht, mehrere Dörfer gleichzeitig wegzufegen; in Hochschottland handelt es sich um *Bodenflächen von der Größe deutscher Herzogtümer* ..."[15] [Hervorhebung – G. R.].

[9] Ebenda, S. 744.
[10] Ebenda, S. 746.
[11] Ebenda, S. 760.
[12] Ebenda, S. 765.
[13] Ebenda.
[14] Ebenda, S. 756.
[15] Ebenda.

Worauf es in unserem die Geschichte und Vorgeschichte des Grundeigentums betreffenden Zusammenhang ankommt, ist folgendes: Die terroristischen Praktiken der sogenannten ursprünglichen Akkumulation, die eine Expropriation der Volksmassen von Grund und Boden und dadurch die Schaffung eines „vogelfreien" Proletariats beinhaltete, führte nicht nur zur Entstehung großer Kapitalisten, sondern auch zum Entstehen bzw. Fortbestehen großer *Grundeigentümer*, die es immer besser verstanden, spätfeudale und frühkapitalistische Ausbeutungsmethoden in zeitgemäßer Verquickung anzuwenden. Marx deutet diesen „unmittelbar nur große *Grundeigentümer*" schaffenden Effekt der ursprünglichen Akkumulation in dem Abschnitt über die „Genesis des kapitalistischen Pächters" an, denn wo ein Pächter ist, da muß es auch einen Grundeigentümer geben: „Nachdem wir die gewaltsame Schöpfung vogelfreier Proletarier betrachtet . . ., fragt sich, wo kommen die Kapitalisten ursprünglich her? Denn die Expropriation des Landvolkes schafft unmittelbar nur große Grundeigentümer."[16] Marx verfolgt jedoch die Genesis oder Metamorphose des großen Grundeigentümers an dieser Stelle nicht weiter – möglicherweise eingedenk seines noch nicht aufgegebenen Planes, ein spezielles Buch über das Grundeigentum zu schreiben. Aus gleichen Erwägungen vermutlich klammert Marx auch in den umfangreichen Ausführungen zu Grund- und Bodenfragen und zur Grundrente im dritten Band des „Kapital" die „Analyse des Grundeigentums in seinen verschiedenen geschichtlichen Formen" ausdrücklich als „jenseits der Grenzen dieses Werkes" liegend aus; wir zitierten diese wichtige Stelle bereits.[17] Dennoch gibt Marx hier (im dritten Band) in unmittelbarer Anknüpfung an das Kapitel 24 von der sogenannten ursprünglichen Akkumulation einen entscheidenden Hinweis zu der geradezu *konstitutiven Bedeutung* des großen Grundeigentums für die kapitalistische Produktionsweise: „Im Abschnitt über die ursprüngliche Akkumulation (Buch I, Kap. XXVI) hat man gesehn, wie diese Produktionsweise voraussetzt, einerseits die Loslösung der unmittelbaren Produzenten aus der Stellung eines bloßen Zubehörs des Bodens (in der Form von Hörigen, Leibeigenen, Sklaven etc.), andrerseits die Expropriation der Masse des Volks vom Grund und Boden. Insofern", und damit führt Marx den Denkansatz des ersten Bandes in bedeutsamer Weise fort, „ist das Monopol des Grundeigentums eine historische Voraussetzung, und bleibt fortwährende Grundlage der kapitalistischen Produktionsweise, wie aller frühern Produktionsweisen, die auf Ausbeutung der Massen in einer oder der andern Form beruhn."[18] Auch der sich anschließende modifizierende Hinweis von Marx, daß allerdings die „Form . . ., worin die beginnende kapitalistische Produktionsweise das Grundeigentum vorfindet", ihr nicht entspreche, hebt die konstitutive Bedeutung nicht auf, die Marx *generell* dem *Monopol des Grundeigentums* als der fortwährenden Grundlage der kapitalistischen Produktionsweise, wie aller frühe-

[16] Ebenda, S. 770.
[17] Vgl. oben, S. 204.
[18] Karl Marx, Das Kapital, Dritter Band, in: MEW, Bd. 25, a. a. O., S. 630.

ren Produktionsweisen, die auf Ausbeutung der Massen beruhen, zumißt. Diese das *Grundeigentum* betreffende Seite der Kapitalismusanalyse von Marx tritt mitunter bei populären, aber auch bei wissenschaftlichen Anspruch erhebenden Darstellungen des Marxismus etwas in den Hintergrund. Das Grundeigentum auch in seiner monopolistischen Ausprägung ist aber nach Marx keineswegs nur störende Relikterscheinung innerhalb des *reinen* Kapitalismus, keineswegs nur *Schranke des Kapitals*,[19] sondern vielmehr, geradezu im Gegenteil, die *conditio sine qua non* eines realen und in seiner Weise funktionierenden Kapitalismus. Ohne Monopol des Grundeigentums, und das hat Marx noch in einer seiner letzten und reifsten Schriften, der Kritik des Gothaer Programms, eingeschärft, sei Kapitalismus geradezu undenkbar, denn, so heißt es, „das Monopol des Grundeigentums ist sogar Basis des Kapitalmonopols"[20]. So wie das Buch über das Grundeigentum ungeschrieben blieb, ist Marx auch nicht dazu gekommen, diesen Gedanken vom Grundeigentumsmonopol als der *Basis* des Kapitalmonopols weiter zu verfolgen und zu explizieren; vielen Deduktionen und Erörterungen aber, in den Pariser Manuskripten wie im Grundrentenabschnitt des dritten Bandes, liegt dieser Gedanke mehr oder weniger implizit zugrunde (immer da, wo vom Monopol des Grundeigentums die Rede ist).[21]

Allgemein bekannt und rezipiert wurde jedoch nicht dieser Gedanke vom Grundeigentumsmonopol als der *Basis* der kapitalistischen Produktionsweise, sondern der andere speziellere vom Grundeigentumsmonopol als der *Schranke* der kapitalistischen Produktion. Beides scheint sich zu widersprechen oder auszuschließen, vereinbart sich aber in folgender dialektischer Weise: Der erste Gedanke bezieht sich auf den Kapitalismus als Ganzes, als System: Erst das Monopol des Grundeigentums macht die Volksmassen zu produktionsmittellosen und dadurch „vogelfreien" Proletariern: Hier geht es also durch Ausschließung vom Boden um die Freisetzung und das Zur-Verfügung-Stellen der für die kapitalistische Produktion unerläßlichen „freien" Arbeitermassen.[22] Der zweite Gedanke jedoch, vom Grundeigentumsmonopol als der Schranke der Kapitalanlage und Ursache der kapitalistischen Grundrente, bezieht sich nicht auf das Systemganze des Kapitalismus, sondern speziell auf das Anlage suchende Kapital innerhalb des Systems oder personifiziert, auf die günstige Verwertungsmöglichkeiten suchenden Kapitalisten im einzelnen, die, soweit sie gezwungen sind, Grundstücke zu benutzen, die

19 Vgl. ebenda, S. 759.

20 Randglossen zum Programm der Deutschen Arbeiterpartei (Zur Kritik des Gothaer Programms), in: MEW, Bd. 19, a. a. O., S. 17.

21 Vgl. Karl Marx, Das Kapital, Dritter Band, in: MEW, Bd. 25, a. a. O., S. 630f., 635, 651, 658, 759.

22 Hierzu eine Stelle aus den Pariser Manuskripten: „Denn das große Grundeigentum, wie in England, treibt die überwiegende Mehrzahl der Bevölkerung der Industrie in die Arme und reduziert seine eigenen Arbeiter auf völliges Elend" (Karl Marx, Ökonomisch-Philosophische Manuskripte, in: MEW, Erg. Bd., Erster Teil, Berlin 1968, S. 508).

ihnen nicht gehören, genötigt sind, dem Grundeigentümer Rente zu zahlen. Und dieser Zwang, für die Benutzung gewisser Grundstücke Rente zahlen zu müssen und von der Benutzung anderer Grundstücke, wenn es dem Grundeigentümer beliebt, sogar ganz ausgeschlossen zu sein, ist natürlich eine sehr lästige und beschwerliche Schranke für einen Kapitalisten, sie tangiert aber höchstens die Existenzfähigkeit einzelner Kapitalisten, *nicht* die Existenzfähigkeit des Kapitalismus als System, sie tangiert höchstens den freilich immer erstrebten Surplusprofit, nie aber den dauerhaften und soliden Durchschnittsprofit. Die theoretisch denkbare, wenn auch praktisch unter bürgerlichen Verhältnissen kaum durchführbare totale *Aufhebung* des Grundeigentumsmonopols durch eine radikale Landreform zugunsten des *Proletariats* in Stadt und Land hingegen würde den Kapitalismus in dieser Region gleichsam über Nacht der Arbeiter berauben und damit *lebensunfähig* machen. Daher träumen die Kapitalisten, wenn sie sich über die Schranke ihrer Anlagemöglichkeiten erbosen, auch *nur* von einer Verstaatlichung oder bürgerlichen „Nationalisierung" des Grund und Bodens, denn eine solche würde die Schranke für das Kapital beseitigen, ohne die Proletarier aus ihrer Fessel zu befreien. Denn nach wie vor wären sie vom Grund und Boden ausgeschlossen und daher genötigt, ihre Arbeitskraft an die Besitzer der Produktionsmittel zu verkaufen. Soweit zum Inhalt und zur Vereinbarkeit dieser zwei nur scheinbar im Widerspruch stehenden Theoreme über die Wirkung des Grundeigentumsmonopols.

Was also, so stellt sich jetzt die Frage, sind Grundeigentum und Grundeigentumsmonopol in ihrer bestimmenden Eigenschaft als Basis der absoluten Grundrente und wie verhalten sich die verschiedenen Grundrententheorien bürgerlicher und sozialistischer Provenienz zu dem damit in Kurzform bezeichneten Fragenkomplex?

Schon das Grundeigentum in seiner vorkapitalistischen Gestalt ist, wie Marx feststellt, „seinem Wesen nach die verschacherte Erde, die dem Menschen entfremdete und daher in der Gestalt einiger weniger großen Herrn ihm gegenübertretende Erde"[23]. „Überhaupt", so heißt es, „fängt mit dem Grundbesitz die Herrschaft des Privateigentums an, er ist seine Basis."[24] Marx nennt geradezu „das Grundeigentum die Wurzel des Privateigentums".[25] Der Begriff der Wurzel deutet auch in diesem Zusammenhang einerseits auf das Grundlegende, andererseits auf das noch nicht Vollendete der Erscheinung hin. Grundeigentum und Kapital sind daher nicht nur in dem Sinne gleich, als sie beide Privateigentum darstellen, sondern auch in dem Sinne ungleich, als sie verschiedene Entwicklungsstufen des Privateigentums verkörpern: das Grundeigentum das noch *unausgebildete halbe*, das Kapital das *ausgebildete, zu sich selbst gekommene*. „Das *Grundeigentum*, in seinem Unterschied von dem Kapital, ist das Privateigentum,

[23] Ebenda, S. 505.
[24] Ebenda.
[25] Ebenda, S. 506.

das Kapital noch von *lokalen* und politischen Vorurteilen behaftet, das noch nicht ganz aus seiner Verstrickung mit der Welt zu sich selbst gekommene, das noch *unvollendete* Kapital."[26] In der gleichen Arbeit, es handelt sich um die großartigen Pariser Manuskripte von Marx, die sogenannten „Ökonomisch-Philosophischen Manuskripte" aus dem Jahre 1844, akzentuiert Marx „das *große Monopol* des Grundeigentums" und bezeichnet er „das Privateigentum" als „den Grund des Monopols"[27]. Im selben Jahr hatte Engels seine von Marx so charakterisierte „geniale Skizze zur Kritik der ökonomischen Kategorien" veröffentlicht und gleichfalls auf die Wesensverwandtschaft von Monopol und Privateigentum an Produktionsmitteln hingewiesen: In seiner Kritik der klassischen liberalen Ökonomie hieß es in dieser Hinsicht zum Beispiel, „daß die Verteidiger der Handelsfreiheit schlimmere Monopolisten" seien, „als die alten Merkantilisten selbst"[28]. „Ihr habt", so heißt es an die Adresse der liberalen bürgerlichen Ökonomie, „die kleinen Monopole vernichtet, um das *eine* große Grundmonopol, das Eigentum, desto freier und schrankenloser wirken zu lassen . . ."[29] Das Monopol sei das Feldgeschrei der Merkantilisten, die Konkurrenz der Schlachtruf der liberalen Ökonomen. Es sei jedoch leicht einzusehen, „daß dieser Gegensatz wieder ein durchaus hohler ist. Jeder Konkurrierende *muß* wünschen, das Monopol zu haben . . . Jede kleinere Gesamtheit von Konkurrenten muß wünschen, das Monopol für sich gegen alle andern zu haben. Die Konkurrenz beruht auf dem Interesse, und das Interesse erzeugt wieder das Monopol; kurz, die Konkurrenz geht in das Monopol über."[30] Mehr noch: die Konkurrenz geht nicht nur in das Monopol über, sondern sie „setzt das Monopol schon voraus", nämlich das „Monopol des Eigentums".[31] Hier trete wieder, so urteilt Engels, die Heuchelei der Liberalen an den Tag, denn „solange das Monopol des Eigentums besteht, solange ist das Eigentum des Monopols gleichberechtigt . . ." Welch jämmerliche Halbheit sei es also, „die kleinen Monopole anzugreifen und das Grundmonopol [des Privateigentums] bestehen zu lassen"[32].

Versuchen wir, uns den hier von Marx und Engels gebrauchten Begriff des Monopols noch etwas zu verdeutlichen, so ist zunächst festzuhalten: Der hier verwendete Monopolbegriff ist weiter und anders strukturiert, sowohl im Hinblick auf die alte aristotelisch-mittelalterliche und hiervon abgeleitete merkantilistische Verwendung dieses Begriffes wie auch im Hinblick auf die neuere Leninsche Verwendung, die sich auf ganz spezifische Erscheinungen einer spezifischen Entwicklungsetappe des Kapitalismus bezieht, eben den Imperialismus oder *Monopol*kapitalismus.

[26] Ebenda, S. 528.
[27] Ebenda, S. 507.
[28] Friedrich Engels, Umrisse zu einer Kritik der Nationalökonomie, in: MEW, Bd. 1, Berlin 1956, S. 502.
[29] Ebenda, S. 504.
[30] Ebenda, S. 513.
[31] Ebenda, S. 514. [32] Ebenda.

Der hier von Marx und Engels verwendete Monopolbegriff[33] bezieht sich unmittelbar auf die schwerwiegende Eigenschaft des großen Privateigentums an Produktionsmitteln, soziale *Macht* zu verkörpern und dadurch große Teile der Gesellschaft vom freien Zugang zu den Produktionsbedingungen und Springquellen des gesellschaftlichen Reichtums *auszuschließen*. Marx und Engels lassen sich also nicht von der ursprünglichen Etymologie des Wortes „Monopol" verleiten, den Begriffsinhalt auf den irgendwie sanktionierten „Alleinverkauf" eines Warenbesitzers einzuengen, der „allein" über ein dringend begehrtes Produkt verfügt und daher den Preis zu einem „Monopolpreis" heraufzuschrauben in der Lage ist. Diese nur zuerst ins Blickfeld getretene Form des „Monopols" wäre in der Sicht von Marx und Engels nur der äußerste und mehr oder weniger beliebige Grenzfall einer ganzen Gruppe wirtschaftlicher Macht- und Ausbeutungspositionen, die ihre Hauptwurzel in der Konzentration des Produktionsmittelbesitzes in den Händen immer weniger Privateigentümer haben. Daher bestimmt Marx den Begriff des Monopols an einer wichtigen Stelle im ersten Band des „Kapitals" primär als Monopol des Produktionsmittelbesitzes durch eine Minorität: „Überall", so heißt es, „wo ein Teil der Gesellschaft das Monopol der Produktionsmittel besitzt, muß der Arbeiter, frei oder unfrei, der zu seiner Selbsterhaltung notwendigen Arbeitszeit überschüssige Arbeitszeit zusetzen, um die Lebensmittel für den Eigner der Produktionsmittel zu produzieren, sei dieser Eigner nun athenienscher Aristokrat, etruskischer Theokrat, römischer Bürger, normännischer Baron, amerikanischer Sklavenhalter, walachischer Bojar, moderner Landlord oder Kapitalist."[34] Engels erschien diese Aussage über das Monopol des Produktionsmitteleigentums so wichtig, daß er sie gleich zweimal im „Anti-Dühring"[35] und mehrfach auch in den verschiedenen Rezensionen zum „Kapital" zitierte[36]. Dieser

[33] Um die begrifflich schärfere Fassung dieser verschiedenen Anwendungen des Monopolbegriffs haben sich besonders Fred Oelßner und Jürgen Kuczynski verdient gemacht. Vgl. besonders Fred Oelßner, Ein Beitrag zur Monopoltheorie, in: Jahrbuch des Instituts für Wirtschaftswissenschaften der DAW (AdW der DDR), Bd. 3, Berlin 1960, S. 12–103; vgl. auch J. Kuczynski, Studien zur Geschichte des deutschen Imperialismus, Bd. 1, 2. Aufl., Berlin 1952, S. 150 ff. „Auch in der marxistischen Literatur", so urteilt Oelßner über den Stand der Dinge im Jahre 1960, sei „der Monopolbegriff durchaus nicht so klar herausgearbeitet, wie es angesichts der großen Bedeutung der Monopole im modernen Kapitalismus erforderlich wäre. Was meinen wir denn, wenn wir von den Monopolen sprechen, die das entscheidende Merkmal des imperialistischen Stadiums des Kapitalismus sind? Auf den ersten Blick scheint das eine überflüssige Frage zu sein; indessen zeigt schon ein wenig Nachdenken, daß diese Frage doch eine Diskussion wert ist" (Fred Oelßner, ebenda, S. 48).

[34] Karl Marx, Das Kapital, Erster Band, in: MEW, Bd. 23, a. a. O., S. 249.

[35] Friedrich Engels, Herrn Eugen Dührings Umwälzung der Wissenschaft (Anti-Dühring), in: MEW, Bd. 20, Berlin 1962, S. 144, 193.

[36] Friedrich Engels, Rezension zum Ersten Band des „Kapitals" für das „Demokratische Wochenblatt", in: MEW, Bd. 16, Berlin 1962, S. 238; vgl. auch Karl Marx, Das Kapital, Dritter Band, in: MEW, Bd. 25, a. a. O., S. 823.

von Marx und Engels so nachdrücklich hervorgehobene Absatz wird mit der Bemerkung eingeleitet, daß das Kapital „die Mehrarbeit nicht erfunden habe"; der Inhalt der Aussage in seiner historischen Spannweite verdeutlicht, daß auch das Produktionsmittelmonopol vom Kapital nicht erfunden, sondern nur vorgefunden und fortgeführt wurde.

Im Hinblick auf diese Marxsche Bestimmung des Monopols primär als eines des Produktionsmittel-Monopols sehen sich auch die marxistischen Nachschlagewerke der Gegenwart durchaus berechtigt, Monopol gar nicht mehr als „Alleinverkauf", sondern gleich als „Alleinrecht" und „Alleinbeherrschung" zu übersetzen und zu erklären.[37] Auch das „Ökonomische Lexikon"[38] bestimmt der Etymologie zum Trotz den Begriff des Monopols richtig als „die *Ausschließung* mehr oder weniger großer Teile der Gesellschaft von der Nutzung einer auf dem warenproduzierenden Privateigentum beruhenden Einkommensquelle auf Kosten dieser Teile der Gesellschaft".

Im diametralen Gegensatz hierzu verfährt die bürgerliche Lexikographie, die es darauf absieht, den Begriff des Monopols so eng und speziell wie möglich und, wenn irgend angängig, am besten gar nicht zu fassen, da er Inhalte bezeichnet und Werturteile impliziert, die tunlichst zu verschleiern sind.[39] Als lehrreiches Beispiel für diese apologetisch motivierte Verengung des Monopolbegriffs sei das „Handwörterbuch der Staatswissenschaften", herausgegeben von Ludwig Elster, erwähnt, das sich für einen möglichst eng an die alte Etymologie („Alleinverkauf") anschließenden Monopolbegriff und gegen den „zu weitherzigen" Monopolbegriff, besonders der Sozialisten ausspricht: „Daß insbesondere eine große Anzahl von Sozialisten und Sozialreformern von dem Monopol des Bodenbesitzes sprechen", sei, wie es heißt, „wohl auch in der negativen Wertung begründet, die den Monopolbildungen gemeiniglich zuteil wird. Hervorgehoben sei, daß auch Karl Marx die Grundrente in der entwickelten kapitalistischen Gesellschaft aus dem Monopol des Grundeigentums an der Erdoberfläche herleitet ... Bezeichnend für die *Weitherzigkeit,* mit welcher der Beiname eines Monopols verliehen wird", sei, „daß Marx dieses Bodenbesitzmonopol gelegentlich mit dem Monopol des Kapitalisten vergleicht, das diesem ermögliche, dem Arbeiter die Mehrarbeit abzupressen ..."[40]

Marx hat in der Tat den Begriff des Monopols nicht nur auf das Grundeigentum, sondern auch auf das Kapitaleigentum, eben auf das Produktionsmittel-

37 Vgl. Meyers Neues Lexikon, Bd. 9, Leipzig 1974, S. 512.

38 Ökonomisches Lexikon, 2. Aufl., Berlin 1970, Bd. 2, S. 212; vgl. dasselbe, 3. überarb. Aufl., Berlin 1979, Bd. 2, S. 546.

39 Vgl. auch Bürgerliche Ökonomie ohne Perspektive, hrsg. von Herbert Meißner, Berlin 1976, S. 185ff., Kap. 6: Das Monopolproblem im Spiegel der bürgerlichen Wirtschaftstheorie.

40 Handwörterbuch der Staatswissenschaften, Bd. 6, 4. Aufl., Jena 1925, S. 622. Auch „Gablers Wirtschafts-Lexikon", Bd. 2, 9. Aufl., Wiesbaden 1976, S. 379, vertritt eine einengende, geradezu tautologische Begriffsbestimmung.

Eigentum schlechthin, bezogen, und das nicht nur in seinen Jugendschriften, sondern auch in einem seiner letzten und reifsten Werke, der „Kritik des Gothaer Programms"; dies geschieht jedoch nicht aus terminologischer Laxheit oder „Weitherzigkeit" wie das bürgerliche „Handwörterbuch der Staatswissenschaften meint, sondern aus wohlüberlegten wissenschaftlichen Gründen, die ihre Prämissen gleichermaßen in der sozialen Wirklichkeit der Vergangenheit und Gegenwart wie in der Theoriengeschichte haben. Gegen eine derart „weitherzige" Fassung des Monopolbegriffs wendet sich unter anderem auch Erich Egner in seiner hierfür symptomatischen Schrift über den „Sinn des Monopols in der gegenwärtigen Wirtschaftsordnung". „Schon bei Smith" glaube „man ihn durchschimmern zu sehen"; diesen weiten Begriff des Monopols *meine* man [nach Egner irrigerweise] „*so oft* und seitdem Sozialisten von Macht und Ausbeutung sprachen"[41]. Gegen diesen angeblich zu weiten Begriff setzt Egner den seiner Meinung nach „die Grundproblematik genau umspannenden Begriff", der auf eine platte, aber apologetisch wohlüberlegte Tautologie hinausläuft. „Monopol", so heißt es, sei „die Möglichkeit, auf dem Produktenmarkt einen Gewinn zu erzielen."[42] Auch der von Fritz Machlup verfaßte Artikel „Monopol" im „Handwörterbuch der Sozialwissenschaften" aus dem Jahre 1961 polemisiert gegen die „irreführenden Erweiterungen des Monopolbegriffes". Dies geschieht im Hinblick auf die von Machlup akzentuierte Tatsache, daß „das Wort Monopol . . . in den rund 2500 Jahren seiner Existenz fast immer mit dem Unterton öffentlicher Mißbilligung gebraucht" worden ist.[43] Eine besonders irreführende „Erweiterung" des Monopolbegriffs sieht Machlup in der aus der marxistischen Theorie stammenden Wortbildung „Klassenmonopol". So heißt es im Hinblick auf die Grundrentenentstehung wie folgt: „Die Begriffsverwirrung in der Idee, daß die ‚Nichtbodenbesitzer an die Bodenbesitzer einen Monopoltribut' zahlen, wird geradezu potenziert, wenn man von einem ‚Klassenmonopol' an den Produktionsmitteln spricht." Eine „Klasse", so meint das bürgerliche Handwörterbuch, sei „eine viel zu große Personengruppe, um ein Kollektivmonopol auszuüben", und die „ungleiche Verteilung irgendwelcher Produktionsmittel oder des Besitzeinkommens" habe „mit dem Monopol nicht das Geringste zu tun . . . Ungleichheit einfach Monopol zu nennen", sei „sprachlicher Unsinn".[44] Soweit die aus der Defensive heraus formulierten starken Worte zur Vernebelung des Monopolbegriffs und der damit bezeichneten Inhalte. Auf eine Verfälschung des Monopolbegriffs durch den „linken" Opportunismus hat in jüngster Zeit besonders Günter Krause aufmerksam gemacht und Stellung bezogen.[45]

[41] Erich Egner, Der Sinn des Monopols in der gegenwärtigen Wirtschaftsordnung, Berlin 1931, S. 41.

[42] Ebenda, S. 43.

[43] Handwörterbuch der Sozialwissenschaften, Bd. 7, Tübingen – Göttingen 1961, S. 433.

[44] Ebenda, S. 429.

[45] Vgl. Günter Krause, Monopoltheorie. Zur Verfälschung des Leninschen Monopolverständnisses durch den „linken" Opportunismus, Frankfurt a. M. 1976.

2. Theoriegeschichtliche Wurzeln des Monopolbegriffs und die Stellung der verschiedenen Grundrententheorien zur Kategorie Monopol

Werfen wir noch einen kurzen Rückblick auf die theoriegeschichtlichen *Wurzeln* des Monopolbegriffs: Dieser Begriff läßt sich bis in die aristotelische „Politik", ca. 350 Jahre vor unserer Zeitrechnung zurückverfolgen. Aristoteles behandelt das Monopol als ziemlich anrüchigen Bestandteil der von ihm hart kritisierten „Chrematistik" (Bereicherungskunst), als warnenden Hinweis über die „Wege und Mittel, durch die es Einzelnen geglückt ist, reich zu werden"[46]. Schon die von Aristoteles gebrachten Beispiele für monopolistische „Bereicherungskunst" beziehen sich nicht auf irgendwelche Artikel, sondern auf wichtige Produktivgüter oder Produktionsmittel, nämlich auf Ölmühlen und Eisenerz. Es gehöre, wie Aristoteles kritisch feststellt, „überhaupt zur Chrematistik, daß man sich in solcher Weise den Alleinverkauf (Monopol) eines Artikels zu verschaffen weiß. Deshalb gebrauchen auch manche Staaten dieses Erwerbsmittel, wenn es ihnen an Geld fehlt, und machen den Verkauf von Waren zum Staatsmonopol."[47]

Überspringen wir das ganze Mittelalter mit seiner unendlich verzweigten und nachhaltig wirkenden aristotelischen Schultradition, in der Aristoteles als *der* Philosoph schlechthin galt, so begegnet uns am Ausgang des Mittelalters, im Zeitalter der frühbürgerlichen Revolution und erster utopisch-sozialistischer Gärungen, der Begriff des Monopols abermals in zugespitzt kritischer Beleuchtung. Die Humanisten, Reformatoren und Verfasser der Bauernflugschriften, für die Aristoteles noch immer Bestandteil des damaligen philosophischen „Grundstudiums" gewesen war, können sich nicht genug tun in der Verurteilung der „Monopole", und zwar im Hinblick auf die großen frühkapitalistischen Handelsgesellschaften der Fugger, Welser etc. Ulrich von Hutten zum Beispiel polemisiert gegen jene „überreichen Kaufleute, welche in Gesellschaften vereinigt *Monopole* ausbeuten . . ." Über diese höre man „in aller Welt die einstimmige Klage, die Fugger seien es, die andere nichts gewinnen lassen, die allein mit auswärtigen Völkern handeln wollen und durch eine Art von Tyrannei allen im Einkauf den Rang ablaufen, oder, wo sie dies nicht können, sie durch ihr Geld überbieten, um wenn sie durch ihr Mehrgebot jenen kleineren den Einkauf unmöglich gemacht, nach ihrem Belieben, was sie allein gekauft haben, auch allein verkaufen zu können, zu welchen Preisen sie wollen". Käme es zu einer Abstimmung über diese Monopolgesellschaften, so sei nach Hutten Einstimmigkeit darüber zu erwarten, „daß sie vor allen Anderen aus Deutschland *vertrieben* und so weit als möglich verbannt werden sollen"[48].

[46] Aristoteles, Politik, Erstes Buch, 11. Kapitel, Leipzig 1948, S. 25.

[47] Ebenda, S. 25.

[48] Ulrich v. Hutten, Gespräche, übersetzt und hrsg. von David Friedrich Strauß, Bd. 1, Leipzig 1858/60, S. 333. Vgl. auch Günther Rudolph, Ulrich von Huttens sozialökonomische Anschauungen, in: Deutsche Zeitschrift für Philosophie, 12/1972.

Auch Martin Luther, von Marx als „erster deutscher Nationalökonom" akzentuiert, attackiert die Praktiken der großen „Monopole" seiner Zeit: Das Schlimmste in dem ohnehin „großen, wüsten, weitläufigen Handel der Kaufmannschaft" seien die „Monopolia". „Viel greulicher [als gewöhnliche Prellerei und Preistreiberei] ist das, daß man darauf ein Gut *alleine* aufkäuft, welches auch die kaiserlichen und weltlichen Rechte verbieten und heißens *Monopolia.* Das sind", wie Luther schreibt, „eigennützige Käufer die in Landen und Städten gar nicht zu leiden sind . . . Denn solche Kaufleut tun gerade, als wären die Kreaturen und Güter Gottes *alleine* für sie geschaffen und (ge)geben und als möchten sie dieselben den anderen nehmen und setzen nach ihrem Mutwillen."[49] Diese monopolistischen Kaufleute seien, wie Luther urteilt, „nicht wert, daß sie Menschen heißen oder unter Leuten wohnen . . . Recht tät hier weltliche Öberkeit, daß sie solchen nehmen alles, was sie hätten, und trieben sie zum Lande aus".[50] Nicht viel anders im Hinblick auf die Monopole lautet es in den zahlreichen Flugschriften des Bauernkrieges, die in handlicher Ausgabe, eingeleitet und herausgegeben von W. Lenk, im Reclam-Verlag erschienen sind.[51]

Höchst aufschlußreich für den hier interessierenden Zusammenhang, daß die „Monopole" nicht nur Gegenstand humanistischer, reformatorischer und bauernagitatorischer Sozialkritik waren, sondern darüber hinaus auch Gegenstand politisch-praktischer Reichstagsverhandlungen seit 1512. Man müsse, so heißt es zum Beispiel bei dem bürgerlichen Historiker Jakob Strieder, „die Reichstagsverhandlungen über Monopole lesen, wie sie besonders seit 1512 einsetzten, um den ganzen Ingrimm der kleineren öffentlichen Gewalten gegen den kapitalistischen Geist zu erkennen. Was im Mittelalter als ‚Fürkauf' bekämpft worden war, der Versuch, durch einen teilweisen Ankauf der Waren sich einen gewissen Monopolpreis zu verschaffen, das bekämpfte man jetzt unter dem neuen Schlagworte der Monopolia."[52] Strieder enthüllt den Zwiespalt und die Ohnmacht in der Bekämpfung der Monopole, die natürlich nicht außer Landes verwiesen wurden, wie Hutten, Luther und die Bauernbewegung gefordert hatten, sondern in engster Verfilzung mit der zentralen Reichsgewalt sich den Versuchen einer Kontrolle praktisch entziehen konnten. Auf der Grundlage der Reichstagsbeschlüsse schon eingeleitete Prozesse mit der Anklage des Monopolismus gegen eine ganze Anzahl Augsburger Handelsherren, darunter der Fugger und Welser, wurden zum Beispiel auf direkte Intervention des Kaisers Karl V. im Jahre 1523 niedergeschlagen. Schwerste Stra-

49 Martin Luther, Von Kaufshandlung und Wucher (1524), in: Hutten/Müntzer/Luther, Werke in zwei Bänden, Bd. 2, Berlin – Weimar 1970, S. 198 (Bibliothek Deutscher Klassiker).

50 Ebenda, S. 200.

51 Vgl. Dokumente aus dem Deutschen Bauernkrieg, Beschwerden, Programme, Theoretische Schriften, hrsg. v. W. Lenk, Leipzig 1974.

52 Jakob Strieder, Studien zur Geschichte kapitalistischer Organisationsformen, Leipzig 1914, S. 63.

fen waren von den verschiedenen Reichstagsabschieden den „Monopolisten" angedroht, praktisch blieb im Widerstreit der verschiedensten Interessen alles unverändert. Die Finanznot der kaiserlichen Zentralgewalt, die die Finanzkraft der großen monopolistischen Handelshäuser nicht entbehren konnte, war stärker als die aus dem Kompromiß geborenen Beschlüsse des ohnmächtigen Reichstages. Strieder, in der Aufdeckung dieser Zusammenhänge nicht ohne Verdienst, kann jedoch seinen bürgerlichen und zugleich promonopolistischen Standpunkt nicht verleugnen, wenn er an einer Stelle seiner Ausführungen die radikalen Gegner der Monopole aus dem Volk als „Fanatiker" und ihr Tun als „Hetze" charakterisiert. „Aber eine rechte Hetze gegen die großen Handelsgesellschaften", so heißt es, „hebt doch erst in der volkstümlichen Literatur und der Gesetzgebung des beginnenden 16. Jahrhunderts an." Man könne dabei „von jenen Fanatikern absehen, die eine völlige Abschaffung der Handelsgesellschaften forderten".[53] Dieser schließlich erfolglose Ausgang des von Strieder als „Monopolistenverfolgung" charakterisierten Geschehens wird daher von Strieder mit einer gewissen Erleichterung registriert: „Der Kraftaufwand, mit dem Reichstände und öffentliche Meinung, mit dem auch die Bußprediger katholischen und lutherischen Bekenntnisses gegen den *Drachen der Monopolia* wie gegen alle ‚wucherischen Kontrakte' kämpften, stand im schreiendsten Mißverhältnis zu dem geringen Erfolg."[54] Mit ähnlicher Genugtuung quittiert Strieder auch die mit dem Hinweis auf die „nationalen Interessen und das allgemeine Wohl" erfolgende apologetische Befürwortung der Monopole. Hierbei werden positiv hervorgehoben der als Wortführer der Fugger fungierende Patrizier Konrad Peutinger[55] und der spanische Jesuit Ludivicus Molina.[56]

Worauf es hier ankommt: Der von Aristoteles in kritischer Sicht konzipierte Begriff „Monopol" blieb auch unter ganz anderen sozialen Verhältnissen ein der Kritik des Bestehenden verpflichtete Vorstellung. Wie bei Aristoteles bezog sich diese Vorstellung auf die gemäß natürlichem oder gesellschaftlichem Recht bestehende Unzulässigkeit oder Unerwünschtheit bestimmter wirtschaftlicher Machtpositionen, die aus dem „Alleinverkauf" von und aus dem „Alleinrecht" über bestimmte lebenswichtige Güter erwuchsen. Die Bedrückten oder auch nur Benachteiligten aller Schattierungen, eben die Nicht- und Antimonopolisten, bedienten sich dieses folgenreichen Begriffes als Waffe, und die wechselnden Inhaber der historisch wechselnden Monopolstellungen sahen

53 Ebenda, S. 77.

54 Ebenda, S. 88.

55 Ebenda, S. 84.

56 Ebenda, S. 90. Zu Peutinger vgl. auch Erich Sommerfeld, Die Verteidigung des frühen Handelskapitals, in: Autorenkollektiv, Grundlinien des ökonomischen Denkens in Deutschland. Von den Anfängen bis zur Mitte des 19. Jahrhunderts, Berlin 1977, S. 88ff.; vgl. auch Fritz Blaich, Die Reichsmonopolgesetzgebung im Zeitalter Karls des V. Ihre ordnungspolitische Problematik, Stuttgart 1967.

sich veranlaßt, einen zunehmenden apologetischen Aufwand zur Absicherung ihrer immer wieder angefochtenen Monopolstellung zu treiben und hierzu auch den Begriff in ihrer Weise zu interpretieren.[57] Trotz dieses apologetischen Aufwandes blieb jedoch der Begriff Monopol von seinen aristotelischen Ursprüngen über seine erste frühbürgerliche Kulmination bis in die imperialistische Gegenwart hinein ein ideologisches Reizmittel und Kampfinstrument ersten Ranges[58] und gerade das geschäftig und beflissen betriebene Verballhornen und Verharmlosen des Monopolproblems durch die bürgerlichen Ökonomen ist ein Beleg für diese Feststellung. Die revolutionären und vorwärtsweisenden Kräfte aber fuhren fort, diesen Begriff unbekümmert in ihrer Weise zu benutzen.

Da wir hier jedoch nur kurze Andeutungen und keine auch nur annähernd geschlossene Geschichte des Monopolgedankens geben können, schlagen wir einen großen Bogen vom 16. ins 18. Jahrhundert, einen Bogen von der frühbürgerlichen Revolution zum Zeitalter der klassischen bürgerlichen Revolution. Und jetzt taucht der Monopolgedanke nicht mehr „bloß" als Alleinverkaufsrecht großer Handelsgesellschaften auf, sondern – weitaus schwerwiegender – als Alleinverkaufsrecht, „Alleinrecht", „Alleinmacht" des großen *Grundeigentums*; das ist, soweit man sieht, eine neue Sicht der Dinge. Gerade die primär auf Grundeigentum basierende antike und mittelalterlich feudale Gesellschaft – und das erscheint nur paradox – hat an kaum einer der uns bekannten Stellen ihrer ideologischen Manifestationen ausführlicher über das Monopol des Grundeigentums reflektiert; sie hat es gehabt, und zwar weitgehendst, aber nicht darüber räsoniert. Das Grundeigentum erschien dieser mittelalterlichen Gesellschaft vermutlich so selbstverständlich, allgemein und allgegenwärtig, daß der Gedanke an ein fremdes „Monopol" im Hinblick auf

57 Der bereits zitierte Erich Egner hebt eine seit Jahrzehnten andauernde literarische Behandlung des Monopolproblems hervor: „Das Monopolproblem ist seit einigen Jahrzehnten dauernd aktuell. Dem entspricht seine häufige literarische Behandlung durch die Nationalökonomie" (E. Egner, Der Sinn des Monopols in der gegenwärtigen Wirtschaftsordnung, a. a. O., S. 1). 45 Jahre später noch sieht sich der marxistische Ökonom Günter Krause veranlaßt, auf die intensive Behandlung des Monopolproblems durch den „linken Opportunismus" aufmerksam zu machen: „Bei der Durchsicht einschlägiger Literatur ‚linker' Opportunisten ist festzustellen, daß im Rahmen der theoretischen Untersuchung des heutigen Kapitalismus dem Monopolverhältnis recht breiter Raum gewidmet wird, daß das Monopol in den verschiedenen Konzeptionen durchaus eine bedeutende Rolle spielt, daß Monopolbegriff und Monopolproblem als durchaus wichtig angesehen werden" (Günter Krause, Monopoltheorie. Zur Verfälschung des Leninschen Monopolverständnisses durch den „linken" Opportunismus, a. a. O., S. 7).

58 Vgl. hierzu folgende Aussage im Handwörterbuch der Sozialwissenschaften, Bd. 7, a. a. O., S. 433: „Das Wort ‚Monopol' wurde in den rund 2500 Jahren seiner Existenz fast immer mit dem Unterton der öffentlichen Mißbilligung gebraucht, und die objektive, wertfreie Preisbildungstheorie der neoklassischen Nationalökonomie hat daran nicht viel geändert."

das Grundeigentum nur ganz wenigen revolutionären Außenseitern der Gesellschaft kommen konnte (etwa bei Müntzer und seinen Streitern). Selbst der letzte leibeigene Bauer, so sehr er unter der Last der Fronarbeit zusammenzubrechen drohte oder dagegen aufbegehrte, war bis zu einer gewissen Zeit nicht direkt vom Zugang zum Boden ausgeschlossen; er war vielmehr eingebunden, an die Scholle angebunden, und noch gab es die für jedermann zugängliche Allmende oder gemeine Mark, die manches milderte. Erst am Ausgang dieser Epoche, erst mit der massenhaften Entstehung des absolut landlosen Proletariats und der für das Volk sehr qualvollen Herausbildung eines großen nunmehr „absoluten" Grundeigentums, eines von den lehnrechtlichen Verpflichtungen kapitalistisch befreiten Grundeigentums, erst dann entsteht die *Anschauung* vom Grundeigentum als einem Monopol.

Die massenhafte Entstehung eines eigentumslosen Proletariats aber geschah zuerst in den kapitalistisch fortgeschrittensten Ländern, und so nimmt es kein Wunder, daß die ersten deutlich artikulierten Klagen über das Grundeigentum als *Monopol* aus England, dem entwickeltsten Land der kapitalistischen Produktion und zugleich dem entwickeltsten Land des Großgrundeigentums kommen. Es sei hier besonders auf die Schriften der radikalen Agrarsozialisten Thomas Spence und William Ogilvie verwiesen,[59] die um die gleiche Zeit, als Adam Smith im „Reichtum der Nationen" (1776) die Grundrente als „Monopolpreis" bestimmte, den Grund und Boden der Nation als ein von einer verschwindenden Minderheit beherrschtes „Monopol" nachwiesen. Ein Jahr vor Erscheinen des Smithschen Hauptwerkes erklärte Spence, „daß das Land mit allem Zubehör von einigen Wenigen in Anspruch genommen und untereinander aufgeteilt worden ist mit derselben Sicherheit in der Behauptung ihres Rechtes, als wenn sie es verfertigt hätten ..." Die Folge davon sei, „daß die Menschen in keinem Teile der Welt, selbst nicht da, wo sie geboren sind, anders leben können, denn als Fremdlinge und auf Grund einer Erlaubnis derjenigen, die sich als die Eigentümer des Bodens ausgeben; eine Erlaubnis, für die in den meisten Fällen ein unverhältnismäßig hoher Preis gezahlt werden muß".[60] Noch deutlicher und nachdrücklicher bezeichnet William Ogilvie in seiner 1782 anonym erschienenen Schrift das Monopol am Grundeigentum als die Wurzel des Übels.[61] Ogilvie geißelt das „ausschließliche Recht auf den kulturfähigen Wert des Bodens ... das einige Männer, die in keinem Lande mehr als den hundertsten Teil der Gesamtheit ausmachen, an sich reißen dürfen". Dies sei ein „unerträgliches Vorrecht, durch dessen Wirksamkeit das Glück der Menschheit Menschenalter hindurch in einem höheren Grade gestört und eingeschränkt worden ist als durch alle Tyrannei von Königen, allen Betrug

[59] Siehe auch oben, S. 113ff.

[60] Thomas Spence, The nationalization of land, Newcastle 1775, deutscher Titel: Das Gemeineigentum am Boden, hrsg. von G. Adler, Leipzig 1904, S. 25 f.

[61] Vgl. William Ogilvie, An essay on the right of property in land, London 1872, deutscher Titel: Das Recht auf Grundeigentum, übers. von A. M. Freund, Leipzig 1906.

von Priestern, alle Spitzfindigkeiten von Juristen zusammengenommen . . ."[62] Ogilvie bezeichnet dieses „unerträgliche Vorrecht" ausdrücklich als Monopol: „Daher ist das unbegrenzte Recht des Eigentums am Boden ein *Monopol* in der Hand der Eigentümer jedes Bezirks: ein *Monopol*, das seinen Mitbürgern nicht weniger zum Schaden gereicht als es ein Monopol der Bäcker ohne jede Kontrolle oder Beaufsichtigung der Behörden tun würde;" seine Folgen seien „ein langsames Verhungern, stückweise . . ."[63] „Das *Monopol* der Rohstoffe", so heißt es prinzipiell, „die unerläßlich für jeden Zweig der Gewerbetätigkeit sind, ist verderblicher als das Monopol auf schon verarbeitete, gebrauchsfertige Waren. *Das Monopol, das die Grundherren besitzen, gehört zu der ersten Art und betrifft den Rohstoff des wesentlichsten Beschäftigungszweiges.*"[64] Das Monopol des Grundeigentums, so erkennt Ogilvie, befähigt die Monopolinhaber nicht nur zur Einsaugung des in der Landwirtschaft, sondern auch zur (teilweisen) Einsaugung der in der industriellen Fabrikation mobilisierten Mehrarbeit: „Das Monopol, das die Grundherren besitzen, befähigt sie, die Bauern nicht allein des ihnen zukommenden Lohnes für den auf den Boden verwendeten Fleiß zu berauben, sondern auch dessen, den sie auf irgend eine andere Weise und an irgend einem andern Gegenstande auszuüben Gelegenheit haben. Daraus entspringt das klarste Interesse der Grundherren, die Fabrikation zu fördern. Es gibt Gegenden", so heißt es bei Ogilvie weiter, „in denen sich das Einkommen der Grundeigentümer in fünfzig Jahren verdoppelt hat, weil ein Fabrikationszweig eingeführt wurde und gedeiht, ohne irgend eine Verbesserung in der Art des Ackerbaus, ohne einen beträchtlichen Zuwachs an Bodenprodukten . . . Aus der Notwendigkeit, die für den armen Fabrikarbeiter besteht, sich an diese Grundherrn zu wenden, um von ihnen den Gebrauch von Häusern und Boden für den Wohnsitz ihrer Familien zu erkaufen, – aus dieser Notwendigkeit ergibt sich für sie [die Grundherren] die Möglichkeit, ihren geringen Fleiß sehr hoch zu berechnen und so die Arbeiter vielleicht um mehr als die Hälfte ihres Lohnes zu berauben."[65]

Auch für den von Marx hochgeschätzten und im zweiten Band des „Kapital" zustimmend zitierten ricardianischen Sozialisten Thomas *Hodgskin* (1787 bis 1869) sind die Grundeigentümer diejenigen, „die den Boden des ganzen Reichs monopolisiert haben"[66].

Alle diese vor und nach Smith kursierenden monopolkritischen Aussagen im Hinblick auf das große Grundeigentum fanden sich ansatzweise, wenn auch nicht voll ausformuliert, im epochemachenden Hauptwerk von Adam Smith.[67]

62 Ebenda, S. 47.
63 Ebenda, S. 50.
64 Ebenda.
65 Ebenda, S. 51.
66 Thomas Hodgskin, Populars political Economy, London 1827; zitiert nach Karl Marx, Das Kapital, Zweiter Band, in: MEW, Bd. 24, Berlin 1963, S. 245.
67 Vgl. folgende Aussagen: „Sobald der Boden eines Landes *durchweg* Privateigen-

Wenn Smith auch nicht direkt vom Monopol des Grundeigentums sprach wie die radikaleren agrarsozialistischen Theoretiker, so setzte er es doch so stillschweigend wie selbstverständlich als Basis seiner Grundrententheorie voraus. Seine bereits Ricardo mißliebige Bestimmung der Grundrente als eines an den Grundeigentümern gezahlten „Monopolpreises" (der als der „erzielbare Höchstpreis" verstanden wird), basiert eindeutig, wenn auch unausgesprochen, auf der Anschauung, daß das Grundeigentum in seiner Konzentration und Privatheit ein Monopol darstellt. Auch andere Kernsätze der Smithschen Grundrententheorie weisen eindeutig in diese Richtung. Nicht nur die erwähnten Agrarsozialisten Spence und Ogilvie, sondern auch Ricardo und Marx haben Smith jedenfalls so gelesen und verstanden, wenn auch mit dem bemerkenswertem Unterschied, daß die Agrarsozialisten und Marx dieser Smithschen Annahme zustimmten, während Ricardo entschieden dagegen Front machte.[68] Bei Smith, so kommentiert Marx zustimmend, sei es sehr betont, daß es das Eigentum ist, der Eigentümer, der *als* Eigentümer die Rente verlangt.[69] Nach vollständiger Zitierung der von Ricardo und Malthus heftig bekämpften Smithschen Grundrentendefinition durch Marx erfolgt abermals eine volle Zustimmung: „‚Die Grundrente, aufgefaßt als Preis, der für die Benutzung von Grund und Boden bezahlt wird, ist natürlicherweise ein Monopolpreis' [Smith]." Es sei in der Tat, fährt Marx fort, *ein Preis der nur durch das Monopol des Eigentums erzwungen wird* und darin als Monopolpreis sich vom Preis der industriellen Produkte unterscheidet.[70]

Die Smithsche Bestimmung der Grundrente als „Monopolpreis" versteht Marx also ohne Umschweife als „Preis, der nur durch das Monopol des Eigentums erzwungen wird".[71] Über Ricardos Grundrententheorie hingegen fällte Marx das bereits zitierte harte Urteil, daß sie in keinerlei Hinsicht einen Fort-

tum geworden ist, lieben es die Grundbesitzer wie andere Leute auch, da zu ernten, wo sie nicht gesät haben, und fordern selbst für die natürlichen Erzeugnisse des Bodens eine Rente" (Adam Smith, Eine Untersuchung über das Wesen und die Ursachen des Reichtums der Nationen, hrsg. v. Peter Thal, Bd. 1, Berlin 1963, S. 65) und „Sobald der Boden Privateigentum wird, verlangt der Grundbesitzer einen Anteil an fast allen Produkten, die der Arbeiter darauf erzeugen und einsammeln kann. Seine Rente macht den ersten Abzug vom Produkt der aus Boden verwandten Arbeit aus" (ebenda, S. 85).

68 Vgl. auch oben, S. 86 ff.

69 Vgl. Karl Marx, Theorien über den Mehrwert, Zweiter Teil, in: MEW, Bd. 26.2, Berlin 1967, S. 342.

70 Vgl. ebenda.

71 Vgl. auch die Würdigung der Smithschen Grundrententheorie in: Karl Marx, Das Kapital, Dritter Band, in: MEW, Bd. 25, a. a. O., S. 628. Es sei „in der Tat seit ihm kein Fortschritt in dieser Beziehung gemacht worden" (darin, daß die Grundrente des Kornbodens bestimmend ist für die Grundrente der Böden mit anderen landwirtschaftlichen Produkten).

schritt gebracht habe.[72] Als großbürgerlicher Theoretiker einer nachrevolutionären Periode war Ricardo in Polemik besonders gegen Smith, Buchanan und andere um den Nachweis bemüht, daß im Hinblick auf die Grundrente weder von einem „Monopolpreis" noch von einem „Monopol des Grundeigentums" die Rede sein könne. Schon weil der Begriff des Monopolpreises und des daraus resultierenden Monopol- oder Monopolisteneinkommens zu einem der Hauptstichworte des sozialkritischen Vokabulars dieser Entwicklungsperiode des ökonomischen Denkens geworden war, mußte Ricardo daran gelegen sein, es aus der bürgerlich respektablen Theorie der politischen Ökonomie fernzuhalten. Im Gegensatz zu Smith vermeidet Ricardo daher in seiner Definition der Grundrente in geradezu peinlicher Weise die Erwähnung oder auch nur den Anklang einer Erwähnung des so unliebsam in Erscheinung getretenen Monopolgedankens. Die Grundrente, so etwa war der Sinn seiner leicht paradoxen Argumentation, fließe zwar dem Eigentümer des Grund und Bodens zu, aber sie sei keine Folge des Grundeigentums; sie resultiere zwar aus der Bonitätsdifferenz der Böden als einem „partiellen Naturmonopol", sei aber dennoch (gegen Smith) kein „Monopolpreis"; sie werde zwar am Preise verdient, auch als „unearned" Gewinn, aber sie sei kein Bestimmungsgrund des Preises; der Konsument zahle also trotz Grundrente gleichsam nur den „natürlichen", das heißt notwendigen und gerechtfertigten Preis und keineswegs, wie es Smith und die radikalen agrarsozialistischen Systemkritiker immer wieder behaupteten, einen „Monopolpreis".[73]

Parallel zur Ricardoschen Bestreitung des von Smith und den Radikalen nachgewiesenen Monopolpreises vollzieht sich in und mit der Ricardoschen Grundrententheorie die taktisch-vorsichtige Verschleierung der bei Smith und den Agrarsozialisten naiv oder offensiv in den Vordergrund gerückten Grundeigentumsverhältnisse. Das Grundeigentum erscheint daher bei Ricardo nicht mehr als Monopol, das Monopolpreise für lebenswichtige Nahrungsgüter (Korn, Getreide allgemein) erzwingt, sondern nur noch ziemlich beiläufig als Folge zunehmender Besiedelung des als elementarisch hinreichend vorhanden und rechtlich frei verfügbar vorgestellten Bodens. Das auf natürliche Bonitätsunterschiede des Bodens rekurrierende Differentialrentenprinzip, konzeptionell in immanenter Polemik gegen die von Smith etc. behauptete absolute bzw. Monopolrente entwickelt, unterstützte gleichfalls den Eindruck von der relativen Belanglosigkeit der Grundeigentumsverhältnisse. Auf Grund dieser und ähnlicher Merkmale erfüllte die Ricardosche Grundrententheorie ziemlich weitgehend die an sie gestellten Anforderungen: Sie enthüllte durchaus richtig – wenn auch weitgehend in der Nachfolge von Anderson, West und Malthus –

[72] Vgl. Karl Marx, Theorien über den Mehrwert, Zweiter Teil, in: MEW, Bd. 26.2, a. a. O., S. 459.

[73] Vgl. u. a. bei David Ricardo, Grundsätze der politischen Ökonomie und der Besteuerung, hrsg. von Gerhard Bondi, Berlin 1959, S. 246: „Rohprodukte haben keinen Monopolpreis".

das für das kapitalistische Pächtersystem wichtige Differentialrentenprinzip. Sie tat das aber zugleich in einer Weise, daß sie eine recht maßvolle Kritik nach oben (Grundaristokratie) mit einer geschickten Abblockung latenter sozialer Begehrlichkeit von unten verband; die Klassenkampfverhältnisse waren auch 1817, als Ricardos Hauptwerk erschien, nicht mehr *so* unentwickelt, daß für eine solche ideologische Abblockung kein Bedarf vorgelegen hätte; man muß deshalb nicht gleich so weit wie Gustav Schmoller gehen, der das England der Jahre 1815–1832 am Vorabend einer „großen socialen Revolution" sehen zu müssen glaubt.[74]

Genau so, nämlich als flexible Verteidigung des Bestehenden, wurden die Ricardoschen Ansichten zur Grundrenten- und Grund- und Bodenfrage auch von den kritischen Zeitgenossen aufgefaßt. Überliefert ist eine Aussage des üblicherweise als „Linksricardianer" bezeichneten Thomas Hodgskins, der Ricardo zwar als klugen, gründlichen Schriftsteller respektiert, ihn aber dennoch als politischen Gegner betrachtet: „Ricardos Ansichten", so heißt es 1820 in einem Brief Hodgskins an Francis Place, „schätze ich nicht, weil sie die gegenwärtige politische Lage der Gesellschaft rechtfertigen und unsere Hoffnungen auf künftigen Fortschritt in Grenzen halten. Ihr Hauptzweck ist, unsere großen *Grund- und Boden-Leviathane* [Hervorhebung – G. R.] in deren gewaltigen Aussaugereien zu entschuldigen. Reichtum ist nur ein anderer Name für politische Macht, und mit einer Aristokratie von Landlords, wie sie jetzt besteht, ist irgend etwas wie Demokratie unmöglich . . . Ich bin", so schreibt Hodgskin, „Demokrat, Ricardos Lehren sind, was die Argumentation betrifft, die nachdrücklichste Verteidigung der Aristokratie, die ich kenne."[75]

Auf die massiven apologetischen Bemühungen von Thomas Malthus, den Monopolbegriff aus der politischen Ökonomie zu verbannen oder wenigsten soweit zu verharmlosen und zu verwässern, daß er „nicht mehr weh tut" (und somit annehmbar wird), sind wir an anderer Stelle bereits eingegangen,[76] so daß wir uns auf einen Hinweis beschränken können. Malthus vermag den Vorwurf des Monopolismus im Hinblick auf das Grundeigentum nicht direkt, sondern nur durch die demagogisch geschickte Einräumung zu entkräften, daß man höchstens, wenn überhaupt, von einem „teilweisen Monopol" sprechen könne, und auch das nur mit größter Zurückhaltung. Dieses allenfalls zu akzeptierende „teilweise Monopol" basiere überdies auf ganz natürlichen Ursachen, nicht auf gesellschaftlichen, und sei insofern unvermeidbar. Auf diese und ähn-

[74] Vgl. Gustav Schmoller, Über einige Grundfragen der Sozialpolitik und der Volkswirtschaftslehre, Leipzig 1904, S. 115. Schmoller bemerkt im Hinblick auf die Verhältnisse in England, „das 1815–1832 einer *großen socialen Revolution näher stand als vielleicht irgend ein europäischer Staat* . . ." Vgl. auch oben, S. 113 ff.

[75] Thomas Hodgskin, Brief an Francis Place vom 28. Januar 1820, zitiert und übersetzt nach Elie Halévy, Thomas Hodgskin, London 1956, S. 67.

[76] Vgl. oben, S. 98 ff.

liche Weise glaubte Malthus den frühsozialistischen Vorwurf auf Monopolismus der Grundeigentümer entkräftet zu haben.[77]

Wie wenig diese Argumentation jedoch verfing, zeigt die auch von Marx zitierte anonyme Schrift eines nichtbourgeoisen Zeitgenossen aus dem Jahre 1821, der die Zielstellung der Malthusschen Argumentation sofort durchschaute und den Vorwurf des grundeigentümerischen Monopolismus erneut erhob. „Als Herr Malthus", so hieß es in der Schrift von 1821, „seinen *Essay über die Rente* veröffentlichte, scheint dies zum Teil in der Absicht geschehen zu sein, der Losung: ‚Weg mit den Landlords!' zu begegnen, die damals ‚in roten Lettern auf den Mauern stand', zur Verteidigung dieser Klasse aufzustehen und zu beweisen, daß sie den *Monopolisten* nicht gleich seien." Malthus habe es unternommen, „die Landlords gegen *die verhaßte Bezeichnung von Monopolisten* und gegen die Bemerkung von Smith, ‚daß sie es lieben, zu ernten, wo sie niemals gesät haben', in Schutz zu nehmen ..."[78] [Hervorhebung – G. R.]. Allen Bemühungen zum Trotz stand also der Vorwurf des Monopolismus und des Bezugs von Monopoleinkommen zwar nicht unwidersprochen, aber doch im Wesen unwiderlegt in der Szenerie der ideologischen Auseinandersetzung.

Es war kein Geringerer als der mit Ricardo nahezu gleichaltrige und durch die Ahnung der der bürgerlichen Gesellschaft immanenten Widersprüche in der politischen Ökonomie epochemachende *Simonde de Sismondi* (1773–1842)[79], der auch das sozialkritische Monopolkonzept wieder unverblümt zu einem Hauptpunkt der politischen Ökonomie machte. Allen Ricardoschen und Malthusschen Abwiegelungen zum Trotz und in Übereinstimmung mit Smith und den Agrarsozialisten betont Sismondi die Monopolstellung der Grundeigentümer: „Seitdem es keinen herrenlosen Boden mehr gibt [und das ist nach Sismondi seit langem der Fall], nehmen die Eigentümer des Bodens im Allgemeinen eine *Monopolstellung* gegenüber dem Rest der Nation ein."[80] Sismondi expliziert das Wesen dieser von den Grundeigentümern eingenommenen Monopolstellung als eine zugleich gegenüber „zwei Menschenschichten" ein-

[77] Auch Ricardo argumentiert – wie Marx kritisiert – mit dem schönfärberischen Terminus *teilweises Monopol*: Ein teilweises Monopol – „nie wirkend als ein *monopoly*"; und die Grundrente in dieser schönfärberischen Sicht „auch nie *result* des monopoly" (vgl. Karl Marx, Theorien über den Mehrwert, Zweiter Teil, in: MEW, Bd. 26.2, a. a. O., S. 313 f.).

[78] Vgl. An Inquiry into those Principles respecting the Nature of Demand and the Necessity of Consumption, lately advocated by Mr. Malthus, etc., London 1821 (zitiert nach Karl Marx, Theorien über den Mehrwert, Dritter Teil, in: MEW, Bd. 26. 3, Berlin 1968, S. 56).

[79] Vgl. Karl Marx, Theorien über den Mehrwert, Dritter Teil in: MEW, Bd. 26.3, a. a. O., S. 255.

[80] Jean Charles Léonard Simonde de Sismondi, Neue Grundsätze der politischen Ökonomie, oder vom Reichtum in seinen Beziehungen zur Bevölkerung, hrsg. v. A. Toepel,Bd. 1, Berlin 1971, S. 172.

genommene wirtschaftliche Machtposition: „Das Eigentumsrecht oder die von der Gesellschaft zugebilligte Monopolstellung, die jeder Grundeigentümer gegenüber zwei Menschenschichten ausübt, einmal gegenüber jenen, die nach Lebensmitteln nachfragen, zum anderen gegenüber jenen, die Arbeit anbieten, um Lebensmittel zu produzieren, verhindert, daß einerseits der Pachtpreis und andererseits die Lebensmittelpreise auf den niedrigsten Wert absinken können."[81] (Da Sismondi, wie auch Smith und Ricardo, den erst von Marx auf den Begriff gebrachten Unterschied zwischen Wert und Produktionspreis nicht kannte, muß er sich in seiner Argumentation damit behelfen, die später als Produktionspreis bezeichnete Ebene als „niedrigsten Wert" zu bezeichnen, auf den der „Pachtpreis" und der „Lebensmittelpreis" eben wegen der Monopolstellung der Grundeigentümer herabzusinken *gehindert* wird, wodurch eben der Grundrentenmechanismus in Gang kommt.)

Diese gleich doppelte Betonung der durch das Grundeigentum eingenommenen Monopolstellung findet sich bei Sismondi im Kapitel dreizehn, das sich ausdrücklich und ausschließlich mit der Widerlegung der Ricardoschen Grundrententheorie beschäftigt, die, wie es heißt, „im absoluten Gegensatz zu derjenigen von Smith" steht und „sich dermaßen von der unsrigen [der Sismondischen] (entfernt), daß wir bei der Darstellung unserer eigenen Grundsätze nicht einmal Gelegenheit fanden, sie anzugreifen oder zu widerlegen"[82]. Nach dieser gleich zweifachen Hervorkehrung des Monopolaspektes, „einmal gegenüber jenen, die nach Lebensmitteln nachfragen, und zum anderen gegenüber jenen, die Arbeit anbieten", funktioniert auch der Grundrenten- und Ausbeutungsmechanismus in monopolistisch *doppelter* Weise: Vollzieht sich Ausbeutung und Rentenabschöpfung in ersterer Hinsicht über den Monopolpreis („den erzielbaren Höchstpreis" – Smith), also durch monopolistische Heraufsetzung der Lebensmittelpreise, so geschieht zweitens Ausbeutung und Rentenbezug „gegenüber jenen, die Arbeit anbieten", durch monopolistische Verkürzung des *Arbeitslohnes.* Trifft somit die über den Monopolpreis der Lebensmittel sich vollziehende Ausbeutung den Arbeiter als Konsumenten, so trifft die über den monopolistisch verkürzten *Lohn* praktizierte Ausbeutung und Rentenabschöpfung den Arbeiter als Produzenten. An diese zuerst 1819 veröffentlichten Gedanken von Sismondi konnte ca. 20 Jahre später Rodbertus unmittelbar anknüpfen,[83] wie auch Sismondi Anknüpfungspunkte für beide

[81] Ebenda, S. 258. [82] Ebenda, S. 250.

[83] Vgl. Karl Rodbertus, Das Capital. Vierter socialer Brief, Berlin 1884, S. 29. In Polemik gegen Bastiat und Carey, die zu beweisen trachteten, daß Grundeigentum auch in monopolistischer Gestalt nicht notwendig zu einem Monopolpreis führen müsse und Grundrente daher unmöglich sei, betont Rodbertus die über monopolistische *Lohnverkürzung* funktionierende Form der Rentenentstehung, die durch die apologetische „Beweisführung" der Bastiat und Carey in keiner Weise berührt worden sei: „Ich habe bewiesen, daß wenn auch im Werte des Rohprodukts nur die Arbeit vergütet wird, also kein Monopolpreis besteht, dennoch die höchsten Grund-

Varianten der Monopoltheorie bei Adam Smith finden konnte. Während aber die vom Monopolpreis ausgehende Konzeption so ganz neu nicht war und in gewisser Hinsicht auf eine bis Aristoteles zurückreichende Überlieferung zurückblicken konnte, bedeutete das von der monopolistischen *Lohnverkürzung* ausgehende Rententheorem ein völliges Novum. Soweit zu erkennen ist, stammt dieses Konzept aus dem radikalisierten Physiokratismus von A. R. Jaques Turgot[84], fand aber erst bei Adam Smith seine einigermaßen scharfe Formulierung: „Sobald der Boden Privateigentum wird, verlangt der Grundbesitzer einen Anteil an fast allen Produkten, die der Arbeiter darauf erzeugen oder einsammeln kann. Seine Rente“, so heißt es scharf und bestimmt, „macht den ersten *Abzug* vom Produkt der auf Boden verwandten Arbeit aus.“[85] Da sich jedoch Smith im allgemeinen mehr durch die gewaltige Weite seiner alle menschlichen Beziehungen umfassenden Sicht als durch strenge logische Konsequenz in jedem Detail auszeichnet, so laufen beide Varianten der Monopoltheorie, die vom Monopolpreis ausgehende und die auf dem monopolistisch verkürzten „Lohn“ basierende, doch immer wieder mehr oder weniger zusammen. Dieses Zusammen- und Ineinanderlaufen wird nicht nur durch subjektiv zufällig ausbleibende logische Stringenz einzelner Ökonomen hervorgerufen, sondern auch objektiv dadurch begünstigt, daß beide Varianten der Monopoltheorie von der gemeinsamen Prämisse ausgehen, daß das Eigentum an Grund und Boden ein Monopol und die Grundrente das Einkommen des Eigentümers *aus* diesem Monopol sei. Ungeachtet dieses gemeinsamen Ausgangspunktes unterscheiden sich jedoch beide Varianten der Monopoltheorie in bedeutsamer Weise.

Betrachtet die eine die Grundrente vorwiegend als Ausbeutung des *Konsumenten* durch den Grundeigentümer, als Aufschlag auf den „natürlichen Preis“, der beim Verkauf realisiert wird, so betrachtet die andere Variante die Rente als Ausbeutung des ländlichen *Produzenten* durch den Grundeigentümer, als Abzug von einem „natürlichen Arbeitslohn“, der entweder in der Pacht oder auf direktem Wege realisiert wird. Betrachtet die erste Variante die Rente als aus dem Monopolpreis der Nahrungsmittel entstanden, so sieht die zweite Va-

renten abfallen, ohne daß je ein Grundbesitzer etwas anderes dazu beigetragen hat, als eben einen im Raub sich verlierenden Besitztitel zu besitzen.“

84 Vgl. A. R. Jaques Turgot, Betrachtungen über die Bildung und die Verteilung des Reichtums, 1766, in: Turgot, Physiokratische Schriften, hrsg. von H. Waentig, Jena 1924, S. 42 ff. und 55 ff. Vgl. auch Karl Marx, Theorien über den Mehrwert, Erster Teil, in: MEW, Bd. 26.1, Berlin 1965, S. 24: „... *Turgot* am entwickelsten. Bei ihm wird auch das pur don de la nature stellenweis dargestellt als *Surplusarbeit* und andrerseits die Notwendigkeit des Arbeiters, das über sein Salair Nötige abzugeben, aus der Loslösung des Arbeiters von den Arbeitsbedingungen (erklärt) und aus dem ihm Gegenübertreten derselben als Eigentum einer Klasse, die damit Handel treibt...“

85 Adam Smith, Eine Untersuchung über das Wesen und die Ursachen des Reichtums der Nationen, hrsg. von P. Thal, Bd. 1, a. a. O., S. 85.

riante in der Rente selbst den Monopolpreis, nämlich den Preis für die Nutzung des in Herrenhand monopolisierten Grund und Bodens.

So gefährlich der nach der ersten Variante motivierte Vorwurf der monopolistisch verursachten Preisbildung für die herrschenden Klassen gegebenenfalls sein konnte, soweit er sich auf Korn und Brot, den unentbehrlichen Nahrungsmitteln der Volksmassen bezog (Vorwurf des Korn- und Brotwuchers!), weitaus gravierender und ins Zentrum der Ausbeutung vorstoßend war der aus der zweiten Variante motivierte Vorwurf der monopolistisch verursachten „Lohnverkürzung" als einer sich schon a priori im Produktionsprozeß (und nicht erst in der Zirkulation) vollziehenden Aussaugung und Ausbeutung.

Sozialistische Grundrententheorien, frühsozialistische und wissenschaftlich sozialistische, haben daher von Anfang an vorwiegend an die *zweite* Variante angeknüpft, ohne jedoch die erste, auf den Monopolpreis rekurrierende Version der Monopoltheorie, völlig fallenzulassen. Auch die zunehmend systematische Gestalt annehmende Arbeitswerttheorie mit ihrer Betonung des Äquivalententausches tendierte dahin, die Monopolpreistheorie mit ihrer Hervorhebung des *Nicht*-Äquivalententausches zurücktreten zu lassen und die Nicht-Äquivalenz in einer Sphäre zu lokalisieren, in der zunehmend und mit immer besseren Argumenten der Kern des ganzen Problems vermutet wurde, wenn auch die streng wissenschaftliche Fassung des Problems, die erst von Marx gegeben werden konnte, noch auf sich warten ließ. Jedenfalls knüpft auch Rodbertus an diese von Smith und Sismondi entwickelte Theorie des monopolistisch verkürzten Arbeitsertrages an, und nicht grundlos verketzert H. Eisenhart, ein bürgerlicher Vulgärökonom, Rodbertus als den gesteigerten, ins kommunistische übersetzten Sismondi.[86] Tatsache ist auch, daß Rodbertus von seiner ersten Schrift aus dem Jahre 1842 bis in die späteren Schriften der endsechziger Jahre immer wieder zustimmend Bezug auf die Theorien von Sismondi genommen hat.[87]

Den Begriff oder die Bezeichnung „Monopol" gebraucht Rodbertus freilich nur sehr sporadisch und sparsam, die Sache selbst aber stellt er sehr ausführlich dar und geradezu in den Mittelpunkt seiner Rententheorie. Das von ihm so bezeichnete „rentierende Eigentum"[88], Zentrum seiner ganzen Theorie, zeigt sich als eine sehr eindringliche Verkörperung des Monopolbegriffs. Dieses „rentierende Eigentum" ist für Rodbertus per definitionem Privateigentum

[86] Vgl. Hugo Eisenhart, Geschichte der Nationalökonomik, Jena 1881, S. 202.

[87] Vgl. oben, S. 135ff.

[88] Vgl. Karl Rodbertus, Zur Erkenntnis unserer staatswirthschaftlichen Zustände, Neubrandenburg und Friedland 1842, S. 13: „Rentierendes Eigenthum nenne ich dasjenige, was für seinen Besitzer, ohne daß dieser zu arbeiten braucht, selbst wieder Quelle von Einkommen wird, also Grund- und Capitaleigenthum. Der Gegensatz ist ein solches Eigenthum, das nur durch Arbeit statuiert wird, also am eigenen Product. In der Wissenschaft dürfte über kurz oder lang diese Unterscheidung nötig werden" (ebenda, S. 13).

an Produktionsmitteln, das seinen privaten Besitzern arbeitsloses, also auf Ausbeutung fremder Arbeit beruhendes Einkommen ermöglicht. „Rentierendes Eigentum" ist also ein von einer Minderheit monopolisiertes Eigentum an Produktionsmitteln.[89]

Und diese von einer Minderheit betriebene Monopolisierung des Produktionsmitteleigentums ist auch in der Sicht von Rodbertus so total, daß er von einer „fortgegebenen Welt" spricht im Kontrast zur „Habelosigkeit" der Arbeiter, die „als solche nichts als ihre Arbeitskraft besitzen, aber leben wollen, während die ‚Welt fortgegeben ist' . . ."[90] Fortgenommen müßte es ganz richtig heißen.

Im Hinblick auf das hier vor allem interessierende Grundeigentum spricht Rodbertus diese Monopolisierung in den Händen weniger wie folgt aus, und zwar in Polemik gegen die diesbezüglichen unhistorischen Annahmen Ricardos: „Auch die Grundeigentumsverhältnisse entwickeln sich nicht so, daß sich dieselben nur in dem Maße im Lande ausbreiten, als Boden zum Anbau gezogen wird, daß anfänglich nur die besten Bodenklassen ins Eigentum übergehen,

89 Auch der junge Pierre-Joseph Proudhon gehört in gewisser Hinsicht in diese Traditionslinie. Produktionsmittel-Eigentum und Monopol und antike wie neuzeitliche Lohnsklaverei sind ihm sehr zusammenhängende Erscheinungen: „Weil *Eigentum* sich durch Besitzergreifung und Ausbeutung manifestiert, weil es zum Zwecke hat, das *Monopol* durch die unbeschränkte und erbliche Herrschaft zu befestigen und zu erweitern, weil es, vermöge der *Rente* ohne Arbeit erntet, und vermöge der Hypothek ohne Bürgschaft riskiert, weil es widerspenstig wider die Gesellschaft, weil sein Gesetz die Willkür ist, und es durch die Gerechtigkeit zugrunde gehen muß, so ist *das Eigentum die Religion der Gewalt.* Je nachdem, ob es mit bewaffneter Hand zugreift, oder Ausschließung und *Monopol* anwendet, erzeugt es zwei Arten von Sklaverei: einmal das antike Proletariat, die Folge der ursprünglichen Eroberung, oder der gewaltsamen Teilung Adams, der Menschheit in Kain und Abel, in Patrizier und Plebejer; sodann das moderne Proletariat, die arbeitende Klasse der Ökonomen, herbeigeführt durch die Entwicklung der ökonomischen Phasen, die sich sämtlich in der Hauptsache in der Bestätigung des *Monopols* durch die Herrschaft, die Erbschaft und die *Rente* zusammenfassen lassen . . . In der Welt des Eigentums fließt der Überschuß der Arbeit, der wesentlich kollektiv ist, wie die Rente, völlig dem Eigentümer zu; wo ist nun der Unterschied zwischen dieser verkappten Aneignung und der betrügerischen Usurpation eines Gemeingutes?" (P.-J. Proudhon, Philosophie des Elends, 1846; zitiert nach: Proudhon und der Sozialismus, Texte, ausgewählt und eingeleitet von Gottfried Salomon, Berlin 1920, S. 60 und 64). Auch in diesen Stellen zeigen sich Ansätze der von Marx herausgestellten Merkmale der Proudhonschen Position: „Herausfordernder Trotz, der das ökonomische ‚Allerheiligste' antastet, geistreiche Paradoxie, womit der gemeine Bürgerverstand gefoppt wird, zerreißendes Urteil, bittre Ironie, dann und wann durchschauend ein tiefes und wahres Gefühl der Empörung über die Infamie des Bestehenden, revolutionärer Ernst – durch alles das elektrisierte ‚Qu'est-ce que la propriété? . . ." (Karl Marx, Über P. J. Proudhon, in: MEW, Bd. 16, a. a. O., S. 26).

90 Karl Rodbertus, Dritter socialer Brief, Berlin 1875, S. 132.

dann die nächstbesten und so fort ..." In jedem Lande sei vielmehr „der größte Teil des Bodens schon viel früher im Eigentum gewesen als er angebaut worden ist ..."[91] Soweit man in die Geschichte zurückgehe, wo man auch nur Spuren des Ackerbaus finde, da sei, so betont Rodbertus, „auch *bereits ein Eigentumsnetz über den Boden der Nation von einem Ende zum anderen geworfen.* Über jeder Masche dieses Netzes", so heißt es weiter, „thront schon ein Eigentümer und in allen Maschen zusammen befindet sich sämtlicher angebauter wie unangebauter Boden zerstreut und verteilt". Auch wenn erst ein Hundertstel des Landes angebaut sei, „die übrigen neunundneunzig Hundertstel sind nichtsdestoweniger schon im Eigentum".[92] Ferner: „... über jedes Land, das von einem seßhaften Volke bewohnt wird", sei „schon von alters ein Eigentumsnetz mit Maschen von verschiedener Größe geworfen, denen sich auch nicht das geringste Stück unangebauten Bodens entzogen hat. Da ist schon von unvordenklicher Zeit her *alles* im Eigentum ... In den verschiedenen Maschen jenes Netzes befindet sich alles Land der Nation untergebracht, bebautes und unbebautes ..."[93]

Es gibt also in der Sicht von Rodbertus und im Gegensatz zu ricardianischen und sonstigen bürgerlichen Illusionen kein freies, herrenloses Land mehr, sondern nur angeeignetes Land; der spezifische Monopolismus liegt hierbei in der zu 100 % tendierenden Aneignung allen Bodens durch eine Minderheit und in der gleichfalls zu 100 % tendierenden Bodenlosigkeit der breiten Volksmassen.

Wie in den angeführten Stellen von Smith und Sismondi wirkt dieses in den Händen einer Minderheit monopolisierte Grundeigentum in zwieschlächtiger Weise ausbeuterisch: Rodbertus betont jedoch kaum noch den über den Monopolpreis durch Aufschlag wirkenden Ausbeutungseffekt gegen die Konsumenten, als vielmehr die über Monopolbesitz an Produktionsmitteln per Verkürzung des Arbeitsertrages wirkende Ausbeutung des *Produzenten.* Das „rentierende Eigentum" (als monopolisiertes Produktionsmitteleigentum) habe, so erläutert Rodbertus schon 1842 diesen Ausbeutungsmechanismus, „zweierlei Wirkungen: a) eine negative; es bewirkt, daß die Arbeiter von dem gesamten Produkt nicht mehr erhalten, als den notwendigen Unterhalt; b) eine positive; es bewirkt, daß Grund- und Kapitalbesitzer den ganzen Rest ziehen"[94]. „Existierte nun kein Privateigentum an Boden und Kapital, so fänden die Arbeiter Stoff zu Werkzeugen und unmittelbaren Gütern überall *frei* dargeboten. Sie könnten nach Belieben produzieren und das Produkt wäre das ihrige"[95]. Ganz anders jedoch im Zustand des Privateigentums an Boden und Kapital: Dieser Zustand sei dadurch charakterisiert, daß die Arbeiter, „die

91 Ebenda, S. 240.
92 Ebenda.
93 Ebenda, S. 253.
94 Karl Rodbertus, Zur Erkenntnis unserer staatswirthschaftlichen Zustände, a. a. O., S. 72.
95 Ebenda, S. 73.

zwar Arbeitskraft und Kenntnis der Arbeit besitzen, aber *habelos* sind, ohne Erlaubnis des Eigentümers keinen Gegenstand ihrer Arbeit unterwerfen dürfen". Die natürliche Entwicklung dieser Eigentumsverhältnisse werde somit dahin führen, daß sich die Arbeiter „mit einem Teil des Produkts begnügen [müssen], und dieser Teil" werde „sich aus vielen Gründen nie bedeutend über das Maß des notwendigen Unterhalts erheben können. Denn der Arbeiter ist in der Lage [Zwangslage], den vom anderen Teil diktierten Kontrakt unterschreiben zu *müssen*; er hat das Gesetz anzunehmen"[96]. *Warum* sich die Arbeiter in der Zwangslage befinden und den für sie so ungünstigen *freien* Arbeitsvertrag eingehen *müssen*, erläutert Rodbertus nicht nur mit dem Merkmal der „Habelosigkeit" auf ihrer Seite, sondern auch mit dem Merkmal der „Ausschließlichkeit" des Produktionsmitteleigentums auf der anderen Seite; „Ausschließlichkeit" in diesem Zusammenhang aber ist nur eine deutsche Umschreibung für das ursprünglich unter dem Begriff „Monopol" Vorgestellte. Der Arbeiter lege zwar „ebensoviel wenn nicht mehr ein, als Grundeigentümer und Kapitalist, um Güter herzustellen, denn ohne die Quelle in seinem Geist und ohne seine Arbeit gäbe die Erde allein nichts heraus. Allein die Natur seiner Quelle . . . [sei] *der* Art", und damit argumentiert Rodbertus mit der deutschsprachigen Umschreibung des Monopolgedankens, „daß nicht eine *Ausschließlichkeit* [Hervorhebung – G. R.], wie beim Boden und Kapital, daran zu üben ist", denn der „Geist" sei frei und die Kenntnis biete sich jedem dar, und sogar Grundbesitzer und Kapitalist seien gegebenenfalls in der Lage, selbst zu arbeiten, „denn auch sie haben ja Arbeitskraft. Wenn sich also auch Grundbesitzer und Kapitalisten einerseits und Arbeiter andererseits *an sich* gegenseitig bedürfen, so . . . [sei] doch die Position der Letzteren *ungünstiger*."[97] Die Ungunst der nicht monopolisierbaren Arbeitskraft kontrastiere gleichsam mit der Gunst des fast durchweg in „Ausschließlichkeit" monopolisierten Produktionsmitteleigentums; ein landloser Arbeiter sei daher nach Lage der Dinge wesentlich *ungünstiger* situiert als ein „arbeiterloser" Grundbesitzer und das eben komme von der „Ausschließlichkeit" alias Monopolisierung des „rentierenden Eigentums": „Das Eigentum an der Hauptsache macht auch zum Eigentümer der Früchte; das Grund- und Kapitaleigentum also auch zum Eigentümer des Produkts."[98]

Von dieser Position des monopolistisch verkürzten „Arbeitslohnes" kommt Rodbertus zu einer kritischen Abgrenzung gegenüber der ersten Variante der Monopoltheorie, die das Ausbeutungs- und Rentenphänomen in der Agrarsphäre durch monopolistischen Preisaufschlag (auf die Preise der Rohprodukte) zu erklären unternahm und als erste Form des Nachdenkens über die möglichen Ursachen der Plusmacherei über einen langen Zeitraum von großer

[96] Ebenda.
[97] Ebenda.
[98] Ebenda, S. 74.

Bedeutung war, unter den neuen Bedingungen aber nicht mehr so recht befriedigen konnte, da sie diese Ursachen letztendlich in der Zirkulation und nicht in der Produktion lokalisierte. Rodbertus aber ist der festen Meinung, daß das Geheimnis der Plusmacherei und Rentenentstehung in der Produktionssphäre liegt und daß dieses „Geheimnis" mit der vom Produktionsmitteleigentümer monopolistisch beherrschten Bemessung des „Arbeitslohnes" zu tun hat, wenn es ihm auch im einzelnen schwerfällt, die hier obwaltenden Gesetzmäßigkeiten auf den Begriff zu bringen. Wie alle vormarxschen Ökonomen kennt Rodbertus nur den Begriff der „Ware Arbeit", nicht den Begriff der „Ware Arbeits*kraft*", aber die Sicht der Probleme hat doch auch hier eine richtige Tendenz: Lohn heiße heute das, was früher unter der Bedingung der Sklaverei und Leibeigenschaft das „Futter" der Sklaven bzw. Leibeigenen gewesen sei; es ginge bei diesen wie bei den Lohnarbeitern nur um den notwendigen Unterhalt, nicht um eine um Äquivalenz bemühte Vergütung für die geleistete Arbeit, so die schon mehrfach zitierte Grundaussage.[99] „Die Arbeit, diese nächste Äußerung der Persönlichkeit, die sich äußernde Persönlichkeit selbst, kommt um ihr persönliches Recht und wird als Sache, als *Ware*, verhandelt. Sie, die alleinige Schöpferin aller Produkte", sei „von derem vollen Genuß expropriiert und" werde „zur dienenden Magd der Genüsse anderer erniedrigt".[100] „Weil die Arbeit als *Ware* auf den Markt gebracht wird", so heißt es weiter, „weil derjenige Teil von ihrem eigenen Produkt, den ihr Tauschwert bestimmt, nach dem ‚notwendigen Unterhalt' gravitiert, weil der notwendige Unterhalt ein bestimmtes Quantum realer Unterhaltsmittel ist, das sich nach den Bedürfnissen des Arbeiters und nicht nach der Fülle des Produkts seiner Arbeit richtet, wird die Arbeit, die durch das Grund- und Kapitaleigentum schon ihres vollen Produktwerts beraubt und auf den kleinsten Teil desselben herabgesetzt war, nun auch noch von dem Mitgenuß ihrer steigenden Produktivität ausgeschlossen."[101] Bereits das Erstlingswerk von 1842 enthielt den in diesem Zusammenhang bemerkenswerten Satz, „daß auch bei einem nur durch Arbeit bestimmten Wert doch Rente abfallen kann, und zwar deshalb, weil die Güter *untereinander* sich zwar immer nach gleichviel Arbeit vertauschen, aber ein Gut, wenn es gegen Arbeit, die vom Arbeiter noch zu leisten ist, vertauscht wird, von dieser zu *leistenden* Arbeit regelmäßig *mehr* eintauscht, als *geleistete* Arbeit auf dem Gute haftet".[102] So unvollkommen diese Aussagen im Lichte des vierten Kapitels vom Bd. 1 des Marxschen „Kapitals" erscheinen müssen (besonders Abschnitt 3 – Kauf und Verkauf der Arbeitskraft), auch in dieser unvollkommenen und aphoristischen Gestalt ist einigermaßen der springende Punkt bezeichnet, an dem die Entstehung und

[99] Vgl. oben, S. 135 ff.
[100] Karl Rodbertus, Das Capital. Vierter socialer Brief, a. a. O., S. 202.
[101] Ebenda, S. 203.
[102] Karl Rodbertus, Zur Erkenntnis unserer staatswirthschaftlichen Zustände, a. a. O., S. 110, Fn.

Abschöpfung des Mehrwerts geschieht; auch in dieser bei weitem noch nicht zur letzten Klarheit[103] vorgestoßenen Aussage wird deutlich, welche der zwei erörterten Arten von Monopolismus letztendlich nach Rodbertus für die Entstehung und Abschöpfung der aus dem Gesamtmehrwert (alias *Rente überhaupt*) resultierenden Grundrente verantwortlich zu machen sind.

Zur Grundrentenentstehung, wie er sie begreife, so heißt es an einer Stelle, bedürfe es keiner Monopol*preise* des Rohprodukts, wie herkömmlicherweise von den Anhängern wie Gegnern der zuerst entstandenen Monopoltheorie angenommen werde. Auch ohne Monopol*preise*, die den Arbeiter nur als *Konsumenten* treffen, nämlich unter Voraussetzung eines *normalen Wertes* entsprechend der für die Rohprodukte aufgewandten Arbeit sei es möglich und geradezu notwendig, daß unter den mit der „Ware Arbeit" gegebenen Umständen (umfassende Existenz des „rentierenden Eigentums") „Grundrente abfallen *muß*"[104]. „Die Grundbesitzer, die die Süßigkeit ihrer Realität aller Orten schmekken", wüßten „sehr gut, daß sie kein ‚Gespenst' ist."[105] Es gäbe freilich außer diesen „normalen" unter Voraussetzung des Wertgesetzes fließenden Grundrenten auch noch andere *direkt* auf Monopol basierende Renten, also direkte Monopolrenten,[106] aber diese seien nicht die Regel, sondern die Ausnahme. Aber wenn bewiesen werde, und er habe das bewiesen, „daß auch ohne Monopol*preis* . . . Grundrente zu existieren vermag, so ist sicherlich deren *Prinzip* nicht mehr im Monopol*preis* zu suchen. Dann" stelle „sich vielmehr ihr wahres Prinzip, das immerhin in der Wirklichkeit modifiziert sein mag, in anderer Weise heraus. Dann" werde „klar, daß die Grundrente in der Tat nichts anderes ist, als *ein Teil der Rente überhaupt*, als ein Teil desjenigen Teils des nationalen Arbeitsprodukts, der durch das Privateigentum an Boden und Kapital den Arbeitern *entzogen* wird . . ."[107] Er habe bewiesen, so heißt im Fußnotentext auf gleicher Seite in Polemik gegen Bastiat und Carey, „daß, wenn auch im Werte des Rohprodukts nur die *Arbeit* vergütet wird, also kein Monopol*preis* besteht, dennoch die höchsten Grundrenten abfallen, ohne daß je ein Grundbesitzer etwas anderes dazu beigetragen hat, als eben einen im Raub

103 Rodbertus betont den Unterschied zwischen dem zum Existenzminimum tendierenden *Tauschwert der Arbeit* und dem *Produktwert der Arbeit*, der darüber hinaus den ganzen Mehrwert (von Rodbertus als *Rente überhaupt* bezeichnet) impliziert. Instruktiv ist die damit im Zusammenhang stehende Aussage, daß erst „zu leistende Arbeit" im warenwirtschaftlichen Tauschprozeß gegen schon „geleistete", also fertig vergegenständlichte „Arbeit", gleichsam um den Betrag des Mehrprodukts *geringer* veranschlagt wird.

104 Vgl. Karl Rodbertus, Das Capital. Vierter socialer Brief, a. a. O., S. 27.

105 Ebenda.

106 Über die Unterschiede und Gemeinsamkeiten zwischen absoluter und Monopolrente vgl. besonders Karl Marx, Das Kapital, Dritter Band, 46. Kapitel, in: MEW, Bd. 25, a. a. O., S. 781 ff.

107 Karl Rodbertus, Das Capital. Vierter socialer Brief, a. a. O., S. 28.

sich verlierenden Besitztitel zu besitzen. Der Beweis also, daß das Grundeigentum zu keinem Monopol*preis* des Rohprodukts führt [Rodbertus wendet sich hier gegen bestimmte apologetische Argumentationen von Bastiat und Carey], daß auch bei Grundeigentum die Natur umsonst ihre Gaben gibt, würde noch lange nicht die Grundrente heiligen. Sie bliebe ebensogut ein Unrecht, wenn sie, *ohne* Monopolpreis, den eigentlichen Produzenten *direkt* genommen wird [wie Rodbertus diesen Sachverhalt begreift], indem diese nur einen kleinen Teil ihres Produkts als Lohn bekommen, als wenn sie vermittels eines Monopolpreises, *indirekt* aus fremden Taschen gezogen wird, denn sie ist im ersten Fall so gut ein Teil fremden Arbeitsprodukts, als im letzteren, nur die Art und Weise ihres Bezuges ist anders."[108]

Man wird diese subtile Polemik gegen die einfache Monopolpreisvariante der Grundrententheorie, wie sie im wesentlichen auch Adam Smith vertrat, nur dann richtig begreifen und in ihrer Bedeutung einschätzen, wenn man sie zugleich als Plädoyer für die andere und weiter entwickelte Version der vom Monopolismus des Grundeigentums bestimmten absoluten Grundrententheorie erkennt, der gemäß die Ausbeutung des Arbeiters schon in seiner Eigenschaft als *Produzent* geschieht: nämlich durch Einbehaltung oder „Abzug" vom „Lohn" (wobei die *zusätzliche* Ausbeutung des Arbeiters als *Konsument* keineswegs ignoriert werden muß).

3. Das Monopol des Grundeigentums im Zerrspiegel der bürgerlichen Statistik und in der Wirklichkeit

Zur Abrundung dieses Kapitels über Grundeigentum und Bodenmonopol sei noch auf einige empirische Untersuchungen über die *tatsächliche* Verteilung und Konzentration des großen Grundeigentums aufmerksam gemacht und im Zusammenhang damit auf das daran sichtbar werdende tatsächliche Ausmaß des Bodenmonopols in der hier interessierenden kapitalistischen Gesellschaft. Der delikate und für die herrschenden Klassen brisante Charakter dieses Problems hat es mit sich gebracht, daß darüber nur ganz wenige vertrauenswürdige Untersuchungen existieren, denn die Aufdeckung der Grundeigentumsverhältnisse, wem also Deutschland, England oder Frankreich etc. „wirklich gehört"[109], trägt unter den obwaltenden Umständen einen im höchsten Grade entlarvenden Charakter. Auch die großen Eigentümer der kapitalistischen Gesellschaft sind – wie bereits ihre feudalen Vorgänger – aus naheliegendem Grund nicht sehr daran interessiert, dem durch sozialistische Aufklärung hellhörig gewordenen „kleinen Mann" allzu genaue Einblicke in ihre

[108] Ebenda, S. 29, Fn.

[109] Damit im Zusammenhang steht die zu weltweiten Problemen sich zuspitzende Frage, wem die Ressourcen und Rohstoffe der Erde und der Weltmeere *wirklich* gehören.

Geschäfts- und Grundbücher zu gewähren. Für die Ansprüche der Herrschenden auf ungestörten Genuß ihrer Güter, so urteilt der Verfasser einer bereits 1836 erschienenen verdienstvollen Schrift, galten Untersuchungen über das Grundeigentum ohnehin als „unerhört"[110]. Marx selbst hatte, wie erwähnt, das von ihm noch 1859 geplante Buch über das Grundeigentum wegen der Fülle der auf ihm lastenden Verpflichtungen nicht mehr schreiben können. Er hat allerdings, wie H. P. Harstick kürzlich in einer auf den handschriftlichen Nachlaß rekurrierenden profunden Untersuchung einsichtig machen konnte, eine großenteils Mitte der siebziger Jahre entstandene „umfassende Materialsammlung zur Geschichte des Grundeigentums" hinterlassen, die bisher noch weitgehend unaufbereitet in den Archiven des Amsterdamer Institutes für Sozialgeschichte und in denen des Moskauer und Berliner Marx-Engels-Institutes verwahrt ist und wohl erst im weiteren Fortgang der Arbeiten an der Marx-Engels-Gesamtausgabe ihre Veröffentlichung finden wird.[111]

Wenn also Untersuchungen über das Grundeigentum schon von alters her als „unerhört" galten, wird man es der zünftigen bürgerlichen Ökonomie nicht allzu sehr verübeln dürfen, wenn sie sich für dieses Thema in seiner ganzen Brisanz und Tragweite nicht sonderlich interessiert hat. Was ungeachtet der prinzipiell begründeten Unlust zu diesem Thema dennoch von einzelnen herausragenden bürgerlichen Agrarforschern geleistet worden ist — wir denken an die Untersuchungen von Ludwig Maurer, Lewis Henry Morgan, Georg Hanssen, Georg Friedrich Knapp und last not least an den von Marx hochgeschätzten und ausführlich exzerpierten russischen Gelehrten Maxim Kowalewsky[112] —

110 Carl Wolfgang Christoph Schütz, Über den Einfluß der Vertheilung des Grundeigenthums auf das Volks- und Staatsleben, Stuttgart — Tübingen 1836, S. 36 (zitiert nach dem Reprint des Zentralantiquariats der DDR, Leipzig 1976).

111 Vgl. Karl Marx, Über Formen vorkapitalistischer Produktion. Vergleichende Studien zur Geschichte des Grundeigentums 1879/80, Aus dem handschriftlichen Nachlaß herausgegeben und eingeleitet von Hans-Peter Harstick, Frankfurt a. M. — New York 1977 (Quellen und Studien zur Sozialgeschichte, hrsg. vom Internationalen Institut für Sozialgeschichte Amsterdam), S. XIII.

112 Marx hinterließ an die hundert Seiten Exzerpte und Bemerkungen aus bzw. zu dem von Maxim Kowalewsky 1879 veröffentlichten Buch Obščionnoe zemlevladenie (Der Gemeindelandbesitz), Moskva 1879. H.-P. Harstick hat diese bisher unveröffentlichten Manuskripte aus dem handschriftlichen Nachlaß von Marx herausgegeben und kommentiert. „The book of Kowalewsky I got from himself. He is one of my 'scientific' friends who every year comes to London in order to explore the treasures of the British Museum", heißt es in einem Marxschen Brief über die wenige Wochen zuvor veröffentlichte Untersuchung des Moskauer Staatsrechtlers und Professors für vergleichende Rechtsgeschichte (Karl Marx, Brief an Danielson vom 19. September 1879, in: MEW, Bd. 34, Berlin 1966, S. 409). Von Engels wird Kowalewsky mehrfach zustimmend zitiert, und zwar in der Arbeit über den „Ursprung der Familie, des Privateigentums und des Staates" (MEW, Bd. 21, Berlin 1962, S. 60, 62 f., 127 und öfter).

betrifft daher in der Regel das Grundeigentum vergangener Zeiten, wenngleich sich auch dabei oft genug zeitgenössische Interessen und Empfindlichkeiten ins Spiel brachten: Selbst die von Morgan und anderen entwickelte Ansicht von der kommunistischen Grundeigentumsstruktur der so fernen Urgesellschaft oder der als Relikt davon überdauernden mittelalterlichen Markgenossenschaft, die besonders Ludwig Maurer untersucht hat, schien den Gralshütern gegenwärtigen privaten Grundeigentums durchaus gefährlich zu sein. Wenn sich schließlich die bürgerliche Ökonomie sonst noch mit Fragen des Grundeigentums zu beschäftigen veranlaßt sah, geschah es durchweg unter spezialistisch streng begrenztem Blickwinkel regionaler, zeitlicher oder zum Beispiel steuerpolitischer Provenienz. Auch die bürgerlichen Bodenreformer zu Ende des 19. und zu Beginn des 20. Jahrhunderts rührten trotz einiger schüchterner Versuche nicht an den in dieser Hinsicht von maßgebenden Kreisen gern gesehenen Schlaf der Welt.[113] So blieb schließlich die Widerspiegelung und „Aufhellung" der jeweils gegenwärtigen Grundbesitzverteilung vorwiegend der amtlichen Statistik überlassen und die verfuhr naturgemäß auf ihre Weise mit den nunmehr allein ihr zugänglichen Daten.

Ein kleines Beispiel für diese besondere Art der amtlichen Statistik, mit sozialpolitisch brisanten Daten umzugehen, prangert Marx im Ersten Band des „Kapitals" an, und zwar genau im Hinblick auf die uns hier besonders interessierende Frage der Grundrente: „Der Löwenanteil aber", so Marx an dieser instruktiven Stelle, „welchen eine verschwindend kleine Anzahl Landmagnaten in England, Schottland und Irland vom jährlichen Nationalrental verschlingt, ist so monströs, daß die englische Staatsweisheit es angemessen findet, für die Verteilung der Grundrente nicht dasselbe statistische Material zu liefern wie für die Verteilung des Profits."[114]

Die amtliche Statistik, so hat später im einzelnen und im Hinblick auf deutsche Verhältnisse der für radikale Bodenreform und Zerschlagung des Großgrundbesitzes engagierte Theodor Häbich in seiner zuerst 1929 erschienenen Schrift über „Deutsche Latifundien" authentisch nachgewiesen, betreibt die Vertuschung der Eigentumsverhältnisse vermittels vorsätzlicher oder fahrlässiger „Verwechslung" von landwirtschaftlicher „*Betriebs*statistik" mit „*Grundbesitz*statistik". Sie zähle und klassifiziere lediglich die landwirtschaftlichen Betriebe, aber nicht das in und vermittels dieser Betriebe agierende Grundeigentum.[115] Dadurch komme es zu Doppelt- und Mehrfachzählungen der Ei-

[113] Vgl. Werner Krause/Günther Rudolph, Grundlinien des ökonomischen Denkens in Deutschland 1848–1945, Berlin 1980, Kapitel Bodenreformer, S. 164 ff.

[114] Karl Marx, Das Kapital, Erster Band, in: MEW, Bd. 23, a. a. O., S. 737 f.

[115] Theodor Häbich, Deutsche Latifundien. Ein Beitrag zur Berichtigung unserer Vorstellung von der bestehenden Verteilung des ländlichen Grundeigentums, Königsberg 1929, 2. Aufl., Stuttgart 1947. Diese Feststellung von Häbich galt für die Statistik des Deutschen Reiches, und sie gilt noch heute für die Statistik der

gentümer und zur Vortäuschung einer relativen Eigentumszersplitterung, wo in Wirklichkeit eine weitgehende Eigentumskonzentration vorliegt. Die auf der Grundlage der eigentumsindifferenten Betriebsstatistik statistisch vorgespiegelte Anzahl der Eigentümer sei daher weitaus größer als die wirkliche Anzahl der Eigentümer, und dementsprechend sei die flächenmäßige Ausdehnung und machtmäßige Konzentration des Großgrundeigentums in Wirklichkeit wesentlich erheblicher als die Anzahl der amtlich statistisch ausgewiesenen landwirtschaftlichen Großbetriebe vermuten lasse. Die amtliche Statistik, so zeigte Häbich, bringt immer nur eine Statistik der landwirtschaftlichen *Betriebe* in ihren verschiedenen Größenklassen von etwa 0,5 ha bis etwa 100 und maximal 300 ha. Jede über 300 ha hinausgehende Aufschlüsselung der Betriebe werde geflissentlich vermieden, obwohl oder gerade weil da die Sache aussagekräftig werden würde. Die amtliche Statistik, so zeigt er, unterstellt hierbei immer die Identität der Begriffe „Landwirtschaftsbetrieb" und „Großgrundeigentumskomplex"; sie unterstellt und suggeriert die irrige Meinung, daß ein Großgrundeigentum immer oder in der Regel aus nur *einem* freilich größeren Landwirtschaftsbetrieb bestehe, während es nicht nur durchaus denkbar, sondern geradezu die Regel sei, daß ein Großgrundeigentümer *mehrere* Landwirtschaftsbetriebe, *mehrere* Güter, *mehrere* Grundstücke und Liegenschaften sein eigen nenne. Durch die amtlich praktizierte Form der *Betriebs*statistik aber erscheint dieses *eine* große Grundeigentum des Barons X oder des Bankiers Y als eine Mehr- oder Vielzahl verschiedener Landwirtschaftsbetriebe; das heißt, die bürgerliche amtliche Statistik dient bewußt oder unbewußt der Verschleierung besonders im Hinblick auf den *Konzentrationsgrad* des Grundeigentums. Hinter den trotz aller Kosmetik schon bedrohlich genug aussehenden statistischen Zahlen der „Betriebsstatistik" verbergen sich daher auf Grund dieser „Verwechslung" noch viel tiefgreifendere Sachverhalte. Allein die noch im Besitz des *Adels* befindlichen Latifundien in Deutschland (1929) machen nach den Ermittlungen Häbichs 54000 Quadratkilometer aus, das entspricht, um eine Größenvorstellung zu vermitteln, über der Hälfte vom gesamten Territorium der heutigen DDR (107000 km^2), dem Doppelten des 1946 in der DDR aufgeteilten Bodenreformlandes, 20 Prozent des Territoriums der heutigen BRD. Das aber sind nur die Latifundien des sich über die Zeiten hinweg geret-

BRD. Man vergleiche hierzu nur beispielsweise das Statistische Jahrbuch der Bundesrepublik Deutschland 1978, Wiesbaden – Stuttgart – Mainz 1978, S. 132 ff.: Es gibt Betriebsstatistiken der Betriebe von 0,5 ha bis 100 ha und mehr und es gibt Erzeugungsstatistiken, die Auskunft geben über Art und Menge der von den Betrieben erzeugten landwirtschaftlichen Produkte, aber es gibt keine Eigentümer- oder Eigentumsstatistik. Auch die unter der Rubrik „Besitzverhältnisse" angebotene Relation zwischen „Eigenland" und „Pachtland" wird nur in betrieblicher, nicht in gesamtgesellschaftlicher Hinsicht widergespiegelt, so daß auch hier der Großgrundbesitzer, der mehrere Betriebe unterhält, statistisch nicht erscheint.

teten deutschen *Adels*, nicht die nicht minder ausgedehnten Liegenschaften der spezifisch großkapitalistischen Grundeigentümer und Bodenspekulanten.

Diese großen, das Dunkel der Anonymität bevorzugenden Kapitalgesellschaften lassen sich noch wesentlich unlieber in ihre Grundbuchauszüge schauen als die mit einem gewissen Familien- und Besitzstolz auch in ihrer Untergangsphase lebenden Adelsgeschlechter, denn das Prinzip der Anonymität steht mit dem Wesen der Grundeigentümerstatistik im strikten Widerspruch. Die von Häbich als Latifundieneigentum ausschließlich des Adels ermittelten 54000 km² (für das deutsche Territorium in den Grenzen von 1929) sind daher nur ein Minimum, nur ein ganz vorsichtiger Anhaltspunkt für die Einschätzung der wirklichen Verhältnisse im Bereich der Konzentration des Grundeigentums; die diesbezügliche Wirklichkeit in ihrem ganzen Ausmaß, die auf Grund vielfältiger Hemmnisse noch keine Darstellung gefunden hat, dürfte für die kapitalistischen und gar die vorkapitalistischen Länder noch weitaus extremer sein.[116]

Die solchen Untersuchungen entgegenwirkenden Hemmnisse sind komplexer Art, aber immer von den Interessen der Systemerhaltung diktiert. Häbich berichtet von zahlreichen künstlich aufgebauten Barrieren und Schikanen, womit der unbequeme Forscher vor den Türen der statistischen Ämter zurückgewiesen zu werden pflegt. Resultat dieser bürgerlichen Unlust, Farbe über das ganze Ausmaß der monopolistischen Grundeigentumsstruktur zu bekennen, sei eben das nahezu völlige Fehlen einer Grundeigentumsstatistik, was jedoch raffiniert verschleiert werde durch die Unterschiebung einer bloßen Betriebsstatistik. „Während man", so heißt es bei Häbich in treffender Zuspitzung, „sehr sorgfältig in jedem Jahr registriert, wieviel Bohnen, Runkel-, Weiß-, Mohr- und Kohlrüben gebaut und geerntet werden, fehlt es noch an jeder genaueren Feststellung der Zahl der Grundbesitzer und der Größe ihres Besitztums."[117] Dies sei im Hinblick auf die gravierende Bedeutung des Grund und Bodens für die menschliche Gesellschaft und im Hinblick auf die offensichtliche Konzentration des Grundeigentums in immer weniger Händen mehr als Besorgnis erregend, und Häbich äußert in Abwandlung eines auch von Rodbertus zitierten Wortes von Plinius die Befürchtung, der Geschichts-

116 Für England z. B. gibt Häbich folgende Ansatzpunkte: „Nach einer weiteren Berechnung ergab sich ..., daß vier Fünftel des Flächeninhalts von Großbritannien und Irland (bei einer Einwohnerzahl von ca. 45 Millionen) 7000 Personen gehören" (Theodor Häbich, Deutsche Latifundien, a. a. O., S. 29). Vgl. auch Dieter Duwendag und Günter Epping, Wem gehört der Boden in der Bundesrepublik Deutschland? Bonn 1974, S. 13: „Es gibt wohl kaum einen Bereich unserer Volkswirtschaft, der statistisch so wenig ‚durchleuchtet' ist wie der Bodensektor. So wird zwar, um ein extremes Beispiel zu nennen, seit Jahrzehnten ein Preisindex für Topfpflanzen und Schnittblumen geführt. Über die derzeitige Verteilung des Grund und Bodens in Deutschland fehlen dagegen die elementarsten Daten."

117 Vgl. Theodor Häbich, Deutsche Latifundien, 2. Aufl., Stuttgart 1947, S. 23.

schreiber könne einstens den Satz wagen: „Die Latifundien haben Deutschland zugrunde gerichtet."[118]

Verknüpfen wir diese empirisch-statistischen Aussagen über die tatsächliche Verteilung der großen Grundeigentums mit dem Hauptgedanken dieses Abschnittes, mit dem Gedanken des privaten Produktionsmitteleigentums als dem eigentlichen „Grundmonopol" (Marx) innerhalb der sozialen Struktur aller bisherigen Klassengesellschaften, so lassen sich speziell für das private Grundeigentum noch folgende Feststellungen treffen:

1. Das private Großgrundeigentum als wichtiger (im eigentlichen Sinne „grundlegender") Bestandteil des von einem Teil der Gesellschaft monopolisierten Produktionsmitteleigentums ist qualitativ intensiver und quantitativ weitaus umfassender als die übliche bloße Betriebsstatistik ausweist. Sein mengenmäßiger Anteil bewegt sich schätzungsweise je nach Land, Entwicklungsstadium und Berechnungsart zwischen 40 Prozent und 95 Prozent der Nutzfläche, erreicht aber in der Regel nie die vollen 100 Prozent des Gesamtbodenfonds eines Landes, einer Nation etc. Insofern und in dieser Hinsicht ist diese mehr oder weniger ausgedehnte Tatsache des privaten Großgrundbesitzes nicht *unmittelbar* identisch mit der von sozialkritischer und sozialistischer Seite aus guten Gründen behaupteten und von bürgerlicher Seite zu Unrecht bestrittenen Tatsache des Grundeigentumsmonopols. Aussagen über den empirisch-statistischen Bestand des Grundeigentums in verschiedenen Ländern und zu verschiedenen Zeiten einerseits und theoretisch verallgemeinernde Aussagen über die Kategorie des Monopols am Grund und Boden andererseits gehören überdies verschiedenen Abstraktionsebenen an, so daß sich schon von daher eine unmittelbare Identifizierung verbietet. Es geht hier und überhaupt in der sozialistischen Argumentation jedoch gar nicht um eine Identifizierung dieser zwei Aspekte und Ebenen, sondern um das Aufzeigen von mehr oder weniger vermittelten Zusammenhängen, die von der vulgärökonomischen Apologetik systematisch vertuscht werden.

2. Das private Großgrundeigentum ist nämlich infolge seiner ökonomischen und politischen Machtposition gleichsam *strukturbestimmend* und tonangebend auch für den mehr oder weniger kleinen Anteil, den das mittlere und kleine Grundeigentum innehat. Insofern erstreckt es *mittelbar* (trotz demagogisch motivierter „Eigentumsstreuung") seine Wirkungssphäre doch über volle 100 Prozent des verfügbaren Grund und Bodens innerhalb eines Landes oder einer Nation. Insofern realisiert sich das primär vom Großgrundeigentum repräsentierte Monopol am Grund und Boden auch beim Vorhandensein einer mehr oder weniger zahlreichen Schicht mittlerer und kleinerer Grundeigentümer, nämlich gegen diese mittleren und kleineren Eigentümer und gleichsam durch sie hindurch. Die in dieser Hinsicht vom Antagonismus bestimmten Beziehungen zwischen großem und kleinem Grundeigentum beschrieb Marx schon in

[118] Ebenda, S. 173.

den Pariser Manuskripten wie folgt: „Allgemein verhalten sich großes Grundeigentum und kleines wie großes und kleines Kapital. Es kommen aber noch spezielle Umstände hinzu, welche die Akkumulation des großen Grundeigentums und die *Verschlingung* des kleinen durch dasselbe unbedingt herbeiführen."[119]

3. Da überdies die Menge des physischen Elements „Boden" nahezu unvermehrbar ist (die Neulandgewinnung aus Meer und Wüste fällt bei globaler ökonomischer Betrachtung kaum ins Gewicht, sie wird außerdem zur Zeit mehr als kompensiert durch zunehmende Versteppung, die nach zuverlässigen Angaben jährlich 60000 km^2 betragen soll),[120] wirkt nicht nur das Großgrundeigentum, sondern in Abhängigkeit davon auch das mittlere und kleinere Grundeigentum für die Masse der Nicht-Bodenbesitzer „ausschließend", also bodensperrend und damit „monopolistisch" im eigentlichen Sinne. Auch in dieser speziellen Hinsicht zeigt sich die Richtigkeit der marxistischen Kardinalthese vom Produktionsmittelprivateigentum als dem großen „Grundmonopol" aller Klassengesellschaften einschließlich der kapitalistischen[121], und die Verfehlt-

[119] Vgl. Karl Marx, Ökonomisch-philosophische Manuskripte: Von den bei Marx entwickelten „speziellen Umständen", die zur „Verschlingung" des kleinen durch das große Grundeigentum beitragen, seien folgende erwähnt: „1. nimmt nirgends mehr die verhältnismäßige Arbeiter- und Instrumentenzahl mit der Größe der fonds ab als beim Grundbesitz ... 2. Der große Grundbesitz akkumuliert sich die Zinsen, die das Kapital des Pächters auf die Verbesserung des Grund und Bodens angewandt hat. Der kleine Grundbesitz muß sein eignes Kapital anwenden. Für ihn fällt dieser ganze Profit also weg. 3. Während jede gesellschaftliche Verbesserung dem großen Grundeigentum nützt, schadet sie dem kleinen, weil sie ihm immer mehr bares Geld nötig macht. 4. ... Die Rente der Ländereien, die zur Produktion von Nahrungsmitteln der Menschen kultiviert werden, regelt die Rente der Mehrzahl der übrigen angebauten Ländereien. Nahrungsmittel, wie Vieh etc., kann zuletzt nur der große Grundbesitz produzieren. Er regelt also die Rente der übrigen Ländereien und kann sie auf ein Minimum herabdrücken. Der kleine selbstarbeitende Grundeigentümer befindet sich dann zu dem großen Grundeigentümer in dem Verhältnis eines Handwerkers, der ein *eignes* Instrument besitzt, zu dem Fabrikherrn. Der kleine Grundbesitz ist zum bloßen Arbeitsinstrument geworden. Die Grundrente verschwindet ganz für den kleinen Grundbesitzer, es bleibt ihm höchstens der Zins seines Kapitals und sein Arbeitslohn; denn die Grundrente kann durch die Konkurrenz dahin getrieben werden, daß sie eben nur noch der Zins des nicht selbst angelegten Kapitals ist" (Karl Marx, Ökonomisch-philosophische Manuskripte, in: MEW, Ergänzungsband, Erster Teil, a. a. O., S. 503).

[120] Vgl. Neues Deutschland vom 8./9. Dezember 1979: „Gleichsam wie eine Krebsgeschwulst breiten sich auf der Erde die Wüsten aus und verwandeln Jahr für Jahr annähernd 60000 Quadratkilometer (die DDR ist ca. 100000 Quadratkilometer groß) Acker- und Weideland in unfruchtbaren Boden."

[121] Vgl. Friedrich Engels, Umrisse zu einer Kritik der Nationalökonomie, in: MEW, Bd. 1, Berlin 1957, S. 504 u. 514. Dieser auf privates Produktionsmitteleigentum schlechthin bezogene Monopolbegriff findet sich auch bei Karl Marx, Das Kapital,

heit jener bürgerlichen Konzeptionen, die den Monopolbegriff zwecks besserer „Widerlegung“ an die 100prozentige Markt- und Produktionsbeherrschung durch einen einzigen Großeigentümer binden wollen. Dergestalt ist also auch das hier ausschließlich zu betrachtende Monopol des Grundeigentums, das sogenannte Bodenmonopol, nicht gebunden an das Monopol eines *einzigen*, *alles* Land einer Nation oder Staates eigentümerisch beherrschenden Großgrundeigentümers, sondern verträglich mit einer *Pluralität* von Großgrundbesitzern und einer hiervon abhängigen mehr oder weniger zahlreichen Schicht von mittleren und kleineren Grundeigentümern. Die Gruppe der Großgrundbesitzer ist allerdings der „harte Kern“ dieses Monopols an Grund und Boden; der „harte Kern“ aber ist noch nicht identisch mit der Gesamtheit der das Bodenmonopol konstituierenden Merkmale.

4. Das Großgrundeigentum *repräsentiert* jedoch, gleichsam pars pro toto stellvertretend, die beherrschende Macht des Grundeigentumsmonopols; es *wirkt* so, als wenn es *allein* das personifizierte Grundeigentumsmonopol wäre, obwohl nach den Gesetzen eines vertrackten Mechanismus auch der mittlere und kleinere Bauer wie der mittlere und kleinere städtische Hausbesitzer einen Stein im Brett dieses Schachspiels darstellt, weshalb zum Beispiel Lenin sich veranlaßt sah, neben dem Monopol des Grundeigentums noch ein davon etwas abgehobenes „Monopol der Bodenbewirtschaftung“ zu statuieren.[122]

Der permanente Widerspruch zwischen der nahezu fatalen Unmöglichkeit zur *Vermehrung* des *physischen* Elements Boden (Unmöglichkeit der Akkumulation) und den mannigfach gebotenen Möglichkeiten und Gelegenheiten zur *Konzentrierung* des *politökonomischen* Elements *Grundeigentum* (Möglichkeit der Kumulierung) führt über kurz oder lang nach spezifischen Gesetzen *zu der* mit dem Begriff „Grundeigentumsmonopol“ bezeichneten Konstellation, die durch eine ansatzweise schon von Adam Smith beschriebene „einseitige Dringlichkeit des Tauschbedürfnisses“ charakterisiert ist. Diese einseitige Dringlichkeit des Aufeinanderangewiesenseins bezeichnet Smith im Kapitel 8 seines Werkes als Ungleichgewicht der von Produktionsmitteleigentümern und Nichtproduktionsmitteleigentümern eingenommenen Positionen. Im Konfliktfall zwischen diesen beiden könnten es die ersteren „*viel länger aushalten.* Ein Grundbesitzer, ein Pächter, ein Manufakturunternehmer oder ein Kaufmann kann in der Regel ein bis zwei Jahre von dem bereits erworbenen Kapital leben, obwohl er nicht einen einzigen Arbeiter beschäftigt. Doch viele Arbeiter können ohne Beschäftigung keine Woche existieren. Auf lange Frist gesehen“ sei der Arbeiter für den Unternehmer zwar ebenso notwendig wie der Unternehmer für den Arbeiter,

Erster Band, in: MEW, Bd. 23, a. a. O., S. 249 (vgl. hierzu in dieser Arbeit oben, S. 203 ff.). Vgl. auch die entsprechenden Argumentationen von W. I. Lenin besonders in der Arbeit „Die Agrarfrage und die ‚Marxkritiker‘“, in: Werke, Bd. 5, Berlin 1955, S. 115 f.

122 W. I. Lenin, Die Agrarfrage und die „Marxkritiker“, in: Werke, Bd. 5, a. a. O., S. 115 f.

„*aber diese Notwendigkeit ist* nicht so unmittelbar."[123] Aus solchen Prämissen konnte gefolgert werden, und man hat es getan, daß der landlose ergo produktionsmittellose Arbeiter in geradezu lebensgefährlicher Weise schlechter plaziert ist, „einseitig" immer dringlicher auf den „Austausch" angewiesen ist als der vorübergehend „arbeiterlose" Landbesitzer.

Sismondi, die erwähnten Agrarsozialisten und in etwas verspäteter Nachfolge der hier zu interpretierende Rodbertus haben in dieser Weise gedacht und argumentiert. Die „einseitige Dringlichkeit des Tauschbedürfnisses" entspringt offenbar aus dem prinzipiellen *Ungleichgewicht* der vom Grundeigentümer alias Produktionsmitteleigentümer einerseits und der vom Nichtgrund- alias Nichtproduktionsmitteleigentümer andererseits im Produktionsprozeß eingenommenen Position; eben aus dem *Monopol* des einen und dem Nichtmonopol des anderen, Monopol immer im Sinne der Marxschen Bestimmungen[124] verstanden. Monopol zeigt sich in diesem auch allen anderen Ausbeutungsverhältnissen immanenten Grundverhältnis fast dem ursprünglichen Wortsinne gemäß als „Ausschließlichkeit", „Ausschließung" und „Ausschluß"; nämlich als Ausschließlichkeit *im* Besitz und Eigentum der Produktionsbedingungen für die einen und als Ausschließung und Ausschluß *vom* Besitz und Eigentum der Produktionsbedingungen für die anderen.[125]

Eine Passage der 1839 geschriebenen Schrift „Die Forderungen der arbeitenden Klassen" faßt diese im Begriff des Produktionsmitteleigentum-Monopols gedachten Momente der Ausschließlichkeit für die einen und des Ausschlusses für die anderen, ausgehend von der Kategorie des „rentierenden Eigentums", wie folgt zusammen: „Indem die Besitzer des rentierenden Eigentums einesteils die Quelle aller Güter, die Erde, anderenteils alle Vorräte inne haben, erlangen sie dadurch die *volle Macht*, den habelosen Arbeitern, obgleich diese allein das Element geben, aus jener Quelle zu schöpfen, *die Bedingungen vorzuschreiben.*"[126]

[123] Adam Smith, Eine Untersuchung über das Wesen und die Ursachen des Reichtums der Nationen, hrsg. v. Peter Thal, Bd. 1, a. a. O., S. 86 f.

[124] Vgl. oben, S. 210 ff. – Vgl. zu den genannten Belegen auch die Aussage aus einem der letzten und reifsten Werke von Marx, nämlich aus der „Kritik des Gothaer Programms": „In der heutigen Gesellschaft", so heißt es dort, „sind die Arbeitsmittel *Monopol* der Grundeigentümer (das Monopol des Grundeigentums ist sogar Basis des Kapitalmonopols) *und* der Kapitalisten" (MEW, Bd. 19, a. a. O., S. 17). Beide, Grundeigentümer wie Kapitalisten, zählt Marx zur Kategorie der „Monopolisten" (ebenda).

[125] Wir verweisen noch einmal auf Fred Oelßners „Beitrag zur Monopoltheorie" (Jahrbuch des Instituts für Wirtschaftswissenschaft, Bd. 3, Berlin 1960, S. 12–103). Oelßner setzt beide Monopolbegriffe in eine stadiale Beziehung und sieht das von Marx hervorgehobene Grundmonopol des Eigentums als Bezugsbasis für das im Imperialismus dominant werdende spezifische Monopol, dieses entwickelte sich „auf der Grundlage des Eigentumsmonopols, es ist sozusagen ein Monopol im Quadrat" (Oelßner, ebenda, S. 49).

[126] Karl Rodbertus, Die Forderungen der arbeitenden Klassen (1839), in: Karl Rod-

Die „Besitzer des rentierenden Eigentums", so wäre zu lesen, haben „die volle Macht", weil sie die Erde und alle anderen Produktionsbedingungen „ausschließlich" „inne haben", und die „habelosen Arbeiter" sind von diesen Produktionsbedingungen „ausgeschlossen", weil „rentierendes Eigentum" eo ipso den eigentlichen Arbeiter „ausschließendes", nämlich „monopolisiertes" Produktionsmitteleigentum darstellt.

Wir wenden uns schließlich einem Kapitel zu, das die apologetisch motivierte Polemik der bürgerlichen Vulgärökonomie gegen die Rodbertussche Grundrententheorie zum Gegenstand hat und derart gleichsam im Negativverfahren die Grundlinien des hier entwickelten Rodbertusbildes weiter präzisiert.

V. Das Grundrentenproblem in der bürgerlichen Vulgärökonomie und die apologetisch motivierte Polemik gegen die Grundrententheorie von Rodbertus

Wie Mehring bereits 1893 betont hatte,[1] erschließt sich die Bedeutung von Rodbertus für das deutsche Geistesleben – denn von einer internationalen Bedeutung könne nicht die Rede sein – erst dann, wenn man ihn nicht ausschließlich mit Marx und Engels vergleicht und auch nicht ausschließlich mit den bedeutenden Vertretern des englischen und französischen Sozialismus, „sondern mit den deutschen Ökonomen, die mit ihm unter den gleichen Bedingungen lebten und arbeiteten. Da schwillt er", so Mehrings Urteil, „allerdings zu einem Riesen empor, und es hatte schon seinen guten Sinn, daß der Aufsatz von 1839 von dem deutschen Professorenblatt zurückgewiesen wurde. Zur Zeit, als Rau die klassische Ökonomie in kleinbürgerlicher Beschränktheit verhunzte, als List gegen Adam Smith . . . nicht von sozialistischem, sondern von merkantilistischem Standpunkt kämpfte, als Roscher den unbequemen Konsequenzen der klassischen Ökonomie durch eine historische Methode auszuweichen begann, die nichts als eine Mißhandlung aller Historie darstellte, da war es eine sehr bedeutende Leistung, wenn Rodbertus das Wesen der kapitalistischen Produktionsweise mit klarem Blick durchschaute und offen aussprach, daß es hier kein Zurück, sondern nur ein Weiter gab. Und obgleich er selbst auf dem Punkte stehen geblieben ist, den er Ende der dreißiger Jahre erreicht hatte, so ist er dem deutschen Professorentum doch immer meilenweit vorausgeblieben."[2]

Es gehört zu der Aufgabenstellung des folgenden Kapitels, diesen „meilenweiten" Vorsprung der Rodbertusschen Einsichten gegenüber dem „deutschen Professorentum" speziell im Hinblick auf das Grundrentenproblem darzutun.

bertus, Zur Beleuchtung der socialen Frage, Theil II, hrsg. von Theophil Kozak und Adolph Wagner, Berlin 1885, S. 213.

1 Franz Mehring, Zur neueren Rodbertus-Literatur, in: Die Neue Zeit, Wochenschrift der Deutschen Sozialdemokratie, Bd. 12.2, Stuttgart 1893/94, S. 528.

2 Ebenda.

Es wird sich hierbei zeigen, daß sich dieser Vorsprung gegenüber dem deutschen Professorentum bürgerlicher Provenienz nicht nur auf die unmittelbaren Zeitgenossen von Rodbertus beschränkt, sondern sich auch auf die späteren bürgerlichen Vulgärökonomen erstreckt. Das erklärt sich unter anderem daraus, daß die Geschichte der mit 1830 bzw. (für Deutschland) 1848 einsetzenden Vulgärökonomie die Geschichte eines ideologischen und wissenschaftlichen Verfalles darstellt, die Geschichte einer sukzessiven „Zurücknahme" der durch die klassische politische Ökonomie und die weitertreibende sozialistische Kritik gewonnenen Einsichten in die Grundzusammenhänge der bürgerlichen Produktionsweise. Eine Gestalt wie Rodbertus, gleichermaßen verwurzelt in den Traditionen der klassischen politischen Ökonomie wie in den Überlieferungen des vormarxistischen Sozialismus, mußte in einer solchen vulgärökonomischen Verfallsgeschichte wirken wie ein höchst beunruhigendes Menetekel aus der längst abgeschworenen bürgerlichen Heroenzeit, das es im Interesse der Systemverteidigung möglichst schnell auszulöschen galt. Hierzu wurden Bewußtseinspräparate entwickelt und die Praxis einer Ideologiepflege inszeniert, die alle bisherigen Maßstäbe hinter sich ließ. Ein beherrschendes Merkmal dieser Vulgarisierung der spätbürgerlichen Ökonomie speziell im Hinblick auf die Grundrententheorie bestand darin, die bei Ricardo mehr latent angelegte und lediglich punktuell dargetane *Eigentumsindifferenz* bei der Erklärung der Grundrente nunmehr in voller Unverblümtheit und Konsequenz zu behaupten. Hierbei wurde, aller sonstigen bürgerlichen Ricardofeindschaft (vor allem im Hinblick auf die Werttheorie) zum Trotz, in der Regel gerade an den Grundprinzipien der Ricardoschen Rentenlehre festgehalten (Karl Diehl, Ludwig Stephinger, Friedrich Bülow), der man bescheinigt, „eine abschließende Lösung des Problems" gebracht zu haben. Die große Bedeutung der Ricardoschen Theorie, so heißt es in verblüffender Weise zum Beispiel bei Stephinger, liege jedoch nicht allein in ihrem Inhalt, „sondern zum größeren Teil in der eigenartigen *formellen* Fassung, die Ricardos eigenstes Werk ist, während der Inhalt der These auf frühere Autoren zurückgeführt werden kann".[3]

Eine gewisse Ausnahmeposition vertrat 1908 Schumpeter, wenn er die „Grundrententheorie der Klassiker" nicht nur für „überwunden" erklärte, sondern darüber hinaus behauptete, sie sei „überhaupt keine Theorie der Grundrente"[4].

Diese von Schumpeter eingenommene extreme Position bleibt jedoch Ausnahme; in der Regel geschieht die auf Eigentumsindifferenz hinauslaufende bürgerliche Grundrentenargumentation unter Bezug auf Ricardos Differentialprinzip.

Beginnen wir unsere Betrachtungen mit Wilhelm *Roscher*, dem Haupt der älteren Historischen Schule, dem Exponenten der von Marx so genannten „professoralen Form" der bürgerlichen Apologetik. Schon der 1843 erschienene

[3] Ludwig Stephinger, Der Grundgedanke der Volkswirtschaftslehre und die Rententheorie Ricardos, Stuttgart 1910, S. 1 und 11.

[4] Joseph Schumpeter, Das Wesen und der Hauptinhalt der theoretischen Nationalökonomie, Leipzig 1908, S. 382.

„Grundriß zu Vorlesungen über die Staatswirtschaft. Nach geschichtlicher Methode "(Göttingen 1843) kennt Grundrententheorie durchweg und ausschließlich als Ricardosche Grundrentenlehre.[5] Die hier noch wenn auch nur akademisch gestellte und offen gelassene Frage, „ob die Grundrente einem Monopol der Eigentümer zuzuschreiben ist?" taucht in den späteren Schriften nicht wieder oder nur polemisch bzw. nur in der Form apologetischer Verneinung auf. Auch die zuerst 1854 und in 26. Auflage noch 1922 erschienenen „Grundlagen der National-Ökonomie" des gleichen Autors, mit denen auch Marx auseinanderzusetzen sich veranlaßt sah, sieht die Grundrententheorie ausschließlich unter freilich vulgarisiertem ricardianischem Blickwinkel.[6] Hier wie auch in seinen späteren Werken tritt Roscher als Verteidiger der Ricardoschen Grundrententheorie gegenüber den Angriffen von Sismondi und Jones[7] auf.[8] Von diesen späteren Werken sei die „Geschichte der National-Ökonomik in Deutschland" (München 1874) zitiert, in der Ricardo als „Systematiker ersten Ranges" pointiert wird, der durch „die fast tadellose Consequenz seines Denkens ein festes, einheitlich zusammenhängendes Kunstwerk an die Stelle der Monographien von Smith und der Schilderungen von Malthus gesetzt hat. Seine großen Einzelentdeckungen", so heißt es weiter, „betreffen meist gerade die schwierigsten Fragen, wie die Grundrente, die internationale Handelsbilanz, die Steuerabwälzung."[9]

Roscher kann allerdings nicht umhin, seine Anerkennung Ricardos in der Richtung einzuschränken, daß er die „kapitalistische Farbe seiner Schriften" bemängelt, „die bei vielen seiner Nachfolger geradezu mammonistisch geworden ist"[10]. Ungeachtet dessen hält Roscher an der Ricardoschen Rententheorie auf seine Weise fest, und der von Marx hochgeschätzte Ricardo-Kritiker Richard Jones (1790–1855)[11] wird gerügt, „mit seiner mehr breiten als tiefen Gelehrsamkeit zu wenig in das Verständnis der Ricardoschen Rentenlehre eingedrungen" zu sein, „um sie mit wahrem wissenschaftlichem Erfolge zu bekämpfen"[12]. Anders als

5 Wilhelm Roscher, Grundriß zu Vorlesungen über Staatswirtschaft nach geschichtlicher Methode, Göttingen 1843, S. 16.f.

6 „Grundrente nennen wir denjenigen Teil vom regelmäßigen Reinertrag eines Grundstückes, welcher nach Abzug der landesüblichen Löhnung und Verzinsung der zur Bewirtschaftung desselben verwandten Arbeiten und Kapitalien übrig bleibt. Also den Preis für die Nutzung des Grundstückes an sich; nach Ricardo der ‚ursprünglichen, unerschöpflichen' aber aneignungsfähigen ‚Kräfte des Bodens'" (Wilhelm Roscher, Grundlagen der National-Ökonomie, 26. Aufl., Stuttgart – Berlin 1922, S. 450; 1. Aufl. Stuttgart – Tübingen 1854, S. 258.).

7 Siehe oben, S. 128 ff.

8 Vgl. Wilhelm Roscher, Grundlagen der National-Ökonomie, 26. Aufl., a. a. O., S. 462.

9 Wilhelm Roscher, Geschichte der National-Ökonomik in Deutschland, München 1874, S. 652.

10 Ebenda, S. 562.

11 Vgl. oben, S. 129 ff.

12 Wilhelm Roscher, Geschichte der National-Ökonomik in Deutschland, a. a. O., S. 844.

über diesen verächtlich behandelten Jones urteilt Roscher über den bürgerlichen Ricardo-Übersetzer Edward Baumstark, der 1837 dem deutschen Publikum eine Übersetzung und ausführliche Erläuterung des Ricardoschen Hauptwerkes vorlegte.[13] Baumstark, so empfiehlt Roscher, „hat hier das große Verdienst, Ricardos mächtigen Geist eigentlich zuerst in der deutschen Nationalökonomik eingebürgert zu haben".[14] Von diesem „mächtigen Geist Ricardos", der die bürgerliche Gesellschaft trotz seines großbourgeoisen Standpunktes noch mit wissenschaftlicher Unbefangenheit anzuschauen vermochte, spürt man allerdings kaum einen Hauch mehr, wenn Roscher im Hinblick auf die Grundrententheorie zu folgenden Tiraden anhebt: „Die Grundrentenlehre ist darum so unpopulär, weil sie mit der menschlichen Beschränktheit zusammenhängt. Aber der Mensch", so heißt es, „kann auch nicht fliegen, obschon jeder Spatz, jede Mücke fliegen kann ... Man hört", meint Roscher in Frontstellung zu physiokratisch-smithschen und bestimmten agrarsozialistischen Anschauungen, „die Grundrente so häufig eine Wirkung des Bodenmonopols, einen unverdienten Tribut des ganzen Volkes an das Grundeigentum nennen, daß es wohl an der Zeit ist, auf ihre *gemeinnützigen Seiten* aufmerksam zu machen."[15] Auf diese Absichtserklärung folgen Argumentationen vor allem aus dem Malthusschen Arsenal, in der Richtung, daß die Grundrente durch die Ermöglichung des feineren Luxus das Leben erst lebenswert mache, daß ohne Grundrente „alle feinere Muße aufhören" müßte. Hiergegen biete die Grundrente „eine Art von Reservefond, der immer bedeutender zu werden pflegt, je größer durch das Sinken des Arbeitslohnes und Zinsfußes jene Gefahr (‚daß sich das Volk im ganzen mehr und mehr auf grobe, handgreifliche Bedürfnisse einschränkt, daß folglich aller edlerer Luxus' aufhöre) geworden. Auch pflegt gerade in Zeiten hoher Grundrente die Veräußerlichkeit und Teilbarkeit der Landgüter eine wohltätige Reaktion gegen das Monopolische zu bilden, welches immerhin dem Grundrentenverhältnisse naheliegt." Ein Monopol des Grundeigentums wird bestritten; eingeräumt wird das „Monopolische", welches dem „Grundrentenverhältnis" lediglich „naheliegt". „Ungleich bedeutsamer ist es jedoch", und damit entwickelt Roscher sein Hauptargument für die Wohltätigkeit der Grundrente, „wie jede hoch gestiegene Grundrente das Volk abhält, den Boden in unwirtschaftlicher Weise zu mißbrauchen, wie sie zur passenden Zonenbildung um die Verkehrsmittelpunkte, zur Verbesserung der Transportmittel, unter Umständen sogar zur Kolonialisierung zwingt, während sonst die Trägheit sich leicht mit der unmäßigsten Zusammenhäufung der Menschen befreunden würde ... Am leichtesten zu verteidigen", und mit der Wahl des Ausdrucks *verteidigen*, nimmt Roscher indirekten polemischen Bezug auf egalitäre und früh-

[13] Edward Baumstark, David Ricardos Grundgesetze der Volkswirtschaft und Besteuerung, übersetzt und erläutert, Göttingen 1837.

[14] Wilhelm Roscher, Geschichte der National-Ökonomik in Deutschland, a. a. O., S. 909.

[15] Wilhelm Roscher, Grundlagen der National-Ökonomik, 26. Aufl., a. a. O., S. 473 ff.; vgl. erste Aufl., von 1854, S. 284 ff.

sozialistische Kritik an der Grundrente, am leichtesten zu verteidigen, „und zwar nicht bloß praktisch, sondern auch theoretisch, ist die Grundrente da, wo eine politisch und wirtschaftlich wohltätige Verteilung des Bodens besteht!“[16] Die Hinweise Roschers, was unter einer „politisch und wirtschaftlich wohltätigen Verteilung des Bodens“ (für wen wohltätig?) verstanden werden soll, lassen ein aristokratisch-antidemokratisches Gesellschaftsbild erkennen, das sich den großen Grundrenten- und Kapitalrentenbeziehern des feudal-bourgeoisen Kompromisses gleichermaßen innig verschworen weiß. Da es Roscher um die „gemeinnützigen Seiten“ der durch den demokratischen Zeitgeist etwas in Verruf geratenen Grundrente geht, werden die Denkansätze von Rodbertus zur Grundrente als bereits überwundene Irrtümer verächtlich abgetan.[17] „Wer nicht ‚respectable‘ ist“, so charakterisierte Marx diese Manier von Roscher, „existiert für ihn auch historisch nicht; z. B. Rodbertus existiert nicht für (ihn als) der Theoretiker über die Grundrente, weil er ‚Kommunist‘ ist.“[18]

Zwei hinsichtlich der Vulgarisierung der Grundrentenproblematik wichtige Vertreter des deutschen Professorentums sind Albert Schäffle (1831–1903) und Hans von Mangoldt (1824–1868). Sie inaugurieren eine Linie in der Apologetisierung des Rentenproblems, die darauf spekuliert, durch maßlose Verallgemeinerung und Formalisierung des Rentenbegriffs die sich an der Grundrente entzündende Sozialkritik ad absurdum führen zu können. Wo es eine nahezu unübersehbare Anzahl von Renten und „Quasirenten“ gibt, von der Produzentenrente über die Vielzahl der X-Renten bis zur sogenannten Konsumentenrente, wird es sinnlos, sich an einer kleinen Unterart dieser großen Rentenfamilie festzubeißen.

Unter Anlehnung an ähnliche vereinzelt bleibende Gedankengänge zum Beispiel bei J. St. Mill und F. B. Wilhelm v. Hermann kommt Schäffle 1861[19] zur Statuierung eines *allgemeinen* „Überschuß-(Rente-)Faktors“. Man habe „bisher ... dieses *Überschußverhältnis* fast nur an Grund und Boden betrachtet, wohl hauptsächlich deshalb, weil die Beschränktheit der natürlichen Produktivkräfte, auf der es hier beruht, am augenfälligsten und konstantesten ist. Aber“, so heißt es verallgemeinernd, „*auch überall sonst* kommen besondere Vorzüge der Produktivmittel ... vor und begründen Überschüsse verschiedenster Art und Abstufung: ‚Gewinne an Seltenheitswerten‘, an rechtlichen und sachlichen Monopolwerten, an ‚Notpreisen‘, und wie man dies sonst bezeichnen mag.“[20] Man könne „daher mit vollem Recht sagen, *daß täglich und überall* Produktionskostendifferenzen und daher Überschüsse, also *grundrentenähnliche Verhältnisse vorkommen*“[21] [Hervorhebung – G. R.].

[16] Wilhelm Roscher, Grundlagen der National-Ökonomik, 26. Aufl., a. a. O., S. 473 ff.
[17] Ebenda, S. 476.
[18] Karl Marx, Theorien über den Mehrwert, Zweiter Teil, in: MEW, Bd. 26.2, Berlin 1967, S. 117.
[19] Albert E. Fr. Schäffle, Die Nationalökonomie oder Allgemeine Wirtschaftslehre, Leipzig 1861.
[20] Ebenda, S. 140.
[21] Ebenda.

Die Grundrente im eigentlichen Sinne stellt nach Schäffle nur eine sekundäre Ableitung dieser allgemeinsten und überall sonst zu beobachtenden Überschußerscheinung dar. Und da diese allgemeine Überschußerscheinung so selbstverständlich wie plausibel und erfreulich ist, kann es schon rein logisch nicht richtig sein, die Grundrente als kleine Untergattung dieser allgemeinen Überschußerscheinung irgendwie anstößig zu finden, quod erat demonstrandum. Wichtig für den hier besonders interessierenden Gedankengang, daß Ricardos Grundrententheorie einbezogen wird in diese Verallgemeinerung des Rentenprinzips. Die von Ricardo entwickelten Grundrentengesetze (Differentialprinzip etc.) seien allerdings „nur die *besondere* Anwendung des (von Schäffle etc. entdeckten) *allgemeinen* Produktions- und Wertgesetzes auf das Grundvermögen . . ."[22] Schäffle sieht sich auch veranlaßt, einige „ungeschickte" Ausdrücke Ricardos, die Anknüpfungspunkt für grundrentenkritische Bestrebungen wurden, im apologetischen Sinne zu revidieren. Solche „ungeschickten" Ausdrücke hätten dazu gedient, „die Grundrente und ihren Ursprung in ein schiefes Licht zu rücken, sie als Folge eines Bodenmonopols, als Produkt der reinen Naturkraft darzustellen und, wie die Kommunisten getan, den Bezug einer Grundrente als Diebstahl vom Volke darzustellen"[23]. Diese Auslassung zielt vermutlich gegen Proudhon, dessen Kampfparole „Eigentum ist Diebstahl" sich an Ort und Stelle auf das Grundeigentum bezog. Schäffle attackiert die Anschauung der Volksmassen und fortschrittlichen Kräfte, die den Grundbesitzer als „Monopolisten" angeklagt: „. . . wenn der Grundbesitzer deshalb ein Monopolist wäre, so wären es ebenso alle Gewerbetreibende, welche Stoffe von vorzüglicherer Beschaffenheit ausbeuten als Andere, oder denen die Natur oder ein zufälliger Eindruck und Gedanke besondere Vorteile der persönlichen Produktivkraft gegeben hat. Vorzüge der letzten Art, natürliche Monopole, wenn man so will, sind auch im gewerblichen Gebiet und im Gebiet der höheren Dienstleistungen immer vorhanden, nur daß sie nach Beschaffenheit mehr wechseln und nicht räumlich fixiert sind, weshalb sie weniger auffallen."[24] Man sieht, wie auch der sozialkritische Vorwurf des „Monopolismus" durch bloße Verallgemeinerung weggewischt werden soll. Schließlich kommt Schäffle wie vorher Roscher in der Nachfolge von Malthus zum Herauskehren der angeblich *gemeinnützigen* Seiten des Rentenbezugs: „Wie im Mittelalter und später ohne die Grundrente des Adels keine höhere wirtschaftliche Gesittung hätte genährt werden können, so würde jetzt ohne die besonderen natürlichen Vorteile im Gewerbe und in der Landwirtschaft die höhere Blüte der Gesittung ohne Nahrung und selbst die Verbesserung der Landwirtschaft nicht möglich sein."[25]

Ähnlich wie Schäffle, aber durchaus selbständig und unabhängig von ihm (die Suche nach wirksamerer *Apologetik* war ein allgemeines bourgeoises Bedürfnis und führte daher bei verschiedenen Autoren zu sehr ähnlichen Resultaten), be-

[22] Ebenda, S. 142.
[23] Ebenda, S. 146.
[24] Ebenda.
[25] Ebenda, S. 146 f.

stimmt Hans von Mangoldt[26] den Rentenbegriff viel weiter als bisher üblich: „Die neuere, von mir und Schäffle vertretene Rentenlehre unterscheidet sich von der älteren durch ... die Erkenntnis, daß die Rente nicht nur beim Grund und Boden vorkommt, sondern *eine viel allgemeinere*, aus den verschiedensten Produktionselementen hervortretende Erscheinung ist."[27] „Die Rente", so heißt es weiter, „ist nicht eine spezielle, nur beim Einkommen aus Vermögen oder gar nur aus bestimmten Arten von Vermögen vorkommende, sondern sie ist *eine ganz allgemein auftretende Erscheinung*."[28] Der „allgemeine Charakter der Rente" sei daher „der einer *Seltenheitsprämie*. Wer in Folge der Seltenheit seines Beitrages zur Produktion an Einkommen mehr bezieht, als ihm nach dem Maße der Vergütung zukommen würde, welches durchschnittlich der fraglichen Gattung von Opfern zu Theil wird, der genießt eine Rente, einerlei, ob sein Opfer in persönlichen Anstrengungen, oder ob es im Verzicht auf Capitalnutzungen, oder ob es neben dem Einen und dem Anderen noch in den Sorgen und dem Drucke der Verantwortlichkeit des Unternehmers besteht. Jeder Art der Beteiligung an der Produktion kann von der Vergütung, welche sie empfängt, eine Seltenheitsprämie zu Theil werden. Unternehmer und Arbeiter ebensogut wie Capitalisten", so heißt es im Sinne bester Klassenharmonie, „mögen sich einer rentenmäßigen Erhöhung ihres Einkommens erfreuen. Die Rente ist nicht eine specielle ..., sondern eine *ganz allgemein* auftretende Erscheinung".[29] Damit ist der Absicht nach jeder rentenkritischen Auffassung der Boden entzogen.

Daß diese durch falsche Verallgemeinerung bewirkte Mystifizierung, in der wie in jener sprichwörtlichen Nacht alle Katzen grau bzw. alle Renten harmlos und geradezu wohltätig sind, direkt antisozialistischen Impulsen folgt, wird durch Mangoldts Polemik gegen Proudhons provozierende Frühschrift „Was ist Eigentum? Oder Untersuchung über die Grundlagen von Recht und Regierung" (Paris 1840) demonstriert. Indem Mangoldt betont, den Ausdruck „Rente" tunlichst zu vermeiden und „statt von Rente in der Regel lieber von einer rentenmäßigen Erhöhung des Einkommens (zu) sprechen ... um von vornherein die Möglichkeit einer falschen Ausffassung abzuschneiden, auf deren Rechnung in der That manche wissenschaftliche und praktische Verirrung und Verwirrung kommt", hebt er den „energischen Protest Proudhons gegen den Rentenbezug der Grundeigentümer" hervor.[30] Hierbei argumentiert Mangoldt wie folgt: „Indem man nämlich die Rente als ein selbständiges Einkommen neben dem aus Arbeit und dem aus Capital auffaßte, drängte sich das Bedürfnis auf, auch für sie eine Ursache anzugeben, und da man bemerkte, wie sie vornehmlich unter Umständen vorkam, wo die Natur den wirtschaftlichen Bestrebungen des Menschen hilfreich und freigebig entgegenkam, lag die Auffassung nahe, in der Rente die Vergeltung für die

[26] Hans von Mangoldt, Volkswirtschaftslehre, Stuttgart 1865.
[27] Ebenda, S. 486.
[28] Ebenda, S. 458.
[29] Ebenda.
[30] Ebenda, S. 456 f.

Gaben und Leistungen der Natur zu erblicken. Von hier bis zu ihrer Verurteilung aber war für scharfe Denker nur ein Schritt."[31] Nach diesbezüglicher Hervorhebung und Zitierung Proudhons – eine Erwähnung von Rodbertus oder Marx erfolgt nicht – fährt Mangoldt höchst instruktiv wie folgt fort: „Diesen Folgerungen aus einer gekünstelten Auffassung der Dinge *können wir vollständig aus dem Wege gehen*, wenn wir, anstatt eine weitere Art des Einkommens einzuführen [eben die Kategorie Grundrente], uns einfach an die Tatsachen halten, wie sie vorliegen, daß nämlich unter gewissen Umständen das Einkommen aus Arbeit oder aus Vermögen – sei es das bedungene der Lohnarbeiter und Capitalisten oder das nicht bedungene der Unternehmer – *über den regelmäßigen Durchschnittsbetrag sich erhöht*"[32] sich, wie es oben hieß, „rentenmäßig erhöht", ohne durch Substantivierung als „Rente" oder gar „Grundrente" die soziale Begehrlichkeit herauszufordern. Mit solcher und ähnlicher Sprachregelung bzw. Begriffsmanipulierung muß bürgerliche Apologetik bereits in der Mitte des vorigen Jahrhunderts arbeiten, um unbequeme Schlußfolgerungen fernzuhalten, um jener, wie es rügend heißt, „Gehässigkeit" zu begegnen, „mit welcher wohl Renten, welche auf der ersterwähnten Ursache [eben auf Ausbeutung] beruhen, betrachtet werden"[33].

Auch Mangoldt versäumt nicht, auf die „gemeinnützigen Seiten" des Rentenbezugs hinzuweisen: „Die Bedeutung der Rente liegt mithin darin, daß sie die der scharfsichtigen Erkenntnis und thatkräftigsten Benützung der besten Gelegenheiten zur Fortbildung der Volkswirtschaft in Aussicht gestellte *Belohnung*, und als solche eines der wichtigsten, ja eigentlich geradezu das wesentlichste *Förderungsmittel* der wirtschaftlichen Entwicklung ist."[34] Wer also keine Rente bezieht, so lautet die verdeckte Schlußfolgerung, ist selbst daran schuld, denn er hat es an „scharfsichtiger Erkenntnis und thatkräftigster Benützung der besten Gelegenheiten zur Fortbildung der Volkswirtschaft" fehlen lassen.

Die Bedeutung der von Schäffle und Mangoldt eröffneten Richtung in der Apologetisierung der Rentenproblematik erhellt daraus, daß sie bis in die gegenwärtige bürgerliche Ökonomie Nachfolger fand. Alfred Marshall, dem Lujo Brentano bescheinigte, „längst das Bürgerrecht in der deutschen Gelehrtenwelt" erlangt zu haben,[35] beginnt den Abschnitt über die Grundrente in seinen „Principles of Economics" (deutsch unter dem Titel: Handbuch der Volkswirtschaftslehre) mit der an Schäffle und Mangoldt erinnernden Fragestellung, daß die Grundrente „nicht eine einzigartige Tatsache" sei, „sondern einfach die Hauptspezies einer großen Gattung von ökonomischen Phänomenen"[36]. Die Grundrententheorie sei „keine isolierte ökonomische Lehre, sondern bloß *eine* von den

[31] Ebenda, S. 457.
[32] Ebenda.
[33] Ebenda, S. 482.
[34] Ebenda, S. 485.
[35] Lujo Brentano, Vorwort zu Alfred Marshall, Handbuch der Volkswirtschaftslehre, übersetzt von H. Ephraim/A. Salz, Stuttgart – Berlin 1905, S. III.
[36] Alfred Marshall, Handbuch der Volkswirtschaftslehre, a. a. O., S. 611.

Hauptanwendungsfällen einer einzelnen Folgerung aus der allgemeinen Theorie von Angebot und Nachfrage", und, so heißt es weiter, es gäbe „einen beständigen Übergang von der wirklichen Rente aus den freien Naturgaben, die von Menschen okkupiert wurden, durch den aus dauernden Bodenverbesserungen bezogenen Ertrag hindurch zu denjenigen Renten, die aus landwirtschaftlichen und Fabrikgebäuden, Dampfmaschinen und weniger dauerhaften Gütern erhalten werden".[37] Auch diese Ausweitung des Rentenbegriffs, und zwar des ricardianischen Differentialrentenbegriffes auf unter verschieden günstigen Produktionsbedingungen bezogenes Kapital- und Arbeitseinkommen zielt auf die Verschleierung des durch die klassischen und frühsozialistischen Grundrententheorien in wichtigen Teilen bereits enthüllten Ausbeutungsprozesse, sie zielt speziell auf die Verschleierung des Grundeigentumsmonopols wie auch allgemein auf die Mystifizierung der Eigentumsfrage im Hinblick auf die Produktionsmittel und Produktionsbedingungen. Der von Marshall eingeführte Begriff der „Quasirente", der es erlaubt, alles und jedes Differentialeinkommen unter die Rubrik „Rente" zu subsummieren (bis zur sogenannten „Konsumentenrente"), öffnete der Apologetisierung des eigentlichen Rentenproblems, wie es noch Rodbertus scharf beleuchtet hatte, Tür und Tor.[38]

Unser chronologisches Vorgehen beim Verfolgen des Grundrentenproblems innerhalb der bürgerlichen Vulgärökonomie führt uns zu einer *freihändlerischen* Stellungnahme aus der Feder Moritz Wirths, wie sie sich im Artikel „Grundrente" eines 1866 in Leipzig erschienenen „Handwörterbuchs der Volkswirtschaftslehre" (hrsg. von H. Rentzsch) widerspiegelt. Diese liberal-manchesterliche Ansicht mag theoretisch nicht sehr originell sein, sie zehrt im wesentlichen von den Vulgarismen des amerikanischen Ökonomen Henry Charles Carey (1797–1879), der Ricardo als „Vater des Kommunismus" denunziert hatte, aber sie ist zweifellos aussagekräftig für die ideologische Situation im deutschen bürgerlichen ökonomischen Denken dieser Jahre noch vor Erscheinen des ersten Bandes des „Kapitals". Der Artikel von Moritz Wirth kämpft gegen die Grundrententheorie im allgemeinen und gegen die Ricardosche Grundrententheorie im besonderen, weil sie von sozialistischer Seite zum Instrument der Gesellschaftskritik verwendet worden sei. „Die Lehre von der Bodenrente", so heißt es, „sollte von einer verhängnisvollen Wichtigkeit werden, denn auf die unhaltbare Basis derselben richteten die Wortführer der Socialisten und Communisten ihre Angriffe, aus der Inconsequenz dieser Lehre suchten sie ihre Systeme zu rechtfertigen, für die zehntausend Menschen in den Straßen von Paris ihr Leben ließen."[39]

Wenn es nämlich wahr wäre, so heißt es weiter, „daß die unentgeltlichen Naturkräfte in dem Boden Werth (Tauschwerth) erzeugen, also einen selbständigen

[37] Ebenda.

[38] Zu dem Verwirrspiel, das Marshall mit dem Unbegriff „Quasirente" treibt, vgl. Alfred Marshall, Handbuch der Volkswirtschaftslehre, a. a. O., S. 412 ff.

[39] Handwörterbuch der Volkswirtschaftslehre, hrsg. v. H. Rentzsch, Leipzig 1866, S. 404.

Beitrag von Werthen (Tauschwerthen) über den Ertrag der zur Bebauung des Bodens verwandten Summe von Arbeit und Capital abwerfen, dann befinden sich die Eigenthümer des Grund und Bodens im Besitz eines Privilegiums vor ihren ungünstiger situierten Mitmenschen. Viele Nationalökonomen haben daher, wenn auch stillschweigend anerkannt, daß das Grundeigenthum ein *Monopol* sei", was nach Wirth verwerflich ist.[40] Wirth ist auf seine Weise konsequent, wenn er verlangt, die „Prämisse" der kommunistischen und sozialistischen Gesellschaftskritiker aufzugeben, nämlich die Theorie einer speziellen Grundrente, die einen „Ertrag" behauptet, „der von einer dritten Quelle, als Capital und Arbeit herrühre"[41]. (Wirth befindet sich hier in einem bürgerlich sehr weit verbreiteten Irrtum: Die Sozialisten behaupten keine „dritte Quelle" neben Kapital und Arbeit, sondern die Ausschließlichkeit einer Quelle, nämlich die gesellschaftlich notwendige Arbeit.) Aus dieser Sicht erklärt Wirth auch die Grundrententheorie Ricardos zum „überwundenen Standpunkt"[42], wie denn Ricardo überhaupt vom Lehrmeister Wirths, dem amerikanischen Vulgärökonomen Carey, als „Vater des Kommunismus", seine ökonomischen Einsichten als „System der Zwietracht" denunziert worden waren.[43] „Die Grundrente", so resümiert Wirth als manchesterlicher Fürsprecher der nachrevolutionären deutschen Bourgeoisie, „löst sich daher, man mag sie betrachten von welcher Seite man will, als *Phantom* in *Capitalgewinn auf*"[44]. Marx formuliert diesen Sachverhalt wie folgt: „Hier wird also die *Existenz der Grundrente* geleugnet, womit sie in der Tat *wegerklärt* ist."[45]

Über die *Motive* dieses Ableugnens der Grundrente ist damit noch nicht alles gesagt. Es wäre zu eindimensional, dieses Verleugnen der Grundrente als Ausdruck des bloßen kräftemäßigen Übergewichts der Bourgeoisie über die geschwächten und dem Untergang entgegengehenden feudalen Strukturen zu interpretieren. Richtiger dürfte es sein, dieses Wegerklären der Grundrente im Zusammenhang mit der bei Wirth deutlich spürbaren Angst vor den aus der Grundrententheorie gezogenen sozialistischen Folgerungen zu sehen. Also nicht Angst *vor* dem Grundeigentum und seinen Renteneinkünften und auch nicht Angst *um* das Grundeigentum und seine Renten, sondern Angst um das Produktionsmitteleigentum schlechthin, also auch und vor allem um das *bürgerliche Eigentum*, bestimmt die Motive zur Verleugnung der für frühsozialistische und demokratische Bestrebungen so verfänglich benutzbaren *Grundrententheorie*, selbst der in zwiespältig großbürgerlicher Weise konzipierten Grundrententheorie Ricardos. Keine Instanz

[40] Ebenda, S. 405.

[41] Ebenda, S. 407.

[42] Ebenda, S. 406.

[43] Henry Charles Carey zitiert nach Karl Marx, Theorien über den Mehrwert, Zweiter Teil, in: MEW, Bd. 26.2, a. a. O., S. 163.

[44] Moritz Wirth im Handwörterbuch der Volkswirtschaftslehre, hrsg. von H. Rentzsch, a. a. O., S. 407.

[45] Karl Marx, Theorien über den Mehrwert, Zweiter Teil, in: MEW, Bd. 26.2, a. a. O., S. 28.

konnte verbürgen, und das zu erspüren gelang auch mittelmäßigen Apologeten, daß ein sozialistischer oder revolutionär-demokratischer Angriff auf die Bastionen des großen Grundeigentums nicht auch ziemlich schnell auf die Bastionen des großen Kapitaleigentums überzugreifen tendiert; im Hinblick auf die eingetretene Verfilzung spätfeudaler und antirevolutionärer bourgeoiser Interessen und im Hinblick auf die Pariser Junischlacht von 1848, die Marx als „Kampf um die Erhaltung oder Vernichtung der bürgerlichen Ordnung“ charakterisierte,[46] war eine solche Befürchtung keineswegs unreal, die dementsprechende ideologische Apologetik des *Liberalen* Wirth hatte somit durchaus ein echtes Motiv.

Da wir die spezifisch *junkerlichen* Reaktionen zu den von Rodbertus aufgeworfenen Grundrentenfragen schon an anderer Stelle dieser Arbeit dokumentiert haben,[47] wenden wir uns jetzt dem bürgerlichen Ökonomen Adolph Wagner (1835 bis 1917) zu, der seine ziemlich systematische und umfassend ausgearbeitete Theorie der Staatseingriffe (im Gegensatz zum liberalen „laisser faire“) unter der demagogischen Bezeichnung „Staatssozialismus“ propagierte und dessen 1870 formuliertes „Gesetz der wachsenden Ausdehnung der öffentlichen, insbesondere der Staatsthätigkeiten“ in bürgerlich verzerrter Form auf den zunehmenden Staatsinterventionismus des spätkapitalistischen Systems aufmerksam machte.[48]

Wagner, und das macht ihn in diesem Zusammenhang erwähnenswert, hatte mehrfach den Einfluß von Rodbertus auf seine Gedankengänge betont und war auch als Herausgeber einiger Teile des Rodbertus-Nachlasses aufgetreten. Daraus wurde dann häufig sowohl bei Zeitgenossen wie in der bürgerlichen Dogmengeschichtsschreibung auf eine wenigstens partielle Übereinstimmung der Rodbertusschen mit den Wagnerschen Positionen geschlossen. Auch Wagner selbst provozierte diesen Anschein von Übereinstimmung mit Rodbertus. Er gehörte tonangebend zu jenen, die, wie der damals noch auf marxistischen Positionen stehende Karl Kautsky sich ausdrückte, „Anfang der achtziger Jahre [also nach dem 1875 erfolgten Tode von Rodbertus] in Rodbertusianismus machten“[49]. Diesen sogenannten „Rodbertusianern“ sei es jedoch, wie Kautsky betonte, keineswegs darum zu tun gewesen, die rodbertusianischen Ideen in die Wirklichkeit umzusetzen. Vielmehr habe es sich hier um ein ideologisches Täuschungsmanöver gehandelt, um den Namen *Rodbertus*, der in den Kreisen der Arbeiterbewegung zu dieser Zeit noch einen relativ guten Klang hatte, für antimarxistische Zwecke auszunutzen.[50]

46 Karl Marx, zitiert nach „Weltgeschichte, Kleine Enzyklopädie“, Leipzig 1964, S. 229.

47 Vgl. V: Zum allgemeinen Klasseninhalt des Rodbertusschen Denkens, oben S. 65 ff.

48 Vgl. Werner Krause/Günther Rudolph, Grundlinien des ökonomischen Denkens in Deutschland, 1848 bis 1945, Berlin 1980, S. 116–140.

49 Karl Kautsky, Der Kapitalismus fin de siècle, in: Die Neue Zeit, Bd. 12.2, Stuttgart 1893/94, S. 457.

50 Karl Kautsky, in: ebenda, S. 458.

Wie wenig dieser „Rodbertusianismus“ mit den originalen Ansichten von Rodbertus selbst identisch sein konnte, wie sehr er einer mit vollem Bewußtsein vollzogenen Verfälschung nahe kam, wurde bereits belegt. Hier sei nur noch auf das von Wagner verfaßte Herausgebervorwort zu Rodbertus' Schrift „Zur Beleuchtung der socialen Frage, Theil II“ (Berlin 1885) verwiesen, das folgende in diesem Zusammenhang wichtige Feststellungen enthält: „Wohl mit den meisten Fachgenossen halte auch ich viele, ja die Mehrzahl der theoretischen Hauptlehren von Rodbertus für *falsch*, so besonders seine Lehre vom Werth, von der Rente und der [Privat-]Capitalentstehung, von der Bevölkerung [einseitig antimalthusianisch!], von den Krisen, wo das entscheidende Moment der ‚Regellosigkeit der Production‘ so wenig beachtet und in völlig unzulänglicher Weise – auch mit unrichtiger Behandlung und Erklärung der concreten Wirtschaftserscheinungen – die Krisen aus dem Zurückbleiben des Antheils der Arbeiter am steigenden Productionsertrag abgeleitet werden sollen, ... auch die Lehre vom Gelde, von den Zettelbanken und deren sehr übertrieben angenommenen Einfluß auf das Wirthschaftsleben – in der Weise der britischen ‚Currency-Theoretiker‘ – und anderes mehr.“[51]

Mit solchen Aussagen des „Rodbertusianers“ Wagner kann als erwiesen gelten, daß dieser schwindelhafte Rodbertus-Boom der achtziger Jahre mit Rodbertus selbst wenig mehr gemein hatte als die mißbräuchliche Berufung auf seinen Namen. Wie auch Franz Mehring 1893 rückblickend feststellte, sei damals Rodbertus' Name als der eines „Sozialisten mißbraucht“ worden, um „die Massen des Volkes zu betören. Rodbertus selbst“, so fügt Mehring hinzu, „hätte er noch sprechen können, wäre gewiß angewidert worden von dem Humbug, der mit seinem Namen getrieben wurde.“[52]

Die nach Wagners Ansicht angeblich bestehende Unrichtigkeit speziell der rodbertusianischen Rententheorie wird durch den Hinweis auf Ricardos Differentialrententheorie illustriert: Er betont, daß er auch Rodbertus gegenüber „am Kern der Ricardo-Thünenschen Grundrententheorie festhalte, die Grundrente also als ein aus Productionskostendifferenzen sich ergebendes, nur kraft des Eigenthums bezogenes ‚Differenzeinkommen‘ auffasse ...“[53] Ungeachtet der verbalen Erwähnung des Eigentumsaspektes leugnet Wagner die Existenz einer absoluten oder „eigentlichen“ Grundrente, jene Form der Grundrente also, in der sich das Grundeigentumsmonopol an sich ökonomisch realisiert. Von dieser Position her kann Wagner auch die Feststellung treffen, daß sich die „Grundrentenfrage“ zwar mit der „allgemeinen principiellen Frage, ob es überhaupt Privateigenthum am Boden geben soll“, nahe berührt, aber doch in keiner Weise *wesens-*

51 Adolph Wagner, Herausgebervorwort zu Karl Rodbertus, Zur Beleuchtung der socialen Frage, Theil II, Berlin 1885, S. XXV.

52 Franz Mehring, Aufsätze zur Geschichte der deutschen Arbeiterbewegung, Berlin 1961, S. 407.

53 Adolph Wagner, Grundlegung der politischen Ökonomie, 2. Aufl., Leipzig – Heidelberg, S. 644.

verwandt sei. Im Hinblick auf sozialistische und radikaldemokratische Attacken auf das Grundeigentum heißt es, daß „mit der Ansicht über die Grundrente ... diejenige über das private Grundeigenthum noch *nicht* ohne weiteres entschieden" sei.[54] Und obwohl Wagner im „Privatbezug" der Grundrente „eine vielfach bedenkliche Einwirkung auf die Vertheilung des Volkseinkommens zu Gunsten der Grundeigenthümer" konzediert, „eine Einwirkung, welche in der That einen wichtigen ökonomischen Beweisgrund gegen privates Grundeigenthum bildet", vertritt er insgesamt die Meinung, daß die „bedenklichen" Seiten des privaten Grundrentenbezugs „*gleichwohl nicht*" ein generelles Vorgehen gegen das private Grundeigentum begründen könnten.[55] Als demagogischer „Staats- und Halbsozialist", der die für die herrschenden Klassen noch annehmbaren Teilforderungen des populären Zeitgeistes durch Realisierung von „oben" zu entschärfen sich bemühte, kommt Wagner zu dem beschwichtigenden Vorschlag, „der häufig so einseitig verurtheilten Forderung des Socialismus gerade hinsichtlich des Grund und Bodens auf halbem Wege entgegenzukommen. Nicht das Ob, sondern nur das Wie weit und das Wann, Wo und Wie" sei in bezug auf diese Forderung nach Aufhebung des privaten Grundeigentums noch strittig; es sei „eine Streitfrage des Maßes"[56]. Welches „Maß" aber gibt Wagner in dieser Grundeigentums- und Grundrentenfrage vor? Es ist das „Maß" der von ihm im feudalbourgeoisen Klassenkompromiß repräsentierten großen Grundeigentümer und Kapitalisten: Er gibt „für die fünf zu unterscheidenden Hauptkategorien des Bodens folgende Antwort auf die Forderung der grundsätzlichen Abschaffung des privaten Grundeigenthums: (1) Ländliches, zumal mittleres und kleines (bäuerliches) Eigenthum ist auch jetzt noch zu billigen, *Großgrundbesitz* insbesonders, wenn die Eigenthümer ihre im Gesamtinteresse liegende sociale Function richtig erfüllen. (2) Städtisches, namentlich großstädtisches privates Grundeigenthum hat wohl überwiegende Bedenken und bedarf daher um so dringender einer eingreifenden Reform seines Rechts. (3) Am Bergwerksboden und Bergwerken ist Privateigenthum der Privaten (Gesellschaften usw.) wenigstens neben öffentlichem Eigenthum zuzulassen. (4) Bei Waldboden ist das letztere vorzuziehen und daher factisch lieber auszudehnen. (5) Der Wegboden von Wegen für allgemeine Benutzung muß endlich principiell im öffenthlichen oder Gemeineigenthum stehen."[57] Im Klartext wäre diese von Wagner formulierte Grundeigentumsapologie wie folgt zu lesen: 1. Der ländliche Großgrundbesitz bleibt unangetastet, denn daß „die Eigenthümer ihre im Gesamtinteresse liegende sociale Funktion richtig erfüllen", steht außer Frage. 2. Daß „namentlich großstädtisches privates Grundeigenthum ... überwiegende Bedenken" hat, resultiert aus der Zusammenballung der Proletariermassen in den Städten: Bauspekulation und extremes Wohnungselend tra-

[54] Ebenda.
[55] Ebenda.
[56] Ebenda, S. 654 f.
[57] Ebenda, S. 785.

gen zu einer unerwünschten Intensivierung der ohnehin brisanten sozialen Spannungen bei. 3. In den Eigentumsverhältnissen des Bergbaus bleibt alles beim alten: staatlicher und privater Bergbau beuten seit jeher gemeinsam aus. 4. Waldboden: Die seit jeher bestehenden königlichen oder staatlichen Forste sind als Reviere elitärer Waidmannslust und als preisgünstige einheimische Rohstoffquelle zu erhalten. 5. Schließlich, und das ist das einzig neue an Wagners Grundeigentumskonzept: der „Wegeboden von Wegen für allgemeine Benutzung" soll „principiell im öffentlichen oder Gemeineigenthum stehen"; hinter dieser Forderung verbirgt sich nicht mehr, aber auch nicht weniger als die Forderung nach Verstaatlichung der Eisenbahnen, die sich durch die 1870/71 vollzogene Errichtung des neudeutschen Kaiserreiches als wichtige staatspolitische Notwendigkeit ergab; von einer prinzipiellen Infragestellung des privaten Grundeigentums und des Privatbezugs von Grundrente war selbstverständlich auch diese Teilforderung meilenweit entfernt. So blieb insgesamt auch die von Wagner formulierte „staatssozialistische" Version der bürgerlichen Grundrentenapologetik ein wie auch immer mit taktischem Wenn und Aber gespicktes prinzipielles „Ja" zum privaten Grundeigentum; ein „Ja" allerdings, das unter Anpassungszwang an die von einer sozialistischen Massenpartei (die von Bebel und Liebknecht geführte Sozialdemokratische Partei) und an die von den Ereignissen des Pariser Kommune-Aufstandes bewegten öffentlichen Meinung in modifizierter Form abgegeben wurde, nämlich ein „Ja" zum privaten Grundeigentum unter Vorbehalt einer apologetisch wirksamen Zumischung von staatlichem oder sogenanntem „öffentlichen" Grundeigentum. Im Schutze einer derart „gemischten" Eigentumsstruktur ließ sich privates Eigentum nunmehr viel besser „gehässiger sozialer Begehrlichkeit" entziehen als auf dem bisher üblichen direkten Wege der Apologetik.[58]

Karl Knies (1821–1898), neben Wilhelm Roscher einer der bekanntesten Vertreter der älteren Historischen Schule, kämpft wie dieser gegen die unbequemen Folgerungen der klassischen politischen Ökonomie und besonders gegen die Anerkennung objektiver Gesetze im Wirtschaftsleben. Hierbei stieß er auch auf Rodbertus, der auf seine Weise an die Lehren der bürgerlichen Klassiker anknüpfte und zu einer Reihe für die nachrevolutionäre bürgerliche Ideologie höchst unangenehmer Einsichten gelangt war. So rangiert Rodbertus bei Knies in der zweiten Auflage seiner zuerst 1853 erschienenen „Politischen Ökonomie vom geschichtlichen Standpuncte" (Heidelberg 1883) „in einer Reihe deutscher Schriftwerke", in denen „die Schäden, welche aus der modernen Gestaltung des Grundeigenthums, des Capitalbesitzes und der Unternehmertätigkeit für den Stand der Lohnarbeiter erwachsen ... sein sollen, in *grellster* Beleuchtung vorgewiesen werden"[59]. „Die *Rentenlehre* von Rodbertus", so heißt es polemisch bei Knies,

[58] Ebenda, S. 645 f.

[59] Karl Knies, Die Politische Ökonomie vom geschichtlichen Standpuncte, neue durch gesonderte Zusätze vermehrte Auflage, Heidelberg 1883 (zitiert nach dem fotomechanischen Nachdruck, Osnabrück 1964, S. 299).

„ist trotz seiner weitausgreifenden und zähen Bemühungen um ihre Aufrechterhaltung ganz gewiß sachlich unrichtig und das Gleiche“ gelte „bezüglich seiner Anschauung über die Function der manuellen Arbeit.“[60] Eine Art Begründung für diese Ablehnung gab Knies im Teil II seiner 1876/79 erschienenen Schrift „Der Credit“, in der er sich auf über vierzig Seiten mit Rodbertus auseinandersetzt.[61] Knies ist höflich genug, eingangs zu bekennen, daß Rodbertus „manches Lehrreiche“ darbiete, aber insgesamt seien die von Rodbertus vertretenen Ansichten entschieden abzulehnen. „Aber auch nach unbefangenster wiederholter Prüfung“ müsse er den „im Vorstehenden möglichst genau und ausgiebig gekennzeichneten Ausführungen entschieden *entgegentreten* und ihre Ergebnisse als im wesentlichen *irrig* erklären“.[62] Knies verwirft die Rententheorie von Rodbertus, weil sie mit einem auf die *materielle* Arbeit zugeschnittenen Produktivitätsbegriff operiere. Rodbertus habe „ebenso wiederholt als nachdrücklich die ‚productiven Arbeiten‘ *einer* Volksklasse den wenn auch gleichfalls nöthigen und erspriesslichen Thätigkeiten aller übrigen Menschen gegenübergestellt“.[63]

Den volkswirtschaftlichen Theoretiker müsse es „sehr befremden, daß Rodbertus keinen Versuch zu einer überzeugenden Beweisführung bezüglich dieses seines wichtigsten Satzes macht ... Denn daß Rodbertus wiederholt die beiden Behauptungen aufstellt: nur die Güter, welche materielle Arbeit gekostet haben, sind wirthschaftliche Güter; und: alle wirthschaftlichen Güter sind nur Producte materieller Arbeit – darin allein liegt natürlich nicht die Spur eines Beweises“. Rodbertus habe „selbst als fundamental für seine Rententheorie ... den Satz bezeichnet: daß es nur die materiellen Operationen der – auch von der Leitung der Arbeiten geschiedenen – *Handarbeit* sind, welche die wirthschaftlichen Güter producieren“.[64]

Knies bekämpft somit in und mit der Rodbertusschen Rententheorie zugleich die Arbeitswerttheorie, die er vergröbert darstellt, um sie besser „widerlegen“ zu können. Rodbertus, so heißt ein weiterer Vorwurf, „fußt wie Marx und Lassalle auf dem Satze, daß das ‚Capital‘ ein erst in den neueren Jahrhunderten zur Erscheinung und in Wirksamkeit gekommener Gegenstand sei [historische Kategorie], ein produciertes Productionsmittel, welches der Grundeigenthümer und der Geschäftsunternehmer durch Beraubung der Handarbeiter in seinen Besitz erlangt habe und zur weiteren Beraubung der Handarbeiter verwende“.[65]

Knies akzentuiert in dieser Hinsicht „das Irrtümliche in der Rolle, welche Rodbertus und so mancher Andere das private Capital- und Grundeigenthum

60 Ebenda, S. 300 f.

61 Vgl. Karl Knies, Der Credit, Teil II, Berlin 1876/79, S. 40–83.

62 Karl Knies, Der Credit, Teil II, a. a. O., S. 54.

63 Ebenda, S. 58.

64 Ebenda, S. 59.

65 Ebenda, S. 73.

spielen läßt",[66] und ebenso „jenen gerade auch auf Rodbertus lastenden Wahn der absoluten Identifizierung einer wirthschaftlichen Werthproduction mit bloßen Bewegungseffekten der Handarbeit".[67] Bei der Auseinandersetzung mit Rodbertus' Rentenprinzip findet es Knies anstößig, daß Rodbertus, „der im Gegensatz zu Lassalle den Cäsarismus als Signatur der Zeit" angesehen habe, „so zu sagen Alles und Jedes und insbesondere auch die Verwirklichung der Forderungen des Rentenprincips nur von einem folgerichtigen Zwange auch gegen den Grundbesitzer selbst erwartet"[68]. Wir übergehen die in dieser Feststellung liegenden Irrtümer und Vergröberungen, da es hier nicht um Subtilitäten der Rodbertusrezeption, sondern um das Sichtbarmachen der polemischen Grundtendenz geht, in der die bürgerliche Vulgärökonomie auf die Anschauungen von Rodbertus zu reagieren sich veranlaßt sah.

Werfen wir unter diesem Gesichtspunkt noch einen kurzen Blick in die von Hugo Eisenhart, verfaßte „Geschichte der Nationalökonomik", die 1881 in Jena erschien und Rodbertus einen eigenen Abschnitt widmete.[69] Eisenhart charakterisiert Rodbertus als den gesteigerten ins Kommunistische übersetzten Sismondi[70], „der unumwunden die radikaleren Ursachen der gesellschaftlichen Krankheitserscheinungen aufzudecken und in der Methode strenger Wissenschaft zu erhärten gedenkt". Aber während Sismondi nach Eisenhart „sich noch auf der haarscharfen Linie bewegt, welche die Nationalökonomie vom Communismus scheidet", habe „Rodbertus inzwischen den vollen naturalistischen Ausbruch desselben in Frankreich erlebt und daraus *doch* die Überzeugung von der inneren Wahrheit und Gerechtigkeit seines Prinzips geschöpft".[71] Ansonsten lasse sich ein „vollständiger Parallelismus mit *Sismondi* beachten. Wie dieser seine ‚Nouveaux Principes' nur für eine nothwendige aber folgerichtige Ergänzung der Smithschen Prinzipien ausgab, so will auch er sein ‚neues nationalökonomisches System' nur als ‚die consequente Durchführung' der von der klassischen Nationalökonomie gelegten Grundlagen angesehen wissen, namentlich aber ‚jenes von Smith in die Wissenschaft eingeführten und von der Ricardoschen Schule noch tiefer begründeten Satzes', daß alle ‚Güter wirthschaftlich nur als Produkte der Arbeit anzusehen seien und nichts als Arbeit kosten'".[72] Wie Sismondi „provociere" Rodbertus auch „auf die Intervention des Staates, des bewußten Gesetzes".[73] Wie Sismondi analysiere er das Rentenproblem unter dem Ärgernis erregenden Aspekt der *Besitzrente.*

66 Ebenda, S. 77.

67 Ebenda, S. 79.

68 Ebenda, S. 384.

69 Hugo Eisenhart, Rodbertus' sog. wissenschaftlicher Communismus, in: Hugo Eisenhart, Geschichte der Nationalökonomik, Jena 1881, S. 201–214.

70 Vgl. ebenda, S. 202.

71 Ebenda.

72 Ebenda, S. 203.

73 Ebenda, S. 206.

„Wie ja auch bereits Sismondi in Consequenz derselben Theorie lehrte, daß der Kapitalist vom Mehrertrage der Arbeit lebe, und daß die drei Einnahmequellen ebenso viele unterschiedene Formen bedeuten, an den Früchten der Arbeit Theil zu nehmen; ohne daß er freilich daraus ein gleiches Verdict gegen die Besitzrenten hergeleitet hätte [wie Rodbertus], als illegitime, mit dem Sondereigenthum gegebene Aneignungsformen eines fremden Arbeitsertrages, worin Rodbertus vielmehr den Spuren Proudhons folgt."[74] Schließlich bewähre „die Rodbertussche Lehre auch in ihren äußeren Schicksalen ihren Parallelismus mit derjenigen Sismondis: aber auch darin, daß sie über die Köpfe ihrer [zum Teil] conservativen Anhängerschaft und seine eigenen besonnenen Mahnungen hinaus ihren revolutionären Verlauf nehmen sollte. Was dem Meister [Rodbertus] selbst nur als ein fernes Zukunftsbild vorschwebte, diese communistische Staats- und Gesellschaftsordnung, von der er sich nicht einmal ein Bild zu entwerfen getraute, sie soll gleichwohl unmittelbar in Angriff genommen werden, und da man sie von den regierenden Klasssen nimmermehr erhalten wird, muß man die subalternisierte darbende Masse selbst dafür in Bewegung setzen!" Das sei der leitende Gedankengang seiner Jüngerschaft. „Als ein neuer *Bazard* und zweiter père *Enfantin* haben die Lassalle und Marx das Werk des *deutschen St. Simon* in die Hand genommen."[75] Sieht man von der total falschen Sicht ab, Marx in eine Schüler- oder Nachfolgebeziehung zu Rodbertus zu bringen,[76] so ist doch nicht zu verkennen, daß diese Verzeichnung des wirklichen Sachverhaltes in dem hier vorliegenden Zusammenhang nicht auf eine Schmälerung der Marxschen Leistung, sondern auf eine Belastung der angeblich von Rodbertus ausgehenden Bestrebungen abzielt, wenn sie auch wenig später, nämlich bei Georg Adler, genau in diese zweite Richtung umschlägt. Die bürgerlichen Ideologen dieser Zeit hatten nach Lage der Dinge und nach Maßgabe ihres wie immer relativen Erkenntnisstandes wirklich die sozusagen „ehrliche" Meinung gewonnen, Rodbertus habe in irgendeiner revolutionär anregenden Weise auf Marx eingewirkt, schließlich war Rodbertus der um 13 Jahre ältere, gleichsam der Generation Feuerbach und Proudhon angehörende, Marx der etwas jüngere; daß beide zu etwas verschiedenen Zeiten aus ähnlichen Quellen schöpften aber letztlich doch sehr verschiedene Ziele verfolgten, eine solche differenzierte Einsicht war von den bürgerlichen Ökonomen dieser Zeit nicht mehr zu erwarten.

Bevor wir zu den entsprechenden Grundrentenkonzeptionen der Grenznutzentheoretiker kommen, deren Hauptschriften in den Jahren zwischen 1871 (Carl Menger) und 1884 bzw. 1889 (Böhm-Bawerk und Wieser) erschienen, sei auf eine Veröffentlichung des kathedersozialistisch orientierten bürgerlichen Ökonomen Georg Adler (1863–1908) eingegangen, die 1884 unter dem demagogischen Titel „Rodbertus, der Begründer des wissenschaftlichen Sozialismus"

[74] Ebenda, S. 208.
[75] Ebenda, S. 211.
[76] Hierzu oben, S. 28 ff. und 79 ff.

erschien. Diese im Fahrwasser jenes falschmünzerischen „Rodbertusianismus“ segelnden und auf Adolph Wagners Konzeption verweisende Schrift unterfing sich, auf fast hundert Seiten von einer Begründung des wissenschaftlichen Sozialismus zu schreiben und den Namen von Karl Marx nicht ein einziges Mal zu erwähnen. Rodbertus hingegen, so lautete die von Adler in maßloser Ignoranz begründete apologetische Legende, sei „der Erste“ gewesen, „welcher ein wirklich durch und durch *wissenschaftliches sozialistisches* System aufgestellt hat“. Rodbertus könne somit „als der Begründer des wissenschaftlichen Sozialismus gelten“.[77]

Diese antimarxistische Inanspruchnahme hat dem Ansehen von Rodbertus in der deutschen Arbeiterklasse bekanntlich starken Abbruch getan. Sie provozierte vor allem die geharnischten Entgegnungen von Friedrich Engels[78] und darüber hinaus weitere Streitartikel zum Beispiel von Karl Kautsky gegen den Einfluß des „Rodbertusianismus“ in der zur Massenpartei gewordenen deutschen Sozialdemokratie. Franz Mehring reflektierte diese Vorgänge rückblickend in dem bekannten Satz, Rodbertus habe „es bitter, allzu bitter gebüßt, daß die herrschenden Klassen, die, solange er lebte, nicht viel von ihm wissen wollten, ihn als toten Cid auf ihren lahmen Gaul erhoben“[79].

Es wäre jedoch ein Irrtum anzunehmen, Adler hätte den derart gegen Marx zum Begründer des wissenschaftlichen Sozialismus hochgejubelten Rodbertus in seinen tieflotenden Einsichten wirklich akzeptiert. Es geht ihm vielmehr in den Fußtapfen von Adolph Wagners „Staatssozialismus“ lediglich um einige apologetische umfunktionierbare Anregungen aus dem reichen, aber doch widersprüchlichen Denkarsenal der Rodbertusschen Konzeptionen. Die „Ideen von Rodbertus“, die trotz ihres teilweise „doktrinären“ Charakters im „höchsten Grade anregend“ seien, bedürften nach Ansicht Adlers nämlich „eingreifender Modifikationen, ja vielfach gänzlicher Umschaffung und Kombination mit anderen Gedanken, wenn sie je den Anspruch auf Ausführbarkeit erheben wollen“; mit dieser Rodbertus geradezu negierenden Absichtserklärung klingt die Adlersche Broschüre aus.[80]

Besonders instruktiv für den hier interessierenden Gedankengang ist, daß Adler auch die Rodbertussche Grundrententheorie in Frage stellt und als „Irrweg“ charakterisiert. Rodbertus habe nur in der Hinsicht recht, daß seine Grundrententheorie dann „unanfechtbar“ sei, „*wenn seine Voraussetzung* zu-

77 Vgl. Georg Adler, Rodbertus, der Begründer des wissenschaftlichen Sozialismus Eine sozialökonomische Studie, Leipzig 1884, Vorwort, ohne Paginierung.

78 Vgl. Friedrich Engels, Vorwort zu Karl Marx, Das Kapital, Zweiter Band, und Vorwort zur deutschen Ausgabe von Karl Marx, Das Elend der Philosophie, in: MEW, Bd. 24, Berlin 1963, S. 726 ff. und in: MEW, Bd. 21, Berlin 1962, S. 175–187.

79 Franz Mehring, Aufsätze zur Geschichte der deutschen Arbeiterbewegung, Berlin 1963, S. 407.

80 Georg Adler, Rodbertus, der Begründer des wissenschaftlichen Sozialismus, Eine sozialökonomische Studie, a. a. O., S. 44 u. 90.

trifft, daß sich die Produkte äqual ihrer Kostenarbeit vertauschen". Dies könne aber, wie Adler bewiesen zu haben erklärt, „nie der Fall sein, weil sonst das Produkt auch in allen folgenden Verarbeitungsstadien mit Ausnahme des allerletzten eine Extra-Rente abwürfe".

Adler stellt damit zugleich auch die von Rodbertus durchweg vertretene Arbeitswerttheorie in Frage. „Zu diesem Resultat" [Adler meint das Ergebnis seiner eigenen rodbertuskritischen Überlegungen] hätte auch Rodbertus konsequenterweise gelangen müssen. Aber dann hätte ihm ja nicht verborgen bleiben können, auf welchen Irrweg er geraten war."[81]

Rodbertus habe, so heißt es weiter, „über diejenige Institution, welche die Grundfeste der gesamten bestehenden Gesellschaftsordnung ist, zu Gericht gesessen. Er ... (habe) das *Privateigenthum* auf der Waage der ausgleichenden Gerechtigkeit gewogen und ... zu *leicht* befunden. Aber ist denn seine Kritik", so fragt Adler polemisch, „unanfechtbar?"[82]

Er setzt ihr die Frage entgegen: „Genügt die Privateigenthumsinstitution dem obersten Prinzip, d. h. dem Zwecke der menschlichen Gesellschaft?", und beantwortet sie dahingehend, „daß heute das Privateigenthum an den Produktionsmitteln zur Wahrung des gesellschaftlichen Produktionsinteresses *unentbehrlich* ist und daß man damit die notwendige Folge jenes Privateigenthums, die Rente mit in Kauf nehmen muß".[83] Das Urteil über das von Rodbertus verworfene Privateigentum hänge von „der Vorfrage ab, ob jene Institution durch irgendeine andere gesellschaftliche Organisation genügend ersetzt werden kann. So lange das letztere nicht der Fall ist [und eben das behauptet Adler], muß das Privateigenthum mit allen seinen Folgen, also vor Allem mit dem privaten Rentenbezug, wohl oder übel in Kauf genommen, ja als zweckentsprechend, wohltätig und glückbringend anerkannt werden".[84] Durch solche und ähnliche Argumentationsfiguren beugt Adler die Rodbertussche Eigentumskritik, Rententheorie und Gesellschaftsprognose unter eine in positivistischer Weise angenommene „normative Kraft des Faktischen", um einen in der gleichzeitigen Jurisprudenz geläufigen Schlüsselbegriff für diese Verfahrensweise zu gebrauchen.[85]

[81] Ebenda, S. 37.
[82] Ebenda, S. 42.
[83] Ebenda, S. 43, Anm.
[84] Ebenda, S. 42 f.
[85] Der auf etwas andere Weise rodbertusianisierende Max Schippel notiert in einer Doppelrezension zu der hier erörterten Adlerschen Schrift und einer Arbeit von Julius Zuns (Einiges über Rodbertus, Berlin 1883), daß man es „als ein besonderes Zusammentreffen hingestellt hat (cf. Schmoller, 1884, I), daß Adler und Zuns zum ersten Male, zu gleicher Zeit und in gleicher Weise die Rodbertussche Grundrententheorie *widerlegen* ... " (vgl. Max Schippel, Rez. zu Georg Adler, Rodbertus, der Begründer des wissenschaftlichen Socialismus. Eine sozialökonomische Studie und zu Julius Zuns, Einiges über Rodbertus, a. a. O., in: Zeitschrift für die gesamte Staatswissenschaft, Bd. 41, Tübingen, 1885, S. 458).

Damit kommen wir, wie angekündigt, zu den grenznutzlerischen Versionen der Grundrententheorie. Die Grenznutzentheorie, von Carl Menger, W. St. Jevons und L. Walras fast gleichzeitig in verschiedenen Ländern begründet, knüpfte an frühere vulgärökonomische Nutzenstheorien (Hermann, Gossen, Mangoldt etc.) an und entwickelte daraus ein den neuen apologetischen Bedürfnissen entsprechendes, „von zeitgenössischer positivistischer Philosophie beeinflußtes geschlossenes Lehrgebäude“[86].

Begründet von den erwähnten Menger, Jevons und Walras, systematisch ausgestaltet durch Eugen Böhm-Bawerk und Friedrich Wieser, in eine abschließende Form gebracht durch Alfred Marshall, John Bates Clark und Vilfredo Pareto u. a., wirkt sie in ihren Ausläufern auch heute noch in wichtigen Teilbereichen der bürgerlichen Ökonomie.[87] Da die Begründer der Grenznutzentheorie (Menger, Jevons, Walras) den Marxismus offensichtlich noch nicht kannten,[88] richteten sie die Spitze ihrer Apologetik gegen die klassische politische Ökonomie und den vormarxschen Sozialismus: Beide Stoßrichtungen finden sich bei Menger ausgeprägt. Er habe es sich in seinen „Grundsätzen“, so schreibt er rückblickend 1889, zur Aufgabe gesetzt, die von ihm „als irrtümlich erkannten Theorien des Adam Smith zu widerlegen und an ihre Stelle neue zu setzen“.[89] In der Bekämpfung des vormarxschen Sozialismus, und das erscheint bemerkenswert, zielt Menger expressis verbis gegen die Konzeptionen von Rodbertus: „Wenn Rodbertus“, so heißt es polemisch, „zum Schlusse gelangt, daß die Capitalbesitzer und Grundeigenthümer in Folge unserer socialen Einrichtungen in der Lage sind, den Arbeitern einen Theil des Arbeitsproducts zu entziehen und solcherart, ohne zu arbeiten, ‚mitleben‘ können, so beruht das auf der“, wie Menger meint, „irrigen Voraussetzung, daß das ganze Ergebnis eines Productionsprocesses als Arbeitsproduct zu betrachten sei. Die Arbeitsleistungen“ sind aber, wie Menger im Sinne der apologetischen Produktionsfaktorentheorie gegen Rodbertus ins Treffen führt, „lediglich *ein* Moment des obigen Processes und auch nicht in höherem Maße ökonomische Güter, als die übrigen Elemente der Production und insbesondere die Boden- und Capitalnutzungen. Die Capital- und Grundbesitzer leben demnach auch nicht von dem, was sie den Arbeitern entziehen, sondern von ihren Capital- und Bodennutzungen, welche“, wie es so schön heißt, „für Individuum und Gesellschaft ebensowohl Wert haben, als die Arbeitsleistungen“[90].

In einer Arbeit von Edith Lehmann über die „Grundrentenlehren der wichtigsten österreichischen Grenznutzentheoretiker“ werden Menger und Rodbertus im Hinblick auf die Grundrententheorie geradezu als „Antipoden“ charakterisiert. Menger habe „gleich seinem Antipoden Rodbertus“ ein fast gleiches

86 Vgl. Ökonomisches Lexikon, 2. Aufl., Bd. 1, Berlin 1970, S. 825 f.
87 Vgl. Hermann Lehmann, Grenznutzentheorie, Berlin 1968, S. 6
88 Ebenda, S. 33.
89 Carl Menger, Grundsätze der Volkswirtschaft, Wien – Leipzig 1923, S. VIII.
90 Ebenda, S. 147, Anm.

Beweismaterial benutzt, „um Ricardo zu schlagen". Aber „aus dem gleichen Beweismaterial entwickelt er dann Schlußfolgerungen, die den Rodbertusschen Gedankengängen geradezu entgegengesetzt sind. Dort [bei Rodbertus] wird die Rente zum Monopolgewinn auf Kosten des Arbeitslohnes, hier [bei Menger] zum gerechtfertigten Bezug auf Grund einer selbständigen Wertquelle."[91]

Noch ausgiebiger ist der einflußreiche Systematiker der Grenznutzentheorie Eugen Böhm-Bawerk mit Rodbertus ins Gericht gegangen. In seiner 1884 erschienenen dreibändigen „Geschichte und Kritik der Kapitalzinstheorien" widmet er der „Widerlegung" der von Rodbertus propagierten sogenannten „Ausbeutungstheorie" fast vierzig Seiten. Die „Ausbeutungstheorie" von Karl Marx wird erst an zweiter Stelle, aber fast im gleichen Umfang abgehandelt, allerdings mit dem ausdrücklichen Hinweis darauf, daß „wegen der sachlichen Übereinstimmung beider Theorien – oder richtiger gesagt, beider Formulierungen derselben Theorie – ... fast alles, was ... [er] zur Widerlegung der Lehre von Rodbertus angeführt habe, seine volle Geltung auch gegen Marx" habe.[92]

Böhm-Bawerk rechtfertigt die bevorzugte Behandlung, also die exponierte Verurteilung der Rodbertusschen und Marxschen „Ausbeutungstheorie" vor anderen Ausbeutungstheorien (etwa der von Sismondi, Thompson und Proudhon) dahingehend, daß sie „die einzigen [seien], die eine tiefere und zusammenhängende Begründung darbieten". Indem er beide einer eingehenden Prüfung unterziehe, glaube er „die Ausbeutungstheorie an ihrer stärksten Seite zu fassen"[93]. Ein ganzes Arsenal vulgärökonomischer Argumentationen und Einwände richtet Böhm-Bawerk gegen die seiner Ansicht nach besonders wirksam von Rodbertus und Marx verfochtene „Ausbeutungstheorie". In der Rechtfertigung für den „ungewöhnlich und verhältnismäßig großen Raum", den seine „Widerlegung" der Ausbeutungstheorie eingenommen habe, heißt es, daß das „mit gutem Bedacht" geschehen sei, habe „doch keine der anderen Lehren einen nur annähernd so großen Einfluß auf das Denken und Fühlen ganzer Generationen genommen wie sie" (die Ausbeutungstheorie).[94]

Im einzelnen, ohne Anspruch auf vollständige Wiedergabe, strapaziert die Böhm-Bawerksche Polemik gegen die Rodbertussche und Marxsche „Ausbeutungstheorie" folgende Einwände: Falsch sei schon der arbeitswerttheoretische Ausgangspunkt von Rodbertus, „der ‚von Smith in die Wissenschaft eingeführte und von der Ricardoschen Schule noch tiefer begründete Satz, daß alle Güter wirtschaftlich nur als Produkte der Arbeit anzusehen sind, nichts als

[91] Vgl. Edith Lehmann, Die Grundrentenlehren der wichtigsten österreichischen Grenznutzentheoretiker, Berlin 1917, S. 46.

[92] Eugen von Böhm-Bawerk, Geschichte und Kritik der Kapitalzinstheorien, 4. Aufl., Jena 1921, S. 373.

[93] Eugen Böhm-Bawerk, Geschichte und Kritik der Kapitalzinstheorien, a. a. O. S. 330.

[94] Ebenda, S. 412.

Arbeit kosten'"[95]. Falsch wie dieser arbeitswerttheoretische Ausgangspunkt seien die für die Rententheorie von Rodbertus gezogenen Schlußfolgerungen, die Böhm-Bawerk wie folgt charakterisiert: „Hiernach ist also alle Rente eine Erbeutung, oder, wie sich Rodbertus bisweilen noch schärfer ausdrückt, ein *Raub* am Produkte fremder Arbeit. Dieser Charakter kommt allen Arten der Rente gleichmäßig zu, der Grundrente wie dem Kapitalgewinne und den hiervon abgeleiteten Bezügen des Pachtes [sic!] und der Leihzinsen"[96]. Rodbertus, so heißt es im Anschluß an eine kritische Auslassung zur Arbeitswerttheorie, „faßt das Wesen und die Motive der Wirtschaft zu eng auf"[97]. So sei, heißt es im Hinblick auf die von Böhm-Bawerk befehdete Arbeitswerttheorie weiter, „Rodbertus schon bei der Aufstellung seines ersten Fundamentalsatzes mit der Wahrheit in Widerspruch gekommen"[98]. „Wie aber", so liest man in Polemik gegen die Rodbertussche *Ausbeutungstheorie*, „stellen sich Rodbertus und die Sozialisten die Erfüllung des Satzes vor, daß der Arbeiter den ganzen Wert seines Produktes erhalten soll."[99] Unter Zugrundelegung seiner Zeitagio-Theorie, wonach gegenwärtige Güter höher zu schätzen seien als zukünftige, behauptet er, daß die sich gegen Ausbeutung zur Wehr setzenden Arbeiter *mehr* verlangen würden, als ihnen ökonomisch zusteht. Was „Rodbertus und die Sozialisten" beabsichtigen würden, hieße, „mit richtigen Worten bezeichnet, daß die Arbeiter vermöge des Lohnkontraktes *mehr* bekommen sollen, als sie erarbeitet haben". Die eigentlichen Leidtragenden wären nach dieser Argumentation also die Kapitalisten, die – aller Ausbeutungsfunktionen angeblich völlig bar – von Böhm-Bawerk als menschenfreundliche Händler vorgestellt werden, „die Gegenwartsware feil haben", die „sie für ihre momentanen persönlichen Bedürfnisse nicht brauchen" und daher „in irgendeiner Form gegen Zukunftsware" zu vertauschen in der Lage sind, die gleichsam durch gütiges Geschick, „in ihrer Hand wieder zu vollwertiger Gegenwartsware ausreifen" kann.[100]

Rodbertus' Grundrententheorie schließlich wird dadurch kritisch erledigt, wie Böhm-Bawerk meint, daß sie der Widersprüchlichkeit und Inkonsequenz geziehen wird, die sich angeblich aus der von Rodbertus behaupteten Tendenz zur Bildung einer Durchschnittsprofitrate bei gleichzeitiger Festhaltung an den gemäß Arbeitswerttheorie zu statuierenden Austauschprinzipien ergeben soll.[101] Dieser Einwand ist sehr analog dem gegenüber Marx getroffenen Einwurf, daß der Dritte Band des „Kapitals" die im Ersten Band entwickelten Prinzipien der Arbeitswerttheorie desavouiere. Von zwei Dingen, so stellt Böhm-Bawerk

[95] Ebenda, S. 330 f.
[96] Ebenda, S. 333.
[97] Ebenda, S. 343.
[98] Ebenda, S. 344.
[99] Ebenda, S. 348.
[100] Eugen Böhm-Bawerk, Positive Theorie des Kapitals, Bd. 1, Jena 1921, S. 427.
[101] Vgl. Kapitel: „Die Grundrententheorien von Rodbertus und Marx in komparatistischer Sicht", S. 176 ff.

das Dilemma, sei nur eines möglich: „Entweder findet eine Kapitalgewinnausgleichung durch die Wirkung der Konkurrenz statt oder nicht. Gesetzt, sie finde statt; was berechtigt dann Rodbertus anzunehmen, daß die Nivellierung zwar das ganze Gebiet der Fabrikation ergreifen, aber an den Grenzen der Rohproduktion wie durch einen Zauber gebannt Halt machen werde? Warum", so heißt es unter apologetisch gesteuerter Ignoranz des von Rodbertus scharf betonten Grundeigentummonopols, „warum soll, wenn die Landwirtschaft einen lockenden höheren Gewinn verheißt, nicht auch ihr mehr Kapital zuströmen, mehr geurbart, intensiver gebaut, die Kultur verbessert werden, bis der Tauschwert der Rohprodukte sich in Harmonie mit dem gewachsenen landwirtschaftlichen Kapitale gesetzt hat, und ihm *auch* nur den allgemeinen Gewinnsatz abwirft? Wenn das ‚Gesetz', daß die Menge der Rente nicht nach der Kapitalauslage, sondern nur nach der Menge aufgewendeter Arbeit sich richtet [der Mehrwert also nur aus der Bewegung des variablen Kapitals resultiert, wie Marx formuliert], die Nivellierung in der Fabrikation nicht gehindert hat, wie soll es sie in der Rohproduktion hindern? Wo bleibt dann aber", heißt es triumphierend bei anhaltender Ignorierung des die Ausgleichung in der Rohproduktion hindernden Grundeigentums, „wo bleibt dann aber der ständige Überschuß über den üblichen Gewinnsatz oder die Grundrente?"[102]

Auch beim Eintreten der anderen von Böhm-Bawerk eingeräumten Denkmöglichkeit, daß eine „Nivellierung" der Kapitalgewinne durch Konkurrenz um die Anlagesphäre *nicht* stattfindet, gäbe es, wie Böhm-Bawerk meint, „Widersprüche über Widersprüche". Es fehle dann „wie überhaupt, so auch in der Landwirtschaft an einer bestimmten Norm dafür, wie viel von ‚Rente' man sich als Kapitalgewinn aufzurechnen" habe und es fehle endlich „auch an der Trennungsmarke zwischen Kapitalgewinn und Grundrente". Alle diese von Böhm-Bawerk konstruierten Denkunmöglichkeiten werden der so penetrant anstößigen, weil Ausbeutung pointierenden Rodbertusschen Grundrententheorie als Inkonsequenz und Widerspruch angelastet. So kommt Böhm-Bawerk zu seinem „vernichtenden" Gesamturteil: „Die Rodbertussche Ausbeutungstheorie ist in ihrer Begründung und ihren Resultaten falsch, im Widerspruch mit sich selbst und mit den Erscheinungen der Wirklichkeit."[103]

Ein schwaches Echo der Böhm-Bawerkschen Grundrentenversion und Rodbertus-Kritik ist die 1889 in Leipzig erschienene Schrift des deutschen Grenznutzentheoretikers Hermann von Schullern-Schrattenhofen.[104] Diese Schrift bekennt sich zu Carl Menger und Eugen Böhm-Bawerk,[105] definiert Grundrente

102 Eugen Böhm-Bawerk, Geschichte und Kritik der Kapitalzinstheorien, a. a. O., S. 363.

103 Ebenda, S. 366.

104 Hermann von Schullern-Schrattenhofen, Untersuchungen über Begriff und Wesen der Grundrente, Leipzig 1889.

105 Ebenda, S. 4 und 8.

in wohlüberlegter Tautologie als „denjenigen Wert, welcher der reinen Bodennutzung aus dem fertigen Produkte nach Maßgabe der Abhängigkeit desselben von der produktiven Mithilfe dieser reinen Nutzung während der Produktionszeit zufällt"[106], und müht sich auf ihre bescheidene Weise, den Zusammenhang zwischen Privateigentum und Grundrentenbezug zu vertuschen.[107] Sie stellt hierzu eine Kontinuitätslinie innerhalb der Grundrententheorie von Ricardo und seinem bürgerlichen Anhang über Mangoldt, Schäffle bis zu Carl Menger her, der den „fruchtbaren Gedanken" dieser Entwicklung der Rententheorie „in der schärfsten und glücklichsten Form zum Ausdruck gebracht" habe, um dann auf eine „Gruppe von Gelehrten (hinzuweisen), von welchen ‚uns' eine weite Kluft trennt"[108]. In dieser scharf zurückgewiesenen „Gruppe von Gelehrten" erscheinen vor allem die Namen von Sismondi und Rodbertus, für die charakteristisch sei, „die Landrente als Arbeitsprodukt" zu betrachten.[109] Während jedoch „Sismondi dieser Anschauung nur im beschränkten Maße huldigt, ja sogar diese sehr erheblich modifiziert, hat Rodbertus von ihr den Ausgangspunkt für die Entfaltung einer eigenen Theorie genommen, deren Bestimmtheit und Einfluß auf die Wissenschaft zu einer näheren Betrachtung nötigt. Nach Rodbertus oberstem Gesetze", so heißt es, „ist die Arbeit allein wirtschaftlich produktiv und jedes wirtschaftliche Gut ausschließlich Arbeitsprodukt; es wäre daher gerecht, daß das ganze Produkt den Arbeitern zufalle; da die Arbeit aber mehr ertrage, als was für die Erhaltung des Lebens der Arbeiter und ihrer Arbeitskraft notwendig ist, und da die Arbeiter bei den bestehenden Einrichtungen nur so viel als Lohn beziehen, als eben notwendig ist, fällt der Rest als Rente den Grund- und Kapitalbesitzern zu, welche somit ohne eigene Arbeit, lediglich auf Grund ihres Besitzes, ihr Einkommen beziehen."[110] Nach dieser umrißartigen Darstellung der Rodbertusschen Theorie kehrt Schullern-Schrattenhofen den „schroffen, unvereinbaren Widerspruch" zu seiner von der Grenznutzentheorie bestimmten Anschauung hervor. Diese betrachte nicht ausschließlich die *Arbeit*, wie Rodbertus, sondern *daneben* „auch noch den Naturfaktor und das Kapital als wirtschaftliches Produktivgut". Die von Rodbertus bis zur letzten Konsequenz vertretene Arbeitswerttheorie glaubt Schullern-Schrattenhofen also mit der alten Sayschen Produktionsfaktorentheorie „widerlegen" zu können.[111]

Durch sein Vorgehen, so heißt es, „trennt Rodbertus Bodenrente und Boden, Naturrente und Natur und verbindet nur noch den Boden*besitzer* mit der Boden-

106 Ebenda, S. 67.
107 Ebenda, S. 126 ff.
108 Ebenda, S. 159.
109 Ebenda, S. 160.
110 Ebenda.
111 Vgl. hierzu die schlagenden Argumentationen von Karl Marx unter der höhnenden Überschrift „Die Trinitarische Formel", in: Das Kapital, Dritter Band, in: MEW, Bd. 25, Berlin 1964, Kap. 48, S. 822 ff.

rente ... Wenn somit in erster Linie die ‚Rente überhaupt' als ein durch gesellschaftliche Verhältnisse bedingter Raub an den Arbeitern erscheint, gilt die Bodenrente insbesondere als ein durch ein wirtschaftliches Gesetz notwendig gemachter Abzug vom Einkommen des Kapitalbesitzers, dessen Kapital in der Rohproduktion thätig war ...“ Diese und ähnliche als besonders anstößig vorgestellte Thesen der Rodbertusschen Konzeption bestimmen schließlich auch „das Endurteil über Rodbertus' Lehre“ als einer „von einem irrigen Grundprinzip ausgehend(en)“ und „in schroffem, unvereinbarem Widerspruch“ zu der vom Verfasser vertretenen Richtung stehenden Theorie.[112]

Die Aburteilung der Rodbertusschen Grundrententheorie verbindet der Verfasser schließlich mit einer Laudatio auf Ricardos Grundrententheorie, die „in vielen ihrer Hauptresultate unerschütterlich fest“ stehe, wenngleich „einige ihrer Ergebnisse ... sich als einer Ergänzung und Korrektur“ bedürftig erwiesen hätten, einer „Ergänzung und Korrektur“ freilich, die, wie unterstellt wird, im Geiste der Grenznutzentheorie zu geschehen hätte.[113]

Mit einer analogen prinzipiellen Bejahung der Ricardoschen Grundrententheorie bei gleichzeitiger Umformung im grenznutzlerischen Sinne war auch Eugen Böhm-Bawerk hervorgetreten: „Die Signatur der Rententheorie Ricardos, die im wesentlichen bis heute herrschend geblieben ist – die Theorien seiner Gegner Carey und Rodbertus sind ganz verfehlt – ist: eine Fülle von Wahrheit in falscher prinzipieller Formulierung; eine glänzende Kasuistik, die nur die Anknüpfung an das alles erleuchtende richtige [grenznutzlerische] Prinzip nicht finden kann ...“[114] Daher, so Böhm-Bawerk, resultiere „das eigentümliche Schicksal der Ricardoschen Theorie. Niemanden befriedigt sie voll und ganz. Auch ihre Freunde wissen eine ganze Menge schwacher Punkte an ihr zu entdecken, und ihre allgemeinsten Sentenzen sind meist ihre schwächsten. Aber“, so betont Böhm-Bawerk, „es steckt ein unverwüstlicher Kern in ihr, der unter den verschiedensten Metamorphosen fortlebt und bis auf den heutigen Tag der Rententheorie den besten Teil ihres Inhalts gab.“[115] Als „unverwüstlichen Kern“ sieht Böhm-Bawerk wie auch andere bürgerliche Ökonomen das von Ricardo ausschließlich vertretene Differentialrentenprinzip an, als „schwachen Punkt“ hingegen, daß Ricardo dieses Differentialprinzip in noch zu enger, ausschließlich auf Grundrentenphänomene zugeschnittener Fassung behauptet und noch nicht wie Mangoldt, Schäffle und schließlich die Grenznutzentheorie, das Differenzialrentenprinzip als *umfassende* Erscheinung, in dem unterschiedliche Ertragslagen nicht nur im Bereich des Grundeigentums, sondern auch im Bereich des Kapitaleigentums und sogar in der Konsum-

112 Hermann von Schullern-Schrattenhofen, Untersuchungen über Begriff und Wesen der Grundrente, a. a. O., S. 161 und 163.

113 Ebenda, S. 166.

114 Eugen Böhm-Bawerk, Positive Theorie des Kapitals, Bd. 1, 4. Aufl. ,a. a. O., S. 425.

115 Ebenda.

sphäre begriffen werden. „Dort, wo Ricardo seine Rententheorie endigen läßt, endigt", wie Böhm-Bawerk meint, „erst die Einschaltung, die man rücksichtlich der beweglichen Kapitalgüter wegen Selbstverständlichkeit der Sache gar nicht zu machen brauchte."[116] Da es also Differentialgewinne oder Differentialrenten nicht nur im Bereich des Grund und Bodens gebe, sondern auch im Bereich der immer unter verschiedenen Bedingungen stehenden Kapitalanlagen, falle „die theoretische Erklärung der Grundrente ... in ihrem Schlußstücke mit der Erklärung des Kapitalzinses ausdauernder Kapitalgüter zusammen: die *Grundrente*", und damit kommt der Verfasser zu einer in diesem Zusammenhang wichtigen Aussage, „ist geradezu nichts anderes als ein *Spezialfall* von Kapitalrente aus ausdauernden Gütern"[117].

Was ist mit dieser grenznutzlerischen *Gleichschaltung* von Grundrente und Kapitalprofit unter dem Blickpunkt eines Differentialgewinnes erreicht oder beabsichtigt? Es werden zunächst bestimmte sozialökonomische Eigentümlichkeiten dieser Kategorien ausgelöscht, an denen sich noch irgendwelche Sozialkritik verfangen könnte. Besonders die Grundrente als die ältere und in dieser älteren alias feudalen Form gleichsam auffälligeren Form von Ausbeutung war durch vor- und nachricardianische Theoretiker ausnehmend stark in Verruf geraten. Die Darstellung der Grundrente als eines geradezu ephemeren Spezialfalles einer umfassenden Gesetzmäßigkeit, die über jeden sozialkritischen Zweifel erhaben ist, entzog jedoch das als sozialer Zankapfel fungierende Grundrentenphänomen den Blicken aller an der gesellschaftlichen Harmonie Zweifelnden in wissenschaftlich geschickt drapierter Weise. Daß außerdem auch die spezielle Apologetik des Kapitals und des Kapitalprofits aus dieser grenzenlosen Verallgemeinerung des Differentialrentenprinzips Nutzen zog, ist offensichtlich, hier jedoch nicht unser Gegenstand.

Diese starke Verallgemeinerung des Rentenprinzips und die damit bewirkte Auslöschung wesentlicher sozialökonomischer Eigentümlichkeiten der Kategorien Grundrente und Kapitalprofit gestattet sogar die neuerliche Konzedie-

[116] Ebenda, S. 426.

[117] Ebenda, S. 424 f. Eine fast gleichlautende Erklärung gibt wenig später (1890) Alfred Marshall, der einflußreiche englische Vertreter der Grenznutzentheorie: „Die Grundrente ist ... nicht eine einzigartige Tatsache, sondern einfach die Hauptspezies einer großen Gattung von ökonomischen Phänomenen, und die Grundrententheorie ist keine isolierte ökonomische Lehre, sondern bloß eine von den Hauptanwendungsfällen einer einzelnen Folgerung aus der allgemeinen Theorie von Angebot und Nachfrage ..." (Handbuch der Volkswirtschaftslehre von Alfred Marshall, nach der 4. Aufl. des engl. Orig., dt. von H. Ephraim und A. Salz, mit ausführlichem Geleitwort von L. Brentano, Stuttgart – Berlin 1905, S. 611). Was andere Autoren nur mehr oder weniger ausführlich angedeutet haben, erhob Marshall zum allgemeinen Prinzip: uferlose Ausweitung des Rentenbegriffes bis zur sogenannten „Konsumentenrente" und sogenannten „Quasirente", d. h. bis zur völligen Unkenntlichmachung aller auf Ausbeutung hindeutenden Beziehungen.

rung einer wie immer stark mystifizierten Form der bisher strikt verleugneten *absoluten* Grundrente seitens der bürgerlichen Ökonomie. Genauer gesagt, die grenzenlose Verallgemeinerung des Differentialrentenprinzips bis zum vieldeutigen und verwirrenden Unbegriff der von Marshall kreierten Bezeichnung „Quasirente“ [118] machte es möglich, auch die bisher unter Smithscher Optik gesehene absolute oder Monopolrente[119], die von Ricardo heftigst bekämpft und in der bürgerlichen Nachfolge von Ricardo peinlichst gemieden wurde, in einer für die bürgerliche Ideologie unverfänglichen Weise zu beschreiben. Unverfänglich hieß auf diesem prekären Gebiet, daß die nicht ganz zu verleugnenden Tatsachen der absoluten Rente in einer Form beschrieben werden mußten, die das eigentliche Wesen der Sache, die ökonomische Realisierung des Grundeigentums, in diplomatisch geschickter Weise unberührt läßt.[120] Ein solches Unterfangen war durch die einerseits allgemeine, andererseits psychologisch-subjektive Begriffsbildung der Grenznutzentheorie ohnehin sehr viel leichter möglich geworden. Wenn man nun auch noch den sogar von Adam Smith im Hinblick auf das Grundeigentum verwendeten Begriff des „Monopols“ [121] durch die viel harmlosere Begriffsbildung „Knappheit“ oder „Seltenheit“ auswechselt, konnte an der Machbarkeit eines solchen Unterfangens nicht mehr zu zweifeln sein. Von der „Knappheit“ des Produktivfaktors Boden zu sprechen tut keinem Grundbesitzer weh, und daß die „Nutzung“ eines knappen Produktivgutes nicht nur relativ nach den verschiedenen Bodengüten (Bonitätsklassen), sondern auch „absolut“ irgendwie honoriert werden muß, ist für die apologetische Logik der Grenznutzentheorie so selbstverständlich wie nur was. Apologie in der Grundrentenfrage geschieht also nicht *nur* durch Leugnung der absoluten Grundrente, sondern auch, wenn's nicht mehr anders geht, durch Zugeständnis einer apologetisch mystifizierten „absoluten“ Rente, zum Beispiel als „Preis für die Nutzung des knappen Produktionsfaktors Boden“.

Kommen wir zur Stellungnahme des bürgerlichen Ökonomen Wilhelm Lexis (1837–1914), der 1885 den zweiten Band des „Kapitals“ in einer Weise kritisierte, die Engels zu der Bemerkung veranlaßte, Lexis habe die im zweiten Band behandelte

118 Vgl. Alfred Marshall, Handbuch der Volkswirtschaftslehre, a. a. O., S. 412 ff.

119 Über die Unterschiede zwischen absoluter und Monopolrente vgl. bes. Karl Marx, Das Kapital, Dritter Band, 46. u. 47. Kapitel, in: MEW, Bd. 25, Berlin 1964, S. 781 ff.

120 Auch Carl Menger konzediert eine vulgärökonomisch mystifizierte „absolute“ Rente, die selbstverständlich *außerhalb* eines jeden auch nur entfernten Zusammenhangs mit dem Grundeigentum oder gar mit dem Grundeigentumsmonopol gesehen wird (vgl. Carl Menger, Grundsätze der Volkswirtschaftslehre, Wien 1871, S. 146).

121 Man vgl. z. B. die auch von Friedrich Wieser heftig bekundete Aversion gegen den Monopolbegriff: Friedrich Wieser, Die Theorie der städtischen Grundrente, Wien – Leipzig 1909, S. XXX ff.; vgl. hierzu ferner Edith Lehmann, Die Grundrententheorien der wichtigsten österreichischen Grenznutzentheoretiker, a. a. O., S. 104 und 95 ff.

Frage „wenn auch in laxer und verflachender Weise, doch im ganzen richtig gestellt. Und dies“ sei „in der Tat mehr, als wir von jemand erwarten dürfen, der sich, wie der Verfasser, mit einem gewissen Stolz als einen ‚Vulgärökonomen‘ hinstellt“[122]. Um die gleiche Zeit, als Lexis die von Engels erwähnte Rezension zum zweiten Band des „Kapitals“ schrieb, verfaßte er in den „Jahrbüchern für Nationalökonomie und Statistik“ (herausgegeben von Bruno Hildebrand und Johannes Conrad) eine umfangreichen Artikel „Zur Kritik der Rodbertus'schen Theorien“[123].

Nach einer höflichen Verbeugung vor dem „geistvollen Sozialökonomen“, dessen Schriften „stets für alle, die sich einem tieferen Studium der Volkswirtschaftslehre widmen wollen, die vorzüglichste ‚Disciplina mentis‘ darbieten“ würden, heißt es ablehnend wie folgt: „... von seinen einzelnen Theorien jedoch wird man nicht anders urteilen können, als daß sie den wirklichen Tatsachen *nicht* entsprechen, wodurch denn freilich ihr Wert auf einen bloß formalen herabgedrückt wird.“[124] Rodbertus sei zu „deduktiv“ vorgegangen (ein beliebter Vorwurf der Empiristen und Positivisten aller Schattierungen), er sei „in der Vereinfachung seiner Voraussetzung zu kühn gewesen und ... [habe] dadurch seinen Resultaten die sichere Grundlage der Thatsachen entzogen“[125]. Dies sei schon bei der Werttheorie der Fall, in der er zwar „nicht ganz so weit wie Marx in der Zurückführung des Wertes auf das Quantum der in den Gütern enthaltenen [gesellschaftlich] notwendigen Arbeit“ gehe, aber immerhin behaupte, „daß der Marktwert fortwährend nach jenem normalen Wert gravitiere“. Nach einer langatmigen Auseinandersetzung mit dieser Werttheorie kommt Lexis zu folgender Feststellung, die seiner Ansicht nach die Unhaltbarkeit der von Rodbertus vertretenen Arbeitswerttheorie aufzeigen soll: „Die Wertlehre von Rodbertus und Marx gilt also nicht für die Wertbestimmungen der einzelnen Güter, sondern nur für das Nationalprodukt im ganzen betrachtet. Auf diesem Standpunkt“, so behauptet Lexis, „verschwindet freilich ihre ursprüngliche theoretische ... Bedeutung.“

Wie viele andere bürgerliche Ökonomen rekurriert Lexis somit auf einen angeblichen Widerspruch von Wertgesetz und Durchschnittsprofit, entweder einfach zu unwissend oder aber in apologetischer Verkennung jener Zusammenhänge, in deren Verlauf die Durchschnittsprofitrate „nicht nur ohne Verletzung des Wertgesetzes, sondern vielmehr auf Grundlage desselben ... sich bilden kann und muß“[126]. Für Lexis ist dieser von seinem Standpunkt aus unbe-

122 Friedrich Engels, Vorwort zu Karl Marx, Das Kapital, Dritter Band, in: MEW, Bd. 25, a. a. O., S. 16.

123 Wilhelm Lexis, Zur Kritik der Rodbertus'schen Theorien, in: Jahrbücher für Nationalökonomie und Statistik, Bd. 9, Jena 1884, S. 462 ff.

124 Ebenda, S. 462.

125 Ebenda, S. 463.

126 Friedrich Engels, Vorwort zum Dritten Band des „Kapitals“ von Karl Marx, in: MEW, Bd. 25, a. a. O., S. 15.

greifbare Zusammenhang ein „Widerspruch", der zugleich auch die angebliche Unhaltbarkeit der Rodbertusschen Grundrententheorie demonstriere: „Wenn nun aber", so heißt es im Anschluß an den zuerst zitierten Satz, „bei der bestehenden wirtschaftlichen Ordnung der Marktwert der *einzelnen* Güterarten, aus denen sich das Nationalprodukt zusammensetzt, wie auch der [Marktwert] der Teilprodukte auf den einzelnen Fabrikationsstufen, sich nicht einmal der Tendenz nach der Kostenarbeit gleichstellt, so ist auch der Rodbertus'schen Grundrententheorie der Boden entzogen."[127] Auf „Rodbertus' ausführliche Schilderungen seines communistischen Idealsystems mit normalem Arbeitstag, normalem Tagewerk und der Zeitarbeit als Maß der jedem zu Teil werdenden Befriedigung" möchte Lexis, wie es heißt, „nicht näher eingehen".[128] Er ist auch vorsichtig genug, die „Rodbertussche Auffassung des Kapitals" von einer öffentlichen Diskussion fernzuhalten; er wolle darüber „hier keine weitere Diskussion eröffnen"[129]. Lexis ist, wie bereits Engels im Vorwort zum dritten Band des „Kapitals" anmerkte, „ein in der Wahl seiner Ausdrücke äußerst vorsichtiger Mann"[130].

Die „seit Proudhon in der ganzen Grundrentenfrage eingetretene *Animosität*"[131] spiegelt sich auch in dem von Gustav Schönberg in Verbindung u. a. mit Wilhelm Lexis, August Meitzen, Theodor Mithoff, Erwin Hasse und Adolph Wagner herausgegebenen „Handbuch der Politischen Ökonomie", das zuerst 1882 erschien und 1889 bereits in der dritten Auflage vorlag.[132] Das „Handbuch" bezeichnet wie Adler und andere bürgerliche Autoren dieser Zeit Rodbertus neben Marx als Begründer des wissenschaftlichen Sozialismus, und es wäre sicher eine schädliche Vereinfachung, dieses Zusammensehen und Zusammenbekämpfen von Rodbertus und Marx *ausschließlich* aus speziell marxkritischen und bewußt demagogischen Motiven erklären zu wollen.

Ein solch pauschales Verfahren erklärt sich vielmehr schon aus dem in puncto Sozialismus relativ geringen Erkenntnisstand und der relativ stark entwickelten Borniertheit der bürgerlichen Ideologen dieser Zeit, denen Saint-Simonismus, „Rodbertusianismus" und die noch nicht vollständig veröffentlichten Lehren von Marx (der dritte Band des „Kapitals" kam erst 1895 heraus) als verschiedene Seiten *einer* Sache erschien, die im Interesse der „Grundwerte" der bürgerlichen Gesellschaft in allen ihren Erscheinungsformen zu bekämpfen ist.[133] Von

127 Wilhelm Lexis, Zur Kritik der Rodbertus'schen Theorien, a. a. O., S. 469.

128 Ebenda, S. 475.

129 Ebenda.

130 Friedrich Engels, Vorwort zum Dritten Band des „Kapitals" von Karl Marx, in: MEW, Bd. 25, a.a.O., S. 17.

131 Otto Wachenhusen, Neue Untersuchungen über Ursprung, Wesen und Fortbestand der Grundrente, Leipzig 1887, S. 43.

132 Vgl. Handbuch der Politischen Ökonomie, Volkswirtschaftslehre in zwei Bänden, hrsg. von Gustav Schönberg, dritte Aufl., Tübingen 1890.

133 Ebenda, S. 587 und 673.

„größter Bedeutung" sei es, „die wichtigste von den wissenschaftlichen Socialisten (Rodbertus, Marx, Lassalle) vertretene Lehre, welche der Hauptstützpunkt ihrer Angriffe gegen die geltende Wirtschaftsordnung ist, zurückgewiesen" zu haben. Es ging bei dieser polemischen Feststellung des „Handbuches" um die von den verschiedenen sozialistischen Theoretikern gleichermaßen, wenn auch in sehr verschiedener Form und Präzision verfochtene These, daß dem Arbeitslohn innerhalb des Kapitalismus eine Tendenz zur Minimierung auf das Existenzminimum eigen sei, während Grundrente und Kapitalprofit eine Tendenz zur Maximierung zeigten.[134] Speziell die Rodbertussche Grundrententheorie wird für „unhaltbar" erklärt, weil sie auf einer falschen „Güterverteilungslehre" basiere und weil sie die Gültigkeit der Arbeitswerttheorie behaupte: „Diese Grundrentenlehre steht und fällt mit der von Rodbertus gemachten Annahme, daß das Wertverhältnis des Roh- und Fabrikationsproduktes sich nach der auf dieselben verwendeten Kostenarbeit reguliert. Diese Annahme ist aber falsch." Der Verfasser des entsprechenden Handbuch-Kapitels, Theodor Mithoff, beruft sich hierbei auf Wilhelm Lexis, der diese angebliche Falschheit „überzeugend nachgewiesen" habe.[135] Diese Verwerfung der Rodbertusschen Grundrententheorie geht bei Mithoff Hand in Hand mit einer Verteidigung der Ricardoschen Grundrententheorie: Es sei an anderer Stelle gezeigt worden, „daß auch unter der Voraussetzung, daß aller Boden eines Landes Grundrente abwirft, doch der entscheidende Grundgedanke der Ricardo'schen Grundrentenlehre *bestehen* bleibt"[136].

Höchst instruktiv ist schließlich die Haltung des „Handbuchs" zu der von Mangoldt, Schäffle und anderen vorgenommenen „Erweiterung des Rentenbegriffs", gemäß der „die Rente von Grund und Boden nicht prinzipiell verschieden von all den übrigen Rentenarten" sein soll. Mithoff als Nachtreter einer epigonalen Neoklassik gibt zu bedenken, daß „durch die prinzipielle Gleichstellung der Bodenrente mit den übrigen aus den verschiedensten Ursachen entstehenden und den verschiedensten Charakter tragenden Extragewinnen ... die eigenartige Stellung und Bedeutung derselben ... zum großen Teil verloren" gehe, insofern müsse er dieser Erweiterung des Rentenbegriffs widersprechen. Mithoff, als Interessent für möglichst wirksame Apologetik, sieht sich allerdings zu dem Zugeständnis veranlaßt, daß diese Erweiterung der Rententheorie ideologische Vorteile mit sich bringe. Es müsse „zugestanden werden, daß der nachdrückliche Hinweis auf jene auf allen Erwerbsgebieten häufig vorkommenden Extragewinne ..., so verschieden sie auch sonst von der Grundrente im Sinne Ricardos sind ... *die Angriffe erheblich abschwächen muß*, welche gegen die Grundrente als eines den Privaten zufließenden, nicht auf persönlichem Verdienst beruhenden Einkommens gerichtet werden".[137] Genau das war das

[134] Ebenda, S. 673.
[135] Ebenda, S. 610.
[136] Ebenda.
[137] Ebenda, S. 613.

erklärte Ziel der von Mangoldt und Schäffle zuerst begründeten Erweiterung der Rentenlehre. Es sei auf die bereits zitierten Aussagen von Mangoldt verwiesen und vorausschauend auch erwähnt, daß die Entwicklung der Rententheorie innerhalb der bürgerlichen Vulgärökonomie sehr weitgehend gerade von dieser auf Erweiterung und Verwässerung abzielenden Konzeption bestimmt worden ist (Grenznutzentheorie, Marshall, Cassel u. a.). Gehen wir zunächst, gemäß chronologischer Abfolge, auf die diesbezügliche Position Lujo Brentanos ein.

Lujo Brentano (1844–1931), der einflußreiche Theoretiker und Praktiker der liberalen Variante des Kathedersozialismus, hat sich an verschiedenen Stellen auch über das Grundrentenproblem und im Zusammenhang damit über Rodbertus geäußert. In der 1897 veröffentlichten „Agrarpolitik" zum Beispiel sieht sich Brentano veranlaßt, über zwanzig Seiten hinweg eine Polemik gegen die Ansichten von Grundeigentum und Rente bei Rodbertus zu führen.[138] Rodbertus, so Brentanos Anklage, habe „Angriffe gegen den Kapitalcharakter des Bodens" gerichtet[139]; man könne da wohl sagen: „Soviel Behauptungen, soviel Irrtümer."[140] Alle von Rodbertus vorgebrachten Argumente „gegen die Behandlung des Bodens als Kapital" findet Brentano „nichtig"[141]. „Nicht minder irrig" sei „die Behauptung, durch Kapitalisation des Ertrages mit dem laufenden Zinsfuß erhalte der Boden einen fiktiven Wert . . . Was heißt denn ‚Wert', worauf beruht er, und was (sei) denn ‚ein fiktiver Wert'?"[142] „So verträgt", heißt es resümierend, „von allen Argumenten, die Rodbertus gegen den Kapitalcharakter des Bodens ins Feld geführt hat, keines die nähere Besichtigung."[143] „Es gäbe", und damit spielt Brentano in allerdings verzerrter Form auf die „staatssozialistischen" Ambitionen von Rodbertus an, „nur ein Mittel, um den Kapitalcharakter des Bodens wirklich zu brechen: Beseitigung des Verkaufs von Grund und Boden überhaupt, seine Überführung in das Staatseigenthum . . . Und in der That war dies das Ideal von Karl Rodbertus."[144] Im Hinblick auf Rodbertus' „Rentenprinzip", das am ausführlichsten in der 1867 erschienenen Schrift „Zur Kreditnoth des Grundbesitzes" entwickelt worden war, schrieb Brentano mißbilligend wie folgt: „Rodbertus stimmte also in dem, was er forderte, *nicht* mit den damaligen Wünschen der Grundbesitzer überein. Daher hatte seine Lehre damals nur wenig Erfolg. Den erlangte sie auch nicht – wenigstens bei der Masse der Grundbesitzer –, als mit dem Auftauchen der amerikanischen und indischen Konkurrenz der Umschwung in der Konjunktur eintrat. Auch waren die Verhältnisse nun das Umgekehrte von

138 Vgl. Lujo Brentano, Agrarpolitik. Ein Lehrbuch, Stuttgart 1897, S. 105 ff.
139 Ebenda, S. 106.
140 Ebenda, S. 107.
141 Ebenda.
142 Ebenda, S. 108.
143 Ebenda, S. 109.
144 Ebenda, S. 110.

dem, was Rodbertus vorausgesetzt hatte: die Bodenrente fiel, und es sank auch der Zinsfuß. Wie aber seine Voraussetzungen nicht mit den Tatsachen, so stimmten auch seine Forderungen nicht mit den Forderungen der Grundbesitzer ... Daher ging ihr Ruf nicht nach dem Rodbertusschen Rentenprinzip, sondern nach Maßnahmen, welche sie durch Steigerung der Bodenrente instand setzen sollten, ihre Zinsen zu zahlen und die Subhastation zu vermeiden."[145] Das ist, wie eingangs erwähnt, eine durchweg kritische Mißbilligung der Rodbertusschen Position aus der Sicht Brentanos, dahin zielend, Rodbertus habe den Interessen der Grundbesitzer nicht entsprochen und die von Brentano behaupteten *positiven* Folgen der Grundrente verkannt.[146]

Dieser bis zur grundsätzlichen Verwerfung gehenden Kritik an Rodbertus durch Brentano (sie konnte hier nur in sehr verknappter Form wiedergegeben werden) entspricht nämlich auf der anderen Seite ein auf Harmonisierung abzielendes Loblied auf die wohltätigen Folgen der Grundrente. Brentano, der Grundrente im Sinne Ricardos nur als Differentialrente anerkennt, lobt und preist diese als unentbehrlichen Stimulus des wirtschaftlichen Fortschrittes: „Da nun die Erhaltung und Vermehrung dieser Eigenschaften [der Bodenfruchtbarkeit] von der menschlichen Thätigkeit abhängt, ist die Grundrente der mächtigste Sporn, für die Erhaltung und Mehrung der zur Steigerung des Bodenertrags unentbehrlichen mechanischen und chemischen Eigenschaften des Bodens Sorge zu tragen."[147] „Diesen Ansporn", so heißt es weiter, „bietet die Grundrente auch da, so sie sich darstellt als nicht bedingt durch die mecha-

[145] Ebenda, S. 110/111.

[146] Sogar ein Max Weber, der auf seine Weise nachhaltig zur Apologetik der bürgerlichen Gesellschaft und der kapitalistischen Produktionsweise beigetragen hat, zeigt sich betroffen von der Schärfe des Urteils über Rodbertus bei Brentano. In einem Brief von Max Weber an Lujo Brentano vom 20. Februar 1893 heißt es hierzu wie folgt: „Etwas überrascht hat mich, wenn ich mir diese Bemerkung gestatten darf, die große Schärfe Ihres Urteils über Rodbertus, oder bezieht sie sich nicht auf die historischen, speziell Rom bezüglichen Arbeiten? So falsch mir fast alle seine Aufstellungen auch hier erscheinen, so glaube ich doch, daß er die Sache selbst gefördert hat. Er schlägt meist vorbei. Aber nicht ins Blaue, sondert trifft fast stets auf einen Punkt, der in der Tat zentral liegt, und ich kann wohl sagen, daß mir auch seine krassesten Einseitigkeiten und Konstruktionen meist ungemein fruchtbar und anregend erschienen sind" (vgl. Max Weber, Werk und Person, Dokumente, hrsg. von Eduard Baumgarten, Tübingen 1964, S. 84). Der ganze Inhalt dieser Aussage erschließt sich erst dann vollständig, wenn man sich bewußt macht, daß für Max Webers eminent antisozialistische Haltung auch die Gesamtheit des historischen Materialismus als anregende und nützliche Arbeitshypothese galt. Zu dieser Weberschen Position vgl. auch Werner Krause/Günther Rudolph, Grundlinien des ökonomischen Denkens in Deutschland, 1848 bis 1945, a. a. O., S. 265 ff.

[147] Lujo Brentano, Agrarpolitik, a. a. O., S. 71.

nischen und chemischen Eigenschaften des Grundstücks, sondern wo ihr Betrag sich als Folge einer günstigen Lage, z. B. zum Markte, ergibt."[148]

So habe daher, fährt Brentano in Zustimmung zu James Anderson, dem Vorläufer und eigentlichen Entdecker der späteren Ricardoschen Grundrententheorie, fort, der Satz aufgestellt werden können, daß die Grundrente „eine *Prämie* für die Erhaltung und Vermehrung der Fruchtbarkeit des Landes auf dem Wege der Melioration" sei. Die Grundrente, fügt Brentano hinzu, sei ferner „eine *Prämie* für die Wahl des den jeweiligen Verhältnissen entsprechenden Intensitätsgrads der Wirtschaft ... eine *Prämie* für den Übergang von einer minder zu einer mehr rentablen Art der Produkte", überhaupt eine „Prämie" für unternehmerische Tüchtigkeit und keineswegs ein auf Grundeigentum basierendes Ausbeutungsphänomen.[149]

Wir kommen damit zur Diskussion des Grundrentenproblems durch Karl Diehl (1864–1943), der zusammen mit Rudolf Stammler innerhalb der bürgerlichen Ökonomie als namhafter Vertreter der sogenannten sozialrechtlichen Schule gilt. Er veröffentlichte neben vielen anderen Schriften 1899 eine Arbeit über „Die Grundrententheorie im ökonomischen System von Karl Marx"[150], und 1905 einen voluminösen Kommentar zu Ricardo unter dem Titel „Sozialwissenschaftliche Erläuterungen zu David Ricardos Grundgesetzen der Volkswirtschaft und Besteuerung" (2 Bände, Leipzig 1905), die ähnlich wie der gegenwärtige Neoricardianismus[151] darum bemüht waren, die Resultate der klassischen bürgerlichen Ökonomie in Polemik gegen Marx für die Zwecke der spätbürgerlichen Ideologie auszunutzen. In beiden Schriften erscheinen nach dem bekannten Schema neben Marx die Anschauungen von Rodbertus als Hauptfeind der von Ricardo hergeleiteten bürgerlichen Lehre. Im Unterschied zum Gros seiner bürgerlichen Kollegen betont Diehl die Stärke und Gültigkeit der Ricardoschen Theorie: sie beruhe darauf, „daß sie auf unbedingt sicheren naturgesetzlichen Tatsachen fundiert ist – vorausgesetzt natürlich", und damit wird eine wichtige Einschränkung formuliert, „daß diese Lehre nur in ihren leitenden Grundgedanken, nicht im Wortlaut und in jedem einzelnen Satz geprüft wird ..."[152] Daher sei es auch zu erklären, „daß die Rententheorie Ricardos in ihrem Kerne und mit gewissen Modifikationen eine so allgemeine Anerkennung findet, selbst von solchen Nationalökonomen, die sonst Gegner Ricardos und seiner Methode sind"[153].

148 Ebenda. 149 Ebenda, S. 75.

150 Karl Diehl, Die Grundrententheorie im ökonomischen System von Karl Marx, in: Jahrbücher für Nationalökonomie und Statistik, begr. von Bruno Hildebrandt, 3. Folge, Bd. 17., Jena 1899, S. 433 ff.

151 Vgl. auch Hilmar Sachse, Der Neoricardianismus – eine neue Positionsbestimmung der bürgerlichen politischen Ökonomie gegenüber ihrer Klassik, in: Wirtschaftswissenschaft, 4/1979. S. 442 ff.

152 Karl Diehl, Die Grundrententheorie im ökonomischen System von Karl Marx, a. a. O., S. 460. 153 Ebenda.

Auf diese merkwürdige Anerkennung der Ricardoschen Grundrententheorie, ungeachtet der sonst dominierenden Ricardofeindschaft, wurde in der vorliegenden Arbeit schon mehrfach hingewiesen; als Symptom für die Widersprüchlichkeit des ricardianischen Systems selbst, wie als Symptom für die apologetisch gesteuerte Eklektik der bürgerlichen Ricardo-Rezeption: „Ja seinen Wein, den trinkt man gern." Das erste Kapitel über „Ricardo und seine Gegner" versuchte, auf die Gründe dieser bürgerlichen Vorliebe speziell für die ricardianische Grundrententheorie aufmerksam zu machen.

Die bei Ricardo im Gegensatz zu Smith und den frühsozialistischen Konzeptionen konsequent durchgeführte *Beschränkung* der Grundrente auf *Differentialrente* tat nicht nur niemand weh, weder einem alten (feudalen) noch einem neuen (kapitalistischen) Grundbesitzer, sondern erfüllte auch positiv nicht nur alle ideologischen, sondern auch alle wirtschaftspraktischen Funktionen in recht befriedigender Weise. Dagegen trafen die von Rodbertus (1842 und 1851) und Marx (1894) veröffentlichten Theorien der absoluten oder „eigentlichen" (Marx) Grundrente gleichsam ins Herz der bourgeoisen Eigentumsapologetik. Eine Grundrententheorie, die das große Grundeigentum als Ausbeutungsinstrument unbezahlter Arbeitskraft entlarvt, konnte im Interesse all dessen, was der Bourgeoisie als heilig und unantastbar galt, nicht hingenommen und gutgeheißen werden. So richtet denn auch Diehl bei der Bekämpfung der Marxschen Grundrententheorie das Hauptfeuer gegen die Theorie der *absoluten* Rente: „Vergebens", so heißt es polemisch, „suchen wir in dem großen der Grundrente gewidmeten Abschnitte seines Werkes [bei Marx] eine wirklich logische oder historisch-statistisch belegte Begründung der absoluten Rente. Anstatt der Beweise gibt er nur Behauptungen ..."[154] „Rodbertus so wenig wie Marx" sei es „gelungen ... die Existenz einer auf Aneignung von Mehrarbeit beruhenden absoluten Rente zu erklären", heißt es an anderer Stelle.[155] Die „umfangreiche Marxsche Rententheorie", so die als Schlußresultat herausgestellte Diehlsche These, habe es nicht vermocht, „die Ricardosche Theorie in ihrer Grundlage zu erschüttern ..."[156] Ricardos Differentialrentenprinzip fungiert also auch hier ungebrochen als Kronzeuge gegen die von Frühsozialisten und Marxisten (wenn auch in verschiedener Form) verfochtene Theorie einer nicht mehr nur relativen, sondern vielmehr als „absolut" verstandenen Grundrente.

Beim Einschärfen der von Diehl mit Nachdruck behaupteten unerschütterten Gültigkeit der Ricardoschen Grundrententheorie übt Diehl Kritik an drei Gruppen von Rententheorien, „die im Gegensatz zur Ricardoschen Theorie aufgestellt wurden"[157]. Die erste Gruppe dieser Antiricardoschen Rententheorien leugne zwar nicht die Grundrente, betrachte diese aber „nur als Spezial-

[154] Ebenda, S. 466.
[155] Ebenda, S. 474.
[156] Ebenda, S. 480.
[157] Karl Diehl, Sozialwissenschaftliche Erläuterungen zu David Ricardos Grundgesetzen der Volkswirtschaft und Besteuerung, Bd. 1, Leipzig 1905, S. 250 ff.

fall einer allgemeinen Erscheinung in der Volkswirtschaft"; das ist die uns schon bekannte, auf Mangoldt, Schäffle und die Grenznutzentheorie zurückgehende Richtung, die bis in die Gegenwart hineinwirkt.

Die zweite der von Diehl unterschiedenen Gruppen komme, wie zum Beispiel Carey und Bastiat, zu einer Leugnung der Grundrente, und zwar nicht nur der absoluten, sondern auch der differentialen Rente. Die dritte Gruppe schließlich, und gegen diese richtet Diehl das Hauptfeuer, behaupte „neben der Differentialrente im Sinne Ricardos ... noch eine allgemeine [absolute] Rente"[158]. Während die Gruppen eins und zwei in gleichsam kollegialer Weise auf insgesamt kaum 15 Seiten behandelt werden, wird die Gruppe drei, in der die Verfechter der absoluten Rente, Rodbertus und Marx, zur Kritik stehen, allein auf fast 50 Seiten abgehandelt und „widerlegt"[159]. Beide, Rodbertus wie Marx, würden „behaupten, daß die Ricardosche Rentenlehre im Widerspruch stünde mit gewissen fundamentalen Sätzen des Ricardoschen Systems, besonders mit seiner Wertlehre". Sie würden behaupten, in wichtigen Punkten in Übereinstimmung mit Ricardo zu stehen und auch da, wo sie sich von Ricardo trennen, nur die logischen Konsequenzen aus Ricardo gezogen zu haben. Das sei aber, wie Diehl nachzuweisen sich bemüht, in keiner Weise so. Schon deshalb nicht, weil Ricardo gar kein unbedingter Verfechter der Arbeitswerttheorie gewesen sei, „da die zahlreichen Verklausulierungen, mit denen Ricardo seine Arbeitswerttheorie vorträgt, sie so einschränken, daß dieselbe in der theoretischen Schärfe und Bestimmtheit, wie bei *Rodbertus*, gar nicht vorhanden ist. Und vollends die *spezielle* Ausgestaltung, die Rodbertus der Arbeitswerttheorie gibt, hätte niemals die Zustimmung Ricardos finden können."[160] Ebenso, wie die Arbeitswerttheorie von Rodbertus nichts mit dem angeblich nur embryonal und verklausuliert vorgebrachten arbeitswerttheoretischen Ansatz bei Ricardo zu tun habe, so hätten auch „Rodbertus' kritische Betrachtungen über die Ricardosche Rententheorie ... zu einem großen Teile nichts mit dem *theoretischen Wesen* der Grundrente zu tun, sondern" seien lediglich „gegen die sozialpolitischen Folgerungen, die Ricardo aus seiner Theorie zieht", gerichtet.[161]

Die Diehlsche Argumentationsfigur besteht also darin, den Rodbertusschen Rekurs auf den Ricardo der Arbeitswerttheorie durch die den Tatsachen ins Gesicht schlagende Behauptung zu „widerlegen", daß es bei Ricardo angeblich gar keine entwickelte Arbeitswerttheorie gäbe. „Gibt man", so argumentiert Diehl, „den Ausgangspunkt zu, von dem Rodbertus seine weiteren Theorien entwickelt, dann ist auch vieles aus seinen weiteren Deduktionen nicht mehr bestreitbar: darum" gelte es, „gerade, die ersten Fundamente seiner Theorie in aller möglichen Schärfe zurückzuweisen; in allererster Linie" gelte „das

[158] Ebenda, S. 250.
[159] Ebenda, S. 266–313.
[160] Ebenda, S. 276.
[161] Ebenda, S. 266.

für seinen ersten Grundsatz: daß alle wirtschaftlichen Güter Arbeitsprodukte und nichts als Arbeitsprodukte seien. Dies" sei „positiv falsch . . ."[162] „Nur auf Grund solcher irreführender Prämissen" habe „Rodbertus zu seinem Schlusse kommen" können, „daß die Rente in beiderlei Form – als Kapitalgewinn und Grundrente – auf einen ungerechten Wertabzug beruhe, den der Lohn der Arbeiter vom wahren Wert ihres Produkts erleiden müsse."[163] „Die Grundrente", so definiert Diehl mit quasi Ricardoschen Argumenten gegen Rodbertus, „ist ein Extravorteil, der einem *Natur*monopol geschuldet, und *nicht* irgendwelchem ‚Arbeitsprodukt' abgepreßt wird."[164] Damit ist die apologetische Gegenposition zu Rodbertus hinreichend klar umrissen.[165]

Betrachten wir noch kurz die 1908 erschienene voluminöse Festschrift zum 70. Geburtstag von Gustav Schmoller, des mit vielfachen Ehren und Würden des neudeutschen Kaiserreiches überhäuften Nestors der jüngeren Historischen Schule. Sie vereinigt vierzig Arbeiten zum Thema „Die Entwicklung der deutschen Volkswirtschaftslehre im neunzehnten Jahrhundert" aus dem engeren und weiteren Umkreis der Historischen Schule. Der in Wien lehrende Karl Theodor von Inama-Sternegg steuerte eine über hundertseitige Arbeit zur „Theorie des Grundbesitzes und der Grundrente in der deutschen Literatur des 19. Jahrhunderts" bei, die auch auf Rodbertus eingeht und die ideologischen Verteidigungslinien in der Grundrentenfrage weiter ausbaut. Zwecks wirksamerer Bekämpfung der Rodbertusschen Konzeption halbiert Sternegg diese in Analyse des Gegebenen und Prognose des Künftigen; in ersterer Hinsicht gebühre ihm nach Sternegg einige Anerkennung, in zweiter Hinsicht jedoch, nämlich im Hinblick auf die von Rodbertus als sozialistisch angesehene Zukunftsperspektive, sei Rodbertus „weder originell noch wissenschaftlich wertvoll."[166] „Der gesamtgesellschaftliche Kommunismus an Boden und Kapital, den Rodbertus hier postuliert, die Verwaltung der nationalwirtschaftlichen Produktion, Konsumtion und Verteilung durch eine Zentralbehörde, das Arbeitseigentum als einzige Form des Privateigentums, und das Arbeitsgeld als das allgemeine Liquidationsmittel der Teilung der Arbeit sind weder originelle noch wissenschaftlich wertvolle Gedanken. Sie finden sich in der Haupt-

162 Ebenda, S. 276.

163 Ebenda, S. 278.

164 Ebenda.

165 Auch die sehr viel später von Diehl verfaßte Schrift über „Die sozialrechtliche Richtung in der Nationalökonomie" (Jena 1941) führt diese Linie fort. Insbesondere polemisiert Diehl gegen die These, Rodbertus sei Begründer der sozialrechtlichen Schule (vgl. Karl Diehl, Die sozialrechtliche Richtung in der Nationalökonomie, Jena 1941, S. 94).

166 Karl Theodor von Inama-Sternegg, Theorie des Grundbesitzes und der Grundrente in der deutschen Literatur des 19. Jahrhunderts, in: Die Entwicklung der deutschen Volkswirtschaftslehre im 19. Jahrhundert (Festschrift für Gustav Schmoller zur siebzigsten Wiederkehr seines Geburtstages), Bd. 1, Leipzig 1908, S. 40.

sache schon in den sozialistischen Systemen der älteren Zeit und sind ebensowenig auf den positiven Erfahrungen der realen Welt aufgebaut, wie aus den wissenschaftlichen Grundlagen des Staats- und Gesellschaftslebens mit logischer Notwendigkeit entwickelt. Sie haben deshalb auch auf die Entwicklung der Volkswirtschaftslehre gar keinen Einfluß genommen."[167] Nicht viel anders hatte der von Sternegg gefeierte Schmoller sein Urteil über Rodbertus formuliert. „Im Ganzen", so hieß es, seien „die Schriften von Rodbertus, Lassalle und Marx spekulative Ergebnisse der Lektüre von Ricardo und den älteren Socialisten, modificiert durch die deutsche Philosophie und die Gedanken des politischen Radikalismus der dreißiger und vierziger Jahre."[168] „Sein roh entworfenes Zukunftsgemälde mit Normalarbeitstag, Arbeitsgeld, Bezahlung nach der Zeit", so hieß es im gleichen Sinn, „ist ein utopischer Traum ohne jede Begründung seiner Realisierbarkeit."[169]

Die Stellung Sterneggs zu der von Rodbertus attackierten Ricardoschen Grundrententheorie ist derart, daß sie einerseits in ihrer überlieferten Form verteidigt und ihr mit der „überwiegenden Mehrzahl der deutschen Ökonomisten in der zweiten Hälfte des 19. Jahrhunderts" der „Charakter einer abschließenden Lösung des Problems" zugestanden wird[170], und andererseits derart, daß in der von Hermann, Mangoldt und Schäffle inaugurierten Art einer *Verallgemeinerung* des Ricardoschen Differentialprinzips das Wort geredet wird. Den „Gesamteindruck, welchen der zusammenfassende Überblick über die Entwicklung der Grundrentenlehre in der deutschen Nationalökonomie des 19. Jahrhunderts" erwecke, findet Sternegg so „keineswegs durchaus befriedigend". Noch immer gingen „sehr verschiedene, sich zum Teil gegenseitig ausschließende Vorstellungen von der Grundrente nebeneinander her."[171] Die Ricardosche Grundrentenlehre im herkömmlichen Sinne verliere immer mehr an Boden, die „generalisierende Rentenlehre" auf der *Basis* des Ricardoschen Differentialprinzips trete immer mehr in den Vordergrund. So sei es nicht verwunderlich, „wenn sich in der literarischen Behandlung des Problems der Grundrente immer wieder der Gedanke aufdrängte, daß der Boden im Laufe des Kulturprozesses selbst die Natur des Kapitals angenommen habe und die Grundrente daher nur eine, wenn auch besonders markante Erscheinung der Kapitalrente sei (Hermann, seine Vorläufer und Nachfolger)".[172] Sternegg als Anhänger jenes atheoretischen Historismus der Schmollerschule kann kein eindeutiges Verhältnis zu dieser Entwicklung in der Behandlung des Rentenproblems

167 Ebenda.

168 Gustav Schmoller, Grundriß der Allgemeinen Volkswirtschaftslehre, Teil 1, Leipzig 1900 und 1908, S. 96.

169 Ebenda, S. 96.

170 Karl Theodor von Inama-Sternegg, Theorie des Grundbesitzes und der Grundrente in der deutschen Literatur des 19. Jahrhunderts, a. a. O., S. 23.

171 Ebenda, S. 93.

172 Ebenda, S. 95.

gewinnen und findet eine „vollständige Identifizierung des Bodens mit sonstigem fixem Kapital“ und „die Streichung der Grundrente als eines [gesonderten] Zweiges des Nationaleinkommens“ irgendwie bedenklich, muß sich aber, da er die Ausbeutungstheorie innerhalb der Rentenlehre selbstverständlich ablehnt, die gerade den Ausbeutungsaspekt so elegant umschiffende generalisierende Rentenkonzeption schließlich doch gefallen lassen.[173]

Damit ist die als Aneignung eines unverdienten Wertzuwachses besonders in Verruf geratene Grundrente unkenntlich gemacht und durch Eintauchen in eine Unzahl höchst ehrenwerter *Vorzugsrenten*, die sich alle letztlich aus *Tüchtigkeit*, *Seltenheit* oder *übernormale Produktivität der Arbeit* erklären lassen sollen, dem sozialkritischen Zugriff demagogisch geschickt entzogen. Von „einem drückenden Bodenmonopol“, so heißt es im gleichen Sinne, „das einen immer größeren Teil alles Einkommens an sich“ ziehe, könne überdies „in Frankreich und Deutschland kein Vernünftiger reden“ und überhaupt könne „in Deutschland der Grundrente eine praktische Bedeutung nicht mehr zuerkannt“ werden; sie werde, wie es heißt, „durch die Kulturentwicklung verwischt“.[174]

Im Nebel dieser „generalisierenden Rentenlehre“, in dem alle Katzen grau und alle Rentenphänomene ehrenwert und ohne den Makel der Ausbeutung erscheinen, waltet schließlich das bürgerlich bis heute hochgehaltene Ricardosche Differentialrentenprinzip; denn alle sogenannten „Vorzugsrenten“ sind Differentialrenten in dem eben nur über Ricardo hinaus „verallgemeinerten“ Sinne, daß sie auf einer mehr oder weniger andauernden oder zeitweisen „Verschiedenheit“ der Produktions- oder Markt- oder X-Bedingungen beruhen. Durch diese bis zur Uferlosigkeit getriebene Verallgemeinerung des Differentialrentenprinzips schien der bürgerlichen Apologetik die Möglichkeit gegeben zu sein, dem Ärgernis der von sozialistischer Seite mit Nachdruck vertretenen absoluten Rente ein für allemal zu entgehen.

Es gab indes auch einzelne bürgerliche Ökonomen, denen diese Art der Rentenapologetik immer noch nicht sicher genug erschien. Die unter Zuhilfenahme des Ricardoschen Differentialrentenprinzips vorgenommene „Generalisierung“ des Rentenprinzips schien diesen Ökonomen mit dem „Fehler“ behaftet zu sein, an Elementen der klassischen politischen Ökonomie festzuhalten, die auch von sozialistischer Seite reklamiert wurden. Außerdem konnte auch die „Generalisierung“ des Rentenproblems bei allen Erfolgen in der Verwässerung und Mystifizierung des kritischen Punktes doch nicht darauf verzichten, das Rentenphänomen als „Überschuß“, „Rest“ oder, in lateinischer Form, als „Residuum“ darzustellen, das aber dünkte diesen argwöhnisch-seismographisch reagierenden bürgerlichen Ökonomen auf die Dauer nicht sicher genug. Die Auffassung der Rente als „Residualeinkommen“ schien trotz aller Generalisierung noch eine fatale Assoziation zur Auffassung der Rente als Einkom-

173 Ebenda, S. 95 ff.
174 Ebenda, S. 103.

men aus Mehrwert zu ermöglichen und überhaupt, schon der Ausdruck „Rente“ hatte etwas, was an Müßiggang auf Kosten anderer erinnern könnte. Solche und ähnliche Bedenken liegen den Argumentationen Joseph Alois Schumpeters aus dem Jahre 1907 zugrunde. „Als Rente“, so gibt er zu bedenken, „wird oft jedes arbeitsloses Einkommen bezeichnet. Wenn man sich erinnert, daß wir bei unserer Definition des Rentenprinzips Gewicht auf das Residualmoment legten, so sieht man, daß zwischen beiden Begriffen ein gewisser Zusammenhang besteht.“[175]

Die apologetisch gesteuerte wohlwollende Behandlung der Renteneinkommen durch den amerikanischen Grenznutzentheoretiker Clark bezeichnet Schumpeter zwar als „besonders interessant“, „weil man sonst gewohnt ist, das Rentenprinzip im Dienste ganz anderer sozialer Anschauungen verwertet zu sehen und rentenartige Einkommen ungünstig beurteilt zu finden“, doch er lehnt diese mehr vordergründige Art der Rentenapologetik als nicht wirksam genug ab. Schon das Rentenprinzip an sich ist ihm Stein des Anstoßes, und das auch in „wertfreier“ apologetisch abgesicherter Behandlung. Es gehe zwar nicht an, die klassische Rententheorie zum Beispiel einfach „falsch“ zu nennen; „das Rentenprinzip an sich ist“ ihm auch „weder ‚falsch‘ noch ‚richtig‘. Aber wenn wir sehen“, so heißt es weiter, „daß wir seiner speziellen Annahmen nicht bedürfen oder auf anderem Wege weiter, tiefer kommen, *so wenden wir uns von ihm ab*, ohne jedoch das Verdienst der darinliegenden Vorarbeit zu verkennen.“[176] Diese Abwendung von den „speziellen Annahmen“ der klassischen Grundrententheorie wird dann nach langwieriger, immer wieder verklausulierter Erörterung wie folgt formuliert: Er habe sich „bemüht zu zeigen, daß ebenso die klassische Grundrententheorie nichts über das Wesen der Grundrente aussagt ... Wir kommen so zu dem auf den ersten Blick paradox erscheinenden Satz, daß die klassische Grundrententheorie – mag sie nun richtig oder falsch sein – überhaupt *keine* Theorie der Grundrente ist.“[177] Die gelinde Paradoxie seiner Behauptung spürend, sieht sich Schumpeter am Schluß seines Aufsatzes über „Das Rentenprinzip in der Verteilungslehre“ dazu veranlaßt, sich „beim Leser wegen der gedrängten Kürze zu entschuldigen, die auch dem Argumente viel von Überzeugungskraft nimmt. Doch reichen“, wie Schumpeter meint, „Betrachtungen der vorgeführten Art aus, um zur Erkenntnis zu führen, daß das Rentenprinzip zu dem alten Rüstzeug einer *vergangenen* Periode ökonomischer Gedankenarbeit gehört.“ Er „glaube auch, daß Grund vorhanden“ sei, „sich mit Vertrauen und bester Hoffnung *den* neuen Theorien zuzuwenden, welche uns gestatten, *radikal damit aufzuräumen*“[178] [Hervorhebung – G. R.].

[175] Joseph Alois Schumpeter, Das Rentenprinzip in der Verteilungslehre, (hier zitiert nach: J. A. Schumpeter, Aufsätze zur ökonomischen Theorie, hrsg. von E. Schneider u. A. Spiethoff, Tübingen 1952, S. 223).

[176] Ebenda.

[177] Ebenda, S. 237. [178] Ebenda, S. 264.

Die ein Jahr später erschienene systematische Arbeit über „Das Wesen und den Hauptinhalt der theoretischen Nationalökonomie" (Leipzig 1908) bringt dann die angekündigten „neuen Theorien", die in der Lage sein sollen, mit dem Rentenprinzip „radikal ... aufzuräumen". Auch hier kann man lesen, daß die Grundrententheorie der Klassiker „nicht nur überwunden", sondern daß sie „überhaupt keine Theorie der Grundrente" sei.[179]

Schumpeter sieht sich zugleich zu dem Zugeständnis veranlaßt, daß das Gros der bürgerlichen Ökonomen trotz der Angespanntheit der apologetischen Situation an der Ricardoschen Theorie der Grundrente *festhalte*: „Bezüglich der Grundrente herrscht noch im weiten Maße die Theorie Ricardos, und alle Einwendungen gegen dieselbe haben nicht vermocht, die Mehrzahl der Theoretiker davon abzubringen,[180] selbst dann nicht, wenn sich deren übrige Theo-

[179] Joseph Alois Schumpeter, Das Wesen und der Hauptinhalt der theoretischen Nationalökonomie, Leipzig 1908, S. 381.

[180] Vgl. hierzu u. a. Ludwig Stephinger, Der Grundgedanke der Volkswirtschaftslehre und die Rententheorie Ricardos, Stuttgart 1910. Stephinger stellt unter Bezugnahme auf Inama-Sternegg fest, daß die Grundrententheorie Ricardos „bei der überwiegenden Mehrzahl der deutschen Ökonomisten in der zweiten Hälfte des 19. Jahrhunderts immer mehr den Charakter einer abschließenden Lösung des Problems angenommen" habe und „auch heute noch als herrschend vorgetragen" werde. „Diese große Bedeutung der genannten Theorie", so meint Stephinger, „liegt wohl nicht allein in ihrem Inhalte, sondern zum größeren Teile in ihrer eigenartigen *formellen Fassung*, die Ricardos eigenstes Werk ist, während der Inhalt der These auf frühere Autoren zurückgeführt werden kann. Diese formelle Fassung ist derart, daß die Lehre ein nach Art naturwissenschaftlicher Sätze geltendes Gesetz darzustellen scheint; dies ist wohl auch mit ein Grund, warum diese Lehre bei allen denjenigen Autoren so viel Anklang fand, welche das Fehlen volkswirtschaftlicher Gesetze der Jugendlichkeit dieser Wissenschaft zuschrieben und nun hoffen mochten, diesem Grundrentengesetz dürften bald noch andere Gesetze folgen" (Ludwig Stephinger, ebenda, S. 1). Auch noch fast 30 Jahre nach Schumpeters Verurteilung der klassischen Grundrententheorie erklärt der erzreaktionäre bürgerliche Ökonom Friedrich Bülow (geb. 1909) den Kerngedanken der Ricardoschen Grundrententheorie für gültig und richtig: „Die moderne Grundrentenlehre", so Bülow 1937, „fußt auf der Ricardoschen Differentialrententheorie, deren Kerngedanken bis heute unerschüttert geblieben ist" (Friedrich Bülow, Volkswirtschaftslehre. Ein Lehrbuch, 3. Aufl., Leipzig 1937, S. 542). Auch Bülow richtet die von ihm in der epigonalen Nachfolge Ricardos verfochtene Differentialrententheorie gegen die Annahme einer Lehre von der absoluten Grundrente. Während die Verallgemeinerung des Rentenprinzips die Form darstelle, „in der der Gedanke von der Differentialrente auf die gesamte Volkswirtschaft ausgedehnt wird", hätten „Rodbertus und Marx die Problematik zurückgelenkt auf die Erscheinungen der absoluten Rente" (Friedrich Bülow, ebenda, S. 546). Man beachte die Formulierung „zurückgelenkt", als strebten Rodbertus und Marx damit etwas Überholtes, Antiquiertes oder gar Reaktionäres an, und Bülow etc. etwas Fortschrittliches. Auch der weitverbreitete und von unzähligen Studentengenera-

rien nicht mit derselben vertragen."[181] Diese Aussage vom bedauerlichen Festhalten an der Ricardoschen Grundrententheorie spricht gleichermaßen für die apologetische Überempfindlichkeit Schumpeters wie für apologetische Brauchbarkeit der Ricardoschen Grundrententheorie in den Händen des normalen Vulgärökonomen. Diese von Schumpeter empfohlene grundsätzliche Verabschiedung der Ricardoschen Rententheorie ist ein Sonderfall, keine reguläre Erscheinung in der bürgerlichen Vulgärökonomie. Dieser Sonderfall wurde allerdings durch einen profilierten und im nachhinein einflußreichen Ideologen praktiziert; insofern ist er bemerkenswert und ernst zu nehmen.

„Positiv" erfolgte diese Schumpetersche Verabschiedung der klassischen Grundrententheorie durch eine subjektivistische Preis- und „Nutzens"-Theorie, die sich einfach und plausibel als die selbstverständlichste Sache der Welt gibt: „Was ist natürlicher, als zu sagen, daß für Grund und Boden ein Preis gezahlt wird, weil er nützlich ist, weil man ihn braucht?" Und doch habe man die Rentenerscheinung fast stets anders erklärt, und auch heute noch müsse „man die Rententheorie Ricardos als herrschend bezeichnen"[182]. Und an anderer Stelle: „Es gibt gar nichts Einfacheres und *nichts, was weniger Widerstand zu fürchten brauchte,* als die Behauptung, daß man *Boden-Leistungen* wertet und bezahlt, weil man sie braucht."[183]

Und abermals das Evidente und zweifelsfrei Einleuchtende seiner gegen die klassische Grundrententheorie und ihre sozialistischen Implikationen gerichteten Konzeption anpreisend, heißt es wie folgt: „Eines besonderen Prinzipes zur Erklärung dieser Dinge bedürfen wir nicht, vielmehr ist die Sache ganz klar, daß nichts zu fragen übrig bleibt. Unser System gibt uns also ganz von selbst eine vollkommen befriedigende Rententheorie".[184]

Schumpeter operiert in bewährt positivistischer Weise mit dem oberflächlichen Schein der Plausibilität, mit scheinbar *reinen* Tatsachen, die „weniger Widerstand zu fürchten" brauchen, mit angeblichen Evidenzen, denen gegenüber „nichts zu fragen übrig bleibt".

Es ist freilich ein ziemlich großer Irrtum Schumpeters, anzunehmen, daß nichts zu fragen übrig bleibe. Übrig bleibt doch zumindest die eine große Frage, wie es mit dem *Eigentum* der verschiedenen Gruppen und Klassen der Menschen bestellt ist, warum diejenigen, die Grund und Boden „brauchen", weil er „nütz-

tionen benutzte „Leitfaden zum Studium der politischen Ökonomie", verfaßt von Johannes Conrad, der bis 1926 in 13. Auflage erschien, denen noch weitere folgten, betrachtet die Grundrente trotz Schumpeter unter ricardianischem Aspekt (vgl. Johannes Conrad, Leitfaden zum Studium der politischen Ökonomie, 13. Aufl., Jena 1926, S. 121 ff.).

181 Joseph Alois Schumpeter, Das Wesen und der Hauptinhalt der theoretischen Nationalökonomie, a. a. O., S. 324.

182 Ebenda, S. 369.

183 Ebenda, S. 328.

184 Ebenda, S. 373.

lich“ ist, ihn nicht selbst zu eigen haben und warum diejenigen, die ihn selbst zu eigen haben, soviel davon besitzen, daß sie damit zugleich die Macht und Möglichkeit haben, die anderen, die keinen Grund und Boden ihr eigen nennen, ihn aber dringend „brauchen“, zur Zahlung eines „Preises“ zu veranlassen. Aber gerade diese Frage nach dem Eigentum soll ja zugedeckt und abgeschnitten sein.

Erwähnt werden müssen noch die rententheoretischen Auffassungen von Ladislaw v. Bortkiewicz (1868–1931), der 1911 zwei umfangreiche Artikel (ca. 85 Seiten) über „Die Rodbertussche Grundrententheorie und die Marxsche Lehre von der absoluten Grundrente“ erscheinen ließ und Rodbertus wie Marx gleichermaßen „widerlegte“.[185]

Unter Bezugnahme auf J. Zuns, W. Lexis, M. Schippel, G. Adler und andere Rodbertus-Kritiker versucht Bortkiewicz die Rodbertussche Rententheorie von der werttheoretischen Seite her aus den Angeln zu heben; genauer gesagt, von dem angeblichen Widerspruch zwischen ursprünglichem Wertgesetz und späterer Bildung einer Durchschnittsprofitrate.[186]

Rodbertus habe von diesem „Widerspruch“ gewußt und dennoch festgehalten an dem Arbeitswertgesetz[187]. Nach langatmigen Auseinandersetzungen mit sechs „Rechtfertigungsgründen“[188], die Rodbertus zum Festhalten des Wertgesetzes auch in seiner Grundrententheorie bewogen haben sollen, kommt Bortkiewicz zu der resümierenden Feststellung, daß „keiner dieser Gründe . . . einer kritischen

185 Vgl. Ladislaw von Bortkiewicz, Die Rodbertussche Grundrententheorie und die Marxsche Lehre von der absoluten Grundrente, in: Archiv für Geschichte des Sozialismus und der Arbeiterbewegung, hrsg. von Karl Grünberg, Bd. 1, Leipzig 1911, S. 1–40 und S. 391–434.

186 Ebenda, S. 10 ff.

187 Ebenda, S. 10.

188 Zu diesen „nicht weniger als sechs Rechtfertigungsgründen von Rodbertus“ zählt Bortkiewicz folgende: „Das sind: 1. Das Festhalten Ricardos an dem ursprünglichen Wertgesetz bei Ableitung seiner Grundrententheorie; 2. die theoretische Priorität des ursprünglichen Wertgesetzes gegenüber dem Gesetz der Gewinnausgleichung; 3. die Vorzüge des ursprünglichen Wertgesetzes bzw. des ‚normalen‘ Wertes als eines Hilfsmittels theoretischer Forschung und Erkenntnis; 4. die historische Priorität des ursprünglichen Wertgesetzes gegenüber dem Gesetz der Gewinnausgleichung; 5. die Wirksamkeit des ursprünglichen Wertgesetzes als eines ‚Gravitationsgesetzes‘ auch in einem entwickelten Zustand kapitalistischer Verkehrswirtschaft und 6. die in der Begrenztheit des Kapitals liegende Einschränkung des Gesetzes der Gewinnausgleichung“ (Bortkiewicz, ebenda, S. 36). Alle diese Gründe zum wie auch immer modifizierten Festhalten am Wertgesetz auch in der Grundrententheorie erklärt Bortkiewicz für null und nichtig (ebenda). Das gleichsam dominierende Motiv für das Festhalten des Wertgesetzes gerade in der Grundrententheorie wird dabei von Bortkiewicz nicht einmal genannt, geschweige denn widerlegt; nämlich die monopolistische Macht des Grundeigentums, der ansonsten vom Durchschnittsprofit diktierten Absenkung der Werte eine Barriere entgegenzusetzen.

Analyse Stand zu halten vermocht" habe; „daß das Operieren mit dem ursprünglichen Wertgesetz unter Nichtbeachtung des Gesetzes der Gleichmäßigkeit der Kapitalgewinne die Achillesferse der Rodbertusschen Grundrententheorie" sei und „daß es sich, sobald man diesen ihren wundesten Punkt erkannt" habe, „kaum noch verlohnt, ihre sonstigen Lücken und Schwächen einer eingehenden Betrachtung zu unterziehen"[189]. Rodbertus habe überdies, so heißt es abwertend, „bei seinen Zeitgenossen wenig Anklang gefunden" und es „höchst schmerzlich empfinden müssen, daß sich in den Fachkreisen niemand ... zu seiner Grundrententheorie bekennen wollte"[190].

Es entspricht nun einfach nicht den Tatsachen, daß Rodbertus überhaupt, wie auch speziell in seiner Grundrententheorie, vor lauter Betonung des Wertgesetzes die in gewisser Hinsicht gegenläufigen Gesetzmäßigkeiten zur Bildung einer Durchschnittsprofitrate nicht gesehen und berücksichtigt hätte. Er hat sie vielmehr ziemlich deutlich gesehen und bereits 1842 als modifizierenden Faktor des ursprünglichen Wertgesetzes recht nachdrücklich formuliert: „Es muß daher", so hieß es resümierend, „das von Ricardo und Mac Culloch behauptete Gesetz, daß sich auch im einzelnen die Produkte nach der auf ihnen haftenden Arbeit vertauschen, durch das andere und ohne Zweifel gewissere Gesetz, daß sich der Kapitalgewinn überall *gleich* zu stellen sucht, in dem heutigen Zustande notwendig *alteriert* werden."[191] Wir haben auf diese Tatsache und die diesbezügliche Position von Rodbertus bereits an anderer Stelle aufmerksam gemacht.[192]

Bortkiewicz geht es jedoch gar nicht um die wirkliche oder vermeintliche Lösung des wirklichen oder vermeintlichen Widerspruchs zwischen ursprünglichem Wertgesetz und der Tendenz zur Bildung einer Durchschnittsprofitrate, sondern um die Desavouierung der Arbeitswerttheorie und die Verleugnung der absoluten Grundrente ganz generell. Auch für Bortkiewicz gilt daher die Charakteristik, die er selbst im Hinblick auf den als unlösbar behaupteten Widerspruch zwischen Wertgesetz und Durchschnittsprofit für andere Rodbertusgegner wie folgt formulierte: „Diese halten sich ohne weiteres für berechtigt, wo es sich um den Austausch des Agrikulturprodukts gegen das Industrieprodukt handelt, *das ursprüngliche Wertgesetz dem Gesetz der gleichen Profitrate zu opfern*, und bringen auf diese Weise die absolute Grundrente zum Verschwinden."[193] Damit ist ein wesentliches Motiv der von Bortkiewicz vorgetragenen Polemik bloßgelegt: Die von Rodbertus wie Marx gleichermaßen (wenn auch in unterschiedlichem Reifegrade) als die „eigentliche" Grundrente hervorgekehrte *absolute* Rente gilt gleich

189 Ebenda, S. 36 f.

190 Ebenda, S. 39.

191 Karl Rodbertus, Zur Erkenntnis unserer staatswirthschaftlichen Zustände, Neubrandenburg und Friedland 1842, S. 131.

192 Vgl. Abschnitt: Die Grundrententheorien von Karl Marx und Karl Rodbertus in komparatistischer Sicht, S. 176ff.

193 Ladislaw von Bortkiewicz, Die Rodbertussche Grundrententheorie und die Marxsche Lehre von der absoluten Grundrente, a. a. O., S. 406.

neben der Arbeitswerttheorie als das Hauptärgernis bei der Verteidigung der bestehenden Zustände und ihrer ideologischen Ausdrucksformen.

Wie schon die Titelfassung des ganzen Aufsatzes („Die Rodbertussche Grundrententheorie und die Marxsche Lehre von der *absoluten* Grundrente"), so betont daher auch die Zusammenfassung des Aufsatzes die rein negative Bedeutung, die Bortkiewicz der absoluten Grundrente bei Marx und Rodbertus beimißt. Man komme „zu einer entschiedenen Ablehnung der Marxschen Lehre von der absoluten Rente. Weder in ihrer Verbindung mit der für Marx charakteristischen Unterscheidung zwischen ‚Wert' und ‚Produktionspreis', noch losgelöst aus diesem Zusammenhang" bedeuten „die Ausführungen von Marx, die der absoluten Grundrente gewidmet sind, eine Förderung der nationalökonomischen Theorie."[194] Bortkiewicz spricht geradezu vom „Fiasco der Marxschen (wie auch der Rodbertusschen) Theorie der absoluten Rente".[195] Es gäbe Gemeinsames und Unterschiedliches zwischen Marx und Rodbertus. Gemeinsam aber sei ihnen, „daß sie die Existenz einer *absoluten Rente* behaupten, ferner, daß sie zum Beweis dieser Behauptung das ursprüngliche Wertgesetz heranziehen, dem zufolge sich die Produkte nach Maßgabe der in ihnen verkörperten Arbeitsmengen austauschen, und schließlich, daß sie, marxistisch gesprochen, mit der Annahme einer relativ niedrigeren organischen Zusammensetzung des in der Landwirtschaft angelegten Kapitals operieren . . ."[196]

Bei allen auch von Bortkiewicz zugestandenen Verschiedenheiten bleibe jedoch „die namentlich von Diehl hervorgehobene Tatsache bestehen, daß Rodbertus und Marx sich gerade in demjenigen Punkt begegnen, der sich der Kritik [der bürgerlichen Kritik] als *Hauptangriffspunkt* darbietet"[197], und dazu zählt Bortkiewicz vor allem die absolute Rente und die ihr zugrunde liegenden Zusammenhänge („das Operieren mit dem ursprünglichen Wertgesetz" etc.). Auch bei Bortkiewicz wird sichtbar, daß das Zusammenwerfen von Marx und Rodbertus nicht mehr dem Ausspielen des einen gegen den anderen dient, sondern der „Widerlegung" beider.

Eine 1907 von der philosophischen Fakultät der Berliner Universität angenommene und von Adolph Wagner begutachtete Dissertation kam mit ähnlichen Argumenten zu ähnlichen Resultaten.[198] Das Hauptfeuer wird gegen die Annahme einer *absoluten* Rente gerichtet;[199] und der Versuch von Rodbertus zur Begründung einer absoluten Grundrententheorie als „mißglückt" und auf „sophistischer

[194] Ebenda, S. 433.

[195] Ebenda, S. 434.

[196] Ebenda, S. 419.

[197] Ebenda, S. 421.

[198] Vgl. Joan Marian, Ein Beitrag zur Untersuchung der Grundrentennatur. Darstellung und Kritik der Rodbertusschen Theorie der Grundrente, Inaug.-Diss., Philosophische Fakultät der Friedrich-Wilhelms-Universität zu Berlin vom 27. Juli 1907.

[199] Ebenda, S. 62, 64.

Deduktion" beruhend zurückgewiesen.[200] „Wenn aber jene Grundrente, wie er sie deduziert, keine Existenz haben kann, so" würden „dadurch auch seine weiteren Argumentationen ... hinfällig, und die scharfsinnigen Schlüsse, die er aus seiner Theorie für die allgemeinen volkswirtschaftlichen Verhältnisse zieht, bleiben in der Luft schweben."[201] Im Anschluß an die Erörterung der Marxschen Grundrententheorie stellt auch Marian „eine überraschend große Ähnlichkeit mit der von Rodbertus gegebenen Ableitung" fest.[202]

Die Dissertation schließt mit einem Lobpreis der „heute beinahe allgemein angenommenen Differentialtheorie der Grundrente". Der Promovierte feiert sein in diesem Trend mitschwimmendes Fleißprodukt „als neuen Beweis der Richtigkeit jener an den Namen Ricardos gebundenen Theorie ... [der Differentialrententheorie], welche eine Hauptleistung des deduktiven Verfahrens in unserer Wissenschaft bleiben wird"[203]. Infolgedessen sei „der Versuch von Rodbertus, jene Lehre durch eine neue zu ersetzen, als völlig gescheitert anzusehen ..."[204]

Im Streit um die Ricardosche Grundrententheorie dürfen schließlich die Arbeiten des linksbürgerlichen Ökonomen und Soziologen Franz Oppenheimer (1864–1943) nicht unerwähnt bleiben. Schon der Titel der 1908 in Kiel verteidigten Dissertation des Arztes Dr. med. Franz Oppenheimer legt den Finger auf die hier interessierende Problematik: „Rodbertus' Angriff auf Ricardos Rententheorie und der Lexis-Diehlsche Rettungsversuch."[205] Auch diese interessante, aber widersprüchlich argumentierende Arbeit kommt zu einer Verurteilung der Rodbertusschen Grundrententheorie: Sie sei „erstens logisch unhaltbar, weil sie eine Ableitung aus der Ricardoschen Werttheorie" sei, die als Ableitung „nur dann als begründet gelten" könne, „wenn ihre Voraussetzung, die Ricardosche Rententheorie, angenommen ist. Scharf ausgedrückt: die Rodbertussche Grundrententheorie" sei „eine Folgerung aus der ihr widersprechenden Ricardoschen Grundrententheorie."[206] Die Rodbertussche Grundrententheorie stehe aber auch „mit einer von ihr selbst als Tatsache zugegebenen wichtigen Tatsache im Widerspruch, nämlich mit dem für das ganze ‚Fabrikationskapital' gleichen Gewinnsatz".[207] Oppenheimer wiederholt damit die von zahlreichen bürgerlichen Ökonomen gegen Marx und Rodbertus gleichermaßen vorgebrachte Behauptung, daß es zwischen Wertgesetz und Durchschnittsprofitrate einen unüberbrückbaren Widerspruch gebe. „Aber", so argumentiert Oppenheimer, „mag auch die Rodbertussche Theorie von der Grundrente falsch sein, so ist doch damit durchaus

[200] Ebenda, S. 86/87.
[201] Ebenda, S. 86.
[202] Ebenda, S. 66.
[203] Ebenda, S. 94.
[204] Ebenda, S. 95.
[205] Franz Oppenheimer, Rodbertus' Angriff auf Ricardos Rententheorie und der Lexis-Diehlsche Rettungsversuch, Dissertation, Universität Kiel, Berlin 1908.
[206] Ebenda, S. 18.
[207] Ebenda.

noch nicht gesagt, daß die Ricardosche richtig ist." Man habe also „mit allem Ernst die Einwände zu untersuchen, die Rodbertus gegen Ricardo geltend macht".[208] Es hätten sich leider „nur zwei deutsche Forscher", nämlich W. Lexis und K. Diehl, mit dem von Rodbertus aufgestellten Problem beschäftigt, und das auch nur in für Oppenheimer unzulänglicher Weise: Diese hätten Ricardo in einer Weise gegenüber Rodbertus in Schutz genommen, die Ricardos Ansehen mehr geschadet als genützt und Rodbertus' Theorie nicht wirklich widerlegt hätte, was Oppenheimer nun nachzuholen versucht. Das Schlußwort seiner Dissertation resümiert diesen Versuch: Er habe „zu zeigen versucht, daß die beiden Verteidiger, die Ricardos Rententheorie gegen den Rodbertusschen Angriff gefunden hat, ihre Aufgabe nicht haben lösen können ... Die Tatsache, daß diese Lösung nicht nur möglich, sondern sogar bereits von Ricardo selbst nicht nur implizite, sondern explizite gegeben ist, schlägt auf der anderen Seite", so meint Oppenheimer, „Rodbertus' Angriff endgültig ab".[209] Die ein Jahr später erschienene größere Arbeit von Oppenheimer über „David Ricardos Grundrententheorie" (Berlin 1909) argumentiert im wesentlichen in der gleichen Richtung, wenngleich nunmehr auch gegenüber der Ricardoschen Grundrententheorie kritische Akzente gesetzt werden. Oppenheimer charakterisiert die Situation in der bürgerlichen Ökonomie dieser Jahre dahingehend, „daß man die reine Ricardosche Lehre sozusagen erst aus dem Schutt, den die Irrtümer des verflossenen Jahrhunderts auf sie gehäuft haben, neu ausgraben muß". Dieses etwas umständliche Verfahren rechtfertige sich dadurch, „daß der Kern des Problems im Hin und Wider der streitenden Meinungen von allen Seiten scharf ins Licht gestellt werden kann, und vor allem dadurch, daß ... der Rodbertussche Angriff, der schärfste, den Ricardos Lehre bis heute erfahren hat, bisher noch nicht abgewiesen worden war".[210]

Verbal positiv, wenn auch ohne tieferes theoretisches Verständnis, stellt sich die u. a. durch Adolf Damaschke repräsentierte kleinbürgerliche Bodenreformbewegung zu den Anschauungen von Rodbertus. Die in erster Auflage 1905 und in zahlreichen weiteren Auflagen bis in die zwanziger Jahre erschienene „Geschichte der Nationalökonomie" von Damaschke behandelte Rodbertus neben und zwischen vielen anderen Namen und Persönlichkeiten als einen Wegbereiter der Bodenreform in Deutschland: „Die Eigenart des Bodens als der unbeweglichen und unvermehrbaren Grundlage aller Arbeitsmöglichkeit betont scharf Karl Rodbertus."[211] Damaschke referierte einige Grundgedanken der rodbertusianischen Anschauungen, die Konzeption der „Eigentumsstufen" (vom Menscheneigentum über das Boden- und Kapitaleigentum zum Arbeitseigentum), das

[208] Ebenda.

[209] Ebenda.

[210] Franz Oppenheimer, David Ricardos Grundrententheorie. Darstellung und Kritik, Berlin 909, S. 2.

[211] Vgl. Adolf Damaschke, Geschichte der Nationalökonomie. Eine erste Einführung, Bd. 2, 12. Aufl., Jena 1920, S. 361–365.

„Gesetz der fallenden Lohnquote“ und auch einige Aussagen zur Rententheorie, es erfolgte jedoch kaum eine Wertung oder eine theoretische Durchdringung. Hervorgehoben wurde noch, daß Rodbertus „die verhängnisvolle Wirkung der Aufteilung des Gemeindeeigentums namentlich für die armen Schichten der Landbevölkerung klar erkannt“ habe, und daß er sich scharf dagegen gewandt habe, den Boden als Kapital zu betrachten. Insgesamt lief das von Damaschke gezeichnete Rodbertusbild darauf hinaus, den theoretischen Ökonomen in einen bloßen Bodenrechtler zu verwandeln, der für die von Damaschke zurückgestutzte Bodenreformbewegung ein positives Zeugnis ablegt.[212]

Alle Halbherzigkeiten und Harmlosigkeiten der von Damaschke zurückgeschnittenen kleinbürgerlichen Bodenreformbewegung waren jedoch nicht halbherzig und harmlos genug, um nicht den Zorn der extremsten Fürsprecher des privaten Grundeigentums auf sich zu ziehen.

So erschien am Ausgang des ersten Weltkrieges gleich nach der siegreichen Oktoberrevolution eine militante Schrift des „Schutzverbandes für den Deutschen Grundbesitz“, die sich dem Titel nach gegen die Bodenreformer der verschiedenen Schattierungen, der Sache nach aber gegen alle irgendwie des Sozialismus verdächtigen Bestrebungen wandte, die dem Privateigentum an Grund und Boden zu nahe treten könnten. Diese im Vorwort mit dem 1. September 1918 datierte Schrift erklärt gleich eingangs „das Privateigentum am Boden wie an anderen Produktionsmitteln“ zum unverzichtbaren „Tragpfeiler der wirtschaftlichen Organisation, die ‚uns‘ zur Blüte geführt“ habe.[213]

„Diesen Tragpfeiler zu verteidigen“, hätten „sich städtischer und ländlicher Grund- und Hausbesitz und alle anderen am privaten Bodeneigentum beteiligten Kreise im Schutzverband für den Deutschen Grundbesitz vereinigt.“[214] Die Schrift polemisiert unter namentlicher Nennung auch von Damaschke gegen die Halbherzigkeiten der bürgerlichen Bodenreformer in einer Weise und Schärfe, als hätten diese in irgendeiner Form mit dem kurz zuvor von Lenin erlassenen „Dekret über den Grund und Boden“ zu tun. Auch wenn van der Borght die Ereignisse in Sowjetrußland mit keiner Silbe direkt erwähnt, sind diese in der ganzen Art und Atmosphäre der Gegenargumentation indirekt präsent. Bodenreform wird als Ausdruck des „mit dem Haß gegen den individuellen Reichtum genährten sozialistischen Geistes“ akzentuiert, als Äußerung des „an die Zeiten des Jakobiner-Regimentes erinnernden sozialistischen Geistes“[215]. Unter der

212 Zur Position Damaschkes selbst vgl. a. Werner Krause/Günther Rudolph, Grundlinien des ökonomischen Denkens in Deutschland, 1848 bis 1945, a. a. O., S. 189: „Als Chefredakteur der Bodenreformzeitung „Frei Land“ vermochte Damaschke eine politische und praktische Umorientierung der Bewegung agitatorisch vorzubereiten. Diese Neuorientierung ... bedeutete in politischer Hinsicht einen beachtlichen Ruck nach ‚Rechts‘.“

213 Vgl. Die Bodenreform, ihre Ziele und ihre Wirkungen. Eine Sammlung von Aufsätzen, hrsg. v. R. van der Borght, Berlin 1919, Vorbemerkung.

214 Ebenda. 215 Ebenda, S. 10.

Überschrift „Der bodenreformerische Zukunftsstaat“ wird in polemischer Weise die „Wesensverwandtschaft der Bodenreformer mit der sozialistischen Grundanschauung“ behauptet, die sich auch bei Damaschke darin zeige, „daß sie gleich den Sozialisten die bestehenden Mißstände in übertriebener Weise darstellen und schließlich zu einer vollständigen Verelendungstheorie gelangen“ und ferner darin, daß sie „die Wirkungen der von ihnen angestrebten Umgestaltungen der Verhältnisse in den überschwenglichsten Tönen feiern. Durch die ‚Sozialisierung der Grundrente‘, die sie anstreben und hinter der sich in Wirklichkeit nichts anderes verbirgt als die Veränderung des privaten Bodeneigentums durch das öffentliche Eigentum, soll nahezu alles, was überhaupt auf Erden ungünstig ist, beseitigt werden.“[216]

Der „Gefährdung des Privateigentums durch die Bodenreformer“ widmet van der Borght einen umfangreichen Hauptabschnitt.[217] Wo schließlich die „Forderung der Abschaffung des Privateigentums am Boden“ aus „taktischen Gründen nicht mehr ... aufgestellt“ werde, sei man zur Forderung nach „Sozialisierung der Grundrente“ übergegangen. Doch auch eine solche Forderung stelle den Fortbestand des privaten Grundeigentums in Frage, bedeute sie doch de facto, „daß der Privateigentümer zwar die Verlustgefahr des Eigentums tragen“ müsse, „daß aber seine Gewinnaussichten der Gesamtheit gehören“[218]. In einem besonderen Abschnitt des Buches unter der Überschrift „Die Grundrente“ polemisiert van der Borght unter Berufung auf Ricardo gegen die bodenreformerische Konzeption der Grundrente, die mehr den *absoluten* Aspekt der Rente betont: „Was sich die Bodenreformer unter der Grundrente eigentlich vorstellen“ würden, sei, wie van der Borght meint, „schwer herauszubekommen“. Sie würden behaupten, sich auf die Ricardosche Grundrentenlehre zu stützen, das aber treffe nur in gewissen Einzelheiten, „nicht in dem entscheidenden Punkte, auf den es Ricardo vor allem ankam“, zu. „Ricardo wollte nämlich nachweisen und hat nachgewiesen, daß die Physiokraten, auf die ja übrigens die Bodenreformer in wichtigen Punkten zurückgreifen[219], sich im *Irrtum* befunden haben, wenn sie annahmen, daß *jeder* Boden eine Rente ergebe. Ricardo verneint gerade das Bestehen einer allgemeinen [d. h. absoluten] Grundrente.“[220] Gegen die bodenreformerische Annahme einer allgemeinen oder absoluten Grundrente verficht der Bodenreformgegner und Antisozialist van der Borght die an Ricardo geschulte Konzeption, daß Grundrente ausschließlich und ihrem Wesen nach immer nur Differentialrente sei. „In Wirklichkeit“, so polemisiert van der Borght, „entsteht eine Grundrente nur dadurch, daß Grundstücke *verschiedener* Beschaffenheit nebeneinander für gleichartige Zwecke benutzt werden. Grundstücke, bei denen dieser Zweck

[216] Ebenda, S. 12.

[217] Ebenda, S. 36 ff.

[218] Ebenda, S. 36.

[219] Nämlich auf Anne Robert Jaques Turgot, den entschiedensten Vertreter der Physiokratie.

[220] Die Bodenreform, ihre Ziele und ihre Wirkungen, a. a. O., S. 300.

unter günstigeren Voraussetzungen erreicht werden kann, kommen dadurch in Vorteil gegenüber denen, bei denen ungünstigere Bedingungen vorliegen. Das hat auch", wie es verstärkend heißt, „Ricardo nachdrücklich betont."[221] Und noch einmal: „Dieser *verschiedene* Nutzen ist es schließlich, der im letzten Kern die Grundrente entstehen läßt. Die Bodenreformer" würden das allerdings „vergessen . . ., weil sie, wie auch die Sozialisten[222], eigentlich nur einen Arbeitswert anerkennen und nicht einen Nutzungswert."[223] Gegen die bodenreformerische Meinung, „daß die Grundrente nur wenigen Leuten zufließt, die zufällig Eigentümer des Bodens seien", setzt van der Borght die apologetische Meinung des „Schutzverbandes für den Deutschen Grundbesitz", „daß die steigende Grundrente ein Hebel wichtiger Kulturfortschritte ist".[224] Wir haben diese seit Malthus zum wichtigen Bestandteil der vulgärökonomischen Grundrentenapologetik gehörende Argumentation schon mehrfach hervorgehoben.

Mit wesentlich feinerem Geschütz arbeitet der schwedische, in Deutschland nach dem ersten Weltkrieg aber vielgelesene bürgerliche Ökonom Gustav Cassel (1866–1945), der in der Fortführung marginalistischer Ansätze eine allgemeine Preistheorie auf der Grundlage der Kategorie „Knappheit" konzipierte, die auch Raum bot für eine geschickt verschleierte Grundrententheorie, welche „Rente im allgemeinsten Sinne des Wortes als den Preis der Nutzung eines dauerhaften Gutes definiert"[225].

Cassel bezieht sich interessanterweise auf den deutschen Ökonomen Albert Schäffle[226], der sich 1899 außerordentlich positiv über die von Cassel eingeschlagene Richtung geäußert habe.[227] Auf rein preistheoretische Weise eliminiert Cassel das der Grundrentenfrage anhaftende Ausbeutungs- und Eigentumsproblem: „Die Rente im eigentlichen Sinne sollte keine Entschädigung für eine menschliche Aufopferung irgendwelcher Art enthalten, sondern der Preis für die Nutzung eines vorhandenen dauerhaften Gutes sein . . . Die Existenz der Rente ist einfach [!] durch die Notwendigkeit, die Nachfrage nach der knappen Bodennutzung zu

221 Ebenda, S. 301.

222 Daß die von den Bodenreformgegnern behauptete Beziehung zwischen Bodenreform und Sozialismus nicht ganz aus der Luft gegriffen war, wird durch einige Schriften der Bodenreformer demonstriert, in der die Bodenreform- und Grundrentenproblematik in der jungen Sowjetunion bei aller Abgrenzung mit Interesse und Wohlwollen besprochen wurde (vgl. hierzu den 1929 erschienenen Band „Damaschke und die Bodenreform", hrsg. von Max Harteck, Berlin 1929, der auf den Seiten 461–481 unter Berufung auf Vorträge von Alexander Block, Leningrad, die Boden- und Grundrentenproblematik in der Sowjetunion eingehend würdigt).

223 Die Bodenreform, ihre Ziele und ihre Wirkungen, a. a. O., S. 301.

224 Ebenda, S. 303.

225 Vgl. Gustav Cassel, Theoretische Sozialökonomie, 1. Aufl., Stockholm – Leipzig 1918; 5. Aufl., Leipzig 1932, S. 244.

226 Vgl. oben, S. 245f.

227 Vgl. Gustav Cassel, Theoretische Sozialökonomie, 5. Aufl., a. a. O., S. IV.

beschränken, bedingt."[228] Woher diese von Cassel akzentuierte „Knappheit" der „Bodennutzung" stammen könnte, wird sinnigerweise nicht erfragt. Die Bodenrente sei eine „reine Knappheitsrente" und damit sei genug erklärt. Eine Steigerung der Nachfrage mache, „nachdem der gesamte Boden in Anspruch genommen" sei, „eine stärkere Begrenzung der Nachfrage notwendig, weil der Boden knapp ist". Diese Begrenzung könne in der „Tauschwirtschaft" nur dadurch durchgeführt werden, „daß auf die Bodennutzung ein einheitlicher Preis gesetzt wird, hinreichend hoch, um den Produktenpreis hinreichend zu erhöhen und somit die Nachfrage nach Weizen in Übereinstimmung mit der auf dem gegebenen Boden mit der gegebenen Produktionsmethode erzeugbaren Produktenmenge zu bringen. Es entsteht also", wie Cassel resümiert, „eine Bodenrente, die einerseits durch die Beschaffenheit der Nachfrage, andererseits durch die gegebene Bodenmenge bestimmt ist und die eine *reine Knappheitsrente* darstellt. Diese Bodenrente" [als Knappheitsrente], so heißt es definitiv, „zeigt uns die zentrale Natur jeder Bodenrente"[229]. „Knappheit" also hieß das positivistisch sachlich drapierte euphemistische Zauberwort, womit der durch Grundeigentum und Grundeigentumsmonopol stigmatisierte Sachverhalt in der Grundrentenfrage nunmehr zu verschleiern unternommen werden sollte.

Wenden wir uns schließlich dem enzyklopädischen Glanzstück der bürgerlichen Sozialökonomik dieser Periode zu, dem 1927 in vierter Auflage erschienenen „Handwörterbuch der Staatswissenschaften", herausgegeben von. Elster und anderen, und hier speziell dem Artikel „Grundrente", verfaßt von dem der Grenznutzentheorie nahestehenden Otto Weinberger, der stellvertretend für das Gros der bürgerlichen Ökonomen dieser Zeit die in der Grundrentenfrage einzunehmenden Positionen wie folgt umriß[230]: Bedenklich oder geradezu falsch in der Geschichte des Grundrentenproblems seien die Positionen von Turgot und Adam Smith: Turgot, weil er „in der Rententheorie den späteren Ausbeutungs- und Mehrwerttheoretikern vorauseile"[231]; Adam Smith deswegen, weil er „die Rente auf das Privateigentum am Boden zurückführt"[232]. „Unglücklich und viel mißbraucht" seien Adam Smith' „Ausführungen im IX. Kapitel, wo er die Grundrente nicht aus den Gesetzen der Wirtschaft, sondern aus der geschichtlich bedingten Bildung des Privateigentums an Grund und Boden ableitet und die Grundherren unter jene rechnet, welche zu ernten lieben, wo sie nicht gesät haben, und sogar für die natürlichen Bodenerzeugnisse eine ‚Rente' begehren."[233] Ricardo hingegen erkläre die Grundrente „aus den Gesetzen der Wirtschaft"; seine Identifizierung der Grundrente mit der ausschließlich von ihm anerkannten Differentialrente

228 Ebenda, S. 250.
229 Ebenda, S. 251.
230 Vgl. Handwörterbuch der Staatswissenschaften, Bd. 4, 4. Aufl., Jena 1927, S. 1223 ff.
231 Ebenda, S. 1230.
232 Ebenda, S. 1227.
233 Ebenda, S. 1231.

erscheint in den Augen Weinbergers a priori als „bewunderungswürdige Darstellung“: „Ricardos bewunderungswürdige Darstellung der Grundrente“, so heißt es, „gipfelt in dem Satz, daß die Rente immer ein Produktunterschied ist, welcher durch die Aufwendung von zwei *gleichen* Mengen Kapital und Arbeit entsteht.“[234] Von Rodbertus hat Weinberger verständlicherweise keine sehr freundliche Meinung: Seine Rententheorie, so heißt es, stelle „nur ein eklektisches Gemisch aus physiokratischen Gedanken sowie aus den Arbeitswert- und Ausbeutungstheorien dar ...“[235]

Wie für Mangoldt, Menger, Schumpeter und andere hat für Weinberger die Grundrententheorie als relativ selbständige Lehre innerhalb der Verteilungstheorie ausgespielt: „Die Theorie einer besonderen Grundrente“, meint Weinberger, „gehört der Dogmengeschichte an.“[236] Ungeachtet dieser Zustimmung zur Generalisierung der Rentenlehre à la Mangoldt, Schäffle, Menger etc. betont Weinberger abschließend die unerschütterte Gültigkeit des Kerns der Ricardoschen Grundrententheorie: „Aber die Grundgedanken der Rententheorie Ricardos – und das möchte ich zum Schluß betonen – sind trotz aller Verbesserung der Formgebung und trotz aller Verallgemeinerung unerschüttert geblieben ...“[237]

Zeitlich synchron mit der von O. Weinberger formulierten Verurteilung der Rodbertusschen Rentenlehre im renommierten „Handwörterbuch der Staatswissenschaften“ geht die Verwerfung dieser Rententheorie in der spezifischen monographischen Literatur. So kommt Erich Thier, der spätere existenzialistische Marx-Kritiker[238] in einer seiner frühen Veröffentlichungen[239] zu folgender Feststellung: „Rodbertus kennt also im Gegensatz zu Ricardo eine *absolute* Grundrente. Die Lehre von der Grundrente ist zweifellos die schwächste Stelle in Rodbertus' System. Sie beruht nicht allein auf dem Irrtum, in der Landwirtschaft die Bedeutung des stehenden Kapitals zu übersehen ... weil der naturgegebene Boden das Rohmaterial sei, sondern auch auf der Annahme der Geltung des ‚normalen‘ Wertes, dessen Konstituierung sonst stets erst gefordert wird. In der Annahme der Geltung des ursprünglichen Wertgesetzes in der Landwirtschaft berührt sich Rodbertus übrigens mit Marx, bei dem die *absolute* Grundrente auch auf dieser Annahme basiert ist ...“[240]

Als Hauptärgernis erscheint also auch bei Thier die von Rodbertus gegen Ricardo vertretene absolute Rente. Es wird aber noch gleichsam „sachlich“ argu-

[234] Ebenda, S. 1236.
[235] Ebenda, S. 1233.
[236] Ebenda, S. 1241.
[237] Ebenda.
[238] Vgl. Erich Thier, Etappen der Marxinterpretation, in: Marxismusstudien, Schriften der Studiengemeinschaft der evangelischen Akademien, Bd. 3, Tübingen 1954, S. 1 ff.
[239] Erich Thier, Rodbertus, Lassalle, Adolph Wagner. Ein Beitrag zur Theorie und Geschichte des deutschen Staatssozialismus, Jena 1930.
[240] Ebenda, S. 61.

mentiert, während das 1931 in 5. Auflage erscheinende katholische „Staatslexikon" nur noch ex cathedra „verkündet": „Dem arbeitslosen Einkommen als solchem", so heißt es unter dem Stichwort *Rente*, „haftet kein sittlicher Makel an." „Der kirchlichen Überlieferung wie der Überlieferung der Schule", so das „Staatslexikon" in dankenswerter Offenherzigkeit, „ist das arbeitslose Einkommen als ein an und für sich durchaus rechtmäßiges Einkommen versraut und geläufig Kirchlicher Vermögensbesitz sollte zu allen Zeiten und unter allen Wirtschaftssystemen als Rentenquelle verwaltet werden, insbesondere als Grundrentenquelle"[241].

Für Othmar Spann (1878–1950) hingegen, den klerikal-faschistischen Ständestaatsideologen an der Wiener Universität, erscheint es unangebracht und geradezu gefährlich, die Rente als „arbeitsloses Einkommen" zu betrachten und sich auch noch dazu zu bekennen, wie es im „Staatslexikon" geschah. Die Gleichsetzung der Rente mit „arbeitslosem Einkommen" tendiere letztlich dahin, etwas als „Ausbeutung" zu charakterisieren, was nach Spanns apologetischem Konzept nicht Ausbeutung heißen darf. Die Rente sei jedoch „kein Abzug vom Wirtschaftsertrag anderer", sondern vielmehr eine „Vorzugsvergütung für eine Vorzugsleistung". „Es handelt sich daher", so meint Spann, „bei den Renten nicht um Gewinn überhaupt, sondern um Vorzugsanteile am Erfolge, um *Vorzugsanteile für führende Leistungen.*" „Welchen dieser Vorzugserfolge oder ‚Renten' man auch ins Auge fasse: keiner besteht seinem Wesen nach darin, daß er auf einem Abzuge vom Ertrage anderer Wirtschafter beruhe . . ."[242] Mit solchen und ähnlichen „Argumentationen" versucht Spann die „Vorzugsanteile" der großen Produktionsmittel-Eigentümer in Stadt und Land als angebliches Entgelt für angeblich „führende Leistungen" plausibel zu machen.[243]

Wie die allgemeine bürgerliche „Volkswirtschaftslehre", so trug auch die spezielle Disziplin der bürgerlichen „Agrarpolitik" zur Mystifizierung des Grundrentenproblems nach Kräften bei. Für Wilhelm Abel, einen der Nestoren der bürgerlichen Agrarlehre der Gegenwart, steht es außer Frage, daß die „neuere Theorie . . . Grundrente als Preis der Bodennutzung betrachtet". Die Höhe des „Preises", so wird im Zirkelschluß argumentiert, richte sich nach dem produktiven Beitrag des Bodens im Produktionsprozeß; der Unternehmer werde gerade so viel Boden nachfragen, daß der Marktwert des Bodengrenzertrages der Grundrente gleich ist.[244] Die klassische „Differentialtheorie" ist nach Abel abgelöst oder aufgegangen in die „sog. Grenzproduktivitätstheorie des Bodens". „Die Grenzproduktivi-

241 Staatslexikon, im Auftrag der Görres-Gesellschaft hrsg. von Hermann Sacher, 5. Aufl. Bd. 4, Freiburg/Br. 1931, S. 860 f.

242 Othmar Spann, Tote und lebendige Wissenschaft, 4. durchges. Ausg., Jena 1935, S. 345 ff.

243 Zur Gesamteinschätzung Othmar Spanns vgl. auch Werner Krause/Günther Rudolph, Grundlinien des ökonomischen Denkens in Deutschland, 1848 bis 1945, a. a. O., S. 388–400.

244 Vgl. Wilhelm Abel, Agrarpolitik, 2. Aufl., Göttingen 1958, S. 316.

tätstheorie des Bodens", so liest man, „die die klassische ‚Differentialtheorie' im neueren Schrifttum abgelöst hat", bringe „zwar keine neuen Erkenntnisse, doch" füge „sie sich leichter der allgemeinen Verkehrstheorie ein als jene, die in der klassischen Formulierung nur mittelbar zur Preistheorie in Beziehung stand ... Von der Rententheorie klassischen Stils", so heißt es, „konnte [daher] gesagt werden, daß sie in der privatwirtschaftlichen Reinertragslehre *überflüssig* [Hervorhebung – G. R.] sei". Diese Rententheorie klassischen Stils, so W. Abel, „figuriert in den Lehrbüchern und Systemen [der landwirtschaftlichen Betriebslehre] als eine traditionelle Darstellungsform, aber sie ist in diesem Zusammenhang kein wissenschaftliches Instrument oder eine ökonomische Erkenntnisquelle ..."[245] In einem anderen Abschnitt seines Buches, in dem Abel zu dem Streit um den Kapitalcharakter des Bodens Stellung nimmt, polemisiert Abel gegen die Ansicht von Rodbertus, der sich mit Nachdruck gegen die immer mehr um sich greifende generelle Identifizierung von Boden und Kapital gewandt hatte.[246]

Ein anderer Agrarpolitiker, Hans-Heinrich Herlemann, definiert die Grundrente freiweg als „funktionelles Einkommen des knappen Produktionsfaktors Boden"[247]. Bei solcher Definition wird stillschweigend oder ausdrücklich angenommen, daß das Adjektiv „funktionell" als „eigentumsindifferent" zu lesen ist, daß also Grundrente als „eigentumsindifferentes" Einkommen zu gelten hat.[248] Auch Herlemann gewann seine mystifizierende Grundrentenbestimmung unter dem Blickwinkel des ricardianischen bzw. neoricardianischen Differentialprinzips.[249]

Aufschlußreich für die Verschleierungstaktik in der Rentenfrage ist auch das von der Görres-Gesellschaft in 6. Auflage herausgegebene „Staatslexikon" aus dem Jahr 1961. Hier wird der Pluralismus innerhalb der Rentenerscheinungen und Rentenbegriffe betont und zugleich der Rentenbegriff der „alten sozialkritischen-antikapitalistischen Wirtschaftsdoktrin (Rodbertus' ‚Herrenrente'; Oppenheimer: ‚Das Klassenmonopol' des Besitzers von Boden ...)" als für „heute nicht mehr haltbar" erklärt. Diese „alte sozialkritisch-antikapitalistische Wirtschaftsdoktrin" habe „die allgemeine Vorzugsstellung des ‚Besitzeinkommens' als Hauptmerkmal des ‚ausbeuterischen Kapitalismus'" begriffen, was heute nicht mehr haltbar sei. Der Artikel des „Staatslexikons" betont schließlich, wie *sehr* der allgemeine Begriff der Rente sowohl im wissenschaftlichen Sprachge-

245 Ebenda, S. 316.

246 Ebenda, S. 284 f.

247 Hans-Heinrich Herlemann, Grundlagen der Agrarpolitik. Die Landwirtschaft im Wirtschaftswachstum, Berlin – Frankfurt a. M. 1961, S. 38.

248 Über diesen Sinn und Hintersinn des Wortes „funktionell" oder „funktional" in den Grundrentenlehre vgl. Hans Beutler, Das Problem der Grundrente und seine Lösungsversuche, Dissertation an der Wirtschaftshochschule Mannheim, Stuttgart 1962, S. 63.

249 Vgl. Hans-Heinrich Herlemann, Grundlagen der Agrarpolitik. Die Landwirtschaft im Wirtschaftswachstum, a. a. O., S. 40.

brauch wie auch in der politischen Auseinandersetzung *„zurückgetreten"* sei.[250] Ricardos Verdienst bestehe unter anderem darin, „auch eine funktionale Sicht des Rentenproblems" eingeführt zu haben, „indem er die unterschiedliche Höhe der Renten durch das Vorhandensein von besonderen Vorzugsstellungen einzelner Einkommensbezieher gegenüber anderen, weniger begünstigten erklärt"[251]. An anderer Stelle des Lexikons wird die „heute übliche preistheoretische Auffassung der Grundrente" expressis verbis auf Gustav Cassel zurückgeführt. „In einer Wirtschaft, in der die Preise eine Steuerungsfunktion haben sollen", lasse „sich die Grundrente, verstanden als Preis der Bodennutzung, schlechterdings nicht entbehren."[252]

Eine „systematische Analyse" zum „Rentenbegriff in der Wirtschaftstheorie" versuchte Maximilian Klafkowski in seiner Schrift aus dem Jahre 1963 zu geben.[253] Klafkowski tritt für einen sehr allgemeinen, fast uferlosen Rentenbegriff ein und ist wie Mangoldt, Schäffle und andere derart bestrebt, das sozialpolitisch belastete Grundrentenproblem durch Generalisierung aus der Welt zu schaffen. Ein Motiv für diese via Verallgemeinerung erfolgende Verflüchtigung des Rentenproblems läßt sich in der einem Nebensatz entnommenen Aussage erkennen, daß „das Rentenproblem gerade von seiner begrifflichen Seite her durch die Jahrhunderte hindurch immer wieder auch *gesellschaftspolitischen Ideen* Nahrung gegeben hat ..."[254] Um künftighin solchen ans Rentenproblem anknüpfenden „gesellschaftspolitischen Ideen" keine Nahrung mehr zu geben, definiert Klafkowski „Rente zusammenfassend wie folgt ...": „Renten in der freien Wirtschaft sind Teile aus Produktpreisen bzw. Erträge/Einkommen, Ertrags-/Einkommensteile von Produktionsfaktoren sowie von Produktionsmitteln (Faktorteilen), die sich auf Grund ihrer *Knappheit* im Verhältnis zur Nachfrage danach bzw. als Folge der verschieden hohen Produktionskosten im Rahmen der Grenzwertbestimmungen in differenzierter Höhe bilden, sowie Vorteile in der Einkommensbewertung als Folge der Ausnutzung von Schwankungen der Markt- und der natürlichen Preise (einschließlich der Preisniveauveränderungen)."[255] Alle wichtigen Stichworte zur Rentenapologetik (vom Preis der „Produktionsfaktoren" über „Knappheit", „Nachfrage" bis zu „Grenzwertbestimmungen in differenzierter Höhe") sind in dieser monströsen „Rentendefinition" vereinigt, und alle wesentlichen Begriffsmerkmale zu einer wirklich wissenschaftlichen Charakteristik des Rentenproblems, vorab den Eigentumsaspekt, sucht man in dieser „Definition" vergebens.

250 Vgl. Staatslexikon, hrsg. von der Görres-Gesellschaft, Bd. 6, Freiburg/Br. 1961. Art.: Rente, S. 844 und 847.

251 Ebenda, S. 847.

252 Vgl. Staatslexikon, a. a. O., Bd. 3, Art.: Grundrente, Freiburg/Br. 1959, S. 1134ff.

253 Vgl. Maximilian Klafkowski, Der Rentenbegriff in der Wirtschaftstheorie. Eine systematische Analyse, Berlin(West) 1963.

254 Ebenda, S. 10.

255 Ebenda, S. 183f.

Trotz einer bereits 100 Jahre lang anhaltenden Kritik und „Widerlegung" der Rodbertusschen Rententheorie sieht sich auch Klafkowski veranlaßt, in eine Polemik mit Rodbertus einzutreten. Es werde lästigerweise „als eine tief in den Gemütern verwurzelte Idee angesehen, daß alles Einkommen durch eine persönliche Anstrengung des Nutznießers gerechtfertigt sein sollte. Als ein Musterbeispiel für ein Einkommen ohne Arbeit, ein nicht erworbenes Einkommen, ‚unearned increment'", gelte aber „von jeher die Bodenrente"[256]. Zum Beispiel „Rodbertus faßte unter ‚Rente' das Einkommen der Großgrundbesitzer und der Kapitalisten als arbeitsloses Einkommen zusammen . . . Bei Marx" sei „das Kapital das, was eine Rente erzeugt, und das Wort Rente" bedeute „ein nicht durch die Arbeit des Kapitalisten, sondern durch die Arbeit anderer erzeugtes Einkommen".[257] Rodbertus, so heißt es an anderer Stelle der Klafkowskischen Arbeit polemisierend, „übte scharfe Kritik gegen die Grundrente mit Anklängen an den Physiokratismus. Indem bei ihm Kapitalgewinn wie Grundrente nur Unterabteilungen der allgemeinen Kategorie ‚Renten' darstellen, findet ein über dem Prinzip des Kapitalgewinns stehendes ‚allgemeines Rentenprinzip' im Gegensatz zum Lohnprinzip auch auf den Unternehmergewinn Anwendung . . . Wie alle Renten stelle dieser Gewinn wirtschaftliches, am Arbeiter begangenes Unrecht dar, aus dem zwar unsere Kultur entsprungen sei, das aber künftiger wirtschaftlicher Gestaltung weichen müsse." Rodbertus sehe fälschlicherweise „‚in denjenigen Teilen des gesellschaftlichen Einkommens, die man Grundrente und Kapitalgewinn nennt, das Arbeitsprodukt anderer als derer, die sie beziehen' . . ."[258]

Die etwa in der gleichen Zeit entstandene großangelegte „Systematische Theoriegeschichte der Ökonomie" des englischen Ökonomen Mark Blaug (zuerst 1962) bewegt sich ganz in herkömmlichem Rahmen, wenn sie die mit einem Vorbehalt akzeptierte Gültigkeit der Ricardoschen Grundrententheorie eklektisch verbindet mit einer im Geiste Marshalls verallgemeineruden Rententheorie. „Einige britische Ökonomen" so heißt es, „teilten Marshalls Sympathie für den ricardianischen Rentenansatz, doch vertritt die Mehrzahl der modernen Wirtschaftswissenschaftler *nicht* mehr die Ansicht, es bestehe die Notwendigkeit zu einer *gesonderten* Theorie der Grundrente. Im langfristigen, stationären Gleichgewicht" lasse „sich das *Gesamt*produkt in Zinsen und Löhne als Entgelt für Kapital und Arbeit auflösen", und dabei gebe „*es keinen dritten Produktionsfaktor*", also keinen „Produktionsfaktor Boden". Die Theorie der Differentialrente, so heißt es in Ricardo relativierender Weise, sei „nur deshalb interessant, weil sie das Auftauchen der Marginalanalyse kennzeichnet".[259]

Es bietet sich an, einige zusammenfassende Schlußfolgerungen aus dieser vulgärökonomischen Polemik gegen die Grundrententheorie von Rodbertus zu ziehen :

256 Ebenda, S. 159. 257 Ebenda.
258 Ebenda, S. 192.
259 Vgl. Mark Blaug, Systematische Theoriegeschichte der Ökonomie, Bd. 1: Vom Merkantilismus zu Ricardo, deutsch von J. Hengstenberg, München 1971, S. 166 und 168.

1. Die Theoriegeschichte des Grundrentenproblems in ihrer vulgärökonomischen Phase demonstriert in besonders eklatanter Weise schon von ihrem zentrale Interessen berührenden Gegenstand her „das böse Gewissen und die schlechte Absicht der Apologetik“[260]. Die *reale* Grundrente, neben dem realen Profit den „Furien des Privatinteresses“ besonders „heilig“ und dem Anspruch nach „unantastbar“, forderte die bürgerliche Ökonomie zunehmend, und zwar parallel zur wachsenden Kraft der Arbeiterbewegung, zu besonders intensiven Selbstverteidigungsanstrengungen heraus. Hierbei war es für die bürgerliche Ökonomie unausbleiblich, in eine Auseinandersetzung mit Rodbertus einzutreten.

2. Die Theoriegeschichte des Grundrentenproblems in ihrer vulgärökonomischen Phase ist, wie man sieht, eine Geschichte der zunehmenden Vertuschung des von Rodbertus wie Marx scharf betonten Eigentumsaspektes und Monopolgedankens. Diese Vertuschung geschah und geschieht einerseits durch „Generalisierung“ des Rentenproblems, andererseits (oder auch gemeinsam mit ersterem Verfahren) durch grenznutzlerisch reaktivierte Gebrauchswertlehren und schließlich durch Manipulierung mit einer spezifischen Preistheorie, wonach es schlechthin selbstverständlich sein soll, daß für die „Nutzung“ des „knappen Produktionsfaktors“ Boden ein „Preis“ zu zahlen ist.

3. Diese Theoriegeschichte des Grundrentenproblems stieß, wie an zahlreichen Belegen demonstriert, immer wieder auf die Grundrententheorie von Rodbertus, und zwar in einer polemischen, der Absicht nach destruktiven Weise: Die Rodbertussche Grundrententheorie blieb derart vom Anfang dieser theoriegeschichtlichen Periode bis in die Gegenwart hinein ein Angriffspunkt und Ärgernis der bürgerlichen Grundrentenapologetik. Auch wenn aus dieser durchgehenden Gegnerschaft weder auf die *durchgehende* Richtigkeit noch auf die *durchgehende* Falschheit der Rodbertusschen Grundrententheorie geschlossen werden kann, so läßt sich doch daraus entnehmen, daß die Rodbertussche Rententheorie wichtige progressive Erkenntnisse enthalten muß, die der bürgerlichen Ökonomie und Ideologie in ihrer Verfallsphase diametral widersprechen.

4. Die bürgerliche Grundrentenapologetik zielt, wie ersichtlich, primär gegen die Annahme einer *absoluten* Rente,[261] während die Annahme einer Differentialrente nicht nur als „läßliche Sünde“ toleriert wird, sondern geradezu als Vehikel dient, um die angebliche Absurdität der absoluten Rente zu „beweisen“. Hierzu leistet das nur mehr oder weniger verballhornte Ricardosche Differentialrentenprinzip seit über 100 Jahren apologetische Hilfsdienste. Da für Rodbertus die absolute Rente der „Normalfall“ und die Differentialrente

[260] Karl Marx, Das Kapital, Erster Band, Nachw. z. 2. Aufl., in: MEW, Bd. 23, Berlin 1962, S. 21.

[261] Selbst da, wo sie sich, wie bei den Grenznutzentheoretikern, veranlaßt sieht, die Existenz einer mystifizierten Abart von „absoluter“ Rente anzuerkennen (Kosten für Bodennutzung; Preis für die Nutzung des knappen Produktionsfaktors Boden).

nur eine zweitrangige Modifikation dieses Normalfalls nach oben oder unten darstellte, während für Ricardo die Differentialrente der Normalfall und die absolute Rente ein ziemlich unwahrscheinlicher „Zufall" war, trifft Rodbertus neben Marx die ganze Polemik der sich gegen die *absolute* Rente abgrenzenden bürgerlichen Grundrentenapologetik und Ricardo die unerwünschte aber unvermeidbare Komplizenschaft seiner spätbürgerlichen Epigonen. Daß Ricardo trotz seiner theoretischen Verdienste bei der Herstellung eines direkten Zusammenhanges zwischen Rententheorie und Wertlehre nicht ganz schuldlos an dieser spätbürgerlichen Anhängerschaft in der Rentenfrage war, versuchte das erste Kapitel dieser Arbeit zu zeigen.[262]

5. In der nur sporadisch sichtbar werdenden vulgärökonomischen Rentenliteratur der Gegenwart vollzieht sich die nahezu umfassende Vertuschung des Eigentumsaspektes und des Monopolgedankens in einer pseudowissenschaftlich hochgestochenen Form von Ignoranz, die den Anschein zu erwecken trachtet, als seien alle Grundrentenprobleme und Bodenfragen prinzipiell gelöst und daher für die Wissenschaft nicht mehr so interessant und bedeutungsvoll. „Viele wirtschaftswissenschaftliche Veröffentlichungen", so H. Griesebach in einer 1966 veröffentlichten Schrift, „erwecken den Anschein, das Grundrentenproblem sei gelöst. Die Zeit, in der die Lehre von der Grundrente mit zu den umstrittensten Lehren der Volkswirtschaft gehörte, scheint vergangen zu sein. Seit Ende der zwanziger Jahre wird das Grundrentenproblem in den Lehrbüchern der Wirtschaftstheorie nur noch in sehr allgemeiner Form behandelt."[263] Wichtig für den hier zu klärenden Zusammenhang, daß dieses nur ganz vereinzelt beklagte, aber gegenwärtig in großem Maßstab praktizierte Bagatellisieren und Banalisieren der Grundrentenproblematik in keinerlei Widerspruch zum polemisch und lautstark bekundeten Wichtignehmen der Grundrentenfrage in der älteren Literatur steht, sondern die vollkommenste Entsprechung hierzu darstellt: Man bagatellisiert und vertuscht nur das, was man einem möglichen Zugriff entziehen will; und nur das will man einem möglichen Zugriff entziehen, was einem durch seine Realität von außerordentlicher Wichtigkeit ist. Nur unter diesem Gesichtspunkt sind die immer kleiner und banaler werdenden Kapitel über die Grundrente in den „modernen" bürgerlichen Darstellungen der „Nationalökonomie" richtig zu dechiffrieren.[264] Die Vernachlässigung der Grundrententheorie in der gegenwärtigen bürgerlichen wirtschaftswissenschaftlichen Literatur steht also nicht im umgekehrten, sondern geradezu im direkten und wohl gezielten Verhältnis zu der ihr im apologetischen Bewußtsein beigemessenen Bedeutung. „Man rührt nicht", so Werner Hofman zu die-

262 Vgl. oben, Abschnitt über Ricardos Grundrententheorie und ihre Gegner, S. 86ff.

263 Heinz Griesebach, Der Einfluß des technischen Fortschrittes auf die Preise landwirtschaftlich genutzten Bodens in Industrieländern. Ein Beitrag zur Theorie der Grundrente und des technischen Fortschrittes, Berlin(West) 1966, S. 69.

264 Man vgl. hierzu z. B. das nur 15seitige Kapitel 28 in der „Volkswirtschaftslehre" des amerikanischen Ökonomen Paul A. Samuelson, Bd. 2, 4. Aufl., Köln 1970, S. 230ff.

ser Verschweigetaktik, „an Fragen, die man nicht lösen kann, die man nicht lösen will."[265]

6. Alle Methoden der umfassenden Vertuschung des von Rodbertus mit Nachdruck und Schärfe betonten Eigentumsaspektes in der Grundrententheorie, sowohl die direkten wie die indirekten, signalisieren den von Mehring lobend hervorgehobenen „meilenweiten" Vorsprung der Rodbertusschen Einsichten vor den vulgärökonomischen Absichten. Zahlreiche Argumentationen der hier nur ausschnittsweise vorgeführten vulgärökonomischen Rodbertus-Kritik sind daher für die theoriegeschichtliche Forschung dazu angetan, in einer Art Umkehrschluß zur Präzisierung des marxistischen Rodbertusbildes beizutragen.

[265] Vgl. Werner Hofmann, Bodeneigentum und Gesellschaft – Theorie und Wirklichkeit, o. O. und o. J.: „Das Bodeneigentum gehört zu den vernachlässigten Gegenständen unserer Tage. Es beschäftigt heute nur am Rande die sozio-ökonomische Theorie und die gesellschaftliche Praxis. Das erscheint zunächst erstaunlich, und zwar nach mehreren Seiten hin ..." (ebenda, S. 1). Hofmanns Antwort: „Das Bodeneigentum und das Verhältnis der herrschenden Gewalten zu diesem ist in gewisser Weise paradigmatisch für das ökonomische und politische Kräftespiel in unserer Gesellschaft ... Es ist offenbar die Breite des Problems, die seiner Erörterung und vollends praktischen Entscheidungen im Wege steht. Man rührt nicht an Fragen, die man nicht lösen kann, die man nicht lösen will" (ebenda, S. 3).

Schlußbemerkungen

Es ist aus verschiedenen Gründen davon abgesehen worden, in dieser Schlußbemerkung allgemeine Zusammenfassungen und Resultate im schulmäßigen Sinne zu geben. Für die faßbaren Ergebnisse der hier angestellten Untersuchungen zum ökonomischen Denken von Karl Rodbertus muß vielmehr an die speziellen Zusammenfassungen und Resultate dieser Untersuchungen selbst verwiesen werden. Diese Ergebnisse sind in jedem Falle konkret und sachbezogen; bezogen auf den historischen Kontext und auf die Originalschriften sowie auf die anderweitig historisch verbürgten sozialökonomischen Aussagen der im Zusammenhang mit Rodbertus untersuchten Autoren, Theoreme und ideologischen Strömungen.

Dennoch sollen an dieser Stelle in Ergänzung und Fortführung des auf den Seiten 65ff zum sozialen Gehalt des Rodbertusschen Denkens Ausgeführten einige allgemeinere Überlegungen resümierender Natur Platz finden. Diese Überlegungen betreffen vor allem die Frage nach dem Stellenwert der in den zwei Hauptteilen gewonnenen Ergebnisse für die Präzisierung unseres Geschichtsbildes einerseits und für die ideologische Auseinandersetzung andererseits. Diese Fragestellung enthält zunächst die für Forschung und Lehre nicht uninteressante Teilfrage, ob und in welcher Weise die gewonnenen Ergebnisse besonders im Hinblick auf die Grundrentenproblematik eine differenzierte Aufwertung des mit Rodbertus bezeichneten Sachverhalts rechtfertigen. Der Verfasser bejaht eine solche differenzierte Aufwertung und meint, die Argumente und Befunde für eine solche Sicht der Dinge mit hinreichender Gründlichkeit dargetan zu haben. Es ist, wie erkennbar, keine Aufwertung gegenüber Marx, sondern, wie naheliegend, eine Aufwertung gegenüber der bürgerlichen Vulgärökonomie und ihrer Legendenbildung. Es ist eine Aufwertung auf ein von Marx selbst vorgezeichnetes Niveau, auf das Niveau einer ökonomischen Denkerpersönlichkeit, die nach Aussage von Marx bei allen Irrtümern im einzelnen „das Wesen der kapitalistischen Produktion durchschaut“[1] hat. Ein solches Prädikat hat Marx wohl kaum noch einmal an einen deutschen ökonomischen Denker verliehen.

Da das Wesen der kapitalistischen Produktion jedoch nur dann als „durch-

[1] Karl Marx, Das Kapital, Erster Band, in: MEW, Bd. 23, Berlin 1962, S. 554.

schaut“ gelten kann, wenn sie zugleich als Produktion und Aneignung von *Mehrwert* begriffen wird, beinhaltet die zitierte Marxsche Aussage auch ein im Kern positives Urteil über die Einsichten von Rodbertus in den Charakter des Mehrwerts und über den Modus seiner Verteilung auf die Revenuen der verschiedenen Ausbeuterklassen, also auch auf das Einkommen der Grundeigentümer in der Gestalt der Grundrente, speziell der absoluten Rente.

Diese Aufwertung auf ein von Marx selbst vorgezeichnetes Niveau ist somit auch eine Art Richtigstellung, eine Richtigstellung gegenüber gewissen Vereinfachungen und Legenden aus einer Entwicklungsperiode der deutschen Arbeiterbewegung, nämlich aus ihrer Gründungszeit, in der es sich um anderes zu sorgen galt, als um die in jeder Hinsicht ausgewogene Darstellung eines vormarxschen Sozialökonomen. Wenn daher Mehring im Hinblick auf die teilweise überzogen kritische Bewertung von Rodbertus in der seinerzeitigen Entwicklungsetappe der deutschen Arbeiterbewegung (Ende des 19. Jahrhunderts) einmal fast Nachsicht heischend anmerkte, gerade „im Kampf um der Menschheit große Gegenstände“ gelte „keine sorgsam abwägende Gerechtigkeit“[2], so wird demgegenüber eine siegreiche Arbeiterklasse zu einem späteren Zeitpunkt, im Besitz aller Machtmittel, einschließlich der materiellen Mittel, systematisch Wissenschaft zu betreiben, von der Höhe ihres reiferen Geschichtsbewußtseins aus zunehmend geneigt sein, differenziertere Urteile zu fällen; und dies auch solchen Erscheinungen und Persönlichkeiten gegenüber, denen im Drang der kämpferischen Verselbständigung zur proletarischen Klassenbewegung zunächst vorwiegend kritisch begegnet werden mußte. Dieses differenziertere Urteilen von den Positionen der siegreichen Arbeiterklasse versteht sich, wie Kurt Hager im Hinblick auf gewisse Aspekte der preußischen Geschichte erläuterte, nicht im Sinne eines pragmatischen „Umschreibens“ der Geschichte, sondern immer im Sinne einer „tieferen Sicht der Dinge“[3]. Bei dieser „tieferen Sicht der Dinge“, im speziellen Fall der mit Rodbertus verquickten Sachverhalte und Wertungen, kann natürlich die Geschichte der politischen Ökonomie als Forschung und Lehre nicht *mehr* machen als die reale Geschichte der politischen Ökonomie selbst. Sie sollte in der Beschreibung und Analyse der politökonomischen Theorieentwicklung dieser Zeit des Vormärz aber auch nicht wesentlich unter dem bleiben, was die Wirklichkeit dieser bewegten Jahre an wirtschaftstheoretischer Opulenz zu bieten hatte. Rodbertus, so beurteilte Franz Mehring einmal diesen Sachverhalt, sei in den vierziger Jahren immerhin der einzige deutsche Gelehrte gewesen, „der sich wirklich auf der Höhe der klassischen Ökonomie hielt“[4].

2 Franz Mehring, Aufsätze zur Geschichte der deutschen Arbeiterbewegung, Berlin 1963, S. 407.

3 Vgl. Kurt Hager, Referat auf der Beratung von Gesellschaftswissenschaftlern in Berlin, in: Neues Deutschland vom 19. 12. 1980, S. 4.

4 Franz Mehring, Geschichte der deutschen Sozialdemokratie, Bd. 1, Berlin 1960, S. 255.

Die komplexe Fragestellung dieser Schlußbemerkung impliziert andererseits die weitere Frage, was speziell in dieser durch Rodbertus befruchteten grundrententheoretischen Auseinandersetzung der letzten 100 Jahre für den ideologischen Kampf der gegenwärtigen Systemauseinandersetzung nutzbar gemacht werden kann. Hier bietet sich der Hinweis auf eine ganze Palette ungelöster Bodenprobleme von größter sozialer Brisanz an. Die auf der größeren Hälfte des Erdballs noch dominierenden privaten Grundeigentumsstrukturen bewirken, daß auch die Grundrentenfrage in ihren verschiedenen Erscheinungsformen noch präsent bleibt, und zwar in sozial hochwirksamer und meist geradezu verhängnisvoller Weise. Diese Grundrentenfrage der Gegenwart hat vielerlei Gesichter: Sie reicht vom Mietwucher und Wohnungselend der von Grundstücksspekulation stigmatisierten kapitalistischen Städte und Ballungsgebiete über die blutigen Kämpfe um die Rückgängigmachung der portugiesischen Landreform (in der es immerhin um 1,14 Millionen Hektar Ackerland und die entsprechenden Grundrentenfonds geht) hinweg zum Massenelend und Riesenlatifundismus in zahlreichen süd- und mittelamerikanischen sowie auch südostasiatischen Staaten. Auch im Ringen um den Zugang zu den Rohstofflagerstätten (die Erdölquellen sind nur der zur Zeit spektakulärste Teil dieser Rohstofflager) zeigt sich das von Marx so charakterisierte „abgeschmackte Gesetz der Grundrente"; abgeschmackt deswegen, weil es „mit dem Fortschritt der Zivilisation den Wert dieser Produkte steigert" und nicht verwohlfeilert.[5]

„Die Rente", so die auch hier noch zutreffende Feststellung von Rodbertus, „ist nichts als das letzte geschichtliche Kriterion [sic!] des ‚Herrn'."[6] Herr, Rentenbezieher und Ausbeuter sind ihm bei dieser Feststellung synonyme und personelle Ausdrücke für die tributäre, mehrwertabschöpfende Kraft des privaten Grundeigentums. Marx charakterisierte diesen „ökonomischen Effekt" des Grundeigentums bekanntlich als „Tribut" oder „Zoll": Das Grundeigentum als „Barriere" der Kapitalanlage verlange „Zoll", das heißt Rente; das Grundeigentum als Monopolmacht verlange „Tribut" alias Rente sogar für „das Recht, die Erde bewohnen zu dürfen".[7] Das Grundeigentum erlange in dieser und anderer Hinsicht „eine ungeheure Macht"[8], eine Macht, die es in weiten Teilen der Erde auch heute noch skrupellos ausübt.

Die Frage, wovon der Mensch lebt und wer *von ihm*, dem arbeitenden und darbenden Menschen lebt, wird daher auch heute noch in vielen Ländern der Erde nach den Gesetzen eines so oder so gearteten Grundrentenmechanismus entschieden. Dies gilt nicht nur für unterentwickelte Länder Afrikas, Süd- und Mittelamerikas und Südostasiens, sondern auch für die hochentwickelten Industrieländer Westeuropas und Nordamerikas. Der horrende Anstieg der

5 Vgl. Karl Marx, Theorien über den Mehrwert, Dritter Teil, in: MEW, Bd. 26. 3, Berlin 1968, S. 360.

6 Karl Rodbertus, Das Capital. Vierter socialer Brief, Berlin 1884, S. 216.

7 Karl Marx, Das Kapital, Dritter Band, in: MEW, Bd. 25, Berlin 1964, S. 782.

8 Ebenda, S. 781.

Grundstückspreise gerade in den entwickelten kapitalistischen Ländern[9] und die permanente mit enormem Mietwucher verbundene Wohnungsmisere in den Städten dieser Länder zeigen, daß auch heute und auch in den „hochentwickelt" genannten Ländern und Staaten „für das Recht, die Erde bewohnen zu dürfen",[10] riesenhafte Tribute eingezogen, unermeßliche Renten abgeschöpft werden. Untersuchungen über die Natur der Grundrente, auch in theoriegeschichtlicher Hinsicht, sind daher von höchst aktueller Bedeutung[11], besonders dann, wenn sie, wie im Hinblick auf Rodbertus und besonders Marx der Fall, das

9 Hierzu einige Aussagen aus der BRD-Zeitschrift „Wirtschaftswoche. Das Magazin der Wirtschaft" (Düsseldorf,) die es wissen muß: In einem Artikel unter dem Titel „Grundstücke, Schlacht um Handtücher" heißt es in der Nr. 40 vom 3. Oktober 1980 wie folgt: „Bauland ist fast nicht mehr zu bezahlen. Bis zu 1000 Mark blättern Bauwillige in Ballungsgebieten bereits für einen Quadratmeter auf den Tisch. Auf dem Verkäufermarkt klettern die Preise weiter und die Flächen schrumpfen ... Ob nun in München, Düsseldorf oder im vornehmen Hamburger Westen – Grund und Boden sind nahezu unerschwinglich geworden. In den Zentren, wo für Flächen, nicht viel größer als ein Handtuch, 300000 Mark verlangt und auch bezahlt werden, können nur noch Kapitalkräftige Immobilien erwerben" (ebenda, S. 52ff.). Der Artikel akzentuiert als „Misere", „daß Deutschlands Bauwillige derzeit im Schnitt 80000 bis 100000 Mark für ein kleines Grundstück (500 qm) hinblättern müssen. Die Nr. 29/1980 der „Wirtschaftswoche" vom 18. 7. 1980 bringt einen Artikel unter der bezeichnenden Überschrift: Bauland. Noch fettere Pfründe. „Immobilien", so liest man gleich im ersten Satz dieses Artikels, „werden immer mehr zu immer höheren Preisen gehandelt. ... Baureifes Land bleibt damit nach wie vor eine fette Pfründe für ihre Eigentümer ... Die Gewißheit, auch in Zukunft gute Gewinne erzielen zu können, macht die Eigentümer beim Grundstücksverkauf zurückhaltender". Für die Käufer hingegen gelte, daß „bei Großstadtpreisen zwischen 500 und 1000 DM für den Quadratmeter ... Kaufwünsche ... nicht eben leicht zu erfüllen" seien.„ Vielfach horten private Grundstückseigentümer ihre Schätze in der Hoffnung auf weitere Preissteigerungen" (ebenda, S. 82). Der Geschäftsführer des Ringes Deutscher Makler rechnet mit einer jährlichen Preissteigerungsrate für Grundstücke bis zu etwa 20 Prozent.

10 Karl Marx, Das Kapital, Dritter Band, in: MEW, Bd. 25, a. a. O., S. 782.

11 Dieter Graf in seinem bemerkenswerten Forschungsbericht über „Ökonomische Bewertungen der Naturressourcen im entwickelten Sozialismus", Berlin 1980, hält die Grundrentenfrage in der Gegenwart (und ihre Erforschung) für so bedeutungsvoll, daß er unter Hinweis auf Engels sogar die Frage nach der Möglichkeit einer absoluten Rente im *Sozialismus* aufwirft. Ihm scheint es im speziellen „nicht gerechtfertigt, den Einfluß absoluter Renten in den internationalen Tauschbeziehungen der sozialistischen Länder mit nichtsozialistischen Ländern zu ignorieren ... Die Möglichkeit absoluter Renten", so heißt es weiter, müsse „zumindest als Problem auch für die sozialistischen Länder untereinander aufgeworfen werden, das einer Untersuchung bedarf und nicht weiterhin a priori als nicht existent dargestellt werden sollte" (D. Graf, ebenda, S. 76). Auch aus dieser Sicht zeigt sich die höchst aktuelle Bedeutung gründlicher Untersuchungen zum Grundrentenproblem in all seinen Erscheinungsformen.

private Grundeigentum als Prinzip des Rentenbezugs begreifen und derart in den Anklagezustand versetzen. Wenn daher die im Kapitel V dieser Arbeit gebotene Auswertung der bürgerlichen Grundrentenliteratur aus über hundert Jahren die ideologisch progressive Wirksamkeit des Rodbertusschen Angriffs und die in all ihrer Erbitterung jämmerliche Defensivposition der bürgerlichen Grundrententheoretiker über einen langen Zeitraum der Vergangenheit nachgewiesen hat, kann mit einiger Wahrscheinlichkeit angenommen werden, daß derartige vom Rodbertusschen Ansatz ausgehende Impulse auch noch für die Gegenwart und Zukunft wirksam werden. Zumindest Franz Joseph Strauß hat es sich nicht nehmen lassen, noch als Kanzlerkandidat der CDU/CSU für das Jahr 1980 mit einer perfiden Schimpfkanonade auf den sozialistischen Grundrententheoretiker des frühen 19. Jahrhunderts zu reagieren,[12] also ungewollt zu bestätigen, daß die Theoreme von Rodbertus auch heute noch ein bourgeoises Ärgernis darstellen.

Zu den Erscheinungsformen der Grundrentenfrage in der Gegenwart, die ebenfalls auf die Notwendigkeit verstärkter Forschungen zur Grundrentenproblematik im weiten Sinne aufmerksam machen sollten, gehört auch die schwerwiegend ins Gewicht fallende Tatsache, daß nicht nur die Rohstoffe für die industrielle Verarbeitung, sondern auch die Rohstoffe für die Nahrungsgüterproduktion als sogenannte „strategische Waffe“ eingesetzt werden.[13] Wenn zum Beispiel BRD-Minister Ertl anläßlich der Eröffnung der „Grünen Woche“ (eine der größten Nahrungsgütermessen) in Westberlin am 24. 1. 1980 „die globale strategische Bedeutung der Nahrungsmittel“ hervorhob, die der des Erdöls in keiner Weise nachstünde, so verbirgt sich dahinter nicht nur eine erpresserische Wirtschaftspolitik der imperialistischen Mächte gegenüber anderen Ländern und ganzen Regionen, sondern auch ein ganzes Bündel handfester Grundrentenprobleme. Der Rio-Bericht an den Club of Rome[14] hatte in dieser Hinsicht schon 1977 die Feststellung getroffen, daß es „der unscheinbaren Weizengarbe beschieden zu sein scheine, zu einer mächtigen wirtschaftlichen Waffe zu werden, während die hungrigen Massen in Afrika und Asien als Bauern im Schachspiel der internationalen Politik fungieren“[15]. Der Bericht konnte allerdings auch schon auf eine entsprechende Äußerung des amerikanischen Landwirtschaftsministers verweisen, dergemäß „Nahrungsgüter“ als eine der wichtigsten Waffen im „Verhandlungsarsenal“ des amerikanischen Imperialismus einzusetzen seien.

Die grundrententheoretische Komponente (aber *nur* diese) einer derart er-

[12] Vgl. oben, S. 82.

[13] Vgl. hierzu Horst Schilling, Die „Nahrungsmittel-Waffe“ im Arsenal der USA-Globalstrategie, in: Einheit. Zeitschrift für Theorie und Praxis des wissenschaftl. Sozialismus, 2/1982. S. 161–167.

[14] Wir haben nur eine Zukunft. Reform der internationalen Ordnung, hrsg. von Jan Tinbergen, Opladen 1977, S. 41.

[15] Ebenda.

presserischen Wirtschaftspolitik mit Nahrungsgütern aus der Bodenproduktion besteht darin, daß Nahrungsgüter dieser Art, wie schon Adam Smith feststellte, *stets* eine Grundrente abwerfen, weil das Nahrungsbedürfnis ein existenzielles Grundbedürfnis ist, auf dessen Befriedigung bei Strafe des Unterganges schlechterdings nicht verzichtet werden kann. Es herrscht, so Adam Smith bereits 1776 in seinem Hauptwerk, „immer eine mehr oder weniger starke Nachfrage nach Nahrungsmitteln“[16]. Nahrungsmittel, so stellte Adam Smith fest, „können immer eine größere oder kleinere Quantität Arbeit kaufen oder kommandieren, und es findet sich immer jemand, der bereit ist, etwas zu tun, um sie zu erlangen“.[17] Smith meinte: „Nahrungsmittel bilden nicht nur den wichtigsten Teil des Reichtums der Welt, sondern der Überschuß an Nahrungsmitteln verleihet auch vielen anderen Arten des Reichtums erst den hauptsächlichen Teil ihres Wertes.“[18] „Um Nahrungsmittel zu bekommen“, so Smith, „bemühen sich die Armen, jede Laune der Reichen zu befriedigen, und um sie noch sicherer zu erlangen, überbieten sie sich gegenseitig in der Billigkeit und Qualität ihrer Arbeit“.[19]

Diese ständige Nachfrage nach Nahrungsgütern, so ließ Smith erkennen und David Buchanan und andere Smith-Schüler formulierten es direkt, bewirke, daß die Preise der durch Ackerbau gewonnenen Nahrungsgüter mehr oder weniger Monopolpreise seien, wobei allerdings die Definition dessen, was ein Monopolpreis sei, noch einigermaßen unscharf blieb. So wie Smith und seine Anhänger (auch die der agrarsozialistischen Unterströmung zugehörigen)[20] die Kategorie Grundrente insgesamt als Monopolpreis (für die Benutzung des Bodens) bezeichnet hatten,[21] so meinte man, daß auch die unter Monopolbedingungen, nämlich unter den Bedingungen des Grundeigentummonopols und der Grundrentenabschöpfung erzeugten Agrarprodukte einen Monopolpreis trügen. Auch wenn Smith und seine Anhänger bei dieser Hervorkehrung des Monopolpreises für Agrarprodukte die erst von Marx klar unterschiedenen zwei Erscheinungsformen des Monopolpreises durchweg vermengten, lag ihnen eine richtige Sicht der Dinge zugrunde. Nicht nur der vom Wert weitgehend unabhängige „eigentliche Monopolpreis“, sondern auch der andere, gleichsam eingeschränkte Monopolpreis, der durch den Verkauf der Agrarprodukte zu ihren Werten, statt zu ihren Produktionspreisen realisiert wird, wodurch eben die absolute Rente entsteht, war damit annäherungsweise umrissen.[22]

[16] Adam Smith, Eine Untersuchung über das Wesen und die Ursachen des Reichtums der Nationen, hrsg. von Peter Thal, Bd. 1, Berlin 1963, S. 192.

[17] Ebenda.

[18] Ebenda, S. 228.

[19] Ebenda, S. 216.

[20] Vgl. oben, S. 113 ff.

[21] Vgl. Adam Smith, Eine Untersuchung über das Wesen und die Ursachen des Reichtums der Nationen, Bd. 1, hrsg. von Peter Thal, a. a. O., S. 191.

[22] Vgl. hierzu oben, S. 219 ff.

Ricardo hingegen, in der Vertretung des bourgeoisen Standpunktes konsequenter, aber auch einseitiger, wehrte sich entschieden dagegen, die Grundrente, wie er sie verstand, und die unter den Bedingungen der Grundrentenabschöpfung erzeugten Agrargüter mit der sozialkritisch geladenen Kategorie des Monopols in Beziehung zu setzen. Schon weil der Begriff des Monopolpreises und des daraus resultierenden Monopol- oder Monopolisteneinkommens zu einem der Hauptstichworte des sozialkritischen Vokabulars dieser Zeit geworden war, mußte Ricardo daran gelegen sein, es aus der bürgerlich respektablen Theorie der politischen Ökonomie fernzuhalten. Im Gegensatz zu Smith vermied Ricardo daher schon in seiner Definition der Grundrente in geradezu peinlicher Weise die Erwähnung des so unliebsam in der ideologischen Auseinandersetzung wirksam gewordenen Monopolbegriffes.[23] Speziell in der hier interessierenden Frage bestimmte Ricardo sehr selbstsicher wie folgt: „Rohprodukte haben keinen Monopolpreis, da der Marktpreis von Gerste und Weizen in gleichem Maße wie der Marktpreis von Tuch und Leinen durch die Produktionskosten bestimmt wird."[24] Begründet wurde diese Bestreitung des Monopolpreischarakters von Getreide und anderen Rohprodukten durch die Möglichkeit der *Vermehrbarkeit*, die gegeben sei durch die Verwendung von *mehr* Kapital auf den Boden. Es folgt dann zur Verdeutlichung das bekannte *Gegen*beispiel von den seltenen Weinen und kostbaren Kunstgegenständen, deren Menge eben *nicht* vermehrt werden könne und deren Preis daher „lediglich begrenzt ist durch die Kaufkraft und das Verlangen der Käufer"[25].

Ricardo konnte jedoch nicht umhin, wenigstens die *Möglichkeit* eines zeitweisen oder ständigen Monopolpreises für Getreide zuzugestehen, nämlich dann, wenn „kein Kapital mehr mit Profit auf dem Boden angelegt und dessen Produkt daher nicht gesteigert werden kann"[26]. Diese Einräumung war jedoch mehr eine formale Verbeugung vor den smithianischen und agrarsozialistischen Gegnern (besonders der Smith-Kommentator David Buchanan wird immer wieder zitiert und „widerlegt"), als eine festausgeprägte Meinung Ricardos, der in gut freihändlerischer Weise meinte, eine so wichtige Sache wie das Getreide als Hauptnahrungsmittel würde selbstverständlich zum *Wert* oder *natürlichen Preis* abgegeben, es ginge also alles mit rechten Dingen zu, und zu irgendwelcher Beunruhigung sei kein Grund.

Für einen bestimmten historischen Augenblick, dem Kapitalismus der freien Konkurrenz in seiner klassischen, gleichsam „idealtypischen" Entfaltung mochte diese beschwichtigende Auskunft der ricardianischen Ökonomie in der Tat ein gewisses Körnchen Wahrheit widerspiegeln; für die Gesamtheit der Geschichte des Kapitalismus aber, also für die Jahrhunderte vor und die 150 Jahre nach

23 Vgl. auch oben, S. 221 ff.

24 David Ricardo, Über die Grundsätze der politischen Ökonomie und der Besteuerung, hrsg. von Gerhard Bondi, Berlin 1959, S. 241.

25 Ebenda.

26 Ebenda.

diesem historischen Augenblick (Stichjahr etwa 1830) konnte eine solche Lehre keinen so recht überzeugen, weder die darbenden Land- und Fabrikarbeiter noch die keineswegs darbenden Grund- und Bodeneigentümer, die es besser wußten.[27]

Die mit der umfassenden kapitalistischen Industrialisierung und rapiden Bevölkerungsentwicklung einhergehende tendenzielle Preissteigerung für Lebensmittel und Rohstoffe in ihrer Relation zu den Preisen der Industrieprodukte, die im 19. Jahrhundert anhebt[28] und sich in den kapitalistischen Ländern in immer kritischerer Form bis heute durchzieht, haben die harmonisierende Ricardosche Ansicht, daß Rohprodukte und Nahrungsgüter wie Getreide keinen Monopolpreis besitzen, prinzipiell in Frage gestellt. Dadurch erweist sich jetzt die richtig und differenziert verstandene Smithsche Ansicht, derzufolge Nahrungsgüter und Rohstoffe als Produkte des monopolisierten Bodens stets eine Rente abwerfen und stets zum Monopolpreis tendieren (dem Monopolpreis in seinen verschiedenen Erscheinungsformen), weil stets eine große und im globalen Maßstabe ungestillte Nachfrage danach besteht, auch für die Gegenwart als höchst aussagekräftig und gleichsam unabgegolten.[29]

In der bürgerlichen Grundrentenliteratur spiegelte sich diese zur Aufwertung der Smithschen Rententheorie Anlaß gebende Entwicklung immerhin in der Form einer akademischen Diskussion wider, in der wenigstens über den entscheidenden *Zeitpunkt* gestritten wurde, zu welchem nach Ricardos formaler Einräumung *„das vermehrbare Getreide zu einem unvermehrbaren Monopolgut wird“*. Diese Diskussion wurde vor allem von Karl Diehl und Franz Oppenheimer um die Jahrhundertwende geführt, blieb aber ohne Wirkung und ohne erkennbaren Bezug zu den wirklichen Prozessen.[30] Diese wirklichen Prozesse, einerseits in den Hauptländern des Kapitalismus und andererseits in den von Hunger und massenhafter Unterernährung gekennzeichneten Ländern der sogenannten Dritten Welt, haben das „vermehrbare Getreide“ in der Tat mehr und mehr zu einem fast echten Monopolgut werden lassen, das anderen Preisgesetzen und Verteilungsprinzipien unterliegt als den von Ricardo und den meisten bürgerlichen Ökonomen behaupteten. Zumindest für diese Länder und Regionen, unter den gegebenen durch neokolonialistische Hinterlassenschaft,

[27] Vgl. Karl Rodbertus, Das Capital. Vierter socialer Brief, a. a. O., S. 27: „Die Grundbesitzer, die die Süßigkeit ihrer Realität [der Rente] schmecken, wissen sehr gut, daß sie kein ‚Gespenst‘ ist.“

[28] Schon 1913 konstatierte kein Geringerer als W. I. Lenin ein enormes Ansteigen der Erdölpreise, und zwar auf das Sechsfache innerhalb der zehn Jahre von 1902 bis 1912 (vgl. W. I. Lenin, Über den „Erdölhunger“, in: Werke, Bd. 19, Berlin 1971, S. 14f.).

[29] In der Agrarpolitik der kapitalistischen Länder erscheint dieser Sachverhalt aus noch näher zu untersuchenden Gründen allerdings nur in retuschierter und verzerrter Form.

[30] Vgl. hierzu Philipp Spitz, Das Problem der allgemeinen Grundrente bei Ricardo, Rodbertus und Marx, in: Jahrbücher für Nationalökonomie und Statistik, Bd. 56, Jena 1916, S. 511f.

Kapitalmangel und Bevölkerungsexplosion bestimmten Umständen, sind Getreide und ähnliche Nahrungsgüter durchweg *nicht* beliebig vermehrbar. Doch auch im globalen Maßstab, für eine gegebenenfalls auf sechs bis acht Milliarden steigende Erdbevölkerung des Jahres 2000 werden Nahrungsgüter aller Voraussicht nach eine nicht beliebig vermehrbare Größe sein, die also dann, da es zu diesem Zeitpunkt noch bemerkenswerte Strukturen des Kapitalismus geben wird, den Charakter eines partiellen oder vollständigen Monopolgutes tragen müßten (natürlich nur innerhalb dieser kapitalistischen Strukturen).

Die eingangs zitierten und leicht ergänzbaren Aussagen von der unscheinbaren Weizengarbe als einer gezielt einzusetzenden „strategischen Waffe" erfinden also in dieser hier erörterten Hinsicht nichts Neues, sondern sie plaudern nur in zynischer Hinsicht aus, was sich durch Imperialismus, Ressourcenverknappung und Bevölkerungsexplosion seit langem angebahnt hat. Hiernach soll der von der sozialistischen – einschließlich der rodbertusianischen – und besonders von der marxistischen Rententheorie immer nachgewiesene und der von der bürgerlichen Rententheorie fast durchweg mit immer neuen Finten und Ausflüchten bestrittene politökonomische Effekt des privaten Großgrundeigentums nunmehr bewußt und global, gleichsam in pervertiert potenzierter Weise, als Machtfaktor in die imperialistische Unterdrückungs- und Ausbeutungsstrategie eingebracht werden. Weltweite, durch Kolonialismus und Neokolonialismus bewirkte und verfestigte Mangelerscheinungen in der Nahrungsgüterversorgung für die Bevölkerung ausgedehnter Regionen des Erdballs würden so über Jahrzehnte hinweg durch wohldosierten Druck mit dem Quasi-Monopolgut Getreide in horrende Grundrentengewinne und Extraprofite für die mit dem internationalen Agrarkapital verfilzten Exportlandwirtschaften einer mächtigen Gruppe von Latifundisten umgemünzt.

Auch aus dieser hier nur kursorisch angerissenen Erscheinungsform einer brisanten praktischen Grundrentenfrage erhellt die Aktualität weiterer Forschungen über die verzweigten Probleme der Grundrententheorie einschließlich ihrer theoriegeschichtlichen Dimension, die von Rodbertus, wie nachgewiesen, nicht unerheblich beeinflußt wurde.

Anknüpfend an die bereits im ersten Teil der Arbeit entwickelten Gesichtspunkte für eine Gesamtwürdigung des Rodbertusschen Denkens nach seinem sozialen Gehalt,[31] läßt sich schließlich der Stellenwert der theoretischen Leistungen von Rodbertus, die durch ihre soziale Zuordnung zu einer klein-

[31] Vgl. oben, S. 65 ff.: Widerspruch zwischen „kühnen Anläufen" (Engels) in der Theorie und bescheidenen Reformkonzepten in der Praxis; Wertung als deutsche Parallelerscheinung zu Sismondi, der bekanntlich, wie Marx formulierte, „die Partei der Arbeiterklasse vom Standpunkt des Kleinbürgers ergriff" und hierbei „höchst scharfsinnig die Widersprüche in den modernen Produktionsverhältnissen zergliederte" (vgl. Karl Marx/Friedrich Engels, Manifest der Kommunistischen Partei, in: MEW, Bd. 4, Berlin 1959, S. 484).

bürgerlich-sozialistischen Position wohl reduziert und klassifiziert, aber nicht aufgehoben werden (nur die ideologische Komponente, nicht der Wahrheitsgehalt als solcher kann „wegsoziologisiert" werden), nach dem bekannten Gleichnis vom Weinberg, in dem ein Schatz verborgen sein soll, wie folgt beschreiben: Rodbertus hat im Unterschied zu den Vulgärökonomen von diesem „Schatz" gewußt, und er hat auch an der Stelle, wo er tatsächlich verborgen war, tief und anhaltend umgegraben und nachgegraben. Er hat dabei sogar einige gewichtige Teile des Schatzes zutage gefördert und wissenschaftlich bearbeitet; er hat jedoch aus verschiedenen Gründen andere wichtige Bestandteile des tief und nur schwer zugänglich vergrabenen Schatzes im Dunkel der Erde lassen müssen, bis einer, der stärker war und besser gerüstet, zwanzig Jahre später diesen Schatz in seiner Gesamtheit wirklich heben konnte. Die Arbeit des Um- und Nachgrabens aber, so lehrt das Gleichnis, hatte auch da, wo sie nicht unmittelbar zum Ziele der Schatzsuche gelangte, dennoch höchst positive Folgen, wenn auch in etwas anderer Hinsicht: Der Weinberg, um im Gleichnis zu bleiben, wurde um einiges fruchtbarer, und die zahlreichen Verderber des Weinbergs, die bürgerlichen Füchse der Vulgärökonomie, hatten von nun an über hundert Jahre hinaus alle Hände voll zu tun, um dieser auch durch Rodbertus' Grabearbeit provozierten Fruchtbarkeit an eigentums- und rentenkritischen Fragestellungen wenigstens einigermaßen apologetisch Herr zu werden. Sie waren dabei gezwungen, sich öffentlich sogar mit dem nur teilweise erfolgreichen Schatzgräber zu befassen und auseinanderzusetzen, wobei sich häufig nicht vermeiden ließ, den Namen dieses Schatzgräbers zu erwähnen und sogar einige seiner Lehren polemisch zu zitieren und so der Nachwelt zu erhalten.

Der Hauptzorn der Apologeten aber, und damit sei das Gleichnis verlassen, richtete sich verständlicherweise auch da, wo gegen Rodbertus polemisiert wurde, gegen den, der weiter gegangen war als er, gegen den, der den Schatz insgesamt gehoben und zur Programmatik einer revolutionären Massenbewegung gemacht hatte. So wie man – vergleichsweise – Hegel schlug und damit Marx treffen wollte, so legte man auch – besonders in der Rentenfrage – über Jahrzehnte hinweg auf Rodbertus an, um damit zugleich Marx zur Strecke zu bringen; die vorliegende Arbeit brachte zahlreiche Belege auch für diese indirekte Methode. So unehrlich und kritikwürdig eine solche Methode nun auch sein mag, so läßt sich doch nicht daraus schlußfolgern, daß die derart zwischen Rodbertus und Marx in dubioser Weise hergestellte theoretische Beziehung diesem Ökonomen Rodbertus, um dessen tiefere und differenziertere Einschätzung es hier ging, irgendwie zur Unehre gereichen könnte; im Gegenteil. Es läßt sich aus dieser in dubioser Weise hergestellten Beziehung auch nicht folgern, daß es eine solche Beziehung überhaupt nicht gegeben hat; die vorliegende Arbeit hat zahlreiche Belege und Argumente gebracht, die den *Charakter* dieser Beziehungen über das bisher übliche Maß hinaus verdeutlichen können.[32]

[32] Vgl. oben, S. 28 ff. und 176 ff.

Marx jedenfalls hat sich nicht gescheut, sich mit Rodbertus, als er noch lebte, in eine achtungsvolle Beziehung zu setzen, und er schrieb einmal den in dieser Hinsicht bisher wohl noch nie zitierten Satz, der einer großen Ehrenerklärung sehr ähnlich sieht; dieser Satz stehe als nachdenklich stimmender Abschluß der vorliegenden Arbeit über Rodbertus: „Sollte", so schrieb der 44jährige Marx 1862 in den „Theorien über den Mehrwert", „die *Wissenschaft* der politischen Ökonomie in Deutschland befördert und popularisiert werden, so müßten Leute wie Rodbertus ein Journal stiften, das allen Forschern (nicht Pedanten, Schulfüchsen und Vulgarisateurs) offenstünde und den Hauptzweck hätte, die Ignoranz der Fachgelehrten sowohl in der Wissenschaft selbst wie in ihrer Geschichte nachzuweisen."[33] Damit waren von Marx die Fronten und die Gemeinsamkeiten und die kritisch aufzugreifenden Traditionslinien innerhalb der politischen Ökonomie seiner Zeit sowie auch die von Rodbertus dabei eingenommene Position schlaglichtartig erhellt.

[33] Karl Marx, Theorien über den Mehrwert, Zweiter Teil, in: MEW, Bd. 26.2, Berlin 1967, S. 117.

Bibliographie

Archivalien

Ein *wissenschaftlicher Teilnachlaß* befindet sich im Zentralen Staatsarchiv der DDR, Abteilung Merseburg, unter der Signatur Rep. 92. Er besteht aus Akten, Briefen und Manuskripten, insgesamt 2,5 laufenden Metern. Der Nachlaß enthält u. a. die ersten schriftlichen Aufzeichnungen von Rodbertus aus dem Jahre 1831/32, die Originalbriefe von Ferdinand Lassalle an Rodbertus und mehrere Entwürfe und Fragmente zu einer Schrift, in der Rodbertus bestrebt war, eine systematische und zusammenfassende Darstellung seiner Lehre zu geben. Der Nachlaß enthält auch die Originalmanuskripte des 1839 verfaßten Aufsatzes „Die Forderungen der arbeitenden Klassen" und des 1842 verfaßten Buches „Zur Erkenntnis unserer staatswirthschaftlichen Zustände" und ferner an Rodbertus gerichtete Briefe von über 80 Persönlichkeiten.

Ebenfalls in den Beständen des Merseburger Archivs und höchst bedeutsam für die Einschätzung der politischen Wirksamkeit von Rodbertus ist ein Aktenvorgang über die im Hinblick auf Rodbertus verfügte politische Überwachung. Dieser Vorgang findet sich unter der Überschrift „*Acta betreffend den Generallandschaftsrath und ehemaligen Abgeordneten Rodbertus wegen politisch verdächtiger Führung*" unter der Signatur Rep. 77, Tit. 6, Lit. R. Nr. 156. Diese Akte enthält Briefe des Polizeipräsidenten an den Minister des Inneren von Manteuffel aus dem Jahre 1849 und Überwachungsberichte des Landrates von Demmin über seine in Jagetzow, dem Wohnsitz von Rodbertus, durchgeführten Ermittlungen aus den Jahren 1849 bis 1852.

Die wichtigsten Schriften von Rodbertus in der Folge ihrer zeitlichen Entstehung

Die Forderungen der arbeitenden Klassen, 1839 (von der „Augsburger Allgemeinen Zeitung" abgelehnt).
Zur Erkenntnis unserer staatswirthschaftlichen Zustände. Erstes Heft. Fünf Theoreme, Neubrandenburg und Friedland 1842.
Die preußische Geldkrise, Anklam und Swinemünde 1845.
Entwurf zu den neuen landwirtschaftlichen Taxprinzipien für die Provinz Alt-Pommern, Stettin 1846.
Die neuesten Grundtaxen des Herrn von Bülow-Cummerow, Anklam 1847.
Für den Kredit der Grundbesitzer. Eine Bitte an die Reichsstände, Berlin 1847.
Mein Verhalten in dem Conflict zwischen Krone und Volk. An meine Wähler, Berlin 1849.
Bemerkungen zu dem Bericht über die Gründung einer Invaliden- und Altersversorgungsanstalt für Arbeiter und den Zweck der Vereine für Arbeiterwohl (1849), in: Mitteilungen des Zentralvereins für das Wohl der arbeitenden Klassen, Berlin 1850, S. 29–40.

Sociale Briefe an von Kirchmann:
- Erster socialer Brief, Die sociale Bedeutung der Staatswirthschaft, Berlin 1850.
- Zweiter socialer Brief, Kirchmanns soziale Theorie und die meinige, Berlin 1850.
- Dritter socialer Brief, Widerlegung der Ricardoischen Lehre von der Grundrente und Begründung einer neuen Rententheorie, Berlin 1851.
- Das Capital, Vierter socialer Brief (1851, aus dem Nachlaß veröffentlicht, Berlin 1884).

Die Handelskrisen und die Hypothekennot der Grundbesitzer, Berlin 1858.

Öffentliches Schreiben an den Redakteur der Volkszeitung, vom 28. Oktober 1958 (Aufforderung an seine Anhänger, die seit 1849 verfolgte Strategie des Wahlboykotts zu beenden).

Vier Flugblätter zur deutschen Frage, gemeinsam mit Lothar Bucher und von Berg herausgegeben:
- Erklärung, Berlin 1861.
- Seid deutsch! Ein Mahnwort, Berlin 1861.
- An Mazzini. Offener Brief, Berlin 1861.
- Was sonst? Ein deutsches Programm. Berlin 1861.

Offener Brief an das Comité des Deutschen Arbeitervereins zu Leipzig, Leipzig 1863.

Untersuchungen auf dem Gebiete der Nationalökonomie des klassischen Altertums:
- Zur Geschichte der agrarischen Entwicklung Roms unter den Kaisern oder die Adscriptitieri. Inquilinen und Colonen, in: Jahrbücher für Nationalökonomie und Statistik, Bd. 2, Jena 1864.
- Zur Geschichte der römischen Tributsteuern seit Augustus, in: Jahrbücher für Nationalökonomie und Statistik, Bd. 4, Jena 1865; Bd. 5, Jena 1865; Bd. 8, Jena 1867.

Zur Erklärung und Abhülfe der heutigen Creditnoth des Grundbesitzes, Bd. 1: Die Ursache der Noth, Berlin 1868; Bd. 2: Zur Abhülfe, Berlin 1869.

Ein Problem für Freunde der Ricardoschen Rententheorie, in: Jahrbücher für Nationalökonomie und Statistik, Bd. 14, Jena 1870.

Zur Frage des Sachwertes des Geldes im Altertum, in: Jahrbücher für Nationalökonomie und Statistik, Bd. 14, Bd. 15, Jena 1870.

Physiokratie und Anthropokratie? in: Berliner Revue, Berlin 1871.

Denkschrift (Entwurf eines Agrarprogramms), Greifswald 1871.

Der Normal-Arbeitstag, in: Berliner Revue, Berlin 1871.

Ein pathologisches Symptom, in: Berliner Revue, Berlin 1872.

Was waren mediastini? und woher der Name? in: Jahrbücher für Nationalökonomie und Statistik, Bd. 20, Jena 1873.

Bedenken gegen den von den Topographen angenommenen Tract der Aurelianischen Mauer. Beitrag zur Untersuchung der Stärke der Bevölkerung des alten Rom, in: Jahrbücher für Nationalökonomie und Statistik, Bd. 23, Jena 1874.

Diese nach ihrer zeitlichen Entstehung aufgeführten Schriften erschienen bis auf zwei Ausnahmen zu Lebzeiten von Rodbertus, also bis zum Jahre 1875. Die von der Augsburger Allgemeinen Zeitung 1839 abgelehnten „Forderungen der arbeitenden Klassen" hingegen sowie der seit 1851 im Schreibpult verschlossene „Vierte sociale Brief" wurden erst 1884 bzw. 1885 von Adolph Wagner und Theophil Kozak aus dem literarischen Nachlaß veröffentlicht. Ebenfalls aus dem Nachlaß, aber im Rahmen der Jahrbücher für Nationalökonomie und Statistik (Band 8, Jena 1884) erschien der Aufsatz „Ein Versuch, die Höhe des antiken Zinsfußes zu erklären".

Posthume Ausgaben seiner Werke und Briefe (chronologisch)

Werkausgaben:

Aus dem literarischen Nachlaß des Dr. Carl Rodbertus-Jagetzow, hrsg. von Adolph Wagner und Theophil Kozak, 3 Bde., Berlin 1878, 1884, 1885.
Kleine Schriften, hrsg. von Moritz Wirth, Berlin 1890.
Schriften von Dr. Carl Rodbertus-Jagetzow. Neue wohlfeile Ausgabe, hrsg. von Moritz Wirth, 4 Bde., Berlin 1899.
Die Forderungen der arbeitenden Klassen, hrsg. von August Skalweit, Frankfurt a. M. 1946.
Gesammelte Werke und Briefe, zusammengestellt auf Grund früherer Ausgaben und mit Einleitung sowie Bibliographie hrsg. von Thilo Ramm, 6 Bde., Osnabrück 1971/72.

Briefausgaben:

An Johann Heinrich v. Thünen vom 29. 9. 1846, in: Robert H. Schumacher, J. H. v. Thünen, ein Forscherleben, Rostock – Ludwigslust 1868, 2. Aufl. 1883.
An Lothar Bucher vom 12. 1. 1866, in: Ferdinand Lassalle, Nachgelassene Briefe und Schriften, Bd. 6, Stuttgart – Berlin 1925.
An Karl Philipp Francke, in: Schmollers-Jahrbuch, Berlin 1890.
Briefwechsel zwischen Ferdinand Lassalle und Karl Rodbertus, in: Ferdinand Lassalle, Die Schriften des Nachlasses und der Briefwechsel mit Karl Rodbertus, hrsg. von Gustav Mayer, Bd. 6, Stuttgart – Berlin 1925.
Briefe an Rudolf Meyer, in: Karl Rodbertus, Briefe und socialpolitische Aufsätze, hrsg. von Rudolf Meyer, 2 Bde., Berlin 1882.
Briefwechsel mit dem Architekten Peters (über den Normalarbeitstag), in: Zeitschrift für die gesamte Staatswissenschaft, Bd. 34, Tübingen 1878.
Brief an Gustav von Schönberg, in: Rudolf Meyer, Der Emancipationskampf des vierten Standes, Berlin 1874 (bekannt als „Antwort an einen Kathedersozialisten").
Briefe an Adolph Wagner unter dem Titel: Einiges von und über Rodbertus, in: Zeitschrift für die gesamte Staatswissenschaft, Bd. 34, Tübingen 1878.
An Johann Zeller, in: Zeitschrift für die gesamte Staatswissenschaft, Bd. 35, Tübingen 1879.
An Robert Herman Schumacher (den Thünen-Biographen), in: Neue Briefe über Grundrente, Rentenprinzip und soziale Frage, hrsg. von Robert Michels und Ernst Ackermann, Karlsruhe 1926.

Übersetzungen in andere Sprachen:

Es gibt Übersetzungen der Rodbertusschen Schriften ins Russische, Englische, Französische und Polnische. Am häufigsten wurde Rodbertus bemerkenswerterweise in die russische Sprache übersetzt. Das begann – teilweise im Zusammenhang mit der Volkstümlerbewegung – schon in den neunziger Jahren des vorigen Jahrhunderts, und das setzte sich unter veränderten Bedingungen fort auch in der Verlagsproduktion der Sowjetunion.

Übersetzungen ins Russische:

– Der Normal-Arbeitstag, übersetzt von M. Herzenstein, unter dem Titel: Normal'nyj rabočij den', in: Juridičeskij Vestnik, 1/1891.

– Zur Erklärung und Abhilfe der heutigen Creditnoth des Grundbesitzes, unter dem Titel: O pričinach nuždy zemlevladel'cev v kredite i sredstvach pomoči, in: Golos Semledelša 1892.
– Sociale Briefe an von Kirchmann (1 bis 3), übersetzt von Davydov und Sobolev, unter dem Titel: Socialnije pisma fon Kirchmannu, Petersbourg 1905–1906.
– Das Capital, Vierter socialer Brief, übersetzt von Davidov, unter dem Titel: Kapital, Cetvertoe pis'mo, Izdatel'stvo Načalo, Petersbourg 1906.
– Zur Erkenntnis unserer staatswirthschaftlichen Zustände, übersetzt und herausgegeben von V. Serebrjakov, unter dem Titel: K poznaiju nasego gosudarstvenno-chozjajstvennogo stroja, Pjat' teorem, Leningrad 1935.
– Die Forderungen der arbeitenden Klassen und die Socialen Briefe an von Kirchmann in der Übersetzung von I. Plotnikov unter dem Titel: K. Rodbertus, Ėkonomičeskie Sočinenija, perevod i pridislovie I. Plotnikova, Leningrad 1936.

Übersetzungen ins Englische:

– Zweiter socialer Brief, übersetzt von I. Franklin unter dem Titel: Overproduction and crisis, London 1889/1908.
– An Mazzini, Offener Brief, übersetzt unter dem Titel: German and Italy, Answer to Mazzinis „Italy and German", London 1861.

Übersetzung ins Französische:

– Das Capital. Vierter socialer Brief, übersetzt von E. Chatelain unter dem Titel: Le Capital, Paris 1904.

Übersetzung ins Polnische:

– Sociale Briefe an von Kirchmann, übersetzt von J. Galecki unter dem Titel: Pisma ekonomicze, Warszawa 1959.

Schriften über Werk und Leben von Karl Rodbertus

Adler, Georg, Rodbertus, der Begründer des wissenschaftlichen Sozialismus, Dissertation, Freiburg/Br. 1883, Leipzig 1883.
– , Geschichte des Sozialismus und Kommunismus von Plato bis zur Gegenwart, Teil 1, 3. Aufl., Leipzig 1923.
– , Rodbertus' „Capital", in: Die Gegenwart, Bd. 25, Berlin 1884.
Andvae, Wilhelm, Der staatssozialistische Ideenkreis, in: Archiv für Rechts- und Wirtschaftsphilosophie, Berlin, Bd. 24, Jg. 1930/31, S. 169–191.
Andrews, E. B., Rodbertus' Socialism, in: The Journal of political Economy, Jg. 1, Chicago 1892.
Bahr, Heinrich, Rodbertus' Theorie der Absatzkrisen, Wien 1884.
–, Über Rodbertus, Vortrag Wien, 1884.
Bebel, August, Aus meinem Leben, 3 Bde., Berlin 1946 (bes. Bd. 3, S. 187 u. 201).
Becker, P. A., Vergleich der Lohntheorien von Marx und Rodbertus, Dissertation, Frankfurt a. M. 1931, Koblenz 1931.
Beer, Max, Allgemeine Geschichte des Sozialismus und der sozialen Kämpfe, 5 Teile, Berlin 1919–1923.

Bernatzky, M., Theoretiker des Staatssozialismus in Deutschland, Petersburg 1911.
Bernstein, Eduard, Ein moralischer Kritiker und seine kritische Moral, in: Der Sozialdemokrat, Zürich 1886, Nr. 4–7 (vier Artikel gegen C. A. Schramm).
–, Der Rodbertus'sche normale Werkarbeitstag und die Rodbertus'sche Utopie, in: Dokumente des Sozialismus, Bd. 4, Stuttgart 1904.
Böhm-Bawerk, Eugen von, Geschichte und Kritik der Kapitalzins-Theorien, 4. unveränderte Aufl., Jena 1921 (besonders XII, Die Ausbeutungstheorie, S. 318 ff.).
Bortkiewicz, Ladislaw von, Die Rodbertus'sche Grundrententheorie und die Marx'sche Lehre von der absoluten Grundrente, in: Archiv für die Geschichte des Sozialismus, Bd. 1, Leipzig 1911.
–, Zu den Grundrententheorien von Rodbertus und Marx, in: Archiv für die Geschichte des Sozialismus, Bd. 8, Leipzig 1917/18.
Böse-Müller, Lisl-Maria, Der Begriff der Gemeinschaft in dem Gesellschaftssystem von Rodbertus, Dissertation, Heidelberg 1936.
Bouniatian, Mentor, Wirtschaftskrisen und Überkapitalisation. Eine Untersuchung über die Erscheinungsformen und Ursachen der periodischen Wirtschaftskrisen (besonders S. VI), München 1908.
Bradke, Elisabeth von, Die Gesellschaftslehre von Karl Rodbertus, in: Archiv für Sozialwissenschaft, Bd. 50, Tübingen 1923.
Braeuer, Walter, Urahnen der Ökonomie. Von der Volkswirtschaftslehre des Altertums und des Mittelalters, München 1980.
Braunreuther, Kurt, Über die Bedeutung der physiokratischen Bewegung in Deutschland in der zweiten Hälfte des 18. Jahrhunderts. Ein geschichtlich-politökonomischer Beitrag zur „Sturm-und-Drang"-Zeit, in: Wissenschaftliche Zeitschrift der Humboldt-Universität zu Berlin, 1/1955/56, S. 15–65.
–, Zur Geschichte des staatswissenschaftlichen Fachs an der Humboldt-Universität zu Berlin, in: Wissenschaftliche Zeitschrift der Humboldt-Universität zu Berlin, 4–5/1959/60, S. 429–475, S. 621–679.
Bülow-Cummerow, Ernst von, Die Taxen und das Reglement der landwirtschaftlichen Kreditvereine nach ihren notwendigen Reformen, Berlin 1847 (gegen Rodbertus' Schrift „Entwurf zu den neuen landschaftlichen Taxpreisen für die Provinz Alt-Pommern", Stettin 1846).
Byk, E., Wie man über Rodbertus nicht schreiben darf, in: Unter dem Banner des Marxismus (Moskau – Berlin), 9–10/1931.
Cole, G. D. H., A history of socialist thought, Bd. 1: The Forerunners 1789–1850, London 1962.
Conrad, Johannes, Das Rentenprinzip nach Rodbertus' Vorschlag und seine Bedeutung für die Landwirtschaft, in: Jahrbücher für Nationalökonomie und Statistik, Bd. 14, Jena 1870.
Cornelissen, Christian, Theorie der Waarde, Kritick op de Theorien von Rodbertus, Karl Marx, Stanley Jevons en von Böhm-Bawerk, Amsterdam 1903, Paris 1913.
Damaschke, Adolf, Geschichte der Nationalökonomie. Eine erste Einführung, 2 Bde., 12. Aufl., Jena 1920.
Diehl, Karl, P. J. Proudhon, Seine Lehre und sein Leben, Jena 1890 (besonders S. 307 ff).
–, Die Grundrententheorie im System von Karl Marx, in: Jahrbücher für Nationalökonomie und Statistik, Bd. 17, Jena 1899.

Diehl, Karl, Johann Karl Rodbertus, in: Handwörterbuch der Staatswissenschaften, Bd. 6, 2. Aufl., Jena 1901, S. 446–454.

–, Die sozialrechtliche Richtung in der Nationalökonomie, Jena 1941 (S. 92ff. wird Rodbertus als „Vorläufer" der sozialrechtlichen Richtung interpretiert).

Dietzel, Heinrich, Carl Rodbertus. Darstellung seines Lebens und seiner Lehre, 2 Bde., Jena 1886–88.

–, Das „Problem" des literarischen Nachlasses von Rodbertus, in: Jahrbücher für Nationalökonomie und Statistik, NF, Bd. 13, Jena 1886.

Effertz, Otto, Arbeit und Boden. Grundlinien einer Ponophysiokratie, 3 Bde., 2. Aufl., Berlin 1890/91 (besonders Bd. 2, S. 123ff.).

Eisenhart, Hugo, Geschichte der Nationalökonomik, Jena 1881, S. 201ff.

Emele, S., Der Sozialismus, Rodbertus, das Manchestertum und der Staatssozialismus, Sigmaringen 1885.

Engels, Friedrich, Vorwort zu Karl Marx, Das Kapital, Zweiter Band, in: MEW, Bd. 24, Berlin 1963, S. 7–26.

–, Vorwort zur deutschen Ausgabe von Karl Marx' „Misère de la philosophie", Stuttgart 1885, in: MEW, Bd. 21, Berlin 1962, S. 175–187.

–, Zusatz zu Fußnote 17 der 3. Aufl. von Karl Marx, Das Kapital, Erster Band (1883), in: MEW, Bd. 23, Berlin 1962, S. 554.

–, Marx und Rodbertus, in: Die Neue Zeit, 3. Jg., H. 1, Stuttgart 1885, S. 1–10.

Fechner, Susanne, Carl Rodbertus-Jagetzow, seine sozialpolitischen Auffassungen und seine Stellung zur Arbeiterbewegung, Diplomarbeit, Jena 1977.

Gide, Charles und *Charles Rist*, Geschichte der volkswirtschaftlichen Lehrmeinungen, hrsg. von Franz Oppenheimer, 2. Aufl., Jena 1921, S. 455ff.

Gonner, E. C. K., The social philosophie of Rodbertus, London 1899.

Grün, Karl, Zur Erinnerung an Karl Rodbertus, in: Augsburger Allgemeine Zeitung vom 16. 2. 1876.

Guyot, Y., Rodbertus contra Bastiat, in: Journal des Economistes (Paris), Juli/August 1907.

Halbach, Werner, Carl Rodbertus, Künder der Gemeinwirtschaft, Nürnberg 1938.

Hartmann, Otto, Die weltanschaulich-politische Grundeinstellung des Rodbertus von 1837 bis zur Mitte des 19. Jahrhunderts, Dissertation, Hamburg 1923.

Hasbach, Wilhelm, Marx oder Rodbertus und Marlo? in: Beilage Nr. 110 der Allgemeinen Zeitung, München 1899.

Heiderich, Max, Rodbertus, Lassalle und Rudolf Meyer, in: Die Gegenwart, Berlin 1855, 1899.

Held, Maria, Der Zusammenhang zwischen dem System des Rodbertus und den philosophischen Lehren von Fichte, Schelling und Hegel, Dissertation, Köln 1923.

Henzberg, Karl, Die Einkommenslehre bei Thünen und bei Rodbertus, Dissertation, Köln 1928.

Jentsch, Karl, Rodbertus, Stuttgart 1899.

Kautsky, Karl, Das „Kapital" von Rodbertus, in: Die Neue Zeit, Bd. 2, Stuttgart 1884, S. 337–350, S. 385–402.

–, Der Kapitalismus fin de siècle, in: Die Neue Zeit, Bd. 12.1, Stuttgart 1894, S. 457 bis 460 und 589–598.

–, Aus dem Nachlaß von Rodbertus, in: Die Neue Zeit, Bd. 5, Stuttgart 1885, S. 258ff.

Kautsky, Karl, Eine Replik (zu C. A. Schramm: Karl Kautsky und Rodbertus), in: Die Neue Zeit, Bd. 2, Stuttgart 1884, S. 494–505.
Kolischer, Herrmann, Rodbertus' Ansichten über den landwirtschaftlichen Hypothekenkredit, Dissertation, Göttingen – Wien 1876.
Kowalik, Tadeusz, Model socializmu Karola Rodbertusu, in: Ekonomista, Warszawa (1970) 2, S. 331–348.
Kozak, Theophil, Rodbertus' sozialökonomische Ansichten, Jena 1882.
Lassalle, Ferdinand, Briefwechsel zwischen Ferdinand Lassalle und Karl Rodbertus, in: Ferdinand Lassalle, Die Schriften des Nachlasses und der Briefwechsel mit Karl Rodbertus, hrsg. von Gustav Mayer, Bd. 5, Stuttgart 1925.
Lavelleye, Emile de, Rodbertus and scientific socialism, in: Economic Review, Bd. 1, April 1891.
Lexis, Wilhelm, Zur Kritik der Rodbertus'schen Theorien. (Rez. zu) Rodbertus, „Das Kapital", Berlin 1884, in: Jahrbücher für Nationalökonomie und Statistik, NF, Bd. 9, Jena 1884, S. 462–476.
Luxemburg, Rosa, Die Akkumulation des Kapitals. Ein Beitrag zur ökonomischen Erklärung des Imperialismus, in: Rosa Luxemburg, Gesammelte Werke, hrsg. von Günter Radczun, Bd. 5, Berlin 1975.
–, Zurück auf Adam Smith, in: Rosa Luxemburg, Gesammelte Werke, hrsg. von Günter Radczun, Bd. 1.1, Berlin 1970, S. 728–737.
Marx, Karl, Das Kapital, Erster Band, Kap. 16, Fußnote 17, in: MEW, Bd. 23, Berlin 1962, S. 554 f.
–, Herr Rodbertus, Abschweifung. Neue Theorie der Grundrente, in: Karl Marx, Theorien über den Mehrwert, Zweiter Teil, in: MEW, Bd. 26.2, Berlin 1967, S. 7–157.
–, Randglossen zu Adolph Wagners „Lehrbuch der politischen Ökonomie (1882)", in: MEW, Bd. 19, Berlin 1962, S. 355 ff.
Marian, Joan, Ein Beitrag zur Untersuchung der Grundrentennatur, Darstellung und Kritik der Rodbertus'schen Theorie der Grundrente, Dissertation, Berlin 1907.
Mayer, Gustav, Rodbertus und Lassalle, in: Die Gesellschaft, hrsg. von Rudolf Hilferding, Bd. 1, Berlin 1924.
Mehring, Franz, Geschichte der deutschen Sozialdemokratie, 2 Bde., Berlin 1960.
–, Zur neueren Rodbertus-Literatur, in: Die Neue Zeit, Bd. 12.2, Stuttgart 1894, S. 523–530.
Menger, Anton, Das Recht auf den vollen Arbeitsertrag in geschichtlicher Darstellung, 4. Aufl., Stuttgart – Berlin 1910.
Menz, Heinrich, Karl Rodbertus als Politiker in den Jahren 1848 und 1849, in: Pommersche Jahrbücher, Bd. 13, Stettin 1919.
Meyer, Rudolf, Zwei Briefe von Dr. Rodbertus, in: Die Neue Zeit, Bd. 13.1, Stuttgart 1895, S. 244–250.
–, (Hrsg.), Karl Rodbertus, Briefe und socialpolitische Aufsätze, Berlin 1882.
–, Der Emancipationskampf des vierten Standes. Berlin 1874.
–, Der Capitalismus fin de siècle, Wien – Leipzig 1894.
–, Was heißt conservativ sein? Reform oder Restauration? Berlin 1873.
Michaelis, Karl, Die Staatstheorie des Karl Rodbertus und ihre Stellung in der Sozialphilosophie des 19. Jahrhunderts, Dissertation, Göttingen 1926.
Michels, Robert, Einleitung zu Karl Rodbertus: Neue Briefe über Grundrente, Renten-

prinzip und soziale Frage an Schumacher, hrsg. von Robert Michels und Ernst Ackermann, Karlsruhe 1926.
Mieszcankowski, Mieczyslaw, Teoria renty absolutnej, Warszawa 1964.
Moltschadskij, T., Gegen die Kautskyanisch-Plechanowsche Apologetik und Marxisierung des Rodbertus, in: Unter dem Banner des Marxismus (Moskau – Berlin), 1/1932.
Muckle, Friedrich, Die Geschichte der sozialistischen Ideen im 19. Jahrhundert, 2 Bde., 2. Aufl., Leipzig – Berlin 1917.
Muhs, Karl, Karl Rodbertus, in: Pommersche Lebensbilder, Bd. 1, Stettin 1934.
Muziol, Roman, Karl Rodbertus als Begründer der sozialrechtlichen Anschauungsweise, Jena 1927.
Na'aman, Shlomo, Lassalle, Hannover 1970.
Nacht, Oskar, Rodbertus Stellung zur sozialen Frage, Berlin 1908.
Nedeltscheff, I., Rodbertus' ökonomische Theorie, Zürich 1915 (Dissertation Bern).
Nikitin, M., Ėkonomičeskoe učenie Karla Rodbertusa i ego kritiki, Charkov 1931.
Oppenheimer, Franz, Rodbertus' Angriff auf Ricardos Rententheorie und der Lexis-Diehlsche Rettungsversuch, Dissertation, Kiel – Berlin 1908.
–, David Ricardos Grundrententheorie, Jena 1909.
Osgood, H. L., Scientific Socialism: Rodbertus, in: Political science Quarterly, Bd. 1, New York 1886.
Ott, A. E., Bemerkungen zu der Landaufteilung in Platos Gesetzen, in: Jahrbücher für Nationalökonomie und Statistik, Bd. 93, Stuttgart 1957 (Vergleich zwischen Plato und Rodbertus).
Pervušin, N., Rodbertus i Bucher. Odin iz neissledovannych voprosov razvitija istoriko-ėkonomičeskoj mysli, Kazan' 1922.
Peters, Heinrich, Ein Beitrag zur Lohnreform unter Zugrundelegung der sozialökonomischen Ansichten von Rodbertus, Tübingen 1884.
Phan-huy-Klein, Hilde, Die Theorien von Rodbertus und Marx. Ein Vergleich, Dissertation, Zürich 1976.
Plechanov, Georg, Ėkonomičeskaja teorija Rodbertusa, Krasnador 1924.
Plotnikov, I., Vorwort zur russischen Ausgabe der „Ökonomischen Werke“ von Rodbertus, in: K. Rodbertus, Ėkonomičeskie sočienenija, perevod i predislovie I. Plotnikova, Leningrad 1936, S. 5–55.
Proudhon, Pierre-Joseph, Proudhon und der Sozialismus, ausgewählt und eingeleitet von Gottfried Salomon, Berlin 1920.
Quark, Max, Das Problem des Nachlasses von Rodbertus, in: Österreichische Monatsschrift für christliche Sozialreform, Wien 1884.
Ricardo, David, Über die Grundsätze der politischen Ökonomie und der Besteuerung, hrsg. von Gerhard Bondi, Berlin 1959 (Einleitung).
Ringleb, Woldemar, Das Verhältnis von Rodbertus zu Fichte, Dissertation, Frankfurt a. Main 1931.
Rodbertus und die Arbeiterversicherung, in: Die Neue Zeit, Bd. 1, Stuttgart 1883.
Rodbertus, Otto, Das Handelshaus Rodbertus in Barth in familiengeschichtlicher Hinsicht, in: Genealogie, Bd. 14.3, S. 465–481 und Bd. 14.4., S. 507–524.
–, Zur Herkunft des Nationalökonomen Karl Rodbertus, in: Baltische Studien (Hamburg), 1/1975, S. 63–74.
Rossowsky, Leonid, Rodbertus als Theoretiker der Grundrente. Eine kritische Studie,

in: Agrarprobleme, hrsg. vom Internationalen Agrar-Institut in Moskau (Berlin), 1–2/1930.
Rozin, S. M., Ėkonomičeskie vzgljady K. Rodbertusa, Leningrad 1947.
Rozov, V., Gosudarstvennyj sozializm. Lassal' – Rodbertus v izbrannych otryvkach, Moskva – Leningrad 1925.
Rudolph, Günther, Ökonomie und utopisch-sozialistische Aspekte im Werk von Karl Rodbertus (1805–1875), in: Beiträge zur Marx-Engels-Forschung. Dem Wirken Auguste Cornus gewidmet, Berlin 1973, S. 92–130 (Sitzungsberichte der Akademie der Wissenschaften der DDR, Nr. 20).
Ruhkopf, Karl, Rodbertus' Theorie von den Handelskrisen, Dissertation, Leipzig 1882.
Salomon, Gottfried, Die Saint-Simonisten, in: Zeitschrift für die gesamte Staatswissenschaft, Bd. 82, Tübingen, 1927, S. 550–576.
Schippel, Max, Die Ricardosche Wertlehre und die Rodbertus'sche Grundrententheorie, in: Staatswissenschaftliche Abhandlungen, hrsg. von Dr. R. F. Seyffahrth, 2. Ser. (Heidelberg), 9–10/1882.
–, Rezension zu Karl Rodbertus „Das Capital", in: Zeitschrift für die gesamte Staatswissenschaft, Bd. 41, Tübingen 1885, S. 459–463.
–, Die staatliche Lohnregulierung und die sozialreformerischen Bestrebungen der Gegenwart, Minden 1885.
Schmitz, Friedrich, Rodbertus' Lehre vom Wert und Mehrwert in Beziehung zu verwandten Theorien, Dissertation, Heidelberg 1889.
Schramm, Carl August, Karl Kautsky und Rodbertus, in: Die Neue Zeit, Bd. 2, Stuttgart 1884, S. 481–493.
–, Rodbertus, Marx, Lassalle, Eine sozialwissenschaftliche Studie, München 1885.
Schumacher, Robert Herman, J. H. v. Thünen und Rodbertus. Kapitalisationsprinzip oder Rentenprinzip, Rostock 1870.
Serebrjakov, V., Einleitung zur russischen Ausgabe von Rodbertus. Zur Erkenntnis unserer staatswirthschaftlichen Zustände, in: Karl Rodbertus, K poznaiju našego gosudarstvenno chozjaistvennogo stroja, pjat' teorem, Leningrad 1935, S. 3–53.
Spitz, Philipp, Das Problem der allgemeinen Grundrente bei Ricardo, Rodbertus und Marx, Dissertation, Freiburg/Br. 1916.
Der vierte *Stand* und der Staatssozialismus, Zur Signatur der deutschen Gegenwart, Von einem Nicht-Politiker, Leipzig 1884.
Stegmann, Carl/C. Hugo, Handbuch des Sozialismus, Zürich 1897, Reprint Leipzig 1972, S. 703ff.
Sternberg, Fritz, Die Krisentheorie des Rodbertus, in: Fritz Sternberg, Der Imperialismus, Berlin 1926.
Storch, Ludwig, Über Karl Rodbertus und Adolph Wagner als Staatssozialisten, Dissertation, Gießen 1930.
Sultan, Herbert, Rodbertus und der agrarische Sozialkonservatismus, in: Zeitschrift für die gesamte Staatswissenschaft, Bd. 82, Tübingen 1927, S. 71–113.
Teutloff, Wilhelm, Die Methoden bei Rodbertus unter besonderer Berücksichtigung der Fiktion, Dissertation, Halle 1926.
Thier, Erich, Rodbertus, Lassalle, Adolph Wagner. Ein Beitrag zur Theorie und Geschichte des deutschen Staatssozialismus, Dissertation, Leipzig 1930.
Tönnies, Ferdinand, Die Entwicklung der sozialen Frage, Leipzig 1907.

Vogel, Paul, Hegels Gesellschaftsbegriff und seine geschichtliche Fortbildung durch Lorenz Stein, Marx, Engels und Lassalle, Berlin 1925.

Vollmar, Georg von, Über Staatssocialismus, Nürnberg 1892.

Wagenfuehr, Horst, Carl Rodbertus-Jagetzow, in: Hochschule und Ausland, Berlin 1936.

Wagner, Adolph, Einiges von und über Rodbertus-Jagetzow, in: Zeitschrift für die gesamte Staatswissenschaft, Bd. 34, Tübingen 1878, S. 199–237.

–, Finanzwissenschaft und Staatssozialismus, in: Zeitschrift für die gesamte Staatswissenschaft, Bd. 43, Tübingen 1887, S. 37–122 und S. 675–746.

–, Die akademische Nationalökonomie und der Socialismus, Berlin 1895.

–, Sozialismus, Sozialdemokratie, Katheder- und Staatssozialismus, Vortrag, Berlin 1895.

–, Die Strömungen in der Sozialpolitik und der Katheder- und Staatssozialismus, Berlin 1912.

–, Allgemeine oder theoretische Volkswirtschaftslehre. Erster Teil: Grundlegung, 2. Aufl., Leipzig – Heidelberg 1879.

Wanstrat, Renate, Johann Karl Rodbertus zur 75. Wiederkehr seines Todestages, in: Schmollers Jahrbuch, Bd. 40, München 1950, S. 385–408.

Warninghoff, Adolph, Die Bestrebungen um die Neugestaltung des landwirtschaftlichen Kredits seit Rodbertus. Dissertation, Hamburg 1938.

Weber, Max, Brief an Lujo Brentano vom 20. 2. 1893, in: Max Weber, Werk und Person, hrsg. von Eduard Baumgarten, Tübingen 1964, S. 84.

Wermert, Gustav, Zur Würdigung des Rodbertus und seines Staatssozialismus, Halle 1897.

Wilmanns, H. von, Über die Rententheorie des Herrn Rodbertus, in: Nachrichten aus dem Club der Landwirte, Berlin 1871, Nr. 38/39.

Wirth, Moritz, Zur Bibliographie des Rodbertus, in: Neuer Anzeiger für Bibliographie und Bibliothekswissenschaft, Berlin 1883.

–, Eine Mitteilung über Textbeschaffenheit und Bezugsquellen einiger Schriften von Rodbertus, in: Zeitschrift für die gesamte Staatswissenschaft, Bd. 37, Tübingen 1881.

–, Artikel „Rodbertus“, in: Allgemeine Deutsche Biographie, Bd. 28, Berlin 1889, S. 763.

–, Der drohende Untergang des Nachlasses von Rodbertus. Zur Beleuchtung der Herausgebertätigkeit der Herren Prof. Adolph Wagner und Dr. Theophil Kozak, Leipzig 1884.

Witt, Cornelius, Platon und Rodbertus, Eine Untersuchung über die Zusammenhänge ihrer Sozialphilosophie, Dissertation, Kiel 1921.

Zeller, Johannes, Zur Erkenntnis unserer staatswirtschaftlichen Zustände, Berlin 1876.

Ziber, N., Karl Rodbertus-Jagetzow i ego ekonomičeskie proizvedenija, Moskva 1959.

Zuns, Julius, Einiges über Rodbertus, Berlin 1883.

–, Rodbertus als Nationalökonom und als Politiker, in: Die Grenzboten, Nr. 50, Leipzig 1891.

–, Rodbertus' Normalarbeitstag, in: Vierteljahresschrift für Volkswirtschaft, Politik und Kulturgeschichte, Berlin 1878, Bd. 58.

Weitere Rodbertus-Literatur siehe in Walter Braeuer, Handbuch zur Geschichte der Volkswirtschaftslehre, Frankfurt a. M. 1952, S. 142–148.

Schriften über Grundrententheorie, Grundeigentum, Monopolfrage und Agrarprobleme

Abel, Wilhelm, Agrarkrisen und Agrarkonjunktur, Hamburg – Berlin 1966.

Adler, A., Ricardo und Carey in ihren Ansichten über die Grundrente, Leipzig 1873.

Alonso, William, Location and Land. Toward a general Theory of Land Rent, Cambridge/Mass. 1964.

Anderson, James L., Drei Schriften über Korngesetze und Grundrente, hrsg. von Lujo Brentano, Leipzig 1893.

Ballwanz, Ilona, Sozialstruktur und Produktionsentwicklung in der deutschen Landwirtschaft 1871–1917, Dissertation, Rostock 1977.

Behrend, Martin, Die Verstaatlichung von Grund und Boden. Entstehung der einschlägigen Lehren, heutiger Stand der Bestrebungen und Kritik der Hauptideen, Dissertation, Heidelberg 1893.

Berens, Eduard, Versuch einer kritischen Dogmengeschichte der Grundrente, Leipzig 1868.

Berger-Thimme, Dorothea, Boden und Wohnungsreform in Deutschland 1873–1918, Dissertation, Freiburg/Br. – Frankfurt a. M. 1976.

Beutler, Hans, Das Problem der Grundrente und seine Lösungsversuche, Dissertation, Mannheim 1962.

Blaich, Fritz, Die Reichsmonopolgesetzgebung im Zeitalter Karls V., Ihre ordnungspolitische Problematik, Stuttgart 1967.

Bodenordnung in der modernen Gesellschaft, Hannover 1961.

Borght, R. van der, Die Bodenreform, ihre Ziele und Wirkungen. Eine Sammlung von Aufsätzen, Berlin 1919.

Boẑedomov, A. I., Neftjana renta v stranach kapitalizma, Moskva 1962.

Braeuer, Walter, Ricardos Grundrententheorie, in: Kwartaalsschrift, Wetenschappelijk Onderwijs, Limburg 1975, S. 395ff.

–, Otto Effertz (1866–1921). Lebensschicksale eines Düsseldorfers, in: Düsseldorfer Jahrbuch Bd. 55, 1975, S. 131ff.

Bredt, Johannes Victor, Nationalökonomie des Bodens, Berlin 1908.

Bresser, Wolfgang, Der Wohnungsmarkt der Bundesrepublik Deutschland von 1960 bis 1975. Ein ökonometrisches Modell, Mannheim 1977.

Carell, Erich, Bodenknappheit und Grundrentenbildung, Berlin – Reutlingen 1948.

Connemann, Ignaz, Einige Bemerkungen über das Wesen der Grundrente, Würzburg 1888.

Diehl, Karl, Sozialwissenschaftliche Erläuterungen zu David Ricardos Grundgesetzen der Volkswirtschaft und Besteuerung, 2 Bde., Leipzig 1905.

–, Die Grundrententheorie im ökonomischen System von Karl Marx, in: Jahrbücher für Nationalökonomie und Statistik, begründet von Bruno Hildebrand, 3. Folge, Bd. 17, Jena 1899, S. 433–480.

–, Gibt es bei Ricardo eine absolute Grundrente? in: Jahrbücher für Nationalökonomie und Statistik, Jena 1911.

– und *Mombert, Paul*, Ausgewählte Lesestücke zum Studium der politischen Ökonomie, Bd. 3: Von der Grundrente, 3. Aufl., Jena 1922.

Dohrmann, Werner, Die moderne Grundrente in der westdeutschen Landwirtschaft, Dissertation, Hochschule für Landwirtschaft, Bernburg 1964.

Egner, Erich, Der Sinn des Monopols in der gegenwärtigen Wirtschaftsordnung, Berlin 1931.
Esslen, I., Der Bodenpreis und seine Bestimmungsgründe, in: Grundriß der Sozialökonomik, Abt. VII., Tübingen 1922.
Engels, Friedrich, Zur Wohnungsfrage (1872, 2. Aufl. 1887), in: MEW, Bd. 18, Berlin 1962, S. 209–287.
Fischer, Walter, Wandlung der Grundrente? in: Weg und Ziel, (Wien), 5/1963, S. 359 bis 362.
Frank, Andrew Gunder, The Varieties of Land Reform, in: Monthly Review (New York), 12/1963, S. 656–662.
Fuld, Ludwig, Die Verstaatlichung des Grund und Bodens, Hamburg 1892.
Gerl, Friedrich, Die Theorie der landwirtschaftlichen Grundrente in der Volkswirtschaftslehre, Habil.-Schrift, Bonn 1956.
Godwin, William, Das Eigentum, hrsg. von Max Bahrfeld und Georg Adler, Leipzig 1904 (Hauptwerke des Sozialismus und der Sozialpolitik, H. 2).
Griesebach, Heinz, Technischer Fortschritt und Bodenpreise, Berlin(West) 1966.
Günther, R./Stiehler, G./Tennert, K.-H., Ermittlung des Baulandflächenwertes. Vorschlag einer Methode, in: Städtebau und Architektur, Deutsche Bauenzyklopädie, 7/1967.
Häbich, Theodor, Deutsche Latifundien. Ein Beitrag zur Berichtigung unserer Vorstellung von der bestehenden Verteilung des ländlichen Grundeigentums, Königsberg 1929.
Handbuch des Grundbesitzes im Deutschen Reiche. I. Das Königreich Preußen, Berlin 1880.
Herrmann, Rudi, Der ökonomisch-theoretische Inhalt der Bodenreformlehre unter Berücksichtigung der Entwicklung der Bodenreformbewegung, Dissertation, Humboldt-Universität zu Berlin 1965.
Hodgskin, Thomas, Verteidigung der Arbeit gegen die Ansprüche des Kapitals, hrsg. von Georg Adler, Leipzig 1909 (Hauptwerke des Sozialismus und der Sozialpolitik, H. 10).
Hoell, Günter, Die Grundrente und die Entwicklung des Kapitalismus in der Landwirtschaft, Berlin 1974.
–, Einige ergänzende Bemerkungen zur gegenwärtigen Diskussion über die Grundrente im heutigen Kapitalismus, in: Wissenschaftliche Zeitschrift der Hochschule für Ökonomie Berlin, 4/1969, S. 587–594.
–, Die Grundrententheorie von Karl Marx und die gegenwärtige kapitalistische Grundrente, in: Wissenschaftliche Zeitschrift der Hochschule für Ökonomie Berlin, 3/1967, S. 265 ff.
–, Die Rententheorie von Adam Smith und ihre kritische Aneignung durch Karl Marx, in: 200 Jahre Adam Smith' „Reichtum der Nationen", Internationales Kolloquium vom 30. 9. bis 1. 10. 1975 in Halle, Protokoll, hrsg. von Peter Thal, Berlin 1976, S. 131 bis 133.
– und *Rechtziegler, Emil,* Die kapitalistische Grundrente unter den Bedingungen der technischen Revolution und des staatsmonopolistischen Herrschaftssystems, in: Wirtschaftswissenschaft, 11/1967, S. 1850 ff.
Hoffmann, Hans, Der Boden als Produktivfaktor, Göttingen 1974.
Hoffmann, Johannes, G., Über die wahre Natur und Bestimmung der Renten aus Boden- und Kapitaleigentum (1836 als Vortrag in der Königlichen Akademie der Wis-

senschaften zu Berlin gehalten), in: J. G. Hoffmann, Sammlung kleiner Schriften, Berlin 1843, S. 556–595.
Hoffmeister, Karl und *Heske, Franz,* Die Theorie der Grundrente und ihre Anwendung auf das forstliche Grundrentenproblem, Wien 1927.
Hofmann, Werner, Bodeneigentum und Gesellschaft, Theorie und Wirklichkeit, o. O. und o. J. (ca. 1970).
Hunke, Heinrich, Der Produktionsfaktor Boden im Markt- und Planungssystem. Eine Analyse der Ideen in der deutschen Raum- und Bodenpolitik im 19. und 20. Jahrhundert, Hannover 1976.
Inama-Sternegg, Karl Theodor von, Theorie des Grundbesitzes und der Grundrente in der deutschen Literatur des 19. Jahrhunderts, in: Die Entwicklung der deutschen Volkswirtschaftslehre im 19. Jahrhundert (Festschrift für Gustav von Schmoller), Leipzig 1908, Bd. 1.
–, Die Statistik des Grundeigentums und die soziale Frage, in: Statistische Monatsschrift (Wien), 4/1882.
Ischboldin, B., Zur Grundlegung der modernen Grundrententheorie, in: Schmollers Jahrbuch, Bd. 77, Berlin(West) 1957.
Jürgensen, Harald, Bodenpreise – ein gesellschaftliches Ärgernis, in: Eigentum und Bodenrecht, hrsg. von Franz Henrich und Walter Kerber, München 1972, S. 103–110.
Kagerlickaja, Olga T., Zemel'naja renta, Leningrad 1961.
Karras, Dieter, Nationalökonomie und Geschichte. Die Entfaltung von Theorie auf der Basis der Industrialisierung, München 1975 (geringfügig veränderte Fassung der 1973 an der Universität Regensburg verteidigten Dissertation: „Politische Ökonomie und Klassengesellschaft, Untersuchung zur Entstehung und Verwendung politischer Theorien in England zwischen 1790 und 1821“).
Klafkowski, Maximilian, Der Rentenbegriff in der Wirtschaftstheorie. Eine systematische Analyse, Berlin(West) 1963.
Kleinwächter, Friedrich, Das Wesen der städtischen Grundrente, Leipzig 1912.
Kotow, Gerhard, Agrarverhältnisse und Bodenreform in Deutschland, 2 Teile, Berlin 1959.
Kozodajev, Ivan Iosovič, Zemel'naja renta pri kapitalizme, Moskva 1958.
Krause, Günter, Monopoltheorie. Zur Verfälschung des Leninschen Monopolverständnisses durch den „linken“ Opportunismus, Frankfurt a. M. 1976.
Krumacher, Michael, Wohnungspolitik und Sozialstaatspostulat in der Bundesrepublik Deutschland. Eine politwissenschaftliche Analyse des Anspruchs, der Maßnahmen und Wirkungen der staatlichen Wohnungspolitik in der BRD, Dissertation, Hannover 1978.
Lechner, Hans, Wohnungsfrage, städtische Grundrente und Bodenspekulation, Ein theoriegeschichtlicher Abriß, in: Zeitschrift für Wirtschafts- und Sozialwissenschaften, (Berlin (West)), 6/1972, S. 697–726.
Lehmann, Edith, Die Grundrentenlehren der wichtigsten österreichischen Grenznutzentheoretiker, Berlin 1917.
Lenin, W. I., Zur Charakteristik der ökonomischen Romantik (Sismondi und unsere einheimischen Sismondisten, 1897), in: Werke, Bd. 2, Berlin 1961, S. 121–264.
–, Die Entwicklung des Kapitalismus in Rußland, Der Prozeß der Bildung des inneren Marktes für die Großindustrie (1899), in: Werke, Bd. 3, Berlin 1956, S. 7 bis 629.
–, Rezension zu Karl Kautsky „Die Agrarfrage“, Stuttgart 1899, in: Werke, Bd. 4, Berlin 1955, S. 84–89.

Lenin, W. I., Der Kapitalismus in der Landwirtschaft (Über das Buch Kautskys und einen Artikel des Herrn Bulgakow), in: Werke, Bd. 4, Berlin 1955, S. 95–150.
–, Die Agrarfrage und die Marx-Kritiker (1906), in: Werke, Bd. 5, Berlin 1955, S. 97 bis 221.
–, Das Agrarprogramm der russischen Sozialdemokratie (1902), in: Werke, Bd. 6, Berlin 1956, S. 95–140.
–, Die marxistischen Auffassungen von der Agrarfrage in Europa und Rußland (1903), in: Werke, Bd. 6, Berlin 1956, S. 331–341.
–, Die Revision des Agrarprogramms der Arbeiterpartei (1906), in: Werke, Bd. 10, Berlin 1958, S. 139–156.
–, Entwurf einer Rede zur Agrarfrage in der zweiten Reichsduma (1907), in: Werke, Bd. 12, Berlin 1959, S. 261–294.
–, Das Agrarprogramm der Sozialdemokratie in der ersten russischen Revolution von 1905 bis 1907 (1907), in: Werke, Bd. 13, Berlin 1963, S. 213–437.
–, Die Agrarfrage in Rußland am Ausgang des 19. Jahrhunderts (1908), in: Werke, Bd. 15, Berlin 1962, S. 59–139.
–, Das Agrarprogramm der Sozialdemokratie in der russischen Revolution, in: Werke, Bd. 15, Berlin 1962, S. 151–175.
–, Das kapitalistische System der modernen Landwirtschaft (1910), in: Werke, Bd. 16, Berlin 1962, S. 431–455.
–, Neue Daten über die Entwicklungsgesetze des Kapitalismus in der Landwirtschaft, I. Folge: Kapitalismus und Landwirtschaft in den Vereinigten Staaten von Amerika, in: Werke, Bd. 22, Berlin 1960, S. 1–100.
–, Rede über die Bodenfrage (1917). Dekret über Grund und Boden, in: Werke, Bd. 26, Berlin 1961, S. 248–253.
Leser, Emanuel, Robert Malthus als Entdecker der modernen Grundrentenlehre, in: E. Leser, Untersuchungen zur Geschichte der Nationalökonomie, Jena 1881, S. 47 bis 122.
Levy, Hermann, Monopole, Kartelle und Trusts in ihren Beziehungen zur Organisation der kapitalistischen Industrie, Jena 1909.
Lexis, Wilhelm, Grundrente, in: Wörterbuch der Volkswirtschaft in zwei Bänden, Bd. 1, 3. Aufl., Jena 1911, S. 1200–1205.
Liebknecht, Wilhelm, Die Grund- und Bodenfrage, Leipzig 1874.
Luck, Herbert, Zur ökonomischen Lehre des Johann Heinrich von Thünen. Zur Entstehung der kapitalistischen Junkerwirtschaft in Mecklenburg, Berlin 1956.
Luk'janec, D. K., Zemel'naja renta i razvitie kapitalizma v sel'skom chozjajstvom, Moskva 1964.
Malthus, Thomas Robert, Grundsätze der politischen Ökonomie mit Rücksicht auf ihre praktische Anwendung, nach der zweiten, sehr vermehrten Auflage des englischen Originals übersetzt von V. Marinoff, Berlin 1910.
Mangoldt, Carl von, Die städtische Bodenfrage. Eine Untersuchung über Tatsachen, Ursachen und Abhilfe, Göttingen 1907.
Mangoldt, Hans Karl Emil von, Volkswirtschaftslehre, Stuttgart 1868.
Mantau, Reinhard, Preisermittlung auf dem Bodenmarkt. Ein Beitrag zur statistischen Erfassung der Bodenpreise, Stuttgart 1974.
Martynov, Victor, Zemel'naja renta i cena zemli, in: Mirovaja ėkonomika i mezdunarodnye otnošenija (Moskva), 5/1969.

Marx, Karl, Zur Kritik der Nationalökonomie. Okonomisch-philosophische Manuskripte (1844), in: MEW, Erg. Bd. 1, Berlin 1968, S. 467ff.
–, Verwandlung von Surplusprofit in Grundrente, in: Karl Marx, Das Kapital, Dritter Band, sechster Abschnitt, in: MEW, Bd. 25, Berlin 1964, S. 627–821.
–, Das Elend der Philosophie (1846), in: MEW, Bd. 4, Berlin 1959.
–, Grundrisse der Kritik der politischen Ökonomie (Rohentwurf, 1857/1858), Berlin 1953.
Meitzen, August, Der Boden und die landwirtschaftlichen Verhältnisse des Preußischen Staates, Berlin 1906.
Menger, Carl, Grundsätze der Volkswirtschaftslehre, Wien 1871.
Meyer, Rudolph, Das Sinken der Grundrente und dessen mögliche sociale und politische Folgen, Wien – Leipzig 1894.
Mieszcankowski, Mieczyslaw, Teoria renty absolutnej (Theorie der absoluten Rente), Warszawa 1964.
Mihajlowitsch, Stanoe, Das Grundrentenproblem, Dissertation, Berlin 1908.
Mill, John Stuart, Von der Bodenrente, in: John Stuart Mill, Grundsätze der politischen Ökonomie nebst einigen Anwendungen auf die Gesellschaftswissenschaft, übersetzt von A. Soertbeer, 4. dt. Ausg., Bd. 2, Leipzig 1885, S. 84–147.
Minkov, Todor, Sovremennyj kapitalizm i zemel'naja renta, Sofia 1964.
Mithoff, Theodor, Die Grundrente, in: Handbuch der politischen Ökonomie, hrsg. von Gustav Schönberg, Bd. 1, 3. Aufl., Tübingen 1890, S. 591–613.
Möller, Hans, Der Boden in der politischen Ökonomie, Wiesbaden 1967 (Sitzungsberichte der Wissenschaftlichen Gesellschaft an der Universität Frankfurt a. M).
Neff, Rainer, Die ökonomische Verwertung städtischen Bodens und ihre Wirkung auf die Stadtentwicklung, Dissertation, Marburg 1974.
Nell-Breuning, Oswald, Artikel „Grundrente", in: Staatslexikon, hrsg. von der Görres-Gesellschaft, Bd. 3, 6. Aufl., Freiburg/Br. 1959, S. 1134ff.
Oelßner, Fred, Ein Beitrag zur Monopoltheorie, in: Probleme der politischen Ökonomie. Jahrbuch des Instituts für Wirtschaftswissenschaften, Bd. 3, Berlin 1960, S. 12–102 (Deutsche Akademie der Wissenschaften zu Berlin).
Ogilvie, William, Das Recht auf Grundeigentum, übersetzt von A. M. Freund, hrsg. von G. Adler, Leipzig 1906 (Hauptwerke des Sozialismus und der Socialpolitik, H. 7).
O'Hara, Frank, Die Übertragung der Grundrente an die Gesellschaft, Dissertation, Berlin 1904.
Oppenheimer, Franz, David Ricardos Grundrententheorie, Jena 1909.
–, Der Stand der Grundrententheorie, in: Franz Oppenheimer, Theorie der reinen und politischen Ökonomie (1924), 2. Teil: Die Gesellschaftswirtschaft, 2. unveränd. Aufl., Stuttgart 1964, S. 730ff.
–, Das Bodenmonopol. Zu Joseph Schumpeters „Das Grundprinzip der Verteilungslehre", in: Franz Oppenheimer, Wege zur Gemeinwirtschaft. Gesammelte Reden und Aufsätze, Bd. 1, München 1924, S. 411–441.
–, Das Kapital. Kritik der politischen Ökonomie, Leiden 1938.
Peters, Karl Heinz, Die Bodenreform. Ende eines Kompromisses, Hamburg 1971.
Petersen, Asmus, Die neuere Rostocker Thünen-Forschung, Berlin 1952 (Abhandlungen der Deutschen Akademie der Wissenschaften zu Berlin).
Pfannschmidt, Martin, Vergessener Faktor Boden. Marktgerechte Bodenbewertung und Raumordnung, Bonn 1972.
Pribram, Karl, Die städtische Grundrente im Konjunkturverlauf, Bonn 1930.

Proudhon, Pierre-Joseph, Was ist Eigentum (1840), in: Joachim Höppner/Waltraud Seidel-Höppner, Von Babeuf bis Blanqui, Bd. 2: Texte, Leipzig 1975, S. 296ff.
Rechtziegler, Emil, Privates Grundeigentum und Bodenpolitik in der BRD, in: IPW-Berichte, 5/1971, S. 18–28.
Renttheorie. Problems and practices, Columbia 1962.
Ricardo, David, Über die Grundsätze der politischen Ökonomie und der Besteuerung, übersetzt und mit einer Einleitung versehen von Gerhard Bondi, Berlin 1959.
Rinkleff, Frank, Theorien über die Grundrente, Grundeigentum und Grundrente im System der bürgerlichen Produktion, Berlin 1974.
Römer, Peter, Entstehung, Rechtsform und Funktion des kapitalistischen Privateigentums, Köln 1978.
Rönitz, Ulrich, Der Haus- und Grundbesitz und seine Organisation (1879–1954), München 1954.
Roscher, Wilhelm, Grundlagen der National-Ökonomie, Stuttgart – Tübingen 1854.
–, Über Kornhandel und Theuerungspolitik, Stuttgart und Tübingen 1852.
–, National-Ökonomik des Ackerbaus und der verwandten Urproductionen, Stuttgart und Tübingen 1860.
Rössler, Rudolf, Schätzung und Ermittlung von Grundstückswerten, 2. Aufl., Neuwied – Berlin (West) 1960.
Ruhland, Georg, Preis und Wert der Grundstücke mit Rücksicht auf Taxation, Grundrente und Arbeitslohn, in: Zeitschrift für die gesamte Staatswissenschaft, Bd. 41, Tübingen 1885, S. 253–387.
Runowicz, Adam, Problemy renty gruntowej we współczesnym kapitalizmie, Warzsawa 1966.
Ruthloh, Gerda, Ökonomische Theorien der katholischen Soziallehre über die Entwicklung in der Landwirtschaft, Dissertation, Humboldt-Universität zu Berlin 1964.
Samuelson, Paul A., A modern Treatment of the Ricardian Economy. I. The Pricing of Goods and of Labor and Land-Services, in: The Quarterly Journal of Economics, Bd. LXXIII, 1/1959.
Schäffle, Albert, Die Nationalökonomie oder Allgemeine Wirtschaftslehre, Leipzig 1861.
–, Die agrarische Gefahr, Berlin 1902.
Schmidt, Walter, Die Grundrente und ihre Wirkungsweise in der Landwirtschaft der Deutschen Demokratischen Republik, Berlin 1956.
Schramm, Edgar, Die Bodennutzungsgebühr. Ein Stimulus zum Schutz der landwirtschaftlichen Bodenfonds, in: Wirtschaftswissenschaft, 5/1969.
Schullern-Schrattenhofen, Hermann von, Untersuchungen über Begriff und Wesen der Grundrente, Leipzig 1889.
Schumpeter, Joseph Alois, Das Rentenprinzip in der Verteilungstheorie (1907), in: J. A. Schumpeter, Aufsätze zur ökonomischen Theorie, hrsg. von E. Schneider u. A. Spiethoff, Tübingen 1952.
Schütz, Carl-Wolfgang Christoph, Über den Einfluß der Vertheilung des Grundeigentums auf das Volks- und Staatsleben, Stuttgart, Tübingen 1836 (Reprint Leipzig 1976).
Semenov, F. (und Ja. Liberman, G. Miftiev u. a.), Sovremennyj kapitalizm i absoljutnaja renta, in: Mirovaja ékonomika i meždunarodnye otnošenija (Moskva), 10/1966.
Sismondi, Jean Charles Léonard Simonde de, Neue Grundsätze der politischen Ökonomie

oder vom Reichtum in seinen Beziehungen zur Bevölkerung, hrsg. von Achim Toepel, 2 Bde., Berlin 1972/75.
Šmeldjev, G., Sovremennyj kapitalizm i absoljutnaja renta, in: Mirovaja ėkonomika i meždunarodnaja otnošenija (Moskva), 1/1966.
Smith, Adam, Eine Untersuchung über das Wesen und die Ursachen des Reichtums der Nationen, in drei Bänden, übersetzt und eingeleitet von Peter Thal, Berlin 1963/1976/1983.
Spence, Thomas, Das Gemeineigentum am Boden, hrsg. von Friedrich von Eichmann und Georg Adler, Leipzig 1904 (Hauptwerke des Sozialismus, Bd. 1).
Spiethoff, Arthur, Boden und Wohnung, Jena 1934 (Bonner Staatswissenschaftliche Untersuchungen, 20).
Stavenhagen, Gerhard, Artikel „Rente" im Handwörterbuch der Sozialwissenschaften, Bd. 8, Stuttgart – Tübingen 1959.
Stephinger, Ludwig, Der Grundgedanke der Volkswirtschaftslehre und die Rententheorie Ricardos, Stuttgart 1910.
Symandl, Paul, Die Entwicklung der Bodenpreise und ihre Auswirkungen auf die werktätigen Bauern in der BRD (untersucht für die Zeit von 1950 bis 1970), Dissertation, Hochschule für Bauwesen, Leipzig 1976.
Tokarev, Aleksandr Pavlovič, Teoretičeskie voprosy zemel'noj renty pri kapitalizme i pri socializme, Moskva 1962.
Vollgraf, Carl-Erich, Marx' kritische Würdigung der theoretischen Leistungen von Richard Jones in „Zur Kritik der politischen Ökonomie", in: Beiträge zur Marx-Engels-Forschung, hrsg. vom Institut für Marxismus-Leninismus beim ZK der SED, Marx-Engels -Abteilung, Heft 5, Berlin 1979, S. 85–97.
Wachenhusen, Otto, Neue Untersuchungen über Ursprung, Wesen und Fortbestand der Grundrente, Leipzig 1887.
Wagner, Adolph, Allgemeine oder theoretische Volkswirtschaftslehre. Grundlegung, 1. Aufl., Leipzig – Heidelberg 1879.
Weber, Adolf, Über Bodenrente und Bodenspekulation in der modernen Stadt, Leipzig 1904.
Weber, Hans, Richard Jones. Ein früher Abtrünniger der klassischen Schule der Nationalökonomie, Dissertation, Zürich 1939.
Weinberger, Otto, Artikel „Grundrente", in: Handwörterbuch der Staatswissenschaften, Bd. 4, 4. Aufl., Jena 1927, S. 1223ff.
Wieser, Friedrich von, Die Theorie der städtischen Grundrente, in: W. Mildschuh, Mietzinse und Bodenwerte in Prag, Wien 1909, Vorwort.
Wirth, Moritz, Artikel „Grundrente", in: Handwörterbuch der Volkswirtschaftslehre, bearbeitet von Hermann Rentzsch, Leipzig 1866, S. 404–408.
Zagaitov, I., Absoljutnaja renta i zakon rosta renty, in: Mirovaja ekonomika i meždunarodnaja otnošenija (Moskva), 5/1966.
Zwiedineck-Südenhorst, Otto von, Kritische Beiträge zur Grundrentenlehre, in: Festschrift zur Feier des 54. Geburtstages Seiner Königlichen Hoheit, des Großherzogs Friedrich II., hrsg. von der Technischen Hochschule Fridericiana, Tübingen 1911.

Personenregister

ANNE ROBERT JACQUES TURGOT

Betrachtungen über die Bildung und Verteilung der Reichtümer

Nach der von Turgot freigegebenen Ausgabe ‚Reflexions sur la Formation et la Distribution des Richesses' (par M. Y., Paris 1770)

Übersetzt und mit einer Vorbemerkung und pertinenten Materialien versehen von Marguerite Kuczynski

(Ökonomische Studientexte)

1981. 251 Seiten – 1 Abbildung – 12,5 cm × 20 cm – Leinen 19,50 M; Ausland 38,– M

Bestell-Nr. 753 362 1

Bestellwort: Turgot 2093/7

Anliegen dieses Bandes ist es, das bekannteste Werk Turgots einzuordnen in das weite Aufgaben- und Interessengebiet seines Autors; Turgots Erfassung und Beurteilung des Entwicklungstrends in der französischen Wirtschaft seiner Zeit hervorzuheben, wie sie sich in eben diesem Werk eines der „Väter der Französischen Revolution" (Marx) widerspiegeln; schließlich den direkten Niederschlag in der Marxschen Analyse der sich herausbildenden politischen Ökonomie des Kapitalismus zu verfolgen.

Bitte richten Sie Ihre Bestellungen an eine Buchhandlung

AKADEMIE-VERLAG

1086 Berlin, Leipziger Straße 3–4

Kolibri 360 GmbH
Ferdinand-Jühlke-Straße 7
99095 Erfurt, Deutschland
produktsicherheit@kolibri360.de